SAVOYEN
Mailand
Verona
Vicenza
Padua
Venedig
Fiume
Cremona
Mantua
Etsch
Po
Piacenza
Parma
PARMA
Ferrara
Cento
GENUA
Genua
Modena
Bologna
MODENA
Ravenna
OSMANISCHES REICH
Rimini
Lucca
San Marino
Pesaro
Pisa
Florenz
Ancona
Livorno
Siena
KIRCHENSTAAT
Loreto
Mostar
Ligurisches Meer
TOSKANA
Assisi
Elba
Tiber
Spoleto
Adriatisches Meer
Viterbo
Korsika
Ajaccio
Tivoli
Rom
Albano
Pontecorvo
NEAPEL
Cannae
Barletta
Benevent
Andria
Capua
Caserta
Tyrrhenisches Meer
APULIEN
Pozzuoli
Neapel
Vesuv
Baia/Bacoli/Miseno
Salerno
Ischia
Portici
Pompeji
Sardinien
Paestum
0
50
100
150 km

»Es sind vortreffliche Italienische Sachen daselbst«

Louise von Göchhausens Tagebuch
ihrer Reise mit Herzogin Anna Amalia nach Italien
vom 15. August 1788 bis 18. Juni 1790

Schriften der Goethe-Gesellschaft.
Band 72

Herausgegeben von
Jochen Golz

»Es sind vortreffliche Italienische Sachen daselbst«

Louise von Göchhausens Tagebuch ihrer Reise mit Herzogin Anna Amalia nach Italien vom 15. August 1788 bis 18. Juni 1790

Herausgegeben und kommentiert
von Juliane Brandsch

WALLSTEIN VERLAG

Gedruckt mit Unterstützung des Beauftragten
der Bundesregierung für Kultur und Medien

Bibliografische Information der Deutschen Nationalbibliothek
Die Deutsche Nationalbibliothek verzeichnet diese Publikation
in der Deutschen Nationalbibliografie; detaillierte bibliografische Daten
sind im Internet über http://dnb.d-nb.de abrufbar.

www.wallstein-verlag.de
Vom Verlag gesetzt aus der Sabon und der Frutiger
Karte auf vorderem Vorsatz: Peter Palm, Berlin
Umschlag: Basta Werbeagentur, Steffi Riemann
unter Verwendung des Gemäldes
»Anna Amalia von Sachsen-Weimar-Eisenach und Reisegesellschaft
im Park der Villa d'Este in Tivoli« (1789) von Johann Georg Schütz.
Druck und Verarbeitung: Hubert & Co, Göttingen
Gedruckt auf alterungsbeständigem Papier

ISBN: 978-3-8353-0282-2

Vorwort

Louise von Göchhausen ist Goethefreunden und -kennern in guter Erinnerung, war sie es doch, die jene Szenen der *Faust*-Dichtung, die wahrscheinlich bereits in Frankfurt entstanden waren, nach Goethes Ankunft in Weimar abschreiben durfte, diese sorgfältige Kopie als kostbaren Besitz lebenslang verwahrte und an ihre Erben weiterreichte. Ohne diese Abschrift wären nicht nur die Theater um einen höchst lebendigen Spieltext ärmer. Erst durch die Kopierarbeit der Göchhausen sind wir auch in der Lage, die Entstehung des *Faust* bis hin zum Fragment von 1790 genauer zu rekonstruieren. Als der Weimarer Archivdirektor Erich Schmidt Neujahr 1887 bei dem Dresdener Obristlieutenant Friedrich Bruno von Göchhausen, einem Großneffen der Kopistin, das Manuskript entdeckte und es noch im selben Jahr als *Urfaust* publizierte, war das öffentliche Aufsehen groß. Seit 1894 gehört die Abschrift zu den Schätzen des Goethe- und Schiller-Archivs in Weimar.

Louise von Göchhausen, 1752 geboren, ging einen Weg, den im 18. Jahrhundert nicht wenige junge Damen aus dem Kleinadel – ohne Aussicht auf eine gute Partie – einschlagen mußten. Keineswegs schön, zudem unvermögend und überdies verwachsen, trat sie, seit 1775 in Weimar lebend, 1783 als Erste Hofdame in den Dienst der Herzogin Anna Amalia von Sachsen-Weimar-Eisenach, mit der sie fortan in einer Art zwanghaften Lebensgemeinschaft verbunden blieb – als die Herzogin am 10. April 1807 starb, folgte sie ihr wenige Monate darauf, am 3. September, nach. Als geistvoll-spöttische Gesellschafterin wurde »Thusnelda«, wie man sie im engeren Zirkel nannte, der gleichfalls zu Spott und witziger Persiflage geneigten Anna Amalia unentbehrlich, teilte deren geistige Leidenschaften – z.B. als Autorin und Mitherausgeberin des handschriftlich verbreiteten *Tiefurter Journals* –, teilte aber auch in späteren Jahren den Ennui, der Anna Amalias Leben seit etwa 1790 mehr und mehr erfüllte. Schiller, ebenso scharfblickend wie unbarmherzig, nannte die Göchhausen in einem Brief vom 28. Juli 1787 an den Dresdener Freund Körner »ein verwachsenes und mocquantes Geschöpf«.

Die vielleicht glücklichste Epoche im Leben der Louise von Göchhausen ist in der vorliegenden, mit großer Sorgfalt gearbeiteten Edition dokumentiert. Im 18. Jahrhundert war das Reisen vor allem noch ein Privileg des Adels oder bürgerlicher Standespersonen, von dem Frauen in der Regel ausgeschlossen waren. Frauen reisten, wenn überhaupt, zu Verwandten auf Besuch oder zur Kur ins Bad. Als Anna Amalias Sohn Carl August und Goethe 1779 zu einer Reise in die Schweiz aufbrachen, schrieb die Fürstin am 4. November an Johann Heinrich Merck: »Die Nachrichten, die ich von den Reisenden bekomme, machen mir öfters den Kopf schwindlich. Es thut weh, von Nichts als den herrlichen Sachen zu hören, und sich ihnen nicht anders als durch ein trübes Fernglas nähern zu können.« 1788 aber – Goethe weilte noch in Italien – wurde in Anna Amalia der Wunsch übermächtig, das Land ihrer Sehnsucht endlich kennenzulernen. Im August brach sie auf. Erst im Juni 1790 kehrte Anna Amalia mit ihrem kleinen Hofstaat, zu dem selbstverständlich auch Louise von Göchhausen gehörte, nach Weimar zurück; kostspielig genug waren die Reisejahre für die Staatskasse gewesen.

Louise von Göchhausen, Anna Amalias alter ego, hat ein minutiöses Protokoll der Reise hinterlassen, das hier in einer buchstabengetreuen Transkription zum ersten Mal im Druck erscheint. Während Anna Amalia selbst in ihren *Briefen aus Italien*, geschrieben in den 1790er Jahren, sich an der Antike-Begeisterung der herkömmlichen Reisebeschreibungen orientiert hat, hebt Louise von Göchhausen all das ins Licht, was Anna Amalias Interesse im eigentlichen auf sich zog: Musik und Theater, dazu ein Gesellschaftsleben, das zuweilen ins aktuelle politische Geschehen hinüberspielte; auch die realen, keineswegs idealischen Reisebedingungen in Italien wurden nicht ausgespart. Dies gibt den Aufzeichnungen ihren authentischen Wert, hat der Herausgeberin aber auch ein hohes Maß an (souverän bewältigter) Kommentararbeit abverlangt, für die auch Anna Amalias eigenes handschriftliches Reisetagebuch herangezogen wurde.

Quellenpublikationen haben das Profil der Schriften der Goethe-Gesellschaft wesentlich geprägt. Der Faksimileedition von Goethes Handexemplar des Entwurfs der Wissenschaftslehre von Fichte folgt nunmehr das Italientagebuch der Louise von Göchhausen nach. In den Aufzeichnungen der Weimarer Hofdame, die in reizvollem Kontrast zu Goethes Reisewerk stehen, mit diesem aber weder konkurrieren können noch wollen, wird ein markantes Kapitel deutsch-italienischer Kulturbeziehungen lebendig, und sie wecken nicht nur Respekt vor der Faktentreue und dem Esprit der Autorin, sondern auch Bewunderung für den schier unermeßlichen kulturellen Reichtum Italiens, der sich im Tagebuch spiegelt und zu dem es die Deutschen immer wieder hingezogen hat. Dem Buch seien viele aufmerksame, kunstsinnige Leser gewünscht.

Weimar im Februar 2008 Jochen Golz

Einleitung

Aus dem Nachlaß der 1807 verstorbenen weimarischen Hofdame Louise von Göchhausen ist ein Reisetagebuch überliefert, das diese als Begleiterin der Herzogin Anna Amalia von Sachsen-Weimar-Eisenach während eines zweijährigen Aufenthaltes in Italien geschrieben hatte. Es erweist sich nicht nur als ein bedeutsames Dokument zur Biographie der Herzogin, sondern auch als eine aufschlußreiche Quelle für das Arkadien-Erlebnis deutscher Reisender im 18. Jahrhundert.

Die Reise der Herzogin Anna Amalia vom 15.8.1788 bis zum 18.6.1790 nach Italien war, wie die Fürstin selbst in einem Brief vom 6.1.1788 an Johann Heinrich Merck (1741-1791) schrieb, »ein Kühnes unternehmen«.[1] Nicht allein das Alter Anna Amalias – sie war 1788 fast 49 Jahre alt – schien einem solchen Vorhaben entgegenzustehen, wie die Herzogin selbst noch am 9.10.1786 gegenüber Merck bezüglich der nach England reisenden, damals 55jährigen Sophie von La Roche (1731-1807) zu bedenken gibt: »die Welt macht die Menschen und es ist gut, wenn man in der Jugend sie kennen lernt, um im Alter Gebrauch davon zu machen, aber die gute *La Roche* fängt nur etwas spät an.«[2] Auch ohne diese Tatsache war eine solch lange, weite und gefährliche Reise außerhalb des Deutschen Reiches für eine Dame ihres Ranges damals sehr ungewöhnlich.

Spätestens seit 1781 trug sich die früh verwitwete Fürstin, die 17 Jahre lang voller Enthusiasmus und Durchsetzungsvermögen die Verantwortung für das thüringische Fürstentum und die Erziehung ihrer beiden Söhne nahezu allein getragen und schließlich 1775 als 36jährige ihrem Erstgeborenen, Carl August, die Regentschaft übergeben hatte, mit dieser Idee. Ein zurückgezogenes Witwenleben im kleinen Weimar konnte einer so tatkräftigen und vielfältig interessierten Herzogin schwerlich genügen. Und so setzte sie schließlich allen Widerständen seitens der Familie, des Hofes und sogar der Bürgerschaft Weimars zum Trotz ihren Plan in die Tat um.

Anna Amalias Neigung zu Italien und ihre Beschäftigung mit diesem Land und seiner Kultur währten schon viele Jahre: Ihre Brüder Carl Wilhelm Ferdinand (1735-1806) und Maximilian Julius Leopold von Braunschweig-Wolfenbüttel (1752-1785) hatten 1766 bzw. 1775 während der üblichen Grand Tour ebenso Italien bereist wie 1771/72 der im benachbarten Gotha lebende, befreundete Prinz August von Sachsen-Gotha-Altenburg (1747-1806). Der Bibliothekar der Herzogin, Christian Joseph Jagemann (1735-1804), hatte seit Mitte der 1750er Jahre fast zwei Jahrzehnte in Italien gelebt und bereicherte seit 1775 die hinsichtlich dieses südeuropäischen Kulturraumes bereits überdurchschnittlich gut ausgestattete Handbibliothek seiner Fürstin um weitere 230 Bände –

1 Leuschner IV, 493.
2 Leuschner IV, 330.

Bücher zur Geschichte Italiens seit dem frühen Mittelalter, in italienischer Sprache verfaßte schöngeistige Literatur des 14. bis 18. Jahrhunderts, italienische Übersetzungen antiker Autoren und eine sonst in keiner privaten Fürstinnenbibliothek vorhandene Sammlung italienischer Aufklärer.[3] Außerdem war er 1780 bis 1785 Herausgeber des *Magazins der italienischen Literatur und Künste* und 1787 bis 1789 der *Gazetta di Weimar*, der ersten italienischsprachigen Zeitschrift Deutschlands. Doch nicht nur die Geschichte, Dichtung und Philosophie Italiens beschäftigten die Herzogin. Neben der bildenden Kunst Italiens in Antike, Mittelalter und Neuzeit waren für sie und ihren Kreis auch die Werke der jungen zeitgenössischen Maler und Bildhauer von Interesse, die, manchmal auch von thüringischen Fürsten gefördert, in Italien zeitweise oder dauerhaft ihren Lebensmittelpunkt suchten, um aus dem Reichtum der dortigen Kulturlandschaft zu schöpfen. Der wohl wichtigste Zugang zur Kultur der Apenninenhalbinsel war für die musikliebende Herzogin jedoch die Tonkunst. Sie verfolgte die Veröffentlichungen dazu im *Teutschen Merkur* und andernorts und besorgte sich Notendrucke italienischer Komponisten. So entstand eine Sammlung, die in den folgenden Jahren noch erweitert werden sollte.[4] Und nicht zuletzt mögen die Briefe des Kunsthistorikers Johann Joachim Winckelmann an Berendis[5] und die seit 1786 in Weimar eintreffenden Berichte Goethes aus Italien ihren Wunsch zu dieser Reise verstärkt haben: »Ich glaube Italien ist für uns was der Fluß Lethe den Alten war, man verjüngt sich indem man alles unangenehme was man in der Welt erfahren hat vergießt u dadurch ein neu gebohrner Mensch wird.«[6]

Also trat die Herzogin, nachdem sie zur Beruhigung ihrer Familie und der Landeskinder die aus sieben Personen (der Hofdame Louise von Göchhausen, dem Kammerherrn Friedrich Hildebrand von Einsiedel, dem Komponisten Philipp Christoph Kayser, dem Koch René-François Goullon, der Kammerfrau Dorothea Musculus, der Hofjungfer Friederike Christiane Erdmuthe Roth sowie dem landeskundigen Führer Filippo Collina) bestehende kleine Suite um den Arzt Dr. Wilhelm Ernst Christian Huschke ergänzt und ihr Testament verfaßt hatte, die große Reise an.[7] Die kleine Gesellschaft fuhr zumeist auf den traditionellen Wegen, welche die damaligen Reisebeschreibungen empfahlen: Von Weimar ging es nach München und Innsbruck und von da über Bozen, Mai-

3 Raschke.

4 S. vor allem Dreiser-Beckmann 2004.

5 Anna Amalias Schatullier, Hieronymus Dietrich Berendis (1719-1782), hatte die 27 von seinem Jugendfreund Winckelmann erhaltenen Briefe der Herzogin testamentarisch hinterlassen. Sie stellte sie Goethe 1799 zur Verfügung, der durch diesen intimen Einblick in das Wesen des allseits bewunderten Gelehrten so tief beeindruckt war, daß er sie in redigierter Fassung in die 1805 erschiene Schrift *Winckelmann und sein Jahrhundert* aufnahm. Biedrzynski, 22.

6 Leuschner IV, 493.

7 Die meines Erachtens beste Analyse der vielfach schon beschriebenen Reise bietet Berger 2003, 550 ff.

land, Bologna, Florenz und Livorno nach Rom. Zum Jahreswechsel 1788/89 reiste die Herzogin nach Neapel, kehrte aber zu den Osterfeiertagen 1789 in die Heilige Stadt zurück und unternahm von hier aus einige Ausflüge in die Campagna di Roma. Mit Beginn des Sommers ließen sich die Weimarer für längere Zeit in Neapel nieder, denn die Herzogin fühlte sich hier unter dem blauen Himmel Süditaliens, wo sie einen von zeremoniellen Regeln wenig belasteten gesellschaftlichen Verkehr mit Künstlern, Wissenschaftlern und Standesgenossen pflegen konnte und von der weltlichen und geistlichen Musik berühmter einheimischer Komponisten und Interpreten umgeben war, so wohl wie nie zuvor in ihrem Leben. Kein Wunder also, daß die steten Mahnungen aus Weimar, doch bald wieder heimzukehren, lange auf wenig fruchtbaren Boden fielen. Erst nach fast einem Jahr verabschiedeten sich die Reisenden, die von hier aus auch die Inseln Ischia und Procida und das touristisch damals überhaupt nicht erschlossene Apulien besucht hatten, von Neapel und reisten über Rom, Terni, Loretto, Ancona, Pesaro, Bologna und Padua nach Venedig, wo Goethe bereits seit mehr als einem Monat auf die Gesellschaft wartete. Nach reichlich zwei Wochen Aufenthalts in der Lagunenstadt trat man über Verona, Innsbruck und Nürnberg die Heimreise an.

Für alle Teilnehmer war es die Reise ihres Lebens gewesen, und noch viele Jahre später wurden die in Italien aufgenommenen Fäden in den Weimarer Salons weitergesponnen: Die mitgebrachten Souvenirs, Bilder, Skulpturen und Bücher brachten italienisches Flair in die winterlichen Stuben. Kontakte, die man in Italien geknüpft hatte, wurden noch über mehrere Jahre hinweg brieflich gepflegt. Mit Freude erwartete der Kreis um die Herzogin noch lange Zeit nach der Rückkehr ins heimatliche Weimar Sendungen mit Noten der gerade in Italien gefeierten Opern oder die neuesten Dokumentationen zu den Beständen des Museo Pio-Clementino in Rom.

Die Reise der Herzogin ist in verschiedenen Texten und aus der Perspektive unterschiedlicher Personen sehr gut belegt und bereits vielfach beschrieben worden. Die Briefe, die aus Italien nach Deutschland kamen, dokumentieren am unmittelbarsten den emotionalen Eindruck dieses Aufenthaltes.[8] Überliefert sind solche Zeugnisse von Anna Amalia, der Göchhausen und Einsiedel, aber auch von Johann Gottfried Herder, der mit Johann Friedrich Hugo von Dalberg und Friederike von Seckendorff bereits einige Tage früher nach Süden aufgebrochen war und sich der Herzogin in Rom anschloß. Friedrich Wilhelm von Erdmannsdorff, der als Begleiter des braunschweigischen Erbprinzen in Neapel mit der Weimarer Herzogin und ihrer Entourage zusammentraf, berichtete davon seiner Frau. Viele dieser Briefe wurden bereits, zum Teil auch mehrfach, ediert. Die beiden während der Reise entstandenen Tagebücher, die bislang in der Forschung zwar berücksichtigt, aber nicht publiziert wurden,

8 Editionen u.a.: Seuffert; Nachgeschichte; Herder 1980; Herder 2003; Gothe, Brief; Bergmann; Deetjen; Dönike, Leuschner.

gleichen sich in Funktion und Anlage in hohem Maße:[9] Anna Amalia selbst führte vom 15.8.1788 bis 10.6.1790 »ein nüchternes Tatsachen-Tagebuch«,[10] das die Tagesereignisse meist nachträglich anhand vorheriger Notizen verzeichnet, aber auch einige sehr plastische Schilderungen der Menschen, Landschaften, Bilder und musikalischen Werke festhält.[11] Das Tagebuch der Hofdame Louise von Göchhausen[12] dokumentiert den gesamten Reisezeitraum vom ersten bis zum letzten Tag in großer faktischer Vollständigkeit und enthält daneben ebenfalls einige reflektierende Erörterungen. Eine weitere Quelle für die Erforschung der Arkadien-Reise Anna Amalias sind jene fünf fiktiven *Briefe über Italien*[13] mit ihren Vorarbeiten, welche die Fürstin in einer letzten Fassung wohl 1796/97, also Jahre nach ihrer Rückkehr, mit Bezug auf die Höhepunkte ihres Aufenthaltes schrieb. Natürlich gewähren auch einzelne, in den Schatullrechnungen und den Nachlässen der Reisenden verstreute Papiere wie Rechnungen, Bilanzen, Konzertprogramme und Reisepässe Einblicke in das Unternehmen. Selbst die Briefe, die den *Teutschen Merkur* oder Bertuchs *Journal des Luxus und der Moden* aus Italien von dem Sänger David Heinrich Grave oder dem Fräulein von Göchhausen erreichten, können zu den relevanten Quellen gezählt werden.

Hier wird nun eine Edition des Reisetagebuchs der Louise von Göchhausen vorgelegt. Es ist ein spröder, gar nicht dem Zeitalter der Empfindsamkeit zugehörig scheinender Text, der keine bekenntnishafte, die eigenen Gefühle im Angesicht neuer Natur- und Kunsterlebnisse auslotende Reflexion enthält, sondern sich als ein Faktenjournal präsentiert, das tagtäglich z.T. mit relativ genauen Zeitangaben den jeweiligen Aufenthaltsort, die Reiseetappen, Ausflüge von Rom oder Neapel aus, Besuche in Museen, Kirchen, Galerien, Konzerten und Opern, Begegnungen mit Personen unterschiedlichen Standes, Briefeingänge wie Briefausgänge, auch oft Anmerkungen zum Wetter, zur Qualität der Wege und Herbergen, zum Essen, zur Gesundheit usw. festhält. Daneben gibt es auch kurze Beschreibungen von Landschaften, knappe Urteile über Werke der bildenden Kunst oder Musik, über einzelne Menschen oder den allgemeinen Volkscharakter sowie einige in Konversationen aufgenommene, amüsante Anekdoten oder witzige sprachliche Wendungen, die das Tagebuch zu einem persönlichen Schriftstück machen.

9 Hollmer 1993, 75.
10 Wahl 1939, 125.
11 ThHStAWeimar, HA A XVIII, 153-155 – Auch wenn zu vorliegendem Zweck das Tagebuch der Herzogin nur kursorisch gelesen wurde, stimme ich J. Berger (Berger 2003, 556, Anmerkung 164) zu in seiner Kritik der von H. Hollmer vorgetragenen Beurteilung, diese Quelle sei wegen ihrer angeblich wenig konsequenten und tatsächlich gelegentlich schlecht lesbaren Ausführung nur bedingt zu verwerten.
12 GSA, 24/I 3.
13 Edition: Hollmer 1999.

Wegen der überwiegend protokollartig wirkenden Textgestalt wurde das Journal jedoch häufig als »das von der Hofdame Louise von Göchhausen geschriebene Tagebuch der Herzogin Anna Amalia«[14] und als »amtliches Dokument«[15] interpretiert. Eine solche Einschätzung zog auch den Versuch nach sich, aus dem Text der Göchhausen zu eruieren, »inwieweit Gedanken und Urteile der Herzogin Anna Amalia in das Geschriebene eingingen«.[16] Diese Hypothese läßt die Existenz eines eigenen Tagebuchs der Herzogin, das eine Reihe eben jener bei Louise von Göchhausen vermißter Wertungen der Herzogin über das Gesehene direkt faßbar macht, völlig unberücksichtigt.[17] Ähnlich stellt sich die Situation hinsichtlich der Einordnung des Göchhausen-Journals als Bedienstetentagebuch dar.[18] Auch die Beurteilung als ein offiziöses Tagebuch,[19] die auf eine von der Italienreise der Markgräfin Wilhelmine Friederike Sophie von Brandenburg-Bayreuth (1709-1758) im Jahr 1754/55 bekannte Arbeitsteilung hinsichtlich eines intim-reflektierenden, fürstlichen Tagebuchs und eines die äußeren Abläufe festhaltenden Diariums eines Kammerjunkers Bezug nimmt, scheint mir dem Journal der Louise von Göchhausen nicht gerecht zu werden. Mir gilt es vielmehr in der Tat als ein privates Schriftstück, das seine Spezifik gegenüber anderen zeitgenössischen Tagebuch- und autobiographischen Texten[20] aus der sozialen Existenz seiner Schreiberin, einer im Dienste an ihrer Fürstin aufgehenden Hofdame, gewinnt.

Louise von Göchhausen, die wegen ihrer kleinen, rachitisch verwachsenen Gestalt nie darauf hoffen durfte, ein Leben als Ehefrau und Mutter führen zu können, suchte ihren Lebensunterhalt in höfischen Diensten. Seit dem Tod ihres Vaters, Wilhelm Ernst Friedrich von Göchhausen, im Jahre 1768 war sie am Hofe der Markgräfin Karoline Louise von Baden aus dem Hause Hessen-

14 Dreiser-Beckmann deutet so den Aufkleber der Archivalie, der allerdings nicht von der Hofdame selbst stammt, Dreiser-Beckmann 2004, 44.

15 Ebenda, 45.

16 Ebenda, 45.

17 Eben wegen dieser grundsätzlichen Ähnlichkeit wurde das Diarium der Herzogin gelegentlich zur Ergänzung oder Kontrastierung der Aussagen des hier publizierten Tagebuchs der Hofdame Louise von Göchhausen herangezogen.

18 Müller geht hier von der Tatsache aus, daß Göchhausen im Dienste der Herzogin stand und also weisungsgebunden war. Doch da sie als Kern dieser Tagebuchart, die sie auch als Erziehungstagebuch (!) bezeichnet, selbst die von den Hofmeistern reisender Kavaliere geschriebenen Journale ansieht, die der Überprüfung dieser Ausbildungsphase durch die jeweils Erziehungsberechtigten der jungen Adligen dienten, trägt der Begriff nicht. Auch ist hier ebenfalls der dem Text der Göchhausen recht ähnliche Charakter des Tagebuchs der Herzogin unberücksichtigt geblieben (vgl. Müller, 30, 37).

19 Berger 2003, 557; Gothe, Alpen, 83 f.

20 Vgl. Lange – Hier werden Goethes Italienische Reise und Henriette von Egloffsteins (1773-1864) 1831 begonnene Lebenserinnerungen, die einen Bericht über ihre Hochzeitsreise 1791 nach Italien einschließen, kontrastiv dem Tagebuch der Louise von Göchhausen gegenübergestellt.

Darmstadt (1723-1783) in Karlsruhe tätig und seit 1775 – auf Empfehlung ihrer Tante, Johanna Liutgarde von Nostitz, – am Hof der Herzoginmutter in Weimar. 1783 avancierte das zunächst als Vorleserin und Gesellschafterin angestellte Fräulein zur Ersten Hofdame Anna Amalias. Sie war gut gebildet, belesen, hatte die Gabe, mit großem kommunikativem Geschick eine gesellige Atmosphäre und heiteres Behagen in ihrem Umkreis herzustellen. Mit ihrem organisatorischen Talent, ihrer geistigen Wachheit, ihrem Fleiß und ihrem Humor war sie wesentlich am Erfolg der Weimarer Liebhaberbühne und des *Tiefurter Journals* beteiligt. Die in Weimar versammelten großen Geister schätzten sie, auch wenn ihr Spott gelegentlich sehr spitz und schmerzhaft war. Das kluge Persönchen, dem die Literaturgeschichte die Überlieferung von Goethes *Urfaust* verdankt, bereitete seinen Freunden, zu denen Goethe, Herder, Wieland, Knebel, Einsiedel, Karl Friedrich Sigismund von Seckendorff (1744- 1785), der hessische Kriegsrat Merck und Goethes Mutter, Katharina Elisabeth Goethe (1731-1808), gehörten, vor allem als Verfasserin witziger, unterhaltender Briefe – natürlich auch aus Italien – ein großes Vergnügen. Louise von Göchhausen, deren Lebensinhalt der Weimarer Musenhof um die Herzogin Anna Amalia war, starb bald nach dem Tode ihrer Fürstin.[21] Das Tagebuch gehörte zu ihrem Nachlaß, war nicht Bestandteil der von der Herzogin oder ihrer Hofhaltung hinterlassenen Archivalien, was allein schon für den überwiegend privaten Charakter dieses Diariums spricht. Testamentarisch hatte sie zwar die Vernichtung all ihrer persönlichen Aufzeichnungen verfügt, aber in den Augen der Testamentsvollstrecker galt das Bändchen zur italienischen Reise wohl nicht als ein ausschließlich persönliches Dokument, weil es einem wichtigen Ereignis der Fürstenfamilie zuzuordnen war und in seiner Konzentration auf äußere Abläufe die Subjektivität der Schreiberin hinter der Funktion der Hofdame kaum sichtbar werden läßt: »Ihr individuelles Ich scheint der Rolle der Hofdame bruchlos eingefügt.«[22]

Das Tagebuch, das Louise von Göchhausen während dieser Italienreise führte, erfüllt meines Erachtens genau den Zweck, dem es nach der Intention seiner Schreiberin dienen sollte. Schon die Existenz eines nahezu ebenso vollständigen und faktenorientierten Tagebuchs der Herzogin spricht gegen die Annahme, daß Anna Amalia ihrer Hofdame den Auftrag gab, die Reise zu dokumentieren. Aber auch inhaltliche und formale Kriterien weisen auf einen subjektiven, zu privatem Gebrauch bestimmten Text.

Louise von Göchhausen war durch ihre Dienststellung als Hofdame verpflichtet, die Herzogin auf dieser Reise zu begleiten. Sie selbst wäre zunächst lieber in ihrer gewohnten Umgebung geblieben. Vielleicht ist diese geringe Vor-

21 Vgl. Deetjen, 1-15; Biedrzynski, 121-123; Schardt, 125.

22 Lange, 29 – Aus dieser Beschränkung auf die äußeren Abläufe zu schlußfolgern, Louise von Göchhausen »sähe« nicht, nehme die so andersartige Welt ringsum nicht mit emotionalem und intellektuellem Interesse in sich auf (Lange, 37), scheint mir durch ihre zeitgleich geschriebenen Briefe widerlegt.

freude der Autorin auch der Grund dafür, daß man im Tagebuchtext einen Gestus der Verweigerung[23] feststellte, der exemplarisch immer wieder mit dem Eintrag zum ersten Reisetag, dem 15.8.1788, zitiert wurde.[24] Aber auch nachdem Louise von Göchhausen, wie das Tagebuch,[25] aber vor allem auch ihre Briefe an die Freunde Wieland, Knebel oder Herder während dieser beiden Jahre belegen, außerordentlichen Gefallen an der überwältigenden Natur und dem angenehmen Klima des Landes, an den großen Städten mit ihrem reichen Kunstleben und an den vielen neuen Bekanntschaften gefunden hatte, blieb der Stil des Tagebuchs protokollarisch knapp, seine Urteile waren wenig ausgearbeitet und begründet, geschult an den damals üblichen und in der Tat benutzten Reiseführern oder diese vielleicht auch einfach bestätigend.[26] Geht man aber davon aus, daß dieses Tagebuch ein Diarium in seiner ursprünglichsten Form ist, eine Gedächtnisstütze, die eine spätere Rekonstruktion der Ereignisse, Eindrücke und Bilder aus der Erinnerung in geselligen Runden im Wittumspalais und in Tiefurt, für die sich die Hofdame organisatorisch und inhaltlich verantwortlich fühlte, oder auch nur in stillen Stunden ermöglichen sollte, dann verwundern seine Eigenheiten nicht mehr. Die punktuelle, täglich oder zumindest im Abstand nur weniger Tage erfolgte Notierung der äußeren Ereignisse in ihrem zeitlichen Ablauf und in Aneinanderreihung auch scheinbar ungleich gewichtiger Fakten erfüllt durchaus die Aufgabe, als ›Stichwortgeber‹ später auch eine reflektierte, anschauliche, detailreiche Erinnerung zu aktualisieren. Die von Louise von Göchhausen gelegentlich selbst empfundene und beklagte Unfähigkeit, ihre Erlebnisse in eine lebendige Darstellung zu fassen,[27] scheint dagegen als Begründung für den trockenen Tagebuchstil nicht hinreichend, zumal ihre Briefe eine so mangelhafte Eloquenz nicht wirklich belegen.

Natürlich notierte die Hofdame in ihrem eigenen Tagebuch überwiegend Vorkommnisse aus dem Leben ihrer Fürstin, denn als deren stete Begleiterin erlebte sie die meisten davon mit. Auch viele der Ereignisse, die zunächst andere Mitglieder der Reisegesellschaft betrafen, etwa deren Krankheiten oder an diese gerichtete, aber allen kundgetane Briefe (Nachricht von der Totgeburt eines Prinzen des Hauses Sachsen-Weimar-Eisenach;[28] Carl Augusts Brief mit der beigepackten Tabakspfeife für Herrn von Einsiedel),[29] waren in ihren Auswirkungen für die Hofdame relevant und also notierenswert.

Im wesentlichen bezeugen die meisten Informationen im Tagebuch der Louise von Göchhausen ihr eigenes Erleben: Sie notierte beispielsweise nahezu ausschließlich ihren eigenen Briefverkehr. Sie hielt fest, wenn sie im Auftrage

23 Lange, 28 f.
24 Vgl. z.B. Lange, 21 f.; Hollmer 1993, 74; Gothe, Alpen, 84.
25 S. Tb 5.9.1788.
26 Vgl. Anhang 3 und Kommentar dazu.
27 S. Brief an Wieland vom 17.4.1789, Deetjen, 88 f.
28 S. Tb 2.5.1789.
29 S. Tb 16.9.1789.

ihrer Herrin allein notwendige Gegen- bzw. Abschiedsvisiten machte, notierte aber nur selten der Herzogin Tun in dieser Zeit.[30] Blieb sie zu Hause, während die Herzogin z.B. in die Oper ging, notierte sie deren spätere Einschätzung über das Ereignis in der ihr eigenen Knappheit mit den distanzierenden Mitteln der Modalität,[31] so daß kaum Unsicherheit über die Identität des Urteilenden entstehen konnte. Notizen zu gerade neu erworbenem Wissen über den antiken Tempelbau,[32] Vokabeln und Sprichwörtern aus dem Italienisch-Unterricht, den Louise von Göchhausen bei einheimischen Geistlichen nahm, Auszüge aus naturwissenschaftlichen Texten zu vorgefundenen geologischen Situationen,[33] das Aufzeichnen der Partner, Gewinne und Verluste beim abendlichen Spiel, das für eine verantwortungsbewußte Hofdame peinliche und daher erwähnenswerte Vergessen der Schlüssel gleich am ersten Reisetag[34] oder die Episode, in der Einsiedel sie in den April schickt[35] – all dies wäre in einem für fremden Gebrauch bestimmten Journal zumindest unangemessen.

Das Tagebuch Louise von Göchhausens weist andererseits einige Lücken auf, was nicht der Fall sein dürfte, wenn es im Auftrage der Herzogin erstellt worden wäre: Beispielsweise erwähnte die Hofdame am 29.1.1789 im Gegensatz zur Herzogin[36] die Besichtigung des angeblichen Grabes von Vergil nicht, obwohl es bis heute in allen Reiseführern als bedeutsame Memorabilie verzeichnet ist. Am 2.3.1789 suchte die Herzogin mit ihrer Begleitung zwischen dem Besuch bei Catherine Smith und in der Galleria Doria-Pamphilj den aus Tirol stammenden Steinschneider Johann (Giovanni) Anton Pichler (1734-1791) auf, dessen Tochter Harfe spielte und sang[37] – im Tagebuch Fräulein von Göchhausens wird er nicht erwähnt. Am 8.3.1789 fuhr man, so notierte es nur Anna Amalia, nachmittags zunächst in die Kirche Sant'Agata (wohl Sant'Agata dei Goti, die einzige noch existierende ehemals arianische Kirche),[38] ehe man, wie dann auch die Hofdame festhielt, den ehemaligen Bacchustempel aufsuchte.

Was gemeinhin als Ausbruch Louise von Göchhausens aus der Rolle des unbeteiligten Chronisten interpretiert wird,[39] etwa wenn beide Damen ver-

30 Vgl. Tb 21.8.1788, 20.12.1788, 24.12.1788, 21.1.1789, 21.8.1789, 4.2.1790, 9.4.1790 – Göchhausen (s. Tb 24.12.1788): »Gab ich Abends Visitten, es war sehr kalt.« Anna Amalia blieb derweil allein zu Hause und spielte Klavier (ThHStAW, HA.A.XVIII.153, Bl. 70 v). – Göchhausen (s. Tb 23.12.1788): »Zu Haus. Abends Herder«. Anna Amalia saß in dieser Zeit Angelica Kauffmann zum Porträt und besuchte abends die Principessa Santacroce (ThHStAW, HA.A.XVIII.153, Bl. 70 v).

31 S. Tb 17.5.1789: »die Musick soll gut seyn«.

32 S. Tb 10.10.1789.

33 S. Tb 7.12.1789.

34 S. Tb 15.8.1788.

35 S. Tb 1.4.1790.

36 Vgl. ThHStAW, HA.A.XVIII.154, Bl. 6 v.

37 Vgl. ThHStAW, HA.A.XVIII.154, Bl. 23 r.

38 Vgl. ThHStAW, HA.A.XVIII.154, Bl. 26 v.

39 Berger 2003, 557.

schiedene Gemälde für erwähnenswert erachteten, gar ein unterschiedliches Urteil über bestimmte Bilder abgaben[40] oder wenn die Hofdame kritische Anmerkungen über das ihrer Ansicht nach zu kostbare Geschenk Anna Amalias an den Grafen Lerchenfeld[41] machte, ist in einem privaten Tagebuch legitim.

Auch die äußere Form des Tagebuchs, vor allem die Tatsache, daß der an Buchstabenverdrehungen, morphologischen und syntaktischen Inkorrektheiten sowie an Abkürzungen reiche Text später nicht redigiert wurde, spricht meines Erachtens gegen eine beabsichtigte Verwertung durch andere Personen. Ganz auszuschließen ist sie nicht, denn es war im 18. Jahrhundert durchaus übliche Praxis, private Briefe und Tagebücher unter Freunden auszutauschen.[42]

Wie sehr die Schreiberin sich immer ihrer Rolle als Glied einer hierarchisch strukturierten höfischen Gesellschaft bewußt war, belegen die zwar meist abgekürzt, aber doch regelmäßig notierten Rangangaben der vielen neuen adligen Bekannten, die gelegentlich durch identifizierende Hinweise auf Verwandtschaftsverhältnisse oder Nationalität ergänzt wurden.

Die dem Tagebuch offensichtlich im nachhinein angefügten Anhänge, die Liste der angefahrenen Poststationen,[43] der Auszug aus der poetischen Reisebeschreibung Stolbergs, die Göchhausens eigene Empfindungen am Golf von Neapel besonders plastisch und adäquat faßte oder zumindest als Gesprächsstoff dienen konnte,[44] die Exzerpte aus Volkmanns Reiseführern, wodurch sich wohl eigene Erinnerungen während des sehr zügig absolvierten Reiseabschnitts zwischen Rom und Ferrara ergänzen ließen,[45] und nicht zuletzt Göchhausens Zusammenfassung eigener technisch-organisatorischer Erfahrungen (Transporte, Quartiere, Preise, Trinkgelder), die sehr deutlich aus dem Tätigkeitsbereich einer Hofdame entspringt und wohl nur als Hilfe für später Reisende gedacht sein kann[46] – alle diese Fakten unterstreichen den Befund: Louise von Göchhausen war eine Chronistin, der die Gepflogenheiten und Notwendigkeiten höfischen Lebens in Fleisch und Blut übergegangen waren, und dies bestimmte auch die Textgestalt ihres eigenen, privaten Reisejournals.

Daß dieses Diarium neben anderen – ›empfindsamen‹, literarisch ausgearbeiteten – Tagebüchern der Zeit heute als so fremd empfunden wird, daß man es

40 S. Komm. (1) 14.10.1789.
41 S. Tb 12.9.1788.
42 Goethe hatte angesichts der Rheinreise seines Sohnes August diesen sogar unter dem 10.7.1809 gemahnt: »Nur wünschte ich, daß du als ein fleißiger Heftschreiber auch ein Reiseheft schriebst, nicht um die Gegenden zu beschreiben, sondern nur von manchen Localitäten, Menschen, Gasthöfen, Preisen, gegenwärtigen Zuständen, Gesinnungen u.s.w. eine feste Notiz zu behalten. Dergleichen Aufsätze sind für uns und andre sehr belehrend, und in der Folge, wenn wir wieder an solchen Ort kommen, unschätzbar« (WA IV 21, 2).
43 S. Anhang 1.
44 S. Anhang 2.
45 S. Anhang 3.
46 S. Anhang 4.

häufig für ein unpersönliches Auftragswerk hält, rührt vielleicht aus der Generalisierung eines in dieser zeitgenössischen Literatur erfahrbaren, von starker Emotionalität und Subjektivierung autobiographischer Texte geprägten Erwartungshorizontes her.

Die hier präsentierte Edition soll es nun einer breiten Leserschaft ermöglichen, den gesamten Text selbst kennenzulernen und zu beurteilen.

Beschreibung der Handschrift

Das Tagebuch der Louise von Göchhausen über ihre Reise mit Herzogin Anna Amalia von Sachsen-Weimar-Eisenach nach Italien in den Jahren 1788 bis 1790 wird heute im Goethe- und Schiller-Archiv zu Weimar unter der Signatur GSA 24/I 3 aufbewahrt. Ende des 19. Jahrhunderts hatte die Großherzogin Sophie von Sachsen-Weimar-Eisenach aus dem Hause Oranien (1824-1897) das Journal, das ihr Friedrich Bruno von Göchhausen (1810-1894), ein Enkel von Ernst August Anton von Göchhausen (1740-1824), dem Vetter und Erben der Schreiberin, testamentarisch hinterlassen hatte, dem Archiv übergeben.

Das Tagebuch ist zusammen mit einigen anderen, zum Teil später entstandenen Texten aus dem gleichen Zusammenhang in einen zeitgenössischen, leicht abgeschabten, bordeauxroten Kaliko-Einband eingebunden (20 cm breit, 24 cm lang, 1,7 cm hoch), der durch Prägung eine lederähnlich genarbte Oberfläche erhalten hat. Darüber hinaus sind Rücken und Deckel durch Blinddruck verziert: auf dem Rücken verlaufen in jeweils gleichem Abstand sechs Linien untereinander, auf den Deckeln zeigt sich eine etwa 0,5 cm vom Rand entfernt umlaufende Linie. Ob dieser Einband auf Veranlassung und noch zu Lebzeiten L. von Göchhausens gefertigt wurde, muß offen bleiben.

Auf den vorderen Deckel ist ein Etikett aufgeklebt, das in fremder Handschrift folgenden, hinsichtlich des Reiseendes jedoch fehlerhaften, Text bietet:

»Tagebuch der italienischen Reise der Frau verwitweten Herzogin Anna Amalia von Sachsen Weimar-Eisenach. geführt von deren Hofdame Louise von Göchhausen. Abreise den 15 August 1788. Rückkunft den 18. Mai 1790.«

Das Tagebuch und die zugehörigen Texte sind auf zwei Heftbünde gearbeitet. Sie bestehen ausschließlich aus cremefarbenem, handgeschöpftem Büttenpapier mit Rippen und Stegen, das zum Teil auch Goldschnitt aufweist.

Der eigentliche Tagebuchtext, in dem ausnahmslos jeder Tag dieser Reise dokumentiert ist, umfaßt 85 Blätter mit den Maßen 19 cm × 23 cm, die fortlaufend beschrieben sind – nur Bl. 73v ist unbeschrieben. Die Blätter sind überwiegend unbeschädigt, einzig Bl. 34 ist unten rechts stark eingerissen. Teilweise ist jedoch schon Tintenfraß zu bemerken.

Nicht in die Bindung einbezogen wurde ein kleiner Zettel (11,2 cm × 11,5 cm) mit stichwortartigen Informationen zur Insel Ischia, der zwischen Bl. 49 und 50 eingelegt und nicht paginiert ist.

10 weitere Blätter unterschiedlicher Größe bieten verschiedene Texte, die in engem Zusammenhang mit der Italienreise der Herzogin und ihrer Begleiter stehen:

Bl. I – II (19cm × 23 cm): Tabelle mit allen auf der Reise berührten Orten sowie den Entfernungen zwischen ihnen in Meilen;

Bl. III (18,5 cm × 22,7 cm): Abschrift aus Graf F. L. von Stolbergs *Reise in Deutschland, der Schweiz, Italien und Sicilien in den Jahren 1791-92*;

Bl. IV (18,5 cm × 22,7 cm): leer;

Bl. V – VII (15,2 cm × 21,6 cm): Prosatext über die Rückreise von Rom bis Ferrara. Bei Bl. VII ist die untere Hälfte aus einem anderen Blatt ergänzend angeklebt, wohl weil das ursprüngliche Blatt auf der Rückseite mit Inhalten beschrieben war, die nicht zum Tagebuch gehörten, und deshalb abgeschnitten wurde. Ein Rest dieser vorherigen Beschriftung in Gestalt einer Nebenrechnung ist auf der rückwärtigen oberen Hälfte des Blattes zu sehen, sie wurde jedoch wegen des fehlenden Zusammenhangs zum Tagebuch nicht mit transkribiert.

Bl. VIII – IX (15 cm × 20,3 cm): Landeskundliche Informationen für künftige Italienreisende. Das untere Drittel von Bl. IXr sowie etwa vier Fünftel von Bl. IXv sind unbeschrieben.

Bl. X (16,5 cm × 20,5 cm): Dieser Text von fremder Hand und in italienischer Sprache erläutert die von den deutschen Gepflogenheiten abweichenden, damaligen italienischen Zeitbenennungen im Laufe eines Tages. Veranschaulicht wird dies graphisch an einem im oberen Blattdrittel dargebotenen Uhrenkreis mit römischen Stundenangaben. Die Rückseite des Blattes ist unbeschrieben.

Alle Seiten des Tagebuchs und der zugehörigen Texte sind beidseitig mit Eisengallustinte geschrieben, die jedoch unterschiedlich dunkel erscheint. Die Schrift ist überwiegend deutsche Kurrentschrift, fremdsprachige Morpheme, Wörter und Texte sowie gelegentlich auch deutsche Eigennamen schrieb Louise von Göchhausen in lateinischer Schreibschrift. Zum Teil wurden von der Autorin selbst Unterstreichungen und Randmarkierungen mit Tinte vorgenommen. Viel häufiger finden sich jedoch Hervorhebungen mit Blei oder Rötel wie Unterstreichungen, senkrechte Randstriche, Ausrufezeichen, vereinzelt auch Anmerkungen, die wohl durch spätere Leser erfolgten. An einigen wenigen Stellen des Tagebuchs hat die Schreiberin mit der Feder kleine Zeichnungen zur Verdeutlichung des Textes eingeschoben, so zu architektonischen Details (Bll. 23v, 56v) und zur Gestalt eines Musikinstruments (Bl. 68v).

Der Schriftblock ist zuweilen nach rechts eingerückt, um am linken Rand die Angabe der jeweiligen Aufenthaltsorte sowie des Datums exponieren und somit eine schnellere Orientierung ermöglichen zu können.

Eine Paginierung links oben in roter Tinte – für das Tagebuch in arabischen Zahlen, für die anhängenden Texte in römischen Zahlen – ist wohl zeitgenössisch, eine jüngere Paginierung am unteren Rand aller Blätter wurde mit Bleistift in arabischen Zahlen vorgenommen.

Auf dem Vorsatzblatt des vorderen Buchdeckels, auf Bl. 1r in der Mitte oben, auf Bl. Ir links oben sowie auf Bl. IIIv in der Mitte oben ist der Abdruck eines verzierten Monogrammstempels LG zu sehen, der aber der blauen Stempelfarbe zufolge nicht zeitgenössisch ist.

Heute wird das Tagebuch der Louise von Göchhausen zusätzlich durch eine dunkelgrüne Kaliko-Mappe mit schwarzem Band geschützt.

Editionsprinzipien

Grundlage der vorliegenden Textedition ist die im Goethe- und Schiller-Archiv Weimar unter der Signatur GSA 24/ I 3 aufbewahrte Handschrift des Reisetagebuchs der Hofdame Louise von Göchhausen (1752-1807) über ihre Reise mit der verwitweten Herzogin Anna Amalia von Sachsen-Weimar-Eisenach (1739-1807) nach Italien in den Jahren 1788 bis 1790.

Oberster Grundsatz dieser Transkription war die größtmögliche Quellentreue. Dies heißt vor allem, daß die Herausgeberin Eingriffe und Normierungen auf ein Mindestmaß beschränkt und jederzeit kenntlich gemacht hat.

Die Schrift des Textes wechselt zwischen deutscher Kurrentschrift und – in fremdsprachigen (französischen, italienischen und lateinischen) Wörtern und Morphemen sowie häufig bei Orts- und Personennamen – lateinischer Schreibschrift. Dieser Differenzierung wurde auch in der Transkription durch zwei verschiedene Schrifttypen Rechnung getragen.

Streichungen (~~Streichungen~~) und Unterstreichungen (Unterstreichungen) wurden ebenso wie interlineare Einfügungen (‹Einfügungen›) kenntlich gemacht. Einzig bei korrigierenden Überschreibungen von Buchstaben und Wortfragmenten wurde nur die von der Autorin gewünschte Wortform ohne Angabe der darunterliegenden fehlerhaften Schreibansätze wiedergegeben. Der Fall kam im übrigen recht selten vor.

Alle Hinzufügungen der Herausgeberin sind durch kursive Buchstaben kenntlich gemacht. Abkürzungen im Text wurden auf diese Weise, sofern dies ohne Zweifel möglich war, weitestgehend aufgelöst (außer »p« oder »pp«, lat. perge, für: usw.), unabhängig davon, ob sie in der Handschrift gar nicht, mit Punkt, mit Doppelpunkt oder durch usuelle Abbreviaturzeichen als solche gekennzeichnet sind. Gleiches gilt für einzelne Buchstaben, die aus Gründen des flüchtigen Schreibens in der Handschrift fehlen und kursiv eingesetzt wurden. Hinzufügungen ganzer Wörter und die generelle Ergänzung des Datums um Monat und Jahr, welche vorrangig der besseren Orientierung des Lesers dienen soll, stehen kursiv in eckigen Klammern. Nur der Geminationsstrich über den Nasalen oder die Kurzschriftform des /den/ im Datum wurden stillschweigend aufgelöst.

Die Interpunktion (Punkte, Doppelpunkte, Semikola, Kommata und Virgeln, die bei Göchhausen anstelle der heute üblichen runden Klammern stehen) wurde beibehalten, auch bei den Zahlen, da die Unterscheidung zwischen Ordnungs- und Grundzahl, sofern nicht ohnehin in der Handschrift die entsprechenden Endungen in Buchstaben angefügt sind, durch den Kontext hinreichend erhellt wird. Auch diakritische Zeichen wurden entsprechend der Handschrift wiedergegeben mit Ausnahme der gelegentlich vorkommenden Punkte über dem /y/.

Unleserlich waren in dieser Handschrift ohnehin nur Worte, die von der Autorin bis zur Unkenntlichkeit durchgestrichen worden sind. Diese wurden in der Transkription durch Sternchen (*) gekennzeichnet und zwar in der Weise, daß ein Stern jeweils für ein nicht zu erkennendes Wort steht, sofern dies überhaupt zu ermitteln war.

Das jeweilige Seitenende in der Handschrift ist durch einen senkrechten Strich (|) bezeichnet. Absätze auf neuer Zeile erfolgen natürlich am Ende jedes Tageseintrages wie in der Handschrift, aber auch bei einem dafür nach den zeitgenössischen Schreibkonventionen üblichen großen Spatium zwischen den Sätzen.

Bei einigen Buchstaben (besonders A, F, D, V, W) ist die formale Unterscheidung hinsichtlich der Groß- und Kleinschreibung schwierig. Hier wurde im Zweifel diejenige Schreibung in der Transkription gewählt, welche nach heutigen Regeln der Wortart gemäß wäre.

Fehler wie das doppelte Schreiben des gleichen Wortes, falscher Kasusgebrauch,[1] anderweitig fehlerhafte Wortverwendung[2] oder gänzlich durch widerstreitende Intentionen und Korrekturen agrammatische Passagen[3] werden generell nicht korrigiert. Sie sind wohl vor allem durch die äußere Schreibsituation verursacht und daher wichtige Indizien zur Beurteilung des Textes. Einige Wörter sind allerdings durch Buchstabenverdrehungen so verstümmelt, daß sie nicht auf den ersten Blick deutbar sind. Hier geben textkritische Fußnoten die ›gemeinte‹ Wortform, um das Verständnis zu garantieren. Auch die verschiedenen marginalen Textmarkierungen (vgl. Beschreibung der Handschrift) werden auf diese Weise angemerkt. Ebenso weisen die Fußnoten beschreibend auf einige skizzenhafte Zeichnungen L. von Göchhausens hin, welche die Form einiger im Text erwähnter Objekte veranschaulichen sollen.

Diese Prinzipien gelten ebenso für die mit dem Tagebuch zusammengebundenen Texte (vgl. Beschreibung der Handschrift), die auch transkribiert wurden. Es handelt sich dabei überwiegend ebenfalls um eigenhändige Texte – in einem Fall die Abschrift eines Fremdtextes – der Tagebuchschreiberin, die in engem Zusammenhang mit der Reise stehen, wohl aber erst im Nachhinein entstanden sind. Einzig der Anhang-Text 5 stammt nach Wort und Schrift von einem Italiener.

Übersetzungen der fremdsprachigen Texte werden wie Sacherläuterungen im Kommentarteil der Edition gegeben, die Identifikation der Personen erfolgt in einem kommentierten Personenregister.

1 Tb 4.5.1789: »die Ruinen des Villa des Vopiscus«.
2 Tb 14.7.1789: »um unser neues Hauß zu bezieht«.
3 Tb 6.11.1788: »weil das Bild so unbehülflich groß war hatte man es 2 Tei Darstellungen hat, getheilt«.

Tagebuch
der
Hofdame Louise von Göchhausen
über ihre Reise nach Italien
mit der
Herzogin Anna Amalia von Sachsen-Weimar-Eisenach
vom 15. August 1788 bis 18. Juni 1790
und
anhängende Texte

Am 15ten Aug*ust* 1788 früh um 6 Uhr reißten wir aus Weimar aus. Die Gesellschaft bestand aus Durchl*aucht* der Herzogin, H*errn* von Einsiedel und mir, in den ersten Wagen; in den zweiten befanten sich die Kammerfrauen Musculus und Rothin, Herr Keyser und der Medicus Huschke. Der Koch Goulon fuhr in einer Chaise voraus und Collina ritt. Wir kamen nach 2 Stunden in Jena an wo uns Knebel erwarthete. Einsiedel hatte seine Briefe und ich die Schlüßel vergeßen, es wurde also eine Staffette abgeschickt die uns das vergeßene nach Schleitz brachte. Nachdem wir gefrüstickt reißten wir mit Knebels beg*l*eitung weiter; bey Cahle nahm er Abschied von uns. Hier wurde der Weg sehr schlecht und bis Neustadt fast nicht fort zu kommen, verschiedenemal waren wir in Gefahr um zu werfen; auch that man in Neustadt die Vasch von den Wagen, und wir fuhren diesen Abend bis Schleitz. Da fanden wir die Frau von Hendrich, die Abends bey unß aß, und bis zu unserer Abreise blieb.

Den 16ten [*August 1788*] nach Gefell, der Weg ist immer schlecht bis Hof wo wir die Nacht blieben. Es wurde beschloßen über Bareut zugehn, wegen den übeln Zustand der Wege. Zwischen Schleitz u*nd* Gefell vergoß Lieber viel Thränen weil er sich die Hand etwas gestaucht hatte, er wurde ausgelacht u*nd* es wurde bald beßer. Wir trancken zusammen Thee, spielten | Taroc ombre und aßen zu Nacht.

Den 17 [*August 1788*] von Hof nach Münchberg und Berneck. Die Gegend ist hier schön, die Berge mit Schwarzholz bewachsen wechseln mit freundlichen Thälern. Bey Berneck zwey Ruinen von Bergschlößern, eines gehörte denen Grafen von Orlamünte das andere einer adelichen Familie. um 6 Uhr kamen wir in Bareut an Die Stadt ~~ist~~ hat einige Häuser in guten geschmack gebaut und liegt in einer freundlichen Gegend.

Den 18ten [*August 1788*] früh um 10 Uhr nach Creusen, Thumbach, Hambach und Amberg, die Hauptstadt der Oberpfalz.

Den[1] 19ten [*August 1788*] ruhten wir hier, die Stadt die wir besahen ist traurig, die Menschen sind häßlich und haben eine höchst beschwerliche Höflichkeit. Viel Viehzucht ist hier, diese geht fort bis einen einen theil Tyrols, Milch und Butter ist vortrefflich. Nachmittags besahen wir eine bunte Catolische Kirche, die nichts merckwürdiges hatte. Die Gegend um die Stadt, die wir nachdem besahen ist leidlich, doch geben ihr die wenigen Menschen ein todes Ansehn. Wir aßen ziemlich lustig zu Nacht und gingen des andern Morgens

1 Dieser Abschnitt schließt in der Hs. direkt an den vorhergehenden Text an, wurde hier nur der Übersichtlichkeit wegen abgesetzt.

Regensburg[2]
Den 20ten [*August 1788*] über Schwandorf und Bonholz nach Regenspurg. Die Frau Margräif war schon den Tag vorher angelangt und erwarthete die Herzo*gin* in der Comedie, es wurde die Cosa rara schlecht vorgestellt. Hier fanden wir auch H*errn von* Eglofstein, nach den Abendeßen bey der Fr*au* Margräfin ging er wieder ab.

Den 21ten [*August 1788*] gab ich verschiedene Visiten, bey der Fr*au* Margräfin, u*nd* Gräf*in* Görtz. Es kamen Besuche zur Herz*ogin* der Concomisair *von* Leikam, sein | Sohn, und andere mehr. Nachmittags kamen wieder Damen u*nd* Herrn das ganz Corps Diplomatique, Abends in die Comedie, die Entführung aus dem Serail, sehr mittelmäßig. Nach der Comedie in die gesellschaft, im Creutz, ich spielte Wist u*nd* verlohr 4 Gulden, wir aßen zusamen im Gasthof.

Den 22ten [*August 1788*] schrieb ich nach Weimar an meine Mutter u*nd* Ludecus. Den Mittag speißte man auf dem Land, der Concomisair u*nd* Gr*af* Göerz gaben den Fürstl*ichen* Personen ein Diner, der ganze Adel war versammlet. Das Haus liegt in einer schönen Gegend u*nd* gehört zu einen Kloster. um 5 Uhr fuhr man ins Theater / Verstand u*nd* Leichtsin. Mad*ame* Engs spielt artig, als dann Spiel bey H*errn* u*nd* Fr*au von* Sillerberg, Salzburgischer Gesander. ich spielte Taroc ombre u*nd* gewann etwas.

Den 23ten [*August 1788*] gingen wir gegen 11 Uhr ab, über Eglofheim, Buchhausen u*nd* ~~Lan~~ Ergelsbach nach Landshut, wir kamen gegen 7 Uhr an, die Stadt liegt sehr artig, das Land umher hat schöne Wiesen u*nd* Viehzucht, von Regenspurg wechselt Laub u*nd* Schwarzholz ab, wir blieben zu Nacht hier

München[3]
Den 24ten [*August 1788*] gingen wir nach München, 7 Meilen von Landshut, und langten um 4 Uhr an. Die Stadt ist gros und hat eine leidliche Lage, das Land umher fruchtbar und schön. Wir aßen zu Mittag, mit dem incognito wolte es nicht recht gehn, der Wirth empfing die Herz*ogin* mit Kniebeugung u*nd* Altesse. Wir zogen uns etwas um und gingen ins teutsche Schauspiel, die Marchansche gesellschaft führte die Schule der Väter, aus dem Französischen auf. Marchan | hat Theater Kändniß u*nd* ein ziemlich natürliches Spiel, doch thut ihm seine dicke Figur schaden, unter den übrigen Schauspielern war nichts hervorstechentes, doch sind sie gut eingespielt u*nd* machen ein leidliches Gan-

2 Diese Ortsangabe steht in der Hs. zur leichteren Orientierung des Lesers zu Beginn des Tageseintrages links neben dem Seitenspiegel.
3 Diese Ortsangabe steht in der Hs. zur leichteren Orientierung des Lesers zu Beginn des Tageseintrages links neben dem Seitenspiegel.

zes, ein Ballet machte den Schluß, einige Tänzer waren gut. Der Graf Heinrich Brül Preusischer Gesander in München kam zur Herz*ogin* in die Loge.

Den 25ten [*August 1788*] Besahen wir die Gallerie. vorher kam H*err* v*on* Ekartshausen zur Herz*ogin* an welchen ich, so wie an Kobel Briefe von Knebel hatte, auch kam ein Freund des verstorbenen Imhofs, Oberst von[4] auf die Gallerie kam Gr*af* Brühl so wie auch Kobel, dieser gefiel uns allen sehr wohl, Nachmittag, sagen wir verschiedene Portreits eines dortigen Mahlers Edeling, sehr wahr und gut, das Portra*it* von Imhoff vortrefflich. Kobel kam wieder und brachte 6 Stück Zeichnungen mit die er für den Herz*og* von Weimar bestimmte, interesante Gegenstände, schön u*nd* mit Geschmack gezeichnet. Wir fuhren zusammen ins Schloß, den Antiken Saal zu sehn. Der erste Blick hinein ist überraschenten, ein langer schöner ~~bogen~~ in gewölbten Bogen mit arabesken von Zukari gemalter Saal. von Antiquitäten ist ein schlafenter junger Herkules merckwürdig, so wie auch einige Hetruskische Wasen u*nd* Marmorne Gefäße. Noch besahen wir die Curfürstl*ichen* Zimmer die reich u*nd* prächtig sind, vorzüglich das grose mit Gold gestickt u*nd* durchwürckte Bett, worin zu schlafen der Himmel einen jeden behüten möge.[5] Die an diese Zimmer stoßente Gemälde Gallerie sahen wir leider bey sehr trüben Abend, es sind vortreffliche Italienische Sachen daselbst, u*nd* sehr gut geordnet u*nd* | gehalten. Kobel fuhr mit uns nach Haus, wir tranken Thee u*nd* die Zeit verstrich bis abends 10 Uhr sehr angenehm.

Den 26ten [*August 1788*] reißten wir früh um 8 Uhr ab. Der Churfürst war in das Haus des Prinzen Isenburg, das uns gegenüber lag, gekomen, aller Warscheinlichkeit nach aus Neugier um die Herz*ogin* abreisen zu sehn. wir fuhren über Wolfershausen u*nd* Benedickt Beyern, wo uns kurz vor der Station ein Gewitter überrasch*t* Die Schläge knallen gewaltig in den immer mächtiger werdenten Bergen. Von da bis Wallersee wurde Vorspann genommen 8 Pferde zogen die Wagen den Kugelberg hinauf, den See vorbey gleiches Nahmens. Da die Nacht einbrach und wir aussteichen musten wurde mir etwas bang, die Gegend ist grausend prächtig, ungeheure Berge, Waßerfälle, die ström*en*t im Thal fort rauschen u*nd* hier u*nd* da Cruzifixe mit bludenten Heylanden oder Abbiltungen von geschehenen Unglücksfällen, tragen nichts dazu bey der Seele Muth zu geben. Wir kamen aber doch Abends um 9 Uhr glücklich in Waller See an, es regnete die ganze Nacht u*nd* den folgenten Tag.

4 Hier wurde Platz für eine – allerdings nicht erfolgte – spätere Ergänzung des Namens frei gelassen.

5 Die Unterstreichung und ein gleichartiger schräger Anstrich am linken Rand der Zeile erfolgten mit Rötelstift.

Den 27ten [*August 1788*] das Haus wo wir schliefen liegt am Waller See, die Aussicht über den ganzen See, die gegenüber stehente Kirche u*nd* ungeheuren Berge. Wir fuhren über Mittelwald u*nd* Seefeld, von da bis Inspruck fährt man einen ziemlich steilen Berg hinauf, man kommt als dann an die ~~l~~ Ufer der Inn einige Stunden lang fort, das Thal vom Berg herunter gesehn ist unendlich schön u*nd* manichfaltig. Wir kamen gegen 6 Uhr in Inspruck an.

Inspruck[6]
Den 28ten [*August 1788*] früh besahen wir die Franziskanerkirche, Philipine Welserin | hat hier eine eigene Capel, worinnen sie in Marmor gehauen liegt. Sie war aus Augspurg die Gemahlin Herzogs Ferdinand von Oestreich, Burgund u*nd* Graf von Tyrol, Sohn Keyser Ferdinand des I u*nd* Bruder Keysers Maximilians des II.

Auch sind in dieser Kirche vorzüglich merkwürdig 28 Statuen von Bronce verschiedener Könige u*nd* Keyser, aus Franckreich, Spanien u*nd* Oestereich, unter andern König Artur von England, Rudolph von Habspurg, dieser hat eine sonderbare Aehnlichkeit mit den verstorbenen König von Preusen Fride*ricus* II

Das Grab Keyser Maximilians er k*n*iend auf der Cupole in Bronce. Die basreliefs von Cararischem Marmor Thaten des Keysers, sehr gut gearbeidet von Alexander Collinus aus Mecheln. 2 Stück sind von anderer Hand, weniger schön. Nachmittags besahen wir das Schloß. Der Saal worinnen die Keyserliche Famielie in Lebens grosen Portreits abgebildet ist, ist gros und schön Der Plafon, alegorien von Tyrol und seiner Protucte, von Malbiesch. Verschiedene Zimmer der Erzherzogin sowohl Sommer als Winder Wohnung. Die Capelle Frantz des I den Gemahl Marien Theresiens auf der Stelle wo er vom Schlag getroffen wurde steht der Altar Figuren von Alabaster, mittelmäßig. 12 Stiffts Fräulen sind bey diesen Stifft angestellt, tägl*ich* 2 mal Meße.

Die Erzherz*ogin* ist Aebtissin besucht aber diese Capelle nur bey feyerl*ichen* Tagen. Die There~~i~~sien Stadt wird meist vom Adel bewohnt u*nd* hat schöne Häuser Das Thor ist im schönen Stiel mit alabaster Busten u*nd* reliefs, auch das Brust bild der Keyserin. Abends fuhren wir in die teutsche Comedie das Stück, die Acteurs u*nd* Orchester waren gleich schlecht. Hier aßen wir die ersten Italienischen Trauben u*nd* Früchte. |

Den 29ten [*August 1788*] früh um 8 Uhr von Inspruck nach Schömberg, diese ganze Station ist ein Berg wovon sie den Nahmen hat, die mit Schneebedekten Berggipfel stechen mit den schönen in voller Ernde stehenten Thälern sehr mahlerisch ab. Durch die Thäler strömen Flüße die aus den Bergklüften fallen. Die Begeistrung Osians wird einem in diesen Gegenden lebendig, wen er die

6 Diese Ortsangabe steht in der Hs. zur leichteren Orientierung des Lesers zu Beginn des Tageseintrages links neben dem Seitenspiegel.

Geister der Vorfahren auf ihre Schilder gelehnt in Wolcken auf den Bergen ruhen sieht u*nd* wie sie im Sturm wieder dahin fahren.

In Steinach musten wir 1 Stunde lang auf Pferde warthen, der 2te Wagen blieb zurück u*nd* wir aßen zum Zeitvertreib Forellen, die vortreffl*ich* wahren u*nd* trancken Tyroler Wein dazu. Auf den Brenner musten wir 6 Pferde nehmen. Hier sind die Berge höchst schön ~~und n~~ vorzüglich ein~~e~~ Wald~~mühle~~ Strohm der eine Mühle treibt und im Thal über Felsstücke fortrauscht. Abends nach 8 Uhr kamen wir in Sterzingen an u*nd* da der 2te Wagen erst gegen 10 Uhr kam aßen wir alle 3 allein u*nd* legten uns schlafen.

Den 30ten [*August 1788*] fuhren wir ½ 8 Uhr von Störzingen ab, begegneten einen Cohr Meyländischen Soltaten die in Insprück zu den Keyserl*ichen* Scharfschüzen stoßen u*nd* zur Armee transportirt werden sollen. Diese Leute sahen meist häßlich aus 3 Wagen mit Kranken gaben einen höchst wiedrigen Anblick. Von Ober Mittelwald nach Brixen, wo wir etwas Supe aßen. Der Weinbau nimt mercklich zu. nach Colmann | u*nd* Teutschen. Das Thal wird immer enger u*nd* die Berge die weniger bewachsen sind immer drückenter. Man fährt diese ganze Station, so wie einen theil der folgenten abwechselnd unter hangenten Felsen u*nd* den Einsturz trohenten Stein Maßen; doch sind die Chauseén vortrefflich u*nd* fast alle halbe Stunden lang trifft man Arbeider, die die herabfallenten Felsstücke aus dem Wege räumen. Abends um 8 Uhr kamen wir in Bolzano an. Die Stadt ist nur mittelmäßig groß. Die Woche nach unserer Ankunft solte Meße seyn, es waren also schon viel Fremde u*nd* Kaufleute gegenwärthig u*nd* viel Leben auf den Straßen. Die Gassen sind eng, so wie von Insprück aus die meisten Orte bis hier her. Zur Bequemlichkeit des Handels u*nd* der Fußgänger sind Arkaden an beyden Seiten der Straßen u*nd* inwendig die Butiquen

Bolzano[7]
Den 31ten [*August 1788*] Kam Morgens Keyser zu mir und bat mich die Herzo*gin* zu bitten daß sie ihm entlaßen mögte; er hatte die meiste Zeit bis hierher üble Laune gehabt u*nd* war, wie man sagt, keines Menschen Freund gewesen. Einsiedeln hatte er den nehmlichen Antrag gethan, die Herzogin mußte sichs also gefallen laßen u*nd* es wurde beschloßen des andern Morgens zu scheiden, er nach der Schweiz u*nd* wir weiter nach I*t*alien. Nachmittags besahen wir die Stadt, die in ihren äusern weiter nichts merckwürdiges hat. Die Frauen tragen hier eine sonderbare art Mützen in Gestald 3eckiger Mannshüte von schwa*r*zen in Fältchen gelegten Flohr, 2 auch 3 solcher aus dem Gesicht gesparten Hütchen sind in einander geschoben, hinden sind die Hare in Zöpfe geflochten | umb eine~~r~~ silbern Nadel ‹gewikelt› fest gesteckt. zuweilen tragen sie auch noch ~~darü~~ über diese Haare ein weises spar Müzchen. Abends gingen wir in die Italieni-

7 Diese Ortsangabe steht in der Hs. zur leichteren Orientierung des Lesers zu Beginn des Tageseintrages links neben dem Seitenspiegel.

sche Opera buffa, la Vilanella rapita, Musick von Bianchi. Der Italienische Geist u*nd* das lebendige Spiel machte bey aller Mittelmäßigkeit dennoch Freude. Wir aßen zum lezten mal mit Keysern zu Nacht.

Den 1ten September [*1788*] um ½ 8 Uhr nach Brenzol, Neumarckt, Solurn, Levis. Die Luft war äuserst mild, wir hatten das schönste Wetter von der Welt, am Wege lauter Bäume mit in Girlanden hangenten Wein Reben Achazien u*nd* Feigenbäume. Durch Trient fuhren wir durch, die Stadt ist gros u*nd* volckreich. Zwischen Trient u*nd* Aqua viva brach das Rad am 2ten Wagen, man that was man konte dieses Uebel wieder gut zu machen. Der Postillion muste zurück reiden un*d* ein ander Rad holen. man brachte als dann 2 für welche 8 Dukaten bezahlt werden muste. Wir fuhren weiter u*nd* kamen Abends um 8 Uhr in Rovereto an. Hier spricht schon alles Italienisch und der Abstand mit Deutschland wird sehr mercklich, ohne eine zimliche Colique die mich Nachmittags schon plagte, hätte ich viel Spaß gehabt. Der 2te Wagen kam nach einiger Zeit auch glücklich an.

Den 2ten September [*1788*] um ½ 10 Uhr reißten wir ab, über Ala hier ist die Gegend eine halbe Stunde weit von Rovereto äußerst öde u*nd* Steinig, dann kommt man wieder an die Ufer der Edege u*nd* die Landschaft wird fröhliger, die Weingärten haben Mauern zwischen | welchen man fährt. kleine Eytexen laufen häufig diese Wände hinauf. in Ala musten wir auf Pferde warthen, wir aßen Eyer u*nd* Früchte u*nd* fuhren um 3 Uhr nach Peri, Volarni Die Gegend ist ode u*nd* Bergig, bald zu Ende der Station kommt man zwischen Bergen wo der Fluß noch dazwischen ist an den Venezianischen Paß, kurz vorher kommen Leute entgegen die den Wagen doppelt hemmen u*nd* halten, alle diese Anstalten u*nd* die kahlen himmelhohen felzen u*nd* das enge Thal wo das Auge ~~vo~~ rings um nichts wie hohe fels Maßen sieht, machen einen der diese Gegend nicht kent ziemlich bänglich, doch ist * * * * ‹aller› Gefahr durch die guten Wege u*nd* Anstalten vorgebeugt. Wie wir heru*n*ter waren belagerten diese Leute den Wagen u*nd* wolten 1 Ducaten buona mangia haben. Einsiedel ereiferte sich u*nd* wolte nicht so viel geben, er kam endlich mit 3 Gulden u*nd* etwas Zorn[8] von ihnen loß, und wir kamen glücklich in Volarni an, von da nach Verona, der Weg ist sehr schön, die Berge verschwinden allmählig, die Landschaft wird weit u*nd* fröhlich, Weinstöcke zwischen u*nd* auf allen Bäumen wie Festons einer Theaterdecoration. Es war ein herrlicher Abend, Luft u*nd* Himmel heiter u*nd* rein. Diese Station ist etwas lang, die Nacht überfiel uns, u*nd* wie wir vors Thor kam, wars verschloßen, nach einer halben Stunde Geduld kamen wir glücklich nach 9 Uhr in Verona an. | Wir logirten in den Gasthof le ł due Torri sehr gut, die Nacht war viel Lerm auf den Straßen. Des andern Tags als

8 Die Unterstreichung der Phrase und ein schräger Anstrich am linken Rand erfolgten mit einem Rötelstift.

Verona[9]
Den 3ten Sep*tember* [*1788*] schrieb die Herzo*gin* nach Weimar, so auch ich an meine Mutter u*nd* Wielanden. Den Nachmittag besahen wir das Amphitheater, ein groser herlicher Anblick. In der arena eine Bude worinnen man ~~seh~~ jezt schlechte italienische Comedie spielt, daß Volck sizt davor bis fast oben hinaus u*nd* bezeicht durch Klaschen u*nd* Geschrey seinen Wohlgefallen. Das Wetter war höchst lieblich, man kommt fast von den herrlichen Ueberbleibsel voriger Gröse nicht weg, so fest hällt dieß die Seele. Noch besahen wir das Haus wo die Conwersations des Adels gehalten werden, das theater u*nd* die Antiquitäten des Marchese Maffei, sie stehen unter einer bedeckten Gallerie in Freyen, auf den Corso wo alles spaziren fährt was ~~sich~~ sehn ‹oder sich sehn› lassen will Ein langer Plaz der weiter keinen Ring hat. Den Abend in die Italienische Comedie, die mir lange Weile machte weil ich wenig verstunt. Das Theater ist schön, so auch die Decorationen 5 Reihen Logen über einander.

Auch hatten wir einen ~~Kaufann~~ ‹Kaufmanns› sein Naturalien Cabinet besehn, der eine schöne sammlung inlandischer Naturalien hat, vorzüg*lich* ~~es~~ sind die versteinerten Fische merckwürdig, die in den Berg Bolca gefunden werden.

Den 4ten [*September 1788*] blieben wir Vormittags zu Hauß, ich schrieb an meinem Journal. Den Nachmittag besahen wir zwey Kirchen, in der ersten ein schöner Paul Veronese | le martir de S*an* Gorge. In der Cateteral Kirche ein Titian, die Himmelfarth Mariae, übel gehalten u*nd* schwarz gewortten. als dann fuhren wir in den Garden des Comte Justi, vermitelst seiner Lage hat man die Ausicht über die Stadt u*nd* die umliegenten Gegenden. Dieser Garden hat vorzüglich schöne Zipreßen, es war ein ungemein heiterer u*nd* schöner Abend.

Heute beschloß die Herzogin Kobeln aus München kommen zu laßen u*nd* Einsiedel schrieb deßhalb an ihm.

Mantua[10]
Den 5ten [*September 1788*] reißten ‹wir› um 8 Uhr über Castel nuovo u*nd* Roberbella nach Mantua, schöne hohe Pappeln sieht man hier viel auf den Wege hierher, u*nd* die Gegend überall um Mantua her freundlich, der schöne Himmel verschönerte noch mehr. um 1 Uhr kamen wir an u*nd* logierten in der Post, ein ~~scho~~ in den besten Geschmack eingerichtetes Haus, die Zimmer hoch, mit Arabesquen al fresco gemahlt. Nachdem wir vortreff*lich* zu Mittag gegeßen u*nd* etwas geruht hatten gingen wir einige Kirchen zu besehn, mir that mein Fuß sehr weh, u*nd* ich war froh wie wir wieder zu Haus waren. Des andern Mor-

9 Diese Ortsangabe steht in der Hs. zur leichteren Orientierung des Lesers zu Beginn des Tageseintrages links neben dem Seitenspiegel.

10 Diese Ortsangabe steht in der Hs. zur leichteren Orientierung des Lesers zu Beginn des Tageseintrages links neben dem Seitenspiegel.

gens um 5 Uhr erwachte ich sehr mu*n*ter, mir hatte zwar geträumt ich sey wieder in Weimar, u*nd* es behagte mir nicht sonderlich, da ich aber beym Erwachen die schönen freundliche hohen Plafons über mir sah besann ich mich bald eines beßern. unten im Hof ward Wein gekeldert u*nd* alles war mu*n*ter u*nd* lustig.

Den 6ten Sept*em*b*er* [*1788*] gings um 8 Uhr fort über Casteluccio u*nd* ~~z~~ Bozolo, wo wir eine frittata u*nd* Weintrauben zu Mittag aßen, der Postmeister, ein guter behaglicher Mann, erzehlte daß Marchesini sein guter Freund wär, u*nd* daß er ‹jezt› in Mayland säng. Nach 1 Uhr reißten wir über S*an* Pietro, Pieve S*an* Giacomo nach Cremona, wo wir gegen 5 Uhr anlangten. Den | lezten Tag in Verona wurde es schon sehr warm u*nd* so gings fort bis Meiland, so starck die Hitze auch wurde so war sie doch nicht drückend u*nd* wir litten weniger davon als wir oft in Deutschland davon gelitten hatten.

Wir besahen in Cremona den Dom, der den Gasthof la Colombina, wo wir logierten gegenüber liegt, es ist eine schöne an Marmor reiche Kirche, vorzüglich giefielen mir ein par Säulen von grünen Marmor, der den verto andico ziemlich nahe kommt. Ein Kanonikus dieser Kirche gesellte sich zu uns, die Gemälde derselben zu preißen. Wir hatten den Abend Gebed bey gewohnt u*nd* eine schlechte Musik angehört. Um nicht abzupaken legten wir uns zwar ausgekleidet aber ohne Nachtzeug zu Betten u*nd* des andern Morgens nach dem wir Caffee mit Eyer Milch getruncken, der uns nach so lange schlecht genoßenen, vortrefflich schmeckte

Meiland[11]
Den 7ten [*September 1788*] früh um 5 Uhr über Aqua nera, Pizzicatone nach Casale Pasterlingo, wo unser Rad gef*l*ickt wurde u*nd* wir etwas Eyer u*nd* Früchte aßen, als dann über Lodo u*nd* Marignano kamen wir Abends um 6 Uhr in Meiland an. Die Gegend ist hier ziemlich einförmig schöne Wiesen mit Bäumen besezt um welche sich Weinreben winden; ein beständiger Garden bis kurz vor Bologna wo die Gegend mahlerischer durch die Gebürge wird. Wir hatten uns geschmeichelt noch in die Oper gehn zu können, da es aber die Erste Vorstellung einer neuen Oper in dieser Jahrszeit war, u*nd* eine Menge Fremde zugegen waren, war keine Loge zu bekommen, auch konten wir nicht im Albergo reale | sondern mußten im Gasthof der tre Re, wo die Zimmer unfreundl*ich* u*nd* ohne Ausicht waren [*logieren*]. Einsiedel ging in die Oper, u*nd* die Herzogin begnügte sich, sie zu lesen, es war Olimpiade von Medastasio, Musick von Chimaroso. Ich will hier noch bemercken daß mir bis jezt die Menschen in Italien, gut, zuvorkomment u*nd* gefällig geschienen haben, auch die Gasthöfe sauber u*nd* anständig selbst an den kleinsten Orten waren, wo uns die Hitze zuweilen

11 Diese Ortsangabe steht in der Hs. zur leichteren Orientierung des Lesers zu Beginn des Tageseintrages links neben dem Seitenspiegel.

nöthigte auszuruhn. auch Zank u*nd* Streit ist uns nie vorgekommen. Doch muß ich Verona ausnehmen, wo die Unsauberkeit aufs höchste ging und man fast nicht ohne Eckel zum Fenster hinaus schauen konte, auch ist das Volck häßlich u*nd* bettelhaft.

Nach den ersten Ackt der Oper kam Einsiedel, bezaubert von Marcheses Gesang, wieder zurück, um zu erzehlen, die Hoffnung Morgen diesen Genuß zu haben, tröẞtete u*ns*.

Den 8ten [*September 1788*] nahm ich Medicin, ich litt an den Augen u*nd* der Digestion, es wurde bald beẞer u*nd* wir brachten den Vormitag zu hauẞe zu Nach einer ziemli*ch* schlechten Malzeit unterhielten wir uns hausen auf der Gallerie mit einen Piemondesischen Cavalier, Graf Castelburg, er war ~~h~~ in Meiland kra*n*ck worden u*nd* jezt in der Beẞrung, er hatte seine Frau u*nd* ein schönes Kind, mit sich, er schien ein Mann von Weld u*nd* Kändnißen zu seyn, seine Jugend hatte er meist mit Reisen in u*nd* auser Europa zugebracht. Grawe kam den Nachmittag u*nd* die Herzogin ging in den Dom, es war Festtag u*nd* Kirchen Musick. in dieser Kirche wird den H*eiligen* Ambrosius zu ehren noch der | ambrosianische Gesang beybehalten, die Musick schien mir sehr mittelmäßig. Der Dom zu Meiland hat wircklich etwas sehr groses beym ersten Anblick, er ist in Gothis*ch*en Gesch*m*ack gros u*nd* edel erbaut, die ungeheuren Säulen worauf diese Kirche ruht geben einen Begriff von ewiger Dauer.[12] Doch geben die ungeheure Menge der Statuen in u*nd* ausserhalb der Kirche bey genauer Bemerckung etwas kleinliches in den Zierathen, dieß hat auch ~~den~~ das bon mot des H*errn* v*on* Contamine veranlaßt der als er sie zum ersten mal sah, fragte: ese que tout le monde se petrifie ici?[13] gegen Abend fuhren wir auf den Corso, eine närrische Gewohnheit der Italiener, noch in allen Städten wohin wir kamen, Abends bey gut oder schlechten wetter auf einer langen Straße hin u*nd* her zu fahren, an gewißen bestimmten Orten hält der Wagen still u*nd* man unterhällt sich mit seinen Bekanden, oder sieht die Wagen vorbey passieren, als dann gehts in die Oper. Das Haus ist schön mit 5 reihen Logen übereinander erbaut, unter den Schauspiel ist ein fast ununterbrochenes Gedöße u*nd* jemand der es zum ersten mal sieht u*nd* gern hören möchte, leidet viel dabey, im 2ten Akt gings beßer, u*nd* Marcheses Stimme erweckte wie immer allgemeine Bewunderung. Hier präsendirte sich auch der Herz*ogin* ein gewißer Graf Lerchenfeld, wie auch die Marchese Castiglioni

Den 9ten [*September 1788*] kamen Vormittags verschiedene Besuche, Gr*af* Lerchenfeld aß zumittag bey der Herz*ogin* Nachmittags kam die Marchese Casti-

12 Neben den vier Zeilen, die dieser Satz einnimmt, sind jeweils kurze waagerechte Rötelstiftstriche als Markierungen zu sehen.

13 Der Satz ist mit Rötelstift unterstrichen und durch einen gleichartigen schrägen Anstrich am linken Rand hervorgehoben.

glioni, man fuhr auf den Corso u*nd* in die Oper | vorher versammelt man sich in einen Saal wo alles beau Monde fast zugegen ist, der Graf u*nd* Prinz Kaefenhüller, die Marchese Litta, Schwägerin der Castiglioni u*nd* verschiedene andere ließen sich der Herzogin präsentieren, nach der Oper war Ball oder sogenande Redoute, ein langweiliger Spaß.

Den 10ten [*September 1788*] ging die Herz*ogin* früh in den Dom, das Grab des H*eiligen* Boromei u*nd* den Schatz zu besehn. Als dann in die Wohnung des Erz-Herzogs, der den 2ten Tag nach unserer Ankunft mit seiner Gemalin aufs Land gegangen war.

Der Saal ist schön u*nd* mit viel Geschmack moebliert, den Abend wieder auf den Corso u*nd* in die Oper, wo sich Graf Wilzeck der Herz*ogin* präsendiern ließ. Auch Marchesini kam in die Loge

Den 11 [*September 1788*] wieder Abends wie die vorigen Tage.

Den 12ten [*September 1788*] In die Ambrosianische Bibliotheck, die Handschriften von Petrarca, in die Etition eines Virgils, u*nd* Leonardo Vinci werden hier gezeigt. In den Gemälde Saal sind die Cartone von Raphael von der Schule von Athen vorzügl*ich* merckwürdig. Den Ubrigen Tag blieben wir zu Haus u*nd* bereiteten uns auf die Abreise. Nachmittags kam ein ziemlich starck Gewitter. Verschiedene Besuche kamen, unter andern auch der Kapel Meister Pichel. wir tranken Thee u*nd* supierten in Gesellschaft des Gr*afen* Lerchenfe*l*dt den die Herz*ogin* eine goldene Uhr für seine gehabten Bemühungen schenkte. Dieses Geschenk kränkte mich sehr, da ichs lieber einen würdigern gegönnt hätte. |

Den 13 [*September 1788*] hielt uns die Langsamkeit der Wäscherin bis 11 Uhr auf. Der Graf Lerchenfeld versäumte nicht uns bis zur Abreise seine Gesellschaft zu schenken.Wir tranken Schokolade und begaben uns ziemlich enuirt auf den Weg über Marignano, Lodi, Casale Pasterlingo nach Piacenza kurz vor Piacenza mußte man sich über den Po ~~auf~~ in einen Nachen auf die Schiffbrücke tranzportieren laßen weil der Fluß zu seicht war u*nd* die S*chiff*brücke nicht ans Land konte. Die Stadt in welche wir nach 6 Uhr ankamen, schien mir nichts weniger als plaisant, die Gegend um her ist desto freundlicher.

Parma[14]
Den 14 [*September 1788*] gingen wir wegen einer ausbeßerung am Wagen erst um 9 Uhr ab, das Wetter war wie schon den vorigen Tag, sehr schön, der Himmel zwar bedekt aber die Luft ~~verb~~ lau u*nd* mild. Zu Borgo S*an* Donino stiegen wir in einen schmuzigen Gasthof ab, aßen eine schlechte Frittata u*nd* Eyer, bey

14 Diese Ortsangabe steht in der Hs. zur leichteren Orientierung des Lesers etwa in der Mitte des Tageseintrages links neben dem Seitenspiegel.

Tisch kam ein Sänger der seine Lieder mit der Zitter begleiten ließ, auf einige Weise wurde hierdurch die schlechte Kost gewürzt. Ein paar zutringliche Nimpfen wartheten auf, kehrten zugleich die Stube u*nd* schüttelten das Bett auf, weil sie einen Fremden erwartheten. Bey der lezten Station vor Parma, Castel Guelfo, kommt ~~wie~~ man wieder über eine Schiffbrücke der Fluß ~~eis~~ heißt Parma u*nd* scheint wenn er groß ist einen weiten Theil der Gegend umher einzunehmen, jezt war er ziemlich klein. um 4 Uhr kamen wir in Parma an. Das Theater ist ~~wegen~~ seiner schönen architektur wegen merckwürdig, auf den Amphith*e*ater | ruhen Säulen, zwischen welchen Logen angebracht sind. Der Baumeister Veg‹n›ola erbaute es unter denen farnesischen Herzogen. Das Partere kann unter Waßer, zu Naumachien oder kleinen See gefechten, gesezt werden. Da die Herz*ogin* einen ziemlich starken Schnupfen hatte, wurde beschloßen

Modena[15]
Den 15ten [*September 1788*] erst gegen 11 Uhr bis Modena abzugehn. Um 9 Uhr besahen wir in der Gallerie den bekanden u*nd* mit Recht geschäzten Coregio, Sa*n* Hyronimus, Maria mit dem Kinde, u*nd* Magdalene; auch die Bibliotheck. Wir kamen über Sa*nta* Eulalia, Reggio, Rubiere abends 6 Uhr in Modena an. In Reggio versammelten sich, wie fast in jeder Italienischer Stadt eine Menge Neugieriger u*nd* Bettler um den Wagen, die eben kein Wohlgefallen erregten. Im Albergo Reale waren alle Zimmer besezt und wir musten uns mit ein paar Stuben im Hinder haus begnügen. Die Nacht gabs viel Lerm u*nd* wenig Schlaf. Die Modeneser sollen vorzüglich lebhaft seyn, daher es zum Sprichword geworden, wenn einer zu lustig scheint, zu sagen: e mato o Modenese.

Bologna[16]
Den 16ten [*September 1788*] Besuchten wir die Gallerie im Pallast, der eine schöne architectur hat. In einen Saal u*nd* 6 Zimmern sind die Gemälde befindlich. sie hat schöne Coregios so wohl von seiner ersten, als nachherigen Manier Auch sind vortreffliche Handzeichnungen der besten Meister hier. alle Fenster sind damit geziert. Dann gingen wir ins Musaeum, es besteht aus einer Sammlung so wohl antiker als moderner Kunstsachen, einige Köpfe sind schön, vorzüglich merckwürdig ist eine weibliche Hand in weisen Marmor, man hält sie für ein Model eines griechischen Künstlers. Nach einer kleinen Mittags Mahlzeit reißten wir über Samoggia nach Bologna, wo wir Abends um 5 Uhr ankamen. Die Stadt hat ein | altes Ansehn, ist aber groß u*nd* sehr lebhaft. Die Wege wurden im Päpstlichen Gebiede, das bey der Vestung Urbino angeht, schon schlechter wie bisher, aber die Laage eine Stunde von Bologna äußerst schön,

15 Diese Ortsangabe steht in der Hs. zur leichteren Orientierung des Lesers im unteren Drittel des Tageseintrages links neben dem Seitenspiegel.

16 Diese Ortsangabe steht in der Hs. zur leichteren Orientierung des Lesers etwa in der Mitte des Tageseintrages links neben dem Seitenspiegel.

die Apenienen nähern sich nun gemächlich; denen umliegenten, alles bewachsenen Bergen geben Landhäuser, Gärden p ein höchst fröhliches Ansehn. Eine halbe Stunde ~~fah~~ vor der Stadt fährt man über die Brücke des Reno, der im Sommer meist klein ist. Die Brücke hat 22 Bogen und ist 470 Schritt lang.

Den 17ten [*September 1788*] Vormittags zu Hause, der Docktor fand für gut aus Vorsicht für der Herz*ogin* Gesundheit einige Tage hier auszuruhen. Nach Tische wurde das Institut /la Specola/ besehn. 16 Zimmer voll, sowohl Ku*n*st Sachen, Antikwitäten, als auch Phisische, Chimische u*nd* ander Instrumente, ein Naturalien Cabinet, eine Anatomie in Wachs pp. Ein Cabinet voll der schönsten Handzeichnungen der größten Meister. Vorzüglich gefiel mir ein groses Gemälde en Mosaique, den Papst Benedict XIV vorstellend. Der Graf Marsigli war der Stiffter dieses Instituts. Nachher fuhr die Herz*ogin* in das Franziscaner Kloster, die Musikalische Bibliothec des Pater Mattei zu sehn. zugleich ist hier eine Sammlung der berühmtesten Tonkünstler in Portraits. Wir waren in groser Gesellschaft von Franziskanern die uns durch die Säale begleiteten. Das Kloster selbst ist ein schönes Gebäude. Den Abend ließ die Herz*ogin* 4 blinde Musiker kommen, sie sangen u*nd* spielten Arien u*nd* andere Sachen aus Buffo Opern ganz artig.

Den 18ten [*September 1788*] Vormittags zu Hause, ich schrieb diese Tage an meinen | Jurnal und freute mich der Ruhe. Vor Tische ging ich mit dem Docktor aus einige Bücher zu kaufen. Den Nachmittag besah die Herzogin die Statue des Neptuns auf den Brunnen ~~auf~~ des grosen Plazes. Den Pallast Zambeccari u*nd* die Kirche S*an* Giovanni in Monte, wo ein schöner Raphael, die H*eilige* Cecilie, sich befindet. Das Gemälde hat 5 Figuren die beynahe alle gleich schön sind, vor der H*eiligen* Cecilie liegen zerbrochene Instrumente die sie von sich warf indem sie den himmlischen Cohr der Engel über ihr, zu hört. je länger man es an sieht je mehr Geist, Leben u*nd* Warheit scheinen die Figuren zu bekommen. Abends kam der Pater Mattei zur Herz*ogin*. Nach den Abendeßen hatten wir das vergnügen einen recht artigen vierstimmigen Gesang unter den Fenster zu hören, es waren Schuster, die für Geld, Abends, Fremde auf diese Weise unterhalten.

Den 19ten [*September 1788*] Gingen wir vor Tische unter den Arcaden spazieren, wo alles voller Menschen ist, Handwercker u*nd* Kaufleute trieben hier ihre Geschäfte man nennt diesen gang il corso dell Apetito. Einsiedel kaufte sich da Goldonis Werke. Zu Mittag aß der Pater Mattei bey uns. Den Nachmittag sahen wir in der Gallerie Sampiere unter andern Gemälden einen höchst schönen Albani, ein Tanz von Kindern um einen Baum, auf der Rechten Seite Psysche u*nd* Amor in Wolcken, die sich küßen; wie auch einen gleich schönen Petrus u*nd* Paulus von Guidoreni, Paulus sitzend, Petrus steht ihm zur Seite. Nach den Thee fuhr die Herz*ogin* gegen 8 Uhr ins Franziskaner Kloster, wo der Pater Mattei ihr

Musick von seiner Compositzion aufführen ließ. Dieser Pater Mattei scheint ein sehr ausgezeichneter Mensch in seinen Orden zu~~r~~ seyn, wenig|stens hat seine Biltung einen fast untrüglichen Austruck von Verstand und Güte. Ausser der Musick scheint er wenig Freude in der Welt zu haben.

Den 20ten [*September 1788*] Als den Tag unserer Abreise, kam der Pater noch um von der Herz*ogin* Abschied zu nehmen. Wir tranken Schokolade und fuhren um 10 Uhr nach Panora, der Weg geht schon ziemlich aufwärts, von da bis Logano musten 8 Pferde für jeden Wagen gespannt werden, diese Station, an welcher wir beynahe 5 Stunden fuhren geht fast beständig sehr schräch aufwärts, die umliegenden Gebürge, einige ganz öde ausgenommen, sind mit Castanien Bäumen bewachsen, die Dörfer die nur aus einigen ‹kleinen› elenden Häusern bestehn, haben durch die grauen Sandsteine mit welchen sie gedeckt sind ein Ansehn von eisgrauen Alter. Gegen 7 Uhr kamen wir alle felicaje an, ein einziges Haus in der ganzen Gegend. Goulon war voraus gekommen u*nd* hatte eine gute Abenmalzeit bereitet. Es war auffallend kald.

Florenz[17]

Den 21ten [*September 1788*] Erwachte die Herzogin früh um 3 Uhr, gegen 4 machten wir alles munter, es wurde Chokolade dann Caffee gekocht um uns zu wärmen, um 7 Uhr fuhren wir über Cavigliago, Monte Carelli, Cafagiolo u*nd* Fonte buona und kamen ~~geg~~ nach 7 Uhr in Florenz an. Der Weg ist meist Bergigt, vorzüglich öde sind die ersten beyden Stationen. ‹ärmliche Bauer Hütten liegen in den Thälern.› Der Morgen war trübe und kalt. Ein paar Posten vor Florenz fangen die Castanien Bäume wieder an. ~~E~~ Bey Cafagiolo ist das Thal schön und fruchtbar, Wein, Wiesen u*nd* ganze Alleen der schönsten Cypreßen. In Cafagiola geht es wieder aufwärts, hier spannte man 6 Pferde u*nd* 2 Ochsen an jeden Wagen, bis über der Hälfte der Station fonte buona sich das schöne Thal öffnet worinnen Florenz liegt, die schönen | fruchtbaren Hügel und Thäler umher, sind mit Häusern ~~u*nd*~~ die mit Aeckern, Wiesen u*nd* Weinbergen umringt sind, Meilen weit, wie über seeht, die Sonne ging schön unter u*nd* man sah diese Gegend und Florenz in ihrer Mitte, in ganzer Schönheit liegen. An dem Thor wo man hinein fährt wenn man von Bologna kommt, ~~li~~ ist der Corso, eine Menge Wagen die das schöne Wetter u*nd* der Sontag da versammlet hatte, hielten uns eine gute halbe Stunde auf. Endlich gelangten wir in den Gasthof Aquilo nera, wo wir 79 Stufen hinauf in schlechte ~~St~~ Zimmer steigen musten. wir aßen gut u*nd* blieben diese Nacht hier.

Den 22ten [*September 1788*] wurde sogleich nach dem Frühstück in ein anderes zu diesen Gasthof gehöriges Haus gezogen, es lag gegenüber, und diese Woh-

17 Diese Ortsangabe steht in der Hs. zur leichteren Orientierung des Lesers etwa in der Mitte des Tageseintrages links neben dem Seitenspiegel.

nung war schicklich und bequem. Wir blieben den Tag über zu Hause und den Abend gingen wir in die Oper; von den Sängern und der Musick war wenig zu hören, der Lerm im Theater war zu gros, kaum daß man zwey Arien zur Noth verstehn konte. Das Haus ist nicht sonderlich gros, es hat 4 Reihen Logen, die Dekorationen waren gut.

Den 23 [*September 1788*] kam Sig*nor* Cambiaci zur Herzogin und wir gingen in die Großherzo*gliche* Gallerie, wo alle Schätze Griechischer Kunst, die das Mediceische Haus sammelte, aufbewahrt sind, den ‹der Tribune› Zimmer wo die Venus zwischen den Ringern u*nd* den Schleifer steht ist nichts zu vergleichen – Apollen u*nd* der Faun, u*nd* die Meister Stücke Raphaels, seines Meisters Berugiano, Coregios, Guidoreni u*nd* anderer, geben wohl den höchsten Genuß der Ku*n*st, der mit Worten nicht auszutrücken ist. Auch thut die Famiele | der Niobe, in einen andern Saal, grose Würckung.

Cambiagi aß bey uns zu Mittag, so wie alle folgente Tage wenn wir zu Hauß waren. Nachmittags kam ein Bekander der Herzogin Sig*nor* Bavini, u*nd* Abends Lord Cowper.

Den 24ten [*September 1788*] Vormittags ins Naturalien Cabinet. Eine vollständige u*nd* schön gemachte Anatomie in Wachs. Unter den Mineralien, sahen wir auch den Sonnenstein, eine Art Kalchstein der sich biegt u*nd* dennoch die Härte hat in Glas zu schneiden. Auch lernten wir hier den Abate Fontana kennen; er hat einige Aenlichkeit mit Gleim. Der Sig*nor* Bavini aß zu Mittage bey uns. Nach tisch besahn wir die Lorenzo Capelle, eines der schönsten Monumente der Pracht u*nd* des Geschmacks der Mediceischen Famielie, leider ist [*sie*] nicht nicht völlig ferdig. Die Wappen aller Toskanischen Städe sind hier in Florendinischen Mosaic eingelegt. Ein Schatz ist hier von Orientalischen Granit, Marmor u*nd* andern vortreffl*ichen* Steinen. Die Statuen einiger Herzoge der Medicis, deren nur erst 3 stehn sind von Joh*ann* von Bologna. Alsdann in den Pallast Pitti, die gewöhnl*iche* Wohnung des Grosherzo*gs* wenn er in Florenz ist, hier sind vortreffl*iche* Gemälde, unterandern sahn wir die Maria della Segola von Raphael u*nd* 2 Gemälde von Mengs, im Schlafzimmer. Die Tische sind alle von Florentinischer Arbeid. Abends in die Loge der Lady Cowper, wo wir verschiedene Bekandschaften machten.

Den 25ten [*September 1788*] Aßen wir zu Mittag bey Lord Cowper in Gesellschaft der außwärdigen u*nd* einen theil der inländischen Minißter | als der Papstl*iche* Nunzius Mo*n*sig*nor* Ruffo, Mo*nSieur* Salinas, Spanischer M*inister* ‹nebst Frau› Marquese Sanbini Envoyé von Luka ‹u*nd* seine Frau› Comte de Duefort Pras Französischer Minister, Cheva*lier* Vernaccini Min*ister* von Neapel Prince Corsini mit Frau u*nd* Sohn, Duca de Bervio ein Spanier ~~und andere mehr~~ Graf Thurn Oberhofmeister der Groß Herzo*gin* u*nd* a*ndere* mehr. Abends war Campigi bey uns.

Den 26ten [*September 1788*] besahen wir den Pallast Riccardi. Ein sehr schöner Plafon von Lucas Jordano, das Geschick des Menschen von seiner Geburd an bis zum Ende mit allen Tugenden u*nd* Leidenschaften der verschiedenen Alter, höchst poetisch geordnet u*nd* meisterhaft ausgeführt. Als dann gingen wir nochmals auf die Gallerie, besahen auch die Fabrick der Florentinischen Arbeid. ‹auch das Münzkabinet.› Nach tisch in die Niederlage der Wasen die man hier von Allabaster macht, die Herz*ogin* kaufte eine Urne vor 5 ~~Tuk~~ Zechinen. Abends schrieb ich an meine Mutter u*nd* Wieland. Sig*nor* Bavini erschien auch noch.

Pisa[18]

Den 27ten [*September 1788*] Gingen wir über Lastra, Osteria nuova, Lascala Castel del Bosco, Forchetta nach Pisa, der Weg bis hier her geht meist an den Ufern des Arno hin u*nd* ist mahlerisch schön. Bey Lastra fangen die Pingen an, ein ganzer Hügel derselben giebt eine herrliche Ansicht, auch sieht man hier viel Cypreßen an den schönsten ~~v~~ Villen fährt man vorüber, Lorbeer Bäume ‹giebts› ~~sind~~ mit unter, die ganze Gegend paradiesisch. Abends um 7 Uhr kamen wir | in Pisa ~~an~~ in den Gasthof il Ussero an, aßen gut zu Nacht u*nd* legten uns schlafen.

Livorno[19]

Den 28ten [*September 1788*] Besahen wir die Merckwürdigkeiten von Pisa, als den Dom der wegen seiner antiken Colonaden sehnswerth ist, das Batister*i*um * reich an Marmor u*nd* schoner Architektur, die Canzel steht auf Säulen von orientalischen Granit u*nd* andern seldnen Marmorarten. Den bekanden schiefen Thurm u*nd* das Ca‹m›po Santo eine lange u*nd* sehr breite im 4eck gebaute Gallerie, mit schönen, sowohl alten als neuern Monumenten, auch sahen wir das von Allgarotti welches ihm der König von Preusen sezten ließ. Es ist von grauen ~~u*nd*~~ weisen u*nd* gelben Marmor zusamen gesezt, hat aber, meines Erachtens nach, für die 20000 R*eichsthaler* die es kostet keine schöne Form.

Nach einen ~~gl~~ kleinen Mittags eßen gings nach Livorno Der Weg tauert 3 Stunden, die Stadt ist nicht gros, aber sehr lebendig durch das treiben fast aller Nationen unter einander, wir fuhren auf den Porto ~~l. Molo~~ u*nd* der Anblick des ~~Haf~~ Meeres machte mir viel Freude Der Hafen ist voller Schiffe. auf den Ford ist die Aussicht am schönsten. Einsiedel wolde den Oficier, den er nicht kante, ein Trinkgeld geben u*nd* wurde ausgelacht. Abends in die Oper, die erste Sängerin gefiel mir vorzügl*ich* die Dekorationen waren schlecht, so auch das Ballet, eine Tänzerin ausgenommen. Die Music der Oper von Cherubini. |

18 Diese Ortsangabe steht in der Hs. zur leichteren Orientierung des Lesers zu Beginn des Tageseintrages links neben dem Seitenspiegel.

19 Diese Ortsangabe steht in der Hs. zur leichteren Orientierung des Lesers etwa in der Mitte des Tageseintrages links neben dem Seitenspiegel.

Den 29ten [*September 1788*] Regnete es den ganzen Vormittag, wir vertrieben uns also die Zeit so gut es gehn wolte, ich meist mit schreiben. um 5 Uhr besuchten wir einen teutschen Kaufmann, nahmens Wulf, den Einsiedel durch seine Brüder, die bey ihm gewohnt hatten kante, wir besahen seine Niederlage von Marmornen Statuen Büsten u*nd* andern Kunstsachen u*nd* tranken guten Thee mit Milch bey ihm, wobey viele politische Diskurse geführt wurden, welches seine Lieblings Unterhaltung zu seyn schien; übrigens schien er ein braver, guter, treuherziger Mensch zu sein, so wie auch seine Frau, eine Schweizerin, ein gutes Weib war.

Den 30ten [*September 1788*] gegen 9 Uhr nach Poggi Bonsi, 14 teutsche Meilen, dieser Tag wurde uns etwas sauer; man muß über Piesa zurück weil der andere kürzere Weg durch das eingefallene Regen wetter verderbt worden war. bey der lezten Station hatte uns die Nacht überfallen, wir mußten über den Poo, die Postillions hatten kein rechtes Herz weil der Fluß durch den Regen groß geworden war, Collina sprach Muth ein, es wurden Fackeln angezüntet u*nd* es ging glücklich durch. Nachts um 11 Uhr kamen wir in Boggi Bonsi an, wo der Prinz von Philipsthal ‹der in Rußischen Diensten ist› u*nd* Cambiagi die Herzogin erwartheten

Siena[20]

Den 1ten October [*1788*] mußten wir über Castillioncello nach Siena, der Weg ist zwar bergig aber höchst angenehm u*nd* die Lage von Siena sehr reizend. wir kamen gegen 1 Uhr an, aus unsern Gasthof l'albergo del Sole hatten wir eine herrliche Aussicht über die Gegend die durch Hügel, Thäler ‹u*nd*› Villen sehr viel abwechslung hat. Des andern Morgens hatte ich die Freude über dieser herrlichen Gegend die Sonne aufgehn zu sehn. Nach dem wir angekommen u*nd* zu Mitag | gegeßen hatten, gingen wir in den Dom, der wegen seines eingelegten Fußbodens von Marmor, worin Historische geschichten in grosen Figuren, deren einige vortreffl*ich* gezeichnet sind, merckwürdig ist. Das ganze Gebeute der Kirche ist von weis u*nd* schwarzen Marmor, der abwechselnt wie Streifen über einander liegt, aufgeführt. Der Kü*n*stler, der den Fußboden verferdigte heißt ~~Beccafani~~ Beccafumi. Wir besahen auch die Bibliothec der Augustiner, ich wunderte mich zwey Etitionen von Bails Dictionar da zu finden.

Den 2ten [*Oktober 1788*] um 8 Uhr ohngeachtet wir schon um 4 Uhr aufgestanden wahren, über Monterone, Buonconvento, Torrinieri, Arriverto, Riccorsi nach Radicofani. Wir kamen Abends gegen 7 Uhr an, es war ziemlich kalt, da es auf den höchsten der Apeninen liegt. Den ganzen tag fährt man fast immer Berg auf es wurden 6 auch 8 Pferde vorgespannt. Die lezten Stationen sind vorzüglich öde

20 Diese Ortsangabe steht in der Hs. zur leichteren Orientierung des Lesers zu Beginn des Tageseintrages links neben dem Seitenspiegel.

u*nd* die Berge meist unfruchtbar. Früh morgens sahen wir die alte Festung unsern Fenster gegenüber, welches eine sehr mahlerische Aussicht gab.

Den 3ten [*Oktober 1788*] um ½ 8 Uhr über Ponte Centino, Acquapendente, S*an* Lorenzo, ~~R~~ Bolsena Monte Fiascone, nach Viterbo bey A*c*qua pend*ente* ist die Gegend sehr mahlerisch hohe schön bewachsene Felsen, Ruinen eines ganzen Städchens, die sehr reizend mit Gestreuchen u*nd* Epheu bewachsen sind. Bey Bolsena sieht man Ruinen einer alten Hetrurischen Stadt, rechter Hand macht der See der 15 Stunden im Umfang haben soll, mit seinen Inseln in der Ferne eine herrliche Aussicht. Kurz nach dem wir aus Monte Fiascone ausgefahren, fiel der zweyte Wagen um u*nd* zerbrach die Achse. Glücklicher weise hatte niema*n*d Schaden dabey. Menschen u*nd* Coffer wurden auf einen andern Wagen den ein Veturino l führte aufgepakt u*nd* einige Stunde nach uns kam alles glücklich in Viterbo an. Die Wege von Boggi P*onsi* bis Viterbo sind schlecht

Den 4 [*Oktober 1788*] war gegen 10 Uhr der Wagen wieder im Stand u*nd* wir traten unsere lezte Tagereise nach Rom an. von hier an sind die Wege wieder gut, die Gegend aber ziemlich flach, einförmig u*nd* der schöne Boden schlecht bebaut. Abends um 8 Uhr kamen wir glücklich an. ohngeachtet es der Her*zogin* leid that nicht bey Tage in diese Stadt anzukommen so wurden wir früh beym Erchachen[21] um desto mehr durch den schönen Blick über einen theil Roms, aus unserer Wohnu*ng* überrascht. Das Haus der Donna Margarita auf den Piaza di Spagna ist freundlich, bequem u*nd* schön gelegen. Herder kam den Abend noch zu uns so wie auch der Hofrath Reifenstein.

Rom
Volcks Menge: 168 000. Jähr*lich* werden ohn gefehr 500 Menschen ermordet. In ganz Teutschland vielleicht nicht 50.[22]

Den 5ten [*Oktober 1788*] sah ich beym erwachen die ganze herrliche Gegend, die Perterskirche, die Villa Medici u*nd* die Gebäuden um her in der schönen Morgensonne – ich ging zur Herzogin u*nd* fand sie eben so fröhlich erwacht. Nach einiger Zeit kam der Hof*rat* Reifenstein, Herder, Dalberg u*nd* die Seckendorfen, ~~von welcher~~ deren Hiersein uns Herder schon gemeldet hatte, u*nd* es war grose Freude des Wiedersehns. Nach Tisch fuhren wir mit den Hof R*ath* in den Panteon oder die Rodonta, ein unaussprechlicher Anblick von Einfacher Gröse u*nd* Herrlichkeit. Man stellt noch Busten berühmter Männer ~~hinei~~ u*nd* Künstler hinein, wir sahn die des Raphaels, Menges, Medestasios, Sacchini u*nd* anderer mehr. ‹Die Büsten sehn kleinlich in diesen Raum [*aus*]› ‹Die Rodente ist ein Theil des Bäder des Marcus Agrippa, die ~~d~~er den August weihen wolde u*nd* da

21 Verschrieben, wohl für: Erwachen.

22 Diese Ortsangabe und die folgenden Notiz stehen in der Hs. zur leichteren Orientierung des Lesers zu Beginn des Tageseintrages links neben dem Seitenspiegel.

dieser es ausschlug sie allen Göttern weihete›[23] Als dann in die PetersKirche | Der Plaz davor, den man den Petersplaz nennt hat mit seinen zwey Springbrunnen ~~und~~ seinen Colonaden ‹u*nd* seinen Obelisk› ein groses Ansehn. Die Kirche selbst macht einen ganz eigenen Efeck*t*, es scheint daß die höchsten Grösen da sind um zu zeichen wie klein die Würckung davon seyn kann – auf das Panteon wills nicht recht gehn.

Der Papst war eben zugegen, wir sahn also sogleich auch dieses Schauspiel der Andacht. Reif*enstein* fuhr mit uns nach Hause u*nd* nach dem Thee wurde beschloßen in Rom nicht zu Nacht zu eßen, welches allgemeinen Beyfall fand.

Den 6ten [*Oktober 1788*] Nahmen wir Vormittags Medicin, ich fuhr vor Tische zur Seckendorfen, wo ich Herder u*nd* Dalberg fand. Nach Tisch kam Herd*er* zu uns, so gegen Abend auch die andern beyden wir tranken thee zu sammen u*nd* es wurde viel Gutes über das gesehene hin u*nd* hergesprochen.

Den 7ten [*Oktober 1788*] Fuhr Herder u*nd* Reifenstein mit uns ins Pantheon und in Vatikan oder Clementinum – Mittags aßen sie bey uns und Abends erhielten wir Briefe aus Weimar, worauf wir antworteten. von meiner Mutter, der Reinbaben u*nd* Ludekussen

Den 8ten [*Oktober 1788*] war förmlicher Post u*nd* Ruhe Tag, Abends fuhren wir zur Seckendorfen, Dahlberg u*nd* Herder waren auch gegenwärthig u*nd* wir tranken Thee zusammen. Vormit*tag* brachte Büri seine Zeichnungen.

Den 9ten [*Oktober 1788*] Vormittag mit der Hof*rat* R*eifenstein* aufs Capitol, der sterbente Fechter eine der merckwürdigsten Statuen. Die Keyser u*nd* Philosophen /an Ketten gelegt.[24]/ Nachmittags gingen wir in den Garten der Villa Medici spaziern. Abends ließ sich die Herz*ogin* beym Clavier acompagnern |

Den 10ten [*Oktober 1788*] um ~~10~~ ‹11› Uhr zum Hof*rat* Reifenstein, wir sahen sehr artige Sachen an gemähl*ten* als andere Ku*n*stsachen bey ihm, ein Portrait nach Angelica von der Frau vo*n* Dieden, wachs Mahlereyen pp Von da zur Mad*ame* Angelica, wir sahen ihre eigenen Gemählde u*nd* Sammlung von andern Meistern. Bey Tisch bekam ich Briefe von W*eimar* von meiner Mutter, Knebeln, Ludecus u*nd* Luc. Nachmittag kam H*ofrat* Reif*enstein* zu uns, wir besahen die Abdrücke der Gemmen, H*err* vo*n* Dalberg u*nd* Domherr vo*n* Weisc kamen auch zum Thee, abends war Buri bey uns

Den 11 [*Oktober 1788*] Reiste Einsiedel nach Albano zum Cardinal Bernier u*nd* kam den Mittag wieder, Reif*enstein* fuhr mit der Herz*ogin* u*nd* mir zu Tripel,

23 Die Ergänzung /‹Die Rodente…›/ ist nachträglich erfolgt und befindet sich in der Hs. auf dem unteren Rand der Seite.

24 Die Phrase ist mit Bleistift unterstrichen, in gleicher Höhe findet sich am linken Rand ein ebenfalls mit Bleistift geschriebenes /NB?/.

Buste des Königs von Preusen, Figuren zum Grabmal des Rusischen Generals Chernicheff u*nd* Goethens Büste, eine schöne Nemesis

Als dann zur Säule Traians, wo uns der Papst begegnete der zu einer Jagt Parti fuhr,[25] als dan auf den Forum des Nerva, Tempel der Pallas, TriumpfBog*en* Septimus Severus, Tempel der Concordia, wo bey noch eine einzelne Säule steht, 3 Säulen ~~des~~ ‹von› Jupiter Stator, Rostra wo die Römer zum Volck redeten, Vorum Romanum, Tempel des Romulus, darüber die Mauren der Keyser Pällaste, Tempel des Janus, Forum Boarium, kleiner Bogen des Septimus Severus, gegen über Cloaca maxima

Im Circus Maximus traten wir auf die Stufen einer Kirche wo man von einer Seite das Coliseum u*nd* der andern die Keyser Palläste übersieht. Auf der via sacra zum Triumfbogen Constantins des Grosen, ins Colise, Tru*m*fbog*en* des Titus, Tempel des Friedens, des Romulus u*nd* Roemus, der Faustina u*nd* Antonius Pius, er dient zur facata einer Kirche. Herder u*nd* Reif*enstein* aßen bey uns, Abends kam die Seckendorff u*nd* Buri, erstere fuhr mit uns in die Opera buffa, Circe.

Den 12ten [*Oktober 1788*] Sontags fuhren wir in die Rodonta, Messe zu hören | von da mit H*err* v*on* Dalberg u*nd* H*err* Hird in die Peterskirche. Herder aß bey uns nachmittag gingen [*wir*] im Garden der Vila Medici spazieren. Abends kam Dalberg u*nd* die Seckendorf. auch Mad*ame* Angelica, ihr Mann u*nd* H*ofrat* Reifenstein.

Den 13ten [*Oktober 1788*] in die Villa Borgese wir gingen erst in den schönen Garden spazieren wo Partien sind die ~~den~~ einen Engl*ischen* Garden im besten Geschmack Ehre machten. als dann besahen wir das Museum. der Fechter eine der schonsten Statuen. Das ganze Haus ist alles was man an Geschmack Reichtum u*nd* Schönheit, so auch die Gegend um her sehen kann. Reifenst*ein* aß bey uns. Nachmittag kam der Prinz Ruspoli u*nd* seine Gemalin zur Herzogin, auch der Rusisch Prinz

Den 14ten [*Oktober 1788*] gingen wir Nachmittags auf den Campio Vacino spazieren, abends kam der Cardinal Buoncompagno zur Herzogin. Ich schrieb an Goethen u*nd* an meine Mutter.

Den 15ten [*Oktober 1788*] führte uns Reif*enstein* zu verschiedenen Künstlern, Canova der das Monument für Ganganelli in der Kirche San Angelo gemacht, Cavaceppi, Carlo Albacini, der Statuen restaurirt, noch zu einigen wo wir vers*ch*ieden schöne Camien u*nd* ander Zierade sahen, auch die Art wie Mosaic gearbeidet wird.

Abends kam Schütz u*nd* Burri. Die Nacht kam ein Gewitter, so wie auch schon die vorhergehente, die mich um den Schlaf brachten

25 Die Unterstreichung und ein schräger Anstrich am linken Rand der Zeile erfolgten mit Bleistift.

Den 16ten [*Oktober 1788*] war Buri früh da, nachmittag besahen wir die neue Wohnung, die mir nicht sonderlich gefiel, vielleicht fügt sichs wenn wir drinnen wohnen. Abends fuhren wir zu Mad*ame* | Angelica, wo wir Thee tranken. Wir sahen sehr schöne architectonische Zeichnungen von ihrem Mann Sig*nor* Zucchi.

Den 17ten [*Oktober 1788*] fuhren wir vormittags auf den Monte Cavallo die zwey Pferdebändiger zu sehn, von welchen man sagt daß sie von Phidias u*nd* Praxideles wären, hier steht auch das Quirinal des Papstes Sommerwohnung. In den Pallast Ruspigliosi, der auch in dieser Gegend liegt, sahen wir in einen Garden Saal einen schönen Plafon von Guido, Aurora mit den 7 Morgen Stunden. Im Vorbeyfahren sahen wir die Fontana Felice, die 2 Egyptischen Löwen sind vorzüglich schön. In der Kirche Madonna della Vittoria, die H*eilige* Terese von Bernini welche ein Engel mit einem Pfeil verwundet. In S*anta* Maria degli Angeli eine sehr schöne Kirche die einen an die Rodonta errinnert, prachtige Säulen von antiken Marmor, sie steht über den Bädern des Dioclatian u*nd* aus den Säalen die darüber standen, besteht die Kirche. Es sind viele Gemälde darinnen die in Mosaic in der Peterskirche stehn. In S*anta* Maria Magiora sie steht auf schönen Säulen u*nd* die Capelle Borgesi u*nd* Sixtini ist vorzüglich merckwürdig durch die Einfache Schönheit der Bauart. In S*an* Eusebio, wo der Plafon von Mengs ist den er in seinen 20ten Jahre mahlte, ein heiliger fährt gen himmel u*nd* die Engel schweben um ihn, unter den Engeln ist des Künstlers Frau als einer der schönsten. In S*an* Jovani lateran u*nd* den Badisterio, wo Constantin der Grose getauft wurde. Nachmittags fuhren wir spaziern durch die Porta Angelica in die Porta dell Popolo, wir begeglneten Mad*ame* Angelica die mit uns nach Haus fuhr, u*nd* auch Fr*au* vo*n* Seckendorf kam u*nd* tranken thee bey uns.

Wann der Papst einen Künstler besucht, kommt des andern Morgens seine ganze Suite von Bedienung die buona Mariae abzuholen.[26]

Den 18ten [*Oktober 1788*] Schrieb ich Vormittags an die Fr*au* von Kalb Wertschaffel war bei der Herz*ogin* Nachmittag kam er wieder u*nd* brachte einge Zeichnungen von sich, daß was er von seinen Leben erzehlte ~~hat~~ intereßirte mich sehr. Gegen Abend kam die Principessa S*anta* Croce mit den Spanischen u*nd* Sardienischen Gesanden. Abends ins Theater, Circe u*nd* il Jeloso

Den 19ten [*Oktober 1788*] Sontags, schrieb ich Vormittags an Luck. Nachmittag fuhren wir mit Reif*enstein* den vorgestrigen Spaziergang u*nd* über den Corso nach Haus, welchen eine Menge Menschen zu Fuß u*nd* zu Wagen sehr lebhaft machen. Abends kam Dalberg zum Thee.

26 Der Satz wurde am linken Rand durch einen senkrechten Bleistiftstrich hervorgehoben.

Den 20ten [*Oktober 1788*] kam Buri Vormittags zu mir, wir fuhren als dan mit Reif*enstein* in die Villa Ludovisi die ihrer Lage nach sehr schön ist, das Haus ist noch im alten Geschmack mobliert, hat aber einge vorzügliche Statuen, Ein ruhenter Mars u*nd* die Gruppe von Papirus u*nd* seiner Mutter in der Bibliothec der grose Juno Kopf. Der Garden hat schöne Partien von Zipressen u*nd* Lecinis. Das zweyte Wohnhaus in demselben hat aus der 2 Etage eine vortreffliche Aussicht man sieht aus 2 ~~entg~~ gegen einander überstehenten Altanen ganz Rom u*nd* ~~die~~ ‹alle› ~~ganze~~ umliegenten Gegenden. Der Cardinal Buoncompagnie dessen ältern Bruder es ‹die Villa› gehört hatte eine artige Collation bereiten lassen. Von da fuhren wir in die nahe dabey gelegene Villa wo Raphael gewohnt hatte die der Cardinal Bamphilio Doria gekauft hat, er läßt den Garden im | Englischen Geschmack anlegen. Im Haus sind arabesken u*nd* ein kleiner Plafon von Raphael selbst gemacht, die Lage ist gleichfals sehr hüpsch. Reif*enstein* blieb den Mittag bey uns. Abends kam die Seckendorf zum Thee.

/der Kitt wo mit die Stiffte im Mosaik zusammen gehalten werden besteht aus Leinoehl, Marmor staub u*nd* ungelöschten Kalch./

Den 21ten [*Oktober 1788*] Vormittag in die Villa Albani, das Haus ist schön so wohl von Architektur als innerer Einrichtung. Von Kunstwercken hat mir vorzüglich ein relief des Antinous mit einen Kranz um den Kopf u*nd* in der Hand gefallen. Auch ein schöner weiblicher Kopf in Basald+ In den Portique unten eine sizente Statue von Euripites, ~~die~~ ‹auf der› Inschrift stehn ‹die Nahmen von› 36 Stücken von ihm, von einigen derselben man bisher die Nahmen noch nie kande.

Der Garden ist meist in Französischen Geschmack, dasige Massen von Cipressen sind schön, die Aussicht aus dem Haus ist sehr mahlerisch. Nachmittag kam der Rusische Prinz[27] als dann Herder der mit uns Thee trank u*nd* ins Theater fuhr wo das neue Stück von Masi aufgeführt wurde, la Sposalizio per puntiglio, die Musick schien nicht sehr zu gefallen. Das 2te il Convito di Pietro desto mehr, die Music von Drito.

+ der Cardinal Albano brachte eine Menge Kunstwercke zusammen, weil ein Theil seiner Besiztümer da liegen wo sonst die Villa Hadrians stand.

Den 22ten [*Oktober 1788*] ~~fuhren~~ Zeichte Vormittags Schütz einige seiner Zeichnungen, den Nachmittag fuhr ich mit der Herz*ogin* zur Seckendorff. Abends kam Werschaffel zum Thee, es wurde allerley gesprochen von der Ku*n*st, es suchte uns auch seyn Systäm von dryangel ~~soso~~ sowohl in der Kunst als Natur zu erklären

Den 23 [*Oktober 1788*] fuhren die Herz*ogin* u*nd* ich /da Einsiedel den Tag nicht ausging/ mit Reif*enstein* zu Volbato seine illuminirten Kupferstiche zu

27 Hier ist Raum gelassen für den Nachtrag des Namens.

sehn. | von da zu einen Teutschen Kü*n*stler Nahl aus Cassel, wo wir sehr gefällige Gemählte, Sujets aus Geßner pp u*nd* sehr hüpsche Zeichnungen, vorzüglich von Tiwoli, sahen. Zu der Witbe des Badoni, einige noch vorräthige Gemählte zu sehn. Zu den Portrait Mahler Maron Schwager des verstorbenen Mengs. wir sahen einige Portrets die sehr ähnlich zu seyn schiene*n* untern andern das vom Cardinal Herzan. Seine Frau mahlt in miniatur. Rei*fenstein* aß bey uns, Nachmittag in die Villa Pamphilio Doria, die eine der Schönsten Laagen hat, lange bedeckte Alleen von Letschinis /immer grüne Eichen/ die schönsten Wiesen, Ein Wald von Pinyen, eine Meyerey daran. Das Haus ist sehr artig zu einer Sommerwohnung eingerichtet, in der Mitte ein Saal, die Zimmer rund umher, der Saal bekommt blos licht durch die Zimmer u*nd* behält immer Kühlung. Oben auf den Belveder ist die Aussicht zauberisch, der Tag war heiter u*nd* der schönste Sonnen Untergang. Abends kam die Seck*e*nd*orf* zum Thee

Den 24ten [*Oktober 1788*] Feyerten wir mit Herder, Dalberg u*nd* der Seckendorfen, den Mittag zu Hause. Herder hatte ein artig Gedicht gemacht u*nd* Dalberg es komponiert. an Kränzen u*nd* Blumen fehlte es auch nicht. Nachmittag fuhren wir in Raphaels Villa dessen Nahmens Tag war. Abends kam auch noch Buri, der auch einen Kranz gebracht hatte, zum Thee. Den Morgen hatte ich Musick bestellt.

Den 25ten [*Oktober 1788*] Ging die Herzogin und ich vormittags zu Mad*ame* Angelica, es wurde beschloßen daß sich die Herz*ogin* von ihr würde mahlen lassen. Von da zum Hofrah*t* Reifenst*ein* wir sahen 2 schöne Landschaften von Birman, aus Tywoli. | Nachmittag kam Werschaffel, wir tranken Caffee u*nd* um 6 Uhr fuhren wir zur Seckendorf. Abends in die Opera buffa, die Musick von Masi war sehr lang weilig. um desto schöner u*nd* unterhaltenter Drittos Convito di Don Juan. Werchaffel kam in die Loge.

Den 26ten [*Oktober 1788*] Sontags besuchte uns früh H*err* Hird. Mittags aßen Mad*ame* Angelica ihr Mann u*nd* Hofrath Reifenstein mit uns. Nachmittag kamen zum Thee die Seckend*orf* Dalberg u*nd* der Abate ~~Che~~ Cerutti. Abends gingen wir die Statuen im Clemendino bey Fackeln zu besehn.

Den 27 [*Oktober 1788*] Zogen wir aus, um ein Haus in der Strada croce zu bewohnen. Vormittags gingen wir noch in der Villa Medice spaziern. Nach tisch bezogen wir die neue Wohnung. Abends kam Herder zum Thee u*nd* wir gingen ins Theater, der Jeloso u*nd* il Convito di Don Juan.

Den 28 [*Oktober 1788*] Fuhren wir Vormittags zu einen Silberarbeider ‹Valedier› der eben 4 grose silberne Altar Leuchter u*nd* ein Cruzifix für eine neue Kirche ferdig hate die der Papst bauen läßt. Von da zu einen Teutschen Nahmens Unterberger, Mahler, er hat die Raphaels in Vatican für die Keyserin von

Rußland copiert u*nd* verschiedene Kirchen Stücke gemacht. noch zu einen Italiener Miri der antike Gemälde, vorzüglich die aus Portici schön in Kupfer sticht u*nd* illuminiert. Die Herz*ogin* kaufte eine Ewentaile. Wir fuhren noch in die S*an* Carlo Kirche Reif*enstein* aß bey uns. Nachmittag wurde gezeichnet, ein Holländer Nahmens Listevenon kam zur Herz*ogin* Abends Werschaffel. Briefe von Ludecus.

Den 29ten [*Oktober 1788*] Fuhr ich Vormittags zu einen Kunsthändler, vorzügl*ich* Antiker Steine, der Genuese genand; wir konten des Handels aber noch nicht eing werden. Mittags aß Werschaffel bey uns, Nach Tisch fuhren wir auf den Campo Vacino u*nd* gingen durchs Colisee u*nd* die umliegende Gegend spaziern. Abends kam Angelica ihr Mann, Reifenstein, die Secendo*r*ff, u*nd* Herder zum Thee.

Den 30 [*Oktober 1788*] Besuchten wir vormittags einige Künstler, einen Silber arbeider | der unterandern auch Tafel aufsäze macht auf welchen sich die Antikwitäten Roms seldsam ausnehmen ‹In der Kirche Madona del Popolo eine Statue ~~von~~ Jonas, von Raphael›, Nachmittag fuhr die Herz*ogin* Reifenstein u*nd* ich nach der Piramide des ‹Cajus› Cestius, u*nd* von da zu den Ergözungs Ort der Römer den Monte Testacio.

Es war eine grose Menge Menschen versammelt die aßen u*nd* tranken u*nd* fröhlich waren. Abends kam der Abate Ceruti zur Herz*ogin* auch Werschaffel

Den 31 [*Oktober 1788*] In das Haus Farnesini, der Plafon Raphaels, die Hochzeit der Psiche, der Garden an diesen Haus liegt schön, an der Tieber u*nd* hat herrliche aussichten, mehr wie tausend Orangen u*nd* Zitronen Bäume stehn da in der Erde, im Winder unbedeckt. Von da auf den Monte Janiculo in die Kirche S*an* Pietro in Montorio, hier ist eines der beiten Gemälde Raphaels die Verklärung Christe, unten die Jünger u*nd* ein Beseßener, dessen verwande Hülfe begehren. Es ist ein altarblat. ~~Auf~~ Von dieser ~~Kich~~ Kirche ist eine der prachtigsten Aussichten in Rom. Nicht weit davon besahen wir il Fondanoni oder aqua Paulino, eine der alten Wasser leidungen, wo einer der Päpste eine Fonteine errichten lassen. auch hier ist die Aussicht schön.

Nachmittags gingen wir in den alten Keyser Palläßten spazieren, das war ein seeliger Nachmittag u*nd* die Sonne ging prächtig unter. Abends mit Herder u*nd* Reifenstein bey Angelica

Den 1ten November [*1788*] gingen wir nicht aus, ich schrieb an Goethen. Den Abend kam der Cardinal Herzan u*nd* Boncompagni. Auch Dalberg Werschaffel, die Seckendorf u*nd* Herder zum Thee. es wurde Musick gemacht.

Den 2ten [*November 1788*] ~~Blieb~~ fuhren wir Nachmittags in die Villa Borgese u*nd* gingen spaziern. Abends kam der Abate ~~Cet~~ Ceruti. |

Den 3ten [*November 1788*] kam Herder Vormittags zu mir, wir fuhren zusammen mit Reif*enstein* in den Vatican die Logen u*nd* Stanzen Raphaels zu sehn. In den Stanzen kommt man zuerst in den Saal des Constantins, worinnen immer 2 Figuren,/Tugenden/ von Raph*ael* sind. Die Erscheinung des Creuzes an Constantin u*nd* ~~den~~ sein Sieg über den Maxentius bey der Ponte Molle sind von Julius Romano. Die Ubrigen Stanzen sind sämdl*ich* von Raph*ael* die man alle in Kupfer Stichen hat. von da gingen wir durch la Sala Regia der von Vasari u*nd* Zuccari gemahlt ist in die Sixtinische Capelle. Das jüngste Gericht ~~von~~ u*nd* der Plafon von Michel Ange*lo*. als dan in die Capelle Paulini auch von M*ichel* Ange*lo*, wo aber die Gemälde vom Lichterdampf sehr verdorben sind. Wir blieben als dann zusammen bis Abends

Den 4 [*November 1788*] War Funcktion in der S*an* Carlo Kirche, der Papst erschien. Die Herz*ogin* mit der Seck*endorf* Herder u*nd* Reif*enstein* gingen hin ich blieb zu Hause weil ich nicht wohl war. Mittags aßen wir beym Card*inal* Boncompagni in der Villa Ludovisi, in gesellschaft verschiedener Monsignors u*nd* den Duca de Cesi. Abends kam die Princ*ipessa* Ruspolli mit ihren Mann, hernach Schüz u*nd* Büry.

Den 5ten [*November 1788*] schrieb ich an Wieland, meine Tante u*nd* Lude*cus*. Schüz u*nd* Bury aßen bey uns. Abends nach dem wir bey der Princ*ipessa* Rusp*oli* vorgefahren waren, holte sie uns ab ins Theater. Verschiedene Herren kamen in die Loge.

Den 6ten [*November 1788*] Besuchten wir einige Künstler, als den Bilderhändler Concolo, wir sahen da einen schönen Paul Veronese in 2 theilen weil das Bild so unbehülflich groß war hatte man es 2 ~~Tei~~ Darstellungen hat, getheilt, das eine ~~der~~ Christus nach der Abnahme vom Creuz, das zweite, Ein Engel der den Teufel erlegt u*nd* 4 bedente Apostel, prächtige Köpfe, bey ~~W~~ ~~Hewt~~ Hewetlson Bildhauer, macht schöne Portraits. Moore einige vortrefl*iche* Landschaften, u*nd* einen Corecio Maria mit dem Kind, ~~das~~ dem er gekauft hatte so wie eine schöne Camee, ein junger August. In der Kirche di Capucini einen Guidoreni, ein Engel der den Teufel unter den Fuß tritt, der Teufel soll den Papst Barbarini gleichen. Auch einen Petro di Cortona, Petrus der sehend gemacht wird. Nachmittag fuhr ich mit Reif*enstein* zum Genuesen u*nd* besahen verschiedene Steine. Abends kam der Cardinal Bernis, der Chevallier Bernis, u*nd* Monsignor Calepi.

Sahen wir bey Reifenst*ein* die Wachs Maherley[28] ferdigen versch*iedene* Kün*s*ter waren gegenwärthig

Den 7ten [*November 1788*] Aß mittags H*err* Rehberg mit uns. Den Abend kam Dalberg, Werschaffel, Büry u*nd* Reberg zur Musick bis 10 Uhr. ~~Abends~~

28 Verschrieben für: Mahlerey.

Den 8 [*November 1788*] Wurden allerley Negozia zwischen den Cardinal Bernis, der Herz*ogin* Erscheinen in der grosen Welt betreffend, abgethan. ~~Herder dalberg *und* der Abate Ceruti aßen den Abend Mittag bey uns~~ Abends fuhren wir zur S*anta* Croce, die wir auf dem Wege zu uns antrafen u*nd* aus den Wagen die Conve*rsazion* machten. Den Abend kam Werschaffel.

Den 9ten [*November 1788*] Sontags aß Herder Dalberg, abate Ceruti Mittags bey uns, Nachmittag kam H*err* Dies. später der Card*inal* Boncompagni. ~~Th~~ Die P*rincipessa* S*anta* Croce u*nd* der Spanische Gesande holte die Herz*ogin* ins Theater ab, wo die meisten Minister u*nd* Prinzen in die Loge kamen, die schön verziert u*nd* erleuchtet war.

Den 10ten [*November 1788*] ~~Ließ die~~ ‹Saß› die Herz*ogin* zum erstenmal der Angelica zu ihren Gemälde. Wir fuhren als dann mit Herd*er* in die Kirche S*an* Eusebio Mengsens Plafon zu sehn, er aß bey uns, Nach Tische ins Priorath eine art Villa die den Nepoten des Papstes gehört, die Aussicht ist sehr schön, das Haus liegt an der Tieber bey Ponte rotte. In der Capell steht die Statue von Piranese | u*nd* der Leuchter oder Cantelaber den er aus antiken Fragmenten zusammen sezte. Bey Ponte rotte geschah der Kampf der Horazier u*nd* Cruazier, u*nd* Livia durch die Tieber schwamm.

Abends kam Mad*ame* Angel*ica* ihr Mann, Dalberg Herder, Dies, Rehberg u*nd* Büry u*nd* es wurde Musick gemacht bis nach 10 Uhr.

Den 11 [*November 1788*] Aß Mittags Herder u*nd* H*err* Hird bey uns, Es wurde viel von der guten Regierung des Florendinischen u*nd* von alter Geschichte gesprochen. Den Abend ging die Herz*ogin* in die Conversation der Prinzeß S*anta* Croce, wo die Vornehmsten von Rom versammelt wahren

Den 12 [*November 1788*] Besuchte ich Vormittags Lady S*ain*t George Mittags aß Werschaffel mit uns u*nd* wir fuhren Nachmittags aufs Priorath weil das Wetter höchst schön war, wir gingen bis oben auf die Altane des Hauses wo man die herrliche Aussicht rundum über Rom u*nd* die umliegende Gegenden bis ans Meer hat. Abends kam Herder, u*nd* ich machte meinen Besuch bey der P*rincipessa* S*anta* Croce die ich im Bett fand u*nd* viele Abates u*nd* Mongsig*n*ors zu ihrer Gesellschaft.

Den 13 [*November 1788*] Kam früh Bury u*nd* wir fuhren in die Kirche S*an* Petro in Montorio den Raphael noch einmal zu sehn. von da ~~in~~ bey der Fondana Aqua Felice vorbey nach der Farnesine den Plafon von Raphael zu sehn u*nd* in den Garten zu spazieren. B*ury* aß bey u*n*s Abends kam C*ardinal* Bernis, P*rinz* u*nd* Prin*zessin* Ruspoli, Mons*ignor* Litta, u*nd* Galepi p

Den 14ten [*November 1788*] Gingen wir Abends in die Conversation des Card*inal* Bernis, wo die Herz*ogin* sehr feyerlich empfangen wurde u*nd* wo Musick war die mir wohl gefiel.

Den 15ten [*November 1788*] fuhren wir mit Herder u*nd* Rehberg auf den Monte Paladino ~~auf~~ die Keyser Palläste zu besehn, ins Collise, u*nd* die Villa Matei wo garden u*nd* Aussicht vortrefflich sind, nahe dabey liegen die Bäder des Caracalla. Beyde aßen bey uns. In der Villa fiel mir ein schöner Augustus Kopf auf. Abends kam Büry.

Den 16ten [*November 1788*] Aß Mad*ame* Angelica u*nd* Reifenstein bey uns um 1 Uhr fuhr ich zur P*rincipessa* S*an*ta Croce die Logen im Th*e*ater abzureden. Ab*en*ds kam Lady S*ain*t George u*nd* der Chevallier Detour um 8 Uhr die Herz*ogin* zur Croce, der Card*inal* Bernis, M*onsignor* Litta der Gouvernadore u*nd* verschiedene andere H*erren* waren gegenwärthig. |

Den 17ten [*November 1788*] Ließ sich die Herzogen bey der Angel*ica* mahlen. Herder war gegenwärthig u*nd* es wurden k*leine* Gedichte von Goethen vorgelesen. Herder fuhr mit uns nach Hause. Nachmit*tag* kam Büry, Abends die Seckend*orf* H*err* Rehberg, H*err* Hird u*nd* Werschaffel. Rehberg zeichnete die Seck*endorf* und mit Hird war mancherl*ey* von der Kunst gesprochen.

Den 18 [*November 1788*] Aß H*err* Hird u*nd* Herder bey uns. Nachmittag fuhr ich zur S*an*ta Croce Abends kam die Seck*endorf* Dalberg, Herder, Wershafel, Büry u*nd* Rehberg. Musick.

Den 19 [*November 1788*] Aß Werschaffel bey uns. Büry kam ~~abe~~ Nachmittag, Birmann brachte 2 Zeichnungen von Tywoli, die für Goethe bestimmt sind. Abends kam der Card*inal* Bernis u*nd* wir gingen als dann ins Theater, wo der Fanatico, Musick von Cimaroso gegeben wurde.

Den 20 [*November 1788*] Fuhren wir Vormittags spazieren, zur Pyramide von Cajus Cestius, zur Säule Trajans. Abends kam Herder, Bury u*nd* Rehberg.

Den 21 [*November 1788*] Aß Herder bey uns Nachmittags stellte er der Herz*ogin* einen Spanier Nahmens Azaga vor der beym Spanischen Gesanden Bibl*io*teckar ist. Abends kam Dalberg u*nd* Ceruti u*nd* der Card*inal* Boncompag*ni* um der Herz*ogin* zu sagen daß sie den künftigen Sontag den Pabst präsendirt werden würde. Die P*rincipessa* S*an*ta Croce u*nd* der Spanische Gesande begleiteten die Herz*ogin* in die Assemblee bey Bernis

Den 22 [*November 1788*] Schrieb ich an Goethe, die Kalben, u*nd* Frizen. Abends gingen wir mit Herdern in die Comedie, der Fanatico wurde schlecht gegeben, abgekürzt u*nd* das beste war herausgelassen. D*o*n Juan zum beschluß.

Den 23 [*November 1788*] Aß die Seckendorfen mit uns. Um 5 Uhr fuhren wir zur P*rincipessa Santa* Croce von da in 4 Wagen nach den Vatican um den Papst vorgestellt zu werden. Zuerst zum Nepoten Card*inal* Braschi wo viel Cardinäle Monsignors pp auch die Principessa Braschi der Herz*ogin* die Cour machten. gegen 6 Uhr zum Papst die Schweizer Garde präsentirte verschiedene Ceremon*i*en wurden beobachtet u*nd* wir musten eine ewiglange Trepe steigen u*nd* | alsdann durch eine Menge Zimmer gehn. Die Herz*ogin* ging allein zum Papst u*nd* blieb eine halbe Stunde drinnen als dann stellte die P*rincipessa Santa* Croce auch den Eins*iedel* u*nd* mich vor. Durch alle Zimmer Fackeln u*nd* Garten wieder zurück zum Card*inal* Staats Secr*etair* Boncomp*agni* wo alle Minister u*nd* viel Fremde versammelt wahren auch der C*ardinal* Bernis. Endl*ich* fuhren wir nach Hause wo Dalb*erg* die Seckend*orf* u*nd* Werschaffel uns erwartheten.

Den 24ten [*November 1788*] Aß Herder u*nd* Wershafel bey uns, Nachmittag kam der Spanier Azara, Abends Rehberg u*nd* die Seckend*orf* mit welcher ich zur Pr*inzessin* S*anta* Croce fuhr, sie zu präsentieren.

Den 25ten [*November 1788*] Kam Nachmittag Cheruti, der die Herz*ogin* in die Arcadia eingeladen hatte Der Card*inal* Bernis, M*onsignor* d'Arsincour, Dalberg, die Seckend*orf* Herder wir fuhren zur S*an*ta Croce in die Conversation, und machten wieder verschiedene neue Bekandschaften, oder vielmehr behielt ich die Nahmen, als der Cont*essa* Gabrielli Cont*essa* Castelnuovo pp ich spielte Pharao u*nd* verl*or* 3 Ducaten

Den 26ten [*November 1788*] Aßen wir bey den Staadts Sekretair die Seck*endorf* Herd*er* u*nd* Dalb*erg* begleideten uns u*nd* wir holten die S*an*ta Croce ab. Hier fanden wir den Governadore, einen jungen Franz*ösischen* Abé Montmorency u*nd* seinen Begleider, den Holländer Listivenon, Caleppi, Weiks u*nd* den Principe S*an*ta Croche. Abends fuhr die Herz*ogin* mit mit all dieser Begleitung zur Duchesse d'Albani wo verschiedene Personen versammlet wahren u*nd* eine Frau auf der Harfe spielte u*nd* die Arie bi diro p artig sang. Auch Dalberg spielte, so wie auch bey den Stadts Sekr*etair* sein kleiner Neveu.

Den 27 [*November 1788*] Kam Abends Dalb*erg* u*nd* die Seck*endorf* Rehberg, es wurde Musick gemacht

Den 28 [*November 1788*] Aß Birmann u*nd* Dies bey uns, den Abend war Musick u*nd* Punsch

Den 29 [*November 1788*] Schrieb ich an meine Mutter, die k*leine* Örteln u*nd* Ludecus, auch einige Zeilen an Goethe u*nd* schickte ihm den Bajocco. Mittags aß Bury u*nd* Werschaffel bey uns, den Abend die Seck*endorf* Card*inal* Bernis, Herder, in die lezte Vorstellung des Theaters in D*on* Juan. Vormittags kam der Abate Nardini zu mir, der mir Stunden im Italienischen geben wird. |

Den 30ten [*November 1788*] aßen wir beym Cardinal Bernis, die Gesellschaft war gegen 24 Pers*onen* starck Abends besuchte die Herz*ogin* die Pr*inzessin* San*ta* Croce. unter andern war da der Card*inal* Doria p

Den 1ten December [*1788*] Fuhren wir Vormittags mit Hird u*nd* Herder zu verschiedenen Künstlern, als den Landschaftszeichner DuGros, einige vortreff*liche* Zeichnungen von Tivoli pp u*nd* noch bey einigen wo wir Zeichnungen nach alten Gemälden sahn, als aus Portici, der Piramide des Cestius p ‹H*erder* u*nd* R*eifenstein* aßen bey uns› Abends fuhren wir nach der Pauls Capelle, wo das 40 Stündige Gebed gehalten wurde, die Illumination ist von Michel Angelo geordnet. Abends kam der Cardinal Ber*nis* die Pr*inzessin* San*ta* Croce u*nd* der Spanische Gesande.

Den 2ten December [*1788*] Gingen wir Vormit*tags* mit Herd*er* u*nd* Reifenstein zu Jenkins, wir sahen seine Statuen worunter ein Paris u*nd* des Paris sogenante erste Frau ‹Oenone› die durch Blumen wunderthätige Kuren gethan haben soll, mir am besten gefielen, auch ein Kopf von Hadrian. Seine geschnittenen Steine, ein Caracalla vom schönsten Stiel, eine Agripine, Germanicus /Caméen/ Ein Frachment vom Herkules wie er die Pferde bändiget, der Rücken des Hercules prächtig.

Als dan fuhren wir in die ~~W~~ Villa Negroni u*nd* gingen im Garden spazieren, da die Schlüßel zum Haus fehlten kehrten wir nach Tisch mit Wertschaffel wieder hin, die Aussicht aus dem Haus gefiel uns allen sehr. Abends kam Dalb*erg*, Hird, Herder, die Angelica u*nd* Bury, es wurde etwas Musick gemacht.

Den 3ten [*Dezember 1788*] Fuhren wir mit Herder auf die Villa Madama, die eine Herzogin aus dem Hause Medicis erbaute, u*nd* man sagt daß da die blut Hochzeit beschloßen u*nd* unterschrieben worden sey. Die Architektur ist von Julius Romano, von ihm auch die Arabesquen in den hüpschen Portik der auf den Garden geht. Von da gingen wir zu Fuß auf die Villa Melina, der Weg war etwas eng u*nd* beschwerlich, doch bezahlte die Aussicht von Oben reichlich, die schönen Zipreßen Gänge u*nd* der Plaz vor dem Haus, wo wir uns in der Sonne ausruhten, war | vortrefflich. Hier stand die Villa des Freundes Marcialls, Julius. ~~Von der~~ ‹Die ganze Gegend› beschreibt er in seinen Gedicht darauf. Wir fuhren nach dem wir den Wagen eine Weile erwarthet hatten sehr vergnügt wieder nach hause, es war nach 3 Uhr. Nachmittag kam der Abate Buonfiglioli, Hird, Lips der eine Zeichnung, Hecktor wie er von seiner Familie abschied nimt, mit[*brachte*]. Hecker der seine Cameen zeichte, u*nd* Werschaffel der Abends da blieb.

Den 4ten December [*1788*] Herder den Mittag, um ½4 Uhr in die Arcadia, die Herzogin wurde aufgenommen. Man laß verschiedene Dinge zum Andenken des Pater Jaquier, eines Mathematiquers. C~~h~~eruti in Prosa. Der Abate Momorenci wurde auch aufgenommen. Vorzüglich laß man viel Sonetten. Am Abend in die

Assemblee des Prinzen Ruspoli das Concert war sehr gut, auch ließ sich eine mittelmäßige Sänger*in*, la Vergè aus Neapel, hören.

Den 5ten [*Dezember 1788*] Sahen wir Vormittags die Villa Chici Das Haus hat viel Gelaß aber die Aussicht ist nicht schön. Als dan den Pallast Albano den der ehemalige Cardinal erbaute, ein Gemälde des Vaters von Raphael von ihm selbst gemahlt, mit Stammtafel seines Hauses in der Hand. noch verschiedene andere Gemälde. Die Villa Altobrandini. für das alte Gemälde die altobrantisische Hochzeit ist ein eigens Garden Haus erbaut worden. Das Haus selbst hat nach der Garden Seite einige gute Basreliefs. Den Mittag aß H*err* von Weicks Abade ~~Ch~~ Ceruti, Herder u*nd* Reifen Stein bey uns. Abends kam die P*rincipessa* San*t*a Croce. hernach Bury

Den 6ten [*Dezember 1788*] Schrieb ich Vormittags an Hofr*at*h Starke. Nachmittag kam der Abate Pitzi der Herz*ogin* das Diplom der Arcadia zu bringen. Wir fuhren in die Kirche San*k*t Nicolo in Carcere, eine Musick anzuhören; es war erschreck*lich* voll vom Volck u*nd* sehr heiß, die Musick u*nd* Gesang mittelmäßig. Abends kam der Abade Monmorenci u*nd* sein Begleiter der Card*ina*l Bernis u*nd* Galepi. lezterer Blieb spät u*nd* erzählte der Herz*ogin* den ganzen Verlauf der Römischen u*nd* Neapolitanischen | Streitigkeiten. Der Card*inal* Bernis sagte unter andern daß der Verfall der Musick fast gänz*lich* den Castraten zu zu schreiben wär, weil sie durch die leichtigkeit mit welcher sie Schwierigkeiten herausbräch*ten* die Componisten verleideten von der Einfachheit abzuweichen.[29]

/Cijathus war ein kleines Maaß, der 12te Theil eines Sextarius, u*nd* wurde dazu gebraucht den Wein unter das Wasser zum trinken abzumeßen. Es ist ohngefehr so viel als ein Schluck. Einer abwesenten Liebschaft zu ehren leerte man ‹3 f*ach*› so viel Cijathos auf einmal aus, als Buchstaben in ihren Nahmen waren.[30]

Den 7ten [*Dezember 1788*] Aß die Herz*ogin* Mittags beym Spanischen Gesanden u*nd* machte Abends der Prinzes Altieri einen Besuch. ich ging nicht aus weil ich nicht ganz wohl war. Bury Schüz u*nd* Werschaffel kamen zu mir. Abend die Herz*ogin* u*nd* Einsiedel der mir früh gesagt daß meine Mutter kra*n*ck ‹sey›

Den 8ten [*Dezember 1788*] Blieb ich wieder zu Haus. Die Herz*ogin* ging mit R*eifenstein* Herd*er* und Ei*nsiedel* in die Kirche Sa*in*t Jaque dei Spagnoli eine Musick zu hören. sie besah auch die Gemälde des Capitols. Wersafel aß bey uns. Abends kam die P*rincipessa* San*t*a Croce, Chev*alier* d Agincourt u*nd* hernach Hird bis 11 Uhr, wir laßen im Schwetonius.

29 Der Satz ist durch einen doppelten, senkrechten Bleistiftstrich am linken Rand hervorgehoben.

30 Die Information über die Maßeinheit ist durch einen kurzen waagerechten Bleistiftstrich am linken Rand markiert.

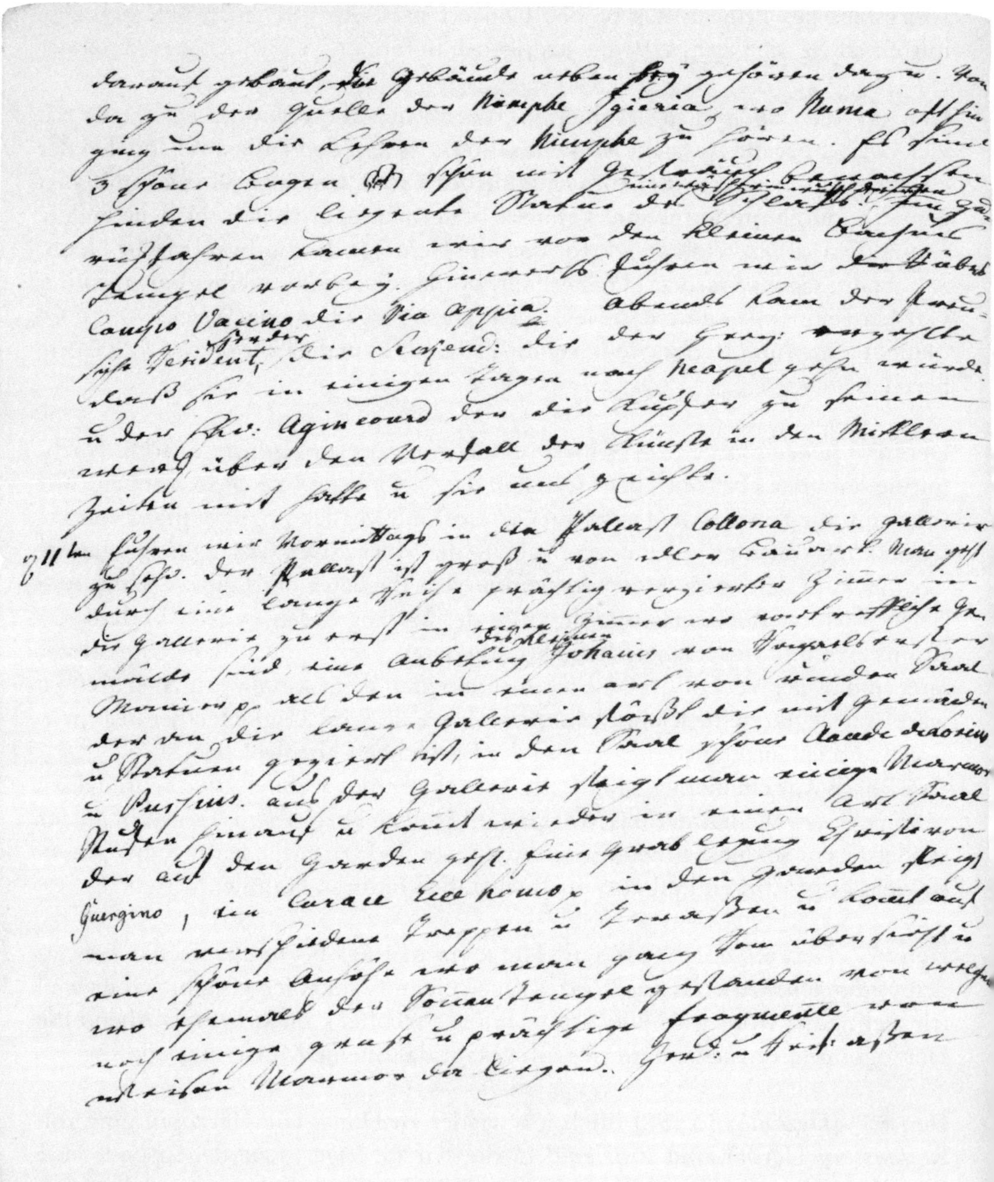

Abbildung 1
GSA 24/I 3, Bl. 23v
Einträge zum 10. und 11.12.1788
(Foto: Klassik Stiftung Weimar)

Den 9ten [*Dezember 1788*] ~~Abbate~~ Werschaffel aß bey uns er ging Nachmittag mit Einsiedel die Villa auf Trinita del Monde ‹zu besehn›, die ihnen sehr wohl gefiel. Abends holte uns die Prinzeß S*anta* Croce ab zu der Principessa Doria wo Conversation war. ich unterhielt mich mit der Comtesse Chateau Dophin die mir wohl gefiel. Als dann in die Conversation der P*rincipessa* S*anta* Croce, wo ich die P*rincipessa* Lepri kennen lernte die eine schöne Frau ist. Die Holändische Familie Borell war auch gegenwärthig. Die Herz*ogin* spielte nicht.

Den 10ten [*Dezember 1788*] Hörte ich von Eins*iedel* daß meine Mutter beßer sey. ich schrieb an sie u*nd* Ludecus. Mittags aß Herder bey uns. Wir fuhren Nachmittag mit ihn zum Grab der Metella, eines der schönsten u*nd* wohl erhaltensten Grabmäler, warscheinlich der Frau oder Tochter eines Römischen Consules. Oben hat man in der mittlern Zeit eine Festung | darauf gebaut, die Gebäude neben bey gehören dazu. Von da zu der Quelle der Nümphe Igieria, wo Numa oft hin ging um die Lehren der Nimphe zu hören. Es sind 3 schöne Bogen[31] schön mit Gesträuch bewachsen hinden die liegende Statue des Schlafs. ‹eine Wäscherin wusch drinnen› Im zurückfahren kamen wir vor den kleinen Bachus Tempel vorbey. Hinwerts fuhren wir ~~die V~~ über Campo Vacino die Via Appia. Abends kam der Preusische Resident, ‹Herder› die Seckend*orf* die der Herz*ogin* erzehlte daß sie in einigen Tagen nach Neapel gehn würde u*nd* der Cheva*lier* Agincourd der die Kupfer zu seinem Werck über den Verfall der Künste in den Mittlern Zeiten mit hatte u*nd* sie uns zeichte.

Den 11ten [*Dezember 1788*] Fuhren wir Vormittags in den Pallast Collona die Gallerie zu sehn. Der Pallast ist groß u*nd* von edler Bauart. Man geht durch eine lange Reihe prächtig verzierter Zimmer in die Gallerie zu erst in einen Zimmer wo vortreffliche Gemälde sind, eine Anbetung ‹des kleinen› Johanis von Rap*h*aels erster Manier pp als den in einen art von runden Saal der an die lange Gallerie stößt die mit Gemälden u*nd* Statuen geziert ist, in den Saal schöne Claude de Lorins u*nd* Pussins. aus der Gallerie steigt man einige Marm*or* Stufen hinauf u*nd* kommt wieder in einen Art Saal der auf den Garden geht. Eine Grablegung Christi von Guergino,[32] ein Carace Ecce homo p in den Garden steigt man verschiedene Treppen u*nd* Teraßen u*nd* kommt auf eine schöne Anhöhe wo man ganz Rom übersieht u*nd* wo ehemals der Sonnen Tempel gestanden von welchen noch einige grose u*nd* prächtige Fragmente von weisen Marmor da liegen. Herd*er* u*nd* Reif*enstein* aßen | mit uns, Dalberg kam um Abschied zu nehmen, auch Lips u*nd* Birmann. Abends Büry. als dan die Prinzeß Altieri, der Card*inal* Bernis, der Abé Momorenci u*nd* sein Hofm*eister* die Pr*in*-

31 Es folgt eine nur zeilenhohe Skizze dreier Bögen, deren mittlerer höher als die seitlichen ist.

32 Nach der Schriftgröße und den angrenzenden Wortfugen zu urteilen, wurde der Name in einen vorher frei gelassenen Raum später eingefügt.

zessin Santa Croce der Spanische, u*nd* Portugisische Gesande, Don Juan Aminda Lady S*aint* Gorge u*nd* Cheval*ier* Detour, sie zeichten uns ihre Cameen u*nd* Detour erzehlte vom Predenten. Spät Herder

Den 12 [*Dezember 1788*] Vormitt*ag* mit Herder zur S*an*ta Croce mit welcher, u*nd* der Fr*au* von Borell einer Holländischen Dame wir in den Vatican zum Car*dinal* Zelada fuhren um die Geschnittenen Steine u*nd* verschiedene andere Kunstwercke da zu sehn. Der Card*inal* wohnt sehr schön, er gab uns ein Dejeuner von Glassen. Wir gingen auch in die Bibliothek des Vat*ican* es wurden der Her*zogin* verschiedene alte Manuscripte gezeicht. auch in den Oberntheil des Museums Ein Hermafrotit der die Hände vorhalt u*nd* einen Fuß ‹zu›rückzieht gefiel mir vorzüg*lich* Die Säale der Bib*liothek* ~~sah~~ sind groß u*nd* prächtig. Die ‹Gemälde der› Decken stellen Kirchen Geschichten vor. Nachmittags fuhren wir auf die Villa auf Trinita del Monde mit Reifenstein ‹Herder› u*nd* Werschaffel. Abends kam Rehberg dazu der die Her*zogin* zeichnete.

Den 13 [*Dezember 1788*] Schrieb ich Vormittags an meine Tante u*nd* Ludecus. Werschafell kam zu melden das die Villa gemiedet sey u*nd* aß mit Herder bey uns. Wir fuhren beym Card*inal* Bernis vor. Abends kam Rehberg u*nd* zeichnete. /Wen die Päpst*lichen* Soldaten mit Canonen nach der Scheibe schiesen komandirt der Officir indem er den Hut abthut, ein Creutz damit macht u*nd* sagt: in Nominae del la Madonna santissima. u*nd* wenn sie auf den Petersplaz exerziren wird eine Strich von Kreide gemacht damit sie gerade stehn./[33]

Den 14 [*Dezember 1788*] Sontag: Hird u*nd* Rehberg den Mittag, wir sprachen von der Egiptischen archidectur. Abends war Musick Caribaldi u*nd* Caparolini sangen. Bury u*nd* Schüz u*nd* Herder kamen auch. Hird zeichnete Eins*iedel* ‹u*nd* erklärte› u*nd* ~~M~~ mir die Bäder des Diocletian

Den 15 [*Dezember 1788*] Bey Jenkins wo die Her*zogin* eine kleine Camée u*nd* ich ein Intalgo kauften. Wir sahen einige seiner Gemälde u*nd* seine Statuen, vorzüglich schön waren 3 sitzente Figuren Demostenes, Menanter u*nd*[34] | als dan in den Pallast Farnese, einer der größten aber nicht der schönsten in Rom. Die Verzierungen, Colonaden p sind von Michelangelo unten im Hof sieht man den Sarcofage der Cecilia Metella. Der Plafon von Carace die Gesichte Poliphems, Jupiter u*nd* Juno ein Einzuch ~~B~~ von Bachus, /das Mittelstück/ p ~~s~~ ist vortrefflich. Einige kleine Felder zur Verzieru*ng* unten, von Dominichin. Der grose Farnesische Hercules ist in Gips noch da u*nd* steht in einen traurigen, verstorten Saal, alles übrige ist aus geräumt u*nd* nach Neapel geschaft. Herd*er* u*nd* Reif*enstein*

33 Die Passage ist durch einen doppelten, senkrechten Bleistiftstrich am linken Rand hervorgehoben.

34 Danach ist Raum gelassen für den Nachtrag des Namens.

aßen bey uns. Abends kam *Herr von* Weichs u*nd* Galepi Wir gingen zur S*an*ta Croce wo der Fanatico gespielt wurde. hernach spielte ich mit der Duchesse Lambertini, Madame Borell eine Holländer*in* u*nd* den Chev*alier* Detour Wist u*nd* gewan 5 Convent*ions*R*eichs*th*ale*r.

Den 16ten [*Dezember 1788*] Mit Herd*er* u*nd* Reif*enstein* in den Pallast Spada die Statue des Pompeius, im ersten Saal, man fand diese Stadue nicht weit von der Curie des Pompeius u*nd* vermuthet daß es dieselbe sey an welcher Julius Cesar ermordet worden. Unter den Gemälden ist eine Judith von[35] schön. In den Pallast Justiniani wo die schöne Minerva steht der die Hand so fleisig geküßt wird, viel Gemalde von Caravace. Abends Dies u*nd* Werschaffel.

Den 17ten [*Dezember 1788*] laß uns Abends Hird seinen Aufsaz über die Basiliquen der Alten vor, Werschaffel aß Mitags bey uns. Abends ging die Herz*ogin* zur S*an*ta Croce wo viel Menschen waren u*nd* Pharao gespielt wurde. Einsiedel war den Morgen nicht wohl worden

Den 18ten [*Dezember 1788*] Vormittags mit Herder u*nd* Reif*enstein* zu verschiedenen Künstlern bey den Einen sahen wir einen alten Triumph Wagen der warschein*lich* zu einer Trophe gethient hatte u*nd* der kürzlich war ausgegraben u*nd* gefunden worden. bey den einen der Basten mit Carneol Stein unterlegt bestellte ich mir einen Ring. Abends kam Büry u*nd* Herder u*nd* wir fuhren ins Concert bey Ruspoli wo sehr gute Musick war.

Den 19 [*Dezember 1788*] Abends kam der Baron Schak u*nd* der Senator Reconico zur Herz*ogin* wir fuhren zu Bernis u*nd* hernach zu Borgese wo~~s~~ viel Menschen in eingen Zimmern spielten. |

Den 20 [*Dezember 1788*] Schrieb ich an Wieland u*nd* Ludecus. um 11 Uhr fuhren wir mit Reif*enstein* u*nd* Herd*er* zum Spanischen gesanden, wo ich zum ersten mal seine Gemälde u*nd* Zeichnungen von Mengs sahe. er zeichte uns auch seine geschnittenen Steine u*nd* schenckte mir einen k*leinen* ~~Carne~~ Einschnitt in Carniol der kürzlich in einen Grab gefunden worden

Abends fuhr ich Visitten beym Senator pp ~~Ver~~ Rehberg, Werschafel u*nd* Herder waren Abends bey uns.

Sontags den 21 [*Dezember 1788*] Fuhren wir Vormittags um 11 Uhr zu einen Engländer Baiers der mit Antiken Steinen handelt, wir sahen auch Kup*f*erstiche ~~z~~ von einen Hetruskischen Grabmal beym über die er eine Abhandlung schreiben will ‹Mons*ignor* Borgia kam hin. Wir fuhren zur Angelica u*nd* spazirten im Garden› Nachmittag fuhren wir spazieren übers Campo Vachcino in die Kirche

35 Danach ist Raum gelassen für den Nachtrag des Namens.

Maria Magiore in der einen Capelle sahen wir die Statue des Papstes Gregorius ~~d~~ mit der Taube die ihn ins Ohr spricht, er ließ ganze Bibliotheken alter Autoren verbrennen u*nd* that viel zur Ausbre*i*tung des Catoliciſmuß p 2 Gemälde in Fresko von Dominichin u*nd* das andere von Guido die Geißlung u*nd* zum Creuz führu*n*g des H*eiligen* Gregorius.

Abend kam zur Herz*ogin* der Baron Frydenheim Pri*nz* und Pri*nzessin* Ruspoli, P*rinzessin* Santa ~~G~~ Croce u*nd* der Spanische Gesande, der Card*inal* Bernis, Car-d*inal* Boncompagni, Lad*y* Sai*n*t Gorge u*nd* Chev*alier* Detour Mon*signor* Calepi. Nachdem trancken wir thee mit Herd*er* bey Einsi*e*del

Den 22 [*Dezember 1788*] Vormittag mit Herd*er* u*nd* Reif*enstein* ~~zu~~ in die Kirche[36] als dann im Pallast Chitci wo unter vielen Gemälden, eine ~~Ma~~ Bedente Maria von Guido u*nd* 2 Allbanos blos merck würdig sind. eine Sammlung Busten hat dieser Pallast in der Gallerie die alle ihrer Unkunst u*nd* Häßlichkeit wegen merckwürdig sind. In der Capelle ein Ecce homo von ~~Bor~~ Bronce. Als dann in die Französische Accademie wo die schönsten Statuen alle in Gips Abgüßen zu sehn sind, u*nd* eine intereßante Uebersicht geben. | Werschaffel aß bey uns. ~~Nach~~ Abends kam der Senator H*err* v*on* Schak M*onsieur* A~~u~~gancourt u*nd* Herder. ich fuhr spät zur Croce wo ich den Cardinal u*nd* viel gesellschaft fand.

Den 23 [*Dezember 1788*] Zu Haus. Abends Herder.

Den 24 [*Dezember 1788*] Gab ich Abends Visitten, es war sehr kalt.

Den 25 [*Dezember 1788*] Ersten Feyertag Vormittags mit der P*rinzessin* Santa Croce um halb 9 Uhr in S*ank*t Peter, wo die Herz*ogin* aus einer aufgebauten Loge die Ceremonie ansah, verschiedene Personen kamen dahin der Herz*ogin* die Cur zu machen Den Mittag Herder. u*nd* Abends in die Conversation bey Ruspoli.

Den 26ten [*Dezember 1788*] Kam früh der alte Reif*en*stein wegen des Quartiers in Neapel, das Presend des Papstes wurde gebracht u*nd* sehr schön gefunden. Mittags aß Reif*enstein*, Hird u*nd* H*err* v*on* Schak bey uns. Eins*iedel* Reif*en-stein* u*nd* ich haben Vormit*tag* noch Herdern besucht. Abends kam die Angelica. u*nd* Bury

Den 27 [*Dezember 1788*] Mit*tag* Herder Werschaffel u*nd* Schüz bey uns. Abends kam der Card*inal* die Santa Croce, Lad*y* Erden, der Spanische, u*nd* Portugisische Gesande u*nd* der Guvernadore. ich schrieb an die Steinen u*nd* Goethen, u*nd* meine Mutter.

36 Danach ist Raum gelassen für den Nachtrag des Namens.

Den 28 [*Dezember 1788*] Mittags der Spanier Azaga, H*err* vo*n* Schak, Werschaffel Herder. Abends Galeppi u*nd* der Senatore u*nd* Reifenstein. Nachm*ittag* die Teutschen B*ury* u*nd* Reb*erg*

Den 29 [*Dezember 1788*] Mittags bey den Card*inal* Bernis ich saß neben Agencourd u*nd* Einsidel. Abends H*err* vo*n* Schak u*nd* der Engl*änder* Falkland. Prinzeß Lamberdini

Den 30 [*Dezember 1788*] Mittag bey den Card*inal* Staats Secreteir, neben Galeppi u*nd* Weichs. Abends H*err* vo*n* Schak, Hird, Wershaffel u*nd* vorher Gonzaga.

Den 31 [*Dezember 1788*] Kamen Vormittags allerley Abschieds Viesitten Mittags bey den Senator, er ist sehr schön u*nd* geschmackvoll eingerichtet, alle Zimmer haben die schönste Aussicht, vorzüglich das kleine Cabinet*c*hen nach den Meer zu, Abends zur S*an*t*a* Croce. |

Den 1ten Januar 1789 reißten wir gegen 11 Uhr Vormittags von Rom ab u*nd* traten unsere Reise nach Neapel an. Herder und Reifenstein begleideten uns. Wir fanden bis Albano viel Schnee und schlechte Pferde u*nd* Wege. Auf beyden Seiten der Straße sieht man noch viel alte Grabmähler unter andern giebt man auch das eine für des Pompeius Grabmal aus. Der Monte Circe

Von Gianzano an waren die Pferde noch schlechter u*nd* eine Stunde vor Veletri zogen sie gar nicht mehr an, und ohngeachtet am Ende 16 P*f*erde vorgespant wurden / gingen sie dennoch nicht von der Stelle weil sie nicht geschärft sind u*nd* daher beym Eis u*nd* ihren wenigen Kräften gar nicht fußen konten. wir versuchten, die Herz*ogin* Reifenst*ein* Einsiedel u*nd* ich diese Station zu Fuße zu enden, aber es wolte nicht gehn Kälte u*nd* Eis verhinderten es, wir kehrten also zum Wagen zurück, endlich kam um 1 Uhr in der Nacht Collina mit der Chaise Die Herz*ogin* u*nd* ich sezten uns hinein u*nd* kamen unter Kälte u*nd* Schneegestöber glücklich an. Die andern wurden auch geholt u*nd* die Postillions gingen mit den Pferden davon. Der Wagen blieb also bis gegen Morgen ganz ohne Wache bis gegen Morgen u*nd* blos die Kälte schüzte ihn für Beraubung. Endlich kam er früh Morgens mit frischen Pferden glücklich u*nd* ohnversehrt auch nach u*nd* wir sezten gegen 10 Uhr unsere Reise fort

Den 2ten [*Januar 1789*] wurde beschloßen nur bis Teracina zu gehn, Weg u*nd* Wetter waren vortrefflich u*nd* ~~d~~ über den Pontinischen Sümpfen schien die Sonne sehr warm Wir kamen gegen 6 Uhr an, der Gasthof u*nd* das Supee waren sehr gut u*nd* wir schliefen beym Rauschen des Meeres ein. |

Den 3 [*Januar 1789*] Morgens trancken wir erst Schokolade u*nd* gingen alsdann bey schönen warmen Sonnenschein am Meer spaziern, man kan den Vesuv deutlich sehn, wir suchen See Muscheln u*nd* ein kleiner hüps*ch*er Neapolitanischer Matrose half uns suchen. Wir reißten um 11 Uhr ab Weg u*nd* Wetter blieben immer schön. Zwischen Itri u*nd* Mola di Gaeta sieht man Ciceros Grabmal zwischen Oliven Bäumen, ‹noch einige› ~~die~~ Ruinen seines Landguts Fornianum sind sichtbar. Von Fondi an gehen die sogenanden Hesperitischen Gärden an, Wäldchen von Orangen Bäumen mit Früchten, Myrten am Wege u*nd* Aloen wechseln ab pp an der Stadt der Brunen von welchen Homer spricht, das Ulisses die Lestrigonische Fürsten Tochter gefunden; er ist schön bewachsen. Hier sollen die Lestrigonen gewohnt haben. Wir kamen gegen 6 Uhr an. Der Anblick des Meeres war unaussprech*lich* schön, rechter Hand wo wir wohnten lag die Stadt u*nd* Festung, dazwischen eine Erhöhung mit Gebüsch, Pignen u*nd* Zipreßen bewachsen, die Sonne ging schön dahinter unter. Beym Nacht eßen das sehr gut war schickte der Aufseher über die Togane der Herzogin Ein Geschenck von Früchten u*nd* Wein.

Den 4 [*Januar 1789*] Sahen wir den schönsten Sonnen Aufgang über den Meer. wir fuhren um 8 Uhr ab, bey Garigliano werden die Wagen über eine Schiffbrücke über den Fluß Garigliano, sonst, Liris genand, gesezt. Die Stadt hies sonst Minturnum, man sieht noch die Ruinen des Amphitheaters u*nd* Theaters. Waßerleitungen über Falerno, auf der andern Seite. Aloen u*nd* Mirten am Wege, Orangenbäume mit Früchten. Ohngeachtet wir gegen Neapel zu viel Schnee fanden ging doch alles ganz gut bis Aversa wo wir gegen 6 Uhr ankamen | beynahe eine Stunde auf Pferde warthen mußten, die so abgetrieben von einer Königlichen Jagt ~~ko~~ waren, daß sie kaum vom Fleck kamen, wie wir ohngefehr 1 Stunde von Neapel wahren wolten u*nd* konten sie gar nicht mehr an ziehn u*nd* stürzten aller Augen blick, die Pferde vom andern Wagen wurden oft vorgespannt, u*nd* wir kamen endlich mit Noth die Nacht um 1 Uhr in Neapel an. Wir aßen zu Nacht arrengierten unsere wohnung u*nd* gingen zu Bett.

Neapel[37]
Den 5ten [*Januar 1789*] freuten wir uns der herrlichen Aussicht über die See, man sieht die Insel Ischia u*nd* den schönen Pausilip wir wahren sehr vergnügt. ohngeachtet der bitterlichen Kälte. Den Nachmittag kam verschiedener Besuch. Von Fremden der Chevallier Venuti, Tischbein, Meyer, die jüngsten Haker, u*nd* Bekande aus Rom.

Den 6ten [*Januar 1789*] schrieb ich an die *Principessa* Sa*nt*a Croce u*nd* Ludecus. Nach Tisch fuhren wir zum Che*valier* Venuti des verstorbenen Prinzen Leichen begängniß zu sehn. Die Menge der Menschen freute mich sehr 7 Regimenter jedes von 450 Mann zogen auf, die Albaneser /Mo~~u~~‹n›tanier/ sind schöne Leute u*nd* wohl gekleidet. End*lich* kam der Leichen Wagen, Bediente u*nd* Pagen mit

37 Diese Ortsangabe steht in der Hs. zur leichteren Orientierung des Lesers zu Beginn des Tageseintrages links neben dem Seitenspiegel.

Fackeln, ohne Hüte, um her, mit 6 Pferden, u*nd* einer so bespant fuhr nach, die Marine machte den Beschluß. Abends kam Dalberg, die Sec*ken*dorff, der alte Reif*enstein* von Casarta wo hin er früh gefahren war, der Chev*alier* Venuti u*nd* Tischbein.

Den 7 [*Januar 1789*] fuhren wir Vormittags an den Ufern des Meeres u*nd* den Molo spaziern auch besahn wir eine Presepie nehm*lich* wie die Könige kommen u*nd* das Kind Jesu beschenken, die Figuren sind artig u*nd* sehr wahr dargestellt Nachmittag kam viel Besuch, auch H*err* Hackert aus Caserta. Einsiedel blieb in seiner Stube weil er einen starken Catar hatte. |

Den 8ten [*Januar 1789*] Nahmen wir Medicin ein, den Nachmitag kam Tischb*ein* die Seckend*orf* u*nd* Dalberg u*nd* beyde Hackers auch M*onsieur* Sacco

Den 9ten [*Januar 1789*] Fuhren wir Vormittags zu Hacker, wir sahen seine Gemälde worunter mir die Cascadellen von Tivoli am besten gefielen; der Pantand war noch nicht ganz ferdig, verspricht aber auch viel Er ist sehr schön logiert, vorzüglich ist sein Schlafzimmer gut eingerichtet. Abends kam Tischbein, Knieb und Hacker.

Den 10ten [*Januar 1789*] Waren wir Vormittag bey Tischbein, Meyer u*nd* Kniep, wir sahen Goethens Bild, das der Menschl*ichen* Uebermacht über die Reiche der Natur durch 2 Männer zu Pferde abgebildet, das der Iphigenie ~~wie Ores~~ ‹mit› Orest, Brutus wie er die Söne verband u*nd* verschiedene abbildungen der Miss Hardt von Tischbein. Wir fuhren noch einwenig spazieren. Abends kam die Duchesse Joveni, eine geb*orene* Teutsche, die Seck*endorf* Dalb*erg* der Erzpischof von Tarent der sehr gut Clavier spielt, der Chev*alier* Vernuti u*nd* sein Neveu, M*onsieur* Caco und Tisbein.

Den 11ten [*Januar 1789*] Zum Chev*alier* Voll~~e~~tr, ein Schüler oder vielmehr Mit Arbeiter des Vernet, er hat Eruptionen des Vesuvs gemacht die mir wohl gefielen als dan fuhren wir auf den Molo spazieren u*nd* nach Portici zu. Mitags aßen Hakers alle 3 bey uns. Abends Fr*au* vo*n* Krock Kniep u*nd* Meyer. M*onsieur* Caco. Herder u*nd* Eins*iedel* machten Duchesse Joveni einen Besuch.

Den 12 [*Januar 1789*] wolten wir sehn eine Nonne einkleiden, es wurde aber nichts draus. Mittags aß Tischbein mit uns. Abends kam die Familie Venuti u*nd* Hacker, *d*er mir in mein Zeichen Buch zeichnete. Nachmit*tag* hatten wir den Tauro gesehn der restaurirt wurde. /Die Mutter das Kebsweib u*nd* die beyden Söhne.

Den 13ten [*Januar 1789*] Vormit*tag* in der Porzelan Fabrick Hetrurische Tassen u*nd* Formen gut gemacht. einige Statuen die ‹man› aus Rom hatte kommen lassen. Ins Studium den Farnesischen Herkules, die Flora u*nd* 2 Faune Venuti aß bey uns ‹gebratene Sartellen›. Nach*mittag* auf der Promenade, als dan fahrend in die Kirche ~~St~~ Santazara, das Grab des Poeten. Die Aussicht vor der Kirche über das Meer, Napoli u*nd* Portischi, den Vesuv p ist sehr schön. |

Den 14ten [*Januar 1789*] Vormitt*ag* auf Capo di Monde, die Gemälde zu sehn, es ist ein ungeheuer groß Gebäude, u*nd* eine Menge Bilder unter welchen vortreffliche sind die Danae von Titian, eine Magdalene von Gido reni[38] auch sind schöne Gemmen u*nd* Intalgos u*nd* eine grose Samlung Römischer u*nd* Griechischer Müntzen. Mit*tags* aß Knieb bey uns.

Nach*mittag* kam Paisiello, er spielte der Herz*ogin* einige Arien aus seiner neuen Oper Cato in Utica vor. Es kam auch der Erzbischof, Dalberg, die Duchesse Jovani, die Seckend*orf* der Arzt Cerillo der Cheva*lier* Mirelli der artig Clavier spielt, Hacker u*nd* Sacco, die gesellschaft war gut u*nd* es wurde viel Clavier gespielt Dalberg spielte ausserordent*lich* gut.

Den 15 [*Januar 1789*] fuhren wir Vor*mittag* nach Portici. Tischbein ging auch mit. Wir erfreuten uns an den schönen Formen der Griechischen Gefäße, einige Statuen von Bro*n*ce als die des Faun u*nd* Merkurs sind sehr schön. Abends kam Paisiello u*nd* Meyer, der die Herz*ogin* als Juno zeichnete

Den 16 [*Januar 1789*] Kamen die ersten Briefe an. Wir hörten Nachmitt*ag* eine Kirchen Musick von Paissiello in der Kirche Dona Romida, den H*eiligen* Antonius zu Ehren Der Primo homo der Tenor u*nd* ein Bass waren gut. Abe*n*ds war die Gewöhn*liche* Gesellschaft, der ErzBisch*of* bey uns

Den 17 [*Januar 1789*] hatten wir einen sehr vergnügten Tag wir hörten Vormit*tag* die grose Messe in der nehm*lichen* Kirche von Paisiello u*nd* hörten Davit singen. Alsdan führte uns der ErzBis*chof* in das sogen*annte* Seraillo, ein Arbeitshaus wo Kinder deren 300 drinnen waren lernen können was sie wollen. Wir hörten ein paar Knaben, einen Bass u*nd* Discant sehr gut singen ein anderer accompanierte sie auf den Flügel. Nachmitt*ag* waren Venutis, Sacco Hacker da u*nd* Abends kam der ErzBis*chof* Dalb*erg* u*nd* die Seckend*orf* Paisiello spielte u*nd* sang seine Oper Socrate imaginato. Auf den Tauro farnese hörte ein Epigram: Naque in Athene, Vive in Roma e mori in Napoli. |

Sontags den 18ten [*Januar 1789*] Fuhren wir zu einen Kupferstecher, Morgan / sein Sohn, auch ein Kupferstecher arbeitet bey Volbato/ u*nd* sahen seine Kupfer von den umliegenten Gegenden Neapels auch eine künstliche Expolosion des Vesuvs. Von da zu einer Presepie die artig gemacht war. wir fuhren nach Pausilipo

38 Der Name wurde offenbar nachträglich in den vorher dafür frei gelassenen Raum eingeschrieben.

spazieren. Herd*er* u*nd* Reif*enstein* aßen bey Hacker. Nachmit*tag* kamen die Zeichner, Hacker u*nd* der Erz- Bisch*of* dessen Proviel auch gezeichnet wurde. Vormit*tag* schrieb mir der E*rz* B*ischof* u*nd* schickte ~~Sp~~ Taback vo*n* Tarent

Den 19 [*Januar 1789*] fuhren wir früh mit den Erz B*ischof* in die Kirche San*k*t Genario es waren viel reichthümer an Gold u*nd* Silber u*nd* einige Gemälde von Domenikin dazu sehn, als den an die Kirche der Carmeliter wo Co*n*radin begraben liegt. In das Haus Seraglio wo einige Hundert Menschen Seyde verarbeiden, es geht von Entwickeln der Seide bis zur Verfertigung der Stoffe. Auch sahn wir ein wunderthätiges Crucificks u*nd* den Plaz ‹der Kirche›, wo Masignello zum Volck gesprochen. Abends brachte der E*rz* B*ischof* die Princeß Bellmonde zur Herz*ogin* auch kam der Kayser*liche* Minister u*nd* Hacker Dalb*erg* u*nd* die Seckendorf.

Den 20ten [*Januar 1789*] Früh um 9 Uhr nach Pompeï zu erst in die Casernen ein Gang abgebrochner Säulen, in Häußer wo man den Schutt ausgegraben u*nd* wo man in den Gaßen bequem gehnt, die Häußer sind von Lava aufgebaut in verschiedenen sieht man noch alte Gemälde. Wir sahen auch ein Landhaus u*nd* einen Garden, der eben wieder angelegt worden, wie er gefunden wurde, wir fuhren nach Portici zurück u*nd* sahn auf den Wege eine Macaroni Fabrick. wir aßen in Portici mit guten Apetit u*nd* tranken Lagrimae Cristi. um 6 Uhr kamen wir zurück. Der Erzb*ischof* kam u*nd* Er brachte der Herz*ogin* artige Verse auf den heutigen Tag. |

Den 21 [*Januar 1789*] Fuhren wir in die Cadakomben, grose gewölbte Gänge wo man noch Reste von Capellen u*nd* die ausgehauenen Oefnungen ~~in den~~ wo die Todten lagen, sieht. Als dan zu den Chinesern, die zu Misionaren unter*r*ichtet werden. wir sahen deren 2 u*nd* einen Malabaren, wir sahen ihre Arbeiden u*nd* sie lasen u*nd* schrieben in ihrer Sprache. Nachmittag machte ich mit Herder Visitten wurden nicht angenommen zu Hauß fanden wir den See Oficier Che*valier* Venuti Atrava teutscher Legations Sekretaire, er spielte gut Clavier Hacker Tischbein Buri Schak u*nd* der Erz Bischoff

Den 22 [*Januar 1789*] fuhr die Herz*ogin* der Che*valier* Venuti, Schak p auf den Vesuv. ich ging mit Colina auß u*nd* fuhr auf den Meer zurück, ich amüßirte mich die Datenn Christiana abzuschreiben. Abends kam der Erzbisch*of* u*nd* gegen 9 Uhr die Herz*ogin* zurück

Den 23 [*Januar 1789*] fuhr ich vormittags in einige Kaufmans Butiquen u*nd* Buchläden u*nd* kaufte mir tafft u*nd* Petrarka. Nachmittags fuhren wir in ein Casino auf Pausilipo. Der ErzB*ischof* wolte mit war aber kra*n*ck worden. Den Abend Gesellschaft.

Den 24 [*Januar 1789*] führte der Capitain Guelichini die Herz*ogin* auf das Kriegs-Schiff Partenope es hat 74 Canonen und 680 Man die Einrichtung gefiel uns sehr nur die Treppe aus der Schalupe hinauf u*nd* herunter war etwas halsbrechend. Als dan fuhren wir weiter auf den Meer spazieren u*nd* sahen die herrliche Lage Napels mit groser Freude. Abends machte die Herz*ogin* der Principessa Belmonde einen Besuch, die sie annahm. Nachher die gewöhn*liche* Abend Gesellschaft auch die Seck*endorf*, Dalb*erg* u*nd* der ErzBischoff.

Den 25 [*Januar 1789*] Sontags Schrieb die He*rzogin* früh an den E*rz* B*ischof* u*nd* sandte ihm ein Sachett Wir fuhren aufs Castell San Elmo. Die Aussicht ist schön man übersieht ganz Napel den Pausilipp pp Die Herren gingen ins Closter u*nd* die Herz*ogin* u*nd* ich fuhren allein zurück. Nachmittag gingen wir auf der Promenade spaziern u*nd* Abends die gewöhn*liche* Gesellschaft der ErzB*ischof* blieb zulezt.

Doncatalamachio Eine Art kl*eine* Fische in Neapel Caramari. sie sehen aus wie Gedärme u*nd* Ancini stachlich inwendig roth |

Den 26ten [*Januar 1789*] Blieben wir Vormit*tag* zu Hauße Briefe zu schreiben. Nachmittag fuhren wir mit dem ErzBisch*of* nach Pausilip ein Landhaus zu besehn was sehr schön am Meer liegt, wir fuhren auch in ein tra*n*sportabeles Bad daß man ins Meer sezt, u*nd* den Chevalier Hamildon gehört. ~~Abends~~ ka als dan fuhren wir auf den Molo spazieren. Abends kamen verschiedene, der Ge*n*eral Salis, sein Neveu u*nd* Dalberg Der Erz Bischof bis gegen 11 Uhr.

Den 27ten [*Januar 1789*] Schrieben wir Vormittags ich an meine Mutter die Reinbaben u*nd* Ludecus. Als dan kam der Chevalier Hamilton zur Herzogin. Nachmitt*ag* kam er wieder. Hacker u*nd* der Erz Bischoff.

Den 28ten [*Januar 1789*] Sahen wir Vormittags die Esequien des Königs von Spanien in der Hof Capelle. Vorher gingen wir zur Duchesse Gioveni zum Frühstück Die Musick der Meße war sehr mittelmäßig u*nd* die Pracht des Catavalcks der 60000 Gulden die es kosten solte nicht gemäß /Beym Minißter war von bösen Zeiten u*nd* einreisenten Unglauben die Rede, ja sagt er der König giebt den ErzBischoff 30000 Gulden u*nd* er glaubt doch nicht/

Den Abend die Pri*nzessin* Belmonde u*nd* gewöhnliche Gesellschaft. Der Erzb*ischof* u*nd* Dalberg.

Den 29 [*Januar 1789*] Fuhren wir Vormit*tag* mit dem Erz Bisch*of* in das Hauß Hamiltons. Die Obere Etage das Spiegel Cabinet mit Polstern nach den Meer zu wo man den Pausilip sieht pp ist sehr reizend. Unten ~~ist d~~ die gewöhn*lichen* Besuch Zimmer, schöne Vasen u*nd* einige gute Gemälde, das Portrait der Miss Hard ist sehr häufig. wir gingen auch in die nah dabey liegente Grotte wo Kinder u*nd* Alte, Seylerarbeid treiben, die Grotte ist sehr groß u*nd* giebt einen Artigen Anblick Wir fuhren nach Pausilip spaziern.

Abends kam die Duchesse Joveni der Cheva*lier* Giovani der über ~~Zi C~~ Cicilien u*nd* den Etna geschrieben. Dalberg pp der Erz Bischoff, ~~seyn~~ der blieb spät. |

Den 30ten [*Januar 1789*] Früh um 9 Uhr nach Puzole wir sahen die ~~den~~ Schwefeldampf Bäder u*nd* badeten unsere Hände in den Dämpfen. Die Grotta del Cane, wo der Hund mich dauerte. auf dem Plaz das Pietestal der Statue Tyberius mit den 13 Asiatischen Stätten. den Tempel ‹des› Serapiss ~~gr~~ 3 grose Säulen stehen noch, sehr grose Ruinen von Architecdur u*nd* Säulen liegen umher alles Marmor, das Hauß wo Silla lebte u*nd* starb soll nahe dabey liegen.

Wir sahen die Solfaterra, der Abate Fortis war da u*nd* führte uns herum, es war sehr heis in den Grotten, die Fermentation des Schwefels zu sehn ist sehr interesant. wir frühstickten unterwegs u*nd* sahen noch das Amphitheater wo Nero soll gesungen haben. um 5 Uhr kamen wir nach hauß u*nd* aßen zu Mittag. Abends der Cheva*lier* Venuti Paisiello u*nd* der Erzbisch*of*

Den 31 [*Januar 1789*] Wir fuhren Nachmit*tag* um 2 Uhr mit den Erz Bisch*of* Dalb*erg* u*nd* der Seck*endorf* auf die Villa Patricia ‹auf der Höhe von Baia› wo man die Aussicht über beide Craters den Vesuv u*nd* der Solfaterra u*nd* den Meer u*nd* den Inseln hat. Die Aussicht in der Villa wo wir als dann abstiegen ist weniger groß aber sehr reizend. Wir kamen nach 5 Uhr wieder trancken Caffee u*nd* Thee u*nd* fuhren in die Opernprobe. Die erste Sängerin Banti hat eine vortreffliche Stimme, den primo huomo u*nd* Davit hatte ich schon in der Meße gehört. Herder hatte den Tag den Englischen Legations Sekretair getraut.

Sontag den 1ten Feb*ruar* [*1789*] fuhren wir mit den ErzBisch*of* nach Portici in eine Villa wo schöne Goldfasanen zu sehn wahren. als dan in der Stadt die wilden Tiere, verschiedene Löwen worunder einer vorzüg*lich* groß war, Bärn eine wilde Katze, Adler p Abends spielte Fr*au* vo*n* Krock u*nd* ihre Töchter, Paisiello Hacker pp waren da. wir hörten die Nachricht vom Tode des k*leinen* Prinzen der an inokulirten Blattern gestorben war. |

Den 2ten [*Februar 1789*] wolten wir nach Baia, das wetter war aber nicht schön u*nd* die Herzo*gin* wolte nicht. wir schrieben nach Weimar ‹ich an Wieland› u*nd* Abends kam der ErzBisch*of* u*nd* die Seck*endorf* wir aßen Maccaroni u*nd* tranken Syrakuser.

Den 3 [*Februar 1789*] Fuhren wir nach Baia, Cuma, Micene. Der Tag war sehr schön. Baya war eine der größ*ten* u*nd* Volckreichsten Städte in Italien ~~der~~ sie hat der Lage nach ähnlichkeit mit Neapel nur ~~kleiner~~ ist der Golfo kleiner. wir aßen in der Gegend am Meer, die Paucoli heißt, kalte Küche zu Mittag, u*nd* ~~aß~~ tranken Fallernerwein. Der Tempel des Merkurs in Baya hat große u*nd* schöne Reste die Rotonta schallt gewaltig. Wir fuhren durch die Grotte des Pausilip u*nd* Puzole um die oestliche Seite des Monte nuovo bis an die Ufer des Lac Averno wo sich die schönsten Bilder zeichen, von der einen Seite sieht man den Lack selbst der zur lincken hand mit den Mahlerischen Ruinen ~~de~~ eines Tempels des Appollo geziert ist, an den Ufer gegen über die Gegend der Grotte der Sybille von Cuma, rechter hand den Golfo von Puzole das Schloß ~~von~~ ‹oder› Festung von Baja einen Theil von Bauli bis an die Spitze der Höhe von Misene auf einen Theil des Golfes von Neapel bis an die Insel Capri die sich im Horizont verliert. Zur linken Seite dieses Gemäldes entdeckt man die Höhen der Solfatara u*nd* die Stadt Puzole mit den Ruinen des alten Molo /die Brücke des Caligola genand/ weiter die Spitze von Pausilip, das Lazaret, das im Meer liegt, u*nd* die kleine Insel Nisida u*nd* in der Ferne die Ufer von Castell a Mare, u*nd* Sorrento welches gegen Capri endiget. Von da nähert man sich den Arco felice, ein sehr mahlerisches Monument welches man für ein Stadt thor von Cuma hält, wenn man dadurch ist, nähert man sich einer Anhöhe die eine weite aussicht ~~übers~~ ‹gegen das› Mittländische Meer ~~giebt~~ über die alte Lage der Stadt giebt, sehr verfallene Ruinen von Tempeln u*nd* Grabmählern, unter welchen man das ‹eine› von Scipio Africano glaubt, lincker hand zeicht sich eine sehr schöne Scene in der ferne über den Molo, ~~E~~ Golfo u*nd* die Festung von Gaeta bis an die Berge die die Pontinischen Sümpfe decken. | Von da cotoyirt man den Lack de Fusaro /Acheron/ u*nd* dieser Weg führt einen bis an den Molo des neuen Ports von Baja, wo eine andere reiche u*nd* schöne Scene den Augen darbiedet. linker Hand die Ruinen eines ‹runden› Tempels der Diane, einen Theil des Lacs Lucrini, der Monte nuovo, die Spitze der Berge Gauro u*nd* Barbaro. Von vorne sieht man die Stadt Puzzuolo die ~~Höhen~~ ‹Spitzen› der Solfatara u*nd* die Anhöhen von Pausilipp, das Lazaret u*nd* die Insel Nisida. Rechter hand des Ports sieht man die Ruinen eines achteckigten Tempels der Venus Genitrix. die Festung von Baja u*nd* in der ferne den Vesuv u*nd* die andern Berge von Sorento u*nd* Castelamare gegen die Insel Capri, ehe wir uns in die Barque sezten besahen wir noch die Ruinen eines runden Tempels des Mercurs, das Echo machte in diesen gewölben einen schönen Efeckt. Baja macht jezt die Form eines Amphitheaters ‹Ruinen› von Alten Pallästen u*nd* Wohnungen die durch die häufigen Erdbeben zugrund gegangen sind. Wir stiegen an einer Anhöhe von Bauli aus u*nd* sezten den weg zu Fuße fort bis gegen die Spitze von Misene, unterwegs sieht man Alte grabmäler der Stadt ~~Cuma~~ Bauli an der Seite vom Mure morto, die Gegend umher nent man die Eliseeischen Falter u*nd* ~~sie~~ ‹es› endiget sich gegen Misene an einen Canal der Styx genand. La Piscina mirabile ist ein ‹altes› Reservoir von süßen Waßer für die Römische Flotte die in den Port von Misene lag, ein ungeheures Gebäute worinnen durch das häufige anspülen an die gewol*b*ten Bogen, sich das Waßer reinigte. Noch sieht man 2 Etagen eines grosen Pallastes den man den Nero zu schreibt, ‹in› den unterirdischen Gewölben /Cento Camerelle/ sollen | seine Schlaven u*nd* Gefangenen, gewesen seyn. Wir kamen den nehm*lichen* weg wieder bis an die kleine Anhöhe von Bauli, aßen wir unter einer Hütte die die Aussicht aufs Meer hatte zu Mittag, wir ‹über›sahen so die grose schöne Gegend ~~an~~ ‹von› der Küste von Bauli an bis Misene u*nd* die Inseln, bis Capri pp Wir stiegen wieder zu Schiff um die Ufer von Baja zu cottoyiren u*nd* stiegen an den heißen Bädern des Nero aus, die Hitze ist so groß daß ein Ey ins Wasser geworfen sogleich gar ist. Der Mensch der halb nackend den Eymer mit den Wasser heraus schöpft schwizt in 3 Minuten über u*nd* über. noch jezt braucht man diese Bäder, für allerley Uebel Von da fuhren wir gegen Puzzole u*nd* bemerckten unterwegs die grosen Ruinen eines Gebäutes wo von man die Portique vorzüg*lich* ~~erf~~ sieht u*nd* die man l'academie de Cicerone nennt, wo er seine Questions Accademici soll geschrieben haben, auch noch Bäder von Puzole, Reste von Wasserleitungen, Gräbmahler der Einwohner von Puzzole u*nd* Cuma.

Wir kamen um 6 Uhr ziem*lich* müthe zurück, aßen u*nd* hernach kam der ErzBischof Auch Hacker der die ‹falsche› Nachricht vom Tode des Papstes brachte.

Den 4ten [*Februar 1789*] Ruhten wir Vormittags auß. Nachmittag fuhren wir zu Hacker seine Zeichnungen u*nd* den Mondschein zu sehn, u*nd* Thee zu trincken Wie wir nach hauß kamen fanden wir den ErzBisch*of* Dalb*erg* u*nd* die Seckend*orf* auch Sacco kam |

Den 5ten [*Februar 1789*] Vormitt*ags* wurde geschrieben. Nachmitt*ags* kam der Prinz u*nd* die Prinzeß Belmonde u*nd* der ErzBischoff. Wir fuhren mit Dalberg u*nd* der Seck*endorf* in die Oper Cato in Utica. Davit war kranck worden u*nd* ein anderer Thenor Vignoli sang mit den Noten in der Hand seine Rolle Das Ballet, die Einnahme von Peru war recht schön u*nd* ~~zulezt~~ auch ‹waren› die Dekorationen vorzüg*lich* der abbrennente Sonnen Tempel gut.

Den 6ten [*Februar 1789*] Besuchten wir Nachmitt*ags* Herdern der nicht wohl war. Abends kamen die 3 Künstler, Kniep brachte der Herz*ogin* eine hüpsche Zeichnung von der Grotte di Bonea zwischen Cava u*nd* Salern. Die Hackerts kamen auch. Der Erz Bischoff blieb bey uns.

Den 7ten [*Februar 1789*] fuhr ich vormittags mit Herdern bey Terres u*nd* zu Kaufleuten. Mitags aß Paesiello, Dalberg u*nd* Schak bey uns. nachmit*tags* der ErzBisch*of* wir fuhren in die Opera buffa Fiorentino Die Musick von Tritto /lo scaltro Avventuriere Die erste Sängerin Davya war eine sehr gute Actrice, die uns allen sehr gefiel Der Erz*Bischof* in unserer Loge.

Den 8ten [*Februar 1789*] Fuhr ich Vormitt*ags* mit Herdern nach den Pausilip spazieren. Nach Tisch fuhren wir mit den ErzBis*chof* nach Portici einige Villen zu besehn. Die Lage der selben ist vortrefflich u*nd* der Tag war sehr schön. Der Mond ging abends hinter den Vesuv auf u*nd* die unter gehente Sonne röthete die Berge. Wir gingen noch auf den Molo von Portici spazieren u*nd* sahen die Pasalte die sich da im ‹am› Meer ansezen. Das Meer sah ich nie prächtiger. Abends gingen wir in die Oper buf*fa* des Teatro nuovo. la finta Galatea *ossia* l'antiquario fanatico, die Musick von Marcello di Capua. Die Musick war sehr artig u*nd* der primo Buffo Casaccia vortrefflich, auch der 2te Buffo Trabalza war gut. Der Erz-Bisch*of* war in unserer Loge. |

Den 9ten [*Februar 1789*] Gab die Princes Belmonde der Herz*ogin* ein Dejeuner u*nd* Concert auf ihren Cassino am Pausilip, die Sängerin Cordaline u*nd* V[39] sangen das Miserere von Jomelli, eine vortreffliche Musick, beyde sangen sehr gut, die Corda*line* ist eine schöne Stime. Das Orchester bestand meist aus Liebhabern, die beyden Söhne der Prinz*essin* waren dabey. ein gewißer[40] ließ sich auf der Geige hören, Dalb*erg* spielte auch. ~~Nach~~ Die Gesellschaft war ziem*lich* starck von Mansleuden, 2 Damen die Marquise Malaspina aus dem hauß Este u*nd* ihre Tochter. Abends ins Theater Fonde die Oprette mißfiel uns Il sposo senza Moglie/ die Musick soll von Cimaroso seyn die Acteurs waren schlecht. die Decorationen vortreff*lich* das Ballet Pigmaleon v*on*[41] sehr gut. Der Erz-Bisch*of* ließ Macaroni ‹und Würste› ins Theater kommen, die sehr gut thaten. Ramalietto Buket

Den 10ten [*Februar 1789*] Vormitt*ags* fuhr ich zur Seck*endorf* u*nd* der Duchesse Jiovani. Nach Tisch kam der Erz-Bis*chof* mit dem Bali de Sagramoso, als dan fuhren wir die Herz*ogin* der ErzBisch*of* u*nd* ich nach Pausilip spazieren. Abends in die Comedie des Policinell S*an* Carlacino

Den 11 [*Februar 1789*] Traten wir die Reise nach Paestum an. Das Wetter war nicht sonderlich, da aber alles bestellt war fuhren wir Vormittags um 10 Uhr ab u*nd* kamen Nachmittag gegen 4 Uhr in Salerno an, wir warteten auf die Abendmalzeit u*nd* legten uns alsdann ziem*lich* verdrüßlich ins Bett.

Den 12ten [*Februar 1789*] Weckte man uns früh um 2 Uhr, es hatte die Nacht geregnet u*nd* nach dem wir Caffee getruncken u*nd* angezogen waren, wurde resolviert wieder nach Neapel zurückzukehren. wir wartheten also den Tag ab u*nd* vertrieben uns die Zeit so gut wir konten. Herder u*nd* Eins*iedel* machten Verse; um 8 Uhr | gingen wir endlich ab. aßen in Torre de L'anunziade unter wegens u*nd* kamen um ½ 3 Uhr in Neapel an. Wir ruhten uns einwenig aus, tranken Caffee u*nd* gingen mit Schak ins Theatro nuovo wohin auch der ErzBis*chof* kam.

Den 13ten [*Februar 1789*] Aß Mitt*ags* Tischbein bey uns. Nachmit*tag* kam die Duch*esse* Giovani. der ErzBis*chof* der Cava*liere* Hamilton, H*err* v*on* Schak u*nd*

39 Nach dem Anfangsbuchstaben ist Raum für eine – allerdings nicht erfolgte – Ergänzung des Namens gelassen.
40 Danach ist Raum gelassen für den Nachtrag des Namens.
41 Danach ist Raum gelassen für den Nachtrag des Namens.

2 sächsische H*erren* ~~H~~ Graf Fitzthum u*nd* Gr*af* Bünau. Abends gingen wir mit den Erz Bis*chof* in die Italienische Comedie al Florantino u*nd* aßen zu Nacht da.

Den 14ten [*Februar 1789*] Hate Herder wieder eine Trauung, ~~bey~~ ‹in› Hamiltons Hause. ‹Paisiello kam ~~den~~ ‹nach› Tisch› Nachmit*tag* um 4 Uhr fuhren wir hin u*nd* es war klein Concert Mad*ame* Hard sang als dan tranck man Thee u*nd* Mad*ame* Hard machte nachdem ihre addituten die von groser Schönheit sind. Mit 2 Indianschen Schaalen, die sie zur Gewändern braucht, macht sie alles was die Griechische Kunst je in Statuen schönes hervorbrachte. Der Erz Bis*chof* war da er fuhr mit uns nach Hauß, die andern gingen in die Oper.[42]

Den 15ten [*Februar 1789*] Nach*mittag* Weichs, Gorge Hakert, der ErzBisch*of*, ~~Ch~~ Cerillo, wir fuhren ins Tea*tro* nuovo u*nd* von da zum Festin in S*ank*t Carlo in die Loge der Prinz*essin* Belmonde, das Parterr u*nd* Theater waren illuminirt p wir soupirten dort, u*nd* kamen nach 2 Uhr nach Hause.

Den 16 [*Februar 1789*] Tischbein aß bey uns. Nach*mittag* fuhren wir mit den Erz bisch*of* nach Portici, die Villa zu besehn. Abends ins ~~die~~ Theatro Florentino

Den 17 [*Februar 1789*] Als den lezten Tag unsers Aufenthalts in Napole wurde mit allerley Zubereitungen zur Reise hingebracht. Wir machten Abends noch Visitte bey der Pri*nzessin* Belmonde wurden aber nicht angenommen. Abends kam der ErzBis*chof* wir tranken noch Punsch u*nd* man ging ohne Abschied auseinander; ich lag schon im Bett als sein Bedienter den schrift*lichen* Abschied brachte.

Den 18. 19ten u*nd* 20ten [*Februar 1789*] brachten wir auf den Weg nach Rom zu, wir hatten das schönste Wetter, nur zu warm durch die Pauluden. Wir schliefen in Mola di Gaeta u*nd* Veletri wo wir Morgens das Cabinet des Sig*nor* Porcia besahn: HausGötter, Idolen 2 Mumien von Kindern, Amuleten, auch Köpfe u*nd* Vasen von Marmor. wir kamen Nachmit*tag* um 4 Uhr glück*lich* in Rom an, u*nd* fanden unsere Villa sehr artig. Verschaffel kam sogleich u*nd* supirte mit uns, auch kam noch Schak. |

Rom[43]
Den 21ten [*Februar 1789*] Wurde der Morgen mit Einrichtungen in die neu Wohnung u*nd* mancherley ambasaden zu gebracht. ich schrieb an meine Mutter

42 Die Passage über Emma Harts Attitüden ist durch einen senkrechten Bleistiftstrich am linken Rand besonders markiert.

43 Diese Ortsangabe steht in der Hs. zur leichteren Orientierung des Lesers zu Beginn des Tageseintrages links neben dem Seitenspiegel.

und Ludecus. Schak aß bey uns. Abends kam die Seckendorfen und nahm Abschied.

Den 22ten [*Februar 1789*] Hatte ich Vormit*tag* Medicin genommen, Werschafel aß bey uns. Gegen Abend kam der Senator, wir gingen zur Croce nur die wir im Bett antrafen, alsdann ins Teatro ‹di Torre› Argentina die Musick dieser Oper ist von Caruso Duntalmo. Wir hörten Rubinelli, deßen Stimme sehr schön ist. ‹die Ballette sind gut› Wir wolten auch noch ins Festin gehn ‹da man› aber der Herz*ogin* ihre Loge ‹wegen Mißverständniß› im 5ten Rang ‹glaubte› ~~konte~~ mogte sie nicht so hoch steigen.

Den 23ten [*Februar 1789*] Fuhren wir Vormit*tag* zur Angelika, Werschafel aß bey uns. Wir bekamen Briefe vom Erz Bisch*of* Nachmit*tag* fuhren wir zum Card*inal* Bernis das Pferderennen zu sehn. u*nd* Abends ins Teatro Argentine Rubinelli noch einmal zu hören.

Den 24ten [*Februar 1789*] Schrieb ich Vormit*tag* an den Erz Bisch*of* Nach*mittag* fuhr ich einwenig spazieren vor die Porta del Popolo u*nd* nach S*ank*t Peter. Abends kam H*err* Hird u*nd* H*err* v*on* Schak.

Den 25 [*Februar 1789*] Aß Wersch*affel* mit uns, Abends kam Galepi, Borel u*nd* Gerwinus ~~Mon~~ der Guvernatore, Monsig*nor* Litta u*nd* d'Agencourt.

Den 26ten [*Februar 1789*] wurde die Rothen kranck, welches mich sehr ängstigte.

Den 27ten [*Februar 1789*] Wersch*affel* bey uns Abends fuhr ich zur Croce zu uns kam Schak, Burry u*nd* Werschafe*l*

Den 28 [*Februar 1789*] Fuhren wir Nachmit*tag* in die Peters Kirche, wir bemerckten vorzüglich das schöne Mosaic die Verklärung Raphaels.

Sontags den 1ten Merz [*1789*] Die sieben Berge des alten Roms waren Palatinus, Capitolinus, Quirinalis, Viminalis, Esquilinus, Coelius, Aventinus. Der Janiculum der genseit der Tiber liegt, gehört nicht zu den sieben Bergen.

Das Campus martii war sonst wenig bewohnt

Mittag aß der Abate Puonfiglioli u*nd* Werschaffe*l* bey uns, Nach*mittag* kam Reifenstein u*nd* Abends Schak.

Den 2ten [*März 1789*] Fuhren wir Vormit*tags* mit Reifenst*ein* zu Mad*ame* Schmidt, das Mengsische Gemälde zu besehn, es ist auf ein Stück Mauer gemalt u*nd* im Stiel der Malereyen der Alten. Jupiter giebt den Ganimed einen Kuß, der Kopf Jupiters ist höchst schön so wie die Gestald des Knaben.

Von da fuhren wir in die Gallerie Doria. In den ersten Zimer viele Landsch*aften* von Pusin. Ein in Silber getriebener Tisch ~~wo~~ mit der Ges*ch*ichte wie einer der Vorfahren dieses Hauses die Genueser wieder in ihre Rechte einsezt. Eine schlafende Magdalene von Caravage. Das Opfer Abrahams von Titian. Cristus am Creuz von Michel Angello, /man erzelt M*ichel* Ang*elo* hätte einen Menschen ans Creuz geschlagen um das Gemälde zu machen.[44] 3 ‹grose› Gemälde von Quercino: Johanes, der verlohrene Sohn, u*nd* die H*eilige* Angnes auf den Scheiderhaufen. Papst Inozens x von Velaskes. der schlafente Cristus auf den Schoß der Marie von Guido. 2 vortreff*liche* Lands*chaften* von Claude Lorin, die Ruhe, nach Egipten u*nd* die andere wo das wasser, die Ufer u*nd* die Ferne ausserordent*lich* schön sind. Ein Besuch der Magdalene u*nd* Maria von Garoffalo. fünf Gemälde in eine Capelle, Landsch*aft* mit geist*lichen* Geschichten u*nd* ein toder Cristus für die nem*liche* Capelle von Hanibal Carage, 2 Gemälde Köpfe von Quintin Messeise der ein Schmied war u*nd* Mahler wurde. 2 schöne Aussichten von Venedig von Caneletti. Abends laß Hird seine Abhandlung über Laocon vor.

Den 3ten [*März 1789*] Vormitt*ag* in die Gallerie Borgese, eine der größten u*nd* zahlreichsten in Rom. Zu erst sahen wir die Zimmer des Onkels des Prinz*en* Borgese, Prinz Altobrandini, ~~die~~ welche schön u*nd* mit Geschmack meublirt sind, unter seine besten Gemälde gehört der Cristus mit den Schriftgelerten von Leonarto da Vinci, u*nd* ein Hyronimus von[45] Die kleine Altane oben auf dem Haus über seinen Zimern hat gewiß die schönste aussicht in Rom. Nach*mittag* gingen wir zu Trippel | das Grabmal des General Schernisew zu sehn welches nun aufgestellt war. Abends kam Rehberg u*nd* Schak.

Den 4ten [*März 1789*] Aßen wir beym Card*inal* Bernis, in gesellschaft vers*ch*ie*den*er fremden Minister u*nd* Cardinal ~~C~~, Garambi, der Senator Rezonico, Nachtisch fuhren wir zur *Principessa Santa* Croce. Abends kam Weschaffel Es wurde von Mengs seinen Gemälde nach den antiquen gesprochen. Etwas das die alten grichischen Gemälde karakterisirt ist meist, als ~~dauerte~~ ‹würde› der Moment welchen der Künster vorstellt fort gesezt, das hat Mengs sehr schön ~~k~~ ergriffen, es scheint Ganimed ist im Nähren zu Jupiter u*nd* ‹das› schweben dauert.

Den 5ten [*März 1789*] fuhren wir Vormit*tag* zu einen Eng*lischen* Mahler Hamilton, von seiner eigen Arbeit gefiel mir ein Apoll der die Haar ‹nach Horaz› im Castalischen Quell badet. 2 Salvator Rosa Geschichten vom Pitagoras. ein Tintoret. Polidor de Caravagio H*eilige* Marie mit der Glorie von Engeln. bey einen andern Engländer sahen wir einen vortreff*lichen* Ludovico Caravagio H*eiliger* Franciscus der das Kind Jesu auf den Schoos der Maria anbedet. bey Dorno einen Engländer

44 Dieser Satz ist durch einen senkrechten Rötelstiftstrich und ein Ausrufezeichen am linken Rand besonders markiert.

45 Danach ist Raum gelassen für den Nachtrag des Namens.

eine Findung Moses von Paul Veronese eine ~~s~~ hohe Landschaft von Caspar Busin auch eine von Nicolo Busin wo die Figur, ein Hird, sehr schön ist. Einen kleinen Claude Lorin. u*nd* ein Michel Angelo Marie mit dem Kinde u*nd* noch verschiedene Figuren ein Engel der den Finger auf den Mund legt das Kind nicht zu wecken. Einen Kopf von den Meister von Titian.

Mit*tag* aß Werschafel mit.

Nach mittag kamen verschiedene Künstler die ihre Zeichnungen brachten, Delera ein Meyländer zeichnet vortreff*lich* u*nd* komponiert schön. Auch die Angelica kam, u*nd* Abends machte die Herz*ogin* Musick mit Dies u*nd* noch einen Geiger.

Den 6ten [*März 1789*] kam Abends unvermuthet Tischbein aus Neapel, wir gingen in die Conversation bey Bernis. Eine Unteretung mit der Venetianischen Gesa*n*den |

Den 7ten [*März 1789*] Schrieb ich an Knebel u*nd* Ludecus Abends kam Tispein u*nd* Rehberg. ich lernte 2 Italienische Sprichworte: State zito perche m'avete gia secate il Spirito del' anima. Adesso mi pilla la rebia, mi viene in testa a la io patisco.

Den 8ten [*März 1789*] Sont*ag* Gingen wir die Herz*ogin* u*nd* ich Vormit*tag* im Garden spazieren. Bury u*nd* Werschaf*l* aßen bey uns, nach Tisch wolte Einsiedel über das Bassin springen u*nd* fiel hinein, worüber es viel Spaß gab. er legte sich sogleich ins Bett u*nd* ließ sich nicht wieder sehn. ~~Abend~~ Nachmit*tag* fuhren wir mit Wersch*affel* spaziern u*nd* sahen den Bachus Tempel der jezt die Kirche der H*eiligen* Constanzia heißt Die Gemalin Const*ant*in des Großen ist da begraben. Wir fuhren auch nach Monte Cavallo die beyden Statuen noch zu sehn. Abends kam Fr*au* vo*n* Kroock, Tisbein u*nd* Reifenstein.

Den 9ten [*März 1789*] Fuhren wir Vormit*tag* in die Gallerie Barbarini ‹Palestrina› /Papst Urban VIII war aus diesen Hauße/ Der Pallast ist einer der größten sowie die Gall*er*ie sehr zahlreich ist, eine Magdalene von Guido, ein schöner Leonhart d' Avinci, 2 Schwestern die eine klug die andere eidel, ein Lairess pp gefielen mir vorzüglich, auch sind verschiedene *C*laude de Lorin da. Unter den Statuen ist der schlafente Faun vortrefflich. Den Nach*mittag* kam H*err* vo*n* Schak, *Guvernatore* Gervinius, Tischbein, u*nd* der Spanische Gesande der die Herz*ogin* in das Cancerzt[46] des Ch*evalier* de Bayéne begleitete, wir hörten einen Tenor aus Neapel, Martini.

Den 10ten [*März 1789*] In die Gallerie S*an*ta Croce die 4 Albanos u*nd* die Himmelfarth Marie von Guido ist das beste In die Kirche S*ain*t André della Valle die 4 Evangelisten von Dominichin, die Kirche S*an* Carlo in Cadenato 4 Tugenden u*nd*

46 Verschrieben, wohl für: Conzert.

der Plafon auch von Dominichin in beyden Kirchen sind seine besten Gemälde in fresco. In der Teutschen Kirche Madona della Pace ein fresco Gemälde von Raphael die Sybillen, es war sehr verdorben.

Mittags aß Tisbein mit Nach*mittag* kam beyde Buonfiglioli, Abbate Monmorenci, Ashencour, M*onsignor* de Bayene ich fuhr zur Croce. |

Den 11 [*März 1789*] Schrieb ich früh an die Ges*andte* vo*n* Venedig. Nach*mittag* Werschaffel wir fuhren zu Trippel sein Monument bey der Fackel zu sehn. Abends kam Schak u*nd* Dies. Morgens zwischen 6 u*nd* 7 Uhr war ein erstaunenter Sturm es donerte einige mal, ~~und~~ als dann fiel den ganzen Vormittag Schnee der einige Stunden liegen blieb.

Den 12 [*März 1789*] Blieben wir des übeln Wetters wegen zu Haus, Rehberg aß bey uns. Nach*mittag* fuhren wir spaziern u*nd* stiegen in der Kirche San*k*t Lorenzo ‹fuondelle Mure› aus. Abends kam Galeppi

Den 13ten [*März 1789*] Aß Tisbein bey uns, wir fuhren Nachmit*tag* in San*k*t Peter, wo alle Freytage in den Fasten Gottes dienst gehalten wird, welcher mit zu rendevous ~~helffen~~ junger Mädchen dient, eine Menge Menschen war da, und in Rom werden die meisten Heyrathen in dieser Zeit gemacht. Abends fuhren wir aufs Capitol die Statuen bey der Fackel zu sehn Der Amor der den Bogen spant ‹der Fechter›, Amor u*nd* Psyche, Antinous u*nd* Psyche, die man für eine Tochter der Niobe hält, gefielen mir am besten. Als dann fuhren wir ins Colisee, es ~~bey~~ im Mondschein zu sehn, welches einen grosen u*nd* schauderlichen Anblick macht. Eulen schrien, u*nd* es war sehr kalt.[47] Wie wir nach Hause kamen, tranken wir Punsch Die Gesellschaft bestand außer uns, aus Tisbein, Hird, H*errn* vo*n* Schak Werschaffel u*nd* M*onsieu*r Borell

Den 14ten [*März 1789*] Blieb ich in meiner Stube u*nd* schrieb an Meine Mutter, die Reinbaben u*nd* Ludecus. Abends tranken wir Thee zu sammen.

Den 15ten [*März 1789*] fuhren wir zum Frühstick zum Card*inal* Stats Sekertair. Die Gesellschaft bestand aus den Senator, Lad*y* ~~H~~ Eren, ihr Onkel, Listevenon, Agencourt, den Castelano di San*k*t Angelo Ottoboni, u*nd* M*onsieu*r de Dolomnieu. Mittag aß Hird u*nd* Wershaffel bey uns. Abends fuhr die Herz*ogin* zur P*rincipessa* San*ta* Croce

Den 16 [*März 1789*] Blieben wir des übeln Wetters wegen zu Hauß, Tisbein aß bey uns. Nach*mittag* kamen Schak, Borell u*nd* Gervinus. Auch hatte ich wieder Italienische Stunde.

47 Die Passagen über die Heiraten und das Kolosseum sind durch Rötelstiftstriche am linken Rand hervorgehoben.

Den 17 [*März 1789*] Fuhren wir zu verschiedenen Künstlern, bey einen Engländer Ein Faun der eine Bachantin küßt, schön gemalt. bey ihm sahn wir auch die Copien der besten Gemälde in Italien. Mitt*ag* aßen bey uns: Angelica | u*nd* ihr Mann, Ceruti, Arteava, Tisbein u*nd* Reifenstein. Abends zur Croce wo bey großer Gesellschaft ein Sicilianer die Harfe spielte, sie war dreyfach bezogen[48] u*nd* hatte einen schönen sanften Ton. Auch ein Fraunzimer, dieselbe die wir schon bey der D*uchesse* Albani gehört hatte*n* spielte die Harfe u*nd* sang.

Den 18ten [*März 1789*] fuhr ich Vormit*tag* mit Herder u*nd* Tisbein zu Bury seine Bilder zu sehn. unter den gekauften ist der Caragio die Maria mit den Toden Cristus auf den Schooß, vortrefflich, auch besuchten wir Schütz, u*nd* Rehbergs attelier. Wir fuhren auch wieder zum Engländer Manly, Tisbeinen den schönen Carag zu zeichen. Abends kam Mayer u*nd* Schak.

Den 19 [*März 1789*] Aßen wir Mittags beym Card*inal* Bernis. Der Spanische Gesande begleitete Abends die Herz*ogin* ins Concert beym Senator.

Den 20ten [*März 1789*] War die Herz*ogin* an Kopfweh kranck u*nd* blieb zu bett. Abends kam Tisbein. Es regnete den ganzen Tag.

/Der Doge von Venetig starb am Schlag, als er ~~von~~ ‹vorher› etwas zu sich selbst kam, sah er seinen Medicus beym Bett u*nd* sagte: Amico sto male, conoscete la mia Dignita, fatte mi fare una bona figura. Der Arzt ohne sich zu bedenken antwortete: Serenissimo, faremo un poco di fiatico ~~et~~ ‹e› un poco d'olio Santo.

Der Doge darf keine Persohn von Beteutung oder reg*ierende* Herrn allein bey sich sehn, 6 von der Republick dazu bestellte Mäner in grosen Berücken, stehn ihm als dann zur Seite. Wie der Papst bey den lezt verstorbenen war, sprach jener mit ihm, da sagte einer der 6, Serenissimo alzate la Voce![49]

Den 21 [*März 1789*] Brachte Tisbein seyn Gemälde von Paris u*nd* Helena, es wurde auf gemacht. Mitt*ag* aß Schak Borell u*nd* Tisbein bey uns, Nachmit*tag* fuhren wir zu der Angelica, u*nd* Abends zeichneten wir mit Tisbein.

Den 22 [*März 1789*] Vormit*tag* in die Repetition der Musick beym Chev*alier* Bayane, die | Gesellschaft bestand aus lauter Fremden u*nd* war sehr gut, so wie die Musick. Werschaffelt aß bey uns. Nachmit*tag* kam Reifenst*ein* u*nd* Dies, wir fuhren zur Croce.

Den 23 [*März 1789*] Saß die Herz*ogin* der Angelica, Reif*enstein* u*nd* ich fuhren in die Kirche der Madonna del Popolo, die Esequien der ~~P~~ verstorbenen Prinzeß

48 Die Unterstreichung erfolgte mit Rötelstift.

49 Die Passage über den Dogen ist am linken Rand durch einen Rötelstiftstrich sowie einen schrägen Anstrich mit Tinte hervorgehoben.

Chici zu sehn. Die Verstorbene lag auf einen art von Catafalc auf der Erde p die Kirche verziert, es war viel Zulauf. Mit*tag* aß Reif*enstein* bey uns. Abends kam M*onsieur* Lisdevenon u*nd* der Portugisische Gesande. Rehberg Abends

Den 24 [*März 1789*] Besahen wir die ~~P~~ Gemälde im Pallast Chici. 2 Statuen waren merckwürdig eine Venus u*nd* kleiner Apoll. Im Pallast Altieri 2 Claude Lorins vortreff*lich* Noch zu einen Bilderhändler, das Portrait von Andreas Sacchi von ihm selbst. ‹Tisbein war mit› Nach*mittag* mit der Angel*ica* in die Villa Borgese spaziern, wir besahn auch Statuen Der Fechter wurde zu Porto d'Angio 40 Millien von Rom am Mitländischen Meer gefunden, so auch Apoll, beyde zu Anfang des 16ten Jarhundert Abends kam Hird u*nd* Meyer ersterer war mit in der V*illa* B*orgese* gewesen

Den 25 [*März 1789*] Sahen wir in den Hauß des Spanischen Expeditionairs den Papst in Ceremonie in die Kirche àla Minerva fahren. Die Ungeheure Größe des Wagens worinnen der P*apst* fuhr u*nd* derer der beyden Cardinäle die bey ihm saßen ~~und~~ von welchen von jeden 3 folgten, mit der Livrée umgeben, war sehr auffallend. Die Mädchens die ausgestattet werden gingen in der eigen dazu bestimmten Kleitung auch vorbey. Als dann fuhren wir mit Reif*enstein* in den Pallast Corsini wo der garten noch befind*lich* worinnen die Königin Cristine die Academie der Arkadier gehalten ‹wir gingen spaziern weil der Palast zu war› wir fuhren noch an der Tiber spazieren u*nd* gingen in das Kloster der Nonen die Blumen machen. Nachmit*tag* machte die Herz*ogin* Musick, Abends kam Galeppi u*nd* Gervinus. |

Den 26 [*März 1789*] fuhr die Herz*ogin* vormit*tag* in den Pallast Corsini u*nd* die Sacristey in der Peterskirche, ich blieb zu Hauß u*nd* ließ mich friesiern Den Abend zum Senator in die Conversation.

Den 27 [*März 1789*] In das Colegium Romanum der Card*inal* Garambi u*nd* Galeppi empfingen die Herzogin. Kircher ein Teutscher Jesuit hat in Rom die meisten der in den Museum befind*lichen* Sachen zusammen gebracht, geschnittene Steine, Haus Götter, Frachmente von Statuen, Köpfe, Vasen von Bronce pp Die Bibliotheck die ansehnlich ist. Abends in die Conversation bey Bernis. Tischbein kam vorher.

Den 28 [*März 1789*] fuhren wir Nachmittag in die Kirche des Closters S*ank*t Onofrio wo Tasso begraben liegt, wir sahen ein Portreit von ihm, über den Ort wo er liegt, das nicht gleich zu seyn schien nach den Gieps zu urtheilen, den wir hernach von der Angelica sahn. Sein Büst steht in der Bibliothek des Closters wo keine Frauen hin dürfen. Wir gingen im Kloster Garden spazieren wo man die prachtigste Aussicht über ganz Rom hat. Abends machte die Herz*ogin* Musick, Buri kam, u*nd* ich ging zur Croce, wo ich unterandern auch die D*uchesse* d'Albani fand.

Den 29 [*März 1789*] Aß Schütz u*nd* Werschafel bey uns. Nachmit*tag* fuhren wir in die Villa Albano u*nd* besahen Statuen. Es war sehr kalt. Abends kam Schak u*nd* Borell u*nd* Argencourt. Es war noch ein Ball in der Stadt welches mich der Fasten wegen wunderte.

Den 30 [*März 1789*] Wahren wir Vormit*tag* bey einen Franzosen Nahmens Casas der die Reise mit den Che*valier* Gouffier nach Constantinopel u*nd* Griechen Land gemacht hatte. wir sahen vortreff*liche* Zeichnungen bey ihm die Aussichten von Jerusalem, Constantinopel, Athen, Palmira pp | die Egiptischen Piramieden, Sphinxe p er wird sie stechen lassen u*nd* eine Beschreibung dazu geben. Er erzehlte uns manches von seinen Reisen. wir fuhren alsdann auf Monte Cavallo, wir sahen die Wohnu*n*g des Papstes u*nd* die Gemälde. 2 Guidos, die Verkündigung Marie, u*nd* die Creuzigung Petri sind vortrefflich. Nachmitag hatten wir ein starkes Gewitter mit viel Regen. Abends fuhren wir mit der Pr*inzeß* S*a*nta Croce zum Guvernatore der Cardinal gevorten war. Abends war ein Theil der Stadt illuminiert. im Hof des Gouv*ernatore* waren 4 Orchester u*nd* eine Menge zuhörer, es regnete gewaltig. Der Venezianische Gesande hatte nicht illuminiren lassen, weil der Papst keine Venezianischen Cardinal ~~hat~~ gemacht hatte.

Den 31 [*März 1789*] Aß Mad*ame* Angelica, Zuchi u*nd* Reifenst*ein* bey uns. Abends kam die Prinzeß Lamberdini, Schak, Gervinus u*nd* Tischbein. Wir aßen Sorbet. Man erzehlte allerley u*nd* war recht lustig.

Den 1 Apr[*il 1789*] Ging ich Vormit*tag* einwenig zur Angelica. Nachmit*tag* fuhren wir an der Tyber spazieren zur Porta Portese hinaus. als dann in S*ank*t Peter. Wir gingen oben auf die Loge wo der Papst den Seegen giebt. Abends kam Bury.

Den 2ten Ap[*ril 1789*] Fuhren wir zur S*a*nta Croce, die Herz*ogin* ~~de~~ wurde vom Spanischen Gesanden im Vatican begleidet um die Ceremonie zu sehn, wie der Papst den 4 Cardinälen den Hut aufsezte.[50] Ale Cardinäle u*nd* Prelaten waren versammlet, die Nahmen der 4 Neuen sind der Guv*ernad*ore Bruschi, Borcia, Antici, Polnischer Minister u*nd* Campanelli. In der Capelle Sixtina wurde das Dedeum gesu*n*gen Abends gingen wir zur Angelica u*nd* trancken Thee bey ihr, wir sahen Zeichnungen u*nd* Herder laß aus Goethens Gedichten. |

Den 3ten [*April 1789*] Nahm ich Medicin ein, die Herz*ogin* fuhr zu Albacini, einige Camien u*nd* dergl*eichen* zu besehn. Den Mit*tag* aß Tischbein bey uns, Abends fuhren wir zur S*a*nta Croce der wir mit den Spanischen Gesanden unterwegs begegneten. Wir wolten auch der Duch*esse* d'Albani einen Besuch machen, sie

50 Der Satz über das Zeremoniell ist durch einen Rötelstiftstrich am linken Rand hervorgehoben.

lag aber im Bett u*nd* hatte die Maßern. Alsdann in die Convers*ation* bey Bernis.

Den 4 [*April 1789*] Gingen wir Vormit*tag* im Garten spaziern, die Herz*ogin* erhielt einen Brief von der Herdern. Wir gingen zu Herdern. Nach*mittag* fuhren wir mit Tisbein nach den Bädern u*nd* den Cirkus von Caracalla der groß u*nd* schön ist u*nd* jezt mit den schönsten graß bewachsen ist, es war ziemlich naß im graß u*nd* wir kamen etwas schmuzig nach Hauß. Abends kam noch Rehberg.

Sontags den 5ten [*April 1789*] Sahen wir in der Sixtinischen Capelle die consecration der Palmen. Die Ceremonie wie der Papst die Oelzweige einsegnet war vorüber, und wir hörten nur die Messe u*nd* die Passion singen. Ceruti begleitete die Herzogin. Tisbein u*nd* Werschaffel aßen bey uns. abends gingen wir mit Reif*enstein* u*nd* Mad*ame* Angelica in das Closter dei ~~p~~ filibini ein Oratorium zu hören. Der Prior hatte den Stand für die Herz*ogin* artig eingerichtet. Die Musick u*nd* Stimmen waren mittelmäßig. zwischen den ersten u*nd* 2ten Theil hielt ein Pfaff eine Predigt, die wir nicht auswartheten, der Portugisische Gesande begleitete die Herz*ogin* zur S*an*ta Croce.

Den 6ten [*April 1789*] früh um 8 Uhr mit Reifenst*ein* u*nd* Schak nach Frescadi der Tag war sehr schön u*nd* die Gegend gefiel uns allen ausserordentlich. Wie wir ankamen fanden wir Mad*ame* Angelica mit ihren Mann da. Wir frühstückten u*nd* gingen als dann einige ~~Will~~ Villen, Gärten u*nd* die Gegenden zu besehn. Der Garten von der Villa Conti, u*nd* der Villa Pamphilie, die den Haus Borgese gehört sind äußerst schön in der lezten die sehr groß u*nd* bequem ist, sind einige artige | Wasserkünste, die man aus einer Sala terena ansieht, ein ~~Z~~ Zentauer der bläßt, Pan der auf der Flöthen bläßt p der Parnaß mit der Wasser Orgel pp die Villa die denen Jesuiten gehörte u*nd* wo ihr General wohnte, ist auch schön u*nd* die Aussichten vortreff*lich* so ‹auch› die Villa falconiere. Die Stellen die etwas beschwerlich zu steigen waren ~~g~~ fuhr die Herz*ogin* u*nd* ich in einen Chaischen. Den Mittag aßen wir im Hauß u*nd* beym Hof*rath* Reifenstein sehr gut Im Zurückfahren sahen wir in Grotta ferata in der Kirche Gemälde en fresco von Dominichin, die heilung eines Beseßenen vortreff*lich*. Abends trancken wir Punsch.

Den 7 [*April 1789*] Nachmit*tag* kam die Prinzeß Lambertini, die Gesandin von Venedig mit ihrem Mann u*nd* der Monsignor Malvasi zur Herzogin, auch hernach Tisbein, Werschafel u*nd* Bury. Wir gingen zum M*onsignor* de Bayane wo das Stabat Mader von Pergolesi u*nd* andere Musick gegeben wurde

Den 8 [*April 1789*] Kam Vormit*tag* Schak zu mir, seine Geldsachen solten in Ordnung gebracht werden. er u*nd* ~~Ch~~ Ceruti aßen bey uns. Nach*mittag* fuhren wir in die Sixtine, wo die Lamentationen u*nd* das Miserere von Allegri gesungen wurde. Der Papst hatte der Herz*ogin* ein Cavallir Nahmens Marchese Massime /er will noch von der Familie des Fabius Maximus stammen/ zu gegeben. Die Lady Eran u*nd* ihr Onkel, u*nd* der Portugisische Gesande warn in unserer Loge. Als dann fuhren wir zu die Pelegrini wo arme Männer u*nd* Weiber gespeißt u*nd* von vornehmen u*nd* andern bedient werden, der Ducca di Cesi führt die Herz*ogin* herum. Lady Eraen u*nd* Lad*y* Susane kamen den Abend zu uns.

Den 9 [*April 1789*] Früh um ½ 10 Uhr in die Sixtine, wir hörten ‹Abends› das vortreffliche Miserere von Palest*r*ina, sahen ‹vorher die Meße lesen u*nd*› die Prozeßion, wenn der Papst in Beg*l*eitung der Cardinäle das Hei*ligste* in die Pauline trägt, sahen ihn von der Loge der Peterskirche den Segen | geben, sahen ihn den 13 Pilgern die Füße waschen u*nd* sie als dann bey der Tafel bedienen. ~~Ab~~ wie wir nach Hauß kamen fanden wir Graven. Abends in die Sixtine, u*nd* die Peterskirche wo das Creuz brennte, die Eng*lischen* Damen begleiteten die Herzogin. Abends war Grave u*nd* Bury da, es wurde gesungen.

Den 10ten [*April 1789*] Vormittag in die Sixt*inische* Cap*elle* wo ~~dieselben~~ die Creuzanbetung von den Papst u*nd* ~~allen~~ ‹den› Cardinalen /oh*n*e Schue/ u*nd* den übrigen die zur Suite des Papsts gehören, gehalten wurde. Nach*mittag* gingen wir zu die Greci die Grablegung Cristi zu sehn. Der Bischof ein schöner alter Mann, alle Geist*lichen* Griechen. Als dann wieder in die Sixt*inische* Capele der Papst war gegenwärthig, das Miserere. Nachdem kam der Papst u*nd* sein ganzer Zug in die Peterskirche zu beden. Das illuminirte Creutz, der Papst auf den Knien dafür u*nd* die vielen 1000 Menschen um her, macht einen schönen anblick. Abends kam noch Grave.

Den 11 [*April 1789*] Erhielten wir Briefe von Weimar, ich schrieb an meine Mutter u*nd* Ludecus. Nach*mittag* zur Angelika, wo wir die grose Harfe /Harpone/ und la Signora[51] singen hörten. als dann zu Bernis wo ein Orador*i*um gegeben wurde.

Den 12 [*April 1789*] Sontags den ersten Feyertag, früh in S*ankt* Peter wo wir zuerst den Papst die grose Treppe herunter tragen sahn, alle Cardinäle u*nd* übriges Gefolge begleidete ihn. als dann hörten wir ihn die Messe lesen u*nd* das Sacrament nehmen. Wir gingen darauf wieder [*in*] die die oberen Zimmer des Vatikans ihn den Seegen geben zu sehn, die Menge des Volcks u*nd* der Wagen p war prächtig man rechnet aus 60000 Menschen. Abends gab die Bandi aus Neapel Conzert | sie sang vortrefflich. Nachher wurde getanzt, die Herz*ogin* sach eine halbe Stunde zu.

51 Danach ist Raum gelassen für den Nachtrag des Namens.

Den 13ten [*April 1789*] Aß Bury, Werschaffel, Reifenst*ein* u*nd* Grave bey uns Abends zur Croce, von da begleidete der *Chevalier* Azara die Herz*ogin* in das Hauß des Conte Eroli, die Girandola von der Engelsburg zu sehn, es waren viel Menschen gegenwärthig u*nd* das Schauspiel prächtig.

Den 14 [*April 1789*] Hatten wir Abens Concert, Lad*y* Eren, Angelica, Abate Spina u*nd* viele andere waren gegenwärthig.

Den 15 [*April 1789*] In die Propagante wo der Card*inal* Borcia die Herzogin herum führte. ~~Die Na~~ unter denen jungen Leuten von allen Nation waren sehr schöne Bildungen. ~~Abends~~ ‹Nach Tische› in die Villa Pamphilia wo die Herz*ogin* Milch tranck, es war sehr schönes Wetter Abens, der Engländer Falkland, Werschaffl, Schak u*nd* Tischbein der Abschied nahm

Den 17 [*April 1789*][52] Um 12 Uhr zum Dejeuner zum Senator, wir hörten die Messe von Jomelli mit dem schönen Credo, u*nd* Lolli spielte 2 ~~Lo~~ Concerte auf der Geige Als dann fuhren wir mit Lady Ernten in die Villa Ludovisi zum Staadssekr*etair* u*nd* aßen zu Mitag, Abends zur S*an*ta Croce, die Venez*ianische* Gesan*din* war da

Den 18 [*April 1789*][53] fuhr die Herz*ogin* um 11 Uhr in das Institut S*ank*t Michael über welches Mons*ignor* Gonzalvo die Aufsicht hatt, der auch die Herz*ogin* herum führte. Es ist ein Arbeidshauß wo Alte u*nd* Junge, Kinder vom 7 Jahre an werden aufgenommen Nach*mittag* in die Villa Negroni spaziern u*nd* besahen als dann die Ruinen des Tempels der Minerva medica, als dan in die Kirche S*anta* Maria magior, wo die schönen Säulen von weisen Marmor stehn 20 an jeder Seite. Abends kam der Ma*l*theser Gesande M*onsieur* de Brillan, ein Graf Gräven u*nd* Schack. io inteso ch'il ~~W~~ Vescovo non verrà

Den 19 [*April 1789*][54] Schrieb ich an Wieland, Ludecus u*nd* meine Mutter. Bury brachte der Herz*ogin* eine Zeichnung ~~von~~ ‹nach› Carage Nach*mittag* mit Reif*enstein* spaziern zu Fuß u*nd* nach der Kirche Trinita del Mondo das Fresco Gemälde von Wolterra zu sehn. Abends Werschafel es wurde Musik gemacht. |

Sont*ag* 20ten [*April 1789*][55] Mit*tag* Werschafl bey uns, wir fuhren Nachmit*tag* an die Quelle von Aqua Santa wo ein Hauß u*nd* Bequemlichkeit zum Baden befindlich ist. es liegt in der Campagna di Roma 4 Millien von der Stadt. Abends kam die Angelica u*nd* wir fuhren ins Theater Argentino wo Lolli Concert gab, es

52 Eigentlich ist der 16.4.1789 gemeint.
53 Eigentlich ist der 17.4.1789 gemeint.
54 Eigentlich ist der 18.4.1789 gemeint.
55 Eigentlich ist der 19.4.1789 gemeint.

war sehr voll bey 3 000 Menschen, er wurde zulezt ausgeschischt in einen langweiligen adagio.

Den 21 [*April 1789*][56] Fuhren wir in die Kirche Sankt Grisonomo, die Apotheose des Heiligen von Quercino zu sehn, in Santa Maria in Trastebere die Verklärung der Maria von Dominichin, in Santa Cecilia wo die Heilige in Marmor am Altar liegt, sehr schön ‹liegente› Statue, man zeicht noch ihr Bad. zu einen Bildhauer, ich nahm Stücken Marmor mit. Abends Bury, Schak, Borell.

Den 22 [*April 1789*][57] Vormittag in das Museum Strozi, wo wir vortreffliche Einschnitte und Cameen sahen, die 2 berühmten Herculesse, die Medusa Die Angelica war mit, wir fuhren spaziern, den Mitag Angelica und Reifenstein bey uns. Nachmittag kam der Cardinal Herzan, die Contessa Chateau Dophin, Momorenci, Schak, wir gingen in die Opera buffa la fiera di forlipo~~p~~poli, Musik von Marcello di Capua. alla Valle

Den 23 [*April 1789*][58] Nachmittag in die Villa Pamphilia. Abends kam Gallepi, Schak und Werschaffel.

Den 24 [*April 1789*][59] Aßen wir bey dem Cardinal Hercan in großer Gesellschaft. ‹Duce Braschi, Cardinal Braschi, Duchessa Salviati, Comte Chateau Dauphin pp› Abends waren wir bey der Prinzeß Santa Croce, wo der Cardinal Bernis die Nachricht vom Todt des Kaysers bekam

Albano[60]

Den 25 [*April 1789*][61] fuhren wir früh um 7 Uhr nach Albano, ‹und logirten in Castel Gandolfo› der Hofrath Reifenstein und Herder waren mit. Wir gingen vormittags spaziern, durch die grose schöne Allee die von Castel Gandolfo nach Albano führt, sahen das Hauß des Cardinal Bernis und gingen als dann ausser den Thor das Grab der Horazier und Curiazier zu sehn daß durch seine beyden Thürme und die 3 * Reste von Thürmen sich für andern Grabmälen auszeichnet. Am Wege steht noch ein Rest von Grabmal von 3 Etagen oben mit Bäumen bewachsen, welches man für des | Pompejus seyns hällt. Herr von Schak war auch gekommen und begegnete uns beym Nachhausgehn in der Allee. Wir assen zu Mittag. Nachmittag gingen wir den Lac von Albano vorbey die Villa Barbarini zu

56 Eigentlich ist der 20.4.1789 gemeint.
57 Eigentlich ist der 21.4.1789 gemeint.
58 Eigentlich ist der 22.4.1789 gemeint.
59 Eigentlich ist der 26.4.1789 gemeint.
60 Diese Ortsangabe steht in der Hs. zur leichteren Orientierung des Lesers zu Beginn des Tageseintrages links neben dem Seitenspiegel.
61 Eigentlich ist der 24.4.1789 gemeint.

besehn. Sie liegt vortrefflich u*nd* ist darum noch merckwürdig weil es der Ort ist wo vormals des Keyser Domitians Villa stand, von welcher man noch Ruinen sieht, zwischen welchen ‹Mauren› dicke Bäume sich durchgedrungen haben. Eine lange Gallerie ist noch ziem*lich* erhalten. sie gehörte zu den Souterains, das Licht fällt von oben hinein, wo sie wahrsch*einlich* in der Hitze oder schlimmen Wetter spaziern gingen In der Voute sieht man noch Caissons

Wie wir nach Haus kamen legte sich die Herz*ogin* zu bette u*nd* wir saßen um sie her u*nd* tranken Limonade.

Den 26 [*April 1789*][62] Hatte es die Nacht geregnet, es wurde den Tag über, aber schön. Wir fuhren um 10 Uhr durch die Allee die la Galleria genant wird ~~bi~~ gegen Larici eine kleine Stadt zu wir besahen das schöne Thal das sonst ein ‹ungeheurer› Crater gewesen ist u*nd* jezt 9000 R*eichs*th*aler* einträgt. Die Kirche in Larici ist von Bernini nach der Rodonte gebaut u*nd* im kleinen sehr artig. Wir fuhren durch die schönsten Gegenden durch Alleen von hohen Bäumen nach Genzano welches der Familie Forza Cesarini gehört in den Pallast der sehr übel eingerichtet und meublirt ist hat man die schönste Aussicht auf den Lac di Nemi in den Zimmer wo die Familien Portr*e*its hängen. wir ~~gingen~~ fuhren von da nach Nemi selbst Der weg war schön u*nd* man behällt die schöne Aussicht ins Thal. Nemi ist vom Papst seinen Nepoten gesche*n*ckt der den Pallast artig eingerichtet hat. Wir fuhren den selben schönen Weg wieder nach Hause. Nachmit*tag* besahen wir Jenkins Wohnung in unsern Hause den Pallast des verst*orbenen* Card*inal* Albani u*nd* gingen durch die ~~Will~~ Villa[63] u*nd* die Villa Barbarini nach den Lac d'Albano gingen die grose All*e*e hinauf bis an die Kirche der Augusti sezten uns u*nd* erfreuten uns der schönen Gegend um den Lac. Im Nachhausgehn ging die Sonne unter. Wir aßen zu Nacht Schi*n*cken u*nd* Salad u*nd* gingen zu Bette. |

Den 27 [*April 1789*][64] fuhren wir durch ein sehr schönes Wältchen, in welchen wir auch spazieren gingen nach Marino, * * * die Gegend um Marino ist sehr romantisch, hohe Felsen mit Bäumen durchwachsen, man sieht einen Theil der Stadt unten liegen, kleine Wasser fälle stürzen aus den Vulcanischen Felz stücken. Wir gingen in die Kirche, einen Salvator Rosa u*nd* Dominicin zu sehn. wir fuhren durch den selben Weg nach Hause. früh war Schak nach Rom abgereißt u*nd* wir namen Abschied von ihm. Nach Tisch gingen wir in das Päpstliche Schloß Gandolfo u*nd* besahen die Zimmer die Ganganelli bewohnt hatte. Die Aussicht im Garden ist sehr schön. Als dann in die Villa Barbarina. Abends trancken wir Punsch.

62 Eigentlich ist der 25.4.1789 gemeint.
63 Danach ist Raum gelassen für den Nachtrag des Namens.
64 Eigentlich ist der 26.4.1789 gemeint.

Rom[65]
Den 28ten [*April 1789*][66] Wurde Reifenst*ein* nicht wohl u*nd* es wurde beschlossen den Nachmit*tag* wieder nach Rom zurück zu kehren. Wir gingen Morgens noch in die Villa Barbarini spaziern u*nd* am Lac u*nd* um 3 Uhr fuhren wir ab nach Rom. Abends kam Grave Hird u*nd* Werschaffel.

Den 29 [*April 1789*][67] Herder war früh bey mir, Nachmi*ttag* kam Mad*ame* Angelica ihr Mann Hird, Reifenst*ein* Werschaff*el* der bey uns gegessen hatte. Es wurde Musick gemacht.

Den 29 [*April 1789*] Mit Herder u*nd* Schütz auf der Peters Cupel. es war ein prächtiger Anblick dieses ungeheure Gebeude nebst den Vatican so mit einen Blick zu übersehn, vorzüglich von den obern Gelenter in die Kirche zu sehn. Als dann gingen wir in die Stanzen von Raphael. Mitags aß Angelica p u*nd* Abate Spina bey uns. Wir fuhren in die Villa Patrizia wo die Aussicht vortrefflich ist u*nd* noch einge Kirchen. Abends war Musick.

Den 30 [*April 1789*] Ließ ich durch Schüz eine Haube ~~für~~ von der Herz*ogin* für Bertuch zeichnen, verschiedene Künstler kamen. Abends fuhr ich zur Croce. |

Den 1ten May [*1789*] Die Herz*ogin* Vormit*tag* ins Museum. Abends zur Croce u*nd* in die Conversation bey Card*inal* Bernis

Den 2ten [*Mai 1789*] Ich schrieb an Bertuch u*nd* Ludecus. Die Herz*ogin* erhielt die Nachricht von der Niederkunft der reg*ierenden* Herz*ogin* in Weimar, u*nd* daß das Kind nicht lebe. – Abends Gesellschaft Galeppi, Lestivenon, Werschaffel p

Tivoli[68]
Den 3ten [*Mai 1789*] fuhren wir nach 8 Uhr Morgens ab nach Tyvoli, Angelica, ihr Mann u*nd* Reif*enstein* waren mit, ich wählte mit Zuchi zu fahren, es war ein schöner Morgen. wir sahen auf dem Weg die Solfa terra u*nd* die Schwimenten Inseln, ein Retirato gouvernirte sie der seiner Thaten wegen nicht nach Rom komen durf*te*, er war sehr lustig u*nd* das Bad der Zenobia in Ruinen liegt gleich daran. Man sieht von der einen Seite den artigen Berg Monticelli liegen, er gehört den Hauß Borgese. Weiter sahen wir das Grabmal des Plautius, an der Brücke, die Inschrift sagt nach Winkelmans Auslegung daß er 7 ~~Jahr~~ ‹mal› Con-

65 Diese Ortsangabe steht in der Hs. zur leichteren Orientierung des Lesers zu Beginn des Tageseintrages links neben dem Seitenspiegel.
66 Eigentlich ist der 27.4.1789 gemeint.
67 Eigentlich ist der 28.4.1789 gemeint.
68 Diese Ortsangabe steht in der Hs. zur leichteren Orientierung des Lesers zu Beginn des Tageseintrages links neben dem Seitenspiegel.

sul gewesen sey u*nd* glückliche Kriege in Ungarn geführt hätte, seine Frau ließ es ihm u*nd* den Sohn von 9 Jahren bauen. Auch besahen wir den runten, oben schon bewachsenen Tempio della Tossa. Wie wir ankamen besahen wir unsere Wohnung an den Tempel der Sybille oder Vesta. wir aßen zu Mittag im Freyen u*nd* gingen Nachmit*tag* in die Villa d'Este, nach dem wir verschiedene andere schöne Aussichten gesehn hatten. Diese Villa hat die schönste Lage die sich denken läßt. Der runte Plaz in der Mitte des Gardens mit hohen Cipressen umgeben über denen der Mond stand, u*nd* die Grotte mit Platanus Bäumen sind herrlich schön. Unsere Kutscher u*nd* die Spirren hatten Händel gehabt, u*nd* der Gouvernatore kam Satisfaction zu geben. Abends legte sich die Herz*ogin* zu Bett u*nd* Herder laß Goethens Tasso vor. Werschaffel kam

Den 4 [*Mai 1789*] Früh zu der Grotte des Neptuns, ich stieg nicht ganz hinunter weil es zu heiß war. Schuz u*nd* Büry waren gekomen. Als dann gingen wir die Cascatellen zu sehn Diese Promenade wurde halb fahrend gemacht u*nd* denoch war sie der Hitze wegen sehr beschwerlich. von der Brücke in der Stadt sieht man die grose Cascate am schönsten. Wir sahen auch auf dem Weg die Villa des Varus der vom Herman geschlagen wurde. auch die Ruinen des Villa des Vopiscus. Der Fluß der die Cascaden macht heißt Ango, als dan wird er Tebrone. Nach*mittag* fuhren wir blos spazieren die Gegend zu sehn. Abend laß uns l Herder die 7. Ode des Horaz 1. Buch, an den ~~Pr~~ Plancus, wo er von Tivoli u*nd* den Cascaden spricht. Abend kam ein Gewitter, es ging bald vorüber.

Den 5ten [*Mai 1789*] In die Villa Mecens Prächtige Ruinen von grosen hallen die jezt durch das volle Gestreuch sehr mahlerisch aussehn. Ein Wasser fall fällt mitten durch die 2te Etage herunter, dieser Pallast war über die Landstraße gebaut. gegenüber sieht man die Villa des Varus. Horazens Villa im Sabiener Land 11 ita*lienische* Meilen davon. Wir fuhren von da in die Villa dEste sezten uns unter die Zipressen u*nd* Herder laß den Tasso, die Nachtigallen schlugen u*nd* ein Hauß Lämchen kam zu uns u*nd* wurde mit Blumen gefüttert. Von da ~~el~~ fuhren wir die Aquetucten des Clautius zu sehn die er 40 Meilen weit führte, das Thal ist sehr schön u*nd* die weite Aussicht bis Rom. am Bergen Ruinen von Landhäußern. Abends wurde gezeichnet, gelesen, kleine Spiele gespielt u*nd* Punsch getrunken

Den 6ten [*Mai 1789*] Die Zeichner u*nd* Einsiedel waren an die Grotte Neptuns gegangen, wir blieben zu Hauße u*nd* machten erst gegen Mittag einen kleinen Spazier gang um die Stadt. Nach Tisch fuhren wir zu den Cascatellen stiegen bey den schönsten Stellen aus, u*nd* sezten uns endlich der größten Cascade gegenüber im Schatten u*nd* wartheten dem Untergang der Sonne ab, es war vortreff*lich* schönes Wetter u*nd* die Sonne machte in den herab stürzenten waßer die prächtigsten Efekte Die Cascatellen auch von der Seite zu sehn, wenn man fast nichts als den in die Höhe steigenten Staub sieht u*nd* die Sonne dazwischen ist sehr schön, u*nd* das herrliche Thal, die Weingärden u*nd* die schöne Ferne nach Rom zu! Wir machten den größten Theil des Spazier gang zurück zu Fuß. Abends wurden Silhuetten gemacht, Punsch getrunken u*nd* noch der Vesta Tempel bey Mondschein gesehn.

Den 7ten [*Mai 1789*] In die Villa dEste vor*mit*tags, es war schönes Wetter wir gingen überall herum u*nd* saßen lange unter den Zipressen. um 3 Uhr nach Tisch reißten wir ab u*nd* stiegen bey der Villa Hadrians aus wie wir eintraten donnerte es, wir besahen die Reste vom Theater u*nd* da es anfing zu regnen wartheten wir in der nächstgelegenen Villa bis der Regen vorüber war, es wurde das schönste Wetter u*nd* wir erfreuten uns an den prächtigen überbleibseln ehemaliger | Größe, man sieht noch viel höhe Gewölbte Säle zur Hälfte, an einigen waren noch halbe Figuren in Stuck u*nd* Malerey, der Egiptische Tempel des Canope ist eine der schönsten Ruinen Wir sezten uns nun wieder in die Wagen, es blizte über Rom zu, nach kurzer Farth brach etwas an der Herz*ogin* ihren Wagen, wir 3 die Herz*ogin* Angelica u*nd* ich sezten uns in der Angelica Wagen, das Wetter wurde heiter der Mond ~~erw~~ ging auf, u*nd* wir kamen glück*lich* Abends um 10 Uhr in Rom an.

Wo jezt das Olivitaner Kloster steht, ~~den~~ auf den Berg den Sivillen Tempel gegenüber, war sonst die Villa Catulls. Horazens 28. Ode 1 Buch von Tivoli u*nd* Tarent 6. Ode 2. Buch.[69]

Den 8ten [*Mai 1789*] Es regnete u*nd* es wurde von Nachmit*tag* an Musick gemacht Angelica ihr Man ~~u*nd* all~~ Aba*te* Spina ‹Hird› u*nd* alle Künstler unserer Bekandschaft waren bey uns. Bury brachte mir Zeichnung mit vom alten Reif*en*-*stein*

Den 9 [*Mai 1789*] Schrieb ich an Goethe, meine Mutter u*nd* Ludecus. Hird kam Vormit*tag* zu mir Nach*mittag* Musick gemacht. Abends in die Oper: il Bruto fortunato von Marc~~h~~ello di Capua es ist gute Musick, etwas zusammen getragen, das terzet aus der Galathea aus Neapel: son io, son io lo Sposo, war auch drinnen

Sontag den 10ten [*Mai 1789*] Hird aß bey uns Wir fuhren nach Tische in die Kirche S*an* Pietro in vincoli. Eine schöne grose freundliche Kirche mit doppelter Säulen reihe noch ganz im Geschmack der alten Basilicen gebaut. Wir sahen einen Quertcino eine H*eilige* die mit dem Creutz den Drachen bändiget. Einen schönen Dominichin, Petrus vom Engel erfeckt, im Gefängniß, der Engel ist schön, ein schlafenter Wächter vortreff*lich*.[+] Als dann in die Kirche S*an* Gregorio, wo man die Keyser Palläste übersieht. ~~ferner~~ den schönen Hanibal Caracio Papst Gregorius mit den H*eiligen* Geist über ihn schwebend Das clair obscur ist

69 Der Abschnitt hat zwar kein Verweiszeichen, bezieht sich aber mit Sicherheit noch auf Tivoli.

vorzüg*lich* in diesem Bilde, man sieht auch in einer besonderen Capelle die Statue des Papstes, wie ihm die Taube ins Ohr spricht, das Gewand ist schön. Abends zur Croce.

+ Das Grabmal des Papstes Julius des 2ten mit den Moses von Michel Angelo. |

Den 11ten [*Mai 1789*] Die Herz*ogin* war vormit*tags* bey Mad*ame* Angelica die sie nochmal zu ihren Gemälde sitzen ließ. Rei*fenstein* ‹u*nd* Wersch*affel*› aßen bey uns Nachmit*tag* fuhren wir zu einigen Künstlern die die Gips, Scaglion, arbeiden u*nd* das Mosaic imitiren, u*nd* in die Bäder des Caracalla die sehr groß u*nd* weitläuftig sind, vorzüglich prächtige Säle. Abend war Musick, Angelica u*nd* die jungen Kü*n*stler waren da. Die Harfen spielerin Cloise Desantis spielte u*nd* sang.

Den 12ten [*Mai 1789*] Ich schrieb an Tischbein, Nachmit*tag* kam der Cardinal Bernis die Principess*a* Lambertini u*nd* die Venezianische Gesandin u*nd* Mo*n*-*sign*or Malvasi, Abends Werschaffel u*nd* Grave

Den 13ten [*Mai 1789*] Aß Hird, Werschaffel u*nd* Rehberg bey uns, wir fuhren Nachmit*tag* nach S*ankt* Peter, die Herz*ogin* stieg bis auf die erste Gallerie der Kupel. Abends Musick

Den 14 [*Mai 1789*] Aß Lips, Werschaffel ~~und~~ Häcker u*nd* Buri bey uns. Wir ~~fuhren~~ ‹gingen› Nach*mittag* in die Villa Borgese wo allerhand Neuerungen gemacht wahren, ein Tempel, p eine Menge Sarcophagen aufgestellt p Abends kam Mad*ame* Angelica, Zuchi, Ab*ate* Spina. Nesselthaler repreßentirte seine~~n~~ Mondschein Landschaften vor dem Licht. Mad*ame* Angelica sche*n*ckte mir eine Zeichnung. Den Bruder des Abade Nardini gab ich meine Neapolitanische Spaniol Dose.

Den 15 [*Mai 1789*] Waren verschiedene Künstler bey uns. Wersh*affel* u*nd* Ceruti den Mittag. gegen Abend Abschieds Visit*e* bey der S*anta* Croce u*nd* ~~d~~ in die Convers*ation* bey *Cardinal* Bernis, ich hatte einen kleinen Fieber anfall.

Den 16 [*Mai 1789*] Schrieb ich an meine Mutter Knebel, Luck u*nd* Ludecus. ich erhielt einen Briev von Fr*au* vo*n* Kalb, ich mußte mich zu Bett legen.

Den 17 [*Mai 1789*] Blieb das Fieber aus, ich war viel beßer, versch*iedene* Besuche. Die Herz*ogin* fuhr Nach*mittag* nach S*ank*t Peter die Tapeten von Raphael zu sehn die in der Halle aufgehängt waren, zu Ehren des Seelig gesprochenen Sepastiano. Abends in die Oprette La Contatina nelle Selve | die Musick soll gut seyn, von Bianchi

Den 18 [*Mai 1789*] Befand ich mich völlig beßer, Grave wurde an Diaroe kra*n*ck. Abends schlief ich ein über eine Rede von Hird, die Wachs Malerey der alten betreffend.

Den 19 [*Mai 1789*] Sont*ag* Kamen viele umb Abschied zu nehmen, auch der alte Reifenst*ein*, es that mir weh der Abschied von Rom. Gegen 4 Uhr fuhren wir ab u*nd* kamen gegen 10 Uhr in Veletri an. Die Herz*ogin* u*nd* ich aßen etwas Supe u*nd* legten uns schlafen.

Den 20 [*Mai 1789*] Früh um 7 Uhr von Veletri ab, das Wetter war sehr schön wir kamen glücklich durch die P*ontinischen* Sümpfe u*nd* Abends 9 Uhr in Mola di Gaeta an. aßen mit guten Abetit u*nd* gingen zu bett

Den 21 [*Mai 1789*] Früh um 7 Uhr von Mola d*i Gaeta* ab, immer schönes kühles Wetter. um 6 Uhr kamen wir in Neapel an, wechselten Pferde u*nd* kamen um 7 Uhr in u*n*sere*r* Villa in Portici an. sie gefiel uns sehr wir fanden Haegelin u*nd* Tischbein, aßen zu Nacht und schliefen

Neapel[70]
Den 22 [*Mai 1789*] Ging ich früh in unsern Garden spazieren, der sehr hüpsch ist, das Lorbeerboscket vorzüglich. Tisbein besuchte uns bald, Nachmit*tag* kam auch Haigelin u*nd* sein Vetter M*onsieur* Rab, wir fuhren mit Tisb*ein* nach Neapel bis an die Villa Reale wo er ausstieg, es war schon zu dunkel um mich an Neapel zu freuen.

Den 23 [*Mai 1789*] Tisb*ein* brachte vormit*tags* das Portrait des Erzpischofs p Nach*mittag* kam die Duchesse Giovane, der *Chevalier* Hamilton u*nd* Tischbein, auch erhielt die Herz*ogin* ihr Clavier vo*n* Haige*lin*

Den 24 [*Mai 1789*] Den Mit*tag* aß Heigelin bey uns, Nachmit*tag* kam der Gene*ral* Salis u*nd* sein Neveu M*onsieur* Sacco, Paisiello, Tisbein u*nd* Abends die Prinz*essin* Belmonde die die Herz*ogin* einlud den folgenten Tag zur Königin zu kommen.

Den 25 [*Mai 1789*] Wir erfuhren daß die Herz*ogin* erst den folgenten Tag zur Königin gehn würde. Nach*mittag* kam der *Chevalier* Geoveni. Er erzehlte uns daß ein gewißer Abate der Königin Naturalien Cabinet nach den Farben rengirt hätte, weiß Marmor und Quartz pp zusammen.[71]

Den 26 [*Mai 1789*] Kam Vormittag Tisb*ein* u*nd* George Hakert. Nach*mittag* holte die P*rincipessa* Belmonde die Herz*ogin* ab um zur Königin zu fahren, wir kam*en* nach 6 Uhr hin, die Königin war sehr gütig u*nd* freundlich, ließ ihre Kinder kommen p. Die Belmonde fuhr mit uns nach Hauß u*nd* Grave sang einige Arien. Tisb*ein* war auch da. |

70 Diese Ortsangabe steht in der Hs. zur leichteren Orientierung des Lesers zu Beginn des Tageseintrages links neben dem Seitenspiegel.

71 Dieser Satz wird durch einen senkrechten Rötelstiftstrich hervorgehoben.

Den 27ten [*Mai 1789*] Kam Morgens die Duch*esse* Jiovane, auch Heigelin, Tisbein aß bey uns. Nach*mittag* spielten wir Picket. Abends fuhren wir ins Theater Fiorentini, wo die Grotta di Trophonio Mus*ick* von Paesiello gegeben wurde. Die Coltelina u*nd* Casaciello spielten gut. Heig*elin* kam in die Loge.

Den 28ten [*Mai 1789*] Ich fuhr Vor*mittag* nach Neapel zur D*uchesse* Jiovane, u*nd* kaufte einige Hüte p für die Herz*ogin* ein, es regnete u*nd* Neapel sah traurig aus, es regnete den ganzen Tag. Der Hof reiste nach Neapel

Den 29 [*Mai 1789*] fuhren wir Vormit*tag* durch Neapel nach den Pausilip u*nd* stiegen auch bey des C*h*evalier Hamilt*on* Casino auß. Der C*h*evalier hatte wollen mit Mad*ame* Hard zur Herz*ogin* nach Portici kommen u*nd* begegnete uns, er meldete sich also für den Nach*mittag* an. Es kam auch Heigelin es wurde Music gemacht. Mad*ame* Hard sang, Abends kam M*onsieur* Listevenon. / Den Pausilip nennen die Neapolitaner un Pezzo di Cielo caduto in Terra

Den 30 [*Mai 1789*] War der Nahmens Tag des Königs, Nachmittag kam der Baily Sacramoso zur Herzogin, wir holten die P*rincipessa* Belmonde zur Oper ab, der Hof war schon drinnen, das S*ank*t Carls Teater war schön erleuchtet, die Music der Oper war von Gulielmi. Ademira gefiel nicht. Der Primo homo Damiani u*nd* David waren sehr gut, ersterer eine schöne Stimme ‹Sig*no*ra Morichelli pr*ima* Dona› Die Herz*ogin* wurde in die Loge der Königin abgeholt

Den 31ten [*Mai 1789*] ~~Juny~~ Sont*ag* Pf*i*ngst*en* Es kam Mons*ieur* Heigelin mit den Eng*lischen* Consult C*hevalier* Duglas, wir fuhren im Schloßgarten, das Bosquet genand. Tisbein kam zu uns. Wir trancken Thee, u*nd* abends aßen wir Salat den der E*nglische* Consult geschickt hatte, u*nd* aßen Wurst.

Den 1ten Jun[*i 1789*] Fuhren wir Vormit*tag* mit Heygelin ein ländliches Fest zu sehn nach Santa Maria del Arco, eine Menge Menschen waren an der Kirche von der H*eiligen* Maria etwas zu bitten, einige Männer u*nd* Weiber krochen auf * Händen u*nd* Füßen von der Kirchthür an u*nd* leckten mit der Zunge den Fußboden bis zur Heiligen. rund um ist eine schöne Gegend. Die Menschen lagen unter Bäumen, aßen, trancken, spielten einige tanzten mit Castagnetten ~~de~~ die Tarantela, man sah eine Menge Costume | der Landleute, bedeckte Wagen von allen Farben. In einem Garden war auch der C*hevalier* Duglas mit seiner Familie Heiglin aß bey uns. Nachmit*tag* kam der florentinische Charge d'affaire Bonechi u*nd* die Duch*esse* Jiovani.

Den 2ten [*Juni 1789*] Kam Nach*mittag* C*hevalier* Hamilton, Miss Hard, ihre Mutter u*nd* Tisbein Abends der Abate Forti u*nd* M*onsieur* Sacko. Wir fuhren alsdan in die Italienische Comedie al fondo u*nd* blieben bis zum 2ten Ackte es war mittelmäßig

Den 3 [*Juni 1789*] Kam Vormit*tag* die Duchesse Jiovane, Nach*mittag* Heiglin, alsdann der E*nglische* Consul Duglas mit seine beyden Töchte*r*n, den Balif Sacramoso u*nd* Prinze*ß* Belmonde Wir fuhren Abends in fiorentini, la Grotta di Trophonia.

Den 4 [*Juni 1789*] Kam Vormit*tag* die Königin zur Herz*ogin* Der Cronprinz begleitete sie. der Duca Gravina u*nd* H*err* v*on* Hauss ein Teutscher, waren mit. Tisbein war früh gekommen, wir gingen als dan ins Museum die alten Gemälde aus Herculanum u*nd* Stabia zu besehn. Tisbein aß bey uns. Nach*mittag* bekam die Herz*ogin* einen starken Fieber anfall, der uns sehr erschreckte. Der Ab*ate* Fortis u*nd* D*uchesse* Jiovine kamen, die Herz*ogin* konnte sie aber nicht sprechen.

Den 5 [*Juni 1789*] war die Herz*ogin* Vormit*tag* noch sehr mat u*nd* schlief beständig, gegen 3 Uhr nach einigen Stunden guten Schlaf befand sie sich viel beßer stand auch auf u*nd* legte sich aufs Canapé. Grave kam, wir trancken Thee. Duglas u*nd* seine Familie kamen auch die Herz*ogin* sprach sie aber nicht

Den 6 [*Juni 1789*] Die Herz*ogin* war viel beßer, schrieb den Vormit*tag* u*nd* aß mit uns, die Diarée aber tauerte fort.

Den 7 [*Juni 1789*] Die Beßerung nahm zu. We*r*schaffel kam Vormit*tag* auch der Abé Fortis auch Heigelin. sie aßen bey uns Nachmit*tag* kam eine spanische Flotte von 10 Schiffen an, wir fuhren mit Fortis nach Neapel die Schiffe zu sehn. Wir fuhren auch nach S*anta* Lucia wo ~~die~~ eine Menge Menschen sich versammeln ein Mineralisches Wasser zu trinken, im Nachhaußfahren übereilte uns ein starker Regen. Hamilton u*nd* seine Gesellschaft mit Tisbein kamen. Duglas u*nd* der Jün*gere* Hacker waren auch da. es kam noch der Viener Gesande B*aron* Tugut u*nd* Leg*ations*secr*etair* Atrava auch die Pr*inzeß* Belmonte u*nd* die Toch*t*er der M*archesa* Malespina. Die Hart sang u*nd* tanzte mit Haker die Tarentela, die Gärtnerfrau spielte den Tampurino dazu. |

Den 8ten [*Juni 1789*] Wir fuhren Nach*mittag* zum Eng*lischen* Consult C*hevalier* Duglas u*nd* trancken Thee

Den 9ten [*Juni 1789*] Werschafl kam Vormit*tag* ich schrieb an Goethe u*nd* Reifenstein, die Herz*ogin* lag meist auf den Bett u*nd* war noch sehr matt

Den 10ten [*Juni 1789*] Fuhr die Herz*ogin* Nachmit*tag* zur Königin, Eins*iedel* u*nd* ich zur Giovene

Den 11 [*Juni 1789*] Vormit*tag* nach 9 Uhr zur Pr*inzeß* Belmonte wo wir die Prozesion von der Feierl*ichkeit* des Corpus Domini ansahn. Der König mit seinen

Ordens behängt unter welchen das Goldene Fließ am schönsten sich ausnimmt ging hinter der Monstranz die der Cardinal trug, her. Bey der Pr*inzeß* Belm*onde* war viel Gesellschaft, unter andern auch die Ofizirs von der Spanischen Flotte. Nach*mittag* fuhr ich mit der Herz*ogin* an den Molo von ~~Porti~~ Portici spazieren, wir stiegen aus. Abends kam Kniep

Den 12 [*Juni 1789*] fuhr ich Vormit*tag* mit der Herz*ogin* u*nd* den Docktor nach Neapel, der Dockt*or* ging zu Heigelin u*nd* wir in die Villa Reale wo wir Verschaffeln fanden. Nach*mittag* kam Heig*elin* u*nd* Grave, C*hevalier* Hamilton, Ma*dame* Hard, der E*nglische* Consuld u*nd* sein jüngste Tochter, es wurde Musick gemacht

Den 13 [*Juni 1789*] ich fuhr Vormit*tag* nach Neapel zu Teress den Buchhändler u*nd* einer Putzmacherin, als dann zur Marchese Venuti deren Sohn kranck gewesen war, hierauf zur Duch*esse* Jiovane. Nach*mittag* fuhr ich mit der Herz*ogin* in einige Gärd*en* von Portici, ‹in› der Villa Caravita ist die schöne Cypressen All*ee* bis zum Meer. in den Garden der Villa Lanzeloti hat man die schönste Aussicht übers Meer ganz Neapel u*nd* die Inseln. Abends kam D*on* Gaetano d'Ancora ein Freund von den ErzBischoff.

Den 14 [*Juni 1789*] Sont*ag* Nach*mittag* kam Heigelin u*nd* Grave, der Cav*aliere* Venuti, sein Neveu u*nd* Tisbein auch die Pr*inzeß* Belmonde Wir fuhren Abends ins Theater del Fondo: Gl' ingani delusi, Mus*ick* von Gulielmi, die Musick ist gut die Davya sang darinnen

Den 15 [*Juni 1789*] Nach*mittag* fuhr die Herz*ogin* mit mir u*nd* Einsiedeln in die Villa des Vice Königs von Sicilien, Villa Garamana u*nd* in die Villa Cara vita. Abends kam M*onsieur* Sacco u*nd* C*hevalier* Giovene

Den 16ten [*Juni 1789*] Nach*mittag* zur Pr*inzeß* Belmonde, es war Conzert, Grave sang auch u*nd* fand viel Beyfall. wir gingen darauf mit der Pr*inzessin* in die Academi degli Amici wo viele von Adel waren, die erste Sängerin M~~arinelli~~‹oricelli› sang pp |

Den 17ten [*Juni 1789*] ‹Vormittag der Beichtvater von der Königin, Bischoff Gürdler› Kam nachmit*tag* der florendinische charge d'affaire Bonechi, Duglaß und Heigelin, wir fuhren Abends mit leztern nach Neapel spazieren, die Herz*ogin* hatte an die Belmonde geschrieben.

Den 18ten [*Juni 1789*] Kam Vormittag Kniep u*nd* brachte die Antwort via Heigelin von der Belmonde. Wir fuhren Nach*mittag* zu den Kaufman Rost /ein Teutscher der mit Musikalien handelt/ die Prozeßion der Octave vom Corpus Domini zu sehn /festa dei quatri altari/ Die Prozeßion wurde durch das Gefolge, da alle Officirs, ‹zuerst die Grands d'Espagne›, die Spanier von der Flotte, die Capelle pp mitging, und das Volck das unzählig Kopf an Kopf in der prächtigen mit Tapeten behangenen Strada Toleto war, sehr schön. Man rechnet 5 mal hundert und 70 tausend Menschen in Neapel.

Den 19 [*Juni 1789*] Zur Herz*ogin* kam der Cap*ell*Meist*er* Signorini ihr die Guitarre zu lernen. ich fuhr spaziern, Nach*mittag* fuhr auch die Herz*ogin* spazi*eren* nach Torre del greco

Den 20 [*Juni 1789*] Fuhren wir Vormit*tag* zum Beichtvater der Königin Bischof Gürd*ler*, er hat eine hüpsche Sammlung Griegischer u*nd* Römischer Münzen, auch geschnittene Steine die aber nichts tauchen. Nach*mittag* kam Werschaffel Grave, C*hevalier* Hamilton u*nd* Mad*ame* Hard es wurde ein wenig Musick gemacht, und wir waren recht lustig.

Den 21 [*Juni 1789*] Aß Mittags der Cheva*lier* Duglas, seine Töchter, Heigelin u*nd* Tischbein bey uns. Nachmittag kam Grave u*nd* Heige*lins* Nepote, es wurde Musick gemacht. Abends fuhren wir in die Oper nel Fondo, u*nd* hernach in die Villa Reale die illuminiert war u*nd* einen schönen Efeckt macht.

Den 22 [*Juni 1789*] Kamen Vormit*tag* Werschaffel u*nd* Grave. Wir gingen zusammen ins Musaeum 17 Zimmer hindurch, ohne die Gemälde. Nachmit*tag* kam der General Salis u*nd* sein Neveu, die P*rincipessa* Belmonde u*nd* Cheva*lier* Giovene. Die Herz*ogin* wurde zu der fête zu San*k*t Leuci eingeladen. Giovene schrieb die Antwort. Abends aßen wir Salat u*nd* Wurst p /In dem ganzen Königreich beyder Sicilien sollen jährlich 4000 Menschen umgebracht werden, sonst vor einigen Jahren noch auf 6000/

Den 23 [*Juni 1789*] Kam Nach*mittag* M*iss* Hard u*nd* ihre Mutter, der Herz*ogin* zu sagen, daß Hamilton in Caserda sey, u*nd* brachte mir Bücher. Wir fuhren zur Belmonde ins Concert. |

Den 24 [*Juni 1789*] Ich nahm Vormit*tag* ein Vomitiv u*nd* hatte die Diarée. Tischb*ein* kam früh u*nd* fing an die Herz*ogin* zu mahlen. Mitt*ag* kam Werschaffel u*nd* Grave.

Den 25 [*Juni 1789*] War der Tag des Festes in San*k*t Leucio Wir fuhren nach 4 Uhr von Portici ab, wechselten in Neapel Pferde u*nd* kamen gegen 8 Uhr an. Der Cheva*lier* Hamilton u*nd* einige andere Herren erwartheten die Herz*ogin* sie besah einige von die Manufacturen, kaufte ein Stück Flohr u*nd* ging zur Königin, die mit ihren Kindern den Cheva*lier* Acton, den franz*ösischen* Minister u*nd* seiner Frau u*nd* den Spanischen Admiral in den ₽ Zimmer waren. Der König kam auch, hier warteten wir eine halbe Stunde als dann gings durch einen artig illuminirten Gang in die Oper: Nina ossia La Pazza per amore, Musick von Paisiello, die Musick war vortrefflich, die Coltelline spielte sehr gut, der Tenor Lazzarini, der Bass Tasca u*nd* der Buffo Trabalzo war alle gut, auch die Susanne spielte nicht übel. Das Theater war in wenig Tagen von Latten u*nd* grünen Reisern erbaut, der Plafon artig gemalt u*nd* wie alles versammelt war, ging hinten im Parterr ein Vorhang auf hinter welchen alle die Landleute von der Collonie saßen. Ich saß zwischen Acton u*nd* den Malteser Gesanden. Als dann gings zum Supée. An der König*lichen* tafel waren ohngefehr 36 Couverrti, ich saß neben den Marchese Corletto u*nd* einen Spanischen Oficier. Der Ball darauf dauerte ohngefehr 1 Stunde, früh um ½ 6 Uhr waren wir wieder zu hauß.

Den 26 [*Juni 1789*] Nach*mittag* kam Werschaffel u*nd* Grave, die auf den Vesuv u*nd* Pompei gewesen waren Auch Heigelin. Abends Atrava.

Den 27 [*Juni 1789*] Einsiedel fuhr nach Neapel u*nd* aß bey Heigelin, Nach*mittag* kam Cheva*lier* Hamilton M*iss* Hard, Tisbein u*nd* Einsiedel zu sammen. auch Cheva*lier* Duglas u*nd* seine Töchter. Abends ~~M~~ machte die Hard ihre Attiduten u*nd* sang, wir freuten uns alle an ihr.

Den 28 [*Juni 1789*] fuhren wir früh um 7 Uhr nach S*anta* Lucia u*nd* die Herzo*gin* tranck das Wasser Sulfuria Heigilin u*nd* Duglas mit seiner Tochter aßen bey uns. Vorher kam der Beichtvater der Königin. Nach*mittag* macht die Sängerin Cortelline der Herz*ogin* einen Besuch, sie hatte ihre Schwester mitgebracht. Wir fuhren in die Oper S*an* Carlo. |

Den 29ten [*Juni 1789*] Wir fuhren Nach*mittag* nach Neapel, holten Heiglinen ab u*nd* fuhren ins Cassino zu Hamilton, es war windig deswegen konten wir nicht in der Barcke fahren. Bey Hamilton tranken wir thee, es war recht vergnügt, ein Engländer u*nd* ein Teutscher, der den Garten des Königs einrichtet, Nahmens Graver, aus Braunschweig, waren da. auch kam Tisbein. wir fuhren in Hamilt*ons* Barke bis ans Cassin des Königs, u*nd* von da im Wagen zu hauß. /Ein bonmot von Caraciolli gefiel mir: er horte in Paris im Concert spirituel einen Franzosen viel Schwierigkeiten auf der Geige machen, ein anderer der nehmen ihm saß u*nd* bemerkte daß es ihm nicht sonder*lich* gefiel sagte: Mais M*onsieur* cela est tres difficil, – eh! je voudrais que cela fut impossible, rief Caraciolli./

Den 30 [*Juni 1789*] Wir fuhren früh nach Neapel die Herz*ogin* tranck das Aqua Sulfuria Abends kam die Duch*esse* Jiovene.

Jul*y* den 1ten [*1789*] Wir fuhren früh um ½ 8 Uhr nach Castel a Mar, Heigelin war mit, der Weg dahin ist sehr schön. Wir stigen beym Cheva*lier* Durris ab, um in keine Osteria zu fahren, die sehr schlecht sind. Er, seine Frau u*nd* Tante waren sehr gute, gastfreye Leute. Wir fuhren auf den Molo, gingen spaziren u*nd* sahen auf der Loge eines Klosters, die schönste Aussicht als dann fuhren wir zu Wasser wieder nach Hauß, wir spielten eine Partie Piquet u*nd* aßen sehr gut Weil der König im Ort war konten wir sein Casino u*nd* den Palazo nicht besehn. Nach Tisch kam ein Gewitter u*nd* Regen, wies vorbey war fuhren wir wech u*nd* stigen beym Cheva*lier* Duglas ab, wo wir Bonechi u*nd* seine Frau fanden. Wir trancken Thee mit Butterbrod u*nd* amüsirten uns gut.

Den 2 [*Juli 1789*] Kam Abends Hamilton mit seiner Gesellschaft. Vorher Heigelin

Den 3 [*Juli 1789*] früh um 6 Uhr nach Neapel, wo wir in der Trattoria eine neu gebaute Fregatte ins Meer laufen [*sahen*], der König war gegenwärthig, Hamilton, der Franz*ösische* Minister, der Spannische admiral. Darauf führte der Comandant die Herz*ogin* in seine Wohnung, wo die sämd*lichen* Oficirs von der Marine waren u*nd* ein Dejeuner gegeben wurde. als dann fuhren wir in das I neue Hauß in der Stadt, die Zimmer zu vertheilen. Wir aßen bey Heigelin, mit Duglas, Bonecki p vorher u*nd* nachher wurde gespielt. Nach*mittag* ließ Heigelin den kleinen Zwerg kommen, der gut proporzionirt u*nd* 28 pouce hoch ist. Er kann allerley Künste. ich fuhr ein wenig spazieren. Abends ins Teatro nuovo wo Lolli Concert gab u*nd* sehr gut spielte. Hamilton, H*err* Attrava u*nd* der Engländer Cap*itain* Nevil Hard kamen in die Loge.

Den 4ten [*Juli 1789*] Ich schrieb an die P*rincipessa* Sa*nta* Croce, die Duch*esse* Jiovene kam Vormitags, Grave aß bey uns. Abends in Fiorentini wo Nina gespielt wurde, Bonechi, Signorini u*nd* Heigelin waren in der Loge. früh kam der Principe Belmonde die Herz*ogin* auf den folgenten Tag zu Mittag zur Königin zu bitten.

Den 5ten [*Juli 1789*] Fuhren wir nach 12 Uhr nach Neapel ins Cassino francaville, zur Königin. Das Cassino mit den Garten hat eine der schönsten Lagen um Neapel, Prinz u*nd* Prinze*ß* Belmonde, der Franz*ösische* Minister ‹M*onsieu*r D'alle~~rn~~eran› nebenst seiner Frau, die Duchesse Salandra, Hamilton, Marquis Caraciolli ‹Card*inal* Spinelli aus Ferrara, ehemaliger Governadore in Rom› u*nd* a*ndere* m*ehr* waren gegenwärthig. 16 Personen Nach~~mit~~ der Tafel, spielte Lolli. Da der Wagen nicht gleich da war, brachte uns die Prinze*ß* Belmonde in unser Hauß in der Stadt, von da fuhren wir nach Pordici. ‹Petronius nennt Herculanum: Herculis Porticum, ~~wehr~~ woher der Nahme Portici kommt, Portici u*nd* Resina auf der Südostseite von Neapel.›

Den 6ten [*Juli 1789*] Wir aßen beym Cheva*lier* Duglas, Bonecky u*nd* Heygelin waren da, es wurde Wist gespielt, und im Gartten gegangen. /Zu der Zeit da~~s~~ der Marquis Caracioli in Paris war, enstand die Faction der Glukisten u*nd* Piccinisten, Carac*iolli* war für Picini, als er Gluk einst bey der Königin antraf, ging Gluk hinaus wie er ins Zimmer trat: die Königin sagte den Marq*uis* daß er es thät weil er wohl wüste daß er ihn nicht möchte. Caraci*olli* antwortete: il a Tort, Madame j'aime beaucoup a le voir mais non pas a l'endentre./[72]

Den 7 [*Juli 1789*] Werschaffel u*nd* Signorini aßen bey uns. Nach*mittag* fuhren wir nach Neapel, sezten uns in Chiaia in eine Barke u*nd* fuhren zu Hamilton ins Casino. Einige Engländer waren da, auch le Chev*alier* Dilon ein Franzos der viel Reisen gemacht hat u*nd* Favorit von der Königin von Franckreich gewesen ist. |

Den 8ten [*Juli 1789*] Wir aßen bey den Chev*alier* Acton, Duglas fuhr mit uns. Hamilton, der Gene*ral* Salis u*nd* noch verschiedene Oficirs von der Marine aßen mit. Nach Tisch fuhren wir in der Barke mit Hamilton in sein Casino Die Herzo*gin* spielte eine Partie, den Abend fuhren wir miteinander bis Chiaia zu Waßer. im Nachhaußfahren fanden wir einen Bedienten vom ErzBischoff, der von Tarent kam u*nd* Tabac für die Herz*ogin* mitbrachte

Den 9ten [*Juli 1789*] ich fuhr mit Werschaffel früh nach 7 Uhr in einige Villen, als dann kam der Beichtvater d*er* K*önigin* der uns unterandern erzählte daß man um 16 Grani einen Zeuchen zu einen Rechtshandel erhalten könte, auch das einer für den andern sich kann zum Doctor machen lassen um das Reisegeld zu sparen.[73] Die Herz*ogin* hatte etwas Colique wir fuhren aber dennoch nach 4 Uhr zum Gene*ral* Salis wo Music war: ~~l'amore~~ l'amore contrastato von Paisiello die er selbst aufführ*te*, die Davia sang sehr gut. Diese Musick ist vortrefflich. Es war viel Gesellschaft da.

Den 10 [*Juli 1789*] Fing ich das Aqua sulfuria an zu trinken. Die Herz*ogin* war beßer. Nach*mittag* kam Heigelin ~~die~~, die beyden Hacker, u*nd* Chev*alier* Duglas

Den 11ten [*Juli 1789*] ~~Kam früh~~ Wir fuhren Abends zur Marquese Malaspina eine Musick von Signorelli zu hören 2 Damen sangen P*rincipe* Supino[74] fast der ganze Adel von Neapel war versammelt.

Den 12ten [*Juli 1789*] Kam früh Tisbein, er mahlte die Herz*ogin* Nach*mittag* fuhren wir bis Chiaia sezten uns mit Heigelin in eine Barcke u*nd* fuhren zu Hamilton, wir tranken Thee u*nd* fuhren zu Wasser bis an die Spitze vom Pausilipo, von da sieht man die Scuola di Virgilio. Es war sehr angenehm die Menge Barcken einige mit Music, das Volck am Ufer, machten die Scene sehr heiter. Der König u*nd* die Königin begegneten uns

72 Der französische Text ist durch einen Rötelstiftstrich am linken Rand hervorgehoben.

73 Die landeskundliche Darlegung wurde mit Rötelstift unterstrichen und am linken Rand durch einen senkrechten Strich markiert.

74 Danach ist Raum gelassen für den Nachtrag weiterer Namen.

Den 13ten [*Juli 1789*] Ich erhielt einen Brief vom Abé Fortis, Nach*mittag* wolten wir zu Duglas, er war aber in der Stadt u*nd* wir fuhren nach Resina. /In Neapel sind über 10 tausend Equipagen./ |

Napolis[75]
Den 14 [*Juli 1789*] Nach*mittag* um 5 Uhr fuhren wir nach Neapel um unser neues Hauß zu bezieht, es gefiel uns sehr wohl. Heigelin, Haker u*nd* Tisbein kamen. Abends fuhren wir ins Teatro nuovo, la Donna bizara, Musick von Marcello di Capua.

Den 15 [*Juli 1789*] Es kam Vormit*tag* Heigelin, er Grave ~~und~~ Werschaffel ~~aße~~ u*nd* Tisbein aßen bey uns. Nachmit*tag* wurde gespielt. Abends kam noch Marq*uis* u*nd* Marquise Malaspina Chev*alier* Hamilton ~~und~~ Atrava ~~und~~ Bonechi u*nd* Duglas.

Den 16 [*Juli 1789*] ich fuhr zur Jiovane, auch erkundigte ich mich nach Gesundheit der Königin. Nach*mittag* kam viel Besuch.

Den 17ten [*Juli 1789*] Ich fuhr abermals ins Pallast mich nach der Königin zu erkundigen, die wieder beßer war. Wir machten gegen Abend einige Visiten, vorher kamen die beyden Hacker, wir fuhren nach den Pausilip begegneten ~~der~~ des Marchese Caraciolo Leiche, der den Abend vorher gestorben war u*nd* fuhren nach Hauß. /Die Neapolitaner haben 8erley Benennungen der verschiedenen Winde, als: Levante, Sirocco, Ostro, Libecio, Ponente, Maistrale, Tramontane, Greco./

Den 18 [*Juli 1789*] Heiglin kam früh zu mir, Werschafel aß bey uns. Nach*mittag* kam Chev*alier* Hamilton, M*iss* Hard, Gener*al* Salis u*nd* sein Neveu. Wir fuhren ein wenig spaziern u*nd* fanden beym Nachhausekomen Heiglin, Duglas, Tisbein, Grave, auch kam noch die P*rincipessa* Belmondo. Abends wurde gespielt u*nd* ich ging schlafen.

Den 19 [*Juli 1789*] Vormit*tag* der Prinz Belmonde Mit*tag* aßen Heigelin Duglas Tisbein u*nd* Greve bey uns. Wir fuhren nach*mittag* nach den Pausilip ich mit Dugl*as* im offenen Wagen. Abends kam Bonecki u*nd* der Bruder des Marq*uis* Malespina. es wurde gespielt

Den 20 [*Juli 1789*] Die Herz*ogin* fuhr um 8 Uhr zur Königin wir hatten sie begleitet u*nd* fuhren als dann al fiorentin die Nina zu sehn. Der älteste Belmonte u*nd* viele andere kamen in die Loge.

75 Diese Ortsangabe steht in der Hs. zur leichteren Orientierung des Lesers zu Beginn des Tageseintrages links neben dem Seitenspiegel.

Den 21 [*Juli 1789*] Ich schrieb an Knebeln u*nd* Ludecussen, gegen Mittag kam das Schiff mit den Tripolitanischen Gesanden an. Abends fuhren wir in das Casino der *Principessa* Belmonte wo Conversation war. Die Herz*ogin* spielte Wist. |

Den 22ten [*Juli 1789*] Vormit*tag* fuhr ich im Pallast mich nach der Königin zu erkundigen. Die wilden Tierre die der Tripolitanische Gesande zum Geschenck für den König mit gebracht hatte, wurden eben ausgepackt. Abends kam viel Besuch, der Marquese Galatone, H*err* vo*n* Rumor, Denischer Chargé d'affaire pp Es wurde gespielt.

Den 23 [*Juli 1789*] ich fuhr vormit*tags* aus mir ein Ochiale zu kaufen, fand aber kein gutes Nach*mittag* fuhren wir in der Barcke zu Hamilton, das Meer war etwas unruhig. Abends kam Heig*elin* u*nd* Duglas, es wurde gespielt Wersch*affel* war auch da.

Den 24 [*Juli 1789*] War Vormit*tag* Aprile bey der Herz*ogin* Heig*elin* u*nd* Grave aßen bey uns Nach*mittag* fuhren wir in Dug*las'* offenen Wagen spazieren. Abends kamen die Haker, Bonechi, Tisbein, P*rincipessa* Belmonde, Duch*esse* Jiovane und Chev*alier* Medicis

Den 25 [*Juli 1789*] Werschaffel aß bey uns. Nach*mittag* fuhren wir nach den Pausilipo. Abe*n*ds kam Heiglin es wurde gespielt, ich legte mich zu Bett weil ich etwas Fieber gehabt hatte.

Den 26 [*Juli 1789*] Wir fuhren um 10 Uhr mit Heigelinen in ein Hauß an der Straße wo der Tripolitanische Gesande vorbey kam, der Audienz beym König hatte, seine Zug ~~s~~ bestand in 3 Wagen, voraus u*nd* hinterher ritten Reider. Heyg*elin* Duglas p aßen bey uns. Abends kam Hamilton es war Musick. ich ging nicht mit zu Tisch weil ich noch nicht wohl war

Den 27 [*Juli 1789*] Concert /Vormit*tag*/ bey Atrava, David sang die Scene aus Pyrus von Paisiello. er sang vortrefflich, Gr*af* Monticuculi spielte Clarinette. es wurden noch verschiedene gute Sachen gespielt. Nachmit*tag* fuhren wir nach den Pausilipo. Paisiello begegnete uns. Abends wurde gespielt u*nd* ich ging zu Bett.

Den 28 [*Juli 1789*] fing ich meine Italienische Stunde beym Abate Fagiuoli an, er war schon den 24ten bey mir gewesen. Nach*mittag* fuhr ich mit der Herz*ogin* den Weg nach Portici spazieren. ich erhielt einen Brief von Erz Bischoff Ich schrieb an Ludec*us* nach Eisenach u*nd* meiner Mutter. Abends Musick. |

Den 29[*ten Juli 1789*] Wir aßen bey Hamilton in Cassino, Duglas, Heiglin, Werscha*ffel* u*nd* Tisbein aßen mit. Abends war Gesellschaft bey uns u*nd* es wurde gespielt. Bonecki brachte die Nachricht von der Revellion in Paris daß die Bastille demolirt worden pp

Den 30 [*Juli 1789*] Bonechi Heig*elin* u*nd* Duglas aßen bey uns. Nach*mittag* u*nd* abends wurde gespielt. Es kam gesellsch*aft* G*ene*r*al* Salis, *Principessa* Belmonde p

Ischia+[76]

Den 31 [*Juli 1789*] Wir fuhren Nach*mittag* um 3 Uhr von Neapel ~~ab~~, in einer Feluche ab. Heig*elin* u*nd* Werschaffel waren mit. Das Meer war ziemlich ruhig. Die Gegenden Marochiano ‹/marechiaro/› Nisita, Procita sind vortreff*lich* es wurde schon ziemlich dunkel wie wir an Ischia an fuhren, der Mond spielte in den Wellen, u*nd* die Ziegelbrennereyen auf der Insell beleuchteten sehr schön. Es war beynahe 9 Uhr wie wir ankamen. Zu essen war ausser einen Schinken u*nd* 5 Eyern nichts zu haben, wir tranken Wein dazu u*nd* legten uns schlafen. als wir landeten ließ sich die Herz*ogin* u*nd* ich in Portschaisen tragen die Leute liefen wie toll. Wir wohnten in Casamiciole.

+ Die Alten hiesen sie Pithecusae Isola, von den irdenen Gefäßen, die man daselbst machte, die man auch noch da verfertigt.

Aug*ust* 1ten [*1789*] Nachdem wir ein wenig spazieren gegangen waren spielten wir Wist. Nach*mittag* ging die Cavalcade um 4 Uhr vor sich, die Herz*ogin* u*nd* ich in Portschei*sen* wir besahen die warmen Bäder, die häufig besucht werden u*nd* einen grosen Theil der Insell, auch das Hauß wo der König gewöhnlich wohnt, es gehört einen alten 90 Jahrigen Arzt. Wir sahen die Sonne im Meer unter gehn, die Gegenden dieser Insel sind unaussprechlich schön.

Den 2 [*August 1789*] Vormit*tag* spielten wir Wist ich verlohr 6 Duc*aten*. Nach*mittag* Besahen wir einen andern Theil der Insel der auch ganz vortreffliche Gegenden hat. Das Stadtchen Furia liegt allerliebst, à Laccho am Meer höchst schön. wir begegneten verschiedene fremde Familien, die spaziern ritten. Ein*siedel* sagte einen Mann der uns begleitete daß sein Esel so gut ging: ah Sig*nor* sta sempre bene nella vostra Compagnia. er erzehlte uns von einen der gestorben war: è morto, salute a noi. |

Den 3 [*August 1789*] Heigelin ging mit den Doctor Nach*mittag* nach Neapel, wir andern ließen uns a Larcio u*nd* die Villa ∀ Aquaviva tragen, die vortrefflich liegt u*nd* die aussicht über den Larcio u*nd* die gebürge hat. Abends tranken wir Thee

76 Diese Ortsangabe steht in der Hs. zur leichteren Orientierung des Lesers zu Beginn des Tageseintrages links neben dem Seitenspiegel.

Den 4ten [*August 1789*] Nach*mittag* nach Ischia, wir sezten uns ans Meer, die Schiffer machten die Neze zum Ton fang zurecht. Abends tranken wir Thee.

Den 5 [*August 1789*] Kam früh Heig*elin* wieder u*nd* brachte seinen Neveu mit. Wir gingen Nach*mittag* wieder nach Furio u*nd* besahen die Capelle, wo ein guter Spanyolet, ein Cristus mit der DornenKrone, u*nd* ein Albrecht Türer sich befindet. Ein alter Mönch hat die Capelle u*nd* die ganze Sammlung zusammen gebracht Abends hatten wir Soupée, wo alles versalzen war um mich anzuführen

Den 6 [*August 1789*] Wir begaben uns einen neuen Weg nach Ischia, zum Castell Dieser Weg ist höchst romantisch zwischen Castanien Wäldern u*nd* blühenten Gesträuchen, man sieht hin u*nd* wieder das Meer u*nd* die Fernen von Portici, den Vesuv u*nd* die nahen Inseln. Wir ging*en* mitunter zu Fuß u*nd* ich ritt die meiste Zeit. Abends Soupee. Die Lava von Ischia hat äh*n*lichkeit mit der der Liparischen Inseln u*nd* des Isle ponte.

Neapel[77]

Den 7 [*August 1789*] Wir fuhren früh um 10 Uhr von Ischia ab, * * landeten in Procida an wo wir uns aber der Hitze wegen nicht lange verweilten, Heig*elin* seinen Hund wolten sie in Procida todt schlagen, weil der Fasanen Jagt wegen keine Hunde da gelitten werden. wir kamen um 2 Uhr glück*lich* in Neapel an. Der Herz*ogin* war unterwegs von der Bewegung des Schiffs nicht wohl, sie ward aber bald beßer. Abends gingen wir zu Duglas. Ein E*nglischer* Mahler Tailor, der bey ihm wohnte machte das Portrait der Rusischen Gesandin Schawronska noch verschiedene Engländer kamen hin, die Herz*ogin* s*pielte* Wist

Den 8 [*August 1789*] Ich schrieb an die P*rincipessa* Croce, Wesch*affel* u*nd* Grave aßen bey uns. Nach*mittag* kam Ge*neral* Salis Hamilton u*nd* M*iss* Hard, Haker u*nd* Bonechi, wir gingen ins Theater Fiorentini wo die Pruova Reciproca, Mus*ick* von Tritto gegeben wurde, die Coltaline u*nd* Casaiello spielten. Es war einer der heisesten Tage.

Den 9 [*August 1789*] Sont*ag* Duglas aß bey uns Abends fuhr ich mit der Herzo*gin* u*nd* ihm nach den Pausilipo Als dann kam Bonechi, Heigelin u*nd* Cheva*lier* Giovene. / Kurz nach der Nachricht von der Revolution in Franckreich wurde folgentes Pasquil am Palast gefunden: Maesta, non tanta Crudeltà che la Moda de Francia non vienna quà

Den 10 [*August 1789*] Kam Abends Tisbein, Haker, D*uchesse* Giovene, Bonechi, P*rincipessa* Belmonde, Sacco, Weschaffel. Haker erzehlte/ daß in Ischia die Aloe Blät-

77 Diese Ortsangabe steht in der Hs. zur leichteren Orientierung des Lesers zu Beginn des Tageseintrages links neben dem Seitenspiegel.

ter verarbeidet werden, zu einer Art Gaze wovon die Weiber dort ihre Kopftücher tragen, auch will man bemerckt haben daß die Mariniers Gesünder sind u*nd* länger leben als die so die Erde bearbeiden./[78] |

Ischia 20 Itali*enische* Meilen oder 5 Teut*sc*he in Umkreise, länglich unregelmäßig 4 Eck*en* 20000 Menschen. Grose Berg S*an* Nicolo. ~~Epomeo~~ Epopeo Man findet Lava‹en› die 200 Fuß in der Dicke haben.

Pisciarella mirabile |

Nordwind, Tramontana. Nordwest, Maestrale. West Ponente. Südwest, Libeccio. Süd, Mezzogiorno. Südost, Scirocco. Ostwind Levante. Nordost, Greco.

Berg Gaurus nicht weit von der Spitze des Hafens bey Neapel wo~~n~~ man von Procita ans feste Land kommt, ‹an der einen seite› vonalters falernus jezt Monte barbaro[79]

Den 11 [*August 1789*] Schrieb ich an Wieland u*nd* meine Mutter. Abends fuhren wir ins Casino von Hamilton, es war Concert u*nd* ein sehr schöner stiller Abend, verschiedene Engländer u*nd* Neapolitaner waren gegenwärthig. unter andern der Marq*uese* Spinola aus Genua, Don Luigi Caraciolo pp

Den 12 [*August 1789*] Den Mittag aß Heig*elin* Aprile u*nd* Grave mit uns. Abends fuhren wir ins Casino der Pr*inzeß* Belmonte, es war ihr Nahmens Tag u*nd* sie gab eine artige Fête, Musick, Illumination im Garten u*nd* Supee. Die Beleuchtung des Gartens war sehr artig. ich hatte das Glück ~~t~~ an den Card*inal* Spinelli einen guten Nachtbar zu haben. Nach 1 Uhr kamen wir zu hause.

Den 13 [*August 1789*] Es war der GeburdsTag der Königin, die Herz*ogin* u*nd* ich gingen zu ihr. Als dann in der Oper in den Pateo der Pr*inzeß* Belmonde Die ‹Musick der› Oper Recimero war von einen Nahmens Siri aus ‹Genua› u*nd* schien mir mittelmäßig. Die Ballete waren artig; das Erste Telemaco auf der Insel der Calipso. das zweite Il Tempio della Follia. Die Herz*ogin* u*nd* ich haben uns von den Franz*ösischen* Friseur der Abass*ade* de France frisieren lassen.

Den 14 [*August 1789*] Vormit*tag* um 10 Uhr zu Hamilton, wir frühstückten in seinen Cabinet nach dem Meer zu, u*nd* er zeichte uns seine Hedrurischen Vasen die von der ersten Schönheit sind. Abends hatten wir Musick Hamilt*on* u*nd* M*iss* Hard kamen auch, Signorini spielte u*nd* sang sehr artig zur Guittarre, zu lezt tanzte H*amilton* u*nd* die Hard die Tarantele ‹Ein Landschafts Mahler Tito zeichnete für Hamilton die 2 Aussichten aus seinen Fenstern nach den Pausilip zu. er arbeidete eben daran, wie wir bey Ham*ilton* wahren›

78 Hackerts Bericht ist am linken Rand durch einen senkrechten Rötelstiftstrich hervorgehoben.

79 Die beiden Passagen ohne Datum stehen auf einem kleinen, inliegenden Zettel.

Den 15 [*August 1789*] Tisbein u*nd* Signorini aßen bey uns. Nach*mittag* kam Ge*neral* Salis u*nd* sein Neveu, Haker, Hamilton, Boneki u*nd* Mistriss Stentwisch, ihr Mann u*nd* Mon*sieur* du Pret ein Franzoß der in ihrer Gesellschaft reißt. Abends in Fiorentine, Casacielo u*nd* die Colteline spielten gar artig.

Den 16 [*August 1789*] Vormit*tag* um 10 Uhr mit Heigelin u*nd* Duglas zu Waßer ins Casino von Hackert, der der Herz*ogin* ein Diner gab. gegen 12 kam ein Gewitter mit starcken Regen. Der junge Heigelin u*nd* H*err* vo*n* Rumor, Denischer Chargè d'affaire kamen um diese Zeit sehr naß an. Abends nach 5 fuhren wir wieder ab. Es kam ausser der Gesellschaft bey Hakert, noch der Marq*uese* Galladola u*nd* Conte Pignatelli sein Bruder u*nd* Bonecki. |

Den 17ten [*August 1789*] Wir fuhren Nach*mittag* nach den Pausilipo. Abends kam Heigelin, der alte Dugl*as* war kranck worden

Den 18ten [*August 1789*] Ich schrieb an Reifenstein, Mit*tag* aß Tisbein mit uns. Nach*mittag* fuhren wir zu sammen in das Casino des Königs am Pausilip wo der LandschaftsZeichner Tito wohnt, u*nd* sahen seine Aussichten von Neapel. Die Herz*ogin* kauft einen Mondschein für 25 Unzen. Abends hatten wir Musick, zwey teutsche Clarinetisten Signorini u*nd* Carluci.

Werschafel u*nd* Tisbein waren da

Den 19 [*August 1789*] Werschafel aß bey uns. Nachmit*tag* fuhren wir nach den Pausilip u*nd* Abends kam die Duch*esse* Giovene u*nd* der Ceh*valier*[80] Gioene, es wurde Musick gemacht. Ich hörte den Tag vor her einige Sprüchwörder von Tisbein, die artig sind: Von einen Lügner e l'uomo della verità caccia fuori tute le bugie. 2) La vigna delle Matté e piena de Bambine e poco uva. Einige Tage nachdem hier die Revolution in Franckreich bekand geworden war, fand man am Palast ‹an›geschlagen: Maesta, non tante crudeltà, che la ~~d~~ moda di francia non viene quà.[81]

Den 20 [*August 1789*] Vormit*tag* fuhren wir mit Tisbein im Pallast des Duca di Parangello, aus dem Hause Ruffo, einige Bilder zu besehn. Joseph u*nd* Potiphars Weib, von Gouido, Ein Mönchskopf ~~nach~~ aus der Schule von Raphael u*nd* ein Christus aus der Schule des Coreggios waren die besten. Nach*mittag* fuhren [*wir*] mit Tisb*ein* nach Poggio Reale, es geht zum Thor von Capua hinaus u*nd* man fährt durch eine Allé von Pappelpäumen an beyden Seiten Weingärden nach einen verfallenen Schloß was der Königin Anne gehört haben soll, ein Portique mit einigen Säulen ist noch am meisten erhalten. Im zurückfahren sieht man am Ende der Allé die Anhöhe u*nd* das Castell S*ank*t Elmo sehr schön liegen. Abends

80 Verschrieben, wohl für: Chevalier.

81 Die Sprichwörter sind durch einen schrägen Anstrich (Tinte), der Anschlag am Palast durch einen senkrechten Rötelstiftstrich am linken Rand hervorgehoben.

kamen Heigelin, Bonecki, der junge Hakert u*nd* der Engländer den Hamilton gebracht hatte.

In der Nacht vom 19ten zum 20ten hatte sich der Vesuv in der Mitte des Berges eine Oeffnung gemacht u*nd* wir sahen früh die neue Lava fließen.

Den 21 [*August 1789*] Mittags aß Heigelin u*nd* Grave bey uns. Nach*mittag* kam der Gen*e*ral Salis u*nd* sein Neveu. ich fuhr spaziern nach den Pausilipo Visitten zu geben. Abends hatten wir Con*c*ert Aprile sang, Signorini u*nd* Grave.

Den 22 [*August 1789*] Von früh 7 Uhr an ein starkes Gewitter, das einige Stunden lang dauerte. es schlug im ~~Plla~~ Palazzo Reale ein. Heige*lin* kam Vormit*tag* ich fuhr nach Tisch spazieren, u*nd* Abends gingen wir in Florentini, La Pruovo Reciproca, verschiedene kamen in die Loge. |

Den 23ten [*August 1789*] Heige*lin* aß bey uns, gegen 5 Uhr fuhren wir nach Resina wo uns der Gen*e*ral Salis, sein Neveu u*nd* Cheva*lier* Gioivene erwarthete um ~~mit~~ uns auf den Vesuv zu begleiten die neue Lava zu sehn. Die Herz*ogin* u*nd* ich ließen uns tragen, die andern ritten auf Eßeln. gegen 7 Uhr kamen wir zur flie-ß*en*ten Lava, der Anblick war prächtig u*nd* wir hatten viel Freude, wir aßen zu Nacht in Resina u*nd* kamen gegen Mitternacht wieder in Neapel an. Die Nacht bis am Morgen starcke Gewitter.

Den 24 [*August 1789*] Abends bey Duglas, wir spielten Wist, es waren verschiedene Engländer da, auch Mad*ame* Bonecki.

Den 25 [*August 1789*] Schrieb ich an meine Mutter u*nd* Wieland. Abends kam der Gen*eral* Salis, der Engländer u*nd* Cheva*lier* Giovene der mit uns zur Belmonde ins Casino fuhr. ich spielte Pharao Der Terrometer[82] war seit den Tag vorher 6 gr*ad* von Wärme zu Kälte gefallen / In Palermo wurde eine Frau in Ihrem 80. Jahre gehangen die Aqua Dofana ~~verk~~ incognito verferdiget u*nd* verkauft hatte. 2000 Weiber u*nd* nur 2 Mäner hatten von ihr gekauft./

Den 26 [*August 1789*] Vormit*tag* kam Heige*lin* zu mir; der bey uns aß wir fuhren nachmit*tags* nach Posilipo u*nd* besahe die Capelle di piede di Grotta, wo das Fest gehalten wird, eine kleine Kirche die nichts vorzügliches hat. Wir fuhren auch auf den Molo. Hamilton u*nd* die Hard u*nd* M*onsieur* Bleair fanden wir ‹bey uns› zu Hauß. Hamilt*on* hatte sein Delescop mit gebracht den Vesuv zu beobachten. Es wurde bis 10 Uhr Musick gemacht.

Den 27 [*August 1789*] Werscha*ffel* aß bey uns, ich fuhr nach Tisch durch die Strada Toledo, den Molo u*nd* S*an*ta Lucia nach Hauß. Abends kam die D*uchesse*

82 Verschrieben für: Thermometer.

Giovine, Bonecki, Heig*elin*, die D*uchesse* G*iovene* fuhr mit uns ins Theater fiorentini wo ein neues quartet von Tritto ‹noch› zum 1ten Act gemacht worden war, zwischen der Coltelina, Casaciello den Tenor Lazzarini u*nd* den Bass Antonuccis. Gioeni kam in die Loge.

Den 28ten [*August 1789*] Vormit*tag* zur Duche*sse* Giovine, wohin uns der Cheva*lier* Gioene begleitete, wir sahen ihre kleines Naturalien Cabinet, meistens Laven vom Vesuv. als dann gingen wir zusammen zu den Sig*nor* Vivenzio, der auf derselben Gallerie im Schloß wohnt, wir sahen seine Zimmer wo einige Hedrurische Vasen sich befanden p 4 Flügel, schöne Instrumente. als dann seine Phisischen Instrumente, ‹ElektrisirMaschine p› er selbst war nicht gegenwärthig u*nd* es wurden keine Experiment gemacht. / Das Cabinet des verstorbenen Principe Bischario in Catanien | am Fuß des Etna soll eines der schönsten in Sicilien seyn.

Nachmit*tag* fuhren wir nach Posilippo u*nd* Abends hatten wir Concert. Hamilton, M*istress* Hard, Wersch*affel* Kniep ‹Adrava› waren da.

Den 29ten [*August 1789*] Heig*elin* aß bey uns. Abends kam M*onsieur* Blairs, wir gingen in Florentini verschiedene kamen in die Loge.

Den 30 [*August 1789*] Heig*elin* u*nd* Wersch*affel* bey uns, wir fuhren Nach*mittag* zu Hamilton ins Cassino. abends al Fondo, die Davia spielte vortrefflich. Cheva*lier* Gioene u*nd* M*onsieur* Blairs in der Loge / Auf keinen Theater in Neapel wird geküßt, weil man dieß sehr unanständig hält u*nd* weil man überhaupt in Neapel das Küßen für zu gefärlich hält, da her man auch fast nie öffent*lich* sieht daß ein Mann eine Frauensperson küßt./

Den 31 [*August 1789*] Fuhr ich Vormit*tag* zur D*uchesse* Giovene, die ich sehr traurig fand, weil man den Prozeß mit ~~s~~ ihren Mann wieder erneuern will. Mit*tag* aß Tischbein bey uns Nach*mittag* kam Philip Hakert u*nd* später Bonechi u*nd* Heigelin, der mir die Nachricht brachte das der Dänische Mahler Deram gestorben sey. Er war ~~nach~~ ‹von› Rom gekommen um die Herz*ogin* zu mahlen.

Sep*tembe*r 1ten [*1789*] Ich schrieb an Ludecus. Signorini aß bey uns. Nach*mittag* fuhren wir nach den Pausilip u*nd* Abends war Concert wo Hamilton die Hard *General* Salis, sein Neveu, Mar*quese* Galadone sein Bruder ‹Gioene Blairs› und noch verschiedene andere beywohnten

Den 2 [*September 1789*] Vormit*tag* Heiglin, Nachmit*tag* kam der Eng*länder* Blairs, wir fuhren Visiten u*nd* zu Cheva*lier* Duglas, es waren viel Engländer, auch der ~~C~~ Schwedische Consult Cheva*lier* André da. ich spielte Wist

Den 3 [*September 1789*] Grave den Mittag, Nach*mittag* fuhren wir zu Tisbein ~~das~~ ‹sein› Bild vom CronPrinzen zu sehn. Chev*alier* Gioene kam auch hin, wir fuhren auf den Molo u*nd* als dann ins Theater nuovo, la Dona bizarra, gute Musick, wie wir auf den Molo waren stieg ein Ballon.

Den 4 [*September 1789*] Es aßen den Mittag bey uns: die beyden Hacke*r*t, Boneki Cap*itain* Cardone u*nd* Heigelin, wir fuhren mit Hake*rt* spaziern. Abends war Con*c*ert, wo dieselbe Gesellschaft nebst Hamilton, Gene*ral* Salis u*nd* Neveu, Mo*n*s*ieur* Blairs, Tisbein Knieb Wersch*affel* M*istres*s Stantisch u*nd* ihr Mann auch da wahren. Aprile, die Coltelina Signorini, Grave sangen. |

Den 5[$^{\textit{ten}}$ *September 1789*] Vormit*tag* um 9 Uhr mit Tisbein auf Capo di monde die Bilder zu besehn Der Carach der tode Christus auf den Schoß der Marie / Bury hat dasselbe sujet von Carach/ ist eines der schönsten Bilder, die Magdalene von ~~Guercinan~~ ‹Guercino›, u*nd* die Danae von Titian freuten uns aufs neue.$^{+}$ Es war heute einer der heisesten Tage weil der * * Sirocco wehte. Nach*mittag* kam der Gene*r*al Schudi zur Herzogin.

$^{+}$ Wir sahen auch 2 neue Bilder die der König erst kürzlich gekauft hatte: einen grosen Polidor, Christus wie er wie er sein Creuz trägt, die Gruppe der dabey stehenten Weiber ist vortrefflich. Das 2te von Certo de Milano wurde erst rein gemacht, es war in 2 Stücken u*nd* sahe sehr übel aus. beyde sind aus einer Kirche in Messina, die das Erdbeben verschüttete.

Den 6 [*September 1789*] Heige*lin* u*nd* Wersch*affel* aßen bey uns. Nach*mittag* ins Casino zu Hamilton wir sahen den Mond schön hinder den Vesuv aufgehn, es war ein herlicher Abend! Es kamen verschiedene Gesellschaft hin. Heige*lin* fuhr noch mit uns nach Hause. Die Herz*ogin* bekam ein Sonet von Hamilton das ein Neapolita*n*er in schlechten französisch auf sie gemacht hatte u*nd* da sie fragte ob sie den Autor was schicken solte, sagte Hamilton Vous lui donnerez ce quil vant: rien. Wir gingen auch im Nachhaußfahren in die Villa reale spazieren u*nd* sahen eine Vorstellung der Creuzigung Cristi u*nd* alle Apostel in Holz geschnitten

Den 7 [*September 1789*] Ich schrieb an Goethen, Meine Mutter u*nd* Ludecussen. Nach*mittag* fuhr ich zur Jovane beym Nachhauskommen fuhren wir auf den Molo. Chev*alier* Gioene kam, wir fuhren in die * fiorentini~~s~~, die Loge war sehr voll.

Den 8 [*September 1789*] War das Fest della Madonna di Piede di Grotta, wir fuhren vormit*tags* gegen 11 Uhr in die Locanda von Emanuel wo die Herz*ogin* einen schönen Balcon hatte der niedrig war u*nd* wo man den Zug sehr gut sahe. Wir aßen zu Mittag da Dug*las* u*nd* seine Familie Chev*alier* Giovene ~~H~~ M*onsieur* Blair u*nd* Heigelin waren dabey ~~ge~~ um 2 Uhr marschirten die Truppen, 10 Regimenter worunter ~~di~~ auch 600 Mann neue Cavallerie war und ~~dan wenig~~ ein Regiment neuer Grenadir. Die Trupen marchirten für die kurze Zeit daß sie excercirt sind, sehr gut. | Es waren verschiedene teutsche Officiers dabey als der Obriste v*on* Bock, Cap*itain* Maetsch pp die in preusischen Tiensten gewesen waren sie kamen alle wie auch Gen*eral* Salis vor der Herz*ogin* ihren Balcon ~~nach~~ ‹um› 5 Uhr Abends kam der König*liche* Hof von der Garde du Corp begleidet, der Zug bestand aus 26 8 u*nd* 6spänigen Wagen alle Hofchargen Mänliche u*nd* Weibliche begleideten den König u*nd* die Königin, die in einen ungeheuer grosen vergoldeten mit vielen hundert Federbüschen gezierten Wagen[83] u*nd* Geschirr zusammen fuhren. Die vielen 1000 Menschen u*nd* ~~Wag~~ Carossen die die lange Straße von Ciaia bedeckten ~~und bis~~ ‹welches› ununterbrochen bis in die Nacht fort ~~mach~~ ‹dauerte› machte das Fest würck*lich* ~~da~~ prächtig. um 8 Uhr fuhren wir wieder nach Hause. ich hatte einen bösen Fuß u*nd* ging zu Bette. /Man könte bey den hiesigen religiosen Festen wohl sagen: Ce peuple ci n'a que des sens une religion epureé n'aurait pas pour lui assez de corps: il faut qu'il la touche, qu'il la palbe, qu'il la voie; il faut donc quelle soit méleé de superstition./

Den 9 [*September 1789*] Ich hatte noch viel Schmerzen an meinen Fuß u*nd* mußte den ganzen Tag in der Stube bleiben. Die Herz*ogin* ging Abends zur Königin, u*nd* von da ins Theater Nuovo.

Den 10 [*September 1789*] Die Herz*ogin* ging Nach*mittag* zu Hackert, ich mußte des Fußes wegen noch immer zu hause bleiben.

Den 11 [*September 1789*] früh war H*err* Heiglin bey mir, ich aß wieder trüben Gra*ve* aß mit Nach*mittag* fuhren wir nach Pausilipo Abends war Concert. Aprile sang 2 Stanzen aus Tasso von seiner Composition, Zuhörer waren Hamilton, Gen*eral* Salis sein Neveu Che*valier* Gioene, M*onsieur* Blair, M*onsieur* Sacco, Che*valier* Duglas, Ph*ilip* Hakert, Tisbein, Wersch*affel* Kniep.

Den 12 [*September 1789*] Ich schrieb Vormit*tag* an Hof*rat* Reifenstein. Gioene war früh bey der Herz*ogin* Nach*mittag* fuhren wie spazieren u*nd* Abends kam Heige*lin* Bonechi, Che*valier* Duglas u*nd* Blair. es wurde gespielt

Den 13 [*September 1789*] Schrieb früh die Königin an die Herz*ogin* sie zu bitten den Lunardi mit seinen Ballon bey ihr in die Luft steigen zu sehn. Wir fuhren gen 11 Uhr im Pallast u*nd* der ObermM*und*sch*enk* Belmonde führte die Herz*ogin* in die Zimmer von Vivenzio wo die König*liche* Familie | sich befand. Einige Milionen Menschen standen auf allen umliegenten lastricos, auf KirchCupolen ~~und~~ den Arco di Castello u*nd* auf dem Plaz um den Ballon herum, ~~s~~ zwischen Hoffen u*nd* Furcht was aus der Sache werden solte, Lunardi arbeidete noch am

83 Beide Unterstreichungen des Tageseintrags erfolgten durch Rötelstift, die erste ist zusätzlich durch einen ebensolchen senkrechten Strich am linken Seitenrand hervorgehoben.

Ballon p Endlich gegen ½ 1 Uhr zog er sich die Engl*ische* Uniform an ~~St~~ stieg in den kleinen am Ballon befestigten Wagen lies loß schneiden u*nd* flog magestetisch in die Höhe. Das geschrey u*nd* aplaudiren der Menschen war ungeheuer. Er hatte 3 Bandieren mit, die Engl*ische* Französische u*nd* Neapolitanische in einiger Erhöhung ließ er die beyden ersten fallen u*nd* saludirte mit der Neapolitanischen. einige Minuten schwebte er in gleicher Höhe über Neapel nun erhob er sich schnell Der Ballon wurde immer ~~g~~ kleiner end*lich* verlor man ihn aus den Gesicht. 2 ita*lienische* Meilen über Caserta hat er sich herabgelassen Jeder man war sehr vergnügt u*nd* zufrieden über den schönen Anblick. Mittags aßen Heigel*in*, Singorini u*nd* Aprile bey uns. Nach*mittag* fuhren wir auf den Pausilip u*nd* wolten den König fischen sehn, wir konten aber für der Menge des Volcks nicht hinzu. Abends kam Gioene u*nd* Bonecki. es ‹wurde gespielt›

Den 14 [*September 1789*] Ich fuhr Nach*mittag* zur Pr*incipessa* Belmonde wo ich 2 Franzosen antraf, der eine kam aus Rom u*nd* war ein Cousin des M*onsieur* dela tour du Pin in Paris. wie ich zu Hauß kam fand ich Heigelin, M*onsieur* Blair, Che*valier* Gioene, Tisbein u*nd* Werschaffel

Den 15 [*September 1789*] ich schrieb an Lude*cus* u*nd* die Reinbaben Wersch*affel* aß bey uns, Nach*mittag* kam der Gorge Hakert u*nd* als dann die Marchesa d'Altavilla mit ihren Mann u*nd* den Che*valier* Giovene, wir fuhren Abends in die Conversation ins Casino der Belmonde

Den 16 [*September 1789*] Kam früh Heigelin, Einsiedel bekam ein Paket von Weimar vom Herzog worinnen eine gestopfte Tobackspfeife lag. Heig*elin* aß bey uns, Nach*mittag* fuhren wir zusammen nach Portici zu Duglas. es wurde Wist gespielt Wie wir Abends nach Hauße kamen kamen Marq*uese* Galatone, G*eneral* Salis sein Neveu, M*onsieur* Sacco Bonechi u*nd* M*onsieur* Blair /wie man in Franckreich den Comte de Saxe gern katolisch machen wolte, offrierte man ihm auch l'ordre du S*ain*t Esprit, zur Antwort besah er seinen blauen+ Adler Orden u*nd* sagte wenn ich den Adler für die Taube gäb würde ich dabey verlieren: donnant ‹au› l'aigle pour une Colombe je perderois au change./

+nicht weisen?[84]

Den 17 [*September 1789*] Die D*uchesse* Jov*ane* kam früh zur Herz*ogin* Mit*tag* aß Tisbein u*nd* Kniep bey uns / Einsiedel bey Heigelin. Den Abend kam die Belmonte u*nd* holte uns ab in die Academie delle ~~Ac~~ Nobili, wo die Nina von Paisiello gegeben wurde. ich spielte hernach Wist mit Atrava, Boneki u*nd* Einsiedel. |

Den 18 [*September 1789*] Abends war Concert, Atrava spielte die Leyer /Vielle/ Es ist eine Art seiten Instrument, man treht es, dadurch wird ein Rad bewegt

84 Die Ergänzung befindet sich in der Hs. am Seitenende.

daß die Seiten berührt, oben werden Claves berührt. Ausser denen gewöhnlichen Zuhörern war noch H*err* v*on* Hauss, den Haker mit brachte, da. die beyden Brüder Hauss sind bey den Kronprintzen als Instruktors angestellt. Auch M*istre*ss Stendisch

Den 19 [*September 1789*] fuhr ich Nachmit*tag* zur Gioene u*nd* als dann fuhren wir nach den Pausilip. Abends kam Heige*lin*, Bonecki u*nd* Mon*sieur* Blair, es wurde gespielt. /ich hörte das die Frau vom Russischen Ambassateur Comte Sawronski einen kleinen Hund aus Malta bekommen hätte, der 50 Unzen kostet 168 r*eichs*th*aler*/ Ein italienisches Sprichwort Contra il vento non si navigà.

Den 20 [*September 1789*] Heige*lin* aß bey uns, nachmit*tags* spielten wir Wist. Abends kam Chev*alier* Giovene u*nd* wir fuhren in die Accademie dei Nobili, wo Davit, die Morichelli u*nd* der primo ~~h~~ uomo di S*ank*t Carlo sangen, Music v*on* Sardi. Bey der Herzo*gin* waren die Marchese d'Altavilla u*nd* der Duca Mondragone. / Wieder ein*ig*e italienische Sprichworder: Onguno sa quel che bolle nella sua Pignata. – Sa piu un pazzo nella Casa sua, che un savio nella Casa delle altri.[85]

Den 21 [*September 1789*] Wir fuhren nachmit*tags* nach Poggio reale spazieren. Abends kam der Duca di Montragone zur Herzo*gin* auch Chev*alier* Gioene, Tisbein Heige*lin* u*nd* Knieb.

Den 22 [*September 1789*] Ich schrieb an Knebel, Mit*tag* aß Tisbein bey uns. Wir fuhren nachmit*tags* nach der Villa Patrizia die die schöne Aussicht ~~ab~~ hat, über Neapel u*nd* das Meer u*nd* von der andern Seite ~~die Inseln~~ einen Theil des Pausilips, die Inseln Ischia, Nisita, das Lazaret Brochita, die Gegend von Baja, Capo di Misene pp Abends kamen Heige*lin*, Bonecki, Blair Cap*itain* Cartone, Chev*alier* Giovene der mir einen kleinen Aparat brachte Wir machten Wasser mit fixer Luft ‹con acetati› gemischt, ~~ald~~ acite aeriene, mit acite vitriolique /Vitriol Säure/ Marbre poulverine /Marmor Staub/ u*nd* Wasser Wir machten auch inflamable Luft mit Calincour de fer /~~P~~feil[86] Spänen/ u*nd* Vitriol Säure. /Chi sta bene non si move/.[87]

Den 23 [*September 1789*] Heige*lin* aß bey uns. Nach*mittag* fuhren wir nach Poggio reale u*nd* ginge die Straße hin spazieren. Den Abend kamen G*eneral* Salis u*nd* sein Neveu, Chev*alier* Gioene, Werschaf*fel* u*nd* Sacco.

85 Diese Sprichwörter sind durch einen senkrechten Rötelstiftstrich am linken Rand hervorgehoben.

86 Die Streichung des /P/ erfolgte mit einem Rötelstift.

87 Die Unterstreichung des italienischen Satzes und seine Hervorhebung am linken Rand erfolgten mit einem Rötelstift.

/Der Prinz Borgese in Rom u*nd* der Governatore von Castel San*k*t Angelo Ottobone hatten um 1500 Scudi gewettet ob Lunardi fligen würde, u*nd* Borgese hat gewonnen/ |

Den 24 [*September 1789*] Ich fuhr mit dem Docktor zu Heigelinen. Werschaf*fel* aß bey uns. Nachmit*tag* kam Hamilton, der von Ischia zurückgekomen war. Auch kamen Abends Hird, Bury, Burmann u*nd* Robert mit Knieb, erstere waren von Rom angekommen. auch Hakert u*nd* Cheva*lier* Gioene kamen. /Ich hörte daß der Abbé Vella in Neapel sey. Er ist aus Malta u*nd* will eine Arabische Ausgabe von 15 Büchern des Titus Livius gefunden haben, auch einige von Diodoro il Siciliano./

Den 25 [*September 1789*] Ich fuhr Vormit*tag* einwenig spazieren, auch Nach*mittag* nach den Pausilipo, da die Herz*ogin* ihres Auges wegen noch nicht ausfahren konte. Abends war Concert. Ausser Aprile waren die gewöhn*lichen* Musicker da, so auch die Zuhörer, die durch die Marchese Altavilla u*nd* die Römer verm*ittelt* kamen

Den 26 [*September 1789*] Ich kaufte Vormit*tag* einige Steine von Pompeï pp die Knöpfe aus der Piscina mirabilis. Nach*mittag* fuhren wir nach den Pausilipo u*nd* Abends kamen die Prinz*eß* Belmonde Marq*uese* Galatone auch Werschaffel u*nd* Gioene der mir Blumen schickte

Den 27 [*September 1789*] Ich kaufte für die Herzogin die Sicilianische Münze mit den Gott Hibon, von den Calabresen. Mit*tag* aßen Hird u*nd* Bury bey uns. Nach*mittag* fuhren wir zusammen nach Portici u*nd* aßen Trauben. Abends fuhren wir al Fondo wo eine neue Oper gegeben wurde: il Raggiratore di poco fortuna. Mus*ick* von Guglielmi sie gefiel uns nicht. /Hird hatte auf seiner Herreise durch die Pauluten zu bemercken geglaubt daß zu den Zeiten der Römer die nähmlichen Canäle die jezt gemacht sind, schon gewesen waren u*nd* daß die Päpste blos restaurirt haben. In den Brief worinnen Horaz seine Reise beschreibt erzehlt er daß er mit seiner Gesellschaft ~~die~~ einen Theil dieses Wegs auf einen Schiffchen gemacht habe; daß es im Sommer oder Herpst gewesen seyn muß erhält daraus weil er sich über die Mücken u*nd* Schnaken dabey beklagt u*nd* daß dem ohngeachtet die überfahrt nicht schädlich gewesen sey, beweißt daß sie, ohngeachtet sie durch einen Zufall über Nacht auf dem Schiffchen schliefen, dennoch gesund u*nd* wohl blieben./

Den 28 [*September 1789*] Der Cheva*lier* Duglas aß bey uns, Nach*mittag* spielten wir Wist u*nd* fuhren alsdann auf den Molo, sezten uns in eine Barche u*nd* fuhren am Bord eines Eng*lischen* KaufmansSchiffs wo verschiedene Sachen zu kaufen waren, ich kaufte einen Braunen Filz Hut für 8 Ducati, ~~als dann~~ es war ein sehr schöner Schiffsjunge auf diesen Schiff mit ~~Gr~~ krausen Haaren u*nd* sehr glücklicher Bildung. Das Schiff hieß the Queen | of Napoli. Von da fuhren wir noch zu einen andern von welchen der Capitain Tobin hieß, ein sehr hüpscher u*nd* höfflicher Mann, ~~den uns~~ mit den wir Thee trancken, es war alles ausserordentlich reinlich auf dem Schiff, er ging nach Messina Nach diesen fuhren wir zu Hamilton, wo alle Künster aus Rom versammelt waren u*nd* Mad*ame* Hard ihre Mossi machte

Den 29 [*September 1789*] Ich schrieb an Ludecus u*nd* legte ein Zettelchen bey in der Herz*ogin* Brif an die Herdern. Mittags aß Signorini u*nd* Werschaf*fel* bey uns. Vormit*tag* war ich bey der Giovine gewesen. Nach*mittag* fuhr ich mit Werschaf*fel* auß in einige Läden für mich kaufte ich eine Hutschnalle u*nd* für die Herz*ogin* eine Haube. Abends war Concert, Aprile pp Hamilton u*nd* die gewöh*nliche* Gesellschaft waren gegenwärthig.

Pestum[88]

Den 30ten [*September 1789*] Reisten wir Vormittags um 9 Uhr von Neapel ab, Heiglin, Hirt Bury u*nd* der Doctor begleiteten uns. Einsiedel war zwar nicht ganz wohl, er ließ sich aber bereden u*nd* ging mit. Wir waren etwas über Pompeio gekomen, als eine Partie Eßeltreiber Händel mit dem Kutscher am hindern Wagen anfingen. Einsiedel kam sehr darüber in Zorn u*nd* sprang alles Zureden*s* ohngeachtet aus dem Wagen, ehe er aber hinkam war schon alles geschlichtet, der Kutscher an unsern Wagen war dazu gekommen u*nd* hatte den Eßeltreiber eins mit dem Meßer über's Gesichte versezt.[89] Wir fuhren ruhig weiter bis Nocera, mit dem Zunahmen Pagan, wo wir ausstiegen einen antiken Tempel zu besehn. Er ist rund u*nd* steht auf 15 dopelten Säulen die von verschiedenen antiken Gebäuten zu diesen Batisterium wo zu es ‹scheint› bestimmt gewesen zu seyn, zusammen gebracht worden sind. Am Zugang stehn auch noch einige abgebrochene Säulen von Orientalischen u*nd* andern Granit, die Säulen des Tempels sind verschiedene Marmorarten, worunter auch 2 von Afrikanischen sind. Wir fuhren nun durch das schöne Thal von Cava u*nd* kamen glücklich in Vietri an.

Der Obriste v*on* Bock erwarthete da die Herz*ogin* u*nd* aß zu Mittag bey uns. Nach Tisch, wo er viel von seinen Schicksalen erzählt hatte ritt er wieder fort u*nd* wir sezten uns auf eine Barche u*nd* schifften bey herlichen Wetter nach Salerno, wo eben die Messe war, wir gingen durch | einige Straßen, u*nd* sezten uns wieder im Wagen u*nd* fuhren im Mondschein wieder nach Vietri, wo uns das Abendeßen erwarthete.

88 Diese Ortsangabe steht in der Hs. zur leichteren Orientierung des Lesers zu Beginn des Tageseintrages links neben dem Seitenspiegel.

89 Die Ankedote ist durch einen senkrechten Rötelstiftstrich am linken Rand hervorgehoben.

Den 1ten Oct*obe*r [1789] Früh um 6 Uhr nach Pestum, 30 it*alienische* Meilen von Vietri, da wir uns auch noch vor der mal aria zu hüten hatten wurde fleisig mit vinaigre des 4 Volleurs gesprengt u*nd* da wir zu 6en in einen offenen Wagen fuhren /Heige*lin* war nicht mit/ so rauchten die Herrn die hausen saßen fleisig Tabac.[90] Wir kamen gegen 11 Uhr an den Fluß Syle, wo wir übergesezt wurden. Die Luft war da auffallend schwer u*nd* bänglich u*nd* die ganze Gegend, selbst der Fluß hatte ein trauriges Ansehn, wo zu die äusserst krancke Gesichts farbe derer Menschen die ~~unb~~ uns übersezten noch beytrug. Nach 12 Uhr kamen wir in Pestum an, wenige Häußer ~~stehn~~ sieht man in der Gegend u*nd* die~~nen~~ Menschen sind wandelnte Bilder von Armuth u*nd* Kranckheit, das Land scheint blos von Mangel an Cultur so gedrückt zu seyn. Der Anblick der 3 Tempel wendet einen sehr angenehm von jenen Bildern des Elends ab. Der Mittlere der am meisten erhalten ist hat ein groses prächtiges ansehn u*nd* giebt einem einen Begriff von ewiger Tauer u*nd* Festigkeit. 4 Reihen Säulen u*nd* den Fronten stehen noch ganz, so wie der Architraf u*nd* das Gebälke. Die Säulen an allen 3 Tempeln sind ohne Fuß gestell u*nd* stehn flach auf, oben, blos ein Würfel zwischen der Säule u*nd* den Architraf. sie haben 4 mal ~~den~~ ‹ihren› Turchmeßer in der Höhe. Die ganze Bauart äusserst einfach u*nd* schön. Die Lokal Farbe dieses Mittlern Tempels ist vortrefflich, weniger schön derer 2 andern, die viel bläßer sind. Die selbe Bauart ist auch in den Tempel linker hand nur das die Säulen tünner sind u*nd* auf jeder Seite 4 mehr haben. Der rechter hand u*nd* etwas weiter entfernt, /vol 200 Schritt/ hat nur 2 Reihen Säulen u*nd* fehlt die Mittlere Abtheilung. Man sieht noch ein Theil eines Theaters u*nd* die ~~Stadt~~ Ruinen der Stadt Mauer, auch das Thor, wo raus sich die Einwohner ~~f~~ in einer Nacht flüchteten u*nd* sich auf die Berge begaben, da sie die Volcsier belagerten. Die ganze Provinz hieß Lucania u*nd* Positonia oder nachher Pestum war die Hauptstadt. Neptun | war der Gott den sie vorzüglich verehrten u*nd* daher vermuthet man daß einer dieser Tempel ihm geweyhet war. Ob die Tempel oben unbedeckt gewesen weis man nicht. Die Tempel der Alten die den Jupiter, der Sonne u*nd* dem Mond geweyt waren, waren immer offen; auch will Vitruv daß alle Tempel die den Göttern gewidmet sind, unbedeckt seyn sollen. Die Säulen so wie überhaupt die Steine aller 3 Tempel sind KalckStein von den nächsten Gebürgen. ~~Die~~ zu den Säulen scheint er von den Obern Schichten genommen zu seyn da es eine Art ‹cristalisirter› TuffStein ist, den man auch in Teutschland häufig findet. Diese Tempel stehn nun beynahe 3 000 Jahr, 2 500 *. Hirt u*nd* Bury gingen noch ein wenig herum u*nd* fanden einige Münzen, unter andern eine von Marcus Antonius Agrippa der die Schlacht bey Actium gewann, auch eine kleine mit den Pestummer Wappen, ein Stier, weil sie von den Aegiptiern abstammten. Nachdem wir etwas kaltes gegessen hatten fuhren wir gegen 2 Uhr wieder ab. In Salerno wurden wir in den engen Straßen durch die vielen Wagen die des Marchts wegen da waren beynahe eine Stunde aufgehalten, wir aßen vor einer

90 Am linken Rand ist dieser Satz durch einen senkrechten Rötelstiftstrich markiert.

Botega etwas Eiß u*nd* kamen endlich glücklich in Vietri an, wo wir Heiglin wieder fanden u*nd* vergnügt zu Nacht aßen.

Den 2ten [*Oktober 1789*] Fuhren wir Vormit*tag* um 9 Uhr nach Noterra zum Obristen Bock der die Herz*ogin* zum Frühstück eingeladen hatte, das sämd*liche* Corp der Officiers war da versammelt. Die Lage seiner Wohnung ist sehr schön Unterdessen waren Hirt u*nd* Bury in Salerno gewesen u*nd* hatten die Catetral Kirche gesehn wo sie einige gute Bilder aus der Schule von Raphael fanden. Nach Tisch gingen wir spazieren besahen auch ein kleines Landhauß nahe bey der Stadt daß eine sehr schöne Aussicht aufs Meer u*nd* die Gebürge hat. Wir aßen da Weintrauben u*nd* gingen als dann auf den Weg nach Cava. Abends wie wir nach Hause kamen, spielten wir l'ass qui cours, u*nd* lachten viel, u*nd* trancken Punsch. Heige*lin* war von Nocera nach Neapel gefahren. |

Den 3ten [*Oktober 1789*] Fuhren wir Vormit*tag* um 9 Uhr von Vietri ab und kamen gegen 2 Uhr in Portici bey Cheva*lier* Duglas an, wo wir zu Mittag aßen. Nach Tisch spielten wir u*nd* ich gewann 1 Unze in Wist. gegen 7 Uhr fuhren wir nach Neapel, es kamen noch verschiedene Besuche die abgesagt wurden

Den 4ten [*Oktober 1789*] Kam früh Heige*lin* u*nd* aß bey uns. Nach*mittag* spielten wir Wist ich verlohr 4 Duc*aten* Abends kamen die Römer, Hacker, Atrava, Gioene. wir fuhren in die Oper Theatro nuovo, la Pescatrice Mus*ick* von Gulielmi vortreff*lich*

Den 5ten [*Oktober 1789*] Es kamen Nachmit*tag* u*nd* Abends Cheva*lier* Hamilton pp Gen*eral* Salis, Cheva*lier* Gioene, Hird Blair u*nd* Werschaffel Hamilt*on* erzehlte uns daß wie er zu Syracusa in Sicilien gewesen sey, man noch Kalck in den grosen Amphitheater gemacht ~~habe~~ u*nd* die Steine davon, dazu genommen habe. Als vor einigen Jahren der König ‹in› Sassano einen Jagthauß 6 Meilen von Pestum war u*nd* sie einen Nachmit*tag* nichts vorzunehmen wusten schlug Hamilt*on* Pestum vor. Der König fragte was da zu sehn sey, ~~sage~~ u*nd* Hamilt*on* sagte es ihm. *? Antichità a me! antichità a me![91] antwortete er, u*nd* es wurde nichts daraus.

Den 6ten [*Oktober 1789*] Aß Bury bey uns. Ich schrieb an Wieland. Wir fuhren nach Tisch zu Heige*lin* Abends war Concert. Die Zuhörer bestanden aus 20 Personen, unter andern waren auch da der Portugisische Minister de Sà mit seinen Neveu, der Graf Bielinski mit seinen Sohn, Pohlen. Der Comte Papafava mit seiner Tochter die an einen Vetter von Gioene ~~den~~ nach Sicilien, verheurathet wird.

91 Die Anekdote ist durch zwei senkrechte, untereinander angeordnete Rötelstiftstriche am linken Rand markiert.

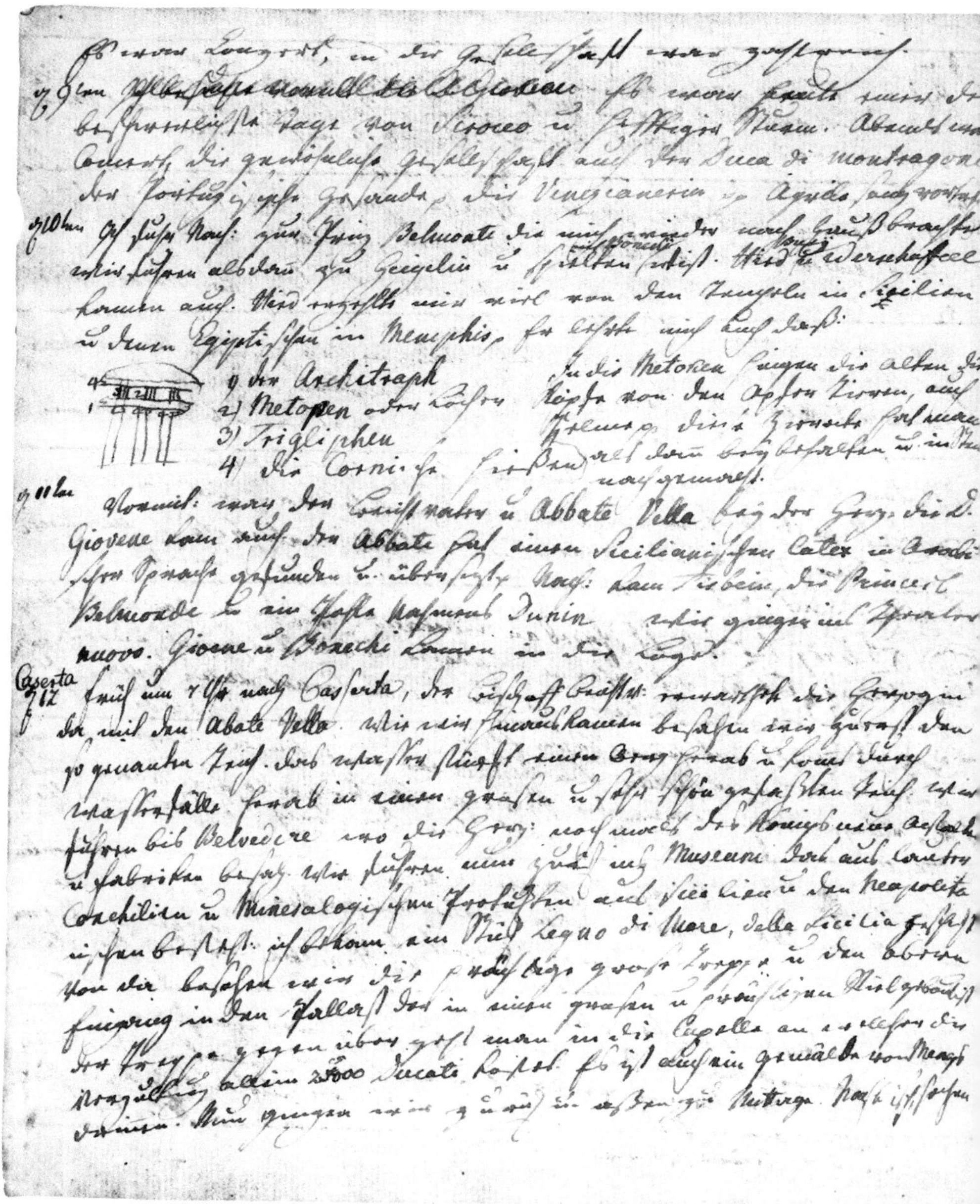

Abbildung 2
GSA 24/I 3, Bl. 56v
Einträge zum 8. – 12.10.1789
(Foto: Klassik Stiftung Weimar)

Vor einigen Tagen waren die Principesse Tarcarello u*nd* Luciano aus Neapel verwiesen worden, weil ihnen der König die Cour machte.[92]

Den 7ten [*Oktober 1789*] Ich fuhr Vormit*tag* u*nd* Nachmit*tag* spazieren. Abends waren wir bey Heigelin wo ich den Abate Pansini kennen lernte. Wir spielten Wist ich ver*lohr* 1 Unz

Den 8 [*Oktober 1789*] Signorini aß bey uns. ich war Vormi*ttag* bey der D*uchesse* Giovene. Nach*mittag* fuhren wir auf den Pausilip den Molo u*nd* zum Cheva*lier* Hamilton wo‹hin› der Tripolitanische Gesande kam. Er hatte seinen Bruder, seinen Secretair, ein alter ehrwürdig*er* Mann u*nd* den Arzt bey sich. Hinder ihm stand sein Scharfrichter der ihn nie verläßt u*nd* noch 2 Bedienten, die eine art Kammer Diener sind. Die 3 Mohren die er auch mit brachte hielten sich an der Thüre, so wie auch noch ein paar Sclafen[93] | Es war Conzert, u*nd* die Gesellschaft war zahlreich.

Den 9ten [*Oktober 1789*] ~~Ich besuchte Vormittag die~~ * Es war heute einer der beschwerlichste Tage von Sirocco u*nd* hefftiger Sturm. Abends war Concert, die gewöhnliche Gesellschaft auch der Duca di Montragone der Portugisische Gesande, die Venezianerin pp Aprile sang vortref*flich*

Den 10ten [*Oktober 1789*] Ich fuhr Nachmittag zur Prinze*ß* Belmonte die mich wieder nach Hauß brachte Wir fuhren alsdann zu Heigelin u*nd* spielten ‹mit Bonecki› Wist. Hird ‹Bury› u*nd* Werschaffell kamen auch. Hird erzehlte mir viel von den Tempeln in Sicilien u*nd* denen Egiptischen in Memphis p Er lehrte mich auch daß:

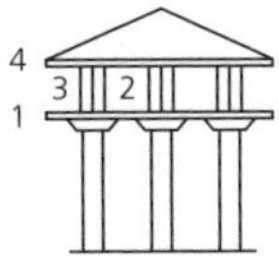

1) der Architraph
2) Metopen[94] oder Löcher
3) Trigliphen
4) die Corniche hießen

In die Metoken[95] hingen die Alten die Köpfe von den Opfer Tieren, auch Helme pp, diese Zierate hat man als dann bey behalten u*nd* in Stein nachgemacht.

Den 11ten [*Oktober 1789*] Vormit*tag* war der Beichtvater u*nd* Abbate Vella bey der Herz*ogin* Die D*uchesse* Giovene kam auch Der Abbate hat einen Sicilianischen Cotex in Arabischer Sprache gefunden u*nd* übersezt, Nach*mittag* kam Tisbein,

92 Dieser Satz ist durch einen schrägen Tintenstrich sowie eine Unterstreichung und einen senkrechten Rötelstiftstrich am linken Rand hervorgehoben.

93 Die Unterstreichungen sowie ein senkrechter Strich am linken Rand in Höhe der Aufzählung der Bedienten erfolgten durch einen Rötelstift.

94 Korrigiert aus: Metoken.

95 Verschrieben für: Metopen.

die Princcipessa Belmonde u*nd* ein Pohle Nahmens Dunin Wir gingen ins Theater nuovo. Giovene u*nd* Bonechi kamen in die Loge.

Caserta[96]

Den 12 [*Oktober 1789*] Früh um 7 Uhr nach Caserta, der Bischoff Beichtv*ater* erwarthete die Herzogin da mit den Abate Vella Wie wir hinauskamen besahen wir zuerst den so genanten Teich Das Wasser stürzt einen Berg herab u*nd* kommt durch Wasserfälle herab in einen grosen u*nd* sehr schön gefaßten Teich Wir fuhren bis Belvedere wo die Herz*ogin* nochmals des Königs neue Anstalten u*nd* Fabriken besah. Wir fuhren nun zurück ins Museum das aus lauter Conchilien u*nd* Mineralogischen Protuckten aus Sicilien u*nd* den Neapolitanischen besteht. ich bekam ein Stück Legno di Mare della Sicilia geschenckt. Von da besahen wir die prächtige grose Treppe u*nd* den obern Eingang in den Pallast der in einen grosen u*nd* prächtigen Stiel gebaut ist Der Treppe gegen über geht man in die Capelle an welcher die vergultung allein 25 000 Ducati kostet. Es ist auch ein Gemälde von Mengs drinnen. Nun gingen wir zurück u*nd* aßen zu Mittage. Nachtisch sahen | wir die Statuen, meistens moderne, ausser ein restaurirter Caligulla der in der Canpagna die Roma gefunden worden, u*nd* eine sitzente Agripina, Mutter der Nero ‹und noch einige andere› ~~Abate~~ als dann gingen wir ins Theater das sehr schöne Verhältniße ‹hat› u*nd* an Marmor u*nd* vergultungen sehr reich ist. Der Fong des Theaters kan ganz geöffnet werden u*nd* geht der Ausgang auf eine freye Aussicht in den Garden. Vormit*tag* sahen wir noch die Zimmer der Kön*igi*n u*nd* des Königs. Das Bad ist sehr geschmackvoll. In den Zimmern hängen versch*ie*dene Landschaften u*nd* Aussichten von Hakert, auch das königliche Familien Gemälde der Mad*ame* Angelica. In den Garden sahen wir verschiedene ausländisches Geflügel als Damicelli, sie sind von der Gröse eines Storchs haben schöne silbergraue Federn u*nd* duncklere die wie Haare vom Kopf und Hals herunter fallen. 12 Straußen die der Trip*olitanische* Gesande mitgebracht hatte, die Damicelli kommen aus Lampetuse einer Insel

Verschiedene Rehe laufen zahm umher, auch sahen wir eine Mißgeburt die der vice König aus Sicilien geschickt hatte: der Kopf war vom Schaf, der Leib wie ein Reh u*nd* der Schwanz vom Hund. Der Abate Vella fuhr mit uns nach Neapel zurück. Die Baumeister des Pallast heist Vanvitelli, Vater u*nd* Sohn, der Sohn führ*t* noch anjezt den Bau fort. Es sind Niederländer u*nd* heißen eigend*lich* Van Calw. Die Familie ist lange in Rom. Ich schrieb an Ludecus Luck u*nd* meine Mutter

Den 13 [*Oktober 1789*]. Die sämdlichen Römischen Künstler aßen bey uns. Vormit*tag* kam Heigelin Abends war Musick u*nd* die Gesellschaft war wieder sehr zahlreich

96 Diese Ortsangabe steht in der Hs. zur leichteren Orientierung des Lesers zu Beginn des Tageseintrages links neben dem Seitenspiegel.

Den 14 [*Oktober 1789*] Nach*mittag* zur Prinze*ß* Belmonde um das Gemälde von Tisbein zu sehn. Es stellt die Sophonispe vor die den Massinissa bittet nicht im Triumpf nach Rom gebracht zu werden. Wir fuhren als dann zu Heigel*in* wo wir Thee trancken u*nd* von da ins Fiorentini wo Comte Pignatelli u*nd* Cava*liere* Giovene zu uns kamen.

Den 15ten [*Oktober 1789*] Es regnete den ganzen Tag u*nd* stürmte gewaltig. Einsiedel war nicht wohl u*nd* lag im Bette. Abends fuhr ich mit der Herz*ogin* zu Heigelin. M*onsieur* u*nd* Mad*ame* Rabi kamen auch hin, wie auch Bonechi, wir spielten Wist.

Den 16 [*Oktober 1789*] Abends Concert, Aprili sang Einen Französischen General Marquis de Sontoille brachte Hamilton mit. In Mayland hatten sie die Gebeine eines Heiligen bekommen | u*nd* beriefen einen Chirurgus um sie zusammen zu setzen. Nachdem er zum Werck geschritten u*nd* die Brille auf der Naase hatte fing er an zu untersuchen und warf links und rechts die Knochen auf die Seite, mit den Worten: questo e di peccore, questo e de Cane p[97]

Den 17ten [*Oktober 1789*] Vormit*tag* besuchte ich Einsiedeln mit der Herz*ogin* der beßer war. Hird u*nd* Bury aßen bey uns. wir fuhren nach den Pausilipo u*nd* den Molo spazieren. Abends laß ich Ihnen Wielands Briefe vor.

Den 18 [*Oktober 1789*] Sont*ag* Vormit*tag* bey Einsiedeln. Nach*mittag* fuhr ich mit der Herz*ogin* nach Portici zu Cheva*lier* Duglas Mist*er* Gips u*nd* Mist*er* Nobel waren da als dann zu Heigelin sein Neveu war angekommen. Wir hatten den König zu Pferde begegnet, er ritt einen Arabischen Hengst. Bonechi lobte das Pferd, und ich sagte der König rit gut, Si antwortete Cardone e il piu bel animale che si può vedere, in der Meinung ich spräch vom Pferd.[98]

Den 19ten [*Oktober 1789*] Wir fuhren Nachmit*tag* einen neuen Spaziergang nach la Madonna delle Angelli delle Croce u*nd* sahen im Rückweg die Ponte rosse, eine Art Brücken von Backsteinen mit Bögen die man aus den zeiten des Claudius glaubt. Der *General* Salis sein Neveu u*nd* Cheva*lier* Gioene kamen zur Herz*ogin* lezterer fuhr mit zu Heigelin wo Bonechi u*nd* M*onsieur* u*nd* Mad*ame* Rabi waren, wir spielten Wist.

Den 20ten [*Oktober 1789*] Ich schrieb an Ludecus. Nach*mittag* kam Hird u*nd* erzälte uns seine Reise nach Capo di Misene, Baya p wovon er sehr zufrieden war.

97 Diese Anekdote ist einerseits durch einen schrägen Tintenstrich, andererseits durch Unterstreichung und einen senkrechten Strich am linken Rand mit Rötelstift hervorgehoben.

98 Diese Anekdote ist durch einen schrägen Tintenstrich und einen senkrechten Rötelstiftstrich am linken Rand markiert.

Er hält dafür das die mehrsten dort herum liegenten sogenanden Tempel, Bäder u*nd* zu Villen gehörigen Pall Säale p gewesen sind. Abends zur Belmonde wohin uns Gioene begleitete. ich spielte Wist mit M*istres*s Standisch, den Polnischen Grafen Bielinski und M*onsieur* Atrava.

Den 21ten [*Oktober 1789*] Ich fuhr Vormit*tag* zu der Marchesa de Moda u*nd* kaufte einiges nach 12 fuhren wir mit Heig*elin* nach Portici zu Duglas wo wir zu Mittag aßen, spielten u*nd* gegen 7 Uhr wieder nach Hauß fuhren. Die alteste Tochter war kra*n*ck, man hatte ihr Ader gelassen Der Arzt H*err* Nudi ein Neapol*itaner* der lange in England gewesen war, kam auch.

Den 22ten [*Oktober 1789*] Vormittag ‹8 Uhr› mit Heiglin nach Caserta, vor der Stadt nahmen wir frische Pferde u*nd* fuhren mit den Bischoff un*d* Ab*ate* Vella zu den aqueducten 7 Italienische Meilen | von Caserta. Die Höhe der beyden Berge erforderte 3 Etagen, die mit größter Pracht Bogen weis aufgeführt sind. Wir gingen überall drinnen herum u*nd* fuhren alsdann durch einen sehr schönen Weg in den Garden wo wir einige kleine Anlagen besahen. Der Teich ist groß u*nd* schön u*nd* die kleinen Strohhüttchen darauf recht artig. Wir sahen auch wilde Schweine die eingefangen wahren u*nd* einen Wolf. Wir aßen alsdann zu Mittage u*nd* besahen nach Tisch noch einen Theil des Schlosses u*nd* fuhren nach Neapel zurück.

Den 23ten [*Oktober 1789*] Sagte mir Vormit*tag* die Herz*ogin* daß wir nach Andrea reysen würden Einsiedel kam zu mir. Den Mit*tag* aßen Hird u*nd* Bury bey uns. Abends war Con*c*ert u*nd* an Zuhörern waren 26 der Duca di Montragone, die Polen, der Leudenat de Camp Conte de Sodel; Comte Papafara u*nd* seine Tochter waren auch da.

Den 24ten [*Oktober 1789*] Regnete es u*nd* war Gewitter den ganzen Vormittag. wir hatten mit Blumen u*nd* andern Klein*i*gkeiten suchen der Herz*ogin* Geburdstag zu feyern. Die bevorstehende Reise machte mich aber eben nicht heiter. Wir aßen den Mittag beym Gen*eral* Salis mit Mad*ame* Mericoff ihren Mann, Banquier, Che*valier* Giovene u*nd* andere mehr u*nd* waren sehr vergnügt. Nachmittag kamen die Hacker Abends waren wir zu Heiglin gebeden der eine sehr artige Cantate den Tag zu ehren hatte ~~comp~~ von Aprile componiren lassen. Aprile, die Davia u*nd* Grave sangen. Signolile acompagnirte. Die Gesellschaft war sehr zahlreich u*nd* wir waren vergnügt.

Den 25 [*Oktober 1789*] früh um 7 Uhr von Neapel ab. Wir hatten einen schönen Morgen. einige Meilen von Neapel die Ruinen von Monteforte auf einen Berg, höchst mahlerisch Da wir mit einen Brocaccio fuhren der uns 6 Mauleßel vorgespannt hatte, mußten wir mittags in La Cartinale füttern. Der Ort liegt schon in den Bergen u*nd* da sie schön bewachsen sind, ist ~~er~~ ‹die Lage› sehr freundlich. Man sieht hier wenig Vulcanische Producte mehr u*nd* die Straßen sind mit Kalchsteinen /Piedra viva/ gepflastert. Wir kamen gegen 6 Uhr in Avellina an, wo Goullon so wie die künftigen Tage fürs Nacht eßen sorgte. Die Her*zogin* aß im Bette.

Den 26ten [*Oktober 1789*] bis Mirabella, wir fuhren um 5 Uhr früh aus. Die Gegend immer bergiger die Ortschaften u*nd* Städt liegen oben auf denselben u*nd* machen sie sehr mahlerisch. man bemerckt hier u*nd* da noch Erdfälle u*nd* Riße vom lezten Erdbeben das anno 1737 war. Bey Ariano kamen wieder Oelbäume Die Stadt liegt sehr hoch u*nd* man muß einen beschwerlichen Berg hinauf. Wir kamen Abends gegen 5 Uhr schon an, es regnete u*nd* war naß kalt. Vor den Fenstern waren blos Läden. Die Stuben und Betten aber reinlich

Pulia |

Den 27ten [*Oktober 1789*] Früh um ½ 6 Uhr ab. Das Wetter hatte sich aufgeklärt. Wir fuhren durch das schönste fruchtbarste Land, sahen aber bey nahe keine Menschen u*nd* noch weniger Häußer. Wir kamen durch Eichenwälder, man sagt daß diese Straße ~~der~~ für Räubern nicht sicher sey. unsere Wache aber gab uns Muth Nach den Flächen von Pulien kommen im Winder die Heerden von Abrazo die den Sommer durch auf den Bergen bleiben. Foggia sieht man 2 Stunden weit liegen. Wir kamen um 5 Uhr an u*nd* hoffen einen guten Gasthof zu finden, fanden aber einen schlechten Fremde lifen beständig durch die Zimmer u*nd* von der Küche war ein beschwer*licher* Geruch durch alle Stuben. Die Flöhe fingen hier an sehr lästig zu werden.

Den 28 [*Oktober 1789*] Früh um ½ 5 Uhr nach Cerignole, der Weg war sehr tief doch kamen wir langsam fort. Die Ebene ist unabsehbar, kein Baum ist mehr zu sehn. Wir wolten nach Cannosa, die Maulthiere konten aber nicht weiter als Caringnolo wo gefüttert wurde. Gollon fand vortreffliche Lerchen die er uns in einen sehr unfreundlich Gasthauß zurecht machte. Das Städtchen zwar ist sehr freundlich u*nd* hat hüpsche Häußer. ~~In~~ Canna wo wir nach einigen Stunden hin kamen ist wegen der Schlacht Hanibals mit Paul Emil u*nd* Varo merckwürdig. Hanibal stellte seine Cartagenenser an den Fluß ‹Aufidius› wo sie siegen oder ertrincken mußten. sie siegten u*nd* Paul Emil u*nd* Varo wurden geschlagen. Nach der verlohrenen Schlacht wurde Paul Emil von seinen Landsleuten den Römern dennoch als Sieger empfangen[+] Eine Stunde vor dem Kloster kam der Abt Patre Don Rogadio entgegen gefahren und empfing sie sehr anständig u*nd* mit herz*licher* Freude. sie sezte sich in seinen Wagen u*nd* kam mit mir glücklich im Kloster an wo sie vom ganzen Convent empfangen wurde. Die andern Wagen kamen nach einer ½ Stunde auch an. es wurde zu Nacht gegessen und wir vermißten nichts als den ErzBischof den wir nicht fanden.

[+] Die Nachrichten dieser Schlacht erzehlt der Grichische Geschichtsschreiber Polybios.[99]

99 Diese Ergänzung befindet sich in der Hs. am Seitenende.

Den 29 [*Oktober 1789*] Nach dem wir gut geschlafen hatten, besahen wir in Gesellschaft des Patre Abate u*nd* der übrigen Benedictiner das innere des Klosters, die Kirche die sehr schön hell u*nd* einfach ist u*nd* auf weisen Colonaden ruht. Die Wohnung des Abts ist sehr schön, auch durch die Aussicht, man sieht die Städte: Andria, Barletta, Trani p am Meer liegen. Auf der andern Seite die Vingen des Klosters, grose Flächen | mit Mantelbäumen u*nd* am Horizont la Montagna delle Angelli, der als eine Meerzunge sich im Golfo di Venetia zieht. Den übrigen Theil des Vormit*tags* unterhielt ein junger Mensch D*on* Francesco di Magistris die Herz*ogin* sehr angenehm mit seinen seltenen Talent zu improvisiren. Er lies sich von CapelMeister accompagniern. Nach*mitta*g fuhren wir mit den Abt nach Baletta, die Stadt ist ziem*lich* groß, der Hafen hatte wenige Schiffe Eine Statue von Bronce des Keysers Heracelius steht auf den Marktplaz, ~~so~~ der Key*s*er ~~ließ~~ ‹schickte› ~~wolte~~ sie ~~nach~~ ‹von› Constantinopel ~~bringen lassen~~, daß Schiff verunglückte bey Barletta, u*nd* die Einwohner richteten sie nach der Zeit auf. Beym Nachhaußfahren wars ziem*lich* kalt. Abends wurde wieder improwisiert, die Fabel von Hero u*nd* Leander glückte ihm besonders vortrefflich. Die Herzlichkeit mit welcher wir in diesen Kloster aufgenommen u*nd* bewirthet wahren ging über alles.

Den 30 [*Oktober 1789*] Wir gingen Vormit*tag* auf den Weg nach Andria spazieren. auf den Weg begegneten wir den Stadt Rath u*nd* einige geist*liche* Capitel die ~~die~~ kamen die Herz*ogin* zu bekomplimentiren. Nach*mittag* fuhren wir nach Andria, die meisten gingen zu Fuß. Wir fuhren zuerst nach einer Anhöhe über Andria die schöne Meerküste u*nd* die Städte daran zu besehn, als dan zurück in die Stadt wo die Herz*ogin* mit Leutung aller Glocken u*nd* Abfeue*r*ung verschiedener Feuerwercke empfangen wurde, in die Catedral Kirche wo sie das Capitel in ihren Ordens Kleidern empfing mit Weywasser sprengte u*nd* grose Ceremonien machte, es war so wie in noch einigen Kirchen die wir besuchten Musick, auch in der Kirche eines Nonnen Klosters. bey den Dominicanern bat ein alter Pfaf die Herz*ogin* um Gottes willen sie solle katolisch werden u*nd* im Lande bleiben. Wir fuhren sehr vergnügt wieder zurück u*nd* der Improvisator u*nd* Capel Meister unter hielten uns den ganzen Abend.

Den 31 [*Oktober 1789*] Vormit*tag* ein Brief vom ErzBischoff. wir fuhren mit den Abt nach Trani, eine der schönsten Städte an dieser Küste, wir stiegen in den Casino Collona, den Duca d'Andria gehörig, ab besahen das Hauß, das sehr artig ist, u*nd* sezten uns auf die Felsen am Meer u*nd* hatten viel Vergnügen daran. Eine Nipote des Abts mit ihrer Gesellschaft, die den Tag darauf nach Neapel abgehn solte, kam ins Casino, sie war von ihren Mann geschieden. Einer der sie mit seiner Frau begleitete ging seines Bruder Prozeß wegen nach Neapel, der einen erstochen hatte, Im Nachhauß fahren | sahen wir verschiedene Acker mit der Baum Wollen Pflanze. sie ~~h~~ wächst hier, ohngefehr anderthalb Spannen hoch von der Erde u*nd* die Blume oder Hulse worinnen ‹sich› die Baum wolle

~~ist~~ befindet, ist in der Mitte. Wir kamen den Abend um 7 Uhr wieder an, u*nd* da wir den ganzen Tag nichts gegessen hatte, schmeckte es ganz vortrefflich. Der Improvisator, der uberall uns begleitet hatte, nahm improvisiert Abschied von der Herz*ogin* u*nd* der ganzen Gesellschaft u*nd* erhielt verdienten Beyfall.

Den 1ten Novem*ber* [*1789*] Der Vormittag wurde mit Spazierngehn u*nd* Musick zugebracht Den Mitag aßen sämdliche Fratres mit uns. Nach*mittag* gingen wir im Garden u*nd* den Portiquen spaziern Der Abt wieß uns die innere Einrichtung des Klosters, wo Brodgebacken, Korn gemalen wird, als dann fuhren wir mit ihm die Schäferey zu besehn. In den Stein woraus ‹meist› der ganze Boden des Landes in der Gegend besteht, der nur mit wenig Erde bedeckt ist, sind lange Hölen gegraben in welche jede 300 Schafe ‹im› Winder zu Nacht eingelassen werden, der Stein ist Tuffa. Wir sahen auch die Wohnungen der Schäfer u*nd* Knächte die in weiten Höhlen ohngefehr wie tiefe Thorfahrten rund um gebettet sind, jeder hat seine Matraze u*nd* danehmen der Kasten wo seine Habseligkeiten drinnliegen. Der Eingang ist weit u*nd* ganz offen. Die Hutte worinnen sie kochten sah sehr mahlerisch ist Ein groser Kessel hing über einen hellen Feuer u*nd* alle stanten darum u*nd* freuten sich der Bohnen die sie Abends verzehren würden. Den Abend wurde Thee gedrunken Musick gemacht u*nd* Tricktrak gespielt.

Den 2ten November [*1789*] Kam früh ein Courir vom Erzbischof mit der Nachricht daß er den Abend kommen würde. Den Mit*tag* aßen 3 Brüder Marquese Canose mit, 2 sind Cheva*liers* de Malde. Den Nach*mittag* fuhren wir den Erz-Bisch*of* entgegen, er kam um 7 Uhr Abends an, die Freude ihn wieder zu sehn war sehr groß. Er sezte sich in unsern Wagen u*nd* wir kamen glücklich an. Nach dem Soupé kam er noch mit uns u*nd* wir schwäzten noch tief in die Nacht. |

Den 3ten [*November 1789*] Die Stadt und die Gegend von Andria war der lieblingsAufenthalt von Keyser Friederich Secundus, auf den Berg steht noch ein ihm gewidmetes Monument. Von Monteforte einige Meilen über Neapel an, fängt die tuffa calcara /tuffe calquaire/ an sie besteht aus lauter kleinen u*nd* grosen Conchiligen die man sehr teutlich darinnen bemerckt. In diese Tuffa hat man die Grotten gehauen in welchen sich im Winder die Schaafe schützen. Die Verschiedenheit des Bodens, der Lage, u*nd* der Zeit haben diese Tuffa zu harten Kalchstein geformt der zum Bauen vortrefflich ist. Der erste Stock aller Gebeude der umliegenten Städte ist davon erbaut.

Die untere Capelle des Klosters der la Madonna, die wie man erzehlt zum zuflucht Ort der ersten Christen gedient hat, in welcher man das wunderthätige Madonnen Bild gefunden, ~~soll~~ das im Jahr 400 nach Christe Geb*urt* gemahlt sein soll u*nd* das zur Erbauung des Klosters anlaß gegeben hat, ist in diesen Tuffstein eingehauen, diese Steinart geht fort bis Tarent und weiter.

Den Vormit*tag* kam der Erzbisch*of* zu uns, gegen Mittag besahen wir mit ihm nochmals die Kirche und das ganze Kloster. Nach*mittag* fuhren wir nach den Landhaus das der Duca d'Andria auf der Anhöhe bey Andria zu bauen angefangen hat, und besahen von da die schöne weite Gegend, in der Ferne das Meer und die daran liegenten Städte. Wie wir nach Hauß kamen, führte man eine Musick vom ErzBis*chof* Christus, in der Kirche auf, es ist blos 4 Stimmiger Gesang mit Begleitung der Orgel. Die Kirche war illuminirt und machte einen sehr schönen Efeckt. Nach den Soupé kam noch der ErzBisch*of*

Den 4 [*November 1789*] Die Gesellschaft fuhr in die Gegend von Barletta die Salzwercke zu sehn. ich blieb zu Hauß, sie kamen gegen 5 Uhr wieder u*nd* wir aßen zusammen Abends war Musick, verschiedene Weiber u*nd* Mädchens sangen ‹Volcks› Lieder und Sie danzen verschiedene dem Land eigene Tänze. unter andern einen Tanz der La Schiatosa heißt u*nd* ein pantomimischer Tanz ist, zwey Liebende veruneinigen u*nd* vereinigen sich wechselweis. Ein kleines Mädchen vom Gouvernatore tanz*te* ihn allerliebst. Den Abend kam der E*rz*B*ischof* noch zu uns u*nd* wir tranken von seinen Wein. |

Den 5 [*November 1789*] Der E*rz*Bisch*of* kam Vormit*tag* zu uns und wir gingen zu Fuße spazieren. Den Nachmittag fuhren wir nach Barletta Die Statue von Keyser Heraclius /der 2te der im Oriend ‹*anno* 610› regierte, sein Vorfahr hieß Phocas/ solte zu San*k*t Michael auf den Monte Garganus aufgerichtet werden das Schiff aber verunglückte an der Pulischen Küste pp Wir kamen spat nach Hauße, wo wieder getanzt und gesungen u*nd* nach den Abend eßen geschwäzt wurde. Ein junger Benedictiner Don Gregorio, war auf den Einfall gekommen sein Kloster zu verlassen und mit der Herzogin nach Teutschland zu reisen, der ErzBischoff und wir alle hatten Mühe ihm die Unschicklichkeit dieses Projects begreiflich zu machen. Der E*rz*B*ischof* versprach ihm sich für seine Loßlassung auf eine schicklichere Art zu intereßiren

Den 6ten [*November 1789*] Brachte uns früh der E*rz*B*ischof* ein Sonnet vom Abt auf die Herz*ogin* er fuhr darauf nach Andria die Kirchen zu besehn u*nd* den Capittel einen Gegenbesuch zu machen. Die Herz*ogin* u*nd* ich gingen ihm entgegen, es war ein sehr schöner Morgen, wir sezten uns an die Anhöhe wo man Andria übersieht er kam balde die übrigen stiegen aus den Wagen u*nd* wir fuhren noch mit den E*rz*B*ischof* spazieren. Nach den Zuhausekommen ~~laßen~~ wurden den Abt die Gedichte vom E*rz*B*ischof* vorgelesen. Nach Tisch kam er wieder zu uns, ich ging allein spazieren. Wir besuchten nachher den Pater Abbate der im Bett ruhte, nach her fuhren die Herz*ogin* der E*rz*B*ischof* u*nd* ich spazieren. Abends wurde Clavier gespielt u*nd* der Agent des D*uca* d'Andria mit noch einen Oficier aus And*ria* tanzten sehr gut. Beym Abendeßen recitierte die Agente Don Pasquale einige Gesundheiten, Brindisi zu Ehren der Herzogin des E*rz*B*ischofs* u*nd* der Gesellschaft, die ausserordentlich artig waren. Nach dem Abendeßen blieb der E*rz*B*ischof* u*nd* wir beyden noch bis Mitternacht zusammen

Den 7ten [*November 1789*] Der ErzBischof reißte ½ Stunde vor uns ab. Wir hatten nicht von einander Abschied genommen, mein Herz hatte den schwersten von Italien genommen, aber nicht überstanden. Das Scheiden auf ewig von einen Mann wie der ErzBisch*of* ist eine Art anticipierten Todes.[100]

Der Abt begleitete uns bis Cerignola, es war ein schöner Morgen. Abends um 6 Uhr kamen wir glücklich in Foggia an, wo wir Café tranken u*nd* zu Nacht aßen. 36 Millien

Den 8ten [*November 1789*] Wir hatte*n* die Nacht durch viel von Flöhen zu leiden, um 6 Uhr gingen wir ab. Die Maultier gingen langsam durch den schlechten Weg, es regnete u*nd* wir mußten an einen Stall in ‹der› Durchfahrt unter Mittag halten weil es regnete. Wir kamen endlich in Ariano an, wo wir viel Kälte u*nd* Feuchtigkeit fanden. 34 Mi*llien*

Den 9 [*November 1789*] Früh um 7 Uhr ab Die Gegend freute uns aufs neue Die Thäler sind fröhlich u*nd* weit u*nd* die Berge bewachsen. Gegen Mittag kam ein ziemlich starkes Gewitter | das uns doch erst einige Schritt von den Ort ereichte wo gefüttert wurde. Wir aßen fröhlich zu Mittag u*nd* fuhren im Regen weiter der auch bis Abends um 7 Uhr anhielt wo wir in Avellino ankamen u*nd* uns mit Caffe u*nd* Abendeßen erholten

Den 10ten [*November 1789*] Früh ½ 8 Uhr ab, das schöne Land der terra di Lavoro erfreute uns wieder zu sehn. Wir aßen in Galucio zu Mittag, auf den Lastrico des Hauses. Wir kamen um 6 Uhr in Neapel an, wo wir alle wohl u*nd* viele Briefe fanden, wir aßen etwas Supe zu Nacht und freuten uns der Ruhe.

Neapel[101]
Den 11 [*November 1789*] Kam früh Heigelin, u*nd* hatte grose Freude uns wieder zu sehn. Nachmit*tag* kam Werschaff*el* der von Rom zurück war. Gioene u*nd* sein Vetter Cav*aliere* Paterna aus Sicilien der Duca d'Andria u*nd* seine Frau G*eneral* Salis, M*onsieur* Bonechi Pr*incipessa* Belmonde u*nd* Comte Dunin, Sacco u*nd* abends Buri.

Den 12 [*November 1789*] Kam Vormit*tag* der Improvisatore, u*nd* Grave zu mir, lezterer *Hird* u*nd* Bury aßen bey uns. Nach*mittag* Bonecki u*nd* Gorge Hakert Abends ins Teatro S*an* Carlo Alexander in India Musick von Gulielmi. Die Pferde u*nd* Bataille machten den meisten Efeckt. Wir waren in der Loge der Belmonde.

Den 13 [*November 1789*] Der Che*valier* Gioene arengirte die Lava Sammlung, der Improv*isator* kam auch Mit*tag* aß Heiglin u*nd* seine 3 Neveus bey uns, nach

100 Dieser Satz ist links durch einen Rötelstiftstrich markiert.
101 Diese Ortsangabe steht in der Hs. zur leichteren Orientierung des Lesers zu Beginn des Tageseintrages links neben dem Seitenspiegel.

Tisch spielten wir Wist, die Prinzeß Catolica kam die Herz*ogin* zu sich einzuladen. Den Abend war Concert, Hamilton kam, die Gesellschaft war sehr zahlreich, der Improvisatore sang die Schlacht bey Canna, und die Geschichte Tancrets aus Tasso.

Den 14 [*November 1789*] Die Herz*ogin* ging Abends zur Königin, ‹ich fuhr vorher spaziren› als dann ins Theater fiorentini Marq*uese* Galadone u*nd* Duca da Montragone kamen in die Loge.

Den 15 [*November 1789*] Wir fuhren Nachmit*tag* nach den Pausilipo, Tisbein, Che*valier* Gioene u*nd* Gen*eral* Salis kamen den Abend, lezterer blieb so lange daß wir erst zu Ende des ersten Acts ins Teatro nuovo kamen. Wir sahen den Nach*mittag* einen schönen Regenbogen ~~aus~~ ‹über› den Meer der den Vesuv u*nd* die Stadt umfaßte u*nd* mir aus dem Meer zu steigen schien.

Den 16 [*November 1789*] Tisbein mahlte Vormit*tag* die Herz*ogin* ich fuhr als dann mit ihm nach S*an*ta Lucia einige Münzen zu kaufen. Er aß bey uns u*nd* wir fuhren spaziern. Abends kam Hird, M*onsieur* u*nd* Mad*ame* Mericoff, G*eneral* Salis mit den Baron Ungaro u*nd* seiner Frau aus Tarent Che*valier* Gioene u*nd* Mon*sieur* Blair, Bonechi.

Den 17 [*November 1789*] Che*valier* Gioene holte uns ab zu P*rincipessa* Catolica wo eine Art Schauspiel aufgeführt wurde daß man Tableau nennt, es waren viel Menschen beysammen.

Ich schrieb an Wieland, meine Mutter u*nd* Ludecus. |

Den 18 [*November 1789*] Heiglin aß bey uns Nach*mittag* spielten wir Wist Abends kamen Bonechi, Gioene P*rincipessa* Belmonde u*nd* Co*mte* Dunin, M*onsieur* Blair.

Den 19 [*November 1789*] Die Herz*ogin* war vom Duca di Mondragone zu einer Function in der Chiesa della Madonna di Constantinopoli eingeladen worden, wo eine Nonne den Schleyer nahm oder eingekleidet wurde. Die Kirche war sehr verziert am Altar u*nd* den übrigen Leuchtern branden viele 100 Lichter, ein groser Theil des Neapolitanischen Adels war gegenwärthig. Die Nonne mit 2 Damen die sie begleideten saß in der Mitte vor dem Altar hörte die Meße an u*nd* komunizirte als dann Der Cardinal segnete sie ein, sie wurde als dann ins * Kloster geführt wo der Cardinal eine kurze Rede vor den Gitter an sie hielt, ihr den Seegen nochmahls gab, einen Schnitt in ihre Haare an der Stirn that, u*nd* so endigte sich die Ceremonie, in der Kirche waren 2 Cöre Musick Davit u*nd* die vorzüglichsten Sanger sangen. Die Herz*ogin* wurde herauf ins Closter geführt wo die sämdlichen Nonnen gegenwärthig waren u*nd* der Herz*ogin* Confituren gaben, sie uns auch mit nach Hauß schickten. Gioene aß bey uns, es kam der junge Prinz Catolica Abends war Concert Casaciello die Coldeline, u*nd* Aprile sangen, es war die Gesellschaft sehr zahlreich. 4 Engländer Stiphens, Thaet, Holand u*nd* Obert pp

Den 20ten [*November 1789*] Hird u*nd* Bury aßen bey uns, Nach*mittag* fuhren wir in eine Kirche ein Bild zu sehn von Johan Matius den Kindermord vorstellend im 14. Jahrhundert gemahlt. vor Raphaelen. Abends Clavier gespielt, Grave sang, es kam noch Gioene u*nd* Blair.

Den 21 [*November 1789*] *General* Salis kam zu u*nß* u*nd* wir fuhren zusammen in die neue Oper von Paeisiello i Zingari in fiera, al Teatro Novo, das beste was wir noch in Italien von Opera buffa hörten, der Succeß war ausserordentlich. Salis, Conte Bignatelli, Giovene, Baron Ungar p in der Loge, neben unserer Loge Madame de Icansenis geb*orene* Paterna aus Paris.

Den 22ten [*November 1789*] Sont*ag* Nachmit*tag* um 3 Uhr ins Theater Nuovo, wo für die Pfaffen gespielt wird, die denn auf Kosten ihres Klosters hinein gehn. Es war ein entsezlicher Lerm ehe das Stück anging, als dann ziem*lich* ruhig[102] Singorili u*nd* der Conte Pilinzki kamen in die Loge Nachher fuhren wir zu Heigelin wo wir Thee tranken u*nd* spielten, Bonechi da

Den 23 [*November 1789*] Vormit*tag* ‹der Abate› Don Fed~~dinando~~‹derico› Schürer ‹vom Bischoff› bey mir um meine Münzen zu ordnen.[103] Singorili aß bey uns. Nach*mittag* kam Tisbein u*nd* *Chevalier* Venuti mit seiner Frau auch Che*valier* Gioene, wir fuhren in die Oper al Fondo, der König war darinnen, die Oper wurde wieder aplaudiert. |

Den 24 [*November 1789*] Abermals den Vormit*tag* mit ordnen der Münzen zugebracht.[104] Don Federico Tisbein, u*nd* Wersch*a*fel aßen bey uns. Nach*mittag* kam Giovene u*nd* wir fuhren zur P*rincipessa* Catolica wo wieder ein Tableau vorgestellt wurde. Die Gesellschaft war sehr zahlreich, ich lernte auch die P*rincipessa* Feroli kennen. Die P*rincipessa* Catolica schenckte mir die Sammlung von Moosarten im Meer. /Jemand zu schimpfen: Siete un scaltaletto di Jesu Christo. Ein Fachin ~~zu~~ der eine Last trug zu einen Kutscher der ihn mit den Wagen hinderte fort zu gehn: Vorei vederti uscire quardo per quardo come esce la Luna – ich wolte du wärst gerädert/ Fuggi di saper quel che sara il giorno dopò

Ich schrieb an Herder, u*nd* Fritz Stein!

Den 25 [*November 1789*] Vormit*tag* mit Tisbein im Pallast della Rocca, wo wir einen guten Gu*i*do, Madonna mit dem Kind sahen, auch eine Creuzigung von

102 Die Passage ist links durch einen Rötelstiftstrich hervorgehoben.

103 Sowohl die Unterstreichung als auch die Markierung durch einen senkrechten Strich am linken Rand erfolgten mit Rötelstift.

104 Dieser Text wurde wie der vorige markiert.

Santa Fede, einen Neapolit*anischen* Mahler der im 16. u*nd* anfang 17. Ja*hr*hu*ndert* lebte. Im Palast della Torre 2 gute Dominichins u*nd* einige alte Bilder von Zingaro. Tisbein u*nd* Heiglin aßen bey uns Abends spielte die Herz*ogin* Piquet mit Heiglin. Blair kam auch

Den 26 [*November 1789*] Vormit*tag* mit Tisbe*in* im Palast des Marquese del Vasto, der jezt Gesander in Spanien ist. Die 12 Kayser von Titian, Bruststücke über Lebens größe, ganz vortrefflich. Auch den Degen u*nd* die Rüstung Kayser Ferdinantus I der sich einen Vorfahren des Hauses Vasto gefangen gab. ~~Tisbein~~ als dann zu die Gebrüder Terress wo wir ihre Zeichnungen sahen. auch einen schönen Albert Dürer, eine Frau die einen Kra*nz* bindet von Vergiß mein nicht, u*nd* eine Katze bey ihr, mit der Ueberschrift: Ich bind mit Vergiß mein nicht ½ Schu hoch. Tisbe*in* u*nd* Wersch*affel* aßen bey uns. Nach*mittag* kamen die Niece u*nd* Neveu vom Abt aus Andria, Abends Bonechi, Don Gaetano, Blair u*nd* Gioene der mit uns ins Teatro nuovo fuhr.

Den 27 [*November 1789*] Abends Concert, Casaciello, Colteline, Aprile, Gen*er*al Salis bat die Herz*ogin* zum Exerziern nach Capua. Die Gesellschaft war durch die Engländer sehr zahlreich.

Den 28ten [*November 1789*] Ich fuhr vormit*tag* spazieren, u*nd* schrieb an den ‹ErzBischof u*nd* den› Abt nach Andria, Werschaffel aß bey uns u*nd* wir fuhren Nachmit*tag* mit Tisbein zum Che*valier* Venuti seine Vasen zu sehn. Eine die vor den König bestimmt war u*nd* ‹wo die Zeichnung› den Krieg der Amazonen vor stellte war die schönste von Form u*nd* Zeichnung die wir je gesehn hatten. er zeichte uns auch einen schönen Coregio u*nd* Albano. Abends gingen wir ins Teater del Fondo. |

Den 29 [*November 1789*] Son*tag* Nachmittag zur Belmonde, die uns nicht annahm. als dann ins Teatro S*an* Carlo, Alessandro nell' Indie. Duc de Mondragone, Gioene u*nd* Blair in der Loge

Michel Ange*lo* a souvent fais agir dans la même action tous les muscles de ses figures a la fois, ce qui cependant est tout afais contraire a la nature du mouvement. Vû que tel muscle qui leve le bras, p*ar exemple* ne peut être en action quand le bras se ~~p~~ baisse. Salvator Rose, en voyant son jugement dernier a dis: Ecco il grand Judizio, ma senza Judizio.

On predent que le Gladiateur est d'Agasias, Hercule de Glycon et la famile Niobe de Scopas.

Den 30 [*November 1789*] Kam Grave Vormit*tag* zum Docktor und hatte Anfälle von Narrheit. Die Herz*ogin* ließ sich von Riedel mahlen, wir aßen früher und fuhren um 3 Uhr nach Capua Der Gen*eral* Salis und verschiedene Oficirs empfingen die Herzogin auch der Baron Hungar u*nd* sein Bruder ein Benedicter waren da. Abends gingen wir in die Oper, die nicht sonder*lich* war u*nd* zum Supee. Wir logierten in einen particulier Hauß, daß einen Prinzen gehörte.

Den 1 December [*1789*] War früh die revue Goene u*nd* Hamilton u*nd* die Hard kamen Die Infanterie war 700 Man u*nd* Cavalier 150 ~~M~~ wir fuhren in Hakerts Wagen, ein Reuter stürzte, doch ohne viel schaden. Mitags war eine Tafel von 50 Personen Nach*mittag* wurde Wist gespielt ich spielte mit den Marquis Sondoeil Marcha*l* de Camp, den jungen Dalleran Sohn des Franz*ösischen* Gesanden u*nd* Einen Engländer Gold.

früh hatte Heigelin den jungen Ganbarbe geschickt Graves traurigen Todt zu melden, Einsiedel fuhr sogleich nach Caserta zu Acton u*nd* als dann nach Neapel.

Den 2 [*Dezember 1789*] Früh um 9 Uhr von Capua ab. Salis war noch bey uns u*nd* Goene begleitete uns. Bury fanden wir, als dann kam Hird u*nd* nach Tisch Heigelin u*nd* Werschafel. Abends spielte die Herz*ogin* l'ombre mit Heiglin, Hird u*nd* Einsiedel. Hird blieb die Nacht beym Docktor u*nd* Goulon, u*nd* Bury bey Einsiedeln. |

Den 3ten [*Dezember 1789*] Die Herz*ogin* ließ sich mahlen von Riedel, es kamen Heiglin, Singorilli der Beichtvater der sehr lange blieb. ‹Singorilli› Bury u*nd* Hird aßen bey uns. Nach*mittag* kam auch Werschafel u*nd* Knieb. ‹Bonecki› Wir gingen Abends mit Goene in Fiorentin die neue Oper la finta Matta zu hören Die Musick war von einen Schüler von Paisiello u*nd* gefiel nicht. Der Che*valier* Paternò mit seiner Frau auch ihr Vater kamen in die Loge um Abschied zu nehmen, sie gingen den Tag darauf nach Sicilien

David bekommt jährlich bey S*an* Carlo 1700 Sechinen

Die Bandi auch bey S*an* Carlo 4 500 Ducati

Jährlich ~~sind~~ werden 16 neue Opern gegeben. 4 in S*an* Carlo

Den 4ten [*Dezember 1789*] Werscha*ffel* aß bey uns. Abends Con*c*ert, die Davia, Jenaro pp

Den 5ten [*Dezember 1789*] Ich blieb zu Bett weil ich nicht wohl war, die Herz*ogin* hatte Bury, Knieb u*nd* Abends Heige*lin* zur Gesellschaft.

Den 6 [*Dezember 1789*] Die Herz*ogin* u*nd* Heiglin besuchten mich, sie waren ausgefahren gewesen. Abends kam der Margraf zur Herzogin

Den 7 [*Dezember 1789*] fuhr die Herz*ogin* wieder mit Heiglin auß. ich aß wieder drüben mit Heiglin u*nd* Tisbein. Abends kam Hamilton u*nd* die Prinzeß Belmonde die die Herz*ogin* in ihre Loge in Fondo bad, wo der Margraf u*nd* Lady Grai waren, Goene fuhr mit uns, ich lernte Knebl ‹kennen›

Aus den Campi Flegrei von Hamilton[105]

Epomeus, jezt San*k*t Nicolo, der höchste Berg auf der Insel Ischia.

Bey starken Eruptionen warf der Vesuv 8 Pfund schwere Steine 5 Milien weit.

1769 wurde ein Stein 17 Fuß hoch und 45 Fuß im Umfang, eine 4tel Meile weit vom Crater geworfen. Der Cheva*lier* Hamilton bemerkte an einer Secunden Uhr daß bey der Eruption im Merz 1771 ein Stein 11 Secunden brauchte um von der Höhe wieder im Crater zu fallen.

Die Eruption 1767 ist die stärkste in diesen Jahrhundert gewesen, und war doch nichts gegen der von 79 u*nd* 1631, wo 79 unter die Regierung des Keysers Titus Herculaneum und Pompeï untergingen. Nach den jüngern Plinius der den dabey erfolgten Tod seines Oncels beschreibt. Die damals untergegangenen Städte waren alle schon mit Lava gepflastert. |

In Catanea nenen die Sicilianer die Lava Sciara, jezt fließt die Lava in der fossa grande. Bey der Eruption den 8 Aug*ust* 1779 war die Feuer Säule die der Berg ausstieß 3 mal so hoch als er selber.

Der Strompoli auf den Libarischen Inseln wirft immer Feuer u*nd* glühente Steine aus, aber selten Lava; dem ohngeachtet wohnen auf der einen Seite gegen 100 Familien, der Vesuv ist vom niveau des Meeres 3700 Fuß.

Der Plaz wo die Bäder beym Laco d'Argano sind, heist jezt il Sudatorio di Germano. Bey den jezigen Bädern, die kleinliche Hütten sind, sieht ~~er~~ man die Reste der prächtigen alten Bäder.

Der alte Nahme von der Solfaterra war Forum Vulcani.

Den 8ten [*Dezember 1789*] Einsiedel ging wieder aus, Nach*mittag* kam H*err* v*on* Knebel als dann Bury u*nd* Knieb. Die Herz*ogin* ging zur Königin als dann zur Pr*incipessa* Belmonde ins Cassino, wohin auch der Marggraf kam Es waren viele Engländer da auch der Duc d'Argeil, Hamilton p ich lernte die Pr*inzeß* Cerasi kenen.

Den 9ten [*Dezcember 1789*] Aß Bury bey uns. Nach*mittag* kam Wesch*affel* u*nd* Heigelin ~~bey~~ u*nd* Bonecki, wir fuhren zu Hamilton wo viel Engländer waren, als dann zu Duglas u*nd* spielten Wist.

Den 10ten [*Dezember 1789*] Mit Tisbein u*nd* der Herz*ogin* Vormit*tag* auf die Villa reale, als dann auf den Pausilipo, es war sehr schön Wetter. Die Königin war ~~bey~~ unterdessen bey der Herzogin gewesen u*nd* ich fuhr als dann im Palast. Nach*mittag* kam Heigelin, wir gingen als dann ins Teatro nuovo in der Belmonde ihre Loge, wo auch der Margraf war.

Den 11 [*Dezember 1789*] Vormit*tag* mit der Herz*ogin* u*nd* Einsiedel auf die Villa reale, Mit*tag* aß Heiglin u*nd* Bonecki da, man spielte bis das Concert anging,

105 Ein schräger Tintenstrich am linken Rand neben der Überschrift markiert den Text.

es war sehr zahlreich über 40 Personen meiste*ns* Fremde, der Duca d'Argayle u*nd* seine Familie, Hamilton pp *Monsieur* Web u*nd* seine Frau pp Der Medailleur Abramson aus Berlin war früh bey der Herz*ogin* gewesen

Den 12 [*Dezember 1789*] Kam früh Bury u*nd* blieb den ganzen Tag, Signorille aß mit uns. Wir fuhren mit Bury spazieren u*nd* Abends trancken wir Punsch.

Den 13ten [*Dezember 1789*] Bury war den ganzen Tag da, Vormit*tag* war der Metailleur u*nd* Heiglin da. Wir fuhren spazieren u*nd* auf die Villa reale. Spielten Wist mit Heigelin u*nd* gingen ins Teatro nuovo ~~und~~ Venuti, Werschaffel u*nd* Goene waren den Abend da. |

Den 14ten [*Dezember 1789*] Wir fuhren mit *Chevalier* Gioene in die Conversation der Prinzeß Laura Lanzeloti. Das Hauß ist sehr hüpsch eingerichtet, in der Gallerie hängen auch einige gute Gemälte: die Kinder von Fiammingo pp Angelica u*nd* Medor pp

Den 15ten [*Dezember 1789*] Bury war bey uns. Den Abend gingen wir mit Heigelin in das Teater vom Policinello wo la Turca fedele *ossia* les Adventure di Posilipo sehr lustig gespielt wurden. Nach der Comed*ie* tranken wir Punsch, es war Heig*elin* sein GeburdsTag.

Den 16ten [*Dezember 1789*] Heiglin kam den Nachmit*tag* und es wurde den ganzen Abend gespielt

Den 17ten [*Dezember 1789*] Vormittag kam Heig*elin* u*nd* benachrichtete mich das der Gr*af* Skawronsky den Abend Thee bey uns trinken würde. ich ging zur *Duchesse* Giovene Gegen Abend kam der Gr*a*f u*nd* die Gräf*in* Skawronsky, Heiglin u*nd* Bonechy, es wurde Wist gespielt.

Den 18ten [*Dezember 1789*] Heiglin, sein Neveu u*nd* Werschaffel aßen bey uns. Abends war Concert die Davia, Aprile u*nd* Gienaro. Die *Duchesse* Gioene, u*nd* die B*aronin* vo*n* Tarent war von Damens da, viele Engländer, der ~~zweyt~~ 3te Sohn der Prinze*ß* Belmonde, Gomandor Ruffo, Neapolitaner u*nd* viele andere waren da.

Den 19ten [*Dezember 1789*] Bury zog bey uns ins Hauß. Abends kam Heiglin u*nd* wir fuhren zusammen zum Rusischen Gesanden Gr*af* Skawronsky wo wir Thee trancken u*nd* Wist spielten.

Den 20 [*Dezember 1789*] Wie wir Vormit*tag* ausfahren wolten kam der Obrist Bock u*nd* begleitete uns. Er u*nd* Heigelin aßen bey uns zu Mittage. Abends mit Heigel*in* zum Gr*afen* Skawronsky wo Musick war. David, Damiani, Sopran u*nd* Mansoletto sangen. Der Malteser Gesande Baly Franconi, der Duca di S*ank*t Demetrio u*nd* Bonecky waren mit gegenwärthig.

Den 21 [*Dezember 1789*] Abends Con*c*ert. David u*nd* die Davia. Die Belmonde, Malespine u*nd* die Engländerinnen nebst den *Duc* d'Argeyl waren gegenwärthig

Den 22 [*Dezember 1789*] ich schrieb an Goethe u*nd* Ludecus, wir fuhren Abends zur Prinzeß Catolica, das Tableau zu sehn. Der Primas von Pohlen war da. |

Den 23 [*Dezember 1789*] Wir aßen mit den Duca d'Argyl u*nd* der Admiral[106] bey Duglas. Abends wurde gespielt u*nd* getanzt, nachher fuhren wir zu Heigelin wo zu Weynachten beschert wurde u*nd* wir aßen bey ihm

Den 24 [*Dezember 1789*] Wir fuhren früh auf die Villa reale spazieren und gingen mit den Gr*afen* Skawronski u*nd* seiner Frau spazieren. Abends kam Blair u*nd* Gioene u*nd* wir fuhren zur Pr*incipessa* Belmonde, wo Musik u*nd* Soupé war

Den 25 [*Dezember 1789*] Ersten Feyertag Wir aßen zu Mit*tag* bey Heigelin, mit Cuttler u*nd* seiner Familie, ~~Fr~~ Duglas u*nd* Bonecky. Abends war bey uns Concert, Casaciello die Colteline u*nd* Aprile Der Gr*af* Skawronsky war auch da, nach den Concert spielten wir noch eine Partie Wist mit Heigelin

Den 26 [*Dezember 1789*] Ich war nicht wohl und blieb in meiner Stube.

Den 27 [*Dezember 1789*] Ich blieb wieder in meiner Stube, die Herz*ogin* Heiglin u*nd* Eins*ied*el besuchten mich.

Den 28 [*Dezember 1789*] Ich war noch nicht beßer, die Herz*ogin* u*nd* die übrigen besuchten mich

Den 29 [*Dezember 1789*] Die Herz*ogin* aß bey Skawronsky, ich blieb zu Hauß

Den 30 [*Dezember 1789*] Ich ging Abends wieder nüber, Heiglin u*nd* Don Gaetano d'Angora waren da, die Herz*ogin* spielte Piquet

Den 31 [*Dezember 1789*] Vormit*tag* fuhr ich spazieren. Nach*mittag* kam Heigelin, Bonechi und der Ge*ne*ral Salis mit einen Holländischen Oficier van der Goes. Wir fuhren zum Policinello und Abends supirten wir mit Heigelin und Buri u*nd* tranken Punsch.

Den Esculap wird die Schlange als ein Bild der Weisheit und zugleich als das Sinnbild der wieder gegebenen Jugend beygelegt, weil die Schlange ihre Haut abzieht u*nd* sich dadurch verjüngt.[107]

106 Danach ist Raum gelassen für den Nachtrag der Namen.
107 Dieser Satz ist teilweise durch einen senkrechten Rötelstiftstrich am linken Rand hervorgehoben.

Den 1ten Jan*uar* 1790 Aß Heiglin u*nd* Werschaffel bey uns. Abends war Concert die Davia, Aprile und Jenaro. Die Gesellschaft war gut und ziemlich zahlreich, auch Mad*ame* Mericoff war da.

Den 2ten[*Januar 1790*] Aß Signorini bey uns, Abends kam Heigelin und wir fuhren zum Gr*afen* Skawronsky wo wir Thee tranken und Wist spielten, ich spielte mit den Bally Franconi, Malthesischen Gesanden

Den 3ten[*Januar 1790*] Nach*mittag* kam Heigelin, D*on* Gaetano u*nd* der Maltheser Cheva*lier* Planelli, Bonecky Gioene u*nd* Blair, es wurde Wist gespielt

Den 4ten[*Januar 1790*] fuhren wir Vormit*tag* nach 10 Uhr nach Caserta wo die Herz*ogin* von der Königin zum Diner eingeladen worden. Der Marquis del Vasto, ehemaliger Gesande in Spanien, Marq*uese* Galatoni, Marq*uese* Corletto, D*on* Vicenzio Montalto u*nd* der Gene*ral* Acton aßen mit Wir kamen Abends um 7 Uhr zurück, die Herz*ogin* spielte mit Heige*lin* Piquet.

Den 5ten[*Januar 1790*] Abends kam Blair, der Holländer van Goens, u*nd* Gioene, wir fuhren zur P*rincipessa* Catolica wo ein Türkisches Trauerspiel en Tableau vor gestellt wurde. Nachher zur P*rincipessa* Belmonde, die Herz*ogin* spielte Wist u*nd* ich unterhielt mich mit die Pohlen, Mons*ignor* Jansen dela Stock u*nd* der P*rinzeß* Muschinska.

Den 6ten[*Januar 1790*] Ich fuhr Vormit*tag* zu Mad*ame* Mourikoff, wohin einige Franzosen kamen als dann spazieren; wie wir noch bey Tisch saßen kam Heigelin u*nd* die Herz*ogin* Bury, Heige*lin* u*nd* ich fuhren durch die Grotte von Pausilipo nach Fuori di Grotta, es war sehr schön Wetter, Abends kam noch Bonechi u*nd* wir gingen nach fiorentini wo Medea mit der Musick von Benda gespielt

Den 7ten[*Januar 1790*] Vormit*tag* mit der Herz*ogin* u*nd* Eins*iedel* wieder nach fuori di Grotta, Nach*mittag* Heigelin Wir fuhren in Teatro nuovo Le gelosie Villane, Musica de Sarti l

Den 8ten [*Januar 1790*] Ich fuhr Vormit*tag* zur P*rinzeß* Catolica, die ich nicht zu Hauß antraf, als dann spazieren. Abends war Concert, Aprile, die Coltelina, Trabalzo, u*nd* Casaciello, man gab verschiedenes aus Socrate imaginario, Es wahren viel Fremde gegenwärthig, der Primas von Polen, den Hamilton präsentirte, ein Graf Schlawerndorf u*nd* viele Damen

Den 9ten[*Januar 1790*] Wir fuhren Vormit*tag* mit den Gr*af* Schlawerndorf spazieren, Abends mit Heige*lin* zu Skawronsky wo Wist gespielt wurde.

Den 10ten[*Januar 1790*] Sont*ag* H*err* Moericoff kam Vormit*tag* zu mir, auch Heigelin, Mit*tag* aß Heige*lin* u*nd* Werschaffel bey uns Wir fuhren spazieren,

Abends kam der Beichtvater u*nd* die Hakerts, wir gingen in die Retetizion[108] von Pirus, in S*an* Carlo, in die Loge von Skawronsky.

Den 11 [*Januar 1790*] Wir fuhren Vormit*tag* mit Cheva*lier* Duglas u*nd* Gr*af* Schlawerndorff auf das Eng*lische* Kriegs Schiff, die Barche des Admirals holte die Herz*ogin* am Ufer des Molo ab. Wir sahen die Innere Einrichtung des Schiffs u*nd* freuten uns an der Ordnung u*nd* Reinlichkeit desselben. nach dem wir Ciocolade gedrunken hatten fuhren wir wieder ab, u*nd* es wurde mit 15 Canonen Saludirt. Abends kam Heigelin, Bonecky u*nd* Gioene, wir spielten Wist

Den 12 [*Januar 1790*] War der GeburdsTag des Königs, Eins*iedel* u*nd* ich begleideten die Herz*ogin* Nachmit*tag* um 4 Uhr zur Königin ich blieb bey Ma*dame* Boemen u*nd* verschiedenen andern. Die Cour ‹beym König› von Mänern allein war beym baccio mano über 900 Personen starck gewesen. Abends fuhren wir in die Loge von Gr*af* Skawronsky, es wurde Pirro von Paisiello gegeben u*nd* Gabrielli de Va‹e›rgi zum Ballet. Das Theater war durchaus voll, und machte mit der illumination einen schönen Efeckt. 6 Reihen Logen 30 in jeder Reye

Den 13 [*Januar 1790*] Ich fuhr Vormittag um 11 Uhr mit H*errn* u*nd* Fr*au* Meuricoff auf ihr Landhauß daß auf der Anhöhe über Neapel was man l'arenella nent, liegt; es hat eine heerliche Aussicht den ganzen Golfo den Pausilipo u*nd* die Inseln übersieht man; um 1 Uhr kam auch die Herz*ogin* Heiglin u*nd* Eins*ie*del Wir aßen zu Mittag, Nach*mittag* spielten wir Wist u*nd* den Abend fuhren wir zu Sevrino zur Duchesse d'Argeil, wo Hamilton die Hard, die ihre Mossi machte, der Primas von Pohlen u*nd* Salis waren, es wurde auch Music gemacht. |

Den 14 [*Januar 1790*] Die Herz*ogin* ließ sich Vormit*tag* von der Coltelina mahlen, Nach*mittag* kamen Briefe u*nd* ein Calender von Wielanden, auch die Nachricht daß die Fr*au* vo*n* Buchwald in Gotha gestorben sey. Abends kam der H*err* vo*n* Hausen, Hacker, Gioene die Pr*inzeß* Belmonde ~~und~~ Ge*neral* Salis u*nd* Heigelin u*nd* Bonechi, es wurde Wist gespielt

Den 15 [*Januar 1790*] Wir fuhren zum Ge*neral* Salis wo Music war, Paisiello dirigierte, wir hörten einige schöne Scenen von David singen, das übrigen war merentheils aus der amore contrastato. Es waren viel Fremde u*nd* vorzüg*lich* viel Franzosen gegenwärthig; die Duchesse de Guische u*nd* ihr Mann eine Niece der Polignac, der Marquis de Vaudreuil u*nd* seine Frau ein Favorit der Königin von Franckreich u*nd* viele andere.

Den 16 [*Januar 1790*] Wir fuhren Nachmit*tag* spazieren u*nd* Abends mit Heiglin zu Skawronsky.

108 Verschrieben, wohl für: Repetition.

Den 17 [*Januar 1790*] Mitags aß Tisbein u*nd* Kniep bey uns, Abends kam Knebel Heigelin u*nd* Giovene, wir fuhren in die Accademie dei Nobili, wo vorher gesungen u*nd* als dann getanzt wurde.

Den 18ten[*Januar 1790*] Tisbein mahlte die Herzogin u*nd* aß bey uns. Nach*mittag* fuhren wir mit ihm durch die Grotte vom Pausilipo, Abends kam Blair, Gioene, Heiglin u*nd* Bonechi, wir spielten Wist

Den 19 [*Januar 1790*] Da der Erbprinz von Braunschweig heute erwarthet wurde, aßen wir um 12 Uhr u*nd* die Herz*ogin* fuhr ihm entgegen, auf der Hälfte Weg nach Aversa begegnete er uns; die Herz*ogin* nahm ihm u*nd* den Obrist Bode zu sich im Wagen u*nd* wir kamen glücklich an. Er soupirte bey uns mit seiner Suite die noch aus einen H*errn* vo*n* Lüders u*nd* Hofrath de Pierre bestand. Heiglin, Gr*af* Schlawerndorff u*nd* van der Goes kamen auch. Wir fuhren in S*an* Carlo es kamen viele in die Loge.

Den 20ten[*Januar 1790*] Wir holten um 3 Uhr den Prinzen ab um bey Skawronsky zu eßen Nachmit*tag* fuhren wir zur Duchesse d'Argeil u*nd* der Pr*inzeß* Belmonde, als dann ins Teatro del Fondo |

Den 21 [*Januar 1790*] Der Prinz vo*n* B*raunschweig* mit seiner Suite, H*err* vo*n* Schlawerndorff u*nd* Heigelin aßen bey uns, Nach*mittag* kam Bonechi, Gioene u*nd* Werschaffelt es wurde gespielt. Abends in S*an* Carlo

Den 22ten[*Januar 1790*] Der Abate von Andria kam vormittag auch Heigelin, um 12 Uhr fuhr die Herz*ogin* mit den Prinzen zur Königin. Nach*mittag* fuhr ich mit der Herz*ogin* auf den Pausilip u*nd* Molo spazieren. Abends war Concert: David, die Davia, Manzoletto, Aprile u*nd* Casaciello. Grose Gesellschaft. Der König war in Vallafro auf der Jagt.

Den 23 [*Januar 1790*] Vormit*tag* um 8 Uhr fuhr die Herz*ogin* mit den Prinzen u*nd* seiner Gesellschaft u*nd* Werschafel nach Pompeï, wir gingen überall herum u*nd* aßen in den sogenanden Landhauß zu Mittag, im Rückweg besahen wir die Macaroni Fabrique in la Torre u*nd* Abends ins Theatre fiorentini, wo ein neues Stück L'Equivoco curioso, Musick von Cercià aufgeführt wurde.

Den 24 [*Januar 1790*] Vormit*tag* ließ sich die Herz*ogin* von der Colteline mahlen, die Dupré kam um sich den Prinzen zu präsendiren, Wersch*affel* aß bey uns, Abends ins Teatro nuovo gl' Incontri stravaganti, Mus*ick* von Marcello di Capua, nachher in S*an* Carlo wo man eine Cantate von Paisiello aufführte, u*nd* ~~get~~ festin gehalten wurde, wir supirten bey der Pr*incipessa* Belmonde.

Den 25 [*Januar 1790*] Die Herz*ogin* hatte Catarr u*nd* ging nicht auß Heigel*in* kam Bonecky, u*nd* der Prinz mit seiner Suite auch Gen*eral* Salis. Der Prinz ging in die Oper u*nd* die Herz*ogin* legte sich nieder u*nd* spielte mit Heigel*in* Piquet

Den 26 [*Januar 1790*] Der Prinz war Vormit*tag* da, Nach*mittag* kam Bonechi, Heiglin, Schlawerdorff, Hacker Knebel ‹u*nd*› der Prinz mit seiner Suite, es wurde Punsch getrunken.

Den 27 [*Januar 1790*] Mon*sieur* u*nd* Mad*ame* Moeuricoffer kamen Vormit*tag* Heigel*in* fuhr mit uns zum Duc d'Argeil wo wir zu Mittage aßen, der Prinz u*nd* seine Suite, Lady Bloond ihre Niece Miss Clifort u*nd* ihre Söhne, Gen*eral* Salis u*nd* Duglas aßen mit. Nach*mittag* wurde gespielt u*nd* Abends fuhren wir auf eine viertel Stunde in die Conversation bey Duglas.

Den 28 [*Januar 1790*] Vormit*tag* zur D*uchesse* Giovane Mit*tag* aß der Prinz, seine Suite, Heiglin u*nd* Bonechi bey uns. Nach*mittag* kam der Beichtvater u*nd* der Abate von Andria. Abends gingen wir auf einen Ball bey Gene*ral* Salis. Einsiedel fuhr der Fr*au* Marg*räfin* entgegen. |

Den 29ten[*Januar 1790*] Einsiedel kam Vormit*tag* wieder u*nd* brachte die Nachricht daß die Fr*au* Marg*gräfin* Nach*mittag* kommen würde. Wir fuhren in den Gasthof la Villa di Swezia wo sie logierte um sie zu erwarthen. Gegen 5 Uhr kam sie. Um 7 Uhr fuhren wir zur Pr*inzeß* Belmondo wo Musick u*nd* grose Hitze warum Mitternacht eine Eis Collation war.

Den 30 [*Januar 1790*] Die Fr*au* Marg*gräfin* kam um 12 Uhr zur Herz*ogin*. Erdmannsdorf war auch angekommen. Nach*mittag* fuhr ich zu Mad*ame* Boemen als dann mit der Herz*ogin* zur Marg*gräfin* u*nd* von da zur Belmonde u*nd* S*an* Carlo.

Den 31 [*Januar 1790*] Die Herz*ogin* führte ‹um 12 Uhr› die Marg*gräfin* zur Königin, diese u*nd* der Prinz nebst ihren Suiten u*nd* Heigelin aßen bey uns. Nach*mittag* zeichte ein Genueser Nahmens[109] eine Dose ~~die~~ ‹aus welcher› durch resors ein Vögelchen heraus sprang u*nd* völig den Vogelgesang nachahmte, es bewegte Flügel u*nd* Schnabel u*nd* fand viel Beyfall.[110] Abends ins Festin a S*an* Carlo, die Anzahl der Masquen wahr zahlreicher als das erste mal, wir supirten bey der Belmonde

109 Danach ist Raum gelassen für den Nachtrag der Namen.

110 Die Beschreibung der Dose ist durch einen senkrechten Rötelstiftstrich am linken Rand hervorgehoben.

Den 1 Feb*ruar* [*1790*] Ich fuhr Vormit*tag* zu Fr*au* Marg*räfin* als dann mit der Con*tess* Witchenstein mich nach der Königin zu erkundigen. Die Herz*ogin* ließ sich von der Colteline mahlen. Nach*mittag* holten wir die Marg*gräfin* ab um zur Duch*esse* d'Argyl u*nd* von da in S*an* Carlo in die Logen der Pr*inzeß* Belmonde zu gehn.

Den 2ten [*Februar 1790*] Die Herz*ogin* fuhr mit der Fr*au* M*argräfin* u*nd* den Prinzen nach Portici, ich blieb zu Hauß u*nd* ließ mich friesiren. Um ½ 3 kamen sie wieder Wershaffel u*nd* Bury aßen mit. Nach*mittag* kam der Gen*eral* Salis, als dan Heigelin, ~~und~~ Bonechi u*nd* Gioene, wir fuhren zur Pr*inzeß* Catolica, blieben aber nicht lange, u*nd* die Herz*ogin* legte sich zu Bette um Thee zu trinken.

Den 3ten [*Februar 1790*] Signorili u*nd* Aprile aßen bey uns. Abends kam Heigelin u*nd* der Capel Meister Masi auß Rom, er spielte auf den Clavier. Die Fr*au* Mar*gräfin* u*nd* der Prinz kamen auch u*nd* wir gingen in fiorentini

Den 4ten [*Februar 1790*] Die Herz*ogin* ließ sich von der Colteline mahlen, das Bild wurde fertig. Wir fuhren zum Mittagseßen mit Heig*elin* zur Fr*au* Marg*gräfin* Nach*mittag* fuhr ich Visiten mit der G*räfin* Witchenstein u*nd* Abends in S*an* Carlo. |

Den 5ten [*Februar 1790*] Der Beichtvater u*nd* der Abate von Andria waren Vormit*tag* bey der Herz*ogin* u*nd* als dann kam Tisbein der sie mahlte. um 6 Uhr zur Fr*au* Marg*gräfin* um sie in die Accademie dei Cavallieri abzuholen, es wurde Nina gesungen. Es war von Fremden sehr voll u*nd* heiß. nachher wurde getanzt.

Den 6ten [*Februar 1790*] Wir aßen beym Portugisischen Gesanden M*onsieur* de Sa. Der Margraf u*nd* die ganze Braunsch*weigische* Familie nebst den Corp diplomatique waren gegenwärthig. Nach*mittag* kamen verschiedene Visiten auch der Prinz Wir fuhren zum Ball bey die Amici, der sehr lebhaft war, eine Römerin tanzte vorzüg*lich* schön Menuet ich lernte Mad*ame* Basil u*nd* Mad*ame* Cito kennen. wir spielten Wist.

Den 7ten [*Februar 1790*] Heig*elin* aß bey uns, nach Tisch fuhren wir in die Strada Toledo wo die Masquen zu Fuß u*nd* in Wagen sich mit Dolcis werfen u*nd* viel Lerm machen, als dan in das hauß von Rust wohin auch die Fr*au* Marg*gräfin* kam, Abends bey Hamilton, wo viel Gesellschaft war, auch D*octor* Gatti der über die Blatter inoculation geschrieben hat. Wir spielten Wist u*nd* fuhren als dann ins Festin.

Den 8ten [*Februar 1790*] War des Prinzen Geburdstag u*nd* die sämd*lichen* Herschaften aßen bey uns, auch der Abate von Andria. Abends war Ball bey Heigelin, ich spielte Wist mit Mad*ame* Meuricoff u*nd* H*errn* Cuttler u*nd* Bode.

Den 9ten [*Februar 1790*] Fuhren wir früh gegen 9 Uhr nach Puzolo u*nd* Baja wo wir alles besahen u*nd* in Baja zu Mitag aßen. Wir hatten daß Schrecken daß der Herz*ogin* ihr Wagen worinnen sie mit Bode allein saß u*nd* wir übrigen zu Fuß gingen, umwarf ‹zwischen Puzole und Cuma›, es ging Gottlob ohne Schaden ab. Abends trancken wir Thee bey der Fr*au* Margräfin. ich schrieb an meine Tante u*nd* Ludecus

Den 10 [*Februar 1790*] Wir aßen Mittags beym Maltheser Gesanden, das Corps diplomatique aß auch da, die Principessa Caramanica Frau des Vice Königs in Palermo u*nd* die Beyden Schwestern des Gesanden Baly Franconi, Duchessa Castelpagan u*nd* San Cipriano auch eine * portugisische Dame mit ihren Mann M*onsieu*r de Sylva.

Abends ins Theater nuovo. |

Den 11 [*Februar 1790*] Früh gegen 7 Uhr 31 Milien über Neapel 12 von Capua zu einer Schweins Jagt die der König gab, wir fuhren mit der Fr*au* Margräfin die uns bey Capua einholte, es war sehr kalt u*nd* windig, wir kamen auf den Plaz an wo bis gegen 3 Uhr 120 wilde Schweine getödet wurden. Von Damens war ausser uns niemand als die Franz*ösische* Gesandin gegenwärthig, übrigens viele Fremde besonders Franzosen, der*en* 3 von Pferden fielen. Wir aßen als den mit dem König in einen kleinen Jagthauß das il Zingaro heißt. Nach 8 Uhr kamen wir zurück, tranken Thee bey uns u*nd* fuhren aufs Festin wo wir nach 1 Uhr wieder nach hauße kamen.

Den 12 [*Februar 1790*] Abends war bey uns Concert, die Colteline, Casaciello u*nd* * Aprile die Fr*au* Marg*gräfin* der Prinz u*nd* sehr zahlreiche Gesellschaft. Nachher Wist gespielt

Den 13 [*Februar 1790*] Wir aßen beym Gener*al* Salis, nach Tische wurde gespielt alsdann nach S*an* Carlo und von da zum Ball bey die Amici

Den 14 [*Februar 1790*] Vormittag wurde das Leichenbegängniß des Prinzen Aci, Capitano Generale oder Feldmarschall, gehalten. Ohngeachtet er vor unsern Haus vorbey getragen wurde fuhren wir doch in die Strada Toledo um das Militair zu sehn, alle hier liegenten Regimenter gingen mit, als dann kamen die Bruderschaften u*nd* darauf die Leiche in der FeldMarschallsuniform mit den Genaro Orden, die Generale nehmen her u*nd* * hintertrein Ge*ne*ral Acton nebst andern u*nd* die Oficirs der Marine u*nd* der Artillerie Die Livereé des Verstorbenen u*nd* seine Wagen machten den Beschluß Es war eine ungeheure Menge Menschen in Toledo. Von da fuhr die ganze Gesellschaft zu uns nach Hause um Caffeé zu trinken. Mitt*ag* aß der Obrist Metsch[111] u*nd* Heigelin bey uns, wir

111 Der Name ist neben der Unterstreichung auch durch einen senkrechten Rötelstiftstrich am linken Rand markiert.

fuhren im Corso, der König u*nd* die Königin in verschiedenen Wagen fuhren auch darinnen, die Menge der Wagen u*nd* Masken war sehr groß, von da zu uns wo wir mit den Prinzen Thee tranken, als dann in Fondo u*nd* von da ins Festin, um ½ 3 Uhr wieder nach Hauße. Die Anzahl der Massen rechnete man auf 6000. |

Den 15 [*Februar 1790*] Die Herz*ogin* saß der Coldeline zum lezten mahl. Mit*tag* aßen wir bey Hamilton Abends in Teatro nuovo u*nd* nahher zu uns wo wir Punsch tranken u*nd* Macao spielten.

Den 16 [*Februar 1790*] Wir fuhren mit Heig*elin* auf den Corso u*nd* zu Rust, als dann nach Hauß um Thee zu trinken, von da al Teatro nuovo wo das Lied auf die Franzosen uns viel Spaß machte. Ins Festin, die Pr*incipessa* Belmonde hatte eine Mascerate von Schäfer u*nd* Schäferinnen gemacht, der Prinz war auch dabey.

Den 17 [*Februar 1790*] Ich fuhr Vormittag auß um Roth für die Herz*ogin* zu kaufen. Signorili aß bey uns Nach*mittag* kam Heigelin. Abends fuhren wir zur Fr*au* Marg*gräfin* ~~wieder~~ u*nd* von da zu Argeil wo wir spielten Der Prinz Maximilian von Turn Taxis war auch mit Atrava da.

Den 18 [*Februar 1790*] Vormit*tag* die Duch*esse* Giovane, Nach*mittag* Heiglin, Bonecki, der Prinz mit seiner Suite, wir fuhren Visiten u*nd* ins Casino der Belmonde.

Den 19 [*Februar 1790*] Vormit*tag* zur Mad*ame* Meuricoffer, Nach*mittag* kam die Herz*ogin* Buri u*nd* Heigelin in meine Stube weil die Zimmer zum Concert arengirt wurden. Die Gesellschaft war beym Concert sehr zahlreich. David die Davia Aprile u*nd* Genaro sangen.

Den 20 [*Februar 1790*] Vormit*tag* mit der Fr*au* Margräfin auf die Porcelanfabrique. Es waren unter der Zeit ich sie nicht gesehn hatte, einige neue Köpfe aus der Farnesine aus Rom angekommen, auch 2 basreliefs, eins ein Sartanabal mit dem Gefolge Sylens, dazu gekommen, auch eins hautrelief. Wir fuhren darauf spazieren. Nachmit*tag* kam Heigelin u*nd* wir fuhren zu Hamilton wo nach dem wir gespielt hatten Mad*ame* Hard ihre Mossi machte. Gr*af* Schweidnitz u*nd* H*errn* v*on* Sack hatte die Herz*ogin* auch mit genommen.

Den 21 [*Februar 1790*] Ein Meyländer brachte eine Art Guitare die er Harpsicord nante, mit drat Seiten bezogen war u*nd* diese Form[112] hatte zur Herz*ogin* u*nd*

112 Vor /diese Form/ ist auf der Zeile eine kleine Skizze des Instruments eingefügt, das einen nierenförmigen Corpus mit Hals hat.

Abbildung 3
GSA 24/I 3, Bl. 68v
Einträge zum 15. – 21.2.1790
(Foto: Klassik Stiftung Weimar)

spielte, Carlucio u*nd* Germisol kamen auch u*nd* spielten als dan ~~bury~~ mit Bury bei der Herz*ogin* Mit*tag* aß Tisbein bey uns und wir fuhren mit Heigelin zur Fr*au* Margräfin um den Corso im Pausilipo zu sehn. Wir tranken Thee u*nd* fuhren bey S*ignori* Rymon u*nd* Piatti wo Concert u*nd* Ball war. Wir hatten das Vergnügen die Signora D'Amigi u*nd* ihre Töchter singen zu hören. sie selbst hat noch eine schöne u*nd* starcke Stimme u*nd* einen vortrefflichen Vortrag. zulezt sangen noch 2 ihrer Töchter zur Guittare. Beym Ball spielte ich Wist. |

Den 22 [*Februar 1790*] Vormit*tag* mit der Fr*au* Marg*gräfin* zu Hadrava wo Musique war, der Prinz von Taxis war auch gegenwärthig, Had*rava* zeichte mir den Fußboden ‹von eingel*egten* Marmor› den er in Capri gefunden hat. Nach*mittag* fuhr die Herz*ogin* bey einen Juvilir Vicenzio u*nd* spazieren. Abends kamen die Fr*au* Marg*gräfin* der Prinz u*nd* die Suiten auch Gr*af* Schweidniz Bonechi u*nd* Gioene zum Spiel u*nd* Supeé, es wurde Punsch getrunken u*nd* getanzt.

Den 23 [*Februar 1790*] Gegen 10 Uhr mit der Marg*gräfin* u*nd* den Prinz nach Pompeï, ich nahm einige Stücken von der Mauer aus den Landhauß mit. Wir aßen auf der Villa der Herz*ogin* in Portici u*nd* fuhren sämd*lich* Abends zur Herz*ogin*

Den 24 [*Februar 1790*] Die Herz*ogin* u*nd* Fr*au* Marg*gräfin* Vormit*tag* zur Königin. Erdmannsdorf aß bey uns Abends mit Heige*lin* zu Duglas.

Den 25ten [*Februar 1790*] Fuhren wir Vormit*tag* um 11 Uhr die Herz*ogin* Herr v*on* Erdmannsdorf und ich, nach Portici zu den primo Cusdote del Museo La Vega, er zeichte uns Plane zu den neuen Gebeuten in Mesina wo er verschiedene Monate gewesen war u*nd* Aufträge vom Hof dazu gehabt hatte; auch zeichte er uns die Plane von Pompei im Ganzen und einzelne: vom Theater, den ausgegrabenen Straßen und dem Landhauß. Aus dem grosen Plan sieht man wie viel noch zu graben übrig ist, auch von Stabia verschiedene Fußböden u*nd* Ornamente. Er gab mir auch einen teutlichen Begriff von den Theatern der alten wie die Pläze der Schauspieler u*nd* der Musicker eingetheilt gewesen waren. Bey den meisten ausgraben von Pompeï war er gegenwärthig gewesen. Auch das Theater von Herculanum hat er gezeichnet wo die beyden Statuen der Balbi Vater u*nd* Sohn gefunden worden. Mit*tag* aß Erdmannsdorf u*nd* Heige*lin* bey uns. Gegen 7 Uhr zur Fr*au* Marg*gräfin* die in San Leucio beym König gegessen hatte, man spielte da u*nd* soupirte.

Den 26 [*Februar 1790*] Vormit*tag* bey der Duchesse Giovane; Nachmit*tag* kam Tisbein Heige*lin* u*nd* die Herz*ogin* zu mir, ~~Cour~~ es war ein Courir mit der Nachricht vom Tode der Prinze*ß* Elisabet Gemahlin des ErzHerz*ogs* Franz gekommen. Abends war Concert. Aprile Colteline u*nd* Casaciello Von Damens waren da die D*uchesse* Calabritta, Pr*incipessa* Cipriano, Bar*onesse* di Ungaro Cont*esse* Bojano Martinengo, Cont*esse* Potoski Musynski |

Den 27 [*Februar 1790*] Vormit*tag* mit den Cava*liere* Gioene in die Kirche dello Spirito Santo, wo eine trauer Musick von Paisiello zum Andenken des Principe di Campofiorito ad Acis S*an* Antonio, ‹Capitano Generale› aufgeführt wurde. Die Sänger waren 46 u*nd* Violinen 94 Das Trauer Gerüste war in schönen architectonischen Verhältnißen aufgeführt Beynahe der ganze Adel und alle Fremden von Neapel waren gegenwärthig. Die Fr*au* Marg*gräfin* u*nd* der Prinz aßen bey uns ~~Nac~~ auch Gioene. Nach*mittag* wurde gespielt u*nd* Abends gingen wir in S*an* Carlo wo eine sogenante geist*liche* Oper: la Destruzione die Gerusaleme auf geführt wurde, die Music von Giordani Das Schauspiel war durch die Schlacht die geliefert furde, die Pferde Camele u*nd* Elephanten u*nd* die Einahme der Vestung u*nd* end*lich* das Feuer das vom Himel fiel u*nd* alles ~~se~~ zerstörte sehr prächtig.

Den 28 [*Februar 1790*] Tisbein hatte eine Copie für Heigelinen, von der Herz*ogin* Portrait angefangen wo zu sie saß. Don Federico kam. Werschafel aß bey uns Nach Tisch kam Heigel*in* und fur mit uns zur Fr*au* Margräfin, wohin Hadrava die Pr*inzeß* Belmonde Gene*ral* Salis u*nd* der Prinz kamen. Wir fuhren ins Teatro del Fondo wo Jefta aufgeführt wurde. Es war die Musick verschiedener Meister untergelegt welches man in Neapel ein Centone nennt.

Den 1ten Merz [*1790*] Ich erhielt eine Menge Figuren von bronce[113] vom Bischof Gürdler, die Fr*au* Marg*gräfin* aß bey uns. Nach*mittag* kam die Mad*ame* d'Amigis u*nd* ihr Bruder, es wurde etwas Musick gemacht. Bonechi u*nd* Gioene auch der Prinz kamen. Ein Curir hatte die Nachricht vom Todt des Keysers gebracht. Es wurde Wist gespielt u*nd* soupirt. Die Fr*au* Marg*räfin* ging Nachts um 12 Uhr nach Rom ab.

Den 2ten [*März 1790*] Vormit*tag* kam der Bischoff Gürdler u*nd* brachte der Herz*ogin* Münzen. Nach*mittag* der Pohle Livizki wir fuhren zur Belmonde ins Cassino wo wir einen Zwerch aus Biscilia in Pulien sahen der die Mandoline spielte, sang und tanzte.

Den 3ten [*März 1790*] Ich fuhr Vormit*tag* zur Safatta Mad*ame* Boemen Signorili aß bey uns. Nach*mittag* kam Heige*lin* der Abbé Fortis mit Gioene, Bonechi u*nd* der Prinz.

Den 4ten [*März 1790*] Einsiedel ging nicht aus, nachTisch kam Heigel*in* wir fuhren spazieren u*nd* zu Vicenzio wo die Herz*ogin* einige Sachen kaufte. Wir fuhren Abends zu Hamilton, die Herz*ogin* spielte und Hamilton erzehlte mir allerley von den Jagten des Königs, wie man belrechnet hätte daß ihn ein Sperling

113 Die Passage ist durch Unterstreichung und einen senkrechten Rötelstiftstrich am linken Rand markiert.

zu schießen 15 Ducati kostet, voriges Jahr wären ihrer[114] geschossen worden. Zum Beweiß der Unwissenheit der Neapolitaner erzehlte er wie er mit den Duca S*an* Demetrio einst in Pompeio gewesen sey u*nd* der ihn gefragt: Wo den eigentlich der Palast des Königs Popeius gestanden hätte?

Den 5ten [*März 1790*] Der Vesuv u*nd* die Berge waren über all mit Schnee bedeckt. In Neapel stürmte u*nd* regnete es den ganzen Tag. Die Herz*ogin* ging Vormit*tag* zur Königin Abends zu Heigelinen Der Prinz kam auch, es wurde gespielt u*nd* Punsch getrunken.

Den 6ten [*März 1790*] Ich blieb in meiner Stube. Nach*mittag* besuchte mich die Herz*ogin* u*nd* Abends Einsiedel, die Herz*ogin* ging in S*an* Carlo.

Den 7ten [*März 1790*] Der Abbé Fortis kam Vormit*tag* zu mir u*nd* zur Herzogin, er brachte ihr einen Brief in Versen von ihm an den ErzBischof. Vorher waren Moericoffs Tisbein u*nd* Werschafel bey der Herz*ogin* Mit*tag* aßen wir bey Heigelin u*nd* Abends in die Conversation bey Moericoffs.

Den 8 [*März 1790*] Vormit*tag* zur Duche*sse* Giovene. Sig*n*orili aß bey uns. Nach*mittag* kam Cava*liere* Gioene hernach Heiglin. Bonechi, der Prinz, die Familie d'Amicis mit Mutter u*nd* Bruder kamen zum Concert, die Mutter sang vortrefflich Der Cheva*lier* d'Oppet spielte ein Concert auf der Geige, auch Massa

Den 9ten [*März 1790*] Vormit*tag* Fortis bey mir u*nd* der Herz*ogin* nachher kam die Tochter von Bardollonie mit ihren Meister Marinelli u*nd* sang bey der Herz*ogin* Abends kam Bonecki, Duglas u*nd* Heigelin, es wurde gespielt

Pesto[115]
Den 10 [*März 1790*] Fuhren wir, die Herz*ogin* Heiglin u*nd* ich /Einsiedel blieb zu Hauß/ früh um ½ 9 Uhr nach Nocera wo uns der Prinz schon zuvorgekommen war. Wir aßen bey den Obristen Bock und fuhren um 4 Uhr bey dem schönsten Wetter ab, ich mit Heig*elin*, seinen Neveu u*nd* Werschafel im offenen Wagen; wir freuten uns der her*lichen* Gegend bey La Cava: Viedri, Raida am Berg liegend, u*nd* kamen um 5 Uhr in Salerno an. Wir gingen in die Catetral Kirche, ein Gemälde von Andrea ~~der~~ di Salerno die 3 Könige die den Kinde Jesu das auf den Schoß der Maria sitzt Geschenke bringen. In den Vorhof stehen Sarkophagen u*nd* eine grose Tasse von Granit zum Becken eines Springbrunnens. Der Abend war herlich u*nd* wir freuten uns auf den Astrico vor unsern Fenstern der

114 Danach ist Raum gelassen für den Nachtrag der Zahl; zugleich ist diese Passage durch einen senkrechten Strich am linken Rand hervorgehoben.

115 Diese Ortsangabe steht in der Hs. zur leichteren Orientierung des Lesers zu Beginn des Tageseintrages links neben dem Seitenspiegel.

schönen Aussicht aufs Meer. Die Herz*ogin* legte sich bald schlafen u*nd* wir supierten. Die Gegend von Pestum gehört den Duca d'Angri Doria. |

Den 11ten [*März 1790*] Früh um 5 Uhr von Salerno ab, wir kamen bey untermischten Regen Wetter um 11 Uhr in Pestum an, wir fuhren in Canestern. So lange wir die Tempel besahen hielt sich das Wetter gut u*nd* wir pflückten Feilchen. Die Herz*ogin* Heig*elin* u*nd* ich machten uns bald auf in die Wohnung des Bischofs von Capecio dessen Hauß leer steht. ein alter Geistlicher /Prete/ ließ uns unser Mittags Mahl da halten. Wir fuhren beym Regen wieder ab u*nd* als wir an den Salza Fluß kamen begaben wir uns solange bis die Wagen u*nd* Pferde übergesezt wurden in eine Stroh hütte, wo die Landleute die aus den nächst gelegenen Dörfern komen, das Land zu bauen, woh*n*ten u*nd* eben beym Feuer saßen u*nd* Bohnen kochten. Endlich gingen wir durch den Koth bis an die Fähre u*nd* kamen glücklich über. gegen 7 Uhr kamen wir in Salerno an supirten und tranken Punsch.

Den 12ten [*März 1790*] Um 8 Uhr von Salerno ab, wir frühstückten bey Bock und kamen um ½ 3 Uhr in Neapel an wo wir sämd*lich* zu Mittag aßen. Die Herz*ogin* ließ sich in meiner Stube friesiren u*nd* anziehn. Nach*mittag* kam Fortis, Abends war Concert. Debora u*nd* Sissera. David, die Davia Aprile u*nd* Trapalza. die Gesellsch*aft* sehr zahlreich.

Den 13ten [*März 1790*] Knieb aß bey uns. ~~Abends~~ Vormit*tag* war Fortis bey uns. Abends der Prinz, Bonechi, Fortis, Heiglin, Maetsch. Es wurde gespielt u*nd* Punsch getrunken

Den 14ten [*März 1790*] Nach*mittag* kam Fortis u*nd* Heigelin ‹u*nd* Giovene› Abends gingen wir zu Mistris Cuts wo wir Thee tranken, spielten u*nd* supirten. Es waren viele Engländer da, unter andern Milord Bristol, Lord u*nd* Lady Elkon M*iste*r Gips mit seine Töchter, Lord Hume u*nd* Mister Cavaliere Mackverson ~~d~~ welcher nach Hastings Gouverneur in Indien gewesen war. Von Italiern war unter andern der Duca Tolvi mit seiner Frau da. Bey Tisch ~~lacht~~ machte uns die gute M*istre*ss Cuts sehr zu lachen indem sie uns bereden wolte Meergraß zu eßen. |

Den 15 [*März 1790*] Fortis kam Vormit*tag* zu mir, die dAmicis, Signorili u*nd* Carlucio machten Musick bey der Herzogin; Sig*norili* aß bey uns. Nach*mittag* kam der Prinz, Bonechi u*nd* der Bischof von Bristole Lord Harvey. Wir gingen in Teatro Nuovo wo Seyl Tänzer ihre Künste machten.

Den 16 [*März 1790*] D*on* Federico brachte mir Münzen und Bronce vom Bischof. Die d'Amici kam mit ihrer Tochter und Bruder und machten Musick bey der Herzogin. Signorili aß bey uns. Abends kam Gioene und der Prinz, wir gingen zur Pr*inzeß* Catolica wo Tableau war.

Den 17 [*März 1790*] Fortis bey mir und der Herzogin, Nach*mittag* kam Milord Bristole, er war sehr unterhaltend und sprach über verschiedenes, unter andern sagte er von den Franzosen: C'est une Nation demasquée, le vernis en est Tombé et la Cruauté et la barbarie en reste.[116] Von den Neapolitanern sagte er: L'ipocrisie est la seul vice qui leurs manque Heig*elin* kam auch u*nd* nachher die Familie Cuts u*nd* der Prinz, wir gingen zusammen zu Hamilton wo wir Ladi Elco u*nd* ihre Familie ~~M~~ den Chev*alier* Macferson, Milord Bristol u*nd* noch viele Eng*länder* fanden. Ich unter hielt mich mit M*iste*r Macole der mit Macferson in Indiyen gewesen war u*nd* die Reise zu Land gemacht hatte. Er erzehlte mir von der geschicklichkeit der Indianischen Manufactoristen die mit den gröbsten Werckzeug die feinste Museline verferdigten, mit welchen ein Europeer nicht die gröbste Leinwand machen könte, er ~~giebt~~ ‹schreibt› es des feinen Gefühls ihrer Finger zu die nie den Frost empfunden hätten. Er findet viel Aehnlichkeit in der Lebensart der Neapolitaner mit den Indianern.[117]

Den 18 [*März 1790*] Nach*mittag* kam Werschaffel, die Herz*ogin* ging mit dem Prinzen zur Königin. Abends war Musick die Familie DeAmicis waren sämdlich gegenwärthig, Von Fremden war Mil*ord* Bristoll, Hamilton u*nd* die Hard Chev*alier* Macferson, Fortis mit 2 Franzosen M*onsieur* Cambri u*nd* Garamand. Der Chev*alier* d'Opet spielte ein Conc*ert* auf der Violine. Gioene u*nd* H*err* u*nd* Mad*ame* Moericoff waren auch da

Den 19 [*März 1790*] Vormit*tag* Fortis bey mir, Mit*tag* aß der Prinz u*nd* seine Suite, Gr*af* Schweitnitz u*nd* Sac bey uns; die Herz*ogin* ließ die Dupré kommen um Abschied vom Prinz zu nehmen. Nach*mittag* fuhr die Herz*ogin* Heiglin u*nd* ich auf dem Corso nach Ponte di Madalene wo meist mit 6 u*nd* 8 Pferden gefahren wird. | Abends Concert, die beyden Coltelinen, David, Aprile u*nd* Casaciello. Die Gesellschaft war sehr zahl reich. von Dames die Duch*esse* Caramanica, Calabrito u*nd* Cipriani Hamilton u*nd* alle Minister. Die Engländer Lord Bristole, M*onsieur* Macferson, Macole der Chev*alier* V'ahinisse mit der Cipriani pp

Den 20ten [*März 1790*] Ich fuhr Vormit*tag* spazieren, Aprile u*nd* Signorile aßen bey uns. Nach*mittag* k*a*ufte ich mir in der Stampria reale die Karten von Neapel, Abends kamen H*err* v*on* Lüder, Chev*alier* Venuti u*nd* seine Frau, Bonechi u*nd* Heigelin wir spielten Wist

Den 21ten [*März 1790*] Vormit*tag* war Fortis bey mir u*nd* der Herz*ogin* Heiglin aß bey uns, Nachmit*tag* fuhren wir mit ihm nach Portici in die Villa, wie wir

116 Der Satz ist durch einen senkrechten Rötelstiftstrich am linken Rand hervorgehoben.

117 Der letzte Satz ist durch einen senkrechten Rötelstiftstrich am linken Rand hervorgehoben.

zwischen Neapel u*nd* Portici waren warf der Vesuv so viel Asche aus daß es ein Regen schien u*nd* unser Wagen ~~viel~~ ‹voller› Asche lag, auf der Strase lag sie sehr sichtlich. Abends kam Cheva*lier* Gioene, Lord Bristol, Fortis u*nd* Bonecki Zulezt wurde gespielt.

Den 22 [*März 1790*] Vormit*tag* bey der Coldeline wo das Miserere von Jomelli gesungen ward, beyde Schwestern sangen es. Nach*mittag* fuhren wir spaziren Fuori di Grotta wir gingen in einen Feld spazieren wo Orengen ~~b~~ Pfirschen Mandel u*nd* Aprikosen Bäume in der schönste Blüthe standen. Abends kamen Gr*af* Schweidniz, Lüder u*nd* Sack, Bonecki, Fortis u*nd* Heigelin

Den 23 [*März 1790*] Fuhren wir früh spazieren, Signorili aß bey uns. Abends kam Heiglin Lord Bristol, Bonechi, Atrava mit einen Ungerischen Magnaten Graf Erdödy, Fortis. zulezt wurde noch gespielt.

Den 24 [*März 1790*] Mit*tag* aßen Gr*af* Schweidniz, Lüder, Sack u*nd* Tisbein bey uns. Nach*mittag* fuhren wir spaziren Fuori di Grotte. Abends war Musick die D'Amicis sangen. Lord Bristol Fortis Gr*af* Skawronski mit seiner Frau u*nd* Tochter. Ein Italienischer Gelerde Do*n* Severino Matei⁺ er über sezte viele Biblische Sachen in Lateinische Verse.

⁺auf ihn wurde der Socrate imaginario geschrieben[118]

Den 25 [*März 1790*] Wir wolten in die Gegenden von Baja fahren, eine kleine Unpäßlichkeit der Herzogin hinderte es. Nach*mittag* kam Heigelin, Fortis, Cheva*lier* Venuti u*nd* seine Frau, Prinzeß Belmonde u*nd* Gr*af* Dunin. Lord Bristol der uns artige Anectoden erzehlte, unter andern daß man zu Isernia in Abruzo unter den Nahmen des grosen Zehs des H*eiligen* Cosmo den Priapo verehrt, die Mädchens tragen ihn am Hals pp; Als man den König von Spanien einst Haus Götter der Alten zeichte, sag*te* er: Ces peauvres bêtes ne savent pas qu' avant le Christianisme tout êtait Turque[119] |

Den 26 [*März 1790*] Ich ging Vormit*tag* mit dem Docktor spazieren, den Mittag aß Heigelin bey uns u*nd* wir fuhren in die Gegend von Sa*n* Elmo wo Einsiedel eine Gesellschaft Musiquer tracktirte, man machte Musick u*nd* Abends zu Heigelin wo Wist gespielt wurde.

Den 27 [*März 1790*] Nach*mittag* fuhren wir spazieren. Abends kam Heige*lin* u*nd* Bonechi, in Sa*n* Carlo 6 Reihen Logen; jede Reihe 31 Logen

118 Die Erläuterung steht in der Hs. am Ende der Seite.

119 Die Unterstreichungen und die senkrechte Markierung am linken Rand neben der Anekdote erfolgten mit einem Rötelstift.

Den 28 [*März 1790*] Kam Vormit*tag* die Königin zur Herz*ogin* * * * die älteste Prinzeß begleitete sie, nebst den Marquis del Vasto Principe della Rocelle u*nd* Duca d'Andria. nachher gingen wir einwenig spazieren mit Heige*lin* der bey uns aß. Abends gaben wir Visiten, ~~R~~ spielten bey Heige*lin* Wist u*nd* tranken Punsch.

Den 29 [*März 1790*] Abends C*hevalier* Gioene u*nd* Heigelin. Wir fuhren zur Si*gnora* Deamicis wo sie und Ihre älteste Tochter das Miserere von Jomelli sangen. Es war noch viel Gesellschaft da.

Den 30 [*März 1790*] Ich schrieb an meine Mutter, die Steinen und Ludecus. Nach*mittag* fuhren wir nach Portici zu Duglas wo wir Thée tranken, als wir zu Hauße kamen, kam die alte Comtesse Scawronski, Heigelin u*nd* Bonecki. auch Fortis u*nd* Gioene es wurde gespielt

Den 31 [*März 1790*] Vormit*tag* fuhr ich zur Duch*esse* Giovane, Deamicis, Signorille u*nd* Heigelin aßen bey uns. Nach*mittag* kam der Beichtvater, hernach Fortis. Wir fuhren in die Kirche S*an* Sevrino die Musick zu hören: Cristo, von einen alten Meister componirt. Wie wir nach hauß kamen fanden wir Bonechi auch kam Atrava mit den Oficir von der Nobel Garde u*nd* Heigelin Es wurde gespielt

Den 1 April [*1790*] Vormit*tag* war Fortis bey uns. Nach*mittag* kam Heiglin u*nd* wir gingen zu der DeAmicis wo wir Thee trancken. Von da in die Kirche la Piedà welches zugleich ein Conservatorium ist, es wurde ein Cristo gesungen, u*nd* war viel Volck drinnen, zu Hauß kam Heigelin u*nd* Fortis auch Bonecki. Einsiedel führte mich im April indem er mir Glauben machte die D*uchesse* Giovane wolte mich unten im Hauß sprechen.

Den 2ten [*April 1790*] Wir liesen uns Vormit*tag* in verschiedene Kirchen tragen. Donna Regina wo das schönste Sepolcro war das den meisten Efeckt machte. Donna Romita, Jesu nuovo die ehemalige Jesuiter Kirche, eine der reichsten in Neapel, S*anta* Maria la nuova p Wir begegneten M*ylord* Bristol in der Kirche. Nach*mittag* war Fortis u*nd* Heigelin da, Abends zur DeAmicis wo das Miserere noch mahls gesungen wurde. Die Gesellschaft war sehr zahlreich |

Den 3ten [*April 1790*] Vormit*tag* kam die D*uchesse* Giovane zur Herz*ogin* sie sprach darauf mit unsern Medicus. Mitags aßen Deamicis, Aprile u*nd* Signorile bey uns. Nach*mittag* kam Heigelin auch Che*valier* Gioene Wir fuhren zur Comtess Scawronsky Mutter, wo wir Thee tranken u*nd* ich vom Italinsky Wist zu zweyen lernte; man giebt u*nd* spielt wie im Wist a 4ter nur kann man seine Carten ~~mi~~ tauschen. 2 Figuren marquiren 2, 3 marq*uiren* 3 pp

Den 4ten [*April 1790*] In der Nacht brande das neue Schiff von 74 Kanonen, il Rugiero, im Hafen von Castell a mere ab. Vormit*tag* kam Fortis zu mir. Einsiedel sagte mir die Nachricht daß Goethe unserer in Venedig warthete. Mit*tag* aß Heigelin bey uns. Die Herz*ogin* ging zur Königin um Abschied zu nehmen. Zur Belmonde und von da zu Hamilton.

Den 5ten [*April 1790*] Vormit*tag* war die Deamicis bey der Herz*ogin* u*nd* Werschaffel bey mir. Wir aßen bey Heigelin mit Hackers u*nd* einen Englischen Kaufman Casanova ein Genfer. Nachtisch fuhren wir auf die Villa Patrizia wo Einsiedel Music machte u*nd* gegeßen hatte, Casaciello kam auch hin u*nd* die Deamicis mit ihren Mann. Abends bey Heigelin

Den 6 [*April 1790*] Vormit*tag* die Familie d'Amicis, der Beichtvater u*nd* Casaciello bey der Herzogin. Mit*tag* aßen wir mit Hamilton, Mad*ame* Hard, Lord Bristol u*nd* H*errn* Graefer Hof Gärdner in Caserta ~~*und*~~ Heigelin u*nd* Bonechy bey Hacker, vorher gingen wir in den schönen Garden des Pal*azzo* Francavilla spaziern, er hat die Aussicht übers Meer u*nd* den Pausilip. Nach*mittag* fuhren wir spaziern u*nd* Abends wurde gespielt. /Hamilton erzählte daß ihm M*iste*r Makverson gesagt daß man in den Gegenden von Bengalen einen Tempel unter der Erde gefunden, der den August gewidmet gewesen sey, welches beweise daß die Römer auch mit diesen Völckern in Verbindung gestanden hätten. auch in China hat ein junger Mahler der mit einen Mandarin tiefer ins Land gelegenheit hatte zu reisen einen Altar mit griegischen Zierrathen gefunden./[120]

Den 7 [*April 1790*] Vormit*tag* die Comtesse Potosky u*nd* Mon*signor* Jonson bey der Herz*ogin* als dan der Beichtvater. Wir fuhren den Mit*tag* mit Heigelin nach l Portici zum alten Duglas. Abends kam Hamilton, Mad*ame* Hard, der Portug*isische* Gesande Gioene, Bonecki l' abbé Berdran, Fortis, Werschafel u*nd* Heigelin. Der Beichtvater schickte die Zeichnung der Königin an die Herz*ogin*

Den 8 [*April 1790*] Nach*mittag* kam Heige*lin* und Signorilli der der Herz*ogin* Lieder zur Guitarre brachte als dann Hackert, Milord Bristol und M*onsieur* u*nd* Mad*ame* Moericoffer Wir trancken Punsch u*nd* fuhren als dan nach Visiten, hernach spielte die Herz*ogin* mit Heige*lin* Piquet.

Den 9 [*April 1790*] Kamen Vormit*tag* noch viel Visiten unterandern die Duchesse Giovane, Cav*aliere* Gioene p Wir fuhren Visiten u*nd* aßen bey Hamilton mit Gioene, Heige*lin* u*nd* Hackert. Abends wurde gespielt, ich fuhr Visiten. Abends illuminirte Hamilton einen kleinen Mondschein, der in der Schweitz gemacht war. auch ~~fand~~ einige Vasen von orientalischen Alabaster, die in Calabrien gefunden worden.

120 Die Unterstreichungen und die senkrechte Markierung am linken Rand neben dem Bericht erfolgten mit einem Rötelstift.

Den 10 [*April 1790*] Vormit*tag* kam Heige*lin* ich ging mit der Herz*ogin* u*nd* Signorili spazieren. Er Tisbein, Knieb, Heige*lin* aßen bey uns. Abends bey Heigelinen.

Den 11 [*April 1790*] Den lezten Tag in Neapel, es kam Vormit*tag* verschiedener Besuch, Der Amicis aß bey uns, Nachmit*tag* kam seine Schwester, wir gingen den Abend mit Heige*lin* ~~be~~ zu ihr wo eine kleine academie war, sie beschloß sie mit der Arie: Son Regina e son amante von Schuster. Unter den Fremden war auch Monsig*nor* Aquaviva, Nipote des verstorbenen Cardinals Zu hauß fanden wir H*errn* vo*n* Maetsch, Tisbein u*nd* Kniep, mit denen wir noch Punsch tranken.

Domus aurea, das goldene Hauß Neros, das Suetonius beschreibt, deßen Größe sich aus Neros Statue ermeßen läßt, die 120 Fuß Höhe hatte u*nd* im Portikus stand. Dieser Pallast wurde durch Vespatian zerstört, der die Statue ins Amphitheater stellen ließ u*nd* den Kopf der Sonne darauf sezte.

Die Tieber ist 300 Fuß breit. Ein Gemälde in Mosaik, die Größe von der Verklärung Raphaels kostet der Päpstlichen Kammer gegen 14 bis 15 000 Scudi. |[121]

Rom[122]
Den 12 Ap*ril* [*1790*] Früh um 4 Uhr von Neapel ab. Bury war mit uns. Mit den Morgen sahen wir die schönen Gegenden im schönsten Frühlings Schmuck, die immer schöner wurden bis S*anta* Agata wo wir Mittag hielten, wir gingen einwenig spazieren u*nd* sahen eine kleine Villa von der einen Seite mit hohen Bergen umschloßen von der andern die weite fruchtbare Ferne. Den Abend kamen wir nach Mola di Gaeta Die Herz*ogin* war nicht ganz wohl u*nd* es wurde beschloßen den künftigen Tag nur bis Terracina zu gehn.

Den 13 [*April 1790*] Wir gingen bey dem schönsten Wetter früh um 9 Uhr von Molo ab. Vorher gingen wir in den schönen orengen Gärden, wo man die Aussicht übers Meer hat, spazieren. Zitronen Orengen u*nd* Zipressen in schönen Grupen, die Gegend um her ist vortrefflich, so ~~b~~ wie beynahe der ganze Weg bis Terracina, wo wir um 4 Uhr ankamen, wir aßen um 6 Uhr zu Nacht, Abends kamen noch Geiger u*nd* wir legten uns bald schlafen.

Den 14 [*April 1790*] Gegen 8 Uhr von Teracina ab, das Wetter war immer schön. Grose Heerden von Büffeln, nicht weit von Teracina begegneten wir einen der todt auf einen Karn gefahren wurde, den ein anderer aus Eifersucht mit den

121 Die folgende Seite ist frei.
122 Diese Ortsangabe steht in der Hs. zur leichteren Orientierung des Lesers zu Beginn des Tageseintrages links neben dem Seitenspiegel.

Hörnern getödet hatte. In tre Ponte aßen wir im Freyen zu Mittag. Bei Veletri sieht man rechts die Stadt Cora am Berg liegen, wo noch Reste eines Tempels des Herculs seyn sollen. um 7 Uhr kamen wir an

Den 15 [*April 1790*] Um 8 Uhr von Veletri ab, mit Vergnügen sahen wir die bekanden schönen Gegenden bey Albano wieder gegen 2 Uhr kamen wir in Rom an, wo sich sogleich viele Bekande wieder einfanden Reifenstein u*nd* der Prof*essor* Mayer aus Göttingen aßen bey uns. Nach*mittag* kamen unter andern der Primas von Pohlen, Mad*ame* Angelica u*nd* ihr Mann, Cap*el*Meist*er* Reichardt u*nd* a*ndere* m*ehr* Abends sahen wir ein artiges Feuerwerck auf den Spanischen Plaz, wo wir wohnten abbrennen, bey Gelegenheit einer heiligen Sprechung. |

Den 16 [*April 1790*] Den ganzen Vormit*tag* Viesieten, Abbate Spina, Che*valier* d'Olomnieu, Reichardt Pr*ofessor* Mayer pp Reifenstein aß bey uns. Den Nach*mittag* fuhren wir in die Rodon*ta* u*nd* Peterskirche, in der Rodonta waren die Büsten von Mengs, ~~Win~~ Sachini u*nd* des Mahlers Poussin dazu gekommen. Unter Raphaels Büste schrieb ich mir die Inschrift ab: Ille hic est Raphael timnit quo sospite vinci, rerum magna parens et moriente mori.

Abends kam wieder Reichardt, Hird, Gr*af* Schweidniz, Bürman Die Prinzeß S*an*ta Croce mit der wir zu Bernis fuhren, wo Conversation war, viele Franzosen, unter andern die Familie Bolingac: Juli u*nd* Diane Polingac, von da zur S*an*ta Croce wo die Herz*ogin* mit der Pr*inzeß* Lambertini Wist spielte.

Den 17 [*April 1790*] Besuch von früh an. Wir fuhren zur Angelica wo Reichardt einge Stücke von seiner Composition ~~der~~ Ervin u*nd* Elmire spielte. darauf mit Reifenstein zu Tripel wo wir ein Monument für Gessner fanden zu Canova u*nd* Psiche u*nd* Amor ‹Adonis u*nd* Venus› Monum*en*t des Papsts Rezonico p Zu Rehberg Bild von Belisario p bey der Angelica Achill unter den Mädchen Die sterbende Alceste p Mit*tag* aß Reifenst*ein* Meyer u*nd* Reichardt bey uns. Nach*mittag* in die Villa Borgese, schöner Abend. Kleiner Tempel der Diane mit basrelief der Nacht auf dem Ocean. Mayer war mit uns. Abends zur Croce erst ins Thea*te*r p

Den 18 [*April 1790*] Es versammleten sich am frühen Morgen alle Bekanden wieder; auch die Angelica u*nd* ihr Mann u*nd* Neveu. hernach auch der Primas von Pohlen u*nd* Buri Schoeffler, Ab*ate* Ceruti pp Reichardt Mit*tag* Pr*ofessor* Mayer, Hird ~~*und*~~ Rehberg ‹u*nd* Reifenst*ein*› Nach*mittag* die Gr*äfin* Potosky u*nd* Jonson Mit der Croce zum Staats Secretair Card*inal* Zelada wo Concert war, wir besahen seine Zimmer u*nd* Kupferstiche. Von da zur Pr*incipessa* S*an*ta Croce es spielte ein Neapoli*taner* die Guittare, versch*iedene* Gesellschaft. |

Den 19ten [*April 1790*] Früh um 9 Uhr von Rom ab. Der H*ofrat* Reifenstein und verschiedene Bekande besuchten uns noch. Bis Nepi ist die Gegend flach u*nd* beynahe unbebaut. Eine moderne Wasser leitung. In Monterosa aßen wir zu Mittag u*nd* fanden Mayern den Schweizer mit einen Engländer seinen Reisegefärten Abends um 7 Uhr kamen wir nach Civita castelana, die Herz*ogin* legte sich schlafen u*nd* wir aßen zusammen zu Nacht. Mayer leistete uns Gesellschaft

Den 20 [*April 1790*] Schöne Felzen wenn mann aus Ci*vita* caste*llana* kommt, man kommt über die schöne Brücke ponte felice u*nd* sieht ein herrliches Thal von Neri das die Nera durchschlängelt um 4 Uhr kamen wir in Terni an, Mayer war schon am Wasserfall u*nd* erzälte uns Abends beym Nachteßen davon. Disput über die Inschrift Raphaels.

Den 21 [*April 1790*] Früh um 9 Uhr bey schönen hellen Himmel zum Wasserfall. ich fuhr mit der Herz*ogin* in einer Sedie die andern ritten herrliches Thal u*nd* Gebürge. Nachdem wir den Wasserfall auf allen Seiten besehn u*nd* uns an den Farben des Regenbogens gefreut hatten; frühstückten wir auf einen schönen grünen Plaz nicht weit davon. Bury zeichnete einen kleinen Bauer Buben. um 3 Uhr kamen wir wieder zu haus an, die Herz*ogin* spielte die Guittare u*nd* wir aßen zu Nacht.

Den 22 [*April 1790*] Um 6 Uhr ab, wir paßirten die Somma u*nd* freuten uns an der schönen Lage von Spoleto, wir gingen in Dom u*nd* besahen die Fresco Malerey von Berucino der Todt Mariae, der Wind war kalt u*nd* wir aßen beym Camin. Abends gegen 6 Uhr in Foligno, wir gingen sogleich in die Kirche des Klosters delle Comtesse den schönen Raphael zu sehn, Es stellt die Verklärung Mariae vor, sie sizt mit dem Kinde auf Wolcken | die auf einen Regenbogen ruhn; im Vorgrund 4 Figuren Joh*annes* der Täufer 2 Heilige u*nd* ein kniender Cardinal, in dern Mitte ein Engel mit einen Spiegel in den Händen; Nach der Verklärung auf Petro Montorio gewiß das schönste Gemählte von Rap*hael* Wir aßen fröhlich zu Nacht.

Den 23 [*April 1790*] Oede Berge u*nd* schlechter Weg bis Saravella, zuweilen eine Aussicht in die zurückliegenten Thäler. unterandern eine sehr gefährliche Wendung an den einen Berg: il passo del Vescovo genand, weil vor einigen Jahren ein Bischof mit Wagen Pferden u*nd* all seinen Leuten in den Abgrund gefallen. In der Osterie s ein paar schöne junge Weiber die an Postillons verheurathet waren. Gebürgigte Gegend u*nd* keine beßern Wege bis Vallcimara Bury hatte einen Fiber Anfall, der Doctor der etwas zu viel Wein getruncken zerbrach einige Flaschen die er am Feuer hatte u*nd* es gab eine vertrüß*liche* AbendMalzeit

Loretto[123]
Den 24 [*April 1790*] Früh um 6 Uhr bis Marcerate das schön liegt u*nd* eine der volckreichsten u*nd* freu*nd*lichsten Städte im Päpst*lichen* Gebiede ist. Die H*erren* besahen die Stadt wir aßen als dann fröhlich zu Mittag ~~*und*~~ In Ricanati fragte Bury nach Capralino den wir hernach Abends in Loreto fanden. Der Weg bis dahin ist sehr berchig aber übrigens gut. Wir kauften Abends noch Rosenkränze u*nd* bekamen zum Nachteßen einen halbrohen Fisch.

Den 25 [*April 1790*] Besahen wir vormitags die Sa*n*ta Casa die Kirche darüber hat außer dem u*nd* der facate u*nd* portiquen die nach dem Riß von Bramante seyn sollen nichts außerordent*liches* u*nd* die Goldenen Lampen u*nd* Engel um | die Hei*lige* Jungfrau. in dem grosen Saal in welchen der Schaz aufbewahrt wird, ist ~~ein s~~ außer den Kostbarkeiten mir der Raphael, ein Madone mit dem Kind auf welches sie einen Schleyer breiten will u*nd* Joseph, ein Carage u*nd* in der Sacristey ein Guido, die Maria mit verschiedenen Frauen die arbeiden /La Scuola/ merckwürdig gewesen. Im Schaz unter andern die Crone u*nd* Zepter der Königin Cristine, die sie zum Geschenck weyhete, eine ausserordent*lich* grose Perle worinnen sie das Bild der Madonna sehn, ein Türkischer Säbel über einer kleinen silbernen Galere pp

Wir aßen zu Mittag u*nd* der Monsignor Sari kam zur Herzogin, auch ein Cuhrsach*sischer* Canonicus. Der Weg war gut bis Ancona wo wir gegen 5 Uhr ankamen, uns einrichteten zu Nacht aßen u*nd* als dann noch spielten.

Ancona[124]
Den 26ten [*April 1790*] Besahen wir Vormit*tag* den Molo, bey den Bogen Traians hat man eine schöne Aussicht übers Meer u*nd* die Stadt die wie ein Amphitheater liegt. Das Betteln der Sklaven auf den Molo ist unerträglich. Der Bogen ist von Statuen u*nd* basreliefs völlig entblößt aber übriges sehr wohl erhalten. Wir gingen auch auf die Börse, ein groser Saal an beyden Seiten legten Kaufleute aus, der Sahl ist mit den Statuen der 4 Welttheile geziert Nachmit*tag* in die Kirche Sa*n*ta Palatia, wo das Altarblat die Heilige /von Quertcino/ mit einen Engel über ihr, der ihr den Himmel zeicht, vorstellt, sie hat ein Rauchfaß in der Hand, der Engel einen schönen Leib. Abends kam der Stein an, in welchen sich die sogenanden Ballani, oder Dattili del mare befinden; es scheint mir eine art fester Ton Erde in welchen sich diese Tiere ‹da› häufig finden. In den Gasthof schaute den größtentheil des Tags ein groser Hund, ein Büffelfr*e*ßer, der sehr schön u*nd* gut war, zum Fenster heraus.

123 Diese Ortsangabe steht in der Hs. zur leichteren Orientierung des Lesers am Ende des Tageseintrages links neben dem Seitenspiegel.

124 Diese Ortsangabe steht in der Hs. zur leichteren Orientierung des Lesers zu Beginn des Tageseintrages links neben dem Seitenspiegel.

Den 27 [*April 1790*] Früh um 6 Uhr nach Senigalia wo wir zu Mittag aßen, unser Weg ging immer am Meer hin, gegen Mittag wurden die Wellen durch die Fluth höchst schön, die grün blauliche Farbe dieses Meeres ist sehr | von der des Mitländischen verschieden. Von da nach Pesaro, eine rein*liche* Stadt mit breiten Straßen, Abends ins Theater: il Comte di buon humore, Marzello di Capua. Die Weiber leidlich, nach dem 1ten Act u*nd* einen schlechten Ballet eilten wir zum Nacht eßen.

Den 28 [*April 1790*] Wir besahen früh einige Kirchen, in S*an* Francesco eine Grablegung von Ciambellino, Meister des Titians. Magtalene salbt den Todten Kristus Coerper der an einen der Apostel sizend angelehnt ist, die Hande noch 2 ander Apostel, schöne Köpfe. In einer andern Kirche eine Heilige von Baroci, ganze Figur. Nach 4 Uhr kamen wir in Rimini an, die Gegend schöne fruchtbare Hügel. Die Repub*lik* S*an* Marino sieht man von der Brücke ‹über den Morechio› Augusts von Vitruv gebaut, auf den Berg liegen, ein Triumpfbogen, den K*ayser* August gewidmet. Auf den Marckt ein Piedestal worauf Cesar sein Heer soll angeredet haben ehe er ‹über› den Rubicon ging.

Den 29ten [*April 1790*] Von Rimini ab, immer schönes u*nd* fruchtbares Land, wir aßen in Cesena, vorher kommt man über den Rubicon, jezt Pisatello; dieser schöne Weg führt bis Faenza / Fayance; Mayolica, nach den Erfinder genand/ Wir spielten u*nd* aßen zu Nacht. eher man anlangt kommt man vor einer artigen Villa vorbey, auf beyden Seiten dopelte Alleen von Pingen u*nd* Pappeln in der mitte grüner Rasen.

Den 30 [*April 1790*] Von früh 7 Uhr in einen Streich bis Bolonga; man komt auf diesen Weg durch die Marck u*nd* Romaanga durch schöne wohl gebaute u*nd* volckreiche Städte u*nd* denen Menschen sieht man Gesundheit u*nd* Wohlstand so wie dem Land die Cultur an. Um 3 Uhr kamen wir zu Bol*ogna* an, unser alter Gasthof war besezt u*nd* wir mußten im Aquillo nero nahe dabey wohnen, doch wars leidlich um 7 Uhr aßen wir vergnügt zu Nacht. |

Den 1ten May [*1790*] Früh kam Mayer von Florenz, sehr zufrieden von seiner Reise, in Cordona hatte er eine schöne Antiken Sammlung gesehn, unter andern ein Mosaique antique, ein Vogel in einen Ring zu fassen, so schön gearbeidet daß man die Steine mit Müh durch ein Vergrößerungs Glaß sehn konte. Der Pater Mataei kam zur Herzogin. Als dann besahen wir Gemälde in einigen Kirchen: In der S*anta* Cicilia außer den Raphael einen Francia, Zeitgenoße von Raphael, ein groses Bild von Guido toder Cristus, unten die Apostel, Altar Stück. Verschiedene Quertcinos, P*ietro* Berucino pp in der Gallerie Zambieri kam der junge Fraenzel zu uns. hier der ~~S~~ schöne Albano, der weinende Petrus von Guido. Im Palazo Publico das grose Bild von Guido die Madona mit dem Kind auf Wolcken unten Heilige p Hier sahen wir in der Gallerie den Zug vom Rath zu Bologna deßen Vorsteher alle 2 Monat wechselt wobey jedesmal ein Fest gehalten wird. p Nachmit*tag* fuhren wir al Bosco ein schöner Spaziergang 1 oder 2 Milien vor der Stadt in ein Kloster das auf einer Anhöhe liegt; es war ein schöner Tag u*nd* der ganze Berg voll Menschen. Abends in die Opera, eine Ubersezung vom bouru bien faisant von Goldoni, Music von Martini, die erste Sängerin u*nd* der Tenor gut. Husarenballet. Eine artige Tänzerin.

Den 2ten [*Mai 1790*] Vormit*tag* kam Fränzel, wir fuhren mit ihm in den Pallast[125] Schöne Guercinis, Guidos der bedende H*eilige* Francisco, ein basrelief von | Albrecht Durer in einer kleinen Capelle, die Anbetung der 3 Könige 2 Landschaften von einen Bolognesischen Mahler Martinelli im Stiel von Salvador Rosa Der Pallast ist schön gebaut u*nd* verziert. Von da in die Kirche S*an* Francesco wo der Pater Matei eine Musick von sich aufführte. Auch in die Flohr Fabrique wo die Herz*ogin* verschiedene Stücken Flohr kaufte. Nachmit*tag* fuhren wir mit dem Doctor u*nd* Bury spaziern, wir sahen auch die Brücke über den Reno, 20 Bogen. Der Fluß wir*d* bey grosen Regen so starck jezt war er beynahe ganz aus getrocknet. P*ater* Metei u*nd* Fraenzel kamen zu unß. Wir fuhren mit lez*t*ern zu einer Eng*lischen* Familie Dailer Vater mit 3 Töch*t*ern u*nd* 4 Söhnen Die ‹2 äl*testen*› Töchter spie*l*ten sehr gut Clavir u*nd* singen die Söhne auch alle Musikalisch. Franzel spielte, Qartet u*nd* Sonate sehr gut.

Den 3ten [*Mai 1790*] Vormittag um 9 Uhr von Bologna ab; der Weg geht ~~f~~ zwischen Wiesen, Papel Bäumen mit Weinreben, und Landhäußern bis Cesena, wo wir Mittags schon ankamen; da man hier die meisten und besten Quercinos sieht u*nd* es sein Geburdsort war, besuchten wir einige Kirchen. In den ehemaligen Jesuiter Colleg*ium* jezt ein Seminarium sieht man im Zimmer des Abts eine Madonna mit dem Kind welches nach den Willen des Meisters nie copiert werden darf; es ist eines der besten nächst einer Creuzigung mit der Maria u*nd* Magdalene zu seinen Füßen, in einer andern Kirche. Nach Tisch gingen wir durch eine schöne Papeln Allee, auf beyden Seiten Wiesen p in ein Capuciner Kloster, wonoch einige Quercinos hängen, in einen particulier Hauß einige Zeichnungen von ihm. Abends tranken wir Thee u*nd* spielten.

Den 4ten [*Mai 1790*] Früh um 6 Uhr nach Ferrara wo Gulon eine Mitags Malzeit bestellt hatte. Wir besahen das Schloß von denen Herzogen von Este erbaut zwey Säle haben noch schöne Fresco Mahlereyen, die Spiele der Alten vorstellend. Im Hospital S*anta* Anna zeicht man eine Kammer wo Tasso | wehrend seiner Gefangenschaft gewohnt haben soll. In der Benedictiner Kirche das Grabmal ~~Tasso~~ Ariosts mit seiner Büste, die sehr schön ist, u*nd* etwas ähnliches vom Homer hat. Wir paßirten den Po u*nd* die Aetsch mit der Schiffbrücke u*nd* kamen abends um 10 uhr ermüthet nach ~~St~~ Rovigo.

125 Danach ist Raum gelassen für den Nachtrag des Namens.

Den 5ten [*Mai 1790*] Um 8 Uhr von Rovigo ab, wir kamen wieder mit der Schifbrücke über die Adige, 1 Stunde vor Padua schöne Landhäuser, um 3 Uhr kamen wir an, wir fanden Goezen vom Geh*eimrath* Goethe der uns erwarthete. Nach Tisch besuchten wir die Kate*d*ral Kirche u*nd* die des S*an* Antonio, vor lezterer ein broncene Statue zu Pferd vom General Gattamelata; wir gingen auch auf den grosen runden Plaz spaziern wo Statuen von Gips denen berühmten Männern ~~von~~ ‹aus› Patua errichtet werden. Päpste Dogen, Künstler u*nd* Helden.

Den 6 [*Mai 1790*] gingen wir noch in die Kirche del Anunziade u*nd* sahen in der Sacristey den schönsten Guido, Joh*annes* der Täüfer. hinter ihn ein Lorber baum. Einige Fresco Mahlereyen, die Legente des grosen Christophels von Montegna Meister Coregios. Die nehmen Dingen als Steine, bas reliefs, auch das perspectiv der Brücke sind vortrefflich. um 9 Uhr sezten wir uns in die Barque u*nd* fuhren auf der Brenda bis Venedig. An dem Fluß sieht man schöne Landhäußer, unter andern eines der Familie Pisania, von Paladio gebaut. Der Anblick von Venedig in den weiten Meer ist schön. Wir aßen, spielten u*nd* die Herz*ogin* machte Musick während unserer Farth u*nd* um 5 Uhr kamen wir glück*lich* in Venedig an, wo wir Goethen fanden. Unsere Wohnung auf dem grosen Canal war sehr freundlich. Wir brachten den Abend zusammen zu u*nd* aßen vergnügt Mayer kam auch. |

Venedig[126]

Den 7 [*Mai 1790*] Goethe kam bald früh u*nd* wir als dann durch die Straßen worunder einige ziemlich eng sind auf den Marcusplaz, der ~~weil die~~ wegen Annaherung der Fera schon mit den hölzern verzierungen besezt war, den herzog*lichen* Pallast u*nd* die Bibliothek sahen wir von aussen und gingen in die S*ankt* Marcus Kirche die im Gotischen Geschmack gebaut u*nd* verziert ist. Ueber den Haupt Eingang stehn die 4 schönen Pferde von Bronze die man für die schönsten aus dem Alterthum hält; einige sagen sie seyn von Lysippus, sie haben auf den Bogen Augusti gestanden.

Nachmit*tag* regnete es u*nd* wir blieben zu Hauße, Mayer kam u*nd* der alte Zuchi, Bruder des römischen. Abends laß Goethe seine Epigramen u*nd* einige Uebersezungen von Knebels Uebersezung des Properz vor.

Den 8ten [*Mai 1790*] Wir fuhren Vormit*tag* in einer Gondel nach der Carita Kirche u*nd* Stiftung wir sahen einen schönen Bassano, Crist*us* der einen Toden erweckt. Den H*eiligen* Sebastian u*nd* die Madonna mit dem Kind von Jan Bellini. Paladio hat einen Theil dieses Kloster gebaut auch findet man die Plane dazu in seinen hinderlaßnen Wercken; die Portiks haben schöne Verhältniße u*nd* eine schöne Windel Treppe wo immer ein Stein den andern hält führt zum refectorium. In einen der Säle wo sich das Conseil der Carita versamlet ein vortrefflicher

126 Diese Ortsangabe steht in der Hs. zur leichteren Orientierung des Lesers zu Beginn des Tageseintrages links neben dem Seitenspiegel.

Titian der die ganze Wand einnimmt Cristus Vorstellung im Tempel La Salute eine der hüpschesten Kirchen, von Paladio gebaut sie thut einem wohl weil sie sich der Grichischen ~~S~~ Baukunst nähert, in der Sacristey eine ~~schon S Can~~ Malzeit, wo Cristus zu Gast sizt von Dindoret. Nachmit*tag* fuhren wir in den Pallast Falsatti wo ~~alle~~ die Ausgüße der meisten Statuen von Rom u*nd* Florenz stehn, auch eine kleine | Bildersammlung, ein schönes Portrait von Rembrand. Abends kam die Fr*au* vo*n* Wangenheim u*nd* ihr Mann, Hofmarschal in Hanover zu der Herzogin, auch der H*err* vo*n* ~~Wangenheim~~ ‹Wartensleben Kammerherr› in Preusischen Diensten, den wir schon in Neapel gesehn hatten.

Den 9ten [*Mai 1790*] Der Prinz von Braunsch*weig* kam Vormit*tag* an. Wir fuhren in die Scuola di S*an* Marco, u*nd* sahen vortreff*liche* Gemälde von Tintoret, die meisten haben Wunder des S*ankt* Marcus zum Gegenstand. vorzüg*lich* schön ist das wo seine Arm aus einen Reliquien Schranck erscheint Die Köpfe dieses Bildes sind schön. In S*an* ~~P~~ Giovani e Pauolo das beste Gemälde von Titian: den Märtyrer todt des Petrus Martyr, eines Dominicaners vor[*stellend*], die fliehente Figur eines Dominicaners ist vortreff*lich* so wie die 2 Engel die über schweben. Mit*tag* aß der Prinz u*nd* seine Suite bey uns. ~~Nach~~ Vorher sahen wir noch im Pallast Pisani einen Paul Veronese die Familie des Darius wie Hephestion ihnen den Alexander zeicht. Nach Tisch mit dem Prinzen auf den Marcus Plaz u*nd* in das Conservatorium i mendicanti wo lauter Frauenzimmer eine vortreff*liche* Music von Bianchi aufführten[+], eine ~~sehn~~ sehr schöne alt Stimme hörten wir da. nachher wieder auf den Marcus Plaz u*nd* Abends blieben wir nachdem alles wech war noch mit Goethen zusammen.

[+] Agar fugiens in Desertum

Den 10 [*Mai 1790*] Scuola di S*an* Roco besuchten wir Vormit*tag* ein ganzer Saal vom Tintoret vorzüg*lich* schön eine Flucht aus Egypten, ein Beschneitung von Paulveronese, Titian ein Engel der zur Maria kommt, über der Treppe. Die Grose Kreutzigung von Tintoret. In die Kirche i Frari ein schöner Joh*ann* Belini 2 Engel die unten auf dem Bild spielen / Flöthe u*nd* Zitter. Ein her*licher* Titian die H*eilige* Familie u*nd* Cartinäle die unten knien | ein Diener hält eine Fahne worauf das Wappen deßjenigen ders mahlen ließ ist. In dieser Kirche ist Titian begraben, ein kleines Kreuz ~~bef~~ bezeicht die Stelle. Nachmit*tag* fuhren wir mit den Prinzen der bey uns aß, nach Murano, eine der Inseln, wir gingen in die Glaß Fabrick u*nd* einige Kirchen. Abends Thee u*nd* Spiel

Den 11 [*Mai 1790*] Wolden wir ans Lido fahren, es wurde aber zu windig um mit der Gondel ins Meer zu gehn, wir stiegen also in der Patriarchal Kirche aus, u*nd* von da in den Pallast des Doge Wir sahen 4 schöne Tintorets, Paulveronese u*nd* einen Titian die Religion ein Doge k*n*ied dafür, das schweben der weib*lichen* Figur vortreflich Wir gingen auf den Marcus Plaz. Nach*mittag* blieb ich zu Hauß die andern gingen auf den Marcus Thurm, die Aussicht zu sehn. Abends kam der Senator von Rom.

Den 12 [*Mai 1790*] Vormit*tag* blieben wir zu Hauß, der Prinz August von England kam Nachmitag mit seiner Suite H*err* vo*n* Linsing Capi*tain* Jonchiere u*nd* Prof*essor* Fischer aus Göttingen, wir gingen auf den Marcus Plaz spazieren u*nd* in die Oper S*an* Samueli, wir musten beynahe 2 Stunden warthen ehe es anging, alles war mittelmäßig, beym Ballet gingen die Decorationen sehr schlecht.

Den 13 [*Mai 1790*] Ging die Feyerlichkeit bey der Ascenza nicht vor sich, weil der Tag nicht ganz heiter war. Der CapelMeister Reichardt kam zur Herz*ogin* u*nd* blieb den ganzen Tag, Nachmit*tag* gingen wir wieder bey die Mendicanti u*nd* hörten die Musick von ~~Bentone~~ Bianchi, die Herz*ogin* hörte in den untern Saal die~~se~~ schöne Alt Stimme wieder u*nd* Bianchi acompagnirte, der Prinz von England war auch gegenwarthig. Abends in die Oper S*an* Benedetto, die Sänger waren noch schlechter, die | Decorationen aber ‹u*nd* Kleider› sehr schön, das Ballet in 5 Acten sehr gut. Die Schwester der Duprè in Neapel, erste Tänzerin. Antigona

Den 14 [*Mai 1790*] Wir fuhren Vormit*tag* in die Cartaces[127] mit dem Prinzen, die Herren allein durften hinein, die Herz*ogin* u*nd* ich gingen mit Goethen im Garden spazieren Der K*apellMeister* Reichardt aß bey uns Nach*mittag* ‹Berdoni zur Herzogin› Auf die Ponte Rialdo als dann zu die Englischen Reiter, ein kleiner Curländer ritt vorzüglich schön.

Den 15ten [*Mai 1790*] Vormit*tag* im Arsenal, Mit*tag* Reichardt. Wir gingen auf den Plaz S*an* Marco sezten uns in einen Caffé u*nd* aßen Eis da, mit den Eng*lischen* u*nd* Braunsch*weigischen* Prinzen zu den Eng*lischen* Reidern. Die Herz*ogin* Goethe u*nd* ich blieben noch bis 2 Uhr beysammen.

Den 16ten [*Mai 1790*] Das Fest der Vermählung des Doge ging bey dem schönsten Wetter vor sich, es war ein höchst prächtiger Anblick den Bucentoro die Galleren ‹Schiffe› u*nd* vielen 1 000 Gondeln auf dem Meere zu sehn Das Feuren der Kanonen der LandTruppen u*nd* Leuten der Glocken erfüllte die Lufft u*nd* die ungeheure Menge Menschen an den Lido u*nd* der Stadt machte einen der schönsten ~~Anb~~ Efeckte die möglich sind u*nd* wo zu Himel Meer u*nd* Land beytrug. Wir stiegen wie alles vorbey war am M*arcus* Plaz aus, wo alles gedrängt voll war. Nach*mittag* in die Pieta, eine neue Musick von Bianchi Joas Rex Juda, den Abend wieder nach S*an* Marco

Den 17 [*Mai 1790*] Wir fuhren Vormit*tag* ~~zu~~ mit dem Prinzen p nach Malamocho die Mauer zu sehn die von Istrischen Stein, den Meer entgegen gesezt ist, wir aßen in Pelestrina u*nd* kamen gegen 6 Uhr auf den Marcus Plaz an, wo sich viel Gesellschaft zu uns gesellte, nach 10 Uhr nach Hauße

127 Verschrieben, wohl für: Carceres.

Den 18 [*Mai 1790*] Wir schrieben Vormit*tag* Nach*mittag* fuhren wir in einige Kirchen mit Goethe in Mad*onna* del Ordo die 3 alten Gian Bellin Carbacio u*nd* Cunigliono+ als dann auf S*an* Marco P*laz* wo sich verschiedene Gesanden u*nd* andere der Herz*ogin* präsendiren ließen. Abends Convers*ation* wegen Boden.

+ Schüler Joh*ann* Bellinos |

Den 19 [*Mai 1790*] Der Preusische Resident Comte de Cataneo kam zur Herz*ogin* und kam abends wieder mit seiner Frau um die Herz*ogin* zu denen fremden Gesanden zu begleiten. Wir wurden beym Französischen u*nd* Kayserlichen angenomen; M*onsieur* de Bombelles u*nd* H*err* v*on* Bräuner, bey leztern unterhielt ich mich mit der Com*tess* de Rosemberg u*nd* den Päpst*lichen* Nuncio. Von da fuhren wir nach den M*arcus* Plaz

Den 20 [*Mai 1790*] Der Preusische Resident mit dem Nunzio M*onsignor* Firrao p kamen zur Herzogin Mit*tag* aß der Prinz u*nd* Banchier Heinzelmann bey uns. Nach*mittag* kam vorher die Französische Gesandin, als dann fuhren wir mit dem Pr*eusischen* Resid*enten* u*nd* seiner Frau zum Spanischen Gesanden, wo das Corps Diplo*matique* versammelt war, so wie auf den Marc*us* Plaz, wo sich hernach die Begleiter der Herz*ogin* zum Ball, zu uns gesellten. um 11 Uhr gingen wir hin u*nd* fanden die Venezianer u*nd* eine grose Menge Fremden bey sammen, Frau v*on* Rosenberg u*nd* verschiedene andere Venez*ianer* blieben um die Herzogin um 2 Uhr kamen wir zu hauße.

Den 21 [*Mai 1790*] Vormit*tag* mit dem Prinzen u*nd* den Preus*ischen* Gesanden u*nd* seiner Frau im Pallast des Doge wo wir die Armaturen sahen, auch einen Schranck mit schönen Gemmen besezt. die Rüstung Atilas u*nd* den Degen von Heinrich IV. Nach*mittag* Visitten. Fr*au* v*on* Rosenberg, Sig*nor* Benincasa der Franzö*sische* u*nd* Spanische u*nd* Preus*ische* gesande, als dan nach S*an* Marco

Den 22 [*Mai 1790*] Von Venedig bis Patua zu Waßer, mit Goethe und Bury, bey schönen Wetter wurde diese Reise vergnügt vollbracht; Abends um 8 Uhr kamen wir an, stiegen in der Nähe unsers Gasthofs ab u*nd* gingen unter grünen Bäumen nach Hauße Zum Nacht Eßen kam noch der Prinz.

Patua[128]

Den 23 [*Mai 1790*] Gingen wir Vormit*tag* in die Kirche ~~San Antonio~~ ‹Philippo e Giacomo› sahen die Mantegni u*nd* den Guido unter Glaß. In die Arena wo nichts als ~~runde~~ ‹der schöne ovale› Plaz von der alten Bestimmung geblieben. Hinder der Kirche ~~an in~~ über der Thür eines Pallasts ein schöner Bachus Kopf; im inwendigen des Pallasts noch einige Statuen u*nd* ein Eingang von 3 Ovalen Ein-

128 Diese Ortsangabe steht in der Hs. zur leichteren Orientierung des Lesers zu Beginn des Tageseintrages links neben dem Seitenspiegel.

gangen oben basreliefs. Ins Acaldemische Gebäude, finstere Anatomie pp Gerichts Saal / Pallazo della Ragione, ungeheuer groß, Fresco gemahlt, hier werden alle Regier*ungs* Geschäfte abgethan.⁺ Scuola del Santo, Schöne Titians seiner ersten Manier, meist Wunder des Heyligen. Nachmit*tag* in die schöne grose Kirche Gustina, ein Kreuzgang wo hin die Damen nicht durften, sollen schöne Mantengis seyn. Als dann im Botanischen Garden, die Einrichtung schien mir sehr gut, das Boschet ist artig ticht mit Bäumen, worunter auch ein Blühender Tulpenbaum war.

⁺ la Logetta, ‹Portrait› einer Königin von Cipren. Auf die specola oder Observatorium, die schönsten Aussicht, auf der einen Seite die Gebürge von Este, die von Friaul u*nd* Thyrol u*nd* von der andern unabsehbahre Fläche über das ganze fruchtbahr gut cultivirte Land. Abends saßen wir zu sammen u*nd* aßen Erdbeern mit Milch.

Vicenz[129]
Den 24ten [*Mai 1790*] Von Patua nach Vicenza, um 8 Uhr ab u*nd* kamen ½ 1 Uhr an. schöne fruchtbare Felder mit ~~Wei~~ Bäumen Wein u*nd* Korn. Nach Tisch gingen wir umher die Palläste u*nd* Häußer von Palladio zu sehn. Zuerst sein eigen Hauß 2 Stock u*nd* jeder auf 2 Säulen ruhend, schöne Verhältniße bey so engen Raum. Das Theater nach dem wie die Alten ihre gebaut hatten, eine Hälfte Amphitheater mit über einander stehenden Sitzen, Einsicht ins Procenium u*nd* 4 Straßen. Wir gingen über den Marckt wo eben Meße war, sahen einige neue Häußer vom den Architecten Otto Calterari u*nd* kamen in den Garden[130] ein kleiner Saal von Palladio, wir blieben auf den obern Gang des Gardens u*nd* aßen Eiß, von da durch den sogenanden | Triumpf Bogen Paladios ins Campo Marzio, ein schöner weiter grüner Plaz, die Aussicht schließen rechts die hohen Venozianischen Gebürge, vor einen schöne grüne mit landhäußern u*nd* Holz bewachsene Hügel u*nd* lincks einen Theil der Stadt in der Ferne [*ab*]; es war ein herrlicher Abend, wir saßen hier eine Weile u*nd* gingen als dann vergnügt nach hauße, die Herz*ogin* legte sich zu Bett u*nd* wir blieben noch bey ihr.

Den 25 [*Mai 1790*] Goethe war früh in die Gebürge gegangen. Wir fuhren eine halbe Stunde vor der Stadt in ein Landhauß der Familie Capra gehörig, die Rodonte von Palladio, dies Hauß ist rundum mit Gärden u*nd* der schönsten Aussicht umgeben. Das Hauß selbst hat die schönsten Verhäldniße Peristile auf 4 Seiten ‹auf Säulen› ein Saal in der Mitte u*nd* die Zimmer rund um her. Wir fanden Goethen mit Buryn, u*nd* blieben einige Stunden mit vielen Vergnügen. Nachmittag in das Kloster der Madonna del Monte Berico /Serviten Orden/ man

129 Diese Ortsangabe steht in der Hs. zur leichteren Orientierung des Lesers zu Beginn des Tageseintrages links neben dem Seitenspiegel.
130 Danach ist Raum gelassen für den Nachtrag des Namens.

geht durch einen langen gewölbten schönen Gang die Anhöhe hinauf, in der Foresterie wieder die göttlichste Aussicht. Im Refectorio eine Cena von P*aul* Veronese Wir wahren sehr vergnügt, trancken etwas Wein u*nd* im Nachhauß gehn besahe ich die Gänge von Basalt.

Verona[131]
Den 26 [*Mai 1790*] Fuhren wir bey den schönsten Morgen, früh um 4 Uhr von Vicenz ab, und kamen durch die fröhliche Gegend Mittags um 4[132] 11 Uhr in Verona an wo wir den Prinzen v*on* B*raunschweig* fanden. Wir aßen zusammen zu Mittag und um 5 Uhr reißte der Prinz ab. Um 6 Uhr fuhren die Herz*ogin*, Goethe u*nd* ich ins Amphitheater, sahen in der Arena eine schlechte Italische Komedie ꞙ aufführen, und | stiegen allmählich bis oben hinauf. Bury kam zu uns und wir freuten uns der schönen Laage und manichfaltigen aussicht. Abends ins Teater wo Giannina und Bernardone Mus*ick* von Cimarosa gegeben wurde, sehr gute Musick, auch ein hüpsches Ballet, ein ganz vorzüglich guter Tänzer Serio Pietro Angiolini

Den 27 [*Mai 1790*] Wir ruhten uns Vormit*tag* aus. Goethe war an bösen Hals nicht recht wohl. Nach*mittag* mit ‹der Herz*ogin*› Buri u*nd* Einsiedeln in dene Pallast Beviaqua; eine Venus der ein Amor den Spiegel vorhällt von Paul Veronese Der Rücken bis zum Sitz höchst schön, in einen andern Saal unter verschiedenen Köpfen u*nd* Statuen ein sterbender Sohn der Niobe, er liegt, ein vortreff*liches* Kunstwerck. In die Kirche San*k*t Giorgio, die Marter des Heil*igen* Georgs von P*aul* Veronese. Der H*eilige* soll den Apoll anbeden oder enthauptet werden, erblickt im Himmel in einer Glorie Christus Maria u*nd* Heilige. in dem Kopf des Heil*igen* groser schöner Caracter voll Festigkeit die Brust u*nd* Körper vortreff*lich* Eine heilige Ursula von Francesco Carotus 1545. Es sind noch verschiedene gute Gemälde in der Kirche, es wurde aber zu dunkel. V̇on da in den Garten Gusti die schöne Aussicht noch einmal zu genießen. Abends aß ich u*nd* Buri noch zusammen. Die Adige die durch Verona fließt u*nd* da ziem*lich* breit ist trägt viel zur schönheit dieser Gegend bey.

Mantua[133]
Den 28 [*Mai 1790*] Reißten wir nach 5 Uhr ab u*nd* kamen durch die schönen fruchtbaren Felder, mit manichfaltigen Fruchtbäumen, Wein u*nd* Korn geschmückten Feldern u*nd* den prächtigsten Pappel Alleen, nach 11 Uhr in Man-

131 Diese Ortsangabe steht in der Hs. zur leichteren Orientierung des Lesers zu Beginn des Tageseintrages links neben dem Seitenspiegel.

132 Die Zahl /4/ ist in der Hs. waagerecht durchgestrichen, was hier typographisch nicht deutlich zu machen ist.

133 Diese Ortsangabe steht in der Hs. zur leichteren Orientierung des Lesers zu Beginn des Tageseintrages links neben dem Seitenspiegel.

tua, al Albergo Reale an. Wir ruhten etwas u*nd* aßen um ½ 5 Uhr, als dann fuhren wir in die Catetral Kirche nach dem Riß von Julio Romano gebaut. In den Pallazo del Te | Er liegt in einer schönen Gegend, mit Pappel Alleen umgeben Im Peristil ehe man in die beyden Reihen Zimer geht vom Julio gemalt ist über der einen Thür David wie er den Goliad den Kopf abschlägt, über der zweyden wie er auf der Harfe spielt. In den einen Zimmer, rechter Hand der Sturz der Riesen, die Götter im Plavon. Poliphem unter den Riesen. In den Ecken die Winde, die Wolcken u*nd* Sturm zusamen treiben. Auf der andern Seite Zimer der Frieß u*nd* Plavon kleinere höchst schöne Figuren u*nd* Ideen: der Kampf der Centauren, Amazonen; oben die Amors ihre Gewald über die Götter, Menschen u*nd* Tiere: Ganimed ‹als amor› auf dem Trohn, amor bezwingt~~e~~ einen Tieger pp Venus in der Muschel sie hällt ein Tuch stadt der Segel Amor reitet auf den Delphin. Zimmer der Psiche, ihre ganze Geschichte nach Apulejus. In die Kirche S*an* Marco, Fresco von oder nach Julio Romano Wir fuhren noch ein wenig spazieren u*nd* in der Stadt herum u*nd* aßen alsdann Eiß vor einen Caffée

Den 29ten [*Mai 1790*] Blieb ich Vormit*tag* bey der Herz*ogin* Einsiedel reißte nach Ostilia zu der Schlick ihren Aeldern, Goethe u*nd* Bury ~~hatt~~ waren aus um das Museeum zu sehn. Wir aßen zusammen, u*nd* Nachmit*tag* fuhren wir in dem Erzherzog*lichen* Pallast la Corte genand, ein weites Gebäude u*nd* grose Menge Zimmer. La Sala di Troja von Julius Romano ist das beste drinnen in der sogenanden Galerie war eine Copie nach Guido aus den Kinder Mord eine Frau die ihr Kind im Mandel hält, es sach in der Ferne so gut [*aus*] daß mans für einen Raphael oder Mantegna hielt. Wir besuchten nochmals den Pallast Te fuhren ein wenig spazieren u*nd* fanden als dann Einsiedeln zu Hauß, wir aßen zu samen.

Den 30ten [*Mai 1790*] Früh ins Museum. Schöne bas reliefs: Geschichte der Creusa u*nd* Medea, Thaten *d*es Hercules, Jagt Meleagers, Corilioan.[134] Kleine | Figuren in Postamenten: ein Philoctet der sich die Wunde am Fuß mit einen Adler Flügel kühlt. Ein schlafenter Amor auf welchen 2 Schlangen spielen. Statue ‹von› einen Genius, eine Schlange windet sich an einen Lorberbaum ~~an ihre~~ auf welchen ein Vogel sizt hinan, er hält den einen Zweich worauf der Vogel sizt, die Hand die abgebrochen ist, ist vortrefflich Kopf u*nd* Brust eines Gladiators. Bas relief von Silen.

Wir fuhren noch in die Kirche S*an* Philipo Neri Ein Altarblad von Mantegna, das schönste Bild was ich von ihm gesehn habe. Die Madona mit dem Kind sizt in einer Laube, die mit Früchten geziert ist, neben ihr der Engel Michael mit ~~dem~~ Schwerd, u*nd* ~~Johannes~~ vor ihr knied ein Herzog von Mantua in der Rüstung auf der andern Seite die Mutter vom kleinen Johannes der auf der einen Stufe steht u*nd* ~~die~~ ‹an› Crist*us* hinauf sieht.

134 Verschrieben, wohl für: Coriolan.

Wir aßen u*nd* fuhren nach 4 Uhr ab. Bury blieb in Mantua, wir hatten einen schönen Abend u*nd* eine vergnügte Reise u*nd* kamen nach 9 Uhr in Verona an, aßen noch etwas zu sammen u*nd* legten uns schafen, es kam noch etwas Gewitter u*nd* Regen.

Verona[135]
Den 31 [*Mai 1790*] Vormit*tag* ging Goethe auß die ihm noch übrigen Sachen zu besehn, die Herz*ogin* u*nd* ich blieben zu Hauße. Abends gingen wir zusammen in den Garden Justi u*nd* blieben nach den Spaziergehn noch bey der Herz*ogin* zu sammen.

Den 1ten Juny [*1790*] Früh um 5 Uhr von Verona ab, wir hatten schönes Wetter aßen in Peri u*nd* kamen um 5 Uhr in Rovredo an. ich hatte Kopfweh u*nd* legte mich zu Bette

Über das Zimer was die Herz*ogin* bey der ersten Durchreise hier bewohnt hatte, stand ihr Wappen mit der Schrift: La Comtesse d'Altostato p[136]

Den 2ten [*Juni 1790*] Um 6 Uhr Morgens ab, Wir kamen bey schönen Wetter durch die hohen Gebürge, durch den Nächtlichen Regen war die Luft abgekühlt In Solurn aßen wir etwas u*nd* kamen Abends 7 Uhr in Bolzano an. Hir fanden wir zu Goethens Freude wieder Bier[137] u*nd* waren den Abend durch recht vergnügt. |

Den 3ten [*Juni 1790*] Da wir furchten durch die Procession des Corpus Domini aufgehalten zu werden, gingen wir nach 8 Uhr ab. Zwischen Teutschen u*nd* Brixen sahen wir einen schönen Wasserfall zwischen zwey hohen Bergen herabstürzen, schöne Gebürgs Gegenden. Nachts um 10 Uhr kamen wir in Storzingen an u*nd* aßen zusammen.

Den 4ten [*Juni 1790*] Um 8 Uhr von Störzingen ab, die Manichfaldigkeit in den Felsen u*nd* Gebürgen wird immer schöner. Wälder von Lerchenbäumen Vorige Tage Porphir Felsen, heute sahen wir den schönsten Marmor. Zwischen den Brenner u*nd* Steinach ein Waßerfall wie ihn oft Eberting mahlt Hütten u*nd* ~~Gem~~ k*leine* Häußer, Lerchen Bäume umher. Efeckt der Untergehenten Sonne in den Bergen vor Inspruck; In Steinach aßen wir bey einer freund*lichen* Wirthin zu Mittag, sie erzehlte uns ihr kleiner Sohn sey kurz nach unserer ersten Durch-

135 Diese Ortsangabe steht in der Hs. zur leichteren Orientierung des Lesers zu Beginn des Tageseintrages links neben dem Seitenspiegel.

136 Das Wort /Altostato/ ist mit Rötelstift unterstrichen, mit dem gleichen Stift steht dahinter von fremder Hand als Erklärung /(Allstedt)/.

137 Die Unterstreichung und eine zusätzliche Markierung durch einen senkrechten Strich am linken Rand erfolgten mit einem Rötelstift.

reise gestorben; sie sagte Gott hätte es gethan u*nd* war sehr ruhig dabey. Auf den Brenner hatte ein Postillion das Bein, kurz ehe wir ankamen gebrochen. Der Dockter gab guten Rath beym Verband. Um 7 Uhr kamen wir in Inspruck an, u*nd* aßen zu Nacht.

Den 5 [*Juni 1790*] Blieben wir Vormit*tag* zu Hauße, Einsiedel u*nd* ich machten Vormit*tag* Visite bey den Graf u*nd* Gräfin Lotron, Oberhofmeister der Erzherzogin Nach Tisch kamen beyde selbst u*nd* Abends fuhren wir zu der Prinzeß, es war Cour, nach dem sie die Herz*ogin* in ihren Zimmer mit ihren 12 Stifts Damens empfangen hatte. Die Gesellschaft war ziem*lich* zahlreich; Graf Sauer, Gouverneur von Inspruck, seine Frau, Gräf*in* Wolckenstein u*nd* ihr Mann Keys*erlicher* Kamerherr sie waren in Weimar empfolen worden p man spielte im Großen Saal, hüpscher Page, im Vorzimmer Portreit Tapeten, Goethen sagte ein Domherr, Herder sey todt. |

Den 6ten [*Juni 1790*] Den Vormit*tag* brachten wir zu Hauß zu. gegen 1 Uhr kam der Gouverneur Gr*af* Sauer mit seinen Bruder den Teutschen Herrn als dann die ~~Prin~~ Erz Herzogin mit ihren Oberhofmeister u*nd* zwey Damen. Wir fuhren mit ihr um ~~aßen~~ bey ihr zu eßen; das Diner war sehr gut, u*nd* zahlreiche Gesellschaft. Nach Tafel fuhren wir nach Hauß. Abends wieder zur Erz Herzo*gin* u*nd* mit ihr ins Theater, wo nach einen kleinen Stück das Melodrama Leonardo u*nd* Blandine Musick von Winder schlecht gegeben wurde.

Den 7 [*Juni 1790*] Früh um 9 Uhr von Inspruck ab. In der Gebürgigten Gegend freuten mich vorzüglich die Wälder von Lerchenbäumen. Abends 6 Uhr kamen wir in Nasereith an, es liegt mitten in hohen kahlen trocknen Gebürgen. Nach den Eßen gingen wir einwenig spaziern

Den 8ten [*Juni 1790*] Um 7 Uhr fuhren wir aus bis Reiti wo wir zu Mittag aßen. Göthe war eine halbe Stunde zu Fuß gegangen und kam uns nach. Die Teiche zwischen den Gebürgen spiegelten sich ‹in› schönen grünen Farben. Abends um 9 Uhr kamen wir nach Kaufbeuren es fand~~en~~ sich bey Tisch ein dummer Geschwäziger Wirth bey uns ein, der uns erzelte daß er ‹mit› im Rath saß pp Der Wohlstand u*nd* die Fruchtbarkeit des Landes ist hier bis nach Auspurg sehr sichtbar, Grose Dörfer; schöne u*nd* bequeme Häußer in den selben.

Augsburg[138]
Den 9ten [*Juni 1790*] Um 8 Uhr von Kaufbeuren ab und gegen 3 Uhr in Augsburg Die Gegend um Augsburg fröhlich obgleich flach, hüpsche Gärden um die Stadt, wir logirten in den 3 Mooren, ein sehr reinlicher u*nd* bequemer Gasthof.

138 Diese Ortsangabe steht in der Hs. zur leichteren Orientierung des Lesers zu Beginn des Tageseintrages links neben dem Seitenspiegel.

Bey Tisch kam der Neveu des Panquiers u*nd* brachte Briefe, wir erfuhren die Nachricht von den unglücklichen Todt von Knebels Bruder, der mit den Margrafen in Italien gewesen war. |

Den 10 [*Juni 1790*] Vormittag kam der Banquir Halter ~~sein Neveu~~, wir fuhren als dann aus einige Fresco Gemälde zu sehn, wo mit die Häußer von ausen geziert sind; von einen Augspurger Mah*l*er Nah*men*s Holzer: Castor u*nd* Polux vor Jupiter. Der Schatten des Adlers fällt auf den Toden. Bauren Tanz. Wir fuhren in das Hauß des Domprobst ~~Th~~ Reischach sein Gemählde Cabinet zu sehn. 2 schöne Hakerts, Tivoli ~~Meer~~ Gegend am Meer. Vesuv in Guasch Peter van Hock Niederländer 2 Männ*liche* Figuren sizend 1 Weib*liche* vor dem Tisch, schöne Neben sachen. Nach Tisch In die Cartun Fabrique vo*n* Schüle Die Herz*ogin* Ein*siedel* u*nd* ich kauften einige Stücke, wir besahen die in Holz gesch*n*itten Formen pp Abends holte uns der H*err* Halter zur Spazierfar*t*h ab Die Gegenden um die Stadt sehr freund*lich* artiges ‹Fichten› Wäldchen. In den Garden seines Bruders wo die ganze Familie versammelt war um ein Gouter. hüpsches Hauß u*nd* Garden. Abends saßen wir zu sammen.

Den 11 [*Juni 1790*] Um 9 Uhr von Augsburg ab. Wir aßen etwas in Meitingen in des PostMeisters Garden Hauß Er selbst war ein verständiger Mann u*nd* sprach gut über die jezigen politischen Verfaßungen. Die Gegend ist immer fort flach, aber fruchtbarer Boden. In Donau Werth tranken wir Caffé ~~3 *Viertel* Stunden vor Mohnheim brach das rath u*nd* wir warfen um, es ging alles ganz gut ab~~ Zwischen Donauwerth u*nd* Monheim das schöne grose Kloster Kaysersheim Goulon ließ in Monheim ein Billet zurück daß da nicht zu bleiben sey 3 V*iertel* Stunden vor Ditfurth brach das Rath u*nd* wir warfen um, es ging gut ab u*nd* wir fuhren in andern Wagen mit Goethen auf den Bock bis Ditfurth, wo wir vergnügt zu Nacht aßen.

Den 12ten [*Juni 1790*] Da das Rath nicht bald genug ferdig werden konten ließen [*wir*] | den Wagen mit den Docktor u*nd* Goulon zurück. auf den Poststationen tranken wir Milch u*nd* aßen Butterbrod. Abends um 10 Uhr kamen wir glück*lich* in Nürrenberg an, wo wir durch Knebels Gegenwarth sehr erfreut wurden. Wir log*ierten* im Rothen Roß. Der andere Wagen kam Nachts um 4 Uhr an.

Nurrenberg[139]

Den 13 [*Juni 1790*] Wir fuhren Vormit*tag* zusammen, Einsiedel ausgenommen, in das * Rathauß, verschiedene gute Gemälde; eines von Sandrat eine Wahlfeyerlichkeit Portraite. Über einer Tühre 2 halb Figuren, ein Meister der einen jungen Menschen astronomi lehrt ‹schwarze Kleidung› von ~~von~~ Neudoerfer,

139 Diese Ortsangabe steht in der Hs. zur leichteren Orientierung des Lesers zu Beginn des Tageseintrages links neben dem Seitenspiegel.

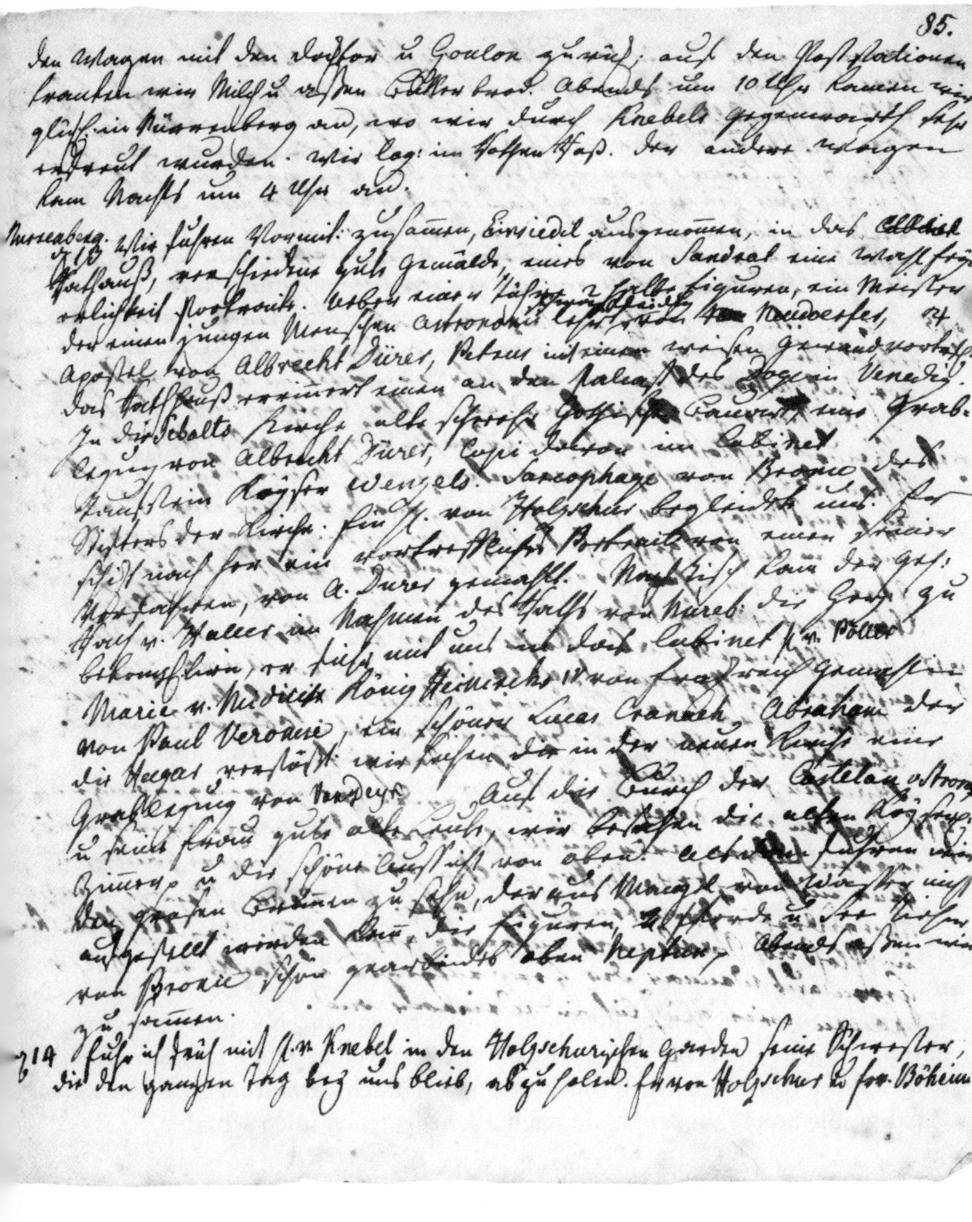

Abbildung 4
GSA 24/I 3, Bl. 85r
Einträge zum 12. – 14.6.1790
(Foto: Klassik Stiftung Weimar)

4 Apostel von Albrecht Dürer, Petrus mit einen weisen Gewand vortreff*lich* Das Rathhauß erinnert einen an den Palast des Doge in Venedig. In die Sebalts Kirche alte schwehr Gothische Bauart eine Grablegung von Albrecht Dürer, Copi davon im Cabinet. Taufstein Keyser Wenzels. Sarcophage von Bronce des Stifters der Kirche. Ein H*err* von Holzschur begleidet uns. Er schickt nach her ein vortreffliches Portrait von einen seiner Vorfahren, von A*lbrecht* Dürer gemahlt. Nach Tisch kam der Geh*eime* Rath vo*n* Haller im Nahmen des Raths von Nureb*erg* die Herz*ogin* zu bekomp*limen*tiren, er fuhr mit uns in das Cabinet H*errn* vo*n* Pöller Marie vo*n* Medici, König Heinrichs von Franckreich Gemahlin von Paul Veronese, ein schöner Lucas Cranach Abraham der die Hagar verstößt: wir sahen ~~da~~ in der neuen Kirche eine Grablegung von Van Deyk.

Auf die Burch der Castelan vo*n* Stromer u*nd* seine Frau gute alte Leute, wir besahen die alten Keyser*lichen* Zimmer p u*nd* die schöne Aussicht von oben. als dan fuhren wir den grosen Brunnen zu sehn, der aus Mangel von Wasser nicht aufgestellt werden kann Die Figuren, 2 Pferde u*nd* See Tiehr von Bronce schön gearbeidet oben Neptun p Abends aßen wir zusammen

Den 14 [*Juni 1790*] fuhr ich früh mit H*errn* vo*n* Knebel in den Holzschurischen Garden seine Schwester die den ganzen Tag bey uns blieb, abzuholen. Fr*au* von Holzschur u*nd* Fr*au* vo*n* Böheim | waren zugegen u*nd* wir frühstückten. Wir fuhren als dann zu einen Kaufman Haas der ‹mit› Eng*lischen* Wahren handelt, zu uns kam Goethe, von da zu Kunsthandler Wild der Gemälde u*nd* eine Menge Kunstsachen zum Verkauf besizt, die Herz*ogin* kaufte ‹Nachmit*tag*› eine Kanne in Glaß. 2 Köpfe für Fr*äulein* vo*n* Knebel. Der Preusische Gesande H*err* vo*n* Bömer war indeßen bey der Herz*ogin* gewesen Mitt*ag* aß noch H*err* vo*n* Holzschur bey uns. Nach Tisch kam der Geh*eime* Rath Hofmann, der in die Schweiz reißt. Wir fuhren zu Wild u*nd* in einige Gärden u*nd* die[140] Wiese, ein öffend*licher* Spaziergang der Nürenberger. Abends aßen wir alle zusammen Die Frau Castelanin schickte noch ein Geschenck von Pfefferkuchen.

Den 15 [*Juni 1790*] Wir reißten um ½ 7 Uhr von Nürenberg ab. bis Creuzen hatten wir sehr schlechten Weg, doch kamen zuweilen artige Landschaften in der Gegend vor. Nach Mitternacht kamen wir sehr ermüthet in einen guten Gasthof, die Sonne, in Bareut an. nach 2 Uhr legte ich mich schlafen.

Den 16 [*Juni 1790*] Es wurde beschloßen wohl auszuruhen u*nd* erst nach 12 Uhr abzugehn Es kam der H*err* vo*n* Imhof Bergamtmann, mit seiner Frau, u*nd* Tochter u*nd* den Ernst Imhof zur Herzogin, es wurde viel von denen Veränderungen in Anspach gesprochen. Nach dem Eßen gingen wir ab, hüpsche Gegenden, zwischen Berneck u*nd* Münchberg wächst viel Arnica. ‹hier geht der

140 Danach ist Raum gelassen für den Nachtrag des Namens.

Granit an› Die Chaussén sehr ausgefahren u*nd* beschwerlich. um 11 Uhr in Hof.

Den 17 [*Juni 1790*] Um 7 Uhr wieder ab, schlechte Wege bis Schlez, oft mußten wir aussteigen Goethe fand Marcariten, [*als*] wir von Auma von der Post abfuhren brach das Rath, wir bekamen eins geliehen u*nd* kamen Abends um 7 Uhr bey der Fr*au* vo*n* Hendrich in Oberpölniz an. supirten sehr munter u*nd* schliefen gut.

Den 18 [*Juni 1790*] Nachdem wir dejeunirt u*nd* im Garden spazieren gegangen waren fuhren wir um 10 Uhr wech, die Wege werden bis Jena nicht beßer, Mittag hielten wir im Jägers Haus zu Moersdorf u*nd* tranken guten Caffé. In Jena stieg die Herz*ogin* im Schloß ab, Starke war entgegen gefahren. Bey Cetschau kamen Herrn aus Weimar der Herz*ogin* entgegen u*nd* Nachts um 11 Uhr kamen wir glücklich in Weimar an. |

[*Anhang – Text 1*]

Reise von Weimar nach Neapel und zurück

	Meilen						
Weimar		München	2 ½	Ala	1	Borgo San Donino	1
Jena	2	Wolfershausen	4	Peri	1	Castelguelfo	1
Neustadt	4	Benedickt-bayern	4	Volarni	1	Parma	1
Schletz	3	Wallersee	3	Verona	1 ½	Santa Eulalia	1
Gefell	2	Mittenwald	3	Castelnuovo	1 ½	Reggio	1
Hoff	1	Seefeld	3	Roverbella	1	Rubiere	1
Münchberg	2	Dolders	3	Mantua	1	Modena	1
Berneck	3	Inspruck	2	Castelluccio	1	Samoggio	1 ½
Bareut	2	Posten 2 *teutsche Meilen*, 8 bis 9 Italienische		Bozolo	1 ½	Bologna	1 ½
Creusen	2	Sönberg	1	San Pietro	1 ½	Pianora	1 ½
Kirchendomback	3	Steinach	1	Pieve San Giacomo	1	Lojano	1 ½
Hambach	2	Brenner	1	Cremona	1	Allefelicaie	1
Amberg	3	Sterzingen	1	Aqua nera	1	Cavigliajo	1
Schwandorf	2 ½	Obermittiwald	1	Pizzicatone	1	Montecarelli	1
Bonholz	2 ½	Brixen	1			Cafogiolo	1
Regenspurg	2 ½	Collumm	1	Casale Pusterlingo	1	Fonte buona	1
Eglofheim	2	Teutschen	1	Lodi	1 ½	Firenze	1
Buchhausen	2	Bolzen	1	Marignano		Lastra	1
Egelsbach	2	Brenzoll	1	Milano	1 ½	Osteria nuova	1
Landshut	3	Neumarckt	1	Marignano	1 ½	Scala	1
Mosburg	2	Solurn	1	Lodi	1 ¼	Castel del Bosco	1
Freysingen	2	Lewis	1	Casale Pusterlingo	1 ¼	Forchetta	1
Garchingen	2	Trient	1	Piacenza	2	Pisa	1 |
		Rovereto	1	Fiorenzuolo	2		

Livorno	2	Torre	1 ½	Otricoli	8	Forli	1 ½
Pisa	1	Albano	1	Narni		Faenza	
Forchetta	1	Gienzano	1	Terni		Imola	
Casteldel Bosco	1	Veletri	1	Strettura		San Nicolo	1 ¼
Scala	1	Cisterna	1 ¼	Spoleti		Bologna	1 ¼
Poggibonzio	1	Treponte	¾	Le Vene		San Giorgio	1 ½
Castillioncello	1	Bocca di fiume	1	Foligno		Cento	
Siena	1	Mesa	¾	Casenuove		San Carlo	1 ½
Monterone	1	Ponte magior	1	Seravalle		Ferrara	
Buonconvento	1	Terracina	1	La Trave		Rovigo	
Torrinieri	1	Fondi	1 ½	Valcimara		Monselese	2
Arriverto	1	Itri	1	Tolentino	1 ½	Padova	1 ½
Riccorsi	1	Mola di Gaeta	1	Macerata		Dolo	
Radciofani	1	Carigliano	1	Sambuchetto		Fusina	
Pontecentino	1 ½	Santa Agata	1	Loreto		Von da zu Wasser	
Aquapendente	1	Francolissi	1	Camurano		Venezia	
San Lorenzo	¾	Capua	1	Ancona		Padova und	
Bolsena	1	Aversa	1	Casebruciale		Vicenza nach	
Montefiascone	1	Napoli	1	Sinigalia		Verona von da nach	
Viterbo	1	wieder zurück nach Rom		Marotto		Mantua und zurück	
Allamontagna	1	Prima porta		Fano		Verona	
Ronciglione	1	Borghellacio	¾	Pesaro		Volarni	1 ½
Monterosi	1	Castelnuovo	¾	La Cattolica		Peri	
Boccano	1	Rignano		Rimini	1 ½	Ala	
La Storta	1	Civita Castellana		Savignano		Roveredo	
Roma	1	Borghetto	¾	Cesena		Aquaviva |	

Trient		Meitingen	1 ½
Levis		Donauwerth	1 ½
Solurn		Monheim	
Neumarck		Ditfurth	
Brenzoll		Pleimfeld	
Bolzen		Roth	
Teutschen		Schwabach	
Columm		Nürenberg	1 ½
Brixen		Rickersdorf	
Obermittiwald		Pezemstein	
Sterzingen		Pengnitz	
Brenner		Creusen, von	
		früh ½ 7 Uhr	
		bis Nachts	
		1 Uhr	
Steinach		Bareut	22 Stunden
Schönberg		Berneck	3 Meilen
Insbruck		Münchberg	2
Dirschenbach		Hoff	1
Parwis		Geföll	2
Naßereith		Schleitz	2
Lermes		Auma	2
Reiti	1 ?	Mittelpölnitz	1 ~~3~~
Füeßen		Jena	
Steten	1 ¼	Weimar	~~1 ¼~~
Kaufbeuren	1 ¼		~~1 ¼~~
Büchelohe	1 ¼		~~1 ¼~~ |
Schwabmünchen			
Augsburg	1 ½		

[*Anhang – Text 2*]

Der Weg durch die Grotte des Pausilips, führt zum nahen Pozuoli, dem Puteoli der Alten, Ehe man aus der Straße in die Höle hineingehet, findet man sich umringt von hohen Felsen, in einem Orte, welcher einer Einsiedeley ähnlich siehet. Dieser Anblick, diese Stille thut wohl, desto mehr, da man noch den Augenblick vorher vom Getöse der Stadt betäubt war, deren Straßen vielleicht die geräuschvollsten in Europa sind. Zu dem Zauber der Aussicht auf das Meer, seine Gestade und Inseln, eine Aussicht, die würcklich unaussprechlich schön ist, gesellet sich der rauschenden Wogen Gesang, die Milde der wohlthätigen Luft, die Heiterkeit des Himmels und die Fülle immer keimender, blühender, schwellender, reifender Fruchtbarkeit. Hier ist das Jahr würcklich rund, hier tanzen die freundlichen Horen mit verschlungenen Händen zur Melodie der Freude! Als Griechen dieses Land entdeckten wurden sie bezaubert durch seine Schönheit, hierher versezten sie die hesperischen bezauberten Gärten, hierher die blühenten elysischen Gefilde. Homer läßt seine Sirenen hier singen, an italischer Küste bezaubert seine Circe. Felsen und Strudel des Meeres verführen vor den trunkenen Augen des göttlichen Homers als lebende Ungeheuer; alles athmet Leben, hier, wo die Phantasie immer·unterhalten, das Herz von der ‹immer› jungen Natur entflammt wird!

Virgil spricht mit Empfindung von der Zeit die er hier in dem lieblichen Neapolis lebte.

Illo Virgilium me per tempore dulcis aloebat
Parthenope l
Damals weilt' ich Virgil ~~an~~ in der holden Parthenope freundlich
Nährenden Flur – –

Und wenn Ovid das Schiff, welches den in eine Schlange gehüllten Aesculap von Epidaurus nach Italien fahren läßt, so wirft er bei Beschreibung des Gestades, auch einen freundlichen Blick auf die zur Muße geborene Parthenope

– in otia natam
Parthenopen

Der Himmel ist hier von einem dunklern Blau, Mond und Sterne scheinen mir mit einem hellern Lichte zu leuchten. Die ganze Natur verbindet hier die lieblichste Freundlichkeit mit der höchsten Größe. Die Griechen, diese feinen Kenner und Empfinder des Schönen, suchten sich früh neue Wohnungen an dem Meerstrande des südlichen Italien, verschiedene Jahrhunderte nachher wallete die poetische Sage von den Wundern dieses Landes noch immer hinüber nach Altgriechenland. Selbst der ernst forschende Aristoteles spricht noch ‹wie› von einer neuen Welt von diesem lieblichen Lande, welches durch seine natürlichen Reitze und trunkene Poesie für die Bewohner des alten Griechenlandes lange Zeit ein Peru war, wie es sich das sechzehnte Jahrhundert dachte ein bezaubertes Schlarafenland.

Reise nach Italien von L. Stollberg

[*Anhang – Text 3*]

Von Rom die Via Flaminia über Citta Castellana, nach einigen das das alte Veii welches nach 10Jähriger Belagerung die Römer durch Furius Camillus ~~zu einer Rebel~~ eroberten, nach andern das alte Fesunium der Hauptsiz der Faliscer. Von den Thurm der Citadell eine schöne Aussicht ins Sabiner Land u*nd* das 12 Mil*ien* davon liegente Schloß Caprarola. Der Berg worauf Cit*ta* Castellana steht ein rother Tuffstein mit grosen u*nd* k*leinen* Stücken verbrannden Bimstein. Eine Meile davon alte Ruinen die man für das alte Falerium hält.

Uber Borgetto, über die schöne Brücke Ponte felice zum lezten mal über die Tiber. Eine Meile von Otricoli alte Ruinen der Sabinischen Stadt Ocriculum.

Eine ~~Meile~~ ‹~~Hüle~~› ~~von~~ Höle bey Narni, die des Risen Orlando. in Narni mäßtete man die Ochsen zu den Opfern. Am Fuß der Stadt linker hand Reste der prächtigen Brücke Augusts die er zu vereinigung beyder Hügel u*nd* zur Erleichtung des Wegs nach Perugia anlegen ließ. ‹man sieht› von der Höhe ~~der~~ Narni, die Stadt Celsi über die ein Fels hängt der ihr den Einsturz troht. Das Thal zwischen Narni u*nd* Terni das schönste das man sehn kan. ~~Terni~~

Terni hieß bey den alten Römern Interamna weil es zwischen 2 Armen der Nera liegt. Vaterstat des Geschichtschreib*er*s Tacitus. Im Bischöflichen Garden Ueberbleibsel eines Amphitheaters mit Gewölben. Bey der Kirche S*an* Salvadore Reste eines ~~Jupiter~~ Tempels der Sonne. In den Jesuiter Keller Reste eines Hercules Tempels. Im Landhauß der Famil*ie* Spada Gewölbe die Bäder waren. In der Domkirche wares Blud Christi. Wasserfall vom Fluß Velino, der 14 Mil*ien* davon in den Apeninen entspringt. Ausser dem Wasser Fall des Niagara in Amerika ist ihm nichts zu vergleichen. Der Aeolische Berg auf der andern Seite von Terni, aus welchem des Sommers kühle Winde aus den Ritzen kommen. Zwischen Terni u*nd* Spoletto der beschwerliche Berg la Somma zu passieren. |

Spoletto auf einen Berg, sie wurde nach den 1ten Punischen Krieg in eine Römische Collonie verwandelt. In der Domkirche ein Guercino die H*eilige* Cecilia. Eine heimsuchung Mariae von Hanibal Caracci. Kirche S*an* Philippo Neri im Geschmack der S*an* Andrea della Valle in Rom gebaut. In der kleinen Kirche S*an* Crocifisso steht der Altar in einen alten Tempel des Aesculap. Auf der Terasse eine schöne Aussicht Im Kloster S*an* Andreas Reste eines Jupiter Tempels. Spoletto ist den Erdbeben sehr ausgesezt 1765, 50 Stöße in 8 bis 10 Tagen.

Bey Le Vene der Tempel des Flußes Clitumnus, der Fluß entspringt aus 3 Quellen, ein paar hundert Schrit vom Tempel in denselben steht jezt ein Altar worauf Messe gelesen wird.

In Foligno im Kloster delle Contezze ein berühmter Rapha*el* die Maria mit dem Kind u*nd* versch*iedenen* Figuren. In der KatetralKirche hat man über den Altar den Baltachin der PetersKirche ~~nach~~ im Kleinen nachgeahmt Die Kirche S*an* Francesco wegen der Bauart merckwürdig.

Von Foligno nach Tolentino, bald nach dem man Foligno ver*l*aßen hält man zu Castro Pales an, eine vortreff*liche* Papiermühle u*nd* die merckwürdige Grotte im

Pallast des Marchese Elisei zu sehn. In der grotte merckwürdige Gestalden von Tuff Tropfstein.

Bey Tolentino hören die Apeninen auf die bey Narni anfangen.

Macerata auf einen Hügel, man sieht in der Ferne das adriatische Meer. Das Hauptthor der Stadt ein Triumpf Bogen mit Toscanischen Pilastern vom Cardinal Pio erbaut Der Governatore ‹Generale› der ganzen Marck residiert da u*nd* ist der erste aller Statthalter im Kirchen Staat. 2 Milien von Macerata ‹kommt man› über den Fluß Potenza an die Ruinen der alten Stadt Helvia Ricina, welche der Kayser Septimus Severus I anlegte. Die Mauren von Macerata u*nd* Recanati sind aus den Steinen der verfallenen Gebeute ausgeführt.

Von Recanati 3 M*ilien* von Loretto eine herrliche Aussicht über das Meer u*nd* die umliegende Thäler. grose Fruchtbarkeit, Artischocken von einigen Pfunden.

Loretto der Plaz vor der Kirche von Bramante angegeben u*nd* von Sansovino u*nd* andern fortgesezt p. In der Sakristey ein schöner Guido. In der Apotheke der Casa Santa 300 grose Gefäße von Majolica warsch*einlich* nach Zeichnungen von Raphael u*nd* Julio Romano, Zusammensezung gut. Ausführung schlecht. Die Aussicht von Loretto über die See u*nd* angebauten Thäler herlich. Bey hellen Wetter kann man die Berge von Croatien ge*n*seit des Adriatischen Meers u*nd* 150 Meilen davon sehn.

Ancona der beste Hafen der Adriatischen Küste. Von der Domkirche eine schöne Aussicht. Die Börse Ein Triumpfbogen des Keys*ers* Trajan welchen ihn der Rath sezen ließ, auf dem Molo. auf der andern Seite L'arco Clementino von Vanvitelli, das Lazaret auch von Vanvitelli Eine schon alte Handelstadt, die alten Griechen oder eigend*lich* Dorer ‹Syracusaner sich vor den Dyonysius zu retten› erbauten sie. Die Weiber sind schön u*nd* besser Farbe als im übrigen Italien. Bey den Alten war Ancona des Purpurs wegen berühmt. Unter der menge Fischen u*nd* Muscheln ist die Dattelmuschel merckwürdig, man findet sie am häufigsten beym Berg Conuro 10 Milien von Ancona. Ebbe u*nd* Fluth des adriatischen Meerbusens in Venedig am mercklichsten.

In Senigalien die grose Messe im Junius. zwischen ihr u*nd* Fano mit die besten Gegenden von Italien. Bey den Flüßen Misa u*nd* Cesano zeigt man einige Gräben die zur Befestigung des Romischen Lagers wieder die Karthaginenser gedient haben sollen. Genseit des Cesano Spuren von den Lager des Astrubal. Der Fluß Metauro ist wegen einer der größten Siege der Römer berühmt 208 Jahr von vor Christi geburd im 2 ten Punischen Krieg, wieder der Astrubal der über die Alpen kam u*nd* da sein Leben verlohr.

Fano hat ein schönes Theater, ausserhalb der Stadt macht ein Arm des Metauro einen Wasser fall von 20 Fuß. Ein Triumpf Bogen des K*eysers* Constantius Marmor.

Pesaro in der Kirche S*an* Antonio Abbate am Haupt altar ein schönes Gemälde von Paul Veronese. Die Brücke zu Pesaro aus einen weisen Stein, aus Istria der sich wie Marmor poliren läßt. Hier wachsen die schönsten Feigen in ganz Italien.

Eine Meile | von der Stadt das Lustschloß der Herzoge von Urbino. Poggio Imperiale, auf einen Berg. Dieser ganze Strich gehörte denen Herzogen wie sie ausstarben erhielt es der Papst*liche* Stuhl als seyn Lehn.

Wenn man von Pesaro komt gleich vor der Stadt ein Triumpfbogen des Augusts zu Ehren, der älteste der noch übrig ist. Aus einen weisen Steine, aus den apeninischen Gebürchen, der den aus Istria gleich kommt u*nd* dort für Marmor paßirt. Auf den Marckt eine Art Piedestal auf welchen Cesar seine Soldaten soll angeredet haben nach dem sie über den Rubicon kamen Die Brücke San Giuliano aus der Inschrift beweißt das August u*nd* Tiber sie angelegt oder ~~aus ge~~ verbeßert, ist noch gut erhalten Der Fluß Pisatello bey Cesenatico ist der eigendliche Rubicon welcher ehemals die grenzen zwischen Gallia Cisalpina u*nd* dem eigendlichen Italien machte. In Ravenna das Grabmal des Königs Theoderichs, ihm von seiner Tochter Amalgunta errichtet. Auch Danté Alighieri Grab ist hier, es steht mit einem Gitter umgeben, auf öffent*licher* Straße an der Ecke eines Franziskan*er* Klosters.[141]

Von Rimini kommt man [*nach*] Savignano das sonst Compita hieß von da bis Cesena 3 Flüße zu paßiren: Fiumicino, Riginossa u*nd* Pisatello oder Rubicon. Der Wein von Cesena war nach Plinius bey den Alten in Ruf. In Forli werden die meisten Regenschirme von Wachsleinewand gemacht. Faenza eine grose wohlgebaute Stadt am Lamone die Stadt ist sehr alt, Plinius gede*n*ckt ihrer. Sie ist der vielen irdnen, gemalten u*nd* glasurten Gefäße wegen bekand. Der erste Erfinder hieß Majolica nach welchen sie heißen. von dieser arbeid kommt es daß man sie in Fra*n*ckreich u*n*d andern Orten Fayance nennt. Imola, in schöner fruchtbarer Fläche die hier andängt[142] u*nd* durch die ganze Lombardi geht.

Cento das Vaterland des berühmten Joh*ann* Franciscus Barbieri gemein*iglich* Guercino da Cento genannt. Gemälde von ihm in dem Jesuitercollegium. Das beste in der Kirche del Nome di Dio, Christus der seiner Mutter nach der Aufferstehung erscheint. pp

Ferrara, in der Citatell 300 Mann päpst*licher* Besazung. Sie verdanckt ihren Uhrsprung einigen Einwohnern von Friaul, welche nach Zerstörung der Stadt Aquileja durch den Attila, den Po hinauf schiften u*nd* mitten in Morästen | und Waldungen Sicherheit suchten. Ihre blühentste Zeit ‹zu Ende des 16 Jahrhundert› war unter den Herz*ogen* von Este. Im Schloß das die Herzoge bauten, hat der Saal der Rathsversammlung schöne Frescomalereyen. Bey den ehemalien Jesuiten schöne Gemählte u*nd* im ~~dem~~ innern Hof das Grabmal des ersten Herzogs von Ferara. In der Kirche des H*eiligen* Benedictus das Grabmal Ariosts. Bey

141 Die Textpassage /Der Fluß Pisatello … an der Ecke eines Franziskaner Klosters/ ist durch eine eckige Klammer am linken Rand aus dem Exzerpt gleichsam herausgenommen, weil sie im Quelltext (Volkmann) einen Reiseweg über Ravenna erläutert, den die Weimarer Reisegesellschaft nicht ging und den die Schreiberin deshalb hier als für die eigene Reise nicht zutreffend kennzeichnen wollte.

142 Verschrieben für: anfängt.

den Benedictinern das P*a*radies von Garofalo mit Ariosts Bild. Im Hospital *Santa* Anna zeicht man noch den Ort wo Tasso 7 Jahre unter den Vorwand von Wahnwitz in Verwahrung gehalten worden. Er starb 1595. In dem Hause Gualenzo zu Ferrara sonst der Familie Guarini gehörig, wurde il Pastor fido zum ersten mal aufgeführt. |[143]

[*Anhang – Text 4*]

Im Venetianischen werden 15 Paoli für 2 Pferde bezahlt, in allen andern italienischen Staaten nur 4 Pao*li* man versieht sich also durch den Banquier mit einem Bollettone /mit Ordre der Republick an alle Postmeister/ mittellst welchen man nicht mehr zahlt als den gewöhnlichen Preiß.

Im Ganzen kann angenommen werden, daß man für jedes Pferd, wie in Teutschland 1 Gulden zahlt. Tringeld jeden Postilion für die Station 3 Paoli u*nd* 5 Bajochi od*er* ½ Paul

Beym Wechsel der Pferde, eine Klein*i*gkeit fürs Schmieren oder besprüzen des Wagens u*nd* den Stalliere für jedes paar Pferde ½ Paoli. Mit Vetturinis ~~fart man~~ ‹fährt man› von Rom bis Venedig mit 4 Pferden oder Maulthieren für 40 bis 45 Zechini Das Tri*n*ckgeld die Hälfte von dem was man denen Postillions würde gegeben haben.

In den meisten u*nd* besten Gasthöfen in Städten zahlt man 10 Paoli fürs Couvert wobey der Wein begriffen u*nd* man kan annehmen daß ein Zimmer in grosen Städten eben so viel täglich kostet, dabey ist das logis der Bedienten mit begriffen. Kaffe | Zucker u*nd* Wachslichte haben ohngefehr den nehmlichen Preiß wie in Teutschland.

beym Abgang aus einen Gasthof wo man sich eine Zeitlang aufgehalten zahlt man den Cameriere /ersten Keller/ den Fachinis/ /Hausknechten/ u*nd* der Küche jeden ~~an~~ besonders, wie ohngefehr in Teutschland. hält man sich nur 1 oder 2 T*a*ge auf so giebt man blos den Cameriere ohngefehr 1 Gulden des Tags. Die gewöhnliche buona Mana in Gallerien pp ist 3 Paoli. Ein Lohnbedienter kostet Täglich 4 Paoli in Neapel 5 Carlini.

Ein lohnwagen täglich 2 ~~Set~~ Scudi u*nd* 3 Paoli dem Kutscher. in Sommer Monathen ist beydes wohlfeiler, weil die Concourenz weniger ist.

Im Theater zahlt man in Rom 20 bis 24 Paoli im 1.2.3. Rang der Logen. in Neapel 5. 6 bis 7 Ducati 10. 12 bis 14 fl*orin* Die Opera seria ist wohlfeiler als die buffa weil das hauß größer ist u*nd* die andern mehr besucht werden | bey der 1 ten representation zahlt man oft bis 24 fl*orin.*

Gasthöfe zu Verona die tre torre, zu Mantua das Posthauß, Bolonga die tre Pellerini, zu Livorno das hauß eines gewißen Wulffen, Handelsman. Pisa al Usero/zum

143 Auf der Rückseite des Blattes befindet sich noch eine kleine, nicht zugehörige Nebenrechnung.

Husaren/ Rom Albergo Curlandia, auf den Spanischen Plaz. in Neapel, al Re di Swezia, Florenz, Aquila nero des H*errn* Pio. Meyland, die tre Re.

Aus der Schweiz über den Laco die Como u*nd* den Borromaeischen Inseln nach Meyland eine der schönsten Touren die man mir als höchst reizend geschildert hat. |

Bäder von S*ank*t Germano /bey Buzoli/ 130 Fahrenh*eit* Grad Die Italienischen Schulen, als: die Römische, die Lombardische /Bolognesische/ die Florentinische u*nd* die Venetianische |

[*Anhang – Text 5*]

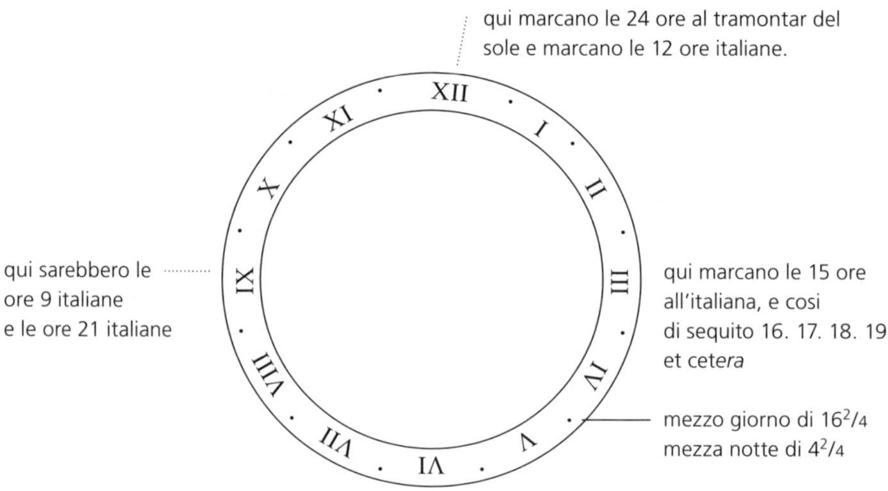
XII
I
II
III
IV
V
VI
VII
VIII
IX
X
XI
qui marcano le 24 ore al tramontar del sole e marcano le 12 ore italiane.
qui sarebbero le ore 9 italiane e le ore 21 italiane
qui marcano le 15 ore all'italiana, e cosi di sequito 16. 17. 18. 19. et cet*era*
mezzo giorno di 16 2/4
mezza notte di 4 2/4

Li italiani contano sull'orologgio Le ore cominciando dal tramontar del sole; allora l'indice si trova alle 12; dunque si conta da allora 1. 2. 3. 4. et cet*era*; arrivate alle 12. non si lascia ma si prosieque sul n*umer*o 1. 2. 3. et cet*era*, contando 13. 14. 15. et cet*era*, sino alle 24. che * ‹e› la ultima ora del giorno, d'onde poi si ricomincia come sopra –

Le ore italiane non possono però marcare aqualmente che le francesì, li quali contano nel giorno due volte 12 ore cominciando dal Mezzo giorno sino alla mezzanotte, e dalla mepanotte sino al Mezzogiorno.

Ma gl'italiani cominciano dal tramontar del sole come si è detto; dunque per esempio le ore undeci italiane sono undeci ore dopo il tramontar del sole, le 13 così ancora et cet*era*.

Il mezzogiorno non è mai marcato alle XII, ma bensi alle 16 sino alli 18 2/4 più o mano secondo la staggione, e così la mezza notte è marcata al luogo istasso del mezzo giorno, con la differenza che alla mezza notta le ore sono tali qualio di vedone ed al mezzo giorno con la quinta di 12 ore. –

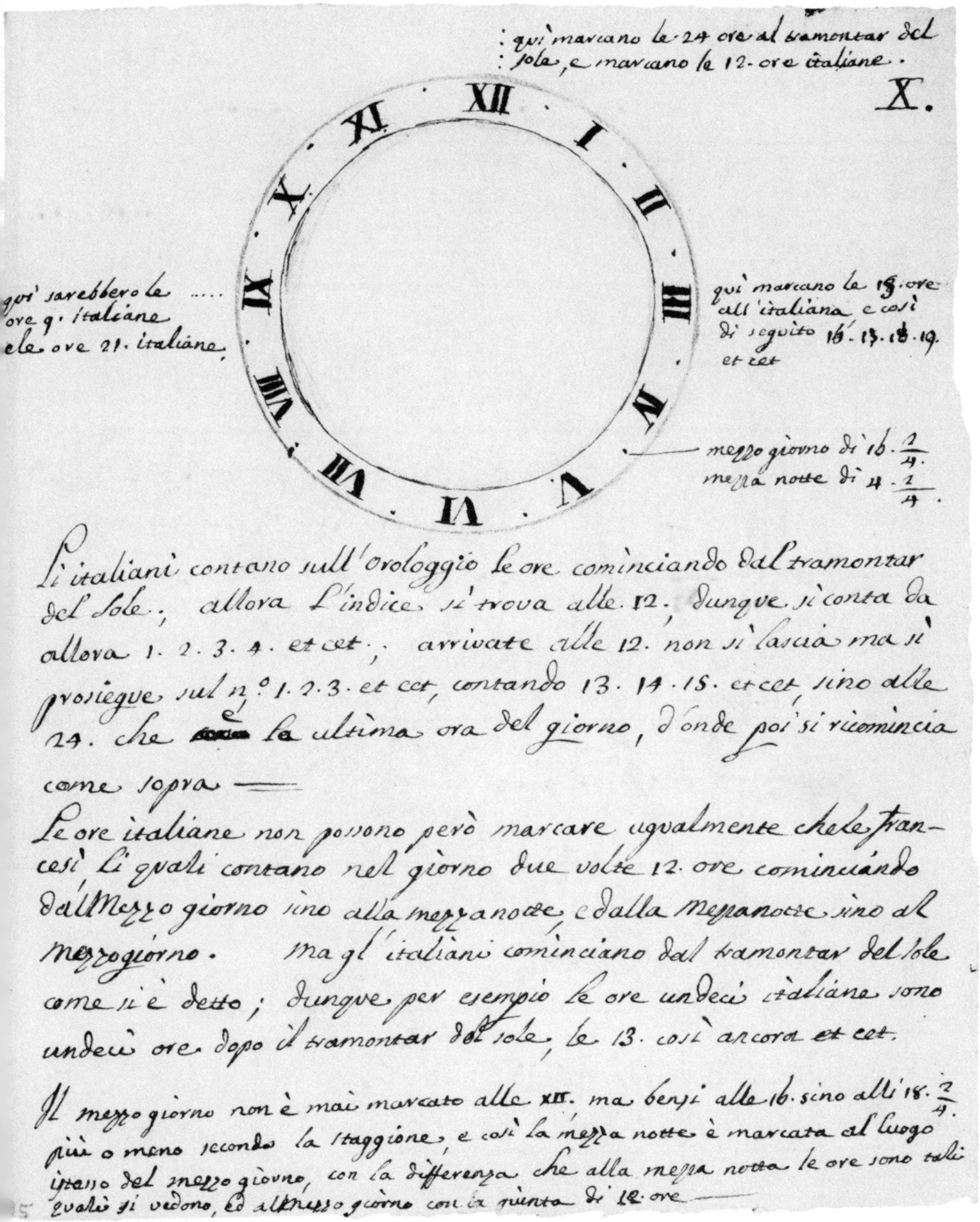
: qui marcano le 24 ore al tramontar del
: sole, e marcano le 12. ore italiane.

X.

Li italiani contano sull'orologgio le ore cominciando dal tramontar del Sole; allora l'indice si trova alle 12, dunque si conta da allora 1. 2. 3. 4. et cet.; arrivate alle 12. non si lascia ma si prosiegue sul n.° 1. 2. 3. et cet, contando 13. 14. 15. et cet, sino alle 24. che è la ultima ora del giorno, d'onde poi si ricomincia come sopra —

Le ore italiane non possono però marcare ugualmente che le francesi li quali contano nel giorno due volte 12. ore cominciando dall Mezzo giorno sino alla mezzanotte, e dalla Mezzanotte sino al mezzogiorno. Ma gl'italiani cominciano dal tramontar del sole come si è detto; dunque per esempio le ore undeci italiane sono undeci ore dopo il tramontar del sole, le 13. così ancora et cet.

Il mezzo giorno non è mai marcato alle XII. ma benzi alle 16. sino alli 18. 2/4. più o meno secondo la staggione, e così la mezza notte è marcata al luogo opposto del mezzo giorno, con la differenza che alla mezza notte le ore sono tali quali si vedono, ed al mezzo giorno con la giunta di 12. ore —

Abbildung 5
GSA 24/I 3, Bl. Xr
Anhang zur italienischen Zeitangabe
(Foto: Klassik Stiftung Weimar)

Louise von Göchhausen
Bleistiftzeichnung von Johann Wolfgang Goethe, um 1776
28,5 × 19,9 cm
(Goethe-Museum Düsseldorf)

Sachkommentar

Im Sachkommentar wie auch im Personenregister entsprechen die Daten den tatsächlichen Gegebenheiten. Jene Daten im April 1789, die Louise von Göchhausen irrtümlich notiert hat und die daher im Textabdruck, ergänzt durch eine korrigierende Fußnote, auch so belassen wurden, sind jeweils in Klammern beigefügt.

Bezüglich der im Text nicht namentlich, sondern durch Verwandtschafts- oder Rangbezeichnungen oder ihre Herrschaftsgebiete bezeichneten Personen verweist der Sachkommentar auf die im Personenregister verzeichnete Namenform. Variierende Schreibungen des Namens hingegen erschließen sich über das Personenregister. Um den Kommentar zu entlasten, werden Personen nur dann im Sachkommentar identifizierend erwähnt, wenn sie im Kontext weniger Tage nicht bereits namentlich benannt wurden oder Mißverständnissen vorzubeugen ist.

Im Tagebuchtext in falscher Schreibweise erscheinende Ortsnamen werden im Sachkommentar normalisiert, um ihre Auffindbarkeit in modernen Kartenwerken zu gewährleisten.

Lebensdaten von Personen werden im Sachkommentar – soweit zu ermitteln – nur von solchen Menschen gegeben, die nicht im Tagebuchtext vorkommen. Die übrigen Daten sind im kommentierten Personenregister verzeichnet.

Die Ansetzung zu kommentierender Textstellen erfolgt unter Verzicht der Kennzeichnung eingefügter, gestrichener oder ergänzter Buchstaben.

Querverweise im Kommentar geben aus Platzgründen vor dem Datum, auf das verwiesen wird, anstelle des ganzen Lemmas an, um das wievielte Lemma unter diesem Datum es sich handelt – z.B.: (s. Komm. (3) 1.12.1789).

15.8.1788

Wagen] Die Gesellschaft reiste mit zwei in Prag neu gefertigten und mit speziellen, der Bequemlichkeit dienenden Veränderungen ausgerüsteten Reisewagen (zusammen 1 094 Reichstaler) und einer Reisechaise (111 Reichstaler). Außerdem wurden Kästen und Koffer (44 Reichstaler), Betten u.a. (120 Reichstaler) für die Reise besorgt, auch wurde die Dienerschaft neu eingekleidet (136 Reichstaler – ThHStAW, HA.A.XVIII.158, Bl. 1).

Medicus Huschke] Einen Arzt mit auf die Reise zu nehmen war eine conditio sine qua non des Herzogs Carl August. Anna Amalia engagierte daher den erst kurz vor Reiseantritt in Jena promovierten Huschke, um so zumindest einen Teil der Bedenken von Familie, Hof und Bürgerschaft gegen ihren Reiseplan auszuräumen. Denn neben den gesundheitlichen und allgemeinen Risiken für eine nur mit so kleiner Entourage (Einsiedel und Göchhausen als adliger Hofstaat, vier Personen als Dienstpersonal, Kayser als Sachverständiger für Italien und die Musik, ein Arzt) reisende Dame befürchtete man in Weimar wirtschaftliche Einbußen durch den zeitweisen Wegfall der Hofhaltung der Fürstin und die finanzielle Überforderung der herzoglichen Schatulle durch die Reisekosten. In der Tat betrugen letztere schließlich 65 145 Reichstaler, mehr als das Doppelte des Kostenvoranschlages, weil wegen des als überaus angenehm empfundenen Lebens in Neapel (vgl. auch Komm. (7) 10.1.1789) die ursprünglich für den Sommer 1789 ins Auge gefaßte Rückkehr nach Weimar auf das Folgejahr verschoben wurde.

Schlüßel] Wahrscheinlich handelte es sich um die Kofferschlüssel, für deren Verwahrung die Hofdame verantwortlich war.

Schleitz] Schleiz.

Cahle] Kahla.

Neustadt] Neustadt an der Orla.

Vasch] Kuh (frz. vache). Hier handelt es sich um einen metaphorischen Ausdruck für eine aufzuschnallende Kiste, einen Behälter auf dem Dach von Reisewagen (Petri, 913).

Frau von Hendrich] Frau von Hendrich brachte zudem, so notierte Anna Amalia (ThHStAW, HA.A.XVIII.153, Bl. 6 r), ihren Sohn Ludwig Ferdinand Emil Wilhelm († 1802) mit.

16.8.1788

Bareut] Bayreuth.

Taroc ombre] Tarock-L'hombre war eine Adaption des Tarock an das aus Spanien stammende L'hombre für drei Spieler. Es wurden dabei 78 Karten in italienischen oder französischen Farben mit 21 Trümpfen und sogenannten Sküs verwendet. Diese Spielvariante des Tarock lebt heute noch im französischen Tarot und im ›Droggn‹ des Stubaitals fort.

17.8.1788

Berneck] Bad Berneck.

Schwarzholz] Nadelwald (DW XV, 2335).

zwey Ruinen] Wallenrode und Hohenberneck. Die Burg Wallenrode als die ältere der beiden Ruinen wurde erstmals 1177 erwähnt, erschien 1340 als Amt im Besitz der Burggrafen von Nürnberg, das diese jedoch 1406 als Pfand für eine Summe von 3 122 Gulden an die Herren von Wallenrode gaben. Durch Erbschaft gelangten nach 1428 die Grafen von Orlamünde an die Feste. Die Wallenroder blieben Amtleute auf der Burg, auch nachdem Markgraf Albrecht Achill von Hohenzollern (1414-1486) die Schulden beglichen hatte. 1501 bezogen die Herren von Wallenrode die seit 1477 mit Erlaubnis der Markgrafen auf einem ehemaligen Vorwerk neu errichtete Burg Hohenberneck (heute Neuwallenrode) und überließen die alte dem Verfall. Die auf einer benachbarten Bergkuppe gelegene neue Burg verkauften sie bald an die Markgrafen von Hohenzollern. Man gab die Anlage jedoch ebenfalls auf, als sie noch im 16. Jh. durch bundesständische Truppen zerstört wurde.

18.8.1788

Creusen] Creussen.

Thumbach] Kirchenthumbach.

Hambach] Hahnbach.

19.8.1788

bunte Catolische Kirche] Nach Anna Amalias Tagebuch (ThHStAW, HA.A. XVIII.153, Bl. 8 v) ist hier die katholische Hauptkirche St. Martin an der Südseite des Amberger Marktplatzes gemeint. Diese Basilika, nach dem Regensburger Dom die größte Kirche der Oberpfalz (72 m lang, 20,5 m breit), wurde für viele Kirchen in den sächsischen Bergbaustädten zum Modell. 1421 begannen die Bürger Ambergs mit dem Bau, der etwa 100 Jahre dauerte. Die Hallenkirche mit den drei gleichhohen Schiffen deckt ein Satteldach. Strebepfeiler stützen darin die über den 19 Seitenkapellen umlaufenden Emporen. Der massive, 1509 begonnene Turm erhielt erst 1720 seine heutige Gestalt. Seit 1544 diente die Kirche der neuen protestantischen Lehre, weshalb 1557 zunächst die Seitenaltäre und Bildwerke, später auch der freistehende Hauptaltar und die Fresken der Bilderstürmerei zum Opfer fielen. Im Zuge der Gegenreformation wurde St. Martin jedoch wieder katholische Pfarrkirche. Für den neuen, prunkvollen barocken Hochaltar erwarb man eine Darstellung der Krönung Mariens im Beisein der Stadtheiligen von dem Rubensschüler Caspar de Crayer (1584-1669). Nach Behebung der im spanischen Erbfolgekrieg 1703 eingetretenen Schäden erhielt die Kirche eine reiche Barockausstattung, die jedoch im 19. Jh. wieder beseitigt wurde.

20.8.1788

Bonholz] Ponholz.

Frau Margräif] Markgräfin Sophie Karoline Maria von Brandenburg-Bayreuth.

Cosa rara] ›Una Cosa rara ossia Bellezza ed onesta‹ (›Ein seltener Fall oder Schönheit und Ehrlichkeit‹) hatte als Singspiel des Komponisten Vicente Martin y Soler und des Librettisten Lorenzo Da Ponte (1749-1838) bereits 1786 in Wien außerordentliche Erfolge gefeiert. Es basiert auf der Komödie ›La Luna de la sierra‹ (›Der Mond der Berge‹) von Luis Velez de Guevara (1579-1644).

21.8.1788

Corps Diplomatique] Regensburg war seit 1663 Sitz des Immerwährenden Reichstages, so daß ständig aus allen Ständen des Heiligen Römischen Reiches diplomatische Vertreter anwesend waren.

Entführung aus dem Serail] Christoph Friedrich Bretzner (1748-1807) hat den Text zu jener Oper geschrieben, die zunächst 1781 von Johann Andrè (1741-1799) in Berlin und nur wenig später (1782) von Wolfgang Amadeus

Mozart (1756-1791) in Wien komponiert wurde. Welche Oper in Regensburg zu sehen war, muß offen bleiben.

Creutz] Der Gasthof ›Zum Goldenen Kreuz‹ am Haidplatz 7 in Regensburg war damals das erste Haus am Platze. Bereits seit dem 16. Jh. ist es als Herberge für Kaiser, Könige, Fürsten und Diplomaten bezeugt. Den aus mehreren Gebäuden bestehenden Komplex verschmolz man im 19. Jh. zu einer einheitlichen Gesamtarchitektur mit einem Zinnenkranz. Das Haus, das mit seinen Sälen (Kaisersaal, Kleiner Saal, Silbersaal) nicht allein Gastquartier, sondern auch Konferenzort und Zentrum des Regensburger Bürgertums war, schloß 1890.

Wist] Whist ist ein aus England stammendes, mit französischem Blatt gespieltes Kartenspiel für vier Personen, von denen jeweils die beiden einander gegenüber sitzenden Spieler Partner sind. Jeder Spieler hat 13 Karten, und die Partner versuchen, jeweils möglichst viele der 13 möglichen Stiche für sich zu buchen.

22.8.1788

meine Mutter] Charlotte Christiane von Göchhausen.

Verstand und Leichtsin] Dieses Lustspiel in 5 Akten von Johann Friedrich Jünger (1759-1797) war damals recht erfolgreich.

23.8.1788

Eglofheim] Alteglofsheim.

Ergelsbach] Ergoldsbach.

24.8.1788

incognito] Die Herzogin reiste der Sicherheit und der Minimierung des zeremoniellen Aufwandes wegen unter einem Pseudonym: ›Gräfin von Allstedt‹. Dieser imaginäre Titel war im Hause Sachsen-Weimar bereits mehrfach verwendet worden, wenn fürstliche Personen in inoffiziellen Angelegenheiten unterwegs waren: Der Gemahl der Herzogin, Ernst August II. Constantin (1737-1758), hatte 1756 unter dem Namen ›Graf von Allstedt‹ seine Brautfahrt nach Braunschweig angetreten; seine Söhne Carl August und Friedrich Ferdinand Konstantin (1758-1793) benutzten ihn während ihrer Kavalierstour 1774/75; letzterer bediente sich dieses Pseudonyms erneut während seiner Reise nach Italien, Frankreich und England 1781-1783; Carl August, damals schon regierender Herzog, benutzte den Titel 1782 auf einer Reise von Dresden nach Dessau. Der Name ist, wie bei solchen Reisenamen üblich, nicht frei erfunden: Schloß und Amt Allstedt, eine ehemalige Königspfalz nördlich von Weimar und im 16. Jh. eine Zeitlang an die Grafen von Mansfeld und Stolberg verpfändet, wurde im 17. Jh. Teil des weimarischen Fürstentums Sachsen-Jena. Es war ursprünglich als Witwensitz der Herzogin Anna Amalia vereinbart. Abgesehen davon gab es in der Geschichte des Herzogtums Sachsen-Weimar-Eisenach ein Jahrhundert zuvor sogar eine tatsächliche Trägerin dieses Titels: Die Kammerfrau der Herzogin Marie von Sachsen-Jena (1632-1682), Maria Elisabeth von Kospoth (1629 – nach 1694), lebte mit deren Gemahl, Herzog Bernhard von Sachsen-Jena (1638-1678) a.d.H. Sachsen-Weimar, in einer sogenannten ›Gewissensehe‹ und gebar ihm eine Tochter. Zur teilweisen Legitimierung der Beziehung und des Kindes erhielt Fräulein von Kospoth vom Kaiser 1676 den Titel einer ›Gräfin von Allstedt‹ und nach Bernhards Tod lebenslanges Wohnrecht im Dornburger Schloß. – Daß das Inkognito Anna Amalias auf der Reise nicht vollständig und in Rom und Neapel gar nicht funktionierte, war nicht verwunderlich, denn die mit dem herzoglichen Wappen geschmückten Wagen, das Gefolge und die Empfehlungsschreiben an die einheimischen Würdenträger wirkten ihm entgegen. In Rom, wo Anna Amalia sogar regierungsamtlich angekündigt wurde, hob sie es deshalb auf.

Altesse] Hoheit (frz. altesse).

Schule der Väter] Alexis Pirons (1689-1773) im Jahre 1728 an der Comedie Française uraufgeführte Komödie ›Les Fils ingrats‹ (›Die undankbaren Söhne‹) wurde später als ›L‹école des pères‹ bekannt.

25.8.1788

Gallerie] In der Münchner Residenz (s. unten) gab es zu dieser Zeit zwei Galerien: die Ahnengalerie und die sogenannte Grüne Galerie. Sie gehören zu den 1730-1737 von François Cuvilliés d. Ä. (1695-1768) entworfenen Rokoko-Räumen.

verstorbenen Imhofs] Christoph Adam Karl von Imhoff.

sagen] sahen (vgl. Reichmann/Wegera § L57.3).

Portrait von Imhoff] Edlinger porträtierte öfter Personen aus der Familie von Imhoff, im Jahre 1779 Maria Friderika von Imhoff (1753-1785) geb. von Füll, vermählt seit 1774 mit Franz Xaver von Imhoff, und nach 1802 mehrfach den Augustiner und späteren Weltpriester Johann Evangelist Maximus von Imhoff (1758-1817). Das hier angesprochene Gemälde konnte jedoch nicht ermittelt werden.

Herzog von Weimar] Carl August von Sachsen-Weimar-Eisenach.

Schloß] Der Bau dieser neuen Residenz der Kurfürsten von Bayern wurde 1560 begonnen, im wesentlichen jedoch unter Herzog Maximilian I. von Bayern (1573-1651) vor dem Dreißigjährigen Krieg errichtet und später mehrfach erweitert. Es war die größte Schloßanlage der Zeit. 1613-1617 wurde der Hofgarten angelegt. Zum Zeitpunkt des Besuches der Herzogin standen jedoch weder der Festsaalbau noch der Königsbau. Vielmehr gruppierten sich verschiedene Gebäudetrakte um mehrere Höfe, deren repräsentativste der Kaiserhof und der Brunnenhof waren.

Antiken Saal] Das Antiquarium in der Münchner Residenz, im Auftrage Herzog Albrechts V. (1528-1579) nach Plänen von Jacopo da Strada (1507-1588) 1569-1571 als Skulpturensaal für Antiken errichtet, ist der älteste Bau der heutigen Schloßanlage in München. Es liegt seit Errichtung der Residenz an deren Brunnenhof und gilt als der größte und prächtigste profane Renaissancesaal außerhalb Italiens. Die fast 70 m lange Halle wird durch ein Tonnengewölbe gedeckt, in dessen Längsseiten Fensterstichkappen eingeschnitten sind. Wandpfeiler, zwischen denen überwiegend antike Porträt-Büsten aufgestellt sind, gliedern die Halle. Die Portal- und Kaminaufbauten an den beiden Schmalseiten stammen aus dem frühen 17. Jh. Das ganze Gewölbe ist mit Allegorien und bayerischen Städteansichten, aber auch mit Groteskenmalereien bedeckt, die unter der Leitung von Friedrich Sustris (um 1540-1599) von Malern wie Antonio Ponzano († 1602), Hans Donauer (1521-1596), Hans Tegler, Alessandro Paduano († 1596), C. Pallago u.a. im Jahre 1600 vollendet wurden. Die Annahme, die Malerei stamme von Zuccari, ist falsch.

schlafenter junger Herkules] Auch Anna Amalia bewunderte diese kleine Marmorstatue (ThHStAW, HA.A.XVIII.153, Bl. 11 r) wegen ihres nahezu lebendigen Eindrucks.

Hetruskische Wasen] Die schwarz- und rotfigurigen Vasen der Etrusker standen stark unter griechischem Einfluß, weshalb man damals oft beide Provenienzen nicht deutlich trennen konnte.

26.8.1788

Churfürst] Carl Theodor s. Bayern.

Wolfershausen] Wolfratshausen.

Benedickt Beyern] Benediktbeuern.

Wallersee] Walchensee. Am Westufer des 802 m hoch gelegenen Sees liegt die gleichnamige Gemeinde, heute zu Kochel am See gehörig. Goethe, der diesen Weg ebenfalls genommen hatte, fertigte Zeichnungen vom Kochelsee- und Walchenseeufer (Corpus II, Nr. 7 und 9) an.

Kugelberg … See … gleiches Nahmens] Der Postweg von der Gemeinde Kochel am Ostufer des Kochelsees bis zum Walchensee führt über den 858 m hohen Kesselberg.

ströment] Die Ergänzung der Verbform zu einem Präsenspartizip ist Vermutung.

27.8.1788

gegenüber stehente Kirche] Die Kirche St. Margareth, auf der in den Walchensee ragenden Halbinsel Zwergern gelegen, wurde im Jahre 1344 geweiht. 1670 stattete man sie im Stile des Barock aus, unterzog sie aber schon 1778 einem abermaligen Umbau.

Mittelwald] Mittenwald.

Inspruck] Innsbruck.

steilen Berg] Am Zirler Berg führt der Weg über eine 16%ige Steigung zu einem Aussichtspunkt.

28.8.1788

Franziskanerkirche] Die Hofkirche der Tiroler Landeshauptstadt, auch Heiliges-Kreuz-Kirche, Franziskaner- oder Schwarzmanderkirche genannt, wurde 1553-1563 im Stile der Renaissance durch Kaiser Ferdinand I. nach dem Willen seines Großvaters, Maximilians I., errichtet. Sie war Zentrum eines Kollegiums von aus Venetien stammenden Franziskanern (zunächst 20 Priester und 13 Laien), deren Zahl auf etwa 60 anstieg, bis der Konvent durch Kaiser Joseph II. (1741-1790) aufgehoben und als Generalseminar zur Ausbildung von Seelsorgern eingerichtet wurde. Seit 1790 bestand hier ein Stift für adelige Studierende (Theresianum). Diese Einrichtung wurde zwar während der bayerischen Besatzung geschlossen, 1828 aber wieder eröffnet. – Das Gewölbe der Kirche ruht auf zehn kolossalen Säulen aus rotem Marmor, auf deren miteinander verbundenen Sockeln die 28 großen Bronzestatuen angeordnet sind. 23 Heilige sind in kleineren Bronzen dargestellt. In der Mitte des Hauptschiffes befindet sich das Grabmal Maximilians I. mit seinem reichen Dekor. Der 1758 entstandene Hochaltar aus Marmor umrahmt ein Gemälde von Johann Karl Auerbach aus Wien (1723-1788): Christus am Kreuz mit Maria, Magdalena und Johannes. Über eine Treppe erreicht man die 1578 geweihte Silberne Kapelle, so benannt nach dem silbernen Bild der Heiligen Jungfrau und den in Silber getriebenen Darstellungen der lauretanischen Litanei, und das Grabmal Erzherzog Ferdinands und seiner Gemahlin Philippine Welser. – In dieser Kirche konvertierte am 3.11.1654 Königin Christina von Schweden zum Katholizismus.

28 Statuen von Bronce] Die 28 Standbilder, die das Grabmal Maximilians I. umgeben, gehen auf ein in 40 Figuren konzipiertes Projekt des Kaisers zurück. Neben seinen Ehefrauen, Maria von Burgund (1457-1482) und Bianca Maria Sforza (1472-1510), sowie anderen Verwandten und Ahnen – Philipp dem Schönen (1478-1506), Margarethe von Savoyen (1480-1530), Kaiser Friedrich III. (1415-1493), dessen Gemahlin Eleonore Helena von Portugal (1436-1467), Kunigunde von Bayern (1465-1520), König Albrecht II. von Österreich (1397-1439) und seiner Gemahlin Elisabeth (1409-1442), Kaiser Rudolf I. (1218-1291), Albrecht I. von Österreich (1248-1308), Friedrich IV. von Österreich und Graf von Tirol (1382-1439), Leopold III. von Österreich (1351-1386), Rudolf von Habsburg (1196-1232), Albrecht II. dem Weisen von Österreich (1298-1327), Erzherzog Sigmund dem Münzreichen, Graf von Tirol (1427-1496) und Ernst dem Eisernen, Herzog von Österreich-Steyer (1377-1424) mit seiner Gemahlin Cymburgis von Massowien († 1429) – umfaßte das Programm auch Ikonen des Christentums wie den Merowingerkönig Chlodwig I. (466-511), den Schutzheiligen Leopold von Österreich (1073-1136) und Gottfried von Bouillon (1060-1100) sowie andere Standesgenossen, etwa Theobert von Burgund († 640), Karl den Kühnen (1433-1477) und Philipp den Guten (1396-1467) von Burgund, Ferdinand (1503-1564) und Johanna die Wahnsinnige (1479-1555) von Spanien, sowie legendäre

Helden (König Artus, Theoderich den Großen). Beim Tode Maximilians 1519 waren erst elf der Statuen gegossen, bei Fertigstellung der Grabeskirche in Innsbruck, die allerdings nie den Leichnam des Kaisers beherbergen sollte, 28. Schöpfer der Bildwerke sind Peter Vischer (1460-1529) aus Nürnberg und andere Bildhauer.

Grab Keyser Maximilians] Der erst 1583 fertiggestellte Kenotaph des Kaisers ist ein großer Marmorsarkophag, auf dem eine kniende Gestalt Maximilians aus Bronze, gegossen 1582 von dem Sizilianer Lodovico del Duca († nach 1601), steht. Die Seiten des Denkmals sind mit 24, verschiedene Szenen aus dem Leben des Verstorbenen (Schlachten, Belagerungen, festliche Einzüge, Hochzeiten usw.) darstellenden Reliefs aus Carrara-Marmor verziert, die seit 1561 von Bernhard und Arnold Abel aus Köln begonnen (4 Tafeln), seit deren Tod 1563 von Alexander Collin aus Mecheln vollendet wurden (20 Tafeln).

Schloß ... Saal] Die Hofburg der damaligen Zeit ging auf ein aus mehreren Bauteilen an der östlichen Stadtmauer Innsbrucks um 1460 errichtetes Residenzschloß zurück. Unter Maximilian I. wurde die Hofburg bis zum Nordostturm erweitert. Die heutige Gestalt als ein 4stöckiger Bau um einen weiten, durch drei Tore erreichbaren Hofraum, von dem aus gedeckte Gänge zur Hofkirche und zum Damenstift führen, verdankt das Schloß Maria Theresia, die 1754-1756 den Südtrakt und 1766-1773 die Hauptfassade am Rennweg errichten ließ. Im 2. Stockwerk dieses Traktes befindet sich neben anderen dem Kaiserhaus zur Repräsentation dienenden Prunkgemächern jener berühmte, 30 m lange, 428 m^2 umfassende Riesensaal mit den Habsburger-Porträts und den Deckenfresken von Maulbertsch.

Erzherzogin] Maria Elisabeth von Habsburg, s. Österreich.

Capelle Frantz des I] Im Südtrakt der Hofburg ließ Kaiserin Maria Theresia nach 1765 das Sterbezimmer ihres Gemahls Franz I., ein Dienerzimmer, im Zusammenhang mit der Gründung eines Damenstifts zur Kapelle umwandeln. Der Altar mit Alabasterbildsäulen stammt von Giuseppe Antonio Sartori (1712-1792), die Reliefs schuf Franz Anton Leitenstorffer (1721-1795).

12 Stiffts Fräulen] Vorsteherin des Adeligen Damenstifts war seit 1781 Erzherzogin Maria Elisabeth (›Kropferte Liesl‹). Die Tochter der Kaiserin Maria Theresia, die 1767 durch eine Pockenerkrankung ihren schönen Teint und mit ihm alle Chancen auf eine gute Vermählung verloren hatte, fand hier bis 1805, als sie vor den napoleonischen Truppen nach Wien flüchten mußte, eine Aufgabe und Einkünfte. Den Regeln des Stifts zufolge mußten die zwölf Damen stets Trauerkleidung tragen und für das Seelenheil Kaiser Franz I. beten. Sie konnten die Oper, Hof- und Adelsveranstaltungen besuchen, Spazierfahrten unternehmen und Gartenfeste feiern, jedoch nicht an Maskenbällen und öffentlichen Komödien teilnehmen. Es war ihnen erlaubt, das Stift zu verlassen und zu heiraten.

Theresien Stadt] Dies ist die südliche Vorstadt, die Neustadt, von Innsbruck, damals eine sich zwischen dem Burgtor und der Triumphpforte erstreckende Straße mit prächtigen Wohnhäusern und dahinterliegenden Gärten.

Thor] Die dreitorige Triumphpforte am Südende der Maria-Theresien-Straße in Richtung Wilten wurde 1765 zur Vermählung von Erzherzog Leopold mit Maria Luisa von Spanien (s. Österreich) von der Bürgerschaft errichtet, wobei die Schmuckelemente von Johann Hagenauer (1732-1810) zunächst aus Stuck und Holz gefertigt waren und 1774/75 ihre heutige Marmorfassung durch Balthasar Ferdinand Moll (1717-1785) erhielten. Sie zeigt auf der südlichen Seite Sinnbilder der Freude angesichts der Hochzeit, auf der Nordseite Bilder der Trauer, weil während dieser Feier Kaiser Franz I., der Gemahl Maria Theresias, starb.

Comedie] Das Theater war 1653 von Erzherzog Ferdinand Karl (1628-1662) gegenüber der Hofburg errichtet worden.

29.8.1788

Schömberg] Auf dem Schönberg 15 km südlich von Innsbruck befand sich ehemals eine Poststation.

Station] Gemeint ist hier Reiseabschnitt, Strecke zwischen zwei Poststationen. Im Deutschen Reich betrug die Entfernung zwischen zwei Poststationen in der Regel 4, in Frankreich und den Niederlanden 2 Wegstunden (vgl. auch Schweinitz, Kartenbeilage). Das Reisetagebuch erwähnt genau die, heute zum Teil unbedeutenden, Orte, in denen der Postdienst der Familie Thurn und Taxis nach den geltenden Karten Haltestellen im Deutschen Reich unterhielt (s. auch Anhang 1).

Osians] Ossian war ein legendärer keltischer Sänger, dessen altgälische Lieder der schottische Dichter James Macpherson (1736-1796) 1765 in englischer Übersetzung herausgab. Die Texte mit der sich darin so ursprünglich darbietenden wilden, rauhen Atmosphäre der vorzeitlichen Highlands und ihren Helden, an die sich Louise von Göchhausen beim Anblick der schroffen Alpenlandschaft erinnert fühlt, bereiteten der romantischen Dichtung in England den Weg und fanden auch in Europa, vor allem in Deutschland, eine außergewöhnliche Resonanz. Neben vielen anderen dem Sturm und Drang nahestehenden Schriftstellern übersetzten auch Herder (1773) und Goethe (in ›Die Leiden des jungen Werthers‹, 1774, WA I 19, 165-175) einige Teile dieser ›Ossiandichtung‹ ins Deutsche. Erst nach dem Tode Macphersons konnte sicher festgestellt werden, daß die sogenannten ›Works of Ossian‹ keine Übersetzungen alter keltischer Gesänge und Legenden waren, sondern meisterhaft nachempfundene Dichtungen Macphersons selbst, die dieser auf der Grundlage eines in schottischer Bearbeitung vorliegenden altirischen Epos und unter Anklang an die Bibel, Homers und John Miltons (1608-1674) Werke geschaffen hatte.

Steinach] Steinach am Brenner. Goethe hatte die Landschaft hier in zwei Zeichnungen (Corpus II, Nr. 11 und 12) festgehalten.
Wald Strohm] wohl Eisack (ital. Isarco).
Sterzingen] Sterzing (ital. Vipiteno).

30.8.1788
Mittelwald] Mittewald (ital. Mezzaselva).
Brixen] (ital. Bressanone).
Colmann] Kollmann (ital. Colma).
Bolzano] Bozen.
Arkaden ... inwendig die Butiquen] Die Hauptverkehrsstraße der alten Handelsstadt, in der angeblich der Wechsel als verbindliches Zahlungsversprechen erfunden wurde, führte von dieser baulichen Besonderheit ihren Namen: Laubengasse. Sie war zwar relativ eng, doch befand sich unter den geräumigen Arkaden eine Vielzahl von Läden und Geschäften.

31.8.1788
Keyser] Kayser, der sich 1782-1784 und 1787/88 bereits in Italien aufgehalten hatte, sollte in der Reisegesellschaft die Funktion eines Führers sowie gelehrten und musikalischen Unterhalters wahrnehmen. Jedoch scheint ihm diese Rolle in ihrer Einordnung in eine höfische Hierarchie offenbar zu wenig Freiräume geboten zu haben, so daß er zunehmend unwillig wurde und schließlich um seinen Abschied bat. Nun war man allein auf Collinas Landeskenntnis angewiesen und mußte vorerst auf den zusätzlichen Gesellschafter verzichten (vgl. auch Brief Anna Amalias an Goethe vom 3.9.1788, Nachgeschichte, 86 f.). Zwar hatte Einsiedel versucht, den ebenfalls in Italien gereisten Maler Franz Kobell anzuwerben (s. Tb. 4.9.1788), aber dieser lehnte ab, da er seine Möglichkeiten am Münchner Hof nicht zugunsten einer befristeten Aufgabe als Reisebegleiter der Weimarer Herzogin aufs Spiel setzen wollte.
la Vilanella rapita] Die Oper in 2 Akten ›La villanella rapita‹ (›Das entführte Bauernmädchen‹) von Francesco Bianchi nach einem Libretto von Giovanni Bertati (1735 – um 1815) war 1783 in Venedig so erfolgreich uraufgeführt worden, daß Inszenierungen in Mailand, Wien, Dresden, London, Lissabon und Paris folgten.

1.9.1788
Brenzol] Branzoll (ital. Bronzolo).
Neumarckt] Neumarkt (ital. Egna).
Solurn] Salurn (ital. Salorno).
Levis] (ital. Lavis).
Trient] (ital. Trento).
Aqua viva] Acquaviva.

2.9.1788

Edege] Etsch (ital. Adige).

Volarni] Volargne.

Venezianischen Paß] Passo di Perarolo (Veroneser Klause).

buona mangia] gutes Trinkgeld.

Festons] Girlanden.

Gasthof le due Torri] Gasthof ›Zu den zwei Türmen‹ (im Anhang 4 wird das Gasthaus ›Zu den drei Türmen‹ genannt). Johann Gottfried Herder, der mit dem Domherrn von Dalberg und Frau von Seckendorff bereits am 6.8.1788 zu einer Italienreise aufgebrochen war (s. auch Komm. (3) 4.10.1788), hielt sich seit dem Abend des 3.9.1788 ebenfalls einige Tage in Verona auf, doch scheinen die beiden Gruppen einander hier nicht begegnet zu sein (Herder 2003, 87-89, 96-98).

3.9.1788

meine Mutter] Charlotte Christiane von Göchhausen.

Wielanden] s. Deetjen, 66-68; Seuffert, 537-538.

Amphitheater] Die Arena wurde in der 2. Hälfte des 1. Jh. unter den flavischen Kaisern aus Marmor errichtet und bot mit ihren Maßen (152 m Länge, 113 m Breite, 32 m Höhe) Raum für 20000 Zuschauer. Im Jahre 404 wurden die Zirkusspiele hier eingestellt. Später nutzten die Veroneser Bischöfe den antiken Bau als Festung. Doch 1183 zerstörte ein Erdbeben die Arena, so daß nur noch der Nordflügel stehen blieb. Die schmucklosen Säulen in allen drei Geschossen lassen darauf schließen, daß die ursprüngliche Außenmauer auch zusammenstürzte, und es sich hier nur um eine innere Stützmauer handelt. 1569 initiierte die venezianische Regierung eine Erneuerung der Stufen in der zum Steinbruch verkommenen Ruine. Balustraden über den Toren zum Spielfeld entstanden 1668. Man verwendete die Arena zu Beginn der Neuzeit gelegentlich für Tierkämpfe, Theateraufführungen oder Konzerte. Napoleon ließ das Amphitheater 1805 restaurieren. Die Aufführung von Giuseppe Verdis ›Aida‹ an diesem Ort begründete 1913 die Tradition, jeden Sommer in dieser antiken Arena Opern zu inszenieren (vgl. auch Goethe 1740, 398).

Conwersations] Die Konversation oder Assemblée war ein häufiges abendliches Vergnügen der Oberschicht in Italien und anderen europäischen Ländern, das in den Privathäusern wohlhabender Familien oder in eigens dafür eingerichteten Casinos mit geringem Zeremoniell stattfand. Vor allem Lesungen, geistvolle Gespräche, aber auch Kartenspiel standen im Zentrum dieser im 17. und besonders im 18. Jh. besonders gepflegten Unterhaltungsform (vgl. Brief Louise von Göchhausens an Wieland 20.12.1788, Seuffert, 541).

theater und die Antiquitäten des Marchese Maffei] Die Philharmonische Akademie, eine 1543 gegründete Vereinigung von Musikliebhabern, ließ zwischen 1719 und 1729 an der Ecke Piazza Bra und Via Roma von Francesco Galli, genannt Bibiena (1659-1739), ein eigenes Theater entwerfen und von Lodovico Perini (1685-1731) erbauen. In der Nacht des 21.1.1749 zerstörte ein Brand das Haus fast vollständig. Den Wiederaufbau übernahm der Architekt Antonio Giovanni Paglia († 1765), der das Theater 1754 der Öffentlichkeit übergab. Seitdem befand sich in den Hofarkaden des Hauses das von Francesco Scipione Maffei 1714 begründete Museo Lapidario, das antike Inschriften und Skulpturen präsentierte (vgl. auch Goethe 1740, 393 f.).

Ein langer Plaz] Gemeint ist wohl die Piazza Bra, an der auch das Amphitheater liegt.

einen Kaufmanns sein Naturalien Cabinet] Vermutlich handelt es sich um das Kabinett des Apothekers Vincenzo Bozza, der vor allem versteinerte Fische aus Bolca besaß. Dieses Dörfchen, zwischen Verona und Vicenza auf einem Bergrücken gelegen, wurde berühmt für die in seinen Steinbrüchen gefundenen Fossilien (Fische, Pflanzen, Muscheln) in Kalksteinplatten. Das Gelände gehörte im 18. Jh. den Erben des Marchese Maffei.

4.9.1788

zwey Kirchen] San Giorgio in Braida und der Dom: Die 1046 begründete Benediktinerkirche San Giorgio in Braida wurde 1441 an die Kongregation San Giorgio in Alga übergeben, welche 1477 den Umbau im Renaissancestil veranlaßte. Im 16. Jh. erhielt diese wichtigste Kirche der Stadt durch Sanmicheli (1484-1559) eine große Kuppel, wofür man den romanischen Tuffsteinturm neben der Kirche und auch den unvollendeten Glockenturm kürzte. Die Fassade aus weißem Marmor rahmt eine Reihe von Heiligenstatuen ein. Im einschiffigen, von Kapellen aus dem 16. Jh. gesäumten Innenraum findet sich eine Vielzahl von Werken bedeutender Veroneser und Brescianer Maler, etwa von Veronese, Brusasorci (1516-1567) und Tintoretto. – Der 1187 geweihte Dom Santa Maria Matricolare zu Verona entstand auf den Resten früherer Basiliken, denn schon der Heilige Zeno hatte im 4. Jh. an dieser Stelle eine Kirche errichten lassen. In die reich gegliederte Fassade mit einem skulpturengeschmückten, zweigeschossigen Portalvorbau aus dem Jahre 1139 wurden gotische Fenster gebrochen. Auch das Baptisterium San Giovanni in Fonte und der Chor stammen aus dem 12. Jh. Im 15./16. Jh. wurde der Dom allerdings umgebaut. Er ist seitdem ein dreischiffiger Bau mit Kreuzgewölben, Kapellen und Altären, einer mit feinen Reliefs verzierten Apsis, mit Renaissance- und Barockwerken und einem Chorumgang von Sanmicheli, der auch den erst 1926 vollendeten Campanile entwarf (vgl. auch Goethe 1830, 63).

le martir de San Gorge] ›Das Martyrium des Heiligen Georg‹ (1566) von Veronese gilt als das größte und schönste Werk, das in der Stadt Verona bewahrt wird. Es befindet sich als Altarblatt eines aus der Schule des Michele Sanmicheli (1484-1559) stammenden Altars in der Apsis von San Giorgio in Braida.

Himmelfarth Mariae] Die ›Himmelfahrt Mariae‹ (Öl auf Leinwand, 392 × 214 cm), 1525-1530 von Tizian als Altarblatt des Veroneser Domes gemalt, ist das einzige Werk des berühmten Malers in der Stadt.

Garden des Comte Justi] Die Giardini Giusti wurden um 1570 als Park zu einem von der aus Florenz nach Verona emigrierten Familie Giusti errichteten Palazzo angelegt. Mit ihren römischen Altertümern, Terrassen und einer zu einer Grotte führenden Allee aus 400 bis 500 Jahre alten Zypressen waren die beim Kastell San Felice auf einer Höhe gelegenen Gärten, von denen man die Stadt und ihre Umgebung sehr gut überblicken konnte, im 18. Jh. weithin berühmt. Im 19. Jh. verwandelte man sie zwar weitgehend in einen englischen Park, doch konnte man nach den Zerstörungen des 2. Weltkrieges die Anlage nach alten Darstellungen wieder im italienischen Stil rekonstruieren (vgl. auch Goethe 1740, 396).

5.9.1788

Castel nuovo] Castelnuovo del Gardia.

Roberbella] Roverbella.

6.9.1788

Casteluccio] Castelucchio.

Bozolo] Bozzolo.

frittata] Eierkuchen. Es handelt sich dabei um ein bereits durch das Kochbuch des sogenannten Apicius Caelius (der anonyme Autor bediente sich auf diese Weise des Namens des aus der 1. Hälfte des 1. Jh. n. Chr. berühmten römischen Schlemmers Marcus Gaius Apicius) im 3./4. Jh. n. Chr. in Italien überliefertes Gericht, bei dem verschiedene Gemüse, Obst und Kräuter, auch Rosen, in Stücke geschnittenes Geflügelfleisch oder Fisch mit einer Mischung aus verquirltem Ei, Salzlake, Essig, Wein, Öl und/oder Milch verrührt und beidseitig ausgebacken werden (vgl. Apicius, 69-71, 75, 77).

Meiland] Mailand (ital. Milano). Das Interesse der herzoglichen Reisegesellschaft galt in dieser Stadt vor allem der Musik. Goethe dagegen hatte sich vor allem dem ›Abendmahl‹ Leonardo da Vincis gewidmet. Über 40 Jahre später berichtete auch Goethes Sohn von seinem Besuch in Mailand (vgl. auch Goethe 1830, 22-60, 90-101).

Dom] Der Dom zu Cremona, eine dreischiffige Emporenbasilika, mit einer 1180-1190 errichteten und 1498-1505 mit rotem und weißem Marmor verkleideten Westfassade und einer aus dem 14. Jh. stammenden Vorhalle wurde 1190 geweiht. 1107 hatte man mit dem Bau an der Stelle einer in den Ungarnkriegen des 10. Jh. zerstörten früheren Kirche begonnen, doch bereits 1117 fiel der Rohbau einem Erdbeben zum Opfer, so daß man 1129 erneut begann. Für die neuen Außenwände nutzte man alte Bauteile, so etwa an der Nordfassade einen romanischen Türsturz von 1109-1117. Das nördliche Querhaus wurde 1288 angefügt, das südliche 1342 vollendet. Das Innere schmücken u.a. Fresken mit Marienlegenden aus dem 16. Jh. und ein

Renaissancechorgestühl (1483-1490) mit Intarsien von Giovanni Maria Platina. Der Glockenturm, 111 m hoch, wurde Ende des 13. Jh. vollendet.

Gasthof la Colombina] Gasthof ›Zum Täubchen‹.

verto andico] antikes Grün. Der intensiv grüne Marmor, der in der Nähe der Stadt Larissa in Thessalien abgebaut wurde, war im antiken Rom einer der beliebtesten Natursteine. Später wurde er jedoch kaum noch genutzt, in den Bauten der Romanik und Renaissance verwendete man entweder den Serpentin von Prato, um einen ähnlichen Effekt zu erzielen, oder plünderte die antiken Ausgrabungsstätten. Letzteres war noch während des ganzen 18. Jh. üblich.

7.9.1788

Aqua nera] Acquanegra Cremonese.

Pizzicatone] Pizzighettone.

Casale Pasterlingo] Casalpusterlengo.

Lodo] Lodi.

Marignano] Melegnano.

Albergo reale] Gasthof ›Königlicher Hof‹.

Gasthof der tre Re] Gasthof ›Zu den drei Königen‹.

Olimpiade] Diese Oper von Domenico Cimarosa (Text von Pietro Metastasio) war 1784 im Teatro Erentino in Vicenza uraufgeführt worden.

8.9.1788

Digestion] Verdauung.

Grawe] Der weimarische Kammersänger Grave hielt sich seit 1788 in Italien auf. Herzogin Anna Amalia hatte ihn bald nach seiner Hochzeit 1787 zur weiteren Ausbildung auf ihre eigenen Kosten (473 Reichstaler) dorthin geschickt. In Mailand schloß er sich der herzoglichen Gesellschaft an und füllte bis zu seinem rätselhaften Tod (s. Komm. (3) 1.12.1789) die Stelle des in Bozen entlassenen Kayser aus (s. Komm. (1) 31.8.1788). Von dieser Reise schrieb er mehrere literarische Briefe für den ›Teutschen Merkur‹: »Musikalische Anekdoten aus einem Schreiben des Hn. G****, K. S. d. v. H. v. W. an seine Freunde zu Weimar« (Venedig, 23.2.1789), veröffentlicht in ›Teutscher Merkur‹ 1789, Nr. 4, S. 105-112; »Etwas vom Venezianischen Carneval, aus einem Briefe des Hn. Gr**e an einen seiner Freunde zu Weimar« (Venedig, 30.3.1789) in ›Teutscher Merkur‹ 1789, Nr. 5, S. 205-216; »Fortsetzung der Musikalischen Anekdoten aus Italien« (Rom, 25.5.1789) in ›Teutscher Merkur‹ 1789, Nr. 8, S. 209-221.

Dom] Der auf mehreren Vorgängerbauten, u.a. der Kirche Santa Maria Maggiore, 1386 im Auftrag des Mailänder Herzogs Gian Galeazzo Visconti (um 1351-1402) in Anlehnung an französische Kathedralbauten begonnene Dombau zu Mailand wurde 1572 als Santa Maria Nascente geweiht, die Fassade vollendete man erst im 19. Jh. Die meist deutschen Baumeister schufen mit ihm eine der größten Kirchen der Gotik, denn er bietet auf 11 700 m^2 Raum für 40000 Personen. Der 148 m lange, 89 m breite und 45 m hohe marmorne Bau, eine fünfschiffige Basilika mit einem dreischiffigen Querbau und 52 Pfeilern, ist reich mit Skulpturen (etwa 3500), Fialen, Glasmalereien und anderem Zierat ausgestattet. Auf der Spitze der höchsten Fiale steht in 108,5 m Höhe die vergoldete Statue der ›Madonnina‹, das Wahrzeichen der Stadt Mailand. Zu den Kostbarkeiten im Inneren gehören neben verschiedenen Epitaphien auch der 1562 von Giovanni Battista Trivulzio gestiftete 5 m hohe, siebenarmige Bronzekandelaber des Nikolaus von Verdun aus der Zeit um 1200, der aus Holz geschnitzte Chor, die Krypta, der kostbare Domschatz und die Wanne aus ägyptischem Porphyr, der heutige Taufstein. Vom für Besucher zugänglichen Dach des Baues hat man einen guten Blick über die Stadt (vgl. auch Goethe 1740, 409 f.). Unter dem Kirchplatz befinden sich die Überreste des Battistero di San Giovanni alle Fonti, wo im Jahre 387 der später heilig gesprochene Augustinus von Bischof Ambrosius (333-397) getauft wurde.

ambrosianische Gesang] Der Mailänder Bischof Ambrosius (333-397) führte die sonst im Orient heimische antiphonale Singart in die christliche Liturgie ein: Die Psalmen und Hymnen wurden von zwei einander abwechselnden Chören vorgetragen. Seine eigenen Hymnenkompositionen wurden textlich wie musikalisch zum Idealtyp des geistlichen Volksgesangs und Vorbild für spätere Jahrhunderte. Auch nach Einführung des gregorianischen Gesangs wurde in Mailänder Kirchen der ambrosianische Stil weiter gepflegt.

ese que tout le monde se petrifie ici?] Ist hier die ganze Welt versteinert?

Oper] Die Mailänder Scala (Teatro alla Scala) wurde 1776-1778 von Giuseppe Piermarini (1734-1808) errichtet, nachdem das alte königliche Theater am 26.2.1776 abgebrannt war. Kaiserin Maria Theresia, damals Herzogin von Mailand, gab eines der notwendigen Grundstücke – zu ihnen gehörte auch das der Kirche Santa Maria della Scala, die im 14. Jh. Beatrice Regina della Scala (1323-1384) von ihrem Ehemann Bernabo Visconti (1323-1385) gewidmet worden war und dem Theater den Namen gab – sowie finanzielle Zuschüsse, der städtische Adel bezahlte für die zu erbauenden Logen die damals ungeheure Summe von umgerechnet 1,5 Millionen Lire, so daß nach 23 Monaten Bauzeit ein neues Theater entstand, das im Parkett, auf vier Rängen und zwei Galerien 3600 Zuschauern Platz bot. Es wurde am 3.8.1778 mit dem Werk ›Europa riconosciuta‹ (›Die begehrte Europa‹) von Antonio Salieri (1750-1825) eingeweiht.

9.9.1788

beau Monde] schöne, vornehme Welt, hier: Hautevolee, Vertreter der höheren Gesellschaft.

Redoute] Maskenball.

10.9.1788

Grab des Heiligen Boromei] Carlo Borromeo (1538-1584) war Erzbischof von Mailand und Kardinal. Wegen seines sittenreinen Lebens und seiner Gelehrtheit, auch wegen seines Beitrags zur Rettung Mailands 1576 vor der Pest hoch angesehen, trat er unter dem Pontifikat Pius' V. (1504-1572) besonders für strenge Kirchenzucht ein und war Mitglied der Inquisitionskommission, weshalb auf ihn sogar ein Mordversuch verübt wurde. Im Goldenen Borromäischen Bund vereinte er die sieben katholischen Kantone der Schweiz im Kampf gegen die Reformation. Im Jahre 1602 wurde er selig, 1610 heilig gesprochen. Sein Grab befindet sich in der Krypta des Mailänder Domes, der Cappella di San Carlo: In der Mitte des achteckigen Raumes ruht der Heilige in einem 1610 geschaffenen Prunksarg aus Bergkristall.

Wohnung des ErzHerzogs] Ferdinand Karl von Habsburg-Este (s. Österreich) bewohnte als Generalgouverneur der Lombardei mit seiner Familie den Palazzo Reale am Domplatz von Mailand. Dieser war 1771-1778 von Giuseppe Piermarini (1734-1808) an Stelle zuvor hier seit 1138 bestehender Schlösser der Familien Torriani, Visconti und Sforza errichtet worden. Mit der Gestaltung seiner Fresken wurden verschiedene italienische und deutsche Künstler beauftragt.

Gemalin] Maria Beatrix von Habsburg-Este, s. Österreich.

12.9.1788

Ambrosianische Bibliotheck] Die Ambrosianische Bibliothek, benannt nach dem Schutzpatron der Stadt Mailand, wurde vom Neffen des Heiligen Borromeo, dem Kardinal Graf Federico Borromeo (1564-1631), 1602 gegründet und 1609 der Öffentlichkeit zugänglich gemacht. Ein Gelehrtenkollegium betreute das Publikum in den einzelnen Fachgebieten. Mit der Bibliothek, die durch Gaben begüterter Spender immer wieder erweitert wurde, war eine Gemäldesammlung verbunden, in der u.a. ›Der Obstkorb‹ von Caravaggio, die Vorzeichnung Raffaels für die ›Schule von Athen‹ und die ›Madonna des Pavillons‹ von Botticelli zu sehen waren (vgl. auch Goethe 1740, 408). Burney beschrieb 1770 die Einrichtung folgendermaßen: »Eigentlich ist nur ein großes Zimmer voller gedruckter Bücher; außerdem enthalten zwei kleinere die gedruckten französischen Bücher und die Handschriften. Ein andres Zimmer enthält Kopien von den besten alten Statuen zu Rom und Florenz; zuletzt kömmt noch ein großer Saal voller vortrefflicher Stücke von Leonardo da Vinci und Johann Breughel von Antwerpen« (Burney, 64).

Handschriften von Petrarca, in die Etition eines Virgils] Gemeint ist: in einer Ausgabe von Vergils Werken befinden sich eigenhändige Notizen von Petrarca.

Leonardo Vinci] Zwei Bildnisse besitzt die Ambrosiana heute von Leonardo da Vinci: das ›Bildnis eines Musikers‹ (1485-1490, Öl auf Holz, 43 × 31 cm, unvollendet), das wahrscheinlich den Direktor des Mailänder Domchores, Franchino Gaffurio (*1451), darstellt, und ein Damenbildnis (1485-1490, Öl auf Holz, 51 × 34 cm), das heute eher als eine Arbeit seiner Werkstatt gilt.

Schule von Athen] Das Original dieses berühmten Bildes (1510, Fresko, Basis 770 cm) von Raffael befindet sich in der Stanza della Segnatura des päpstlichen Palastes im Vatikan (s. Komm. (2) 3.11.1788).

13.9.1788

Schiffbrücke] Es handelt sich dabei um Brücken, die ähnlich den heutigen Pontonbrücken über mehrere im Flußgrund verankerte Boote gebaut wurden.

plaisant] angenehm.

14.9.1788

Frittata] s. Komm. (3) 6.9.1788.

Castel Guelfo] Castelguelfo.

Fluß heißt Parma] Der Fluß, der östlich von Castelguelfo ein weit verzweigtes Netz bildet, heißt Taro.

Theater] Das Teatro Farnese in Parma mit seinen 4 500 Plätzen wurde nicht mehr von dem als Baumeister der Farnese bekannten Vignola (1507-1573) errichtet, obgleich die Überlieferung dieses behauptet (vgl. auch Vigée-Lebrun I, 225). Das 1618/19 nach dem Vorbild des Teatro Olimpico in Vicenza (s. Komm. (3) 24.5.1790) entstandene Theater baute Giovanni Battista Aleotti (1546-1636). Die Seitenportale schmücken zwei Reiterstatuen der Farnese aus Stuck.

Naumachien] Darstellungen von Seeschlachten im Amphitheater.

15.9.1788

Gallerie] Die Gemäldegalerie befand sich mit der Altertümersammlung und der Biblioteca Parmense (s. unten) im 1597 von den Farnese begonnenen, aber unvollendeten Palazzo della Pilotta. Sie war für die vielen hier ausgestellten Bilder von Correggio und Cima da Conegliano berühmt.

San Hyronimus, Maria mit dem Kinde, und Magdalene] ›Maria mit dem Heiligen Hieronymus‹ (Öl auf Holz, 235 × 141 cm) malte Correggio 1527/28 auf einen 1523 erteilten Auftrag der Briseida Colla, Witwe des Orazio Bergonzi, hin für die Kirche San Antonio in Parma. Das Bild ist seit 1765 für die Herzogliche Galerie belegt, befand sich 1796-1816 in Frankreich und ist heute in der Nationalgalerie zu Parma zu sehen (vgl. auch Tischbein, Autobiographie, 229).

Bibliotheck] Die von Herzog Philipp von Parma a.d.H. Bourbon (1720-1765) gegründete Biblioteca Parmense im Palazzo della Pilotta ist seit 1865 mit der von Lucca nach Parma geführten Büchersammlung zur Biblioteca Palatina vereint. Besucher wie die Malerin Vigée-Lebrun rühmten neben den Manuskripten eine Büste Kaiser Hadrians, Bronzestatuetten von Herkules und Bacchus sowie die antiken Medaillen (Vigée-Lebrun I, 133).

Santa Eulalia] wohl irrtümlich für San Ilario d'Enza.

Reggio] Reggio nell'Emilia.

Rubiere] Rubiera.

Albergo Reale] Gasthof ›Königlicher Hof‹.
e mato o Modenese] Entweder ist er verrückt oder aus Modena.

16.9.1788

Gallerie im Pallast … Musaeum] Der herzogliche Palast in Modena – bis zum Einzug Napoleons 1797 vom letzten Herzog von Modena aus dem Hause Este, Ercole III. Rinaldo (1727-1803), dem Schwiegervater Ferdinand Karls von Habsburg-Este (s. Österreich), bewohnt – wurde 1635 durch Bartolomeo Avanzini (1608-1658) errichtet und später zur Militärschule umgebaut. Doch am Ende des 18. Jh. ließen sich dort noch die herzoglichen Sammlungen besichtigen.

schöne Coregios] Das einzige Bild von Correggio, das sich heute in der Galleria Estense befindet, ist die ›Madonna dei Campori‹ (1514/15, Öl auf Holz, 45 × 58 cm). Es wurde für die Kapelle des seit 1636 der Familie Campori gehörigen Castello di Soliera bei Modena in Auftrag gegeben und blieb in Familienbesitz, bis man es 1894 der Stadt schenkte. Es ist daher wohl 1788 noch nicht in der Galerie gewesen. Zwei andere, heute in der Gemäldegalerie Alte Meister zu Dresden ausgestellte Bilder Correggios, die ›Madonna di San Sebastiano‹ (Öl auf Holz, 265 × 161 cm) und die ›Madonna di San Giorgio‹ (Öl auf Holz, 285 × 190 cm) befanden sich zwar früher in Modena, waren aber schon 1745/46 an König August III. von Polen und Kurfürst von Sachsen (1696-1763) verkauft worden. Bis 1796 befanden sich jedoch einige Correggio-Zeichnungen in der herzoglichen Sammlung, welche sämtlich heute Eigentum des Louvre zu Paris sind: ›Die Heiligen Markus und Gregor‹ (Feder und braune Tinte, Wasserfarbe, Bleiweiß, Kohlespuren, quadriert, 129 × 155 mm), ›Das Martyrium der Heiligen Placido, Flavia, Eutichio und Vittorino‹ (Rotstift mit Bleiweiß-Höhungen auf rot präpariertem Grund), ›Zwei Epheben‹ (Rotstift, quadriert, 87 × 133 mm) und ›Zwei sitzende Epheben‹ (Rotstift, quadriert, 85 × 173 mm). Der ›Putto auf dem Widder reitend‹ (Rotstift, 118 × 97 mm) stammte aus der Casa d'Este und kam in die Galleria Estense der Stadt Modena.

Samoggia] Hier ist der Fluß, nicht die gleichnamige Ortschaft, gemeint.

Päpstlichen Gebiede, das bey der Vestung Urbino angeht] Die Festung Urbino, 20 km vor Bologna in Richtung Modena gelegen, war mit ihren fünf Basteien unter Papst Urban VIII. (1568-1644) errichtet worden.

Brücke des Reno] An dieser Stelle überquert die antike Via Aemilia den Fluß. Die Brücke mit ihren 22 Bogen und einer Länge von über 350 m erreichte 1530 traurige Berühmtheit, als sie bei der Überquerung durch Kaiser Karl V. (1500-1558), der zur Kaiserkrönung nach Rom unterwegs war, unter dem Gewicht der Menschenmenge zusammenbrach.

17.9.1788

Docktor] Wilhelm Ernst Christian Huschke.

la Specola] Das Institut der Sternwarte wurde 1690 von Graf Luigi Ferdinando Marsigli gestiftet und 1714 eröffnet. Herzstück der Specola wurde die 1772 erbaute Sala Meridiana, die mit ihrer mit Klappen ausgestatteten Decke die Beobachtung der Sterne ermöglichte. Der Raum wurde von dem Architekten Ercole Lelli (1702-1776) im Jahre 1742 ausgeschmückt, als dort auch aus England stammende Instrumente aufgestellt und ein Meridian aus Kupfer eingerichtet wurden. Das Institut war nicht nur Sammlungsort vieler für Naturwissenschaft, Kultur und Geschichte relevanter Exponate, sondern gab seit 1731 auch wissenschaftliche Schriften heraus. Durch die napoleonischen Kriege geriet es bald nach dem Besuch der Herzogin in Verfall, wurde aber 1824 durch Papst Pius VIII. (1761-1830) wieder hergestellt. Die Universität Bologna bewahrt das 1711 entstandene Archiv der Specola, das Notizen, Karten und Zeichnungen zu seit 1679 durchgeführten Studien enthält (vgl. auch Goethe 1740, 361 f.).

Franziscaner Kloster ... Musikalische Bibliothec] Der Konvent San Francesco in Bologna wurde 1236-1254 für den seit 1218 in der Stadt seßhaften Franziskanerorden (Minoriten) in gotischem Stil errichtet. Die beiden Glockentürme sind unterschiedlichen Alters, der kleinere stammt von 1260, der größere aus dem 15. Jh. Besondere Kunstwerke im Inneren des Konvents sind das marmorne Bild des Hauptaltars von Jacobello († 1409) und Pier Paolo dalle Masegne († 1403), das Grab von Papst Alexander V. (1340-1410) und die Kreuzgänge des Klosters. Im 18. Jh. hatte die Klosterkirche mit den Padres Giovanni Battista Martini (1706-1784, s. auch Burney, 113 ff.), der auch der Gründer der Musikbibliothek und der Porträtsammlung ist, und Stanislao Mattei zwei international hoch anerkannte Kapellmeister, die zugleich für die Musikausbildung und -pflege in der Stadt von zentraler Bedeutung waren.

18.9.1788

Statue des Neptuns] Der Brunnen auf der Piazza del Nettuno wurde 1564-1566 von Giovanni da Bologna ausgeführt. Der von Tommaso Laureti (1530-1602) entworfene barocke, zweistufige Sockel, mit Nereiden und Putten verziert, wird von einem aufrecht stehenden Gott des Meeres, der mit dem Dreizack die Wogen glättet, gekrönt.

Pallast Zambeccari] Der Palazzo Zambeccari wurde 1775 von Carlo Bianconi (1732-1802) im Auftrage der Grafen Zambeccari gebaut. Anna Amalia sah dort viele Gemälde der Bologneser Schule (ThHStAW, HA.A.XVIII.153, Bl. 29 v).

Heilige Cecilie] Raffaels mehrfiguriges, monumentales Gnadenbild der Heiligen Cäcilie (Öl auf Holz, 238 × 150 cm) entstand um 1514 im Auftrage des Kardinals Lorenzo Pucci (1459-1531) und war für die Kirche San Giovanni in Monte bestimmt. Es befand sich im ersten Querschiff neben dem Grab der Kirchenstifterin, der seligen Elena Duglioli dall'Oglio (1472-1520). 1798-1815 wurde das von französischen Truppen erbeutete Gemälde in Paris von Holz auf Leinwand übertragen und restauriert. Heute befindet es sich in der Pinacoteca Nazionale zu Bologna.

19.9.1788

il corso dell Apetito] Korso der Begehrlichkeiten.

Goldonis Werke] Am Abend des 26. und des 29.9.1788 las die Herzogin nach eigenem Bekunden in Goldonis Werken (ThHStAW, HA.A.XVIII.153, Bl. 36 v; 38 v). Wahrscheinlich handelt es sich um jene Ausgabe, die Einsiedel hier in Bologna gekauft hatte.

Gallerie Sampiere] Bologna war reich an privaten Kunstsammlungen, worunter die Galerie im Palazzo Sampieri (Via Mazzini 24) als die bedeutendste galt. Die Räume waren an Decken und Wänden mit Fresken von Lodovico (›Herkules mit Jupiter im Kampf‹, ›Ceres sucht Proserpina‹), Annibale (›Der Weg der Tugend ist schwer‹, ›Vom Blitz getroffener Gigant‹) und Agostino Carracci (1557-1602) geschmückt (›Herkules und Atlas‹, ›Herkules und Cacus‹). Von Guercino stammen ›Kampf des Herkules mit Antäus‹ und ›Genius der Kraft‹.

Albani, ein Tanz von Kindern um einen Baum] Es handelt sich hier um den ›Tanz der Amoretten‹ (um 1625, 90 × 114 cm, oval), der sich heute in der Pinacoteca di Brera zu Mailand befindet.

Petrus und Paulus] Guido Reni hatte sein Gemälde ›Heilige Petrus und Paulus im Zwiegespräch‹ (1605/06, Öl auf Leinwand, 197 × 140 cm) für die Familie Sampieri gemalt. Heute befindet sich das Altarblatt in der Pinacoteca di Brera zu Mailand.

Pater Mattei] In der Herzogin Anna Amalia Bibliothek (Mus. Ia: 108) befand sich vor dem Brand im Jahre 2004 ein von Stanislao Mattei komponiertes Credo, das dieser der Herzogin eigens gewidmet hatte.

20.9.1788

Panora] Pianoro.

Logano] Loiano.

alle felicaje] zu Felicaje; es handelt sich offenbar um einen heute nicht mehr existierenden oder eingemeindeten Weiler, der als Poststation diente.

21.9.1788

Cavigliago] Covigliaio.

Monte Carelli] Montecarelli.

Cafagiolo] Cafaggiolo.

Fonte buona] Fontebuona.

Posten] Poststationen.

Thor … Corso] Hier ist wohl das nordwestliche Stadttor Porta al Prato gemeint.

Gasthof Aquilo nera] Gasthof ›Zum schwarzen Adler‹.

22.9.1788

Oper] Es handelt sich um das Teatro della Pergola in Florenz. Das im Jahre 1656 überwiegend aus Holz erbaute Theater gilt als der Geburtsort der komischen Oper. Es schloß jedoch bereits 1663 und sah bis 1718 nur noch gelegentliche Opernaufführungen. 1738 schließlich wurde es nach Plänen von Giulio Mannaioni (tätig 1737-1779) von Antonio Babieni umgebaut, wobei es im wesentlichen seine heutige Gestalt erhielt. Seit einer Erweiterung im Jahre 1857 diente es überwiegend als Konzertsaal und Schauspielhaus.

23.9.1788

Gallerie] Die Uffizien, eigentlich Palazzo degli Uffizi, wurden im Auftrage Cosimos I. von Medici (1519-1574) seit 1559 von Giorgio Vasari und seit 1574 durch Bernardo Buontalenti (1536-1608) sowie Alfonso Parigi († 1590) zunächst als Verwaltungsgebäude errichtet, beherbergten aber bereits von Anfang an im Obergeschoß die Kunstsammlungen der Herzöge (vgl. auch Goethe 1740, 349-352 und Goethe 1830, 143-146). Drei Gebäudetrakte umschließen einen langgestreckten Innenhof, der Vasari-Korridor verbindet die Uffizien durch einen gedeckten Gang über den Ponte Vecchio mit dem Palazzo Pitti.

der Tribune Zimmer] Die Tribuna der Uffizien zu Florenz, 1584 von Bernardo Buontalenti (1536-1608) errichtet, ist einer der ersten festen Museumsräume der Neuzeit. Sie gehörte zu jenen Räumen, für die damals gesondert Eintritt bezahlt werden mußte. Die Aufstellung der Skulpturen in dem achteckigen Raum blieb bis heute unverändert.

Venus] Die sogenannte ›Venus von Medici‹ (Höhe 153 cm) ist eine römische, 1618 in der Villa Hadrians bei Tivoli gefundene Marmorkopie nach einer griechischen Statue der Aphrodite aus dem 3. Jh. v. Chr. Ihr Schöpfer war Kleomenes, der Sohn des Apollodorus, etwa 50-40 v. Chr. Sie wurde 1584-1677 in der Villa Medici in Rom aufbewahrt, dann nach Florenz gebracht und 1717 in den Uffizien aufgestellt.

Ringern] ›Die beiden Ringer‹ (Höhe 89 cm) aus griechischem Marmor stammen wohl aus der 2. Hälfte des 3. Jh. v. Chr. oder sind möglicherweise auch römische Kopien einer hellenistischen Plastik. Die beiden Köpfe sind zwar antik, gehörten früher jedoch wohl zur Niobidengruppe, mit der zusammen die Ringer 1583 in der Vigna Tommasini in Rom gefunden worden waren.

Schleifer] Der sogenannte ›Schleifer‹ (Höhe 106 cm), ein Messer wetzender Skythe, stammt aus Pergamon um 200 v. Chr. und besteht aus kleinasiatischem Marmor. Er gehörte wohl ursprünglich zu einer Gruppe, einer Darstellung der Schindung des Marsyas durch Apoll.

Apollen] Der ›Apollino‹ (Höhe 137 cm), so genannt im Unterschied zum Apollo von Belvedere (s. Komm. (9) 24.3.1789), steht der Venus gegenüber. Die stark überarbeitete Marmorstatue des 4. Jh., die wohl auch auf ein Original von Kleomenes zurückgeht, befand sich bis 1780 in der Villa Borghese zu Rom.

Faun] ›Der tanzende Faun‹ (Höhe 143 cm), ein aus griechischem Marmor gearbeiteter Satyr mit Fußklappern, ist eine hellenistisch-römische Kopie aus dem 2. Jh. n. Chr. nach einer Bronzegruppe aus der 2. Hälfte des 2. Jh. v. Chr. mit Ergänzungen (Kopf, Hals, linker Arm und Fuß) des 16. Jh. n. Chr. Er war wohl ursprünglich im Besitz Lorenzos des Prächtigen de' Medici (1449-1492), kam dann nach Rom und kehrte erst Anfang des 18. Jh. wieder nach Florenz zurück.

Meister Stücke Raphaels] Zu den Raffaels der Uffizien gehören heute u.a. die ›Madonna mit dem Stieglitz‹ (1506, Öl auf Holz, 107 × 77 cm), das ›Selbstporträt‹ (1506, Öl auf Holz, 47,5 × 33 cm), ›Papst Leo X. mit den Kardinälen Luigi Rosso und Giulio de' Medici‹ (1518/19, Öl auf Holz, 154 × 119 cm) und das ›Bildnis der Elisabeth Gonzaga‹ (1504-1506, Öl auf Holz, 52,5 × 37,3 cm).

Meister Stücke ... Berugiano] Von Pietro Perugino stammen dort u.a. ›Francesco delle Opere‹ (1494, Öl auf Holz, 52 × 44 cm) und die ›Pietà‹ (1494/95, Öl auf Holz, 168 × 176 cm).

Meister Stücke ... Coregios] Correggios ›Ruhe auf der Flucht nach Ägypten‹ (1515, Öl auf Leinwand, 123,5 × 106,5 cm) kam 1649 in den Besitz der Großherzöge der Toskana. Ursprünglich wurde das Bild für die Cappella Munari der Kirche San Francesco in des Malers Geburtsort Correggio geschaffen, doch der Herzog von Mantua ersetzte das Bild dort durch eine Kopie und eignete sich das Original an. Ein anderer Correggio, die ›Anbetung des Kindes‹ (1522, Öl auf Leinwand, 81 × 67 cm), war 1617 ein Geschenk des Herzogs von Mantua an Cosimo II. de' Medici und blieb bis heute in den Uffizien. Gegenwärtig in der Galerie befindliche Werke Correggios wie die ›Madonna mit dem Kind und Engeln‹ (1512/13, Öl auf Holz, 16 × 20 cm), die früher im Ankleidezimmer hing, schmückten 1788 noch die Privaträume des Großherzogs und waren den Reisenden möglicherweise nicht zugänglich.

Meister Stücke ... Guidoreni] Guido Renis ›David als Sieger‹ (1605, Öl auf Leinwand, 222 × 147 cm) und sein Selbstporträt (1630, Öl auf Leinwand, 45,5 × 34 cm) gehören noch immer zu den Sammlungen der Uffizien.

Famiele der Niobe] Die marmorne Figurengruppe der Niobe mit ihren Kindern, eine römische Kopie eines griechischen Originals aus dem Umfeld des Lysippos (4. Jh. v. Chr.), befindet sich erst seit 1770 in den Uffizien. Sie wurde 1583 in der Vigna Tommasini zu Rom gefunden. Das Hauptstück der im 1. Jh. v. Chr. aus attischem Marmor gefertigten Skulptur ist die zuvor in der Villa Medici ausgestellte Mutter mit ihrer jüngsten Tochter. Daneben sieht man in Florenz u.a. noch eine aufrecht stehende Tochter, einen aufrecht stehenden Sohn und einen sterbenden Sohn (Länge 185 cm). In den Uffizien ist ihnen ein eigener Raum gewidmet.

24.9.1788

Naturalien Cabinet] Dieses befand sich ebenfalls in den Uffizien (vgl. auch die Schilderung August von Goethes, Goethe 1830, 145 f.).

Sonnenstein] Diese Art des Feldspates, die meist am Tvedestrand in Norwegen gefunden wurde, war wegen der darin eingewachsenen Täfelchen von rotem Eisenglanz als Schmuckstein sehr beliebt.

Lorenzo Capelle] Hier ist wohl die Capella dei Principi der Kirche San Lorenzo gemeint. Das Gotteshaus wurde im Grundriß eines lateinischen Kreuzes seit 1419 im Auftrage der Familie Medici nach Plänen von Filippo Brunelleschi (1377-1446) an der Stelle einer von einer konvertierten Jüdin gestifteten, vom Mailänder Bischof Ambrosius (333-397) geweihten Kirche erbaut. Die drei Schiffe der Halle scheiden korinthische Säulen mit Rundbogen voneinander. Die Innenfassade dominiert der von Michelangelo gestaltete Balkon. Zwei Kanzeln mit bronzenen Basreliefs stammen ebenso wie mehrfarbige Stuck- und Terrakottamedaillons in der von Brunelleschi geschaffenen Alten Sakristei von Donatello (um 1386-1466). In der Neuen Sakristei (1520-1534) von San Lorenzo wurde eine Grabkapelle der Medici eingerichtet. Kunsthistorisch am bedeutsamsten darin sind die Grabmäler für Lorenzo de' Medici (1492-1519) – er war der Vater der Königin Katharina von Frankreich a.d.H. Medici – und seinen Onkel Giuliano (1479-1516), an denen Michelangelo im Auftrage Papst Leos X. (1475-1521) bis 1534 arbeitete, ohne sie vollenden zu können. Im Zentrum der Anlage stehen die idealisierten Figuren der Verstorbenen und die mit Allegorien von Tag und Nacht bzw. Morgen und Abend verzierten Sarkophage. – Die Capella dei Principi (vgl. auch Goethe 1740, 346 f., 437-441 und Goethe 1830, 142 f., 152), der prunkvollste, kostspieligste Raum, wurde im 18. Jh. als Weltwunder bestaunt. Im Jahre 1605 begann man mit der erst im 20. Jh. vollendeten Pietra-dura-Dekoration des oktogonalen Raumes hinter dem Chor von San Lorenzo. 1786-1860 jedoch war die Chorrückwand der Basilika geöffnet. In dieser Kapelle befinden sich die Sarkophage für Cosimo II. (1590-1621) und Ferdinando I. (1549-1609) aus dem Hause Medici, über ihnen Porträtstatuen von Pietro Tacca (1577-1640). Für die Mosaikarbeiten richtete Großherzog Ferdinando I. de' Medici 1588 eine eigene Werkstatt ein, das Opificio delle Pietre Dure (vgl. auch Goethe 1830, 152).

Florendinischen Mosaic] Unter florentinischer Arbeit verstand man das sogenannte Florentiner oder Pietra-Dura-Mosaik. Es ist eine im 16. Jh. in Florenz entwickelte Sonderform der Inkrustation, bei der verschiedene Steine, Marmorarten, Halbedelsteine und andere Schmucksteine fugenlos aneinandergefügt und poliert werden. Diese Kunst findet sich vor allem an Antependien, Grabmälern und Tischplatten. – Die Wappen der 16 Städte des Großherzogtums Florenz in der Sockelzone der Capella dei Principi (s. oben) wurden aus Perlmutt, Koralle und Lapislazuli gefertigt.

Pallast Pitti] Der für den Kaufmann Luca Pitti seit 1440 von Filippo Brunelleschi (1377-1446) errichtete Palast am linken Ufer des Arno wurde 1549 von Herzog Cosimo de' Medici (1519-1574) und dessen Gemahlin Eleonore von Toledo (1522-1562) erworben und 1560-1570 von Ammannati (1511-1592) mit einem Spätrenaissance-Hof zu einer Dreiflügelanlage als Sitz der Herzöge und Großherzöge der Toskana (1550-1859) ausgebaut. Im Laufe des 17. Jh. wurde der Palazzo Pitti abermals erweitert und dort die Galleria Palatina (Gemäldesammlung der Medici) eingerichtet. 1764 und 1783 fügte man an der Straßenseite die beiden sogenannten Rondi an. Hinter dem Palazzo liegt der legendäre Boboli-Garten (vgl. auch Goethe 1740, 343-346; Goethe 1830, 143 f.).

Grosherzogs] Leopold von Habsburg, s. Österreich.

Maria della Segola] Raffaels Gemälde ›Madonna della Seggiola‹ (Durchmesser 71 cm) entstand 1513/14 und befindet sich noch heute im Palazzo Pitti.

2 *Gemälde von Mengs, im Schlafzimmer*] Die beiden religiösen Gemälde von Mengs, die damals über dem Bett des Erzherzogs hingen, waren: ›Maria mit dem Kinde, von zwei Engeln angebetet‹ (1770-1773, Öl auf Nußbaumholz, 112 × 86 cm) und ›Traum des Heiligen Joseph‹ (1773/74, Öl auf Eichenholz, 114 × 86 cm). Beide kamen 1796 nach Wien und befinden sich heute im dortigen Kunsthistorischen Museum.

25.9.1788

Groß Herzogin] Maria Luisa von Habsburg, s. Österreich.

26.9.1788

Pallast Riccardi] Der Palazzo Medici-Riccardi wurde 1444-1464 von Michelozzo (1396-1472) für Cosimo de' Medici den Älteren (1389-1464) erbaut und war einer der ersten Renaissancepaläste der Stadt. Im 17. Jh. erwarben ihn die Riccardis. Unter ihnen entstand die Galerie mit Fresken von Luca Giordano (1634-1705), welche die Apotheose der Medici darstellen. Der Palast beherbergt heute in seinem Inneren die Bibliotheken Riccardiana und Moreniana sowie das Museo Mediceo (vgl. auch Goethe 1740, 355). In der Fürstenkapelle findet sich ein Fresko der Heiligen Drei Könige von Benozzo Gozzoli (1420-1497).

Fabrick der Florentinischen Arbeid] Anna Amalia besuchte die Manufaktur Pesari am Prato, die damals sehr bekannt für dieses Kunsthandwerk war (ThHStAW, HA.A.XVIII.153, Bl. 36 v, s. auch Komm. (4) zum 24.9.1788).

Niederlage der Wasen] Gemeint ist das Lager einer Steinschneiderei, in der u.a. Alabastergefäße zum Kauf angeboten wurden.

Herzogin kaufte eine Urne] Die Herzogin kaufte während ihrer Reise immer wieder kleine Kunstgegenstände wie diese Urne, Fächer, Bücher, Bilder und Kupferstiche, Kleinplastiken, Kopien der besichtigten Kunstdenkmäler, Partituren italienischer Musik usw., die man zum großen Teil mit der Frachtpost nach Weimar schickte. In direktem zeitlichem Zusammenhang mit ihrem Italienaufenthalt steht die Begleichung verschiedener Rechnungen (Berger 2003, 355, Anm. 334), z.B. über 300 Reichstaler an Goethe für in Rom bestellte Kunstsachen (21.8.1788), 320 Reichstaler 4 Groschen für den Transport von vier Kisten Mobilien aus Rom (30.9.1789) und 50 Reichstaler

3 Groschen Frachtkosten für eine Kiste mit Kupferstichen und (künstlichen) Blumen (s. Komm. (7) 25.3.1789) aus Italien (1.8.1790).

Zechinen] Der Name (ital. zecchino) dieses von 1284-1797 in Venedig geprägten Golddukaten (3,5 g bei einem Feingehalt von 0,986) leitet sich von ›La Zeccha‹, dem Namen des venezianischen Palastes her, in dem sich die Münzstätte befand. Es gab die Münze, die auf der Vorderseite den vor dem Heiligen Marcus knienden Dogen und auf der Rückseite Christus in der Mandorla zeigt, in Teilstücken bis zu einem Viertel und in Vielfachen bis zu 100. 1 Zechine entsprach 21 ½ römischen Paoli oder 26 Carlini und 8 Grani in neapolitanischer Währung (Kroha, 504; GSA 14/56, Bl. 5 v).

meine Mutter] Charlotte Christiane von Göchhausen.

27.9.1788

Lastra] Lastra a Signa.

Osteria nuova] wohl Corte Nuovo.

Lascala] Scala.

Castel del Bosco] Castél del Bosco.

Forchetta] Fornacette.

Pingen] Pinien.

Gasthof il Ussero] Gasthof ›Zum Husaren‹.

28.9.1788

Dom … schiefen Thurm] An der Piazza del Duomo (Campo dei Miracoli) in Pisa liegt der Dom mit Campanile (Schiefer Turm), Baptisterium und dem Camposanto. 1063 begann man mit der Errichtung dieses marmorinkrustierten Kirchenbaus unter der Leitung von Buschetto, 1118 wurde der Dom geweiht, Ende des 12. Jh. nach Westen erweitert und schließlich mit einer Fassade (Blendarkaden mit vier Reihen von Säulengalerien) abgeschlossen. Im Inneren befinden sich u.a. 68 antike Säulen, eine 1302-1312 mit reichem Skulpturenschmuck geschaffene Kanzel, ein bedeutendes Apsismosaik und ein Grabmal für Kaiser Heinrich VII. (1274-1313). Der 55 m hohe Campanile mit seinen sechs übereinander liegenden Säulengalerien neigte sich bereits während seiner Bauzeit im 12. Jh. nach Südosten (vgl. auch Goethe 1830, 132 f.).

Batisterium] Das Baptisterium, ein im 12. Jh. begonnener Rundbau, erhielt im 14. Jh. Säulengalerien und einen gotischen Giebel. Das im Innern befindliche achteckige Taufbecken und die Kanzel stammen aus dem 13. Jh.

Campo Santo] Im 13. Jh. begann Giovanni di Simone, einen 126 m × 52 m bemessenen Friedhof im Stile der toskanischen Gotik zu errichten, der von allen Seiten mit Arkaden umgeben ist. Der Pisaner Erzbischof hatte 1202 von einem Kreuzzug Erde aus dem Heiligen Land mitgebracht, die er hier ausstreuen ließ. Berühmte Künstler schmückten die Wandelhallen mit Fresken, von denen aber viele bei einem Bombenangriff 1944 zerstört wurden.

keine schöne Form] Das von Friedrich II. von Preußen für Algarotti gesetzte Grabmonument auf dem Camposanto von Pisa ist ein klassizistischer Aufbau aus grauem Marmor, in dessen Nische ein gelbmarmormes Ruhebett mit einer Lesenden aus weißem Marmor steht. Über ihr ist ein Relief des Verstorbenen, von weißen Putten gehalten, angebracht. Es trug ursprünglich nur die Inschrift: »HIC JACET OVIDII AEMULUS ET NEUTONI DISCIPULUS« (»Hier liegt ein Nacheiferer des Ovid und ein Schüler Newtons«). Später fügten Freunde noch weitere Sätze hinzu.

Oper] Man hörte Cherubinis Oper ›Alessandro nell'Indie‹ (›Alexander in Indien‹), die wie die gleichnamige Opera seria von Cimarosa nach einem Libretto von Metastasio geschrieben und 1784 in Mantua uraufgeführt worden war (ThHStAW, HA.A.XVIII.153, Bl. 38 v).

29.9.1788

seine Brüder] Johann Alexander, Johann August und Georg Karl von Einsiedel-Scharfenstein.

30.9.1788

Poggi Bonsi] Poggibonsi.

Prinz von Philipsthal] Ludwig von Hessen-Philippsthal.

1.10.1788

Castillioncello] wohl irrtümlich für Castiglioni.

l'albergo del Sole] Gasthof ›Zur Sonne‹.

Dom] Der Dom zu Siena (Chiesa Metropolitana) wurde seit Mitte des 12. Jh. auf dem höchsten Punkt der Stadt, an dem zuvor schon ein Diana-Tempel und die Kirche Santa Maria Assunta gestanden haben sollen, errichtet. Die Kuppel wurde 1264 vollendet, der Chor 1317 noch einmal verlängert, so daß der Dom nun 89 m lang, 24 m breit und im Querschiff 56 m hoch ist. Seine dreigiebelige Fassade aus dreifarbigem Marmor wurde 1284-1380 nach einem Modell von Giovanni Pisano (um 1245 – um 1325) gebaut. Das Innere dominieren der Marmorfußboden mit Graffito-Darstellungen und Mosaiken nach Vorlagen berühmter Künstler, der in den Jahren 1369-1547 entstand, die achteckige Kanzel des 13. Jh. aus weißem Marmor, das Bronzetabernakel aus dem 15. Jh. und die Statue Johannes des Täufers (1457) von Donatello (um 1386-1466). Die unter dem ebenerdig erbauten Dom gelegene Kirche San Giovanni, das ehemalige Baptisterium, dient heute als Krypta.

Bibliothec der Augustiner] Das Augustinerkloster San Agostino liegt östlich des alten Stadtzentrums von Siena. Sein Vorgarten bietet einen schönen Rundblick über die Stadt und ihre Umgebung. Die ursprüngliche Kirche wurde 1258 errichtet und im 15. Jh. sowie 1770-1773 – damals nach Plänen von Luigi Vanvitelli – umgebaut. Zu den bemerkenswerten Kunstwerken des einschiffigen Gotteshauses zählen eine von Heiligen angebetete Madonna von Carlo Maratta (1625-1713), eine ›Kreuzigung‹ von Pietro Perugino und ein Fresko von Ambrogio Lorenzetti (1285-1348) in der Piccolomini-Kapelle. Die Klosterbibliothek im ersten Kreuzgang war der Öffentlichkeit zugänglich. Ihr Architekt war Domenico Sergardi aus Rom, die Gewölbe freskierte Apollonio Nasini (1692-1786). Anna Amalia bezeichnet sie als eine kleine Bibliothek, in der überwiegend kirchengeschichtliche und jesuitische Werke und nur in einem kleinen Raum auch französische und italienische Belletristik zu finden seien (ThHStAW, HA.A.XVIII.153, Bl. 40 r).

Bails Dictionar] Pierre Bayle: ›Dictionnaire historique et critique‹ (›Historische und kritische Enzyklopädie‹), 2 Bände. 1695-1697. Das Nachschlagewerk wurde für die europäische Aufklärung des 18. Jh. zu einem bahnbrechenden Werk. Johann Christoph Gottsched (1700-1766) und seine Frau Louise Adelgunde (1713-1762) übersetzten es 1741-1744 ins Deutsche.

2.10.1788

Monterone] Monteroni d'Arbia.

Torrinieri] Torrenieri.

alte Festung] Die in 900 m Höhe gelegene Festung Radicofani an der Grenze zwischen Latium, Umbrien und der Toskana schützte seit dem Mittelalter die Via Francigena im Dienste des Kirchenstaates, der Republik Florenz und seit 1411 der Republik Siena. Im Jahre 1297 hatte sogar der Rebell Ghino di Tacco die Burg für drei Jahre in seiner Gewalt. 1559 fiel die mit fünf Bastionen ausgestattete Festung in die Hand des Großherzogs Cosimo I. von Medici (1519-1574). Nachdem 1735 ein Pulverturm explodiert und der strategische Wert der Befestigungsanlage zudem durch die politischen Ereignisse erloschen war, verließ man die Ruine, die danach als Sehenswürdigkeit Touristen anzog.

3.10.1788

Ponte] Ponte del Rigo.

Centino] Centeno.

Monte Fiascone] Montefiascone.

Ruinen eines … Städchens] Die Ruinen bei Acquapendente sind wohl die Reste der antiken Vorgängerstadt Acula (auch Aquula oder Aquesium), einer relativ bedeutungslosen Faliskersiedlung. An ihrer Statt errichtete Kaiser Otto I. (912-973) hier eine Festung, die allerdings 1649 zerstört wurde.

Ruinen … Hetrurischen Stadt] Etwa 1 km oberhalb Bolsenas befinden sich die Ruinen (u.a. ein Amphitheater) der römischen Stadt Volsinii. Sie wurde von den überlebenden Einwohnern der etwa 25 km entfernt auf dem Gebiete des heutigen Orvieto liegenden etruskischen Stadt Velsna gegründet, nachdem diese 265 v. Chr. von Fulvius Flaccus eingenommen und zerstört worden war. Die neu angelegte Stadt wurde als eine der ehemals zwölf Hauptstädte des etruskischen Bundes römisches Munizipium.

See] Lago di Bolsena.

Veturino] Lohnkutscher (ital. vetturino).

4.10.1788

Rom] Mit Rom erreichten die Reisenden das erste große Ziel ihrer Reise. Die Herzogin hielt sich hier zunächst bis zum Ende des Jahres 1788 auf, kehrte nach einem etwa 7wöchigen Aufenthalt in Neapel hierher zurück, um die Osterfeierlichkeiten 1789 im Vatikan mitzuerleben. Auf der Heimreise im Jahre 1790 machte sie nur wenige Tage in Rom Station, um sich von den Bekannten und Freunden, die sie in der Heiligen Stadt gefunden hatte, zu verabschieden. Die Herzogin befaßte sich in Rom vor allem mit den Denkmälern der Antike, des Mittelalters und der Renaissance, der bildenden Kunst und der Kirchenmusik. Der Ort ihrer Seele wurde in Italien jedoch Neapel.

unserer Wohnung] Die erste Unterkunft der herzoglichen Reisegesellschaft in Rom war die Locanda Margherita in der Via San Sebastianello 11. Das Hotel war von 1780 bis ins 19. Jh. hinein ein beliebtes Quartier vornehmer Fremder.

Herder] Johann Gottfried Herder war bereits am 19.9.1788 in Rom angekommen. Er hatte die Einladung des Domherrn von Dalberg, der auch Herders Unkosten teilweise tragen wollte, unter dem Druck beruflicher Lasten, materieller Nöte und persönlichen Kummers gern angenommen, um Abstand zu gewinnen und sein seelisches Gleichgewicht wiederzufinden. Goethes begeisterte Briefe und Herders eigene Beschäftigung mit der klassischen römischen Literatur und Kunst ließen ihn auf ein ähnlich beglückendes Befreiungserlebnis hoffen, wie Goethe es gefunden hatte. Daß dieses nicht eintrat, liegt zu einem guten Teil in der Person des Weimarer Generalsuperintendenten begründet. Nicht allein die persönlichen Mißhelligkeiten mit Dalberg und Frau von Seckendorff sowie seine geringen finanziellen Mittel, mit denen er beispielsweise den durch sein Auftreten als ›Bischof von Weimar‹ erforderlichen Repräsentationsaufwand kaum tragen konnte, ließen Herder seine Umgebung mit grämlicher Miene wahrnehmen. Nachdem Anna Amalia in Rom angekommen war, schloß Herder sich stärker der herzoglichen Reisegesellschaft an, lebte auch seit Januar 1789 in ihrem Haus. Die Einladung Anna Amalias an Herder, mit ihr nach Neapel zu kommen, war dann ein Glücksfall. Die Natur, das Klima, der von Rom unterschiedene Menschenschlag ließen ihn zwei Monate lang aufatmen. Nach dem Erlebnis der Osterfeierlichkeiten in Rom reiste Herder mit kurzen Aufenthalten in den kulturellen Zentren Norditaliens, die er in seinem Bestreben, schnell nach Rom zu kommen, auf der Hinreise nicht besucht hatte, nach Weimar, wo er am 9.7.1789, also nach knapp einem Jahr, wieder ankam. Seine Briefe an die Familie, das Weimarer Herzogspaar und viele Freunde, seine Gedichte und Notizen bezeugen ein kritisches, völlig illusionsloses Italienerlebnis (Herder 1980, Herder 2003). – Über das Eintreffen der Herzogin und die ersten Begegnungen mit ihr berichtete Herder seiner Frau unter dem 8.10.1788 (Herder 2003, 149-151).

5.10.1788

500 Menschen ermordet] Die hohe Mordrate in Rom wird auch von Goethe in einem Brief an Charlotte von Stein vom 4.11.1786 (WA IV 8, 67) erwähnt. Tischbein hielt 1786/87 eine in dieser Weise typische Straßenszene zeichnerisch fest: Ein Toter liegt neben einer Blutlache auf der Straße, während, umringt von einer Menge Neugieriger, die Zeugen ihre Beobachtung zu Protokoll geben (Feder in Braun und Grau, laviert; 28, 9 × 19.9 cm; Klassik Stiftung Weimar; Abb. s. Maisak, 60). Ein solches Ereignis schildert auch Vigée-Lebrun (Vigée-Lebrun I, 161 f.).

Perterskirche] Der Grundstein zum heutigen Petersdom (San Pietro in Vaticano) wurde am 18.4.1506 gelegt, über 120 Jahre später, am 18.11.1626, wurde er geweiht. Die jeweils bedeutendsten Künstler waren in dieser Zeit zur Mitarbeit herangezogen worden: Bramante, Michelangelo, Raffael, Bernini. Der Neubau war nötig geworden, da die gleichnamige alte, um 320 über dem vermuteten Grab Petri von Kaiser Konstantin errichtete Basilika (118 × 64 m) wegen der Vielzahl an Grabdenkmälern und Reliquienschreinen kaum noch die Durchführung einer großen Messe erlaubte. Bramante, der ein kuppelgekröntes Langhaus geplant hatte, starb bald, nachdem die Stützpfeiler für die riesige Kuppel gesetzt waren. Seine Nachfolger widmeten sich zunächst dem Bau der Seitenkapellen und anderer Gebäudeflügel. Erst unter dem 1547 als Architekt bestätigten Michelangelo konnten die einzelnen Teile zu einem harmonischen Ganzen verbunden werden. Diese Initiative fand die Unterstützung der Päpste, die zuvor im Petersdom nur ein persönliches Denkmal gesehen hatten, im Zeitalter der Reformation und Gegenreformation jedoch bemüht waren, das Sinnbild einer neuen starken Kirche zu errichten. Michelangelo strebte einen Zentralbau mit einer Kuppel an, die sich in ihrer Bauweise an der des Domes von Florenz orientierte. 1590, 26 Jahre nach Michelangelos Tod, wurde der Schlußstein dazu unter Giacomo della Porta (um 1540-1602) gesetzt. Doch Papst Paul V. (1552-1621) war mit dem Zentralbau nicht zufrieden, er wünschte einen kreuzförmigen Grundriß. Carlo Maderno (1556-1629) wurde schließlich beauftragt, den Kuppelbau mit einem dreischiffigen Langhaus und einem Atrium mit frühbarocker Fassade zu verbinden. Es entstand der größte Sakralbau des Abendlandes: 213 m lang, mit den Kreuzarmen 137 m breit, bot er bei 25 616 m^2 Fläche 12 000 Menschen Platz unter der mit Laterne, Weltkugel und Kreuz 136 m hohen Kuppel. Dennoch erweckt er, wohl durch die nicht im Gesamtkonzept geplanten einzelnen Baukörper, nicht einen entsprechend monumentalen Eindruck – wie auch Louise von Göchhausen am Ende des Tageseintrags zusammenfaßt (vgl. auch Goethe 1740, 239-245).

Villa Medici] Die seit 1540 im Auftrage des Kardinals Giovanni Ricci († 1574) auf dem Pincio in Rom erbaute Villa (Abb. s. Vincenti/Benzi/Schezen, 268-281) kam 1574 in den Besitz der Großherzöge der Toskana a.d.H. Medici, von denen sie ihren Namen führt. Ihr Terrain war das Territorium der ehemaligen, in luxuriösen Terrassen errichteten Villa des Lucullus (um 117 – um 57 v. Chr.). Ricci, der am Pincio ein kleines Haus erworben hatte, beauftragte zunächst seinen Architekten Nanni di Baccio Bigio († 1568) und nach dessen Tod Giacomo della Porta (um 1540-1602) mit dem Neubau. Ferdinando de' Medici (1549-1609), der neue Besitzer, baute das Haus um und erweiterte es um die lange Galerie, in der er seine durch Ankauf berühmter Sammlungen äußerst wertvolle Antikenkollektion (Niobidengruppe u.a.) unterbrachte, die heute in den Uffizien zu sehen ist. Er ließ durch Bartolomeo Ammannati (1511-1592) eine Eingangshalle und die berühmte Wendeltreppe entwerfen, stattete den Saal vor der Loggia mit polychromen Marmorsäulen und Skulpturengruppen (Vase der Medici, ›Schleifer‹, ›Venus von Medici‹) aus, gestaltete den Garten mit seltenen Pflanzen und kostbaren Skulpturen. Auf einem alten Turm der aurelianischen Mauer richtete er sich ein von dem toskanischen Maler Jacopo Zucchi (1540-1596) ausgestaltetes Refugium für seine intimen Treffen mit Clelia Farnese (1556-1613) ein. Als Ferdinando als Großherzog nach Florenz zurückkehren mußte, verfiel die Villa Medici zusehends. Die Antiken, die früher den Hauptruhm der Villa ausmachten, wurden 1770 nach Florenz überführt. Mit dem Tod des letzten Medici ging die Villa an das Haus Lothringen über und wurde schließlich Sitz der Accademia di Francia.

Panteon ... Rodonta] Ursprünglich war das Pantheon von Marcus Agrippa, dem Schwiegersohn des Augustus, im Jahre 25 v. Chr. errichtet worden. Dem Kuppelbau vorgelagert sind ein Pronaos mit 16 Säulen und ein massiver Vorbau. Die Kuppel selbst, aus keilförmigen Steinen gemauert, mündet in eine Öffnung von 8,90 m Durchmesser. In den zahlreichen Nischen des zunächst wohl zu den Agrippathermen gehörigen Innenraumes standen ursprünglich viele Götterfiguren, die dem Bau seinen alten Namen gaben. Der Boden war mit verschiedenen Marmoren, Porphyr und Granit ausgelegt, die Statuetten bestanden wohl aus vergoldeter Bronze. Durch Brände wurde das Pantheon mehrfach in Mitleidenschaft gezogen, aber immer wieder restauriert. So ließ Kaiser Hadrian nach dem Brand 110 n. Chr. den Bau in seiner heute erkennbaren Gestalt errichten. Im Jahre 399 schloß man den Tempelraum und wandelte ihn im Jahre 608 in eine Kirche um, Santa Maria ad Martyres (Santa Maria Rotonda), die sich in den künftigen Jahrhunderten zur beliebtesten Kirche der Künstler und Gelehrten Italiens entwickelte, deren Epitaphien sie in großer Zahl aufnahm. 1632 wurden durch Bernini zwei Glockentürme aufgesetzt. Die bronzene Kassettendecke der Vorhalle wurde unter Papst Urban VIII. (1568-1644) durch ein Holzgebälk ersetzt, während man das antike Metall für die Säulen des Hauptaltars von Sankt Peter und zum Guß von Kanonen für die Engelsburg verwendete (vgl. auch Goethe 1740, 227 ff., 548).

Bäder des Marcus Agrippa] Die Bäder des Agrippa, erbaut seit 25 v. Chr., waren die ersten öffentlichen Badeanstalten des antiken Rom. Das Wasser dafür wurde durch eine eigene Leitung, die ›Aqua virgo‹, in die Stadt geführt und galt als das frischeste der Stadt. Daneben begründete die üppige Ausgestaltung mit Marmor- und Bronzebildern, griechischen Gemälden, enkaustischer Dekorationsmalerei und Stuck den damals außerordentlichen Ruf der Therme, die offenbar noch unter den Goten im 5. Jh. betrieben wurde. Der bedeutendste noch erkennbare Rest des Baues ist das Pantheon (s. oben), das selbst einmal Teil des mehrfach durch Brände zerstörten Gebäudekomplexes war.

Colonaden] Die Kolonnaden von Bernini umschließen den Petersplatz mit der »Geste der ausgebreiteten Arme« (Bussagli, 507). Die heutige Gestalt mit den dorischen Säulen und dem horizontalen Gebälk wurde vom Architekten erst fünf Tage nach der Grundsteinlegung 1657 konzipiert. 1667 wurde der Petersplatz vollendet.

Obelisk] Der Obelisk wurde 1586 zusammen mit den zwei Springbrunnen von Domenico Fontana (1543-1607) in der Mitte des ovalen Petersplatzes aufgerichtet. Die Granitsäule war ursprünglich von Kaiser Caligula aus Ägypten geholt und in Neros Arena aufgestellt worden.

Papst] Pius VI., s. Giovanni Angelo Braschi.

6.10.1788

zur Seckendorfen] Dalberg und Frau von Seckendorf waren zunächst in der Locanda Damont an der Via della Croce abgestiegen, einem 1766 von dem in päpstlichen Diensten stehenden Kavalleristen Carlo Vincenzo Damont eröffneten Hotel. Später zogen sie in die Villa Condotti 42 an der Ecke zum Corso.

7.10.1788

Clementinum] Das Museo Pio-Clementino im Vatikan wurde 1787 eröffnet, doch waren zu dieser Zeit noch nicht alle Räume zugänglich. In seinen Beständen geht es zurück auf die 1771 von Papst Clemens XIV. (s. Ganganelli) begonnene Antikensammlung des Vatikan; in seiner baulichen Substanz ist es ein Um- und Erweiterungsbau des alten Belvedere mit einem zum Pantheon gestalteten zentralen Raum. Papst Pius VI. vollendete das Werk, ließ die Antiken reinigen und präsentierte sie nun öffentlich. Herzogin Anna Amalia erwarb in den Jahren nach ihrer Italienreise die Lieferungen eines Bestandskatalogs dieses Museums inklusive derer, die sich auf die nach ihrer Abreise dort aufgestellten Kunstwerke bezogen – Ludovico Mirri (Hrsg.): Il Museo Pio Clementino. 7 Teile. Roma 1782-1807.

meiner Mutter] Charlotte Christiane von Göchhausen.

9.10.1788

Capitol] Von den Ruinen des antiken Tempels und der Burg auf dem Kapitolinischen Hügel gab es keine sichtbaren Reste. Die den Reisenden sich darbietende Situation in der Senke zwischen den beiden Hügelkuppen des Kapitols geht auf Michelangelos Entwürfe von 1550 zurück. Er gestaltete den Kapitolsplatz, um den sich im Südwesten der Palazzo Nuovo (bereits 1471 begonnen, dann den Symmetrievorstellungen Michelangelos für den trapezförmigen Platz auf dem Kapitol angepaßt), im Nordosten der Konservatorenpalast und an der Stirnseite der Senatorenpalast anordnen und zu dem eine Treppe den Hügel hinaufführt. Der Senatorenpalast ruht allerdings auf einem gewaltigen Gemäuer aus der Zeit der römischen Republik. Seine Gestalt wie auch die der beiden anderen gleichgestalteten Paläste, in denen seit 1734 die Schätze des Kapitolinischen Museums präsentiert werden, resultiert aus der Umarbeitung des Michelangelo-Entwurfes durch Giacomo della Porta (um 1540-1602) und Girolamo Rainaldi (1570-1665). Die die Gebäudefront des Senatorenpalastes bestimmenden Standbilder sind antik: Die aus Porphyr und Marmor gefertigte, in der zentralen Nische des Treppenaufgangs aufgestellte Minerva, in der Renaissance als Göttin Roma gedeutet, wurde unter Kaiser Domitian geschaffen, die beiden Flußgötter des Nil und des Tiber fand man in den Bädern des Konstantin. Mittelpunkt des Kapitolsplatzes ist seit 1537 das Reiterstandbild Marc Aurels, das der Bilderstürmerei des christlichen Mittelalters allein deshalb widerstehen konnte, weil es lange Zeit irrtümlich als Statue Kaiser Konstantins angesehen wurde (Abb. s. Bussagli, 414 f.; vgl. auch Goethe 1740, 260-265).

sterbente Fechter] ›Der sterbende Fechter‹, auch ›Der sterbende Gallier‹ (gelblicher, kleinasiatischer Marmor, teilweise ergänzt, Höhe 0,93 m, Grundplatte 1,85 × 0,89 m) wurde wohl 1622 beim Bau der Villa Ludovisi gefunden, gelangte 1693 aus der Sammlung der Familie Ludovisi in die des Livio Odescalchi (1655-1713) und wurde von Papst Clemens XII. (1652-1740) für das Kapitolinische Museum erworben. Im 18. Jh. war die Skulptur der Mittelpunkt des zentralen Raumes im 1. Stock des Museums, des Salone. 1797-1816 wurde sie nach Paris verschleppt und fand nach ihrer Rückkehr ihren Platz in der Stanza Gallo Morente. ›Der sterbende Gallier‹ war wohl Teil eines Denkmals gewesen, das Attalos I. von Pergamon († 197 v. Chr.) 241 v. Chr. aus Anlaß seines Sieges über die Gallier errichten ließ.

an Ketten gelegt] Die Büsten der Kaiser und Philosophen befanden sich jeweils in zwei kleineren Räumen, vom Kapitolsplatz aus gesehen links vom Salone im 1. Stock des Museums. Hinsichtlich der Ketten ist – wie bei den sogenannten Kettenbüchern alter Bibliotheken – der Schutz vor Diebstahl denkbar.

10.10.1788

zum Hofrat Reifenstein] Reiffenstein bewohnte seit 1767 das Erdgeschoß des Palazzo Zuccari in der Via Gregoriana 30.

Portrait … der Frau von Dieden] Angelica Kauffmann malte Frau Diede zum Fürstenstein ganzfigurig als Muse mit Leier, die im Begriff ist, einige Noten zu notieren (Öl auf Leinwand, oval, 54,4 × 36 cm; Verbleib unbekannt). Das Bild entstand im Jahre 1783 während der ersten Italienreise der Porträtierten vom 3.11.1782 bis 30.8.1784 (Für die Informationen zum Porträt danke ich Angela Rosenthal, Dartmouth, USA.).

wachs Mahlereyen] Es handelt sich um die sogenannte enkaustische Malerei, eine seit der Antike bekannte und im 18. Jh. wieder aufgenommene Technik. Dabei wurden Wachsfarben auf einen hölzernen oder elfenbeinernen Untergrund aufgetragen und erhitzt, um eine feste Bindung mit dem Malgrund zu erreichen.

zur Madame Angelica] Angelica Kauffmann wohnte in der Casa Stefanoni in der Via Sistina 72 (Abb. s. Maierhofer 2001, 272).

11.10.1788

Einsiedel nach Albano] Der Kammerherr begab sich wohl zu Kardinal Bernis (ThHStAW, HA.A.XVIII.153, Bl. 44 r).

zu Tripel] Trippel wohnte 1787-1793 in der Via Purificazione 72-73.

Buste des Königs von Preusen] Die Büste Friedrichs II. von Preußen (1788-1790, Marmor) wurde nach seiner Totenmaske als Pendant zu Goethes Porträt (s. unten) für den Fürsten von Waldeck gefertigt. 1789 schuf Trippel dann auch das Modell zu einem figurenreichen Monument des Königs, für das er ein Ehrendiplom der Berliner Akademie erhielt.

Grabmal des Rusischen Generals] Trippel vollendete im Februar 1789 die Figuren zum Grabmal des Generals Tschernyschew, das in Jaropolsk bei Moskau aufgestellt wurde.

Goethens Büste] Die für den Prinzen Christian von Waldeck (1744-1798) bestimmte und heute in der Residenz in Bad Arolsen befindliche Marmorbüste (1789, Höhe 66 cm ohne Sockel) zeigt Goethe mit langem lockigem Haar im Typus einer klassischen Porträtbüste. Anna Amalia bestellte im Auftrage ihres Sohnes während ihres Aufenthaltes eine Replik (1790, 82 × 60 × 35 cm), die 1790 vollendet und in der Herzogin Anna Amalia Bibliothek aufgestellt wurde. Sie unterscheidet sich von der ersten Fassung in der Gestaltung des Mantelknopfes. Auch von Herder fertigte Trippel eine Büste im Auftrage der Herzogin Anna Amalia: Die erste Fassung 1789/90 gefiel dem Porträtierten nicht (vgl. Brief Herders an Trippel vom 15.6.1789, Herder 2003, 501 f.), und so entstand eine zweite (1790, Marmor, 82 × 61 × 33 cm), die sich heute wie die Goethes im Besitz der Klassik Stiftung Weimar befindet.

Säule Traians] Die fast vollständig erhaltene Traianssäule (Abb. s. Reber, Tafel XII, XIII und Bussagli, 104 f.), die dem Sieg der Römer über die Daker gewidmet ist, gilt als eines der herausragendsten Kunstdenkmäler der Kaiserzeit. Sie steht auf dem von Apollodorus von Damaskus (65-118) konzipierten Traian-Forum, einem riesigen Gerichtsplatz mit einem Portikus und Säulenumgängen, vor der Basilika Ulpia. Es war für den Neubau dieses Forums erforderlich, einen Geländesattel zwischen Quirinals- und Kapitolshügel abzutragen – die Höhe der Säule veranschaulicht die frühere Höhe dieser Erhebung. In ihrem mit Reliefs dakischer Beutewaffen geschmückten Sockel wurde nach 117 die Urne mit der Asche des Kaisers aufbewahrt. Die Säulengestaltung ist spektakulär: Auf einem 200 m langen, spiralförmig sich um den Säulenschaft windenden Reliefband werden in 155 Szenen die Dakerfeldzüge in Schlachten, Belagerungen, Kapitulationen und Gefangennahmen, aber auch im soldatischen Alltag (Appell, Bau von Heerstraßen und -lagern, Opferhandlungen) geschildert. Ursprünglich war die Säule durch eine Statue des Traian gekrönt. Nachdem diese aber im Mittelalter verloren gegangen war, ließ Papst Sixtus V. (1521-1590) eine Darstellung des Heiligen Petrus darauf setzen.

Forum des Nerva, Tempel der Pallas] Das Forum des Nerva (auch Forum Transitorium, Forum Pervium) an der Via Alessandrina wurde als Kaiserforum in der Nachfolge des Caesar und des Augustus errichtet, um öffentlichem, politischem und kultischem Leben Raum geben, sich in der Kaiserzeit stark mehrende Rechtsgeschäfte absolvieren und zugleich kaiserliche Macht präsentieren zu können. Es war mit den Tempeln der Minerva – von dem lange fälschlich der Pallas Athene zugeschriebenen Bau existierten nur noch eine mit Reliefs von hausfraulichen Utensilien geschmückte Portikusruine – und des Ianus Quadrifons durch Domitian begonnen, aber erst unter Nerva Ende des 1. Jh. fertiggestellt und geweiht worden.

TriumpfBogen Septimus Severus] Der Triumphbogen am Forum Romanum (Abb. s. Reber, Tafel V; s. auch Goethe 1740, 236) überspannt mit einem hohen Mittelbogen (12,30 m hoch, 7 m breit) und zwei Seitenbögen (7,80 m hoch, 3 m breit) die Via sacra. Auf einem Travertin-Unterbau erheben sich Blöcke aus Marmor. Die Gewölbe sind kassettiert und mit Rosetten geschmückt. Über den Seitenbögen sind Reliefs zu sehen, die die Kriegszüge des Kaisers darstellen. Auf der Attika würdigt eine Inschrift die Verdienste des Septimius Severus. Ursprünglich krönte ein heute verlorenes Sechsergespann das 203 errichtete Denkmal.

Tempel der Concordia] Der Tempel der Eintracht auf dem Forum Romanum verdankt seine Entstehung einem Gelöbnis, das Marcus Furius Camillus anläßlich der Versöhnung der römischen Stände durch die Zulassung von Neubürgern Roms zu den konsularischen Würden gegeben hatte. Zwar starb Camillus, bevor er sein Versprechen einlösen konnte, doch die Bürger erfüllten sein Vermächtnis. Die wenigen Spuren dieses Baues weisen ihn als einen der künstlerisch wertvollsten Tempel Roms aus. Es existieren noch ein mit Tuffquadern und Travertin verkleideter Unterbau, die innere Masse einer großen Treppe, verschiedene Marmorartefakte, besonders eine Schwelle aus afrikanischem Marmor und ein kunstvoll gearbeitetes, heute im Kapitolinischen Museum bewahrtes korinthisches Säulenfragment. Der Tempel war Versammlungsplatz des Senats, hier hielt Cicero u.a. seine dritte Catilinische Rede. Das Alter des Baues erforderte im Jahre 7 eine Restaurierung, bei der die Viktorien im alten Giebel durch Kriegergestalten und drei verschlungene Figuren als Sinnbild der Eintracht ersetzt wurden. Die innere Ausschmükkung muß nach Plinius prächtig gewesen sein, viele Götterstatuen (Apollo, Juno, Aeskulap, Hygia, Mars, Merkur) und zwei Gemälde bestimmten sie. Bis ins 13. Jh. stand das Gebäude fast vollständig und unter seinem alten Namen, im 15. Jh. scheint man es zur Gewinnung von Baumaterial abgetragen zu haben (vgl. auch Goethe 1740, 231).

Säulen von ... Jupiter Stator] Der Tempel des Jupiter Stator am Beginn der Via sacra geht auf eines der ältesten Heiligtümer Roms zurück: Romulus soll es in Einlösung eines Versprechens an Jupiter errichtet haben, nachdem dieser die vor den Sabinern fliehenden Römer neu zum Kampf formiert hatte. Dieser erste Bau bestand wohl nur aus einem Altar. An gleicher Stelle errichtete Konsul Marcus Attilius Regulus 294 v. Chr. einen Tempel anläßlich des Sieges im Samnitenkrieg. Dieser mußte nach dem Brand Roms unter Nero neu erbaut werden.

Rostra] Die Rednertribüne am Forum Romanum verdankt ihren Namen den Schiffs-Schnäbeln feindlicher Schiffe, die Konsul Gaius Maenius nach dem Latinerkrieg 338 v. Chr. dort als Siegestrophäen anbringen ließ. Augustus erneuerte diese nach der Schlacht bei Actium 31 v. Chr. durch Beutestücke aus Kleopatras Flotte.

Vorum Romanum] Das Forum Romanum, zwischen Kapitol, Palatin und Esquilin an der Via sacra gelegen, war das politische und kultische Zentrum des republikanischen Rom. Seit dem 5. Jh. v. Chr. wurde es immer mehr vergrößert, mit immer prächtigeren Tempeln, Triumphbögen und Basiliken ausgestaltet. In der Kaiserzeit gewannen die nordöstlich sich anschließenden Kaiserforen jedoch immer mehr an Bedeutung, das Forum Romanum verfiel und wurde als Steinbruch des christlichen Rom so zerstört, daß es bald nur noch als Campo Vaccino (Kuhweide) dienen konnte.

Tempel des Romulus] Hier ist wohl ein relativ gut erhaltenes Gebäude mit zwei Apsiden hinter dem sogenannten ›Karzer‹ auf der linken Seite der Via sacra gemeint, das früher als Tempel des Romulus, Sohn des Maxentius (275/283-312), später aber auch als Tempel der Penaten angesehen wurde.

Keyser Pällaste] In den von allem Schmuck entblößten Ruinen der Kaiserpaläste am Palatin (Abb. s. Reber, Tafel XXII; Demandt, 122) waren im 18. Jh. noch Gemächer in zwei Stockwerken, Korridore, Säle, Altäre und Terrassen zu erkennen. An die Überreste der antoninischen Palastanlage lehnten sich Reste der Bauten Neros und vor allem Domitians an.

Tempel des Janus] In der Nähe des alten Hafens der Stadt am Tiberbogen unterhalb des Palatin befanden sich die Viktualienmärkte. Im Bereich des Forum Olitorium, nördlich der Kirche San Nicola in Carcere, stand nach überwiegender Ansicht der Fachleute der Tempel des Janus.

Forum Boarium] Das Forum Romanum war zunächst nicht allein Versammlungsort der Bürger, Ort von Rechtsprechung und Kult, sondern auch Handelsplatz. Doch mit zunehmender Größe des Reiches und der Stadt wurde der Platz für alle diese Funktionen zu klein, und man verlagerte den Viktualienhandel auf andere Plätze, auf das Forum Boarium (Rindermarkt) südwestlich des Forum Romanum, das Forum Olitorium (Gemüsemarkt) oder das Forum Piscatorium (Fischmarkt).

kleiner Bogen des Septimus Severus] Die Ehrenpforte des Lucius Septimius Severus am Forum Boarium hat, soweit sie erhalten ist, nur eine Höhe von 6,15 m. Sie wurde dem Kaiser, seiner Gemahlin Julia und seinem Sohn Caracalla von den Geschäftsleuten, die ihren Sitz am Forum Boarium hatten, errichtet. Ein Kern aus Backsteinen ist mit Marmor verblendet. Das Gebälk liegt gerade auf den beiden 4,85 m hohen Pfeilern, deren Schmuck (Feldzeichen, Opfergeräte, Handelsszenen aus dem Leben der Stifter, Kaiserfiguren) im Durchgang am besten erhalten ist. Dekorative Hinweise auf den toten Geta ließ sein Bruder und Mörder, Kaiser Caracalla, schon bald nach der Errichtung der Pforte im Jahre 204 tilgen (Abb. s. Reber, Tafel XXI).

Cloaca maxima] Die Cloaca maxima war der wichtigste Kanal eines groß angelegten Entwässerungssystems, das von König Tarquinius Priscus im 6. Jh. v. Chr. begonnen worden war. Die ehemals 3,60 m hohen Gewölbe des Hauptkanals sind aus Tuffquadern gefügt, Bögen aus Travertin stabilisieren sie. Bis zur Mündung in den Tiber sind etwa 320 m dieses Bauwerks erhalten.

Circus Maximus ... Kirche] Der Circus maximus (vgl. auch Goethe 1740, 265 f.), zwischen Palatin und Aventin gelegen, ist die älteste und größte Arena (600 m lang, 150 m breit) Roms. Caesar ließ die unteren Etagen des aus der Königszeit stammenden, ehemals hölzernen Circus in Stein aufführen; die beiden obersten Stockwerke blieben Holzkonstruktionen. Zur Zeit des Augustus konnten 60000 Zuschauer den dort veranstalteten Wagenrennen, Prozessionen und Triumphzügen beiwohnen, später erweiterte man die Zahl der Plätze auf 185000. Allerdings lassen die verbliebenen Ruinen wenig konkrete Aussagen über den Schmuck und die funktionale Ausgestaltung zu. Nach der Christianisierung benutzte man die Ruinen des Circus maximus teilweise zur Errichtung der im 6. Jh. als Diakonie erbauten und zweihundert Jahre später um drei Apsiden erweiterten Kirche Santa Maria in Cosmedin. Die mit Architraven verbundenen Säulen trennten seitdem in der Krypta die Schiffe voneinander, eine damals einmalige Konstruktion. In den Kolumbarien ähnlichen Nischen dieser Kirche fanden die Reliquien vieler Märtyrer aus den Katakomben eine neue Heimstatt. Im hohen Mittelalter ergänzte man den alten Kirchenraum durch eine bis heute erhaltene seltene liturgische Einrichtung, die Schola cantorum mit dahinter liegendem Altarziborium (Abb. s. Bussagli, 217), und einen Campanile.

Coliseum] Das Kolosseum (Abb. s. Reber, Tafel XXVII; s. auch Goethe 1740, 236 f.) ist das größte Amphitheater Roms und der Antike, es verdankt seinen Namen dem noch im Mittelalter nahebei stehenden Koloß Neros. Im Jahre 80 weihte es Kaiser Titus mit 100tägigen Spielen ein. Der vierstöckige elliptische Bau (188 m lang, 156 m breit) mit seiner Arena von 86 m Länge und

54 m Breite bot 50000 Zuschauern Platz, die über ein raffiniertes Treppensystem schnell das Gebäude betreten oder verlassen konnten. Im oberen Stockwerk mit seinem Säulengang konnten riesige Sonnensegel an Masten aufgezogen werden. Unter der Arena befanden sich Gänge und Käfige für wilde Tiere, Gladiatoren oder als Opfer vorgesehene Menschen sowie Räume für Requisiten. Bis zum Jahre 405 vergnügte man sich hier bei Gladiatorenkämpfen, bis etwa 526 sind Tierhatzen überliefert. Der heute nur noch zu einem Drittel erhaltene Bau diente seitdem, wie viele römische Ruinen, als Steinbruch und wurde erst im 19. Jh. vor weiterer Zerstörung geschützt.

via sacra] Die Via sacra ist die das Forum Romanum längs durchschneidende Straße.

Triumfbogen Constantins des Grosen] Der Triumphbogen des Konstantin (Abb. s. Reber, Tafel XXVIII; s. auch Goethe 1740, 235 f.) ist bis heute ausgezeichnet erhalten geblieben. 21 m hoch, 25,7 m breit und 7,4 m tief, mit drei Durchgängen, deren mittlerer mit 11,5 m Höhe und 6,6 m Breite der größte ist, wurde dieser Bogen dem Kaiser Konstantin nach seinem Sieg bei der Milvischen Brücke über Kaiser Maxentius 312 errichtet. Die Fassaden sind durch je vier vorgestellte Säulen gegliedert, Reliefs in verschiedenen Formen (Medaillons, Bänder) schmücken die Flächen. Sie zeigen die Göttin Roma, Viktorien mit zu ihren Füßen knienden Gefangenen, Schlachtenszenen und Huldigungen geschlagener Feinde, aber auch Jagdszenen und Opferdarstellungen. Eine Inschrift preist die Kriegstaten des Kaisers. Von einem Schmuckelement, das die Triumphbögen üblicherweise krönte, gibt es in diesem Fall keine Nachricht.

Trumfbogen des Titus] Von dem ursprünglichen Triumphbogen des Titus (Abb. s. Reber, Tafel XXV; s. auch Goethe 1740, 235) ist nur der mittlere Teil aus pentelischem Marmor erhalten. Das Gebäude mit einem Torbogen (15,4 m hoch, 13,5 m breit, 4,75 m tief) wurde im Jahre 80 errichtet, wohl im Zusammenhang mit den 100tägigen Spielen, die Titus anläßlich der Einweihung des Flavischen Amphitheaters (Kolosseum, s. oben) feiern ließ. Die meisten Schmuckelemente sind stark zerstört, doch im Durchgang waren bedeutende Hochreliefs mit der Einnahme und Zerstörung Jerusalems durch Titus und der Darstellung des Kaisers auf dem Triumphwagen noch erkennbar. Die Wölbung ist mit Kassetten und Rosetten gestaltet, im Wölbungsscheitel erscheint eine Apotheose des Kaisers. Nietlöcher weisen auf ehemals mit Metall ausgelegte Buchstaben von Inschriften.

Tempel des Friedens] Der Tempel der Pax war der Mittelpunkt des Forums des Vespasian, das zwischen dem Forum des Nerva und der Basilika des Konstantin gelegen war. Vespasian errichtete es als Denkmal seines Sieges über die Juden, weshalb man in diesem Haus nach der Zerstörung Jerusalems die geraubten Geräte des dortigen Tempels aufstellte. Das Forum ist eher als Hof des Tempels aufzufassen, diente nicht der Ausübung von Rechtsgeschäften. Der Tempel selbst, nach Plinius und Herodian zu den schönsten und reichsten der Welt zu zählen, wurde 75 eingeweiht und wohl bald darauf vollendet. Die schönsten der von Nero für seine Domus aurea (s. Komm. (4) 11.4.1790) in Griechenland zusammengetragenen Kunstwerke sollen hier präsentiert worden sein. Der Tempel bestand mehr als 100 Jahre, doch dann zerstörte ihn ein großer Brand; er wurde nicht wieder aufgebaut.

des Romulus und Roemus] Hier ist wohl der runde, aus Ziegeln errichtete sogenannte Romulus-Tempel am Forum Romanum gemeint.

der Faustina und Antonius Pius] Vom Tempel des Antoninus und der Faustina, eines vergöttlichten Kaiserpaares, am Forum Romanum waren mehrere Säulen, auch Reste von Architrav und Friesen mit Kandelabern und Greifen als Zierde übrig geblieben. Er ist der am wenigsten zerstörte Sakralbau am Forum Romanum vor allem deshalb, weil er schon in frühester Zeit zu einer San Lorenzo geweihten Kirche umgewandelt wurde. Diese wurde allerdings von Karl V. (1500-1558) zerstört.

facata] Fassade (ital. facciata).

Circe] Es handelte sich um eine Vorstellung von Pasquale Anfossis (1727-1797) Opera buffa ›La maga Circe‹ (›Die Zauberin Circe‹) im Teatro della Valle, die in eben diesem Jahr 1788 uraufgeführt worden war. Deren Notenhandschrift gelangte in die Herzogin Anna Amalia Bibliothek (Mus. IIa: 47), ist aber wohl im Jahre 2004 verbrannt. Goethe und Christian August Vulpius (1762-1827) übersetzten und überarbeiteten die Gesänge und Rezitative; am 22.11.1794 wurde ›Circe‹ erstmals in Weimar aufgeführt (Edition: Maierhofer 2005).

12.10.1788

Herder] Herder aß zwar nachmittags bei der Herzogin, war aber abends zum Tee nicht eingeladen, was er auf Intrigen der Frau von Seckendorff oder des Fräuleins von Göchhausen zurückführte (Brief an seine Frau vom 15.10.1788, Herder 2003, 163).

ihr Mann] Antonio Zucchi.

13.10.1788

Villa Borgese … Museum] Die Villa Borghese (Abb. s. Vincenti/Benzi/Schezen, 282-297; vgl. auch Goethe 1740, 299 f.) liegt vor der Porta del Popolo und ist die ehemalige Sommerresidenz der Familie Borghese. Sie wurde im Auftrage von Kardinal Scipione Caffarelli Borghese (1576-1633), dem Neffen Papst Pauls V. (1552-1621), nach Entwürfen von Flaminio Ponzio (1560-1613) errichtet. Es war eine Renaissancevilla des erstmals an der Villa Farnesina verwirklichten Typus in Hufeisenform. Die ehemals prunkvollen skulpturalen Außendekorationen des Gebäudes, Teile der Antikensammlung der Borgheses, sind heute nicht mehr erhalten. Das Gewölbe der Loggia der Villa wurde um 1624 von Giovanni Lanfranco (1582-1647) mit Fresken ausgemalt, die eine Anspielung auf die Wiederkehr des Goldenen Zeitalters, das Kardinal Borghese in der Rückkehr seiner Familie zur päpstlichen Macht sah, darstellten. Zur Villa gehörte auch ein riesiges, ursprünglich von Jan van Santen / Giovanni Vasanzio (1550-1621) gestaltetes Gartenareal mit stilistisch unterschiedlichen Anlagen (Abb. s. Bussagli, 521 f.). Das 18. Jh. brachte einschneidende Veränderungen, doch der ursprüngliche Plan konnte aus Archivalien ermittelt werden: Das Grundstück bestand aus drei Partien – einem in große geometrische Flächen aufgeteilten, mit Buchsbaumhecken eingefaßten Areal, einem der Blumenzucht dienenden Geheimen Garten mit Kaninchenställen, Vogelhäusern (1617-1619) und Wildgehegen, einer dritten, als landwirtschaftliche Nutzfläche angelegten Partie. Die vielen Brunnen wurden durch die Acqua Felice gespeist. 1688 errichtete man die Palazzina della Meridiana, später auch zwei Theater, die nicht mehr existieren. Die Villa war in erster Linie als Privatmuseum der Borgheses errichtet worden. Scipione Caffarelli Borghese schreckte dafür auch nicht davor zurück, Bilder, die er nicht kaufen konnte, einfach zu konfiszieren. Auf diese Weise kam neben der außerordentlichen Antikensammlung auch eine umfangreiche Gemälde- und Skulpturenkollektion zustande, zu der beispielsweise Tizians ›Himmlische und irdische Liebe‹ (1514), Raffaels ›Grablegung‹ (1507), Dosso Dossis (1489-1542) ›Die Zauberin Circe oder Melissa‹ (1525), Caravaggios ›Junger Mann mit Obstkorb‹, Giovanni Lorenzo Berninis ›David‹ (1619) und ›Raub der Proserpina‹ sowie Pietro Berninis (1562-1629) ›Aeneas und Anchises‹ gehörten. Auch durch die Vermählung der Erbtochter des Hauses Aldobrandini mit Paolo Borghese (1624-1646) wurde die Sammlung erweitert. 1782 gestaltete man die Villa unter den neuen, klassizistischen Gesichtspunkten zum Museum um, das seit 1892 auch die Gemäldesammlung aus dem Stadtpalast der Borgheses beherbergt. Viele der Skulpturen trat die Familie jedoch, weil Camillo Borghese (1775-1832) 1803 die Schwester Napoleons, Paolina Bonaparte (1780-1825), heiratete, 1807 an Frankreich ab. 1902 erwarb der italienische Staat die Villa mit ihren noch verbliebenen Kunstwerken.

Fechter] Der sogenannte ›Borghesische Fechter‹ wurde von dem griechischen Bildhauer Agasias, Sohn des Dositheos, im 1. Jh. v. Chr. geschaffen. Es zeigt einen gegen einen imaginären Reiter kämpfenden Jüngling und befindet sich seit 1808 im Louvre zu Paris.

14.10.1788

Campio Vacino] Kuhweide (ital. campo vaccino; s. Komm. (12) zum 11.10.1788).

15.10.1788

Kirche San Angelo] Die Kirche San Angelo in Pescheria entstand unter Papst Stephan II. († 757) um 755 und wurde in den von Kaiser Augustus erneuerten und seiner Schwester gewidmeten antiken Portikus der Octavia aus dem 2. Jh. v. Chr. eingebaut. Auf ein päpstliches Edikt hin wurde die Kirche im 19. Jh. abgerissen und neu aufgebaut. Ikonen von Pietro di Belizio (11./12. Jh.) schmückten ihr Inneres, der wohl von Senator Cola di Rienzo (1313-1354) in

Auftrag gegebene Skulpturenschmuck für die Fassade der Kirche ist nicht mehr vorhanden. In dieser Kirche mußten die Juden des nahe gelegenen Ghettos bis zur Mitte des 19. Jh. zwangsweise den Predigten der Dominikaner beiwohnen. – Hinsichtlich des Monumentes liegt jedoch ein Irrtum vor: Das marmorne Grabmal Papst Clemens' XIV. a.d.H. Ganganelli errichtete Canova 1783-1787 in der Basilika dei Santi Apostoli zu Rom.

Cavaceppi] Cavaceppis Atelier und Museum befanden sich in der Via Orsina (Via Gesù e Maria) an der Ecke zur Via del Babuina 156.

Camien] Kameen, erhaben geschnittene Schmucksteine.

16.10.1788

neue Wohnung] Die neue Wohnung war ein kleines Gartenhaus am Abhang des Pincio (vgl. Tb 27.10.1788).

17.10.1788

Monte Cavallo] Pferdeberg; dieser Quirinalshügel wurde so nach den beiden seit 1590 dort aufgestellten Kolossalfiguren der Dioskuren Castor und Pollux mit ihren Pferden benannt. Die beiden sollen, nachdem sie beim Kampf gegen die Latiner 499 v. Chr. Waffenhilfe geleistet und die Siegesnachricht nach Rom gebracht hatten, ihre Pferde an der Juturna-Quelle (2. Jh. v. Chr.) am Forum Romanum getränkt haben (vgl. auch Goethe 1740, 233).

Quirinal] Der Quirinalspalast (Abb. s. Vincenti/Benzi/Schezen, 146-159; vgl. auch Goethe 1740, 233 f.) wurde im Auftrage von Papst Gregor XIII. (1502-1585) von Ottavio Mascherino (1524-1606) begonnen – auf ihn geht der linke Trakt des heutigen Palastes mit der loggiaartigen Fassade und der ovalen Wendeltreppe mit den Doppelsäulen zurück. Domenico Fontana (1543-1607) setzte den Bau unter Papst Sixtus V. (1521-1590) mit dem Haupttrakt, der mit dem Mascherino-Casino durch einen niedrigen Bau zur Unterbringung der Schweizer Garde verbunden war, fort. Unter Papst Clemens VIII. (1535-1605) versah man den Palast schließlich mit einem Garten, ehe Flaminio Ponzio (1560-1613) und Carlo Maderno (1556-1629) das Haus unter Papst Paul V. (1552-1621) vollenden konnten. Maderno errichtete auch die Verkündigungskapelle, für deren Freskierung er Guido Reni und andere Bologneser Künstler gewann. Spätere Päpste sorgten für die Befestigung des Quirinalspalastes, ließen bis ins 19. Jh. hinein je nach Zeitgeschmack neue Innenarchitekturen entwerfen, erbauten die Palazzina und das Kaffeehaus. Der wegen seiner feuchten Lage damals als gesundheitsschädliches Gebiet geltende Vatikan lag meist öd und leer, doch fanden einige Konklaves hier statt, deren Ergebnis vom Balkon des Gebäudes in Richtung Monte Cavallo verkündet wurde. Seit 1870 war der Quirinalspalast zunächst königliche Residenz und dann Amtssitz des italienischen Staatspräsidenten.

Pallast Ruspigliosi] Der Palast Pallavicini-Rospigliosi (Abb. s. Vicenti/Benzi/Schezen, 160-179) wurde 1611-1616 nach Entwürfen von Carlo Maderno (1556-1629), Flaminio Ponzio (1560-1613) und Giovanni Vasanzio / Jan van

Santen (1550-1621) von Kardinal Scipione Caffarelli Borghese (1576-1633), dem Neffen Papst Pauls V. (1552-1621), auf den Ruinen der antiken Konstantinsthermen errichtet. Es war ein renaissancetypischer Bau mit zentralem rechteckigem Korpus und zwei Seitenflügeln. Im Garten des damals in ländlicher Umgebung gelegenen Palazzo fanden sich ein Nymphäum und Brunnen von Vasanzio, auf seinen drei Ebenen entstanden drei Landhäuser. Schon 1612 mußten die Borghese den Palazzo den Altemps überlassen, die ihn 1619 an die Familie Bentivoglio verkauften. Auch diese veräußerte ihn 1644. Kurz darauf erwarb ihn Kardinal Giulio Mazzarini (1602-1661). Seit 1704 bewohnten die durch Heirat vereinten Familien Rospigliosi und Pallavicini den Palast. Die jeweiligen Besitzer beauftragten jeweils die besten Künstler der Zeit auch mit der Ausgestaltung der Innenräume.

Aurora mit den 7 Morgen Stunden] Zu den bedeutendsten Kunstwerken innerhalb der Anlage des Palazzo Pallavicini-Rospigliosi gehört das Casino dell'Aurora. Es ist eines der von Vasanzio/van Santen (1550-1621) gebauten Landhäuser, dessen Arkaden sich einst nach außen öffneten und das Laub der Parkbäume einbezogen. Heute ist nur noch die Loggia geblieben, ein Saal mit dem Deckenfresko ›Zug der Aurora‹, an dem Guido Reni 1613 zu arbeiten begann, und zwei kleinere, flankierende Räume. Das Bild, Apoll auf dem Sonnenwagen umgeben von den Horen und der Morgenröte darstellend, wurde das Meisterwerk seines Romaufenthaltes, gleichgeschätzt der Cappella Sistina und den Stanzen Raffaels. Herzogin Anna Amalia wollte von Bury eine Kopie dieses Freskos haben, aber da die Besitzer der Villa dies nicht erlaubten, mußte es unterbleiben (Dönike, 29, 134).

Fontana Felice] Die Fontana d'Acqua Felice ist ein Werk von Domenico Fontana (1543-1607) aus den Jahren 1585-1587. Der einem Triumphbogen nachgebildete Brunnenaufbau, der statt der Durchgänge drei Nischen hat, wird durch ein in der mittleren aufgestelltes, von Leonardo Sormani (1611-1670) geschaffenes Standbild des Moses bestimmt (Abb. s. Busagli, 438).

Kirche Madonna della Vittoria] Die Kirche Santa Maria della Vittoria wurde zum Andenken an die Schlacht am Weißen Berg im Jahre 1620 errichtet. In ihr sind vor allem zwei Kapellen, die Cappella Raimondi und die Cappella Gornaro, bemerkenswert.

Heilige Terese von Bernini] Das kunsthistorisch wertvollste Denkmal in Santa Maria della Vittoria ist zweifelsohne das Altarblatt ›Verzückung der Heiligen Therese von Avila‹ von Giovanni Lorenzo Bernini (vgl. auch Vigée-Lebrun I, 155). – Die Heilige Therese (1515-1582), eine Karmeliterin, gilt als die größte christliche Mystikerin.

Santa Maria degli Angeli] Im Jahre 1561 wandelte Michelangelo im Auftrage Papst Pius' IV. (1499-1565) einen Hauptsaal der Thermen des Diocletian in die Kirche Santa Maria degli Angeli eines Kartäuserklosters um. 1749 wurde sie von Vanvitelli noch einmal geändert.

Gemälde ... in Mosaic in der Peterskirche] s. Komm. 28.2.1789.

Santa Maria Magiora] Die Kirche Santa Maria Maggiore ist eine der sieben Basiliken am Rande des antiken Rom, welche seit Jahrhunderten von Wallfahrern besucht werden (vgl. auch Goethe 1740, 283 f.). Sie ist die größte Marienkirche der Stadt und wurde angeblich von Papst Liberius († 366) 352 begründet und schon 432 erneuert. Aus dieser zweiten Bauphase stammen die 42 Marmorsäulen des Hauptschiffes mit ionischen Kapitellen. Nach einer Restaurierung im 13. Jh. wurde sie im 16. und 17. Jh. durch Anbauten erweitert und 1743 mit einer barocken Fassade versehen. Bei den Anbauten handelte es sich um die Grabkapellen der Päpste Sixtus V. (1521-1590, Cappella Sistina) und Paul V. a.d.H. Borghese (1552-1621, Cappella Borghese oder Cappella Paolina) sowie um die 1743-1750 errichtete Loggia von Ferdinando Fuga (1699-1781). Sinnfällige Akzente der Cappella Sistina sind die Statue des betenden Papstes von Giovanni Antonio Paracca († um 1584) und das von Giovanni Battista Ricci (1550-1623) entworfene bronzene Sakramentstabernakel (Abb. s. Bussagli, 436 f.). Die Cappella Paolina wurde 1605-1611 als Pendant zu der 1586 bereits entstandenen und ihr gegenüberliegenden Cappella Sistina konzipiert und mit Fresken von Guido Reni (alle 1611/12: ›Die Heiligen Johannes von Damaskus und Ildefons‹, ›Narses und Heraklius‹, ›Der Heilige Cyrill mit zwei Bischöfen‹, ›Die Heilige Pulcheria mit Edeltrude und Kunigunde‹, ›Der Heilige Domenicus mit Ordensbrüdern‹, ›Der Heilige Franciscus mit Ordensbrüdern‹), Giovanni Lanfranco (1582-1647) u.a. ausgestaltet, die auf das dem Evangelisten Lukas zugeschriebene Kultbild der Mutter Gottes hin abgestimmt sind (Abb. s. Bussagli, 496).

San Eusebio … Plafon von Mengs] San Eusebio war bis zur Aufhebung des Ordens 1785 die Kirche der Zölestinermönche in Rom. Eine erste Kirche an dieser Stelle wurde im 4. Jh. erbaut. 1230 errichtete man eine neue, und 1711 begann man mit dem Bau des jetzigen Gotteshauses, das seit 1753 einer grundlegenden Restaurierung unterzogen wurde. Der Campanile ist noch romanisch, der Altar der Kirche stammt von Martino Longhi (1602-1660), das Chorgestühl von San Eusebio ist eine Arbeit des 16. Jh. Für die Decke der Kirche schuf Mengs – allerdings erst im Alter von 30, nicht von 20 Jahren, wie Göchhausen schrieb, – ›Die Verklärung des Heiligen Eusebius‹ (1757-1759, Fresko und Tempera, 983 × 424 cm): Der Heilige Eusebio von Rom, der Mitte des 4. Jh. den Märtyrertod erlitt, steigt auf einer Wolke kniend und von Engelsscharen umgeben in den Himmel auf.

San Jovani lateran] San Giovanni in Laterano ist ebenfalls eine der von den Wallfahrern stets besuchten sieben Basiliken Roms, zugleich die Hauptkirche der Stadt seit Konstantins des Großen Zeit. Ihr Schicksal war überaus wechselvoll: Papst Sylvester hatte sie im alten Lateranpalast eingerichtet (Basilica Constantina, St. Salvatoris, Aula Dei). Nachdem sie 896 durch ein Erdbeben zerstört worden war, errichtete sie Papst Sergius III. († 911) neu. 1308 brannte sie ab, wurde wieder aufgebaut, brannte 1360 abermals und wurde von verschiedenen Päpsten im 16., 17. und 18. Jh. auf- und umgebaut.

Die Fassade stammt beispielsweise von 1736 (Abb. s. Bussagli, 587). Die fünfschiffige Kirche ist 130 m lang und bewahrt mit ihrem wohl nicht von Michelangelo, sondern von Giacomo della Porta (um 1540-1602) stammenden Deckengemälde, den Grabmälern, Altären und Statuen eine Reihe außerordentlicher Kunstschätze (Abb. s. Bussagli, 596 f.). Die Taufkapelle, in der angeblich Konstantin der Große den christlichen Glauben angenommen haben soll und die in Fresken seine Taten rühmt, geht zurück auf eine alte Kirche San Giovanni in Fronte.

Porta Angelica] Die Porta Angelica ist das letzte Stück der Passage, die die Engelsburg mit dem Vatikan verbindet.

Porta dell Popolo] Die Porta del Popolo ist das nördliche Stadttor Roms. An ihr befindet sich die Piazza del Popolo, deren heutige Gestalt aber erst dem Umbau von 1811-1822 durch Giuseppe Valadier zu verdanken ist. Bereits unter Alexander VII. (1599-1667), der auch Statuen des Heiligen Petrus und Heiligen Paulus von Francesco Mochi (1580-1654) für die Porta del Popolo ankaufte, hatte es mehrere Gestaltungsversuche für das Areal gegeben.

buona Mariae] Spende für Maria; vgl. auch die Schilderung eines ähnlichen Brauchs (Vigée-Lebrun I, 147).

18.10.1788

Wertschaffel] Die Herzogin bemühte sich wenige Tage nach diesem ersten Vorsprechen Max von Verschaffeldts, ihm eine Stelle als Architekt in Berlin zu vermitteln, und wandte sich deshalb über ihren Bruder Friedrich August von Braunschweig-Oels (1740-1805) an den preußischen Minister Ewald Friedrich von Hertzberg (1725-1795), jedoch ohne Erfolg.

Spanischen und Sardienischen Gesanden] José Nicolás de Azara und Damiano Priocca de Castellinar.

Circe] s. Komm. (28) 11.10.1788.

il Jeloso] ›Il Geloso‹ (›Der Eifersüchtige‹) ist ein Sujet, das nicht selten bearbeitet wurde. Vielleicht handelte es sich an diesem Abend um die Opera buffa Pasquale Anfossis (1727-1797) ›Il geloso in cimento‹ (›Der Eifersüchtige auf Probe‹) mit dem Text von Giovanni Bertati (1735 – um 1815), die 1774 aufgeführt worden war.

20.10.1788

Villa Ludovisi] Die Villa Ludovisi, zwischen Porta Salaria und Porta Pinciana gelegen, wurde in der ersten Hälfte des 17. Jh. im Auftrage des Kardinals Ludovico Ludovisi (1595-1632) gebaut und 1887 im Zuge des Stadtumbaus zerstört, wobei man die in ihr gesammelten Kunstwerke an den Staat verkaufte. Das Gelände, auf dem sie stand, war aus den Gärten des Sallust (86-35 v. Chr.) hervorgegangen. Das Deckengemälde im Casino der Villa Ludovisi (Casino dell'Aurora, 1621-1623) war Guercinos Hauptwerk in Rom und ist das einzige, das von den drei mit Skulpturen und Gemälden angefüllten Sälen der Villa noch geblieben ist.

ruhenter Mars] Der sogenannte ›Ares Ludovisi‹ (griechischer Marmor, 1,56 m), eine melancholisch auf einem Felsen sitzende Gestalt mit den Waffen zu ihren Füßen, die in Rom entdeckt und von Giovanni Lorenzo Bernini restauriert wurde, steht heute im Palazzo Altemps im Museo Nazionale Romano zu Rom. Neuere Interpretationen sehen in der antoninischen Kopie nach einem Original des 4. Jh. v. Chr. eine Darstellung des Achill, möglicherweise jene, die sich nach Plinius im Tempel des Gnaeus Domitius am Circus Flaminius befunden haben soll (Abb. s. Bussagli, 58).

Papirus und seiner Mutter] Papirius, minderjähriger Sohn eines Senators, beobachtete der römischen Legende nach heimlich eine Senatssitzung, über deren tatsächlichen Inhalt er schwieg und statt dessen seiner deshalb in ihn dringenden Mutter sagte, es sei um die Zahl der Frauen gegangen, die ein Mann haben dürfte. Der durch diese Nachricht hervorgerufene Aufruhr kam auch den Senatoren zu Ohren, die Papirius vorluden, verhörten und ihm schließlich, da er die wirklichen Staatsgeheimnisse mit seiner Finte so gut geschützt hatte, als einzigem Knaben die Teilnahme an den Senatssitzungen erlaubten. – Heute wird diese Deutung der Skulptur nicht mehr favorisiert. Nach Winckelmann sieht man in der reich gekleideten Frauengestalt mit dem halbwüchsigen Jüngling im Mantel zumeist eine Darstellung des Orest und der Elektra am Grabe des Agamemnon. Helbig bezeichnet unter Nr. 2352 die Skulptur aus der 2. Hälfte des 1. Jh. n. Chr., die sich heute im Museo Nazionale Romano (Museo delle Terme) befindet, nach dem Signet des Künstlers als Gruppe des Menelaos (griechischer Marmor, Höhe der Frau 192 cm, Höhe des Knaben 170 cm).

grose Juno Kopf] Die sogenannte ›Juno Ludovisi‹ (Mitte des 1. Jh. n. Chr., griechischer Marmor, 1,12 m) war der Kopf einer römischen Kolossalstatue, der seit Mitte des 16. Jh. in der Sammlung des Kardinals Cesi (1521-1586) nachweisbar war und mit ihr 1622 von Ludovico Ludovisi (1595-1632) aufgekauft wurde. Der Kopf stand zunächst am Eingang zu dessen Villa, später – nachdem die Deutschen sich sämtlich überaus begeistert von dieser Skulptur zeigten – fand er seinen Platz im Hauptsaal des Hauses. Zu Beginn des 20. Jh. kam er zusammen mit anderen Stücken der Sammlung Ludovisi ins Museo Nazionale Romano (Museo delle Terme) zu Rom. Im Ergebnis langjähriger archäologischer und kunsthistorischer Untersuchungen ist man heute nicht mehr der Meinung, daß es sich um eine Juno handele, sondern vielmehr um einen Porträtkopf der im Jahre 29 zur Augusta mit den Privilegien der Vestalinnen aufgestiegenen Antonia minor (36 v. Chr. – 39 n. Chr.), die 16 v. Chr. Drusus (38 v. Chr. – 9 n. Chr.) geheiratet hatte und u.a. Mutter des Germanicus (15 v. Chr. – 19 n. Chr.) und des späteren Kaisers Claudius wurde. – Goethe hatte in seiner Begeisterung über diesen Kolossalkopf einen Abguß erworben, den er beim Abschied von Rom Angelica Kauffmann schenkte. 1823 erhielt er von dem preußischen Staatsrat Christoph Friedrich Ludwig Schultz (1781-1834) einen anderen Abguß dieses Kopfes für das Haus am Frauenplan.

Lecinis] Steineiche, Immergrüne Eiche (lat. quercus ilex; ital. leccio).
zweyte Wohnhaus] Hier ist wohl das noch heute existierende Casino der Villa Ludovisi gemeint (s. oben).
Buoncompagnie dessen ältern Bruder] Antonio II. Boncompagni-Ludovisi.
Collation] kleine Erfrischung, Zwischenmahlzeit.
Villa wo Raphael gewohnt hatte] Raffael besaß das im Park der Villa Borghese gelegene Haus ›Casino di Raffaello‹ nie und bewohnte es auch nicht. 1785 kam es in den Besitz des Kardinals Giuseppe Doria-Pamphilj (1751-1816) und wurde 1849 zerstört.
Bamphilio Doria] s. Doria-Pamphilj.

21.10.1788

Villa Albani] Kardinal Alessandro Albani ließ die Villa (Abb. s. Vincenti/Benzi/Schezen, 306-315) 1755-1763 vor den Toren der Stadt inmitten von Weinbergen und Gärten an der Via Salaria durch Carlo Marchionni (1702-1786) erbauen und als Privatmuseum und Ort kultureller Begegnungen gestalten. Die an die Villa Adriana anschließende Gartengestaltung Giovanni Battista Nollis (1701-1756), das Statuenprogramm darin und die enge Zusammenarbeit des Kardinals, seines Architekten, seines Bibliothekars Winckelmann und des Malers Mengs, der 1761 im Gewölbe der Galleria Nobile den ›Parnaß‹ darstellte, waren die Komponenten, die grundlegend für die internationale Bewegung des Klassizismus werden sollten. Die Villa umfaßte u.a. den Palast mit östlich und westlich anschließenden Portiken, an deren Ende sich der Diana-Tempel (1761/62) bzw. die Ädikula (1775/76) anschlossen. Gegenüber am anderen Ende des Gartenterrains lag ein Halbrund mit dem Kaffeehaus. Das alte Casino am westlichen Rand der Anlage, das zuletzt Winckelmann als Wohnung diente, das Billardhaus am östlichen Teil der Anlage, der Ruinentempel im Süden und die Wirtschaftsgebäude hinter dem Palast ergänzten das Ensemble. Der Kardinal hinterließ seine Schätze dem Neffen Carlo Albani (*1722) als Fideikommiß. Nach dem Aussterben der Albani im Mannesstamm kam die Villa an die Familie Castelbarco, schließlich 1866 durch Kauf an die Fürsten Torloni.
relief des Antinous] Das marmorne Basrelief mit dem Bildnis des Antinous (Abb. s. Villa Albani, Nr. 150-154) stammt aus dem 2. Jh. und befindet sich als Teil eines Kaminaufsatzes im Zimmer östlich neben der Galleria Nobile (sogenanntes Antinous-Zimmer) in der Villa Albani.
weiblicher Kopf in Basald] In der Villa Albani befanden sich einige wenige Exponate aus Basalt. Dazu gehört ein Porträtkopf der Livia oder Octavia aus grünem Basalt, der in eine moderne Büste eingelassen ist. Der ehemals zersprungene 26 cm hohe Kopf ist ohne Zweifel antik, hat allerdings in Material und Politur gleiche Ergänzungen an Nase, Kinn und Hals. Er steht im Kaffeehaus in der Galleria del Canopo. Vielleicht ist er der hier gemeinte.

sizente Statue von Euripites] Die Statuette des Euripides (ein Arm und eine Hand fehlen), die sich heute im Louvre zu Paris befindet, zeigt den Dichter auf einem Stuhl vor einer Wand sitzend, auf die man die Namen seiner Dramen graviert hat. Früher befand sie sich in einem Raum der heutigen Galleria della Leda.

la Sposalizio per puntiglio] Diese Oper (›Hochzeit aus Halsstarrigkeit‹) wurde 1788 in Rom mit großem Beifall uraufgeführt.

il Convito di Pietro] Die Opera semiseria ›Il convitato di pietra‹ (›Der steinerne Gast‹) von Tritto nach dem Libretto von Giovanni Bertati (1735 – um 1815) war 1783 in Neapel uraufgeführt worden. Dieselbe Vorlage wurde auch von anderen Opernkomponisten, z.B. 1787 von Giuseppe Gazzaniga (1743-1818) und Mozart (1756-1791) als ›Don Giovanni‹ aufgegriffen.

Villa Hadrians] Als Villa Adriana bezeichnet man heute jene Ruinen am Fuße der Sabiner Berge südwestlich von Tivoli, die von der weitläufigen Sommerresidenz des Kaisers Hadrian übrig sind (Abb. s. Bussagli, 520; Gothein I, 116-123; Beschreibung s. auch Vigée-Lebrun I, 170; Goethe 1830, 194 f.). Der stadtähnliche Villenkomplex wurde 118-134 unter der persönlichen Aufsicht des Kaisers erbaut und umfaßte auf 1,5 km^2 Säulenhöfe, Speisesäle, Sportanlagen, Thermen, Tempel, Theater, Bibliotheken, Gästewohnungen, Baracken für die Leibwache, Wasserspiele und einen Inselpavillon (insgesamt etwa 30 Gebäude). Dabei bemühte sich der Kaiser u.a., jene Gebäude nachzubilden, die ihn auf seinen Reisen durch Griechenland und Ägypten am meisten beeindruckt hatten. Ein unterirdisches Stollensystem ermöglichte die Versorgung des Kaisers und seiner Gäste (Modell s. Demandt, 126). Neben der Nähe zu Rom, das damals über Land und zu Wasser erreichbar war, der landschaftlichen Schönheit und dem Wasserreichtum bot sich das Areal zum Bau einer solchen Villa vor allem deshalb an, weil mit Travertin, Tuff, Puteolan-Erde alle Baustoffe in der unmittelbaren Umgebung verfügbar waren. Seit dem 16. Jh. grub man hier viele der antiken Skulpturen der Anlage aus und gliederte sie in die neuzeitlichen Sammlungen ein.

22.10.1788

dryangel] Welchen Inhalts die Theorien Verschaffeldts genau waren, ist nicht bekannt. Es ging wohl um ein geometrisch faßbares Schönheitsideal in Kunst und Natur. Vermutlich stellte sich diese Frage im Zusammenhang mit der im 18. Jh. als wichtiges wissenschaftliches und politisches Anliegen durchgeführten Vermessung der Landschaften in vielen Ländern (und der Erde als Himmelskörper) sowie den dazu entwickelten geodätischen Verfahren, insbesondere der Triangulation (Netzlegung aus Dreiecken, die miteinander die sogenannten trigonometrischen Punkte bilden). Durch sie konnten für jeden Punkt einer unregelmäßig modellierten Oberfläche Länge, Breite und absolute Höhe ermittelt werden (vgl. Volkmann 1777, 410; Brosche).

23.10.1788

Volbato seine ... Kupferstiche] Einen gedruckten Katalog seiner Arbeiten bewahrte Einsiedel in seinen Unterlagen (GSA 14/55, Bl. 6).

Nahl ... Sujets aus Geßner] Zu den Gemälden, die Nahl neben den zahlreichen Zeichnungen von Frascati, Albano und Tivoli während dieses seines letzten Romaufenthaltes schuf, gehören: ›Diana und Merkur beim Knöchelspiel‹ (Öl auf Leinwand, 92,7 × 70,6 cm), ›Pyramus und Thisbe‹ (Öl auf Leinwand, 92,8 × 70,8 cm; dazu auch eine Ölstudie auf Papier, auf Leinwand aufgezogen, 40,5 × 30,2 cm), ›Die Entstehung der Rose‹ (Öl auf Leinwand, 75 × 100 cm), sämtlich in den Staatlichen Museen Kassel, sowie ›Ariadne auf Naxos‹ und ›Narziß‹.

Witbe des Badoni] Lucia Batoni wohnte wohl mit den noch bei ihr lebenden Kindern, u.a. dem Sohn Romualdo (1763-1829), der ebenfalls Maler geworden war, in der ehelichen Wohnung in der Via Bocca di Leone 25.

Tiwoli] Tivoli (s. auch Komm. (1) 9.1.1789).

Cardinal Herzan] Maron malte zwei Porträts des Grafen und Kardinals Hrczan von Harras: Eines (115 × 86,5 cm), das den Kardinal am Schreibtisch sitzend mit einem Schriftstück in der Rechten darstellt, kam kurz vor der Jahrtausendwende aus einer Privatsammlung in den Kunsthandel. Eine ähnliche Fassung (170 × 128), signiert »Ant. De Maron faciebat Romae 1780«, hängt heute in der Graf Harrach'schen Familiensammlung in Schloß Rohrau bei Wien. Ein ganzfiguriges Porträt des stehenden Kardinals in Lebensgröße, das der Signatur zufolge 1789 in Rom entstand, war 1889 in einem Gemäldekatalog des Rudolfinums in Prag verzeichnet. Dieses ist wohl dasjenige Bildnis, das die Reisenden im Atelier des Malers sahen (Für diese Informationen danke ich Isabella Schmittmann, Grünwald).

Seine Frau] Therese Concordia von Maron.

Villa Pamphilio Doria] Vor der 1849 zerstörten Porta San Pancrazio im Westen der Stadt lag das seit 1740 auch Villa Doria-Pamphilj genannte Casino ›Belrespiro‹ mit dem damals größten Park Roms. Es wurde 1644-1652 von Alessandro Algardi (1598-1654) für Camillo Pamphilj (1622-1666) errichtet. François Duquesnoy (1597-1643) arbeitete für dieses Gebäude 1630 u.a. das Relief ›Bacchanal mit Putten‹ (Abb. s. Bussagli, 549). Der Gartenbezirk mit dem Geheimen Garten, Brunnen, Wasserfällen, Seen, Statuen, einer Meierei und einem englischen Landschaftspark (Abb.s. Bussagli, 525) ist wie das Casino reich an antiken Skulpturen und Reliefs, weil auf diesem Gelände römische Gräber gefunden worden waren, deren Dekors Algardi für seinen Bau nutzte (vgl. auch Goethe 1740, 299).

24.10.1788

Feyerten wir] Es ist der Geburtstag der Herzogin Anna Amalia.

ein artig Gedicht] Herders Geburtstagsgedicht war »Sei gegrüßet, schöne Sonne« (Herder 2003, 225 f.). Über dieses Werklein und die Ereignisse der folgenden Tage berichtete er seiner Frau am 28.10.1788 (Herder 2003, 186 f.).

Raphaels Villa] s. Komm. (9) 20.10.1788.

25.10.1788

Opera buffa ... von Masi] s. Komm. (5) 21.10.1788.

Convito di Don Juan] s. Komm. (6) 21.10.1788.

26.10.1788

ihr Mann] Antonio Zucchi.

Statuen ... bey Fackeln] Der Brauch, die antiken Statuen im Museum nachts bei Fackelschein zu besehen, bürgerte sich erst unter Pius VI. ein. Durch die beweglichen Licht- und Schattenwirkungen veränderte, belebte sich der Eindruck der Bildwerke.

27.10.1788

Haus in der Strada croce] s. Komm. 16.10.1788.

Villa Medice] s. Komm. (3) 5.10.1788.

Jeloso] s. Komm. (4) 18.10.1788.

28.10.1788

Raphaels ... copiert] Die originalgroßen Kopien der Loggien-Fresken Raffaels (s. Komm. (2) 3.11.1788) wurden in enkaustischer Malerei ausgeführt und von Reiffenstein beaufsichtigt (vgl. auch Komm. (1) 10.10.1788). Reiffenstein organisierte im selben Monat auch eine Ausstellung von für Katharina die Große bestimmten enkaustischen Bildern Unterbergers beim russischen Konsul Gaspare Santini in Rom.

Portici] Ende des 18. Jh. war die Stadt am Golf von Neapel wegen der Ausgrabungen in Herculaneum und des für die dort und in Pompeji gefundenen Altertümer eingerichteten Museums (s. Komm. (3) 4.6.1789) vielbesucht.

Ewentaile] Fächer (frz. eventail). Die Klassik Stiftung Weimar besitzt heute 35 Fächer aus der Sammlung der Herzogin Anna Amalia. Zwei davon wurden wohl während ihres Aufenthaltes in Rom erworben: Der eine, ein Faltfächer mit doppelseitigem Blatt (um 1789, Gouache auf Papier, Elfenbeingestell, 44 × 28 cm; Abb. s. Müller-Krumbach, Nr. 27), zeigt auf der Vorderseite in drei gerahmten Bildfeldern den Vesta-Tempel, das Kolosseum und das Grab der Caecilia Metella. Der andere, ein ungefaltetes, nicht ausgeschnittenes Fächerblatt (um 1790, Aquarell auf Papier, fälschlich Jakob Philipp Hackert zugeschrieben, 22,7 × 50,5 cm; Abb. s. Müller-Krumbach, Nr. 278), bietet in einem nierenförmigen Mittelbildfeld den Petersdom mit Vatikan und den Kolonnaden, in den seitlichen Feldern Ornamente. Die Sammlung enthält weitere vier Fächer mit süditalienischen Motiven (Neapel, Caserta, Ischia), die wohl ebenfalls Souvenirs von der Italienreise sein dürften. Einer davon, der den Golf von Neapel zeigt, wird Johann Heinrich Wilhelm Tischbein zugeschrieben.

San Carlo Kirche] Es gibt drei etwa gleichalte Kirchen in Rom, die dem 1610 heilig gesprochenen Carlo Borromeo (s. Komm. (1) 10.9.1788) geweiht sind: San Carlo ai Catinari (s. Komm. (5) 10.3.1789), San Carlo alle Quattre Fontane und San Carlo al Corso. Welche der drei die Reisegesellschaft hier besuchte, ist nicht sicher. Für alle kann kunsthistorisches Interesse beansprucht werden: Die Kuppel von San Carlo al Corso, 1668-1672 erbaut, ist z.B. das letzte bedeutende Werk von Pietro da Cortona, San Carlo alle Quattre Fontana wurde von Borromini entworfen (vgl. auch Goethe 1740, 223).

29.10.1788

Genuese] Pietro Concolo.

Campo Vacino] s. Komm. 14.10.1788.

Colisee] s. Komm. (20) 11.10.1788.

30.10.1788

einige Künstler] Zu ihnen gehörten nach Anna Amalias Aufzeichnungen Valadier und Albacini (ThHStAW, HA.A.XVIII.153, Bl. 55 r).

Kirche Madona del Popolo] Gregor IX. (um 1147-1241) hatte den Franziskanern eine kleine Kirche an der Porta Valentino in Rom überlassen, die diese umbauten und der Heiligen Jungfrau weihten. Später gingen Kirche und Kloster in den Besitz von Augustinern über, die ihre nun Santa Maria del Popolo genannte Kirche im Renaissancestil gestalteten. Zentrum des Innenraumes war zunächst das 1474 von Andrea Bregno (1418-1503) geschaffene, an antike Triumphbögen erinnernde Tabernakel für den Hauptaltar der Kirche, das später bei der Neugestaltung des Altarbereiches durch Bernini in der Sakristei aufgestellt wurde. Grabkapellen u.a. für Mitglieder der Familien della Rovere (Abb. s. Bussagli, 367, 392), Cerasi und Chigi (Abb. s. Bussagli, 404) enthalten skulpturale Denkmäler, Mosaiken und Gemälde von seltener Qualität. Die Cappella Cerasi wird z.B. durch zwei Caravaggio-Gemälde, ›Kreuzigung des Apostels Petri‹ und ›Die wundersame Bekehrung des Saulus‹, bestimmt (Abb. s. Bussagli, 561).

Statue Jonas] Lorenzo Lotti (1490-1541) schuf 1519/20 nach einem Karton von Raffael die Marmorstatue ›Jonas entsteigt dem Wal‹ für eine Nische in der von Raffael entworfenen Chigi-Kapelle (Abb. s. Bussagli, 425) in Santa Maria del Popolo. Neben einem Bronzerelief (65,5 × 212 cm) liegen auch den von Luigi da Pace 1513-1516 gefertigten Kuppelmosaiken mit den Planetengottheiten und Gottvater im Mitteltondo Entwürfe Raffaels zugrunde.

Piramide des Cajus Cestius] Die Pyramide, die beim Bau der römischen Stadtmauer zum Schutz vor den germanischen Stämmen unter Kaiser Aurelian (214-275) mit in die Mauer einbezogen wurde, ist ein Grabmal aus augusteischer Zeit (vgl. auch Goethe 1740, 274). Ihre quadratische, auf einem Unterbau aus Travertin ruhende Grundfläche hat eine Kantenlänge von etwa 30 m, die Höhe beträgt 37 m. Die aus Backsteinen gemauerte und mit feinem Stuck und Malereien verzierte Grabkammer wurde bereits früh geplündert. Ursprünglich müssen noch zwei Statuen die Pyramide geziert haben. Bei der Pyramide vor der Stadtmauer liegt der Friedhof für die Nichtkatholiken in Rom. U.a. wurde Goethes Sohn August (1789-1830) hier bestattet.

Monte Testacio] Der Monte Testaccio (Scherbenberg), angeblich aus den Scherben der Töpfereien, aus Schutt der Stadt und ausgeleerten Gräbern entstanden, war zu dieser Zeit für die Römer ein beliebter Ausflugsort mit Weinlokalen.

Abate Ceruti] Die Herzogin kaufte auch von Ceruti Werke für ihre Bibliothek an, doch verbrannten sie am 2.9.2004 in der Herzogin Anna Amalia Bibliothek vollständig.

31.10.1788

Haus Farnesini] Der zweistöckige Renaissancepalast, die Villa Chigi, genannt ›La Farnesina‹ (Abb. s. Vincenti/Benzi/Schezen, 240-251), im Stadtteil Trastevere, die im Auftrag des Bankiers Agostino Chigi alla Lungara 1508-1511 erbaut wurde, war das Erstlingswerk von Baltasare Peruzzi (1481-1536) in Rom. Die schlichte Außenfassade (Abb. s. Bussagli, 405) birgt reichen Freskenschmuck im Innern, u.a. Raffaels ›Triumph der Galatea‹ (1512, 295 × 225 cm; Abb. s. Bussagli, 458), Sodomas (1477-1549) 1516-1518 gemalten Bilderzyklus mit der ›Hochzeit Alexanders mit Roxane‹ und dem ›Den Bukephalos zähmenden Mazedonier‹. In der Loggia di Psiche, die die beiden Flügel des Baues verbindet, haben unter Raffaels Leitung seine Schüler Giulio Romano, Giovanni da Udine (1487-1564) und Gianfrancesco Penni (1488-1528) den Roman von Amor und Psyche aus Apuleius' ›Goldenem Esel‹ in Fresken dargestellt. Die Deckengemälde, ›Das Bankett der Götter‹ und ›Die Hochzeit von Amor und Psyche‹, imitieren einen Teppich. Die Fresken der Pendentifs (Basis je 405 cm) entstanden 1517-1519 und zeigen Venus und Amor, Amor mit drei Grazien, Venus zwischen Juno und Ceres, Venus' Aufstieg in den Olymp, Venus und Jupiter, Merkur, die von den Sterblichen erhobene Psyche, Venus und Psyche, Amor und Jupiter, Merkur als Führer der Psyche in den Olymp. Die Trompen (Basis 338 cm), die zur gleichen Zeit gemalt wurden, präsentieren Amor mit verschiedenen Attributen (Adler, Dreizack, Waffen, Greif, Merkurstab, Panther, Löwe und Seepferd, Flöte, Helm und Schild, Krokodil, Bogen) und dazu Amoretten mit dem Zerberus und der Harpyie. Die Farnesina war seit 1580 im Besitz der Farnese und fiel wie die übrigen Güter mit deren Aussterben 1731 an das neapolitanische Königshaus.

Monte Janiculo] Monte Gianicolo.

Kirche San Pietro in Montorio] Die Kirche San Pietro in Montorio, die Nationalkirche der Spanier, stammt aus dem 15. Jh. Doch bereits im Mittelalter stand hier, am Ort des Martyriums Petri, eine Kirche. Durch die Errichtung zweier einander gegenüberliegender Kapellen, Giorgio Vasaris Cappella del Monte mit dem Altarbild ›Die Bekehrung des Paulus‹ (Abb. s. Bussagli, 433) und Daniele da Volterras (1509-1566) Pendant, erhielt die Kirche eine Art Querschiff. Im Innenhof wurde durch Bramante der sogenannte Tempietto, ein Kuppelbau mit starken Bezügen zu antiken Traditionen, errichtet (Abb. s. Bussagli, 403).

Raphaels ... Verklärung Christe] Raffaels letztes und größtes Tafelbild, die ›Transfiguration oder Verklärung Christi‹ (Öl auf Holz, 405 × 278 cm), wurde im Auftrage des Kardinals Giulio de' Medici, des späteren Papstes Clemens VII. (1478-1534), 1516-1520 für San Pietro in Montorio gemalt, befindet sich aber seit 1809 in der Pinacoteca Vaticana. Es gilt als das malerische Testament des Künstlers.

il Fondanoni oder aqua Paulino] Die Acqua Paulina (Paola) war eine Wasserleitung, die vom im frühen 17. Jh. unter Papst Paul V. (1552-1621) restaurierten Aquädukt des Traian abging. Die Brunnenanlage Fontana dell'Acqua Paola errichteten 1608-1613 die Baumeister Jan van Santen / Giovanni Vasanzio (1550-1621) und Giovanni Fontana (†1631) in Gestalt eines Triumphbogens mit vorgelegter Säulenkolonnade.

Keyser Palläßten] s. Komm. (14) 11.10.1788.

Herder] Am 30./31.10.1788 trennte sich Herder von Dalberg und Frau von Seckendorff (Herder 2003, 209 f.), lebte zunächst allein und verkehrte häufig bei der Herzogin. Auf diese Weise erleichtert fühlte er sich in den folgenden Wochen durchaus in der Lage, mit Dalberg noch einige Besichtigungen zu unternehmen (Herder 2003, 212 ff.).

1.11.1788

an Goethen] s. Deetjen, 70-72; Nachgeschichte, 93-95.

2.11.1788

Villa Borgese] s. Komm. (1) 13.10.1788.

3.11.1788

Vatican] Vatikan ist im eigentlichen Sinne die Bezeichnung für den Palast des Papstes. Der Name leitet sich von einem dem Marsfeld jenseits des Tiber gegenüberliegenden Areal, dem campus vaticanus und den colles vaticanus, her. In den dort liegenden Gärten der Domitier fanden viele Christen den Märtyrertod, Petrus wurde in der Nähe bestattet. Als über dessen Grab eine Kirche errichtet wurde, erhielt sie den Namen San Pietro in Vaticano (s. Komm. (2) 5.10.1788). Sie wurde das Herzstück der päpstlichen Residenz. Erst im frühen 15. Jh. verlegten die Päpste auch ihren Palast und die Regierungsbehörden, früher auf dem Lateran, hierher. Es entstanden die Wohnung des Papstes (Torre di Borgia mit den Stanzen, s. unten), die Sixtinische Kapelle (s. unten), 300 m nördlich davon das Gartenhaus Il Belvedere. Bramante verband dann die bisherigen Gebäude durch riesige Langbauten, die Gärten und Terrassen einschlossen. Östlich des Torre di Borgia errichtete er die Hallen (Loggien), die den Hof des Heiligen Damasus (um 305-384) umschließen und deren oberstes Geschoß von Raffael gestaltet wurde. Damit war die Grundform der päpstlichen Residenz im 16. Jh. erreicht, auch wenn spätere Päpste noch viele Erweiterungen (z.B. den heutigen Papstpalast, den Bibliotheksflügel, die Säle des Antikenmuseums) vornahmen.

Logen und Stanzen Raphaels] Die Loggia und Stanzen im päpstlichen Palast (s. oben) wurden von Raffael oder zumindest nach seinen Vorlagen mit Fresken ausgestaltet. – Die Gewölbe der Loggien (65 × 4 m) sind ein Gemeinschaftswerk von Raffael, Giovanni da Udine (1487-1564), Giulio Romano, Gianfrancesco Penni (1488-1528), Pierino del Vaga (1501-1547) u.a., die nach einem Gesamtplan Raffaels arbeiteten. Seit 1519 zieren 52 biblische Episoden, durch Blattgirlanden, Kandelaber, Grotesken, Putten und phantasievolle Zwitterwesen strukturiert (Abb. s. Bussagli, 462 f.), zu je vieren die 13 Jochbögen der Galerie nach folgenden thematischen Gruppen: Schöpfungsgeschichte, Leben von Adam und Eva, Leben von Noah, Leben von Abraham und Lot, Geschichte Isaaks, Leben von Jakob, Leben von Joseph, Leben von Moses, Leben von Moses und Josua, Leben von Josua, Leben Davids, Leben Salomos und Leben Christi. – Die 1509-1511 gemalte Stanza della Segnatura, die Papst Julius II. (1443-1513) als Privatbibliothek nutzen wollte, sollte ein einheitliches, an neuplatonischem Gedankengut orientiertes Bildprogramm zeigen, weshalb alle anderen Bilder, u.a. auch solche von Bramante oder Lorenzo Lotti (1490-1541), abgeschlagen wurden. Decken und Wände sind jeweils als kompositorische Einheit zu verstehen: An der Decke befinden sich vier Tondi (Durchmesser 180 cm), die ›Theologie‹, die ›Poesie‹, die ›Philosophie‹ und die ›Gerechtigkeit‹ darstellend, vier weitere Fresken (je 120 × 105 cm) zeigen ›Adam und Eva‹, ›Apollo und Marsyas‹, ›Astronomie‹ und ›Das Urteil des Salomo‹. Die Wandfresken bieten ›La Disputa del Sacramento‹ (Basis 770 cm; Abb. s. Bussagli, 456 f.), ›Den Parnaß‹ (Basis 650 cm; Abb. s. Bussagli, 454 f.), ›Die Schule von Athen‹ (s. Komm. (1, 4) 12.9.1788; Abb. s. Bussagli, 453), ›Augustus verhindert die Verbrennung von Vergils Aeneis‹ (Basis 185 cm), ›Alexander legt die Werke Homers in Achills Grab‹ (Basis 185 cm), ›Justitia‹ (Basis 66 cm), ›Gregor IX. empfängt die Dekretalien‹ (Basis 220 cm), ›Justinian empfängt die Pandekten von Tribonianus‹ (Basis 220 cm). An der Decke der sogenannten Stanza d'Eliodoro sind vier Fresken aus dem Jahre 1514 zu sehen: ›Gott erscheint Noah‹ (Basis 390 cm), ›Der brennende Dornbusch‹ (Basis 390 cm), ›Die Opferung Isaaks‹ (Basis 340 cm) und ›Die Jakobsleiter‹ (Basis 340 cm). Die Wände zeigen ›Die Vertreibung des Heliodor‹ (1511, Basis 750 cm), ›Die Messe von Bolsena‹ (1512, Basis 660 cm), ›Die Befreiung Petri‹ (1512, Basis 660 cm) und ›Die Begegnung Papst Leos I. mit Attila‹ (1513, Basis 750 cm). In der Stanza dell'Incendio schließlich entstanden 1514-1517 vier Wandfresken, an denen auch Giulio Romano und Gianfrancesco Penni arbeiteten: ›Der Borgobrand‹ (Basis 770 cm), ›Die Schlacht bei Ostia‹ (Basis 770 cm), ›Die Krönung Karls des Großen‹ (Basis 770 cm), und ›Der Reinigungseid Leos III.‹ (Basis 670 cm).

Saal des Constantins] Die Sala di Constantino, deren Bildprogramm dem ersten christlichen Kaiser gewidmet ist, war bei Raffaels Tod noch unvollendet. Dessen Schüler Giulio Romano brachte 1520-1524 nach den vorliegenden Kartons des Meisters die Arbeiten zu Ende. Dazu gehören die Fresken ›Die Kreuzesvision‹, ›Die Schlacht an der Milvischen Brücke‹ (Abb. s. Bussagli, 468), die auch Schlachtmotive antiker Sarkophage aufnahm, ›Die Konstantinische Schenkung‹, ›Clemens I. zwischen den Allegorien der Mäßigung und der Sanftheit‹, ›Sylvester I. zwischen den Allegorien des Glaubens und der Religion‹ und ›Urban I. zwischen den Allegorien der Gerechtigkeit und der Nächstenliebe‹.

Sieg ... bey der Ponte Molle] Die alte Brücke (lat. Pons Mulvius, ital. Ponte Milvio, umgangssprachlich Ponte Molle; 220 v. Chr. erbaut, 109 v. Chr. in Stein erneuert) der Via Flaminia nördlich von Rom über den Tiber war seit dem 1. Jh. v. Chr. der Hauptzugang zur Stadt Rom (vgl. auch Goethe 1740, 139). Berühmt wurde sie als Schauplatz einer legendären Schlacht: Die um die Macht in Rom konkurrierenden Kaiser Maxentius (275/283-312) und Konstantin trafen mit ihren Heeren am 28.10.312 an dieser Stelle aufeinander. Der Legende zufolge erschien Konstantin unter der Sonne ein flammendes Kreuz mit dem Text »Hoc signe vinces« (»Unter diesem Zeichen wirst du siegen«), und er gewann die Schlacht, Maxentius ertrank auf der Flucht im Tiber. Mit diesem Sieg war Konstantin Alleinherrscher, 313 erließ er das Toleranzedikt von Mailand, welches das Christentum den anderen Religionen des Reiches gleichstellte. Er selbst nahm einige Jahre darauf die Taufe und starb als der erste römische Kaiser christlichen Glaubens. Die nach ihm benannte Konstantinische Schenkung, wonach Konstantin dem Papst Silvester I. († 335) das Weströmische Reich geschenkt habe, beruht auf einer Fälschung des 8./9. Jh. Sie war als Thema für den Konstantinssaal ursprünglich auch gar nicht vorgesehen, sondern wurde auf speziellen Wunsch Clemens' VII. (1478-1534) ergänzt.

Sala Regia] Die Sala Regia im Vatikanspalast wurde um 1564 von Taddeo Zuccari u.a. mit einem Wandgemälde ausgestattet, das die ›Einnahme von Tunis‹ würdigte, den Sieg Kaiser Karls V. (1500-1558) 1535 über den das Mittelmeer beherrschenden türkischen Fürsten Chaireddin Barbarossa (um 1466-1546) und die dabei gelungene Befreiung von 20000 christlichen Sklaven. 1571-1573 ergänzte u.a. Vasari die Ausgestaltung dieses Raumes.

Sixtinische Capelle] Am 10.5.1508 verpflichtete sich Michelangelo, das Deckengewölbe (40 × 13,5 m) der Sixtinischen Kapelle auszumalen. Der Papst hatte ein architektonisches Motiv und Darstellungen der Apostel im Sinn, Michelangelo entwarf ein ganzes Programm aus dem Stoff der Genesis, das mit sieben Propheten, fünf Sybillen und zwanzig Ignudi (Aktfiguren) sowie gemalten skulpturalen und architektonischen Elementen gegliedert wurde (Abb. s. Bussagli, 440-449): ›Trennung von Licht und Finsternis‹, ›Erschaffung der Gestirne‹, ›Scheidung von Wasser und Land‹, ›Erschaffung Adams‹,

›Erschaffung Evas‹, ›Sündenfall‹, ›Noahs Opfer‹, ›Sintflut‹, ›Noahs Trunkenheit‹ und weiter ›David und Goliath‹, ›Die eherne Schlange‹, ›Judith und Holofernes‹, ›Esther und Haman‹. Am 31.10.1512 wurde die Kapelle offiziell eingeweiht. Dieses Werk sollte während des ganzen 16. Jh. Stoff für Kommentare und Vergleiche liefern und ist bis heute eines der berühmtesten vatikanischen Kunstwerke. Auch die Neugestaltung der Altarwand in der Cappella Sistina übernahm Michelangelo viele Jahre später: 1536-1541 schuf er dort das Fresko ›Das jüngste Gericht‹ (17 × 13,5 m) und schloß so den Bilderkreis ab, den er mit der Schöpfungsgeschichte begonnen hatte. Fresken des 15. Jh. waren in der Sixtina u.a. mit Namen wie Pietro Perugino oder Sandro Botticelli (1445-1510) verbunden (Abb. s. Bussagli, 384-391).

Capelle Paulini] Die Cappella Paulina, unter Paul III. (1468-1549) von Sangallo (1483-1546) erbaut, ist wie die Sixtina ein Nebenraum der Sala Regia. Sie bewahrt die letzten malerischen Werke Michelangelos (s. Komm. (3) 1.12. 1788).

Abends] An diesem Abend hatte sich die Herzogin eine Reihe von Kupferstichen Volpatos kommen lassen, aus denen sie einige aussuchte (ThHStAW, HA.A.XVIII.153, Bl. 57 v; vgl. auch Komm. (1) 23.10.1788).

4.11.1788

Funcktion in der San Carlo Kirche] Amtshandlung, Gottesdienst (ital. funzione), s. auch Komm. (4) 28.10.1788. An diesem Tag wurde das Fest des Heiligen Carlo Borromeo, des Kirchenpatrons, gefeiert.

blieb zu Hause weil ich nicht wohl war] Inwieweit Louise von Göchhausen Krankheiten vorschob, um zumindest für einige Stunden ein wenig Selbständigkeit und Freiheit zu genießen, muß offen bleiben (vgl. Deetjen, 3).

Villa Ludovisi] s. Komm. (1) 20.10.1788.

5.11.1788

meine Tante] Johanna Liutgarde von Nostitz.

6.11.1788

Paul Veronese in 2 theilen] Die Identität dieses Bildes konnte nicht geklärt werden. Aus Veroneses Werkstatt ist eine ›Kreuzabnahme‹ erhalten, ein Altarbild der Chiesa dell'Annunziata zu Ostium bei Brindisi. Doch ist dessen Konzeption so geschlossen, daß es mit den hier vorgestellten, zerschnittenen Bildteilen nicht zusammenhängen kann. Vielleicht ist das zerstörte Bild, wenn es denn von Veronese stammt, jenes, das Angelica Kauffmann im Jahre 1789 von Concolo erwarb (Maierhofer 2001, 408).

Maria mit dem Kind] Unter den Gemälden Correggios ist dieses Sujet zu häufig, um eine Identifizierung des Bildes zu ermöglichen. Welches sich 1788 im Besitz von More befunden hat, konnte nicht ermittelt werden. Zudem ist die korrekte Zuordnung zu einem Maler unter solchen Umständen nicht selten zu bezweifeln.

Kirche di Capucini] Santa Maria della Concezione de Cappuccini wurde gemäß den Regeln der Kapuziner als schlichte Barockkirche Anfang des 17. Jh. im Auftrag von Kardinal Antonio Barberini (1569-1646) errichtet. Für die Gestaltung des Kreuzes und anderer Symbole wurden Knochen toter Ordensbrüder verwendet, doch finden sich auch Werke von Guido Reni, Pietro da Cortona, Andrea Sacchi, Domenichino u.a. in dieser Kirche.

Engel der den Teufel unter den Fuß tritt] Guido Reni schuf das Gemälde ›Erzengel Michael‹ (Öl auf Leinwand, 293 × 202 cm) 1636 für die Kirche Santa Maria della Concezione, in der es sich noch befindet.

Petrus der sehend gemacht wird] Das Altargemälde ›Ananias heilt den Heiligen Paulus von der Blindheit‹ (Öl, 294 × 202 cm) schuf Pietro da Cortona 1631 im Auftrage des Kardinals Francesco Barberini (1597-1679). Es nimmt Bezug auf die Apostelgeschichte 9, 10-19. Spätestens seit 1634 hängt es in der ersten linken Seitenkapelle der Kirche Santa Maria della Concezione de Cappuccini.

Genuesen] Pietro Concolo.

Künster] ältere Form von ›Künstler‹ (DW XI, 2691).

8.11.1788

Negozia … Erscheinen in der grosen Welt] Gegenstand der Verhandlungen (ital. negozi) war die Einführung der Herzogin in die römische (Adels-)Gesellschaft durch eine Audienz beim Staatsoberhaupt, dem Papst.

9.11.1788

Herder] An diesem Tag wurde Herder, wie er seiner Frau voller Stolz am 15.11.1788 schrieb, bei der Herzogin dem Kardinal Boncompagni vorgestellt: »bin ich denn endlich auch in die sogenannte große Welt eingetreten« (Herder 2003, 222 f.). Im selben Brief und von nun an immer wieder bezeugte er die überaus angenehme Atmosphäre im Umkreis der Herzogin, sowohl hinsichtlich des Umgangs mit der römischen Gesellschaft als auch bezüglich des persönlichen Verkehrs mit Fräulein von Göchhausen und dem Kammerherrn von Einsiedel (Herder 2003, 223). Auch in den späteren Briefen heißt es immer wieder: »Die Herzogin ist sehr gut gegen mich« (Herder 2003, 239).

Spanische Gesande] José Nicolás de Azara.

10.11.1788

Gemälde] Das 1788/89 von Angelica Kauffmann gemalte Porträt der Herzogin Anna Amalia ist verloren. Nur eine Kopie aus dem Jahre 1928 von Josef Rolletschek (1859-1934) findet sich im Blauen Zimmer des Römischen Hauses zu Weimar an eben dem Ort, wo das Original bis 1928 – bevor es nach Heinrichau in Schlesien gelangte und verscholl – ursprünglich hing: Die Herzogin sitzt in einem weich fließenden, hellen Kleid, mit lockigem und ungepudertem, von einem Schleier leicht bedecktem Haar vor einem Fenster, das den Blick auf das Kolosseum freigibt. Bücher von Herder, Goethe und anderen Weimarer Autoren, Notenblätter und eine Rötelzeichnung auf dem Tisch verweisen wie auch die Marmorbüste der Pallas Athene symbolisch auf die Liebe der Herzogin zu Kunst und Wissenschaften.

Kirche San Eusebio] s. Komm. (11) 17.10.1788.

Priorath] Die Erneuerung der aus dem 10. Jh. stammenden Hallenkirche Santa Maria del Priorato (Abb. s. Bussagli, 590) an der Piazza dei Cavalieri di Malta wurde 1764-1766 durch Giovanni Battista Rezzonico (1740-1783), Prior des Malteserordens und Neffe des Papstes, in Auftrag gegeben. Es wurde das einzige Bauwerk Giovanni Battista Piranesis (1720-1778), der hier mit dem Platz, der Kirche, der Villa und dem Garten ein klassizistisches Ensemble schuf und in der Innengestaltung auch die religiösen und militärischen Traditionen des Ordens aufnahm. Der Hochaltar mit der Statuengruppe ›Glorie des Heiligen Basilius‹ ist ein Werk Piranesis, das Grabdenkmal des Bartolomeo Carafa († 1405) wurde im 15. Jh. von Paolo Romano (um 1415-1470) geschaffen. Berühmt ist der Blick durch das Schlüsselloch des Palastes, der die Kuppel des Petersdoms zeigt.

Ponte rotte] Der Ponte rotto ist nur noch ein einzeln stehender Brückenbogen bei der Tiberinsel, der Rest des antiken Pons Aemilianus (142 v. Chr.).

Kampf der Horazier und Cruazier] Drillinge aus dem Geschlecht der Horatier entschieden unter dem dritten römischen König Tullus Hostilius der Sage nach den Zweikampf gegen die Drillinge der Curiatier aus Alba Longa für sich und errangen damit die Vorherrschaft Roms. Dabei fielen zwei Horatier, und der überlebende dritte konnte die verwundeten Feinde klug voneinander trennen und einzeln besiegen. Als er heimkehrte, fand er seine Schwester, die mit einem der toten Curiatier verlobt gewesen war, um den toten Feind trauernd vor und tötete sie wegen ihres unpatriotischen Verhaltens. Dafür verurteilten ihn die Richter zunächst zum Tode. Das Volk jedoch bewirkte Freispruch und Entsühnung für ihn.

Livia durch die Tieber schwamm] Hier ist vermutlich nicht Livia, sondern Cloelia gemeint: Der etruskische König Porsenna (um 507 v. Chr.) belagerte Rom und hatte nach einem Attentatsversuch durch den Römer Mucius Scaevola auf seine Person 20 Geiseln verlangt, zehn Knaben und zehn Mädchen. Eines von diesen, Cloelia, zeichnete sich durch besonderen Mut aus: Als die Etrusker ihr Lager abbrachen und die Geiseln mitnehmen wollten, täuschte sie deren Lagerwachen, ging mit den Mädchen zum Tiberufer, durchschwamm den Fluß und kam wohlbehalten in Rom an. Porsenna verlangte daraufhin, Cloelia als Anstifterin allein wieder zu ihm zu schicken. Da der römische Konsul Valerius Poplicola und der Senat ihre Tat nicht billigen konnten, weil sie dadurch wortbrüchig geworden wären, schickten sie Cloelia zurück. Porsenna verzichtete angesichts ihres Mutes auf Bestrafung, erlaubte ihr sogar die Heimkehr zusammen mit den jüngsten der Geiseln. Die Römer ehrten sie daraufhin durch ein Reiterstandbild an der Via sacra, eine Würdigung, die zuvor niemals einer Frau zuteil geworden war (Sagen der Römer, 118 f.).

ihr Mann] Antonio Zucchi.

11.11.1788

Conversation] s. Komm. (4) 3.9.1788.

13.11.1788

Kirche San Petro in Montorio ... Raphael] s. Komm. (3, 4) 31.10.1788.

Fondana Aqua Felice] s. Komm. (5) 17.10.1788.

Farnesine] s. Komm. (1) 31.10.1788.

14.11.1788

Musick] Ein handgeschriebenes Programm verzeichnet die Musikstücke, die vorgetragen wurden: Es handelte sich um Kompositionen von Masi, Fabrizi (1764 – nach 1797), Bernardini, Paisiello, Caruso, Tritto, Robuschi (1765-1850) u.a. (ThHStAW, HA.A.XVIII.161, Bl. 3).

15.11.1788

Monte Paladino ... Keyser Palläste] s. Komm. (14) 11.10.1788.

Collise] s. Komm. (20) 11.10.1788.

Villa Matei] Die Villa Mattei auf dem Caelius (Villa Coelimontana) wurde 1582 durch Ciriaco Mattei (1545-1614) erbaut. Das Areal, z.T. in verschiedene Gartenterrassen aufgeteilt, war sehr ausgedehnt und schloß auch einen Teil des Palatin ein, wo Mattei ein kleines Casino errichten ließ. Das Amphitheater, die Brunnen und Statuen des Parks sind inzwischen größtenteils verloren. Der Obelisk aus einem ägyptischen Isis-Tempel, mit dem der Senat Mattei beschenkte, ist noch zu sehen. Den Sammlungsbestand der Villa Mattei ergänzte u.a. eine Kollektion von 180 Zeichnungen, die Giuseppe Mattei di Giove (1735-1809) in einem anläßlich seiner Hochzeit mit Giovanna Corsini († 1802) 1765 im Palazzo Mattei neu eingerichteten kleinen Kabinett unterbrachte.

Bäder des Caracalla] Die Thermen des Antoninus Pius wurden im Jahre 216 unter der Regierung Caracallas vollendet und trugen fortan dessen Namen. Sie waren einer der größten und monumentalsten baulichen Komplexe der Kaiserzeit. Der backsteinerne Gesamtbau bestand aus zwei Teilen, einem innenliegenden Hauptbau (220 × 114 m) und einem diesen in einiger Entfernung umgebenden Umfassungsbau (Abb. s. Bussagli, 35, 142). Der mehrstöckige Hauptbau enthielt viele prächtig ausgestattete Baderäume, Sportsäle, Nebengelasse und die Räume für den technischen Betrieb des Bades (Zisternen, Heizung). Die Reste der pfeilergestützten Kreuzgewölbe, der Kuppeln, Treppen und mit verschiedenen Marmorarten ausgelegten Böden, auch der heute in den Vatikanischen Museen ausgestellten Mosaiken mit Athletendarstellungen (Abb. s. Bussagli 36, 143) geben nur einen ungefähren Eindruck des Prunks dieser öffentlichen Thermen wieder, denn der größte

Teil der Marmorverkleidungen und des Skulpturenschmucks ist verloren. Die Gebäude des äußeren Traktes scheinen u.a. Bibliotheken, Aufenthalts- und Gymnastikräume enthalten zu haben. Im Raum zwischen den beiden Teilen sind Gärten, Sportplätze und Wandelgänge anzunehmen.

Augustus Kopf] Zu den Sammlungsbeständen der Villa Mattei gehörte auch ein Kopf des Augustus, den die Reisenden aber wohl in einem Abguß sahen, denn das Original des um 1570 in der Vigna Galletti gefundenen Bildnisses (pentelischer Marmor, 0,71 m), selbst die Kopie eines um das Jahr 14 aufgestellten Bildnisses, erwarb Papst Clemens XIV. von dort für die vatikanischen Sammlungen.

17.11.1788

bey der Angelica] Über die Sitzung bei Angelica Kauffmann berichtete die Herzogin anderntags in einem Brief an Knebel: »Ihre kleinen süßen Verse, die Sie an Herder geschickt haben, sind bei der Angelika vorgelesen worden, als ich mich von ihr malen ließ« (Varnhagen/Mundt 1, 198).

19.11.1788

2 Zeichnungen von Tywoli] Birmanns Darstellungen von Tivoli gefielen der Herzogin so gut, daß sie Goethe am 29.11.1788 fragte, ob er die Bilder wirklich für sich beim Künstler bestellt habe (Nachgeschichte, 106). Unter dem 6.2.1789 bestätigte Goethe dies, sie könne sie aber gern haben, zumal er sie noch nicht bezahlt habe (WA IV 9, 83). Schon am 11.12.1788 teilte Bury Goethe mit, daß Anna Amalia die beiden Zeichnungen gekauft habe, und fragte an, ob Birmann für Goethe neue Blätter zeichnen solle (Dönike, 34). Goethes Antwort auf dieses Schreiben ist nicht bekannt. Die Zeichnungen Birmanns sind offenbar nicht mehr erhalten.

Fanatico] ›Il fanatico burlato‹ (›Der hereingelegte Fanatiker‹) nach dem Libretto von Saverio Zini (tätig 1770-1803) wurde 1787 in Neapel uraufgeführt. Cimarosa nahm die Oper sogar mit nach St. Petersburg. In Rom wurde sie hier erstmals präsentiert (ThHStAW, HA.A.XVIII.153, Bl. 61 v).

20.11.1788

Pyramide von Cajus Cestius] s. Komm. (4) 30.10.1788.

Säule Trajans] s. Komm. (6) 11.10.1788.

21.11.1788

Spanier Nahmens Azaga] Herder hatte Arteaga wohl am 14.11.1788 kennengelernt, als er zusammen mit Dalberg den Gesandten besucht und seine Kunstschätze bewundert hatte (Herder 2003, 223).

Spanischen Gesanden] José Nicolás de Azara.

Pabst] Pius VI., s. Giovanni Angelo Braschi.

22.11.1788

an Goethe] s. Deetjen, 72-74; Nachgeschichte, 104-105.

Frizen] Gottlob Friedrich Konstantin von Stein.
Don Juan] s. Komm. (6) 21.10.1788.

23.11.1788
den Papst vorgestellt zu werden] Diese Audienz (vgl. auch Göchhausens Brief an Goethe vom 22.11.1788, Nachgeschichte, 105), die auf einen indirekt kundgetanen Wunsch des Papstes erfolgte, war gleichbedeutend mit der offiziellen Einführung der protestantischen Herzogin in die römische Gesellschaft. Herder stellte in einem Brief vom 22.11.1788 an seine Frau fest, daß dies eine Ehre sei, die üblicherweise nur Königen zuteil würde (Herder 2003, 228).

25.11.1788
Pharao] Dieses Spiel, auch Faro genannt, war ein sehr weit verbreitetes Kartenglücksspiel. Es wird mit zwei vollständigen französischen Blättern gespielt, wobei jeder Spieler mit 13 Karten gegen die Bank spielt. Verschiedene Ansagen (Paroli, Six Leva, Sept Leva usw.) erhöhen das Risiko oder den Gewinn.

26.11.1788
Staadts Sekretair] Ignazio Boncompagni-Ludovisi.
Governadore] Ignazio Busca.
Arie bi diro p] Diese Arie konnte nicht zugeordnet werden.

29.11.1788
meine Mutter] Charlotte Christiane von Göchhausen.
einige Zeilen an Goethe] Die Zeilen sind das Postskriptum zu einem Brief, den Herzogin Anna Amalia an diesem Tag an Goethe schrieb (s. Nachgeschichte, 107).
Bajocco] Was Louise von Göchhausen hier abschickte, war ein von Bury geschaffenes Bildnis des Bajocco, das einem Brief Anna Amalias an Goethe beigelegt wurde (vgl. Brief Burys an Goethe vom 11.12.1788, Dönike, 34; Nachgeschichte, 107). Dieses ist heute verschollen, jedoch bewahrt ein Kupferstich von Lips (Abb. Dönike, 31) einen Eindruck von Burys Darstellung. Bajocco, eigentlich die Bezeichnung einer alten Kupfermünze, war der Spitzname eines stadtbekannten römischen Bettlers, eigentlich Francesco Ravaglia, der das Caffé Greco zu seinem Stammplatz erkoren hatte. Karl Philipp Moritz' Beschreibung in ›Reisen eines Deutschen in Italien‹ zufolge war er ein kleinwüchsiger Alter von etwa 80 Jahren mit unförmigen Füßen und Armen, der sich schwerfällig fortbewegte.
Don Juan] s. Komm. (6) 21.10.1788.

30.11.1788
Cardinal Doria] Giuseppe Maria Doria-Pamphilj.

1.12.1788
Portici] s. Komm. (2) 28.10.1788.

Piramide des Cestius] s. Komm. (4) 30.10.1788.

Pauls Capelle ... von Michel Angelo] s. auch Komm. (7) 3.11.1788. Im Jahre 1541 erhielt Michelangelo den Auftrag für die Ausmalung der Cappella Paolina. Er schuf die zwei Wandfresken für die mittleren Seitenfelder des Raumes: ›Die Bekehrung des Saulus‹ (1542-1545, 625 × 661 cm; Abb. s. Bussagli, 475) und die ›Kreuzigung Petri‹ (1546-1550, 626 × 662 cm). Weitere Fresken, ›Steinigung des Heiligen Stefan‹, ›Taufe des Saulus‹ und ›Sturz des Magiers Simon‹, malte Lorenzo Sabbatini (1530-1576) in den Jahren 1573-1576. 1580-1584 schließlich schuf Federico Zuccari (1540-1609) ›Die Taufe des Hauptmanns Cornelius‹ sowie die Deckenmalereien und vollendete damit die Ausgestaltung des Sakralraumes.

40 Stündige Gebed] Das vierzigstündige Gebet ist eine Andachtsform, die auf der vierzigstündigen Grabesruhe Christi fußt. Der in einer Monstranz ausgesetzte Leib Christi wird nach einem Brauch, den seit 1553 die Jesuiten verbreiteten, auf diese Weise in Notzeiten oder bei allen hohen kirchlichen Feiertagen, wie in diesem Falle zum Advent, aber auch als Sühne in den Karnevalstagen angebetet.

Spanische Gesande] José Nicolás de Azara.

2.12.1788

Paris sogenante erste Frau Oenone] Die griechische Mythologie überliefert eine erste Ehe des Paris mit der Nymphe Oenone, der Tochter des Flußgottes Kedren. Paris lebte damals, von seinen Eltern wegen der von ihm ausgehenden Gefährdung Trojas verstoßen, als Hirt auf dem Berg Ida. Aber nach seinem Urteilsspruch über die Schönheit der Göttinnen verließ Paris Oenone um Helenas willen und löste damit den Trojanischen Krieg aus. Als er während des Kampfes verwundet wurde, soll er sich sterbend zu Oenone geschleppt haben, damit sie ihn heile, aber sie weigerte sich, und Paris starb. Oenone bereute ihr Handeln und richtete sich selbst auf dem brennenden Scheiterhaufen des Paris.

Villa Negroni] Papst Sixtus V. (1521-1590) hatte sich, als er 1570 Kardinal wurde, im Norden Roms ein großes Anwesen gekauft, das seit seinem Verkauf im 18. Jh. Villa Negroni hieß. Im 19. Jh. wurde diese Villa abgerissen, einzig ein Brunnen ist noch erhalten, er befindet sich heute in der Nähe von San Pietro in Montorio. – In erster Linie besichtigte Anna Amalia diese Villa, weil sie in Rom auf der Suche nach einem Quartier für den Frühling des folgenden Jahres war (ThHStAW, HA.A.XVIII.153, Bl. 63 v).

3.12.1788

Villa Madama] Die Villa Madama auf dem Monte Mario (Abb. s. Vincenti/Benzi/Schezen, 252-259; Bussagli, 406, 478, 521) ist eine Schöpfung Raffaels unter Mitarbeit von Antonio da Sangallo (1483-1546) und Giulio Romano im Auftrage des Kardinals Giuliano de' Medici, des späteren Papstes Clemens VII. (1478-1534). Die 1518 weitläufig und kostbar geplante Anlage konnte wegen des Todes Raffaels in dieser Form nicht vollendet werden und erfuhr auch später viele tiefgreifende Veränderungen. Die stuck- und farbenreiche Innengestaltung der während des Sacco di Roma 1527 zerstörten Villa spielte u.a. mit phantasievollen Grotesken, die aus der Domus Aurea bekannt waren, bzw. bot in leicht verständlichen Episoden antike Sagen dar, z.B. Romanos Fresko des ›Mit kleinen Faunen spielenden Riesen Polyphem‹. Verschont blieb jedoch bis heute die Loggia, deren monumentale Bogenfelder sich nach dem reich mit Skulpturen, u.a. den Giganten von Baccio Bandinelli (1493-1560), geschmückten Garten und seinem Labyrinth öffnen. Margarethe (1522-1586), natürliche Tochter Kaiser Karls V. (1500-1558), kam durch ihre Heirat 1536 mit Alessandro de' Medici (1511-1537) in den Besitz der Villa (daher rührt der Name) und brachte sie durch ihre Vermählung 1538 mit Ottavio Farnese (1520-1586) in dessen Familie. Seit Aussterben des Hauses Farnese im Jahre 1731 war die Villa im Besitz des Königshauses von Neapel.

blut Hochzeit] Dies ist sicher nur eine Legende. Die sogenannte Pariser Bluthochzeit oder Bartholomäusnacht, das Massaker an den französischen Protestanten während der Vermählung Heinrichs IV. von Borbón-Navarra mit der königlichen Prinzessin Margot a.d.H. Valois (1553-1615) in der Nacht zum 24.8.1572, ist in erster Linie durch die Königinmutter Katharina de' Medici (1519-1589) zu verantworten. Sie kam damit einem Aufruhr der Protestanten zuvor, die gegen den Mordversuch an Admiral Gaspard de Coligny (1519-1572) am 22.8.1572 protestieren wollten. Der Admiral hatte – zwar im Einverständnis mit König Karl IX. (1550-1574), aber gegen den Willen der Königinmutter – zum Krieg gegen Spanien gedrängt. Es gibt keine Verbindung von diesen Ereignissen zur Villa Madama in Rom, sieht man einmal von einer gewissen zeitlichen Koinzidenz und dem Namen Medici ab.

Villa Melina] Die ebenfalls auf dem Monte Mario gelegene Villa Mellini mit ihrem Park voller alter Bäume wurde im 15. Jh. von der gleichnamigen römischen Familie errichtet und beherbergt seit 1935 die Sternwarte Osservatorio Astronomico di Roma (OAR) und ein Museum. Von hier hatte man Ende des 18. Jh. einen herrlichen Blick auf Rom, wie ein Gemälde Lusieris von 1793 zeigt, das sich heute in der Gemäldegalerie der Akademie der Bildenden Künste zu Wien befindet.

Villa des ... Julius] vgl. Martial, IV 64 (S. 44): »Des Julius Martialis kleines Landgut, / reicher als der Hesperiden Gärten, / liegt am langgestreckten Rücken des Janiculum [...].«

4.12.1788

Arcadia] Die ›Accademia degli Arcadi‹ wurde 1690 von Giovanni Maria Crescimbeni (1663-1728) und Janus Vincentinus Gravina (1664-1718) in den Gärten des Klosters San Pietro in Montorio zu Rom neu gegründet, nachdem sich eine ihr voraufgegangene Institution der Christina von Schweden mit deren Tod aufgelöst hatte. Christina hatte die Satzungen ihrer damaligen Gemeinschaft und die Zusammenstellung der Themen, mit denen man sich zu befassen beabsichtigte, 1680 selbst entworfen (Christina von Schweden, 103-107): Gelehrte und literarische Gegenstände sollten in sonntäglich stattfindenden, überwiegend öffentlichen Versammlungen in gepflegter italienischer Sprache vorgetragen und ohne Rücksicht auf Standesunterschiede der Teilnehmer diskutiert werden. Crescimbeni und Gravina nahmen diese Prinzipien auf. Die Mitglieder der Gesellschaft, die ihren Namen von der weltabgeschiedenen, nur von Hirten bewohnten griechischen Landschaft Arcadia des Vergil ableitete, trugen Schäfernamen, rechneten nach Olympiaden und pflegten eine dem schwülstigen Geschmack der damaligen Zeit entgegenstehende lateinisch- und italienischsprachige Literatur. In Deutschland bekannte Mitglieder waren vor der Herzogin Anna Amalia u.a. Winckelmann, Mengs, Piranesi (1720-1778), Angelica Kauffmann und Goethe. Das Versammlungshaus der Arcadia befand sich in der Via in Arcione 96.

5.12.1788

Villa Chici] Die Familie Chigi hatte eine Reihe von Besitzungen in Rom. Die relativ kleine Villa am Monte della Gioie wurde für Kardinal Flavio Chigi (1711-1771) in den Jahren 1763-1766 aus einem alten Landhaus von Tommaso Bianchi (1614-1689) durch Pietro Camporese (1726-1781) neu gestaltet. Auch diese Villa wurde von der Herzogin als Quartier für ihren Frühlingsaufenthalt in Rom in Betracht gezogen (ThHStAW, HA.A.XVIII.153, Bl. 64 v).

Pallast Albano] Der Palazzo Albani an der Piazza delle Quattro Fontane heißt heute Palazzo del Drago, denn diese Familie erwarb ihn beim Niedergang der Familie Albani. Der ursprüngliche Bau von Domenico Fontana (1543-1607) wurde durch Alessandro Specchi (1668-1729) für Papst Clemens XI. (1649-1721) a.d.H. Albani vergrößert.

Gemälde des Vaters von Raphael von ihm selbst] Von Giovanni Santi, dem Vater Raffaels, konnte kein Selbstbildnis mit Stammtafel ermittelt werden. Anna Amalia notierte diese Provenienz des besichtigten Bildes mit Vorbehalt (ThHStAW, HA.A.XVIII.153, Bl. 64 v).

Villa Altobrandini] Papst Clemens VIII. (1535-1605) a.d.H. Aldobrandini erwarb 1600 die Gärten der Familie Vitelli am Hang des Monte Cavallo (Quirinal) und schenkte sie 1601 seinem Neffen, Kardinal Pietro Aldobrandini (1571-1621), der die 1598-1602 von Giacomo della Porta (um 1540-1602) errichtete Villa (Belvedere) als Präsentationsrahmen für die zunehmend reiche Skulpturen- und Gemäldesammlung der Familie nutzte, denn der Stadtpalast lag keine 500 m von der Villa entfernt. Das Casino und der Brunnen im Garten, der noch die Wappenzeichen der Aldobrandinis trägt, stammen von Carlo Lombardi (1554-1620). Der Balkon des Hauses aber führt schon die Taube der Pamphilj: Die letzte Erbin der Fürsten Aldobrandini, Olimpia

(1623-1681), war seit 1638 mit Paolo Borghese (1624-1646, 4 Söhne, 1 Tochter) und seit 1647 mit Camillo Pamphilj (1622-1682, 2 Söhne, 3 Töchter) verheiratet und brachte so ihr reiches Erbe an diese Familien (s. auch Komm. (1, 2) 3.3.1789).

altobrantisische Hochzeit] Die ›Aldobrandinische Hochzeit‹ entstand zur Zeit des Kaisers Augustus und befindet sich seit 1818 in den Vatikanischen Museen. Das Fresco (94 × 242 cm), das auf ein Original aus dem Pergamon des 4. Jh. v. Chr. zurückgeht, wurde 1605 auf dem Esquilin gefunden und war zunächst im Besitz des Kardinals Cintio Aldobrandini († 1610), nach dem es seinen heutigen Namen führt. Seit seiner Entdeckung zeigten sich immer wieder bildende Künstler und Dichter, u.a. auch Goethe, an diesem Beispiel antiker Malerei sehr interessiert: 1796/97 fertigte Meyer in Rom eine Kopie mit Kommentar an, die am 17.10.1797 in Weimar eintraf (s. auch Brief Goethes an Cotta vom selben Tag, WA IV 12, 338); 1820 kam eine weitere Kopie, die der preußische Ingenieur-Offizier, Architekt und Maler Karl Joseph Raabe (1780 – um 1846) angefertigt hatte (WA III 7, 201); in seinem Aufsatz ›Hypothetische Geschichte des Colorits‹ (WA II 3, 96 ff.) diskutierte Goethe die aus dem Gemälde gewonnenen Erkenntnisse über die alte Malerei. Nach gegenwärtiger Deutung handelt es sich bei dem Bild um eine Darstellung des rituellen Hochzeitsfestes während der Dionysosfeiern.

6.12.1788

Diplom der Arcadia] Der Mitgliedsname der Herzogin war ›Palmirena Atticense‹. Das Diplom scheint nicht mehr erhalten zu sein.

Kirche Sankt Nicolo in Carcere] Die Diakonie San Nicola in Carcere wurde im 11. Jh. auf dem antiken Forum Olitorium auf den Grundmauern eines Gefängnisses erbaut. Eine Gedenktafel erinnert noch an eine Schenkung, die der Leiter des Zuchthauses der Kirche, die 1128 erneuert wurde, unter Urban II. (1042-1099) gemacht hatte. Bedeutend sind die Mosaiken im Freskendekor der Krypta der Kirche: Es sind Medaillons mit Propheten, der Taufe Christi und Tiermotiven wohl aus der gleichen Werkstatt, welche die berühmten Mosaiken von San Clemente fertigte (vgl. auch Goethe 1740, 257).

Römischen und Neapolitanischen Streitigkeiten] Kern aller römisch-neapolitanischen Differenzen waren die Auseinandersetzungen um die Rechte des Papstes gegenüber der Staatskirche im Königreich Neapel. Nach neapolitanischer Auffassung war die Kirche der staatlichen Macht insoweit untergeordnet, als der König u.a. kirchliche Gesetze erlassen, Klöster aufheben und die Präsentation der Bischöfe beanspruchen konnte, Rechte, die der Papst als allein ihm selbst zustehende Privilegien dem König verweigerte. Viele Bischofssitze im Königreich Neapel waren deshalb verwaist. Gerade um diese Zeit betrieb Neapel auch die Auflösung des über 800 Jahre bestehenden Lehensverhältnisses gegenüber dem Vatikan. Zeremoniell stellte sich dieses in der sogenannten Chinea dar, die Neapel nun verweigerte: Ein Bevollmächtigter des Königs von Neapel hatte zu Pferd und in Begleitung mehrerer Kavaliere und livrierter Bedienter im Vatikan zu erscheinen. Hinter ihm führten zwei Stallmeister einen Schimmel mit einem Sack Goldmünzen auf dem Rücken. Alle römischen Adelsfamilien entsandten zu diesem Anlaß ihre Adjutanten, die auf Eseln reitend den neapolitanischen Zug umschwirrten. Vor dem Petersdom hatten alle abzusitzen und den Schimmel in die Kirche zu führen, um ihn am Hochaltar vor dem Papst und den Kardinälen in die Knie zu zwingen, während dem Heiligen Vater das Geld übergeben wurde. Maria Karolina und Ferdinand von Neapel-Sizilien empfanden dieses alljährliche öffentliche Zeremoniell als zutiefst erniedrigend und waren viele Jahre bemüht, eine weniger spektakuläre Möglichkeit der Zahlung durchzusetzen. Napoleons Angriff auf Italien setzte der Auseinandersetzung ein Ende (Corti, 97 ff.).

Castraten] Kastraten spielten als Sänger während des 18. Jh. auf den Opernbühnen ganz Europas eine überaus wichtige Rolle. Auch viele der Sänger, die die Weimarer in Italien hörten, waren keine Tenöre im heutigen Sinne, sondern im Knabenalter beschnittene Männer, die durch diese Manipulation ihren Sopran beibehalten konnten. Entsprechend war die Musik vieler Komponisten dieser besonderen Fähigkeit angepaßt und für unbeschnittene Künstler kaum zu singen (Ortkemper).

7.12.1788

Spanischen Gesanden] José Nicolás de Azara.

Einsiedel] Die meisten Mitglieder der Reisegesellschaft korrespondierten mit Freunden und Verwandten zu Hause, so daß Neuigkeiten aus Weimar auch auf diesem Wege im Süden eintrafen. Von Einsiedel sind beispielsweise zwei Briefe aus Italien in Knebels Nachlaß erhalten – aus Rom vom 3.12.1788 und aus Neapel vom 30.9.1789 –, in denen er die Beschäftigung der Reisenden zusammenfassend schilderte (Varnhagen/Mundt 1, 234-238).

meine Mutter] Charlotte Christiane von Göchhausen.

8.12.1788

Kirche Saint Jaque dei Spagnoli] Die Kirche San Giacomo degli Spagnoli war um 1450 von Nikolaus V. (1397-1455) zusammen mit einem Hospital für die Spanier errichtet worden. Eines ihrer bedeutsamsten Kunstwerke war das 1490-1492 entstandene Triptychon ›Das heilige Antlitz‹, das sich heute im Prado zu Madrid befindet.

Schwetonius] Gemeint ist Suetons Sammlung römischer Kaiserbiographien.

9.12.1788

Villa auf Trinita del Monde] Gemeint ist die Villa Malta an der Porta Pinciana, die die Reisegesellschaft am 13.12.1788 für den weiteren Aufenthalt der Herzogin in Rom mietete. Sie lag in unmittelbarer Nähe des Gartens der Angelica Kauffmann (vgl. Einsiedels Brief an Goethe, 27.12.1788, Nachgeschichte, 116; Herder 2003, 268) und der Kirche Trinità dei Monti, zu deren

Eigentum sie ursprünglich auch gehörte. Am Ende des 18. Jh. jedoch war Giovanni Antonio Parmiggiani Herr der Villa mit dem weithin sichtbaren alten Turm (Abb. s. Maierhofer 2001, 272). Er hatte sie – daher ihr Name – 1775-1777 als Sommerresidenz an den Gesandten des Malteserordens in Rom, Bailli Jacques Laure Le Tonnelier de Breteuil (1723-1785), vermietet. 1781-1788 lebte der Kardinal Pasquale Acquaviva (1719-1788) hier, nach dessen Tod die Herzogin das Haus mieten konnte. Während ihres ersten Aufenthaltes in Neapel im Januar/Februar 1789 oblag es Verschaffeldt, die Villa so herzurichten, daß die Weimarer sie Ende Februar 1789 beziehen konnten. Bury stellt jedoch in einem Brief an Goethe vom 22.8.1789 fest, »daß Er sich allhier mit der Einrichtung der Villa keine Ehre gemacht hat« (Dönike, 50). Neben der herzoglichen Reisegesellschaft fand auch Herder, der in seinen vorherigen römischen Quartieren (Locanda Damont in der Via della Croce, September – November 1788 bei Rösler in der Via Condotti, November – Dezember 1788 Locanda Sarmiento an der Piazza di Spagna) aus unterschiedlichen Gründen mehr oder weniger unglücklich gewesen war, hier schließlich sein Unterkommen. Im Oktober 1802 sollte übrigens der preußische Gesandte Wilhelm von Humboldt mit Frau und fünf Kindern in dieser Villa ebenfalls ein erstes Quartier finden, bevor er eine geräumigere Wohnung im Palazzo Tomati in der Via Gregoriana in der Nähe bezog.

10.12.1788

Grab der Metella] Das Grabmal der Caecilia Metella am höchsten Punkt der Via Appia beim 3. Meilenstein (Abb. s. Reber, Tafel XXXVII; vgl. auch Goethe 1740, 268 f.) ist ein mit Travertinplatten verkleideter Rundbau von 20 m Durchmesser. Ein Marmorfries aus Blumengebinden und Tierschädeln brachte dem Denkmal auch den Namen Capo di Bove ein. Im 13. Jh. wurde das Grabmal mit einem Zinnenaufsatz gekrönt. Unter Papst Paul III. (1468-1549) a.d.H. Farnese entfernte man den Sarkophag aus der Grabkammer und brachte ihn in den Hof des Palazzo Farnese.

Nümphe Igieria ... Numa] Egeria war die Geliebte und Ratgeberin des sagenhaften zweiten römischen Königs Numa Pompilius. Ihre Trauer über den Tod des Königs ließ sie so viele Tränen vergießen, daß sie in eine Quelle verwandelt wurde. In Rom wurde sie mit anderen Quellnymphen in einem Hain am Caelius vor der Porta Capena auch als Geburtsgöttin verehrt. Das Nymphäum, die sogenannte Grotte der Egeria, stammt aus dem 1. Jh., in die rechteckig angeordneten Wände waren Nischen eingearbeitet, die Statuen schmückten. Es war Teil der Villa des Herodes Atticus (101-177) und später des Maxentiuspalastes.

kleinen Bachus Tempel] Der über dem Tal der Egeria erkennbare sogenannte Bacchus-Tempel wurde zur Kirche San Urbano umgebaut, die für ihre aus dem frühen 12. Jh. stammenden, christliche Legenden wiedergebenden Wandmalereien bekannt wurde.

Campo Vacino] s. Komm. 14.10.1788.

Via Appia] Im Jahre 312 v. Chr. weihte der Zensor Appius Claudius Caecus die Via Appia Antica ein, die über die Albanerberge und die Pontinischen Sümpfe hinweg Rom mit Capua verbinden sollte. Im 2. Jh. v. Chr. verlängerte man sie über Tarent bis Brindisi und fügte im 2. Jh. n. Chr. eine nördliche Route über Bari hinzu. So wurde die Via Appia zum wichtigsten Verbindungsweg von Rom nach Griechenland und in den Orient (Abb. s. Bussagli, 13). Der Zweck dieser mit sehr harten, unregelmäßig geformten und mit Zement in ein festes Fundament gefügten Lava-Steinen gebauten Straße war in erster Linie ein militärischer. Die Straße verläßt Rom an der Porta San Sebastiano (früher Porta Appia), dem besterhaltenen Tor der aurelianischen Stadtmauer. Durch die Pontinischen Sümpfe lief ein Kanal parallel zur Straße. Der Streckenabschnitt bei Rom war zu beiden Seiten fast ununterbrochen von Grabmälern vornehmer Familien und Kolumbarien eingefaßt.

Preusische Resident] Ciofani.

Werck über den Verfall der Künste in den Mittlern Zeiten] Jean-Baptiste-Louis-George Séroux d'Agincourt: ›Historie de l'Art par les monumens depuis sa décadence au IVème Siècle jusqu'à son Renouvellement au XVIèm‹, 1810-1823.

11.12.1788

Pallast Collona] Der Palazzo Colonna an der Piazza Santi Apostoli wurde bereits unter Papst Martin V. (1368-1431) errichtet, erlebte aber viele Um- und Erweiterungsbauten, u.a. durch den Barockarchitekten Nicola Michetti (1675-1758). Am Ende des 18. Jh. war es ein vierflügeliger Bau, der einen Hof umschloß. Nach der Gartenseite dieses Komplexes erstreckten sich zwei Seitenflügel – einer davon beherbergte die von Kardinal Girolamo I. Colonna (1604-1666) gegründete, zu Beginn des 18. Jh. eröffnete Bildergalerie, in der u.a. Bilder von Lorrain und den beiden Poussins zu sehen sind (vgl. auch Goethe 1740, 287 f.). Diese Gebäudeteile umfingen einen Barock-Garten, von dem sich über vier kleine Brücken der Weg in die weiteren Gartenbezirke mit ihren Terrassen und Brunnen eröffnete. Im Garten des Palastes ragten antike Ruinen, vielleicht die des unter Caracalla errichteten Serapis-Tempels oder eines aurelianischen Sonnentempels, auf. Im jenseits der Via della Pilotta gelegenen Teil des Gartens an den Hängen des Quirinal hatten sich die Colonna auch eine Villa erbaut.

Anbetung des kleinen Johanis] Hier handelt es sich wohl um ›Sacra conversazione‹ (Tempera und Öl auf Holz, 169,5 × 169 cm), auch Pala Colonna (Altarbild der Familie Colonna) genannt, die Raffael 1501/02 für den Altar der Nonnen von Sant'Antonio in Perugia gemalt hatte. Diese Haupttafel des Altars zeigt die Madonna mit dem Kind auf dem Thron sitzend und angebetet vom kleinen Johannes. Um den Thron gruppieren sich vier weitere Heilige. Diese Tafel befindet sich zusammen mit einer darüber angebrachten Lünette, die Gottvater mit zwei Engeln zeigt (Tempera und Öl auf Holz, 65 × 171,5) und einer kleinen Tafel ›Christus auf dem Ölberg‹ (Tempera und Öl auf Holz, 24 × 29 cm) heute im Metropolitan Museum of Art, New York. Eine ebenfalls zugehörige Predella mit einer Kreuztragung (Tempera und Öl auf Holz, 24 × 85 cm), zwei Franziskanerheilige (Tempera und Öl auf Holz, je 24 × 16 cm) sowie eine kleine Tafel mit einer ›Pietà‹ (Tempera und Öl auf Holz, 23,5 × 29 cm) sind in der National Gallery zu London, in der Dulwich College Picture Gallery in London bzw. im Isabella Stewart Gardner Museum in Boston zu sehen.

Claude de Lorins] Mindestens neun Bilder von Claude Lorrain sind für diese Zeit im Besitz der Colonna nachweisbar: ›Idyllische Landschaft‹ (1641, Öl auf Leinwand, 56 × 80 cm; Privatsammlung Castlewood); ›Idyllische Landschaft mit der Flucht nach Ägypten‹ (1641, Öl auf Leinwand, 190,5 × 145 cm; Privatsammlung Dorset); ›Landschaft mit der Nymphe Egeria, um König Numa trauernd‹ (1669, Öl auf Leinwand, 155 × 199 cm; Museo Nazionale di Capodimonte zu Neapel); ›Ansicht von Karthago mit Dido, Aeneas und ihrer Begleitung auf dem Weg zur Jagd‹ (1676, Öl auf Leinwand, 120 × 149,5 cm; Privatsammlung Shavington Hall); ›Idyllische Landschaft‹ (1677, Öl auf Leinwand, 55,5 × 83 cm; Privatsammlung USA); ›Parnaß‹ (1680, Öl auf Leinwand, 98 × 135 cm; Museum of Fine Arts, Boston); ›Parnaß mit Minerva und den Musen‹ (1680, Öl auf Leinwand, 145 × 193 cm; The Cummer Museum Foundation, Jacksonville, USA); ›Landschaft mit Ascanius, auf den Hirsch der Silvia schießend‹ (1682, Öl auf Leinwand, 120 × 150 cm; Ashmolean Museum, Oxford); ›Landschaft mit Bacchus am Palast des toten Staphylus‹ (1672, Öl auf Leinwand, 143 × 194 cm). Dieses letztgenannte Gemälde war damals im Besitz der Colonna, hing jedoch möglicherweise in deren Schloß zu Marino. Es kam zwischen 1805 und 1815 in den Besitz der Familie Pallavicini. Es ist wohl jenes Bild, über das Goethe 1806 schrieb, daß es erst nach seiner Abreise 1788 bekannt geworden sei (WA I 35, 249).

Pussins] 1668 ließ Lorenzo Onofrio Colonna (1637-1689) von Gaspard Poussin einen Raum im Erdgeschoß seines Palastes ausmalen, der Teil der privaten Sommerwohnung der Familie war, jedoch im Winter wohl für Kunstinteressierte zugänglich gemacht wurde: Hinter reicher, illusionistischer Rahmenarchitektur des Dekorationsmalers Giovanni Batta Magno, genannt Modanino, fertigte der Künstler rings an den Wänden eine Folge von 14 Landschaftsbildern unterschiedlicher Größe. Sie vermitteln den Eindruck einer kontinuierlich sich entfaltenden arkadischen Landschaft mit Bergen, Seen, Wasserfällen und Himmel, belebt von klassischen Figuren (Reisende, Fischer, angelnder Knabe, Liebende, einzelne Frau) und gelegentlich Gebäuden im Mittel- oder Hintergrund. Dabei stellt die Architekturmalerei eine Verbindung zwischen Landschaftsbild und Architektur des Zimmers her: Beispielsweise sind zwei Fresken (›Landschaft mit brennenden Gebäuden‹, ›Landschaft mit Fischer‹), die die beiden Seitenwände der Fensternische des

Raumes ausfüllen, selbst in scheinbare Fensterrahmen gefaßt. – Neben diesen Fresken gibt oder gab es im Palazzo Colonna auch verschiedene Ölgemälde – u.a. die lange Claude Lorrain zugeeignete ›Idyllische Landschaft‹ (Öl auf Leinwand, 49 × 65 cm), drei Supraporten und zwölf Gouachen von Gaspard Poussin –, die heute in der Galleria Colonna zu sehen sind.

Grablegung Christi] Guercinos Gemälde ›Die Grablegung Christi‹ (Öl auf Leinwand, 142 × 217 cm; The Art Institute, Chicago) entstand 1656. Noch 1783 war es in den Inventaren des Palazzo Colonna verzeichnet, später hatte es wechselnde, überwiegend britische Besitzer.

Ecce homo] Sowohl Lodovico als auch Annibale Carracci malten Bilder mit diesem Sujet. Für keines jedoch konnte eine Provenienz aus dem Besitz der Familie Colonna festgestellt werden. Dagegen befand sich bis zur französischen Eroberung in der Galleria Colonna ein ›Ecce homo‹ (1520-1526, Öl auf Pappelholz, 99 × 80 cm) von Correggio, zu dem Agostino Carracci (1557-1602) 1587 einen Stich (36,8 × 26,1 cm; National Gallery, London) anfertigte. Die Colonna verkauften das Bild an Alexander Day (um 1751-1841), von dem es 1802 der neapolitanische König Ferdinand IV. erwarb. Aus dessen Museen gelangte es in den Besitz des Königs Gioacchino Murat (1767-1815), dessen Gemahlin das Bild 1822 an Lord Stewart, Marquess of Londonderry, verkaufte. Seit 1834 befindet es sich in der National Gallery in London, die auch eine Kopie des Werkes von Lodovico Carracci besitzt. Dieser Correggio oder die Kopie Lodovico Carraccis könnten also eher das hier gemeinte Bild sein.

Sonnen Tempel] Auf der nordöstlichen Seite des Aventin oberhalb des Circus maximus standen ursprünglich dicht nebeneinander die Tempel der Sonne, des Mondes, des Merkur, der Magna Mater deum und des Jupiter. Der Sonnentempel galt bereits zu Tacitus' Lebzeiten als ein sehr altes Heiligtum.

Spanische … Gesande] José Nicolás de Azara.

Predenten] James Francis Edward Stuart.

12.12.1788

Geschnittenen Steine] Zelada führte die Reisegesellschaft in die Abteilungen der päpstlichen Sammlungen, die nur in seiner Begleitung betreten werden durften (ThHStAW, HA.A.XVIII.153, Bl. 67 r; Herder 2003, 268).

Dejeuner von Glassen] kleine Mahlzeit, Imbiß mit Eis (frz. glace).

Bibliothek des Vatican] Die von Papst Nikolaus V. (1397-1455) im 15. Jh. gegründete und im Vatikan aufgestellte Bibliothek von damals etwa 9000 Bänden war als öffentliche Einrichtung gedacht. Seine Nachfolger vernachlässigten und verstreuten die Sammlung jedoch, bis Sixtus V. (1521-1590) seine eigene Bibliothek, welche zuerst ihren Platz unter der Sixtinischen Kapelle hatte, 1588 in das von Domenico Fontana (1543-1607) errichtete Haus brachte, das 1589 durch Cesare Nebbia (1536-1614) und Giovanni Guerra (1564-1618) mit Fresken geschmückt wurde. Der Bestand der Bibliothek wurde durch Schenkung und Kauf vermehrt, u.a. gelangten 1623 die Heidelberger Palatina, 1690 die Bibliothek Christinas von Schweden und 1746 die von Alexander VII. (1599-1667) angekaufte Ottoboniana in diese Sammlung.

Museums] s. Komm. (1) 7.10.1788.

Hermafrotit] Hermaphrodit; die Skulptur dieses Zwitterwesens konnte nicht identifiziert werden.

13.12.1788

meine Tante] Johanna Liutgarde von Nostitz.

Villa gemiedet] s. Komm. 9.12.1788.

Herder] Herder schrieb an diesem Tag an seine Frau: »Rom erschlafft die Geister, wie man selbst an den meisten hiesigen Künstlern siehet; vielmehr einen bloßen Gelehrten; es ist ein Grabmal des Altertums, in welchem man sich gar zu bald an ruhige Träume u. an den lieben Müßiggang gewöhnet« (Herder 2003, 267). Es ist daher nicht verwunderlich, daß er sich bereits eine Woche zuvor entschieden hatte, die Herzogin auf ihrer Reise nach Neapel zu begleiten (Herder 2003, 261).

Rehberg ... zeichnete] Es war ein Porträt der Herzogin (ThHStAW, HA.A.XVIII. 153, Bl. 67 v).

in Nominae del la Madonna santissima] Im Namen der allerheiligsten Madonna.

14.12.1788

Caribaldi und Caparolini sangen] Die beiden Sänger gaben, wie aus einem Brief Burys an die Herzogin vom 13.6.1789 hervorgeht, eine Probe aus der Komödie ›Bambola‹ (Dönike, 43), einem jener Kinderstücke, mit denen man in Rom das päpstliche Verbot von Theater- und Operndarbietungen während der Fastenzeit umging.

Bäder des Diocletian] Die im Nordwesten Roms am äußersten Ende des Quirinal gelegenen Bäder folgten in ihrer Bauweise (um das Jahr 300) einem bewährten Prinzip: Der innere Hauptbau war von einem fast quadratischen Umfriedungsbau eingeschlossen (Abb. s. Bussagli, 37; vgl. auch Goethe 1740, 259). Der Überlieferung zufolge haben zur Zwangsarbeit verurteilte Christen am Bau mitgewirkt, die ihr Zeichen in den Backsteinen verewigten. Teile der Umfassung sind im Kloster San Bernardo alle Terme erhalten, das Caterina Sforza (1463-1509) umgestalten ließ und das acht bemerkenswerte Heiligenstandbilder von Stefano Maderno (1576-1636) bewahrt. Der Hauptsaal des Zentralgebäudes wurde Teil der Basilika Santa Maria degli Angeli, einem Alterswerk Michelangelos. Auch andere Gebäudeteile wurden überbaut und waren im 18. Jh. nur noch schwer zu erkennen. Die Thermen des Diocletian boten ursprünglich Raum für 3 200 Badende – die Thermen des Caracalla (s. Komm. (4) 15.11.1788) nur für 1 600 – und beherbergten neben Sportsälen und Gärten auch die ulpische Bibliothek, die zuvor auf dem Forum des Traian ihren Sitz hatte. Die Bäder des Diocletian waren am Ende des 5. Jh. noch in Betrieb.

15.12.1788

Intalgo] Einlegearbeit, Steingravur mit vertieften Bildern (ital. intaglio).

3 sitzente Figuren] Anna Amalia erwähnt nur zwei sitzende Figuren, Demosthenes und Menander (ThHStAW, HA.A.XVIII.153, Bl. 68 r).

Pallast Farnese] Der die Piazza Farnese dominierende Palazzo (Abb. s. Vincenti/Benzi/Schezen, 52-65) wurde von Antonio da Sangallo (um 1455-1534) im Auftrage des Kardinals Alessandro Farnese, des späteren Papstes Paul III. (1468-1549), errichtet, erfuhr aber später einige Erweiterungen und Umbauten u.a. durch Michelangelo, der den Mittelteil der Fassade mit dem im Gegensatz zur heutigen Fassung solitären Wappen entwarf und über der Hofseite ein zweites Obergeschoß errichtete, sowie durch Giacomo della Porta (um 1540-1602), der die Gartenloggia öffnete und den Bau dieses typisch italienischen Renaissancepalastes 1589 vollendete. Die Galleria Farnese im Gartenflügel wurde 1596-1604 von Annibale und Agostino (1557-1602) Carracci mit Fresken geschmückt (s. unten). Die Malereien im Salone dei Fasti Farnesiani stammen von Francesco Salviati (1510-1563). Die Erben des Papstes, Alessandro (1520-1589) und Odoardo Farnese (1573-1626), sahen den Palazzo vorwiegend als öffentliche Schule, eine Art Studiolo, an und öffneten ihn seit 1565 Besuchern und Kopisten. Die Sammlung der Farnese enthielt neben Antiken, neuzeitlichen Gemälden und Skulpturen auch bedeutende Kollektionen an Münzen, Kameen, Edelsteinen, Waffen und sonstigem Kunsthandwerk. Im 17. Jh. sank der Stern dieser Familie in Rom, und sie baute ihre Herzogsresidenz Parma zum neuen Zentrum aus, nahm auch die wichtigsten Schätze mit dorthin. Als die Farnese mit Herzog Antonio von Parma (1679-1731) im Mannesstamm ausstarben, fielen die im Palazzo bewahrten Sammlungen an den König von Neapel. Der Palast verfiel, bis er 1874 an die französische Botschaft vermietet wurde.

Sarcofage der Cecilia Metella] s. Komm. (1) 10.12.1788.

Plafon von Carace] Annibale Carracci wurde von Kardinal Odoardo Farnese (1573-1626) mit der Ausgestaltung einiger Räume im Palazzo Farnese beauftragt. Mit ihm arbeiteten hier u.a. sein Bruder Agostino (1557-1602) sowie Domenichino und Lanfranco (1582-1647) aus seiner Werkstatt. Die ersten Aufgaben waren die Ausgestaltung des Arbeitszimmers und des Ankleideraums (›Geschichten von Herkules und Odysseus‹) des Kardinals. Der Höhepunkt seiner Arbeit wurde jedoch die Decke der Galerie zu Vergils Thema ›Omnia vincit amor, et nos cedemus amori‹ (›Die Liebe besiegt alles, und auch wir werden uns der Liebe ergeben‹; Abb. s. Vincenti/Benzi/Schezen, 58 f.). Die einzelnen Sujets des Zyklus, die durch Hermen, Atlanten, Putten und Medaillons voneinander getrennt wurden, bestimmten der Kardinal und sein Bibliothekar Fulvio Orsini († 1600) erst im Arbeitsprozeß des Malens. In der Mitte des Saales ist der ›Triumph von Bacchus und Ariadne‹ zu sehen. Dieses Bild ist umgeben von den Szenen ›Paris und Merkur‹, ›Pan und Diana‹, ›Venus und Triton‹, ›Aurora und Cephalus‹. An den beiden Enden der Decke, durch goldene Rahmen hervorgehoben, sind der ›Polyphemus furioso‹ und der ›Polyphemus innamorato‹ zu sehen. Diese und weitere kleinere Darstellungen an der Decke (›Herkules und Jole‹, ›Venus und Anchises‹, ›Diana und Endymion‹, ›Jupiter und Venus‹) entstanden 1597-1600. 1603/04 gestaltete Annibale Carracci unter Beteiligung u.a. von Domenichino und Lanfranco auch die langen Wände der Galerie mit mythologischen Szenen, die auf die Bewohner des Hauses, Alessandro Farnese (1520-1589), Alessandro Farnese (1545-1592), Odoardo Farnese und Ranuccio Farnese (1569-1627), Bezug nahmen, und die Schmalseiten mit den Darstellungen ›Perseus und Andromeda‹ und ›Perseus und Phineas‹. Diese Fresken Carraccis galten bis zum Ende des 18. Jh. zusammen mit Renis ›Zug der Aurora‹ als ein ähnlich vorzügliches Kunstwerk wie die Stanzen des Raffael und die Gestaltung der Sixtinischen Kapelle. Bury hatte beispielsweise die Figuren des Steine schleudernden und des Flöte spielenden Poliphem sowie die Galatea aus der Galleria Farnese einzeln gezeichnet, in Weimar sind sie jedoch nicht nachweisbar.

Farnesische Hercules ist in Gips noch da] Der ›Farnesische Herkules‹, ein sich auf seine mit dem Löwenfell behängte Keule stützender, muskulöser Mann mit bärtigem Gesicht, ist eine römische Kopie von dem Athener Glykon nach dem Vorbild des Lysippos (390-300 v. Chr.). Er gehörte zu jenen Kunstwerken, die nach dem Aussterben der Familie Farnese 1731 an das Königshaus Borbón in Neapel fielen. 1759 richtete Karl III. von Spanien im dortigen Königspalast Capodimonte das Museo Farnese ein, das die bis 1806 nach Süden transportierten Kunstschätze aus dieser Erbschaft, die den Grundstein der heutigen neapolitanischen Sammlung bildet, aufnahm. Anstelle der Originalstatue, die noch 1699 in Rom den Landgrafen Karl von Hessen (1653-1730) zu dessen Kasseler Herkules inspiriert hatte, verblieb vom Farnesischen Herkules im Palazzo Farnese nur ein Gipsabguß. Der echte Herkules befindet sich heute im Museo Archeologico Nazionale zu Neapel.

Fanatico] s. Komm. (2) 19.11.1788.

ConventionsReichsthaler] Taler nach dem Konventionsfuß von 1753, von denen 10 Stück 0,9 der feinen Kölnischen Mark entsprachen. 1753 hatten Österreich und Bayern eine einheitliche Basis für die Talerwährung vereinbart. Neben Bayern, das schon 1754 wegen der vielen in Südwestdeutschland zirkulierenden Kleinmünzen den äußeren Wert des Konventionstalers um 20 % erhöhen mußte, nahmen auch viele andere süd- und westdeutsche Münzstände und das Königreich Polen unter den Wettinern diese Münze an. Der berühmteste auf dieser Konvention fußende Taler ist der Mariatheresientaler.

16.12.1788

Pallast Spada] Der Palazzo Spada (Abb. s. Vincenti/Benzi/Schezen, 88-99) an der Piazza Capodiferro wurde 1549/50 durch Bartolomeo Baronino (1511-1554) für Kardinal Girolamo Capo di Ferro (1501-1559) errichtet. Giuliano Mazzoni (1525-1618) gestaltete 1556-1560 die Fassade mit Stukkaturen, die Episoden und Figuren der griechischen Mythologie zeigen. Im Piano nobile (1. Etage) blieb die aus dem 16. Jh. stammende Zimmerflucht mit Stuckdekorationen und Fresken aus der Werkstatt Mazzonis in der verspielten, phantasievollen Kapriziosität des Manierismus erhalten. 1632 kauften Kardinal Bernardino Spada (1594-1661) und sein Bruder Virgilio (1596-1662) das Haus, ließen es um einen Flügel erweitern und durch Borromini (1599-1667) umgestalten. Dieser entwarf auch die Gartenmauer und baute die Trompe-l'œil-Galerie an. An der Rückseite des Palazzos entstanden vier helle Räume, die die von Kardinal Spada gegründete Kunstsammlung aufnahmen. Heute ist der Palazzo Spada Sitz des italienischen Staatsrates.

Statue des Pompeius] Die im Palazzo Spada ausgestellte Statue des Gnaeus Pompeius Magnus (106-47 v. Chr.) wurde um 55 v. Chr. geschaffen. Es soll jene Bildsäule sein, an der Caesar in den Iden des März 44 v. Chr. den Tod fand. Pompeius ist in dieser Darstellung nackt, nur mit dem Schwert gegürtet, hält über Schulter und linkem Arm den Mantel gerafft und grüßt mit dem ausgestreckten rechten Arm. Die Statue war 1552 wiederentdeckt und von Papst Julius III. (1487-1555) dem Kardinal Capo di Ferro geschenkt worden.

Judith] Das Gemälde, das man dort sah, stammt den Notizen Anna Amalias zufolge (ThHStAW, HA.A.XVIII.153, Bl. 68 v) von Guido Reni. Doch weiß man heute, daß sich das Originalgemälde ›Judith mit dem Kopf des Holofernes‹ (1625/26, Öl auf Leinwand, 202 × 143 cm; Sammlung Sedlmeyer in Genf) damals schon lange in königlich-spanischem Besitz befand. Daher ist anzunehmen, daß es sich bei dem von den Reisenden betrachteten Bild um jene Kopie handelte, die Kardinal Bernardino Spada (1594-1661) als Legat in Bologna 1627-1631 in Auftrag gegeben hatte und deren Verbleib heute unbekannt ist, oder um eine weitere in der Galeria Spada ursprünglich nachweisbar vorhandene Kopie.

Pallast Justiniani] Der Palast Giustiniani, gegenüber von San Luigi dei Francesi gelegen, kam 1590 in den Besitz der gleichnamigen Familie. Damals verfügte er bereits über eine mit Fresken aus dem Leben König Salomos und illusionistischen Landschaftsmalereien geschmückte Galerie, in der Marchese Vincenzo Giustinani (1564-1637), der 1621 seinen Bruder, Kardinal Benedetto Giustiniani (1554-1621), beerbt hatte, zunächst 247 Antiken und 16 religiöse Gemälde in einer ungewohnt dichten Weise aufstellte. Bei seinem Tod hinterließ er 584 Gemälde, darunter viele Caravaggios – die Brüder Giustiniani gelten als die Entdecker des Malers –, und 1800 Skulpturen. In den folgenden anderthalb Jahrhunderten erfuhren Palast und Galerie mehrfach

Umbauten: Nach Entwürfen von Francesco Borromini (1599-1667) wurde der Palazzo seit Mitte des 17. Jh. in Richtung der Piazza della Rotonda erweitert und dabei u.a. auch eine neue Galerie angebaut. Seit 1788, also zum Zeitpunkt des Besuches der Herzogin Anna Amalia, war in dem neuen Trakt eine größere Galerie mit mehreren Zimmern eingerichtet. Zu Beginn des 19. Jh. zwangen finanzielle Probleme die Familie, die Kunstsammlung aufzulösen. U.a. erwarb König Friedrich Wilhelm III. von Preußen (1770-1840) 1815 daraus 157 Gemälde.

Minerva ... der die Hand so fleisig geküßt wird] Diese Darstellung der sich auf einen Speer stützenden Minerva mit Helm und vollem Ornat ist vermutlich das Kultbild aus dem Minerva-Tempel des Pompeius. Dafür sprechen ihr geschwärztes Unterteil, das Vigée-Lebrun dem jahrelangen Weihrauchopfer zuschreibt (Vigée-Lebrun I, 153) und das noch im 18. Jh. übliche Küssen ihrer Hand (vgl. Anekdote in Goethes ›Italienischer Reise‹, WA I 30, 250 f.). Die marmorne Statue (Höhe 225 cm), die an den Unterarmen und am Helm in Teilen ergänzt wurde, ist die Kopie eines um 400 v. Chr. entstandenen Originals und war Ende des 18. Jh. in einer zentralen Position an der Schauwand der neuen Galerie aufgestellt. Heute befindet sie sich im Vatikan.

Gemalde von Caravace] Insgesamt hat Caravaggio wohl etwa 15 Gemälde für die Familie Giustiniani gemalt. Zu ihnen gehören ›Der Lautenspieler‹ (1595/96, Öl auf Leinwand, 94 × 119 cm; St. Petersburg); ›Cupido‹ (1601/02, Öl auf Leinwand, 191 × 148 cm; Stiftung Preußischer Kulturbesitz); ›Der büßende Heilige Hieronymus‹ (1605, Öl auf Leinwand, 137 × 100 cm; Museu de Monserrat in Barcelona); ›Der ungläubige Thomas‹ (1602/03, Öl auf Leinwand, 107 × 146 cm; Stiftung Preußischer Kulturbesitz); ›Die Dornenkrönung Christi‹ (1602-1604, Öl auf Leinwand, 127 × 166 cm; Kunsthistorisches Museum, Wien) und ›St. Matthäus und die Engel‹ (1602, Öl auf Leinwand, 223 × 183 cm), das ursprünglich für die Contarelli-Kapelle der Kirche San Luigi dei Francesi zu Rom gemalt worden war. Es wurde von Vincenzo Giustiniani (1564-1637) gegen Übergabe einer Kopie (1603, Öl auf Leinwand, 295 × 195 cm) erworben und hing später bis zur Zerstörung im 2. Weltkrieg im Kaiser-Friedrich-Museum zu Berlin.

17.12.1788

Pharao] s. Komm. 25.11.1788.

18.12.1788

zu verschiedenen Künstlern] Einer von ihnen war der Steinschneider Johann Pichler (1734-1791) (ThHStAW, HA.A.XVIII.153, Bl. 69 v).

Trophe] Trophäe.

Basten] Pasten sind Abdrücke von geschnittenen Steinen (Gemmen), Münzen und Medaillen aus verschiedenen teigartigen Massen (Gips, Schwefelmehl). Diese vielfach gesammelten Darstellungen wurden in sogenannten Daktyliotheken zusammengefaßt.

20.12.1788

an Wieland] s. Deetjen, 74-80; Seuffert, 540-543.

Spanischen gesanden] José Nicolás de Azara.

Gemälde und Zeichnungen von Mengs] Der Marchese Azara, der mit Mengs befreundet gewesen war, hatte damals eine große Zahl von dessen Werken in seinem Besitz. Dazu gehörten u.a. ›Anbetung der Hirten‹ (1772/73, Öl auf Leinwand, Grisaille, 127 × 78,5 cm; Kunsthalle Karlsruhe), ›Geburt Christi‹ (1754/55, Öl auf Holz, 65 × 47 cm; Braunschweiger Kunstsammlungen), ›Bildnis des Marchese Azara‹ (1774, Öl auf Holz, 84 × 64 cm; Sammlung Azara), das ›Bildnis des Johann Joachim Winckelmann‹ (1766-1768, Öl auf Leinwand, 63 × 49 cm; Metropolitan Museum of Art, New York), von dem es eigenhändige Kopien des Malers auch in Frankfurt/Main, Halle, Oldenburg u.a. gibt, das unvollendete Porträt eines Geistlichen, vielleicht Giovanni Cristofano Amaduzzis (1740-1792; Öl auf Leinwand, 46 × 37,7 cm; Sammlung Azara), das Azara aus dem Nachlaß des Malers erwarb, eine Kopie des Porträts der Margherita Guazzi-Mengs (1729-1778), das die Familie Azara bewahrt, und die verlorene Kopie eines Wandgemäldes der Villa Peretti-Negroni als Miniatur, die Mengs 1780 seinem Gönner und Freund schenkte.

Carniol] Karneol.

Senator] Abbondio Faustino Rezzonico.

21.12.1788

Abhandlung] Die Arbeit über die etrurischen Gräber erschien lange nach Byres' Tod – James Byres: ›Hypogaei, or sepulchral caverns of Tarquinia, the capitol of ancient Etruria‹ (›Hypogaei, oder die Grabhöhlen von Tarquinia, der Hauptstadt des alten Etrurien‹), herausgegeben von Frank Howard, London 1842.

Campo Vachcino] s. Komm. 14.10.1788.

Kirche Maria Magiore] s. Komm. (10) 17.10.1788. Allerdings liegt hier eine Verwechslung vor: Die angesprochenen Kunstwerke befinden sich nicht in der Kirche Santa Maria Maggiore, sondern in San Gregorio Magno (s. Komm. (4) 10.5.1789).

Papstes Gregorius mit der Taube] Im Oratorio Santa Barbara der Kirche San Gregorio Magno befindet sich eine um 1596 von Nicola Cordieri (1567-1612) im Auftrage des Kardinals Cesare Baronio (1538-1607) geschaffene kolossale Marmorstatue des sitzenden Papstes Gregor (um 540-604) mit der Tiara und der Taube auf der linken Schulter (Abb. s. Baldini, 289 Nr. 66), welche den Heiligen Geist symbolisiert, der Gregor beim Schreiben seiner Bücher zur Seite stand. Unter Kunsthistorikern ist umstritten, ob sich Cordieri dabei von einem Entwurf Michelangelos zu einer geplanten Grabmalstatue Papst Clemens' VII. (1478-1534) inspirieren ließ, gar eine unvollendete Michelangelos dafür nutzte, oder ob es sich um eine eigenständige, 1602 vollendete

Arbeit Cordieris handelt. – Die Aussage, Gregor hätte die von Kaiser Augustus gegründete Bibliotheca Palatina in Rom verbrennen lassen, beruht zwar auf einer besonders im hohen Mittelalter weit verbreiteten Meinung, wird aber durch jüngere Forschungen nicht gestützt. Vielmehr existierte diese wertvolle Büchersammlung schon um 500 nicht mehr. Gregors Missionierungseifer mag dem Gerücht so lange Jahrhunderte hindurch Nahrung gegeben haben.

2 *Gemälde in Fresko*] Im Oratorio San Andrea, der zentralen der drei Kapellen bei San Gregorio Magno, befinden sich an gegenüberliegenden Wänden zwei Fresken, die das Leben des Heiligen Andreas (nicht des Gregor!) thematisieren: Die ›Kreuzführung des Heiligen Andreas‹ (410 × 640 cm) von Guido Reni an der linken Wand wurde 1608 von Kardinal Scipione Caffarelli Borghese (1576-1633) in Auftrag gegeben. Die ›Geißelung des Heiligen Andreas‹ an der rechten Seite, die Guido Reni ursprünglich ebenfalls malen sollte, schuf schließlich Domenichino, weil Reni zu dieser Zeit damit beauftragt war, in der Cappella di Santa Silva derselben Kirche das Fresko ›Konzert der Engel‹ zu gestalten.

Spanische Gesande] José Nicolás de Azara.

22.12.1788

in die Kirche] Nach Anna Amalias Notizen war es die Kirche San Angelo (ThHStAW, HA.A.XVIII.153, Bl. 70 r; s. Komm. (1) 15.10.1788).

Pallast Chitci] Der Palazzo Chigi-Odescalchi (Abb. s. Vincenti/Benzi/Schezen, 180-193) an der Piazza Colonna ist ein riesiger vierflügeliger Bau, der 1562 von Giacomo della Porta (um 1540-1602) begonnen und von Carlo Maderno (1556-1629) vollendet wurde. Zu dieser Zeit war die Familie Colonna schon nicht mehr im Besitz des Palazzo, sondern hatte ihn an Kardinal Ludovico Ludovisi (1595-1632) verkauft. Maderno umgab den Innenhof mit einem auf Säulen und Pfeiler gestützten Portikus, in dem zahlreiche Skulpturen aufgestellt waren. Nachdem Ludovisi als Vizekanzler eine neue Residenz beziehen mußte, erwarben die Colonna ihr altes Haus zurück und verkauften es 1657 an die aus Siena stammende, im Aufstieg begriffene Familie Chigi. Diese beauftragte Bernini mit dem Entwurf einer neuen Fassade, die jedoch im 18. Jh. teilweise durch Erweiterungsbauten zerstört wurde. Von der Innenausstattung, den Kunstsammlungen und Möbeln ist nicht viel geblieben. Ein besonderer Schatz ist jedoch noch heute ›Die Bekehrung des Paulus‹ von Caravaggio. Als der Palast 1887 durch einen Brand teilweise zerstört wurde, machten sich ein abermaliger Umbau und eine neue Fassadengestaltung an der Via del Corso nötig, so daß auch dieser Eindruck heute nicht mehr dem der Reisenden entspricht.

Bedente Maria] Vielleicht ist es eine jener zahlreichen Kopien von Renis ›Jungfrau, die das in der Wiege schlafende Kind anbetet‹, deren Original (1627, Öl auf Leinwand, oval, 92 × 110 cm) in der Galleria Doria-Pamphilj hängt.

Französische Accademie] Ludwig XIV. von Frankreich (1638-1715) hatte 1666 in Rom die ›Accademia di Francia‹ gegründet, um vielversprechenden französischen Künstlern hier einen Studienaufenthalt für die Dauer von drei Jahren zu ermöglichen. Sein Nachfolger kaufte den Palazzo dell' Accademia di Francia (Palazzo Aldobrandini-Nevers-Salviati) mit der von Carlo Rainaldi (1611-1691) gestalteten Fassade an der Via del Corso / Piazza Venezia 1725 dem Duc de Nevers ab, um die Einrichtung hier unterzubringen. Ende 1793 löste sich die unter dem Einfluß der Französischen Revolution gespaltene Akademie auf, wurde aber 1801 neu gegründet. Die Einrichtung besteht bis heute, ist aber seit 1803 auf Betreiben Napoleons in der Villa Medici beheimatet.

Cardinal] François Joachim Comte de Pierre de Bernis.

25.12.1788

Conversation bey Ruspoli] Von diesem Abend liegt ein Programmzettel vor (ThHStAW, HA.A.XVIII.161, Bl. 16; Abb. s. Dreiser-Beckmann 1998, 168): Sieben Sänger und Sängerinnen brachten Solo-Arien, Duette, Terzette und Quartette von Komponisten wie Cimarosa, Anfossi (1727-1797), Paisiello, Guglielmi u.a. zur Aufführung.

26.12.1788

Quartiers in Neapel] Der Reiseplan der Herzogin sah zu dieser Zeit vor, bis März in Neapel zu bleiben, dann die Rückreise nach Deutschland anzutreten und dabei das Ende des Karnevals und das Osterfest in Rom mitzuerleben, so schrieb Einsiedel an Goethe am 15.11.1788 (Nachgeschichte, 103).

Presend des Papstes] Das Mosaik, den Triumphbogen Konstantins darstellend, befindet sich heute im Wittumspalais zu Weimar (vgl. auch Herder 2003, 290).

27.12.1788

Cardinal] François Joachim Comte de Pierre de Bernis.

Spanische, und Portugisische Gesande] José Nicolás de Azara und Joâo de Almeida.

Guvernadore] Ignazio Busca.

an ... Goethen] s. Deetjen, 80-82; Nachgeschichte, 113-115.

meine Mutter] Charlotte Christiane von Göchhausen.

28.12.1788

Senatore] Abbondio Faustino Rezzonico.

30.12.1788

Cardinal Staats Secreteir] Ignazio Boncompagni-Ludovisi.

1.1.1789

viel alte Grabmähler] Die Reisenden folgten im wesentlichen der Via Appia (s. Komm. (5) 10.12.1788). An ihren Seiten standen gleich hinter der ehemaligen römischen Stadtgrenze eine Vielzahl alter Grabdenkmäler, die z.T. erst im 20. Jh. systematisch ausgegraben worden sind: das Grab der Caecilia Metella (s. Komm. (1) 10.12.1788), das der Scipionen am 1. Meilenstein, das Grab der Familie des Sextus Pompeius, das Mausoleum des Romulus, Sohn des Kaisers Maxentius (275/283-312), Columbarien für Sklaven und Freigelassene vornehmer Familien (Abb. s. Demandt, 135), die Katakomben des Heiligen Calixtus u.a.

des Pompeius Grabmal] s. Komm. (2) zum (25.) 24.4.1789.

Monte Circe] Der Monte Circeo, auch Monte Circello oder Monte San Felice, erhebt sich am Südende der Pontinischen Sümpfe 18 km westlich von Terracina am Tyrrhenischen Meer. Es ist ein Kalkfelsen von 541 m Höhe, der als die Homerische Insel der Circe angesehen wird.

Gianzano] Genzano di Roma.

Veletri] Velletri.

2.1.1789

Teracina] Terracina.

Pontinischen Sümpfen] Die Pontinischen Sümpfe waren ein malariaverseuchtes Sumpfgebiet in Latium zwischen den Albaner und Volsker Bergen und der Küste, durch welches die Via Appia führte. Die Trockenlegung und Verwandlung in fruchtbares Ackerland im 20. Jh. nahm eine Idee auf, die man bereits in der Antike seit 160 v. Chr. mehrfach umzusetzen versucht hatte.

3.1.1789

Mola di Gaeta] Mola di Gaeta (Milch der Gaeta) war der Ort, an dem der Sage nach die Amme des Aeneas gestorben sein soll. Es war eines der Dörfer, die nach der Zerstörung des antiken Formiae durch die Sarazenen im 9. Jh. auf dessen Boden entstanden waren. 1862 wurde es mit Castellone, einer Siedlung mit gleicher Geschichte, zur heutigen Stadt Formia vereint.

Ciceros Grabmal] Cicero besaß bei Formiae ein Landhaus, von dem heute u.a. ein Nymphäum erhalten ist (vgl. auch Goethe 1740, 148). Hierher zog er sich auch nach seiner Ächtung zurück, hier fanden ihn seine Mörder am 7.12.43 v. Chr. Seinen Kopf und seine Hände ließ Marcus Antonius (82-30 v. Chr.), den Cicero in seinen ›Philippischen Reden‹ angegriffen hatte, an die Rednertribüne in Rom schlagen, von welcher herab er seine bis heute als Muster antiker Beredsamkeit geltenden Reden gehalten hatte. Sein Grabmal wurde wohl erst ein Jahrzehnt nach dem Tode des Philosophen auf seinem Landgut errichtet. Der zylindrische Backsteinbau, dessen Außenverkleidung verloren ist, erhebt sich 24 m über einem quadratischen Fundament. Die Grabkammer im Inneren des Turmes wird durch eine Säule gestützt. In der Nähe befindet sich auch das sogenannte Grab der Tullia, der vor ihrem Vater verstorbenen Tochter Ciceros.

Hesperitischen Gärden] Die Hesperidischen Gärten lagen nach überwiegender Ansicht antiker Autoren jenseits des Okeanos im Westen der bekannten

Welt. Dort bewachten die Hesperiden, Töchter des Hesperus, Atlas oder Zeus, zusammen mit dem Drachen Ladon die goldenen Äpfel, die Gaia der Hera als Hochzeitsgeschenk gemacht hatte. Eine der Aufgaben des Herakles war die Eroberung dieser Äpfel, er gab sie Athene, welche sie wieder an ihren vorherigen Platz brachte. Durch die Verbindung der Hesperiden zu Atlas wurden ihre Gärten auch ins Atlasgebirge oder nach Libyen verlegt. – Die Bezeichnung hier scheint also nur eine metaphorische, der Fruchtbarkeit der Gegend geschuldete zu sein.

Ulisses] Dies ist der römische Name des Odysseus.

Lestrigonen] Laistrygonen waren nach Homers ›Odyssee‹ ein Volk menschenfressender Riesen, das von König Lamos regiert wurde. Es wurde auch in Sizilien lokalisiert, ist aber, da es in einer Gegend mit ganz kurzen Sommernächten wohnen sollte, wohl eher eine Erinnerung an ein Volk aus dem hohen Norden. Odysseus verlor der Überlieferung nach bei den Riesen viele Gefährten und alle Schiffe außer seinem eigenen.

Stadt und Festung] Gemeint sind die Stadt Formia (s. oben) und das Castello Miramare.

Togane] Zollamt (ital. dogana). Vermutlich handelt es sich um die Zollstation des Hafens in Mola di Gaeta, deren Aufseher die Gäste mit einem Willkommensgeschenk begrüßen ließ.

4.1.1789

Schiffbrücke] s. Komm. (1) 13.9.1788.

Liris] Der Fluß Liri führt nach dem Zusammenfluß mit der Peccia unterhalb von Selvotta den Namen Garigliano (Karte I 56).

Minturnum] Die 340 v. Chr. erstmals erwähnte, ursprünglich in sumpfigem Gelände von den Ausonen erbaute Siedlung war seit 295 v. Chr. römisches Munizipium. Vor allem unter den Kaisern Augustus und Caligula erlebte die Stadt mit dem Seehafen und der Anbindung an die Via Appia eine bedeutende wirtschaftliche Blüte. Ausgrabungen, die hier u.a. eine Reihe von Geschäften, das Forum mit verschiedenen Tempeln aus republikanischer und augusteischer Zeit, ein ebenfalls aus dem 1. Jh. n. Chr. stammendes Theater, ein Amphitheater und die Reste des unter Kaiser Vespasian errichteten Aquädukts zutage förderten, belegen dies. Im 6. Jh. n. Chr. verließen die Einwohner ihre Stadt aus Furcht vor den Sarazenenüberfällen und gründeten auf den Hügeln 4 km landeinwärts die Stadt Traetto, das heutige Minturno.

Neapel] Dieser erste siebenwöchige Besuch der Herzogin in Neapel war für sie und ihre Begleitung (vor allem Herder) ein beglückendes Erlebnis und veranlaßte sie, länger als ursprünglich geplant (Mai 1789 bis April 1790) in dieser Stadt am Golf zu leben und ihre Heimreise hinauszuschieben. Von hier aus führten kleinere Reisen die Weimarer im Laufe des Jahres 1789 nach Ischia und nach Apulien.

5.1.1789

Pausilip] Der Posillipo ist der Hausberg von Neapel. Er zieht sich etwa 6 km lang von Neapel südwestlich am Golf entlang und besteht aus Tuffstein. Viele Villen und Durchstiche wie die Posillipogrotte bezogen ihn schon damals in das Stadtgebiet Neapels ein (vgl. auch Goethe 1740, 178).

die jüngsten Haker] Der Plural der Handschrift läßt sich nur erklären, wenn zu diesem Zeitpunkt neben Georg Abraham Hackert, der sich dauerhaft in Italien aufhielt, auch gerade sein älterer Bruder Karl Ludwig anwesend war, der ansonsten damals in der Schweiz lebte und arbeitete (vgl. auch Tb 11.1.1789, ThHStAW, HA.A.XVIII.154, Bl. 7 v).

6.1.1789

verstorbenen Prinzen] Carlo Gennaro Francesco Giuseppe de Borbón, s. Neapel-Sizilien.

Leichen begängniß] Die Prozession führte vom königlichen Schloß bis zum Ende der Strada Toledo (ThHStAW, HA.A.XVIII.154, Bl. 4 v).

Albaneser Montanier] Bergbewohner (ital. montanaro); die Albaner oder Skipetaren waren ein Volksstamm, der neben den europäischen Gebieten des damaligen Osmanischen Reiches auch Süditalien bewohnte.

Casarta] Caserta, s. auch Komm. (1-13) 12.10.1789. Die Stadt, 22 km nördlich der Hauptstadt Neapel gelegen, gilt als das Versailles des Königreichs Neapel-Sizilien. Mitte des 18. Jh. gab es hier nur einen Weiler mit nicht einmal 100 Bewohnern. 1752-1774 ließ Karl III. von Spanien, damals noch König von Neapel und Sizilien, nach Plänen von Luigi Vanvitelli ein riesiges, vierflügeliges Schloß errichten, dessen Innenhof durch zwei weitere kreuzende Trakte in vier Höfe gegliedert ist. Im Zentrum dieser Kreuzung, deren eine Achse eine 165 m lange Säulenhalle mit 26 Säulen ist, und damit der ganzen querrechteckigen Schloßanlage steigt in einem Oktogon das Haupttreppenhaus mit der 116stufigen Staatstreppe auf. Die Südseite des Schlosses, 253 m lang und 41 m hoch, hat in jedem Geschoß 37 Fenster und wird an den Ecken durch Kuppeln und Pavillons betont. Verschiedene Marmore wurden hier verbaut. Die Kapelle des Schlosses ist mit Marmor, imitiertem Lapislazuli und Gold geschmückt, ein Zitat der Schloßkirche zu Versailles. Im Theater im Westtrakt mit seinen 40 Logen wurden zwölf korinthische Säulen aus afrikanischem Marmor verarbeitet, die aus dem Serapis-Tempel zu Pozzuoli (s. Komm. (4) 30.1.1789) stammten. Das Schloß übertrifft in mancher Hinsicht, im Grundriß (247 × 184 m), in der Zahl der Räume (1 200 ohne Vestibüle, Korridore usw.), in der Zahl der Fenster (1 742) und der Schornsteine (1 026), auch Versailles. Zum Schloß gehört ein 120 ha großes und sich 3 km lang nach Norden den Berg hinauf erstreckendes Areal mit französischem Garten und einem damals gerade angelegten Englischen Park, mit Statuen, Wasserfällen und Springbrunnen, für die durch eine architektonisch kunstvoll über Brücken (Ponto della Valle, 526 m lang, 58 m hoch, 3 Bogenreihen, deren oberste 43 Bögen hat) und durch Tunnel (Berg Garzano, 975 m lang) geführte Wasserleitung das Wasser aus fast 42 km Entfernung herbeigebracht wurde. Die Schloßanlage, um die herum die heutige Stadt Caserta entstand, sollte den Palazzo Reale in Neapel als Residenz ablösen, denn der Standort bot eine Reihe von Vorteilen: weit genug entfernt von der Küste, um vor Piraten und über das Meer angreifenden Feinden sicher zu sein, weit genug vom Vesuv, um durch Vulkanausbrüche nicht gefährdet zu werden, weit genug von Neapel, um von gelegentlich dort aufflammenden inneren Unruhen nicht betroffen zu sein. Zugleich konnte man selbst mit dem gesamten Hofstaat die Hauptstadt binnen weniger Stunden erreichen.

7.1.1789

Presepie] Krippe (ital. presepio). Solche kunstvollen, dreidimensionalen Darstellungen aus Holz, Pappmaché, Stoff und anderen Materialien von der Geburt Christi, der Anbetung des Kindes durch die Hirten und die Heiligen Drei Könige wurden seit dem frühen 16. Jh. besonders in katholischen Gebieten üblich. Sie gingen auf Franz von Assisi (1181-1226) zurück, der dem Heiligen Bonaventura (1221-1274) zufolge die Weihnachtsmesse 1223 durch eine solche Inszenierung bereicherte. Seitdem entstanden erste Exemplare dieser sakralen Landschaften, die meist nur zu feststehenden hohen Feiertagen für einige Zeit aufgestellt wurden. Eines der Zentren des Krippenbaus war der Alpenraum, ein anderes Neapel. Hier fertigten seit der Mitte des 18. Jh. namhafte Modelleure der Porzellanfabrik Capodimonte die Köpfe der Figuren, Posamentierer arbeiteten kostbare Gewänder, denn der Krippenbau war ein existenzsicherndes Metier, zumal in dieser Zeit Krippen nicht mehr nur in den Kirchen gezeigt wurden, sondern auch in den Palazzi und Bürgerhäusern den Mittelpunkt häuslichen Lebens zur Weihnachtszeit bildeten. Zugleich wurde die Landschaft um Bethlehem nun, ohne die sakralen Szenen zu beschädigen, zur Szenerie der eigenen Umwelt: Bettler, Marktfrauen, Musikanten und Huren, eben das neapolitanische Straßenleben, bereicherten nun die Krippeninszenierungen.

Hackert aus Caserta] Jakob Philipp Hackert; während ihres Aufenthaltes in Neapel traf er mehrfach mit der Herzogin zusammen, wenngleich sein Verhältnis zu dem ebenfalls in der Umgebung der Herzogin sich aufhaltenden Tischbein etwas gespannt war. Vier große Landschaftsaquarelle von Hackert, die auf Leinwand aufgezogen noch heute im Grünen Salon des Wittumspalais zu Weimar hängen, unterstreichen die große Wertschätzung, die die Herzogin Hackert entgegenbrachte: ›Cascata grande in Tivoli‹ (103,5 × 78 cm; Inventarnummer 383/1969), ›Die große Cascatelle in Tivoli‹ (104,2 × 77,8 cm; Inventarnummer 381/1969), ›Am Nemi-See‹ (78,3 × 104,6 cm; Inventarnummer 382/1969) und ›Blick auf die Villa d'Este in Tivoli‹ (78 × 104,5 cm; Inventarnummer 380/1969). Sie stammen aber bereits aus dem Jahre 1769, können also nicht mit den am 9.1.1789 erwähnten gemeint sein.

8.1.1789
beyde Hackers] wohl Jakob Philipp und Georg Abraham Hackert.

9.1.1789
Cascadellen von Tivoli] Die beiden Wasserfälle des Aniene, der südlich von Tivoli (Tibur) in eine Felsenschlucht und weiter in die sogenannte Grotte des Neptun stürzte, waren im 18. Jh. ein beliebtes Ausflugsziel der Römer und ihrer Gäste, zugleich auch ein vielfach wiederholtes Sujet der Landschaftsmaler. Die damalige Situation ist heute nicht mehr erhalten, da der Fluß unter Papst Leo XII. (1760-1829) wegen der Hochwassergefahren durch einen 271 m langen Kanal unter dem Monte Catillo abgeleitet wurde und seitdem einen neuen Fall von 96 m Tiefe in größerer Entfernung von der Stadt bildet. Die Neptungrotte ist 1835 fast völlig eingestürzt (vgl. auch Goethe 1830, 195). – Diese beiden Bilder konnten angesichts der Vielzahl der zu diesem Sujet überlieferten Bilder Hackerts nicht identifiziert werden.
Pantand] Pendant, ergänzendes Gegenstück.
sehr schön logiert] Jakob Philipp Hackert wohnte seit seiner Ernennung zum Hofmaler 1786 im Palazzo Francavilla in Neapel. Der Palast an der Ecke Via Chiaia / Via Filangieri im Stadtteil Pizzofalcone, heute als Palazzo Cellamare bekannt, wurde um 1533 von Giovanni Francesco Carafa († nach 1581) auf einem Tuffsockel als ein vor der Stadtmauer gelegenes Landhaus errichtet und war zeitweise Residenz der spanischen Statthalter in Neapel. 1686 erwarb ihn Antonio del Giudice, Principe de Cellamare (1657-1733), der 1726-1729 den größten Palazzo des Viertels erweiterte und grundlegend umbaute. 1760 vermietete man den Palast an Michele Imperiali, Principe di Francavilla (1719-1782), der ihn neu ausstatten ließ. Am Hang hinauf zog sich ein prächtig ausgestatteter Garten. Nach dem Aussterben der Imperiali di Francavilla 1782 wurde König Ferdinand IV. Eigentümer des Baues. Er stellte Räume des Palastes u.a. 1784 für die von Königin Maria Karolina nach Neapel eingeladene Angelica Kauffmann und seit 1786 für seinen Hofmaler Hackert zur Verfügung.

10.1.1789
bey Tischbein] Die Wohnsitze Tischbeins in Neapel sind nicht lückenlos zu rekonstruieren. Mit Goethe lebte er im Gasthaus des Signor Moriconi am Largo del Castello beim Castel Nuovo, später, jedoch wohl nicht allzu lange, mit Hackert im Palazzo Francavilla. Bis 1790 wohnte er in der Nähe der alten Akademie an der Piazza San Carlo alle Mortelle, danach im Palazzo des Luca Giordano (1634-1705) an der Porta di Chiaia. Wegen des langen Fußweges, den Tischbein nach Errichtung der neuen Akademie zu seiner Arbeitsstelle zurückzulegen hatte, gab ihm der König zuletzt ein Logis beim Studio Pubblico (heute Museo Archeologico). – Zu den von Louise von Göchhausen genannten Bildern registriert Anna Amalia in ihrem eigenen Tagebuch für diesen Besuch auch einen Raffael im Besitz Tischbeins: ›Johannes in der

Wüste‹ (ThHStAW, HA.A.XVIII.154, Bl. 7 v). Das Bild, das seit dem 19. Jh. jedoch einem anonymen lombardischen Meister zugeschrieben wird, gelangte durch Tischbein in die großherzogliche Galerie in Oldenburg und wurde 1924 in Amsterdam versteigert. Sein Verbleib ist seitdem unbekannt.

Goethens Bild] Wahrscheinlich ist hier Johann Heinrich Wilhelm Tischbeins wohl berühmtestes Gemälde gemeint, ›Goethe in der Campagna di Roma‹ (Öl auf Leinwand, 164 × 206 cm), das 1786/87 entstand. Goethe hatte zwar die ersten Fassungen des Bildes noch während seines Italienaufenthaltes kennengelernt, das vollendete Gemälde sah er nie. Der Maler ließ es im Juli 1788 von Rom nach Neapel bringen, verkaufte es aber 1799, als er die Stadt wegen des Einmarsches französischer Truppen verließ, an Heigelin. Später kam es in den Besitz des Frankfurter Bankiers Karl Meyer Freiherr von Rothschild (1820-1886), dessen Tochter es 1887 dem Städelschen Kunstinstitut Frankfurt am Main schenkte, wo es sich bis zum heutigen Tag befindet. Daneben hat Tischbein noch Zeichnungen von Goethe hinterlassen (s. auch Maisak, 24-28, 63-67).

Menschlichen Uebermacht über die Reiche der Natur] Gemeint ist hier die 1789 in Neapel gemalte Version von Tischbeins Bild ›Die Stärke des Mannes‹ (Öl auf Leinwand, 67 × 81 cm), das sich heute im Ostholstein-Museum zu Eutin befindet. Bereits am 7.11.1786 hatte Goethe (WA I 30, 208) die Aufnahme dieses Sujets durch Tischbein erwähnt, wohl im Zusammenhang mit einem 1786 entstandenen Aquarell, das heute im Besitz der Stiftung Preußischer Kulturbesitz ist. 1787 vollendete der Maler eine erste Gemälde-Fassung (Öl auf Leinwand, 55 × 74,5 cm; Frankfurter Goethe-Museum), die er 1789 in Neapel in modifizierter Gestalt wieder aufnahm: Zwei Männer zu Pferd führen die Beute ihrer Jagd mit sich, Adler und Löwe, als Symbole für das Reich der Lüfte und des Landes. Im Hintergrund tragen ebenfalls zwei Männer einen großen Fisch, Symbol des Wassers, nach Hause. Das Eutiner Bild ist die einzige Fassung, in der sich im linken Bildteil eine Agave, ein christliches Symbol der Hoffnung, findet. Für Tischbeins Schaffen war das Sujet von zentraler Bedeutung: Von 1790 stammt ein weiteres Aquarell (58 × 78,5 cm) im Landesmuseum Oldenburg, 1813 entstand eine graphische Fassung (Deckfarben über Feder und Blei, Weißhöhungen auf Papier, 44,5 × 54,5 cm; Privatbesitz), zu einem unbekannten späteren Zeitpunkt eine Skizze (Feder über Blei auf gelblich getöntem Papier, 38,1 × 47,8 cm; Landesmuseum Oldenburg) und schließlich in Eutin 1821/22 eine letzte Fassung (Öl auf Leinwand, 306 × 427 cm; Landesmuseum Oldenburg).

Iphigenie mit Orest] Johann Heinrich Wilhelm Tischbeins ›Orest und Iphigenie‹ (Öl auf Leinwand, 153 × 117 cm) entstand 1788 in Neapel. Prinz Christian von Waldeck (1744-1798), ein Goethe-Verehrer und Tischbein-Freund, der damals gerade in Neapel war, erwarb es für die Kunstsammlungen des Fürstlichen Hauses zu Waldeck und Pyrmont in Arolsen. Die Figuren dieses Bildes entwarf Tischbein, der sich dem Stoff unter dem Eindruck der Lektüre von Goethes ›Iphigenie auf Tauris‹ zuwandte, nach dem Modell der Emma Hart, die in ihren lebenden Bildern auch diese Gestalten anschaulich machte (Abb. s. Maisak, 85, 87; s. auch Tischbein, Autobiographie, 292 f.).

Brutus wie er die Söne verband] Ebenfalls von Johann Heinrich Wilhelm Tischbein stammte ›Brutus entdeckt die Namen seiner Söhne auf der Liste der Verschwörer und verurteilt sie zum Tode‹ (Öl auf Leinwand, 156 × 206 cm). Es befindet sich heute im Kunsthaus Zürich.

abbildungen der Miss Hardt] Einige Porträts der Emma Hart von Tischbeins Hand befinden sich heute im Besitz der Klassik Stiftung Weimar, z.B. das Gemälde ›Bildnis der Lady Hamilton als Sibylle‹ (Öl auf Leinwand, 85,5 × 61,5 cm) und eine Zeichnung (Bleistift, 28,1 × 22,6 cm), die beide etwa im Jahre 1788 entstanden (s. Tischbein, Autobiographie, 292-294). Darüber hinaus stand Emma Hart oft Modell für andere Figuren in Tischbeins Gemälden: in ›Iphigenie und Orest‹, in ›Hektors Abschied von Andromache‹, dessen erste Fassung von 1788 der Plünderung des königlichen Palastes in Neapel am 23.1.1799 zum Opfer fiel und dessen zweite Fassung 1812 in Eutin entstand, in ›Helena und Menelaos‹ (Eutin 1816) sowie in der Zeichnung der ›Sybille von Cumae‹ (vgl. auch Komm. (2) 29.1.1789).

Erzpischof von Tarent] Giuseppe Capece-Latro. Er sollte während der sieben Wochen des ersten Neapel-Aufenthaltes Anna Amalias im Januar und Februar 1789 bereits ein sehr enger Freund der Herzogin, wohl sogar ein platonisch Geliebter werden. Aus dem Tagebuch der Hofdame und noch viel mehr aus den eigenen Aufzeichnungen der Herzogin (ThHStAW, HA.A.XVIII.153-155; vgl. auch Hollmer 1999, 76 f.; Berger 2003, 579 ff.) erhellt, daß die Beziehung zwischen Anna Amalia und dem Erzbischof von wesentlich anderer Qualität war als jene zu anderen Mitgliedern der Gesellschaft: Sie trafen einander fast täglich, musizierten gelegentlich auch allein miteinander; Capece-Latro machte der Herzogin Geschenke, bewirtete sie in der Theaterloge. Beider Liebe zur Musik und seine aufgeschlossene politische Haltung schufen die Möglichkeit einer offenen, von konfessionellen und aktuell politischen Fährnissen freien Umgangsweise, die eng, aber keineswegs anstößig war. Neben dem freieren gesellschaftlichen Umgang, der farbenfrohen Natur und den reichen musikalischen Angeboten war der Erzbischof ein zusätzlicher Grund für die Herzogin, Rom im Frühsommer wieder zu verlassen und nach Neapel zu reisen. Doch sie fand ihren Freund nicht vor: Er war am neapolitanischen Hof in Mißkredit geraten – man warf ihm seinen aufwendigen Lebensstil und die Vernachlässigung seines Erzbistums vor – und mußte nach Tarent zurückkehren. Anna Amalia versuchte sofort und auch noch nach ihrer Rückkehr nach Weimar, ihm einen ehrenhaften Posten in Gestalt des Vorstehers des Januarius- oder des Konstantinordens bei Hofe in Neapel zu verschaffen und so seine Reputation wiederherzustellen. Es gelang ihr nicht. Erst Ende Oktober / Anfang November traf man sich auf Initiative des Erzbischofs, nun in sehr intimer Atmosphäre und weitab aller neugierigen Blicke, in Apulien ein letztes Mal (s. Tb 28.10.-10.11.1789). Die Werke, die die Herzogin von Capece-Latro für ihre Bibliothek angekauft hatte, verbrannten am 2.9.2004 bis auf eine Abhandlung über die Taufe.

Neveu] Zu einem Neffen Domenico Venutis, einem posthum geborenen und offenbar jung verstorbenen Sohn seines älteren Bruders Benvenuto Giuseppe, der den Titel eines Marchese trug, konnten keine näheren Informationen gefunden werden.

11.1.1789

Hakers alle 3] Jakob Philipp, Georg Abraham und Karl Ludwig Hackert.

Herder] Herder fühlte sich in Neapel so wohl wie nie zuvor. Begeistert schrieb er am 6. und 12.1.1789 seiner Frau von der Seeluft, den wunderbaren Aussichten und den ganz anderen Menschen (im Vergleich zu den Römern), die er hier fand. Der Erzbischof von Tarent (vgl. Komm. (7) 10.1.1789) machte auf ihn ebenso wie auf die Herzogin einen außerordentlichen Eindruck (Herder 2003, 300 f., 307 ff.).

Duchesse Joveni] Die Familie Giovene di Girasole besaß einen Palazzo in der Via Cisterna dell'Olio 44 in Neapel.

12.1.1789

Nonne einkleiden] Die Einkleidung ist die zeremonielle Übergabe des Ordenskleides an neue Mitglieder eines geistlichen Ordens im Rahmen eines Gottesdienstes. Mit ihr beginnt das Noviziat, die gesetzliche Probezeit der Kandidatinnen.

mein Zeichen Buch] Das Skizzenbuch der Louise von Göchhausen (GSA 24/31) enthält neben Werken u.a. von Schütz, Goethe und Meyer auch drei Zeichnungen von Hackert: 1944 schrieb Walther Scheidig Bl. 7 und 8 des Buches Hackert zu, Wolfgang Krönig bestätigte diesen Befund 1996 und ordnete beide Blätter, eine unter einem Baum sitzende Frau bzw. ein Paar in klassischen Gewändern darstellend (Abb. s. Krönig/Wegner Nr. 148), thematisch dem Iphigenie-Stoff zu. Renate Müller-Krumbach gelang es 2005, die dritte Zeichnung Hackerts in Bl. 4 zu identifizieren. Welches dieser Blätter an diesem Tag entstand, muß offen bleiben (Für diese Informationen danke ich R. Müller-Krumbach herzlich.). – Außerdem ist unter den heute bekannten Werken Hackerts noch ein weiteres als Besitz der Louise von Göchhausen ausgewiesen: ›Nel Giardino Inglese a Caserta‹ (Feder und Pinsel in Braun über Bleistift, 35,8 × 46,8 cm). Es ist signiert und auf 1788 datiert, auf der Rückseite steht: »Pour Madame la Barone de Gechhausen«. Die Zeichnung, die eine parkähnliche Landschaft mit einem auf der Wiese sitzenden Mann zeigt, befindet sich heute in der Kunstsammlung Goethes der Klassik Stiftung Weimar. Die Datierung irritiert, da die persönliche Bekanntschaft zwischen Louise von Göchhausen und Jakob Philipp Hackert erst aus dem Jahre 1789 herrührt. Entweder liegt ein Irrtum bei der Datierung vor oder es handelt sich um ein 1788 gezeichnetes Bild, das Hackert im Jahr darauf der Hofdame schenkte.

Tauro] Der ›Farnesische Stier‹ (Marmor, 3 × 4,2 × 3,7 m) ist eine marmorne Kolossalskulptur wohl aus dem 3. Jh. n. Chr., die 1545 bei den Thermen des Caracalla in Rom gefunden wurde. Das Gelände gehörte damals Papst Paul III. (1468-1549) a.d.H. Farnese, der den Fund denn auch seiner Sammlung einverleibte, ihn jedoch nie effektvoll präsentierte, sondern in einer Baracke hinter dem Palazzo Farnese aufbewahrte. Die römische Kopie nach einem griechischen Original der kleinasiatischen Bildhauer Apollonius und Tauriskos, das 166-158 v. Chr. auf Rhodos geschaffen worden war, wurde 1565-1580 durch Giambattista Bianchi nach Vorstellungen Michelangelos ergänzt. Seit dieser Zeit war die Figurengruppe Gegenstand vielfältiger Publikationen in Zeichnungen, Stichen und Bronzereproduktionen. Die wichtigsten bronzenen Fassungen sind u.a. die von Antonio Susini († 1624) aus dem Jahre 1613 in der Galleria Borghese, die 1580-1588 von Pietro da Borgo geschaffene im Bargello zu Florenz, die im Museo Nazionale di Capodimonte zu Neapel befindliche, ehemals auch der Sammlung Farnese zugehörige vom Ende des 16. Jh. und die des Adriaen de Vries (um 1544/45-1626) aus dem Jahre 1614, die sich heute im Schloßmuseum Friedenstein in Gotha befindet. 1670 schuf der Dresdner Melchior Barthel (1625-1672) eine elfenbeinerne Kopie, die heute im Grünen Gewölbe zu Dresden ist. Nach dem Aussterben der Farnese 1731 gehörte der Stier zum Erbe des neapolitanischen Königshauses. 1788 wurde er auf dem Seeweg nach Neapel gebracht, 1789-1791 von Angelo Brunelli (1740-1806) gründlich restauriert und dann auf einem hohen quaderförmigen Sockel als Bekrönung des zentralen Brunnens der Promenade entlang der Riviera di Chiaia aufgestellt. Wegen der ungünstigen Witterungseinflüsse transportierte man das Kunstwerk 1826 ins heutige Museo Nazionale di Capodimonte. Das Sujet dieses mehrfigurigen Ensembles, von Louise von Göchhausen im Tagebuch kurz zusammengefaßt, ist eine mythologische Szene: Dirke, die Gemahlin des Königs Lykos von Theben, wird von den Zwillingen Amphion und Zethos, deren Mutter sie gequält hatte, an die Hörner eines Stieres gebunden und von diesem zu Tode geschleift (vgl. auch Goethe 1740, 253 f.).

13.1.1789

Porzelan Fabrick] Die Porzellanfabrik von Capodimonte bei Neapel war 1743 nach dem Muster der Meißner Porzellanmanufaktur gegründet worden. Die damalige Königin von Neapel, Maria Amalia Christina (1724-1760), war eine Enkelin Augusts des Starken von Sachsen (1670-1733). Als Karl III. und Maria Amalia Christina den Thron von Spanien bestiegen, wurde die ursprüngliche Manufaktur aus Neapel nach Buen Retiro bei Alicante überführt, wo man 1760-1812 produzierte, aber die Qualität der süditalienischen Manufaktur nie erreichte. Im Jahre 1771 gründete Ferdinand IV. die neapolitanische Porzellanmanufakur Capodimonte neu. Unter Venuti, der die Fabrikation durch die Nachahmung antiker Vorbilder auf die Wiederentdeckung des Altertums ausrichtete und eigene Modelle lieferte, erlebte sie eine neue Blüte. Über 70 Jahre wurde in Capodimonte ein sehr feines Porzellan produziert, bis die Franzosen 1806 die Manufaktur wieder schlossen. Die endgültige Schließung erfolgte 1834.

Studium] Der Baukomplex, der heute das Museo Archeologico Nazionale birgt, wurde 1585-1612 als Kavalleriekaserne errichtet und zu Beginn des 17. Jh. für die Universita degli Studi umgebaut. 1748 erweiterte Ferdinando Sanfelice (1675-1748) den Bau um einen Flügel. Als 1773 der Jesuitenorden aufgelöst wurde, konnte die Universität dessen Kollegium im Kloster Gesù Vecchio übernehmen und verließ ihren alten Sitz, in dem nun die archäologischen Sammlungen des Real Museo Borbonico zusammengeführt wurden.

Farnesischen Herkules] s. Komm. (6) 15.12.1788.

Flora] Die ›Flora Farnese‹, eine Frauengestalt mit einem Blütenkranz in der Hand, war eine römische Kopie aus dem 4. Jh. nach einem griechischen Original. Sie wurde 1540 in den Caracalla-Thermen zu Rom gefunden, bis 1787 im Hof des Palazzo Farnese in Rom aufgestellt und kam dann nach Neapel in das Museo Nazionale di Capodimonte. Das Werk wurde vielfach gezeichnet (Richard Collins Stich in Joachim von Sandrarts ›Teutscher Academie‹, 1675) oder kopiert.

2 *Faune*] Welche Figuren Louise von Göchhausen hier meint, ist nicht zu ermitteln, da sich unter den neapolitanischen Skulpturen mehrere Statuen von Faunen befinden. Der berühmteste ist dabei wohl heute der aus Pompeji stammende ›Tanzende Satyr‹.

Kirche Santazara, das Grab des Poeten] Die Kirche Santa Maria del Parto zu Mergellina am Hang des Posillipo ist eine aus einem oberen und einem unteren Kirchenraum bestehende Doppelkapelle (Abb. s. Laschke, 63, 65), die der Dichter Jacopo Sannazaro (1457-1530) nach seiner Rückkehr aus dem Exil nach Neapel seit 1505 auf seinem Landgut errichten ließ (vgl. auch Goethe 1740, 181). 1524 war die in den Tuffstein gehauene, vom Strand aus zugängliche untere Kapelle vollendet. Den Namen erhielt sie nach einem Epos des Dichters, das in Hexametern über die Geburt Christi berichtete und dabei die biblische Geschichte mit Figuren der antiken Mythologie durchsetzte: ›De partu virginis‹. Die obere Kapelle aber konnte erst nach dem Tode Sannazaros fertiggestellt werden, als das Gut und die Kirche testamentarisch bereits an den Servitenorden gefallen waren. Sie sollte dem Familienheiligen San Nazaro geweiht werden und in einem vom Kirchenschiff aus sichtbaren Raum hinter dem Hochaltar, der in der Mittelachse an die Kapelle grenzte und ursprünglich zu einem Küstenwachturm gehörte, das Grabmal aufnehmen. 1537-1541 fertigte Giovanni Angelo Montorsoli (1507-1563), wohl nach Entwürfen des Dichters selbst, dessen Grabmonument (Abb. s. Laschke 62, 67, 69). Auf einem Sockel steht eine Inschrift von Pietro Bembo (1470-

1547): »Da sacro cineri flores. Hic ille Maroni Sincerus Musa proximus ut tumulo« (»Spende der heiligen Asche Blumen. Hier liegt Sincerus [Gelehrtenname Sannazaros – J. B.] nahe dem Maro [P. Vergilius Maro – J. B.] in der Muse wie im Grab«). Darauf überspannt ein auf Säulen gestützter Architrav den Sarkophag. Die beiden diesen flankierenden Statuen des Apoll und der Minerva wurden später zu David und Judith umgewidmet. Auf dem Architrav ist eine nach der Totenmaske gearbeitete Büste des Dichters zwischen Pinienkränze windenden Putti zu sehen. Bemerkenswert sind in der Kirche außerdem die Statuen des Heiligen Jacobus und des Heiligen Nazaro in den Apsisnischen, eine hölzerne Krippe (1520) und ein Gemälde von Leonardo da Pistoia (um 1340) ›Der Heilige Michael, einen Dämonen mit Frauenkopf besiegend‹ (1542). – Sannazaro, der die Arkadienvorstellung des 18. Jh. in hohem Maße prägte, war auch der Autor der Schäferdichtung ›Aminta‹, die Goethe am 25.8.1788 auf dem Rückweg von Italien nach Thüringen kaufte und deren Arkadienschilderung ihn zur erneuten Arbeitsaufnahme am ›Tasso‹ bewog.

Portischi] Portici.

14.1.1789

Capo di Monde] Karl III. von Spanien, damals noch König von Neapel-Sizilien, begann 1739 auf einem Hügel im Norden der Stadt Neapel anstelle eines Wildparks mit Jagdkasino ein königliches Schloß nach Entwürfen Giovanni Antonio Medranos (*1703) zu errichten, das aber erst 1838 vollendet wurde. Es diente schon in der Bauphase hauptsächlich der Aufnahme jener Kunstwerke, die das Königshaus Borbón von Neapel bei Aussterben der Familie Farnese 1731 geerbt hatte. Im Laufe vieler Jahrzehnte wurden diese Skulpturen und Gemälde aus den Immobilien in und um Rom nach Capodimonte gebracht, und noch heute dient das Schloß als Kunstmuseum. Die rosa und grau getünchte Fassade mit den zwei Fensterreihen, darüber liegendem Mezzanin und krönendem Balkon zeichnet sich durch klassische Ordnung aus. Der riesige, 1742 von Ferdinando Sanfelice (1675-1748) entworfene Park (120 ha) umgibt das Schloß und birgt darüber hinaus eine Fasanerie, eine Kapuziner-Einsiedelei, die Cappella San Gennaro, die Casa della Regina und das Gebäude der Porzellanmanufaktur.

Danae von Titian] Tizian malte mehrfach das Sujet der Danae. Das noch heute im Museo Nazionale di Capodimonte zu Neapel befindliche Gemälde ›Danae‹ (Öl auf Leinwand, 124 × 175 cm) hatte Alessandro Farnese (1520-1589) für sein Privatzimmer in Auftrag gegeben. Es zeigt Danae unter dem Goldregen mit einem kleinen Amor. Vom Palazzo Farnese in Rom kam es noch vor 1680 nach Parma (Palazzo del Giordano, später Palazzo della Pilotta), befand sich um 1739 im Palazzo Reale zu Neapel und später im Museo Nazionale di Capodimonte. Es gehörte zu jenen Gemälden, die König Ferdinand IV. 1798 zum Schutz vor den Franzosen mit nach Palermo nahm.

1815/16 kehrte es nach Neapel in das Real Museo Borbonico zurück. Hermann Göring (1893-1946) beschlagnahmte es im 2. Weltkrieg, und erst 1947 kam das Bild nach Italien zurück.

Magdalene von Gido reni] Der nachträgliche Namenseintrag an dieser Stelle ist falsch (vgl. Tb und Komm. (3) 5.9.1789). Es handelte sich um ein Gemälde von Guercino.

Intalgos] s. Komm. (1) 15.12.1788. Die Gemmen und Intaglios in diesem Museum stammten aus dem Farnesischen Erbe. Die Farnese hatten durch eigenes Sammeln und Erbschaften eine der bedeutendsten Sammlungen dieser Kunstwerke im Zeitalter der Renaissance zusammengetragen. Kern der Kollektion, in der allerdings schon im 18. Jh. große Verluste zu beklagen waren, bildeten die Sammlungen Ranuccio (1530-1565) und Alessandro Farneses (1520-1589), die des Fulvio Orsini († 1600) und die der Margarethe von Parma (1500-1558), die durch ihren ersten Gemahl, Alessandro de' Medici (1511-1537), zu einer kostbaren Auswahl dieser Pretiosen gelangt war und sie an die Farnese vererbte. Dazu gehören heute die sogenannte ›Tazza Farnese‹, eine Kamee aus Sardonyx aus dem Ägypten des 2. oder 1. Jh. v. Chr., eine Dionysos und Satyr zeigende Achat-Sardonyx-Kamee, Kameen mit Abbildungen des Augustus, des Herkules am Scheideweg, des Raubes des Ganymed oder des Epikur (sogenannter ›Homer‹ oder ›Pittakos‹), Intaglios mit Artemis oder Aphrodite mit Eros und Löwe, die sämtlich noch im Museo Archeologico Neapels zu sehen sind.

Cato in Utica] ›Catone in Utica‹ von Paisiello, ein musikalisches Drama in 3 Akten nach einem Libretto von Metastasio, wurde drei Wochen später, am 5.2.1789, im Teatro San Carlo zu Neapel uraufgeführt. – Paisiello war den Weimarern kein Unbekannter: Bereits 1784 hatte man am heimischen Theater die Opern ›Die unglücklichen Philosophen‹ und ›Das Mädchen von Frascati‹ dieses Komponisten aufgeführt.

Erzbischof] Giuseppe Capece-Latro.

15.1.1789

Portici] s. Komm. (2) 28.10.1788 und (3) 4.6.1789.

Herzogin als Juno] Meyers Zeichnung (schwarze Kreide) zeigt ein Porträt der Herzogin mit bloßem, von einem schlicht geriehenen Hemd umschlossenen Hals und einem antiken Diadem (Abb. s. Klauß, 70). Es gehört heute der Klassik Stiftung Weimar.

16.1.1789

ersten Briefe] Diese Aussage bezieht sich auf den ersten Posteingang in Neapel.

Kirche Dona Romida] Das Kloster Santa Maria di Donnaromita im historischen Stadtkern Neapels wurde 1540 im Auftrage des Ordens der Einsiedlerinnen von Konstantinopel errichtet. Im Kreuzgang und der einschiffigen Kirche mit ihren vier Seitenkapellen bewahrt es eine Reihe von Renaissancezeugnissen, einen Majolikafußboden und Marmormonumente. Das Fresco in der Kirchenkuppel stammt von Luca Giordano (1634-1705). Die wertvollsten Reliquien sind eine Rippe Johannes des Täufers und eine Phiole seines bei der Hinrichtung aufgefangenen Blutes, das immer dann flüssig werden soll, wenn es in die Nähe der Rippe kommt.

Primo homo] erster Solist. Hier handelt es sich wohl um Girolamo Crescentini (1769-1846), einen Kastraten, der bereits mit 20 Jahren als erster Sopran an das Teatro nuovo in Padua engagiert wurde und 1787-1789 diese Position am Teatro San Carlo in Neapel innehatte.

17.1.1789

Seraillo] Der Name Seraglio bezeichnete damals das Armen- und Waisenhaus (Albergo dei Poveri) an der heutigen Piazza Carlo III. Karl IV., der spätere König Karl III. von Spanien, hatte seit 1751 nach einem Entwurf von Ferdinando Fuga (1699-1781) ein riesiges Asyl bauen lassen, um Arme, Obdachlose und Waisen des Landes aufzunehmen und sie durch Arbeit und christliche Erziehung einem bürgerlichen Leben zuzuführen. Fuga selbst war bis zu seinem Tode der Baumeister, Luigi Vanvitelli setzte den Bau in modifizierter Ausführung fort. Das fünfstöckige Gebäude ist heute bei 61 Fensterachsen 354 m lang, sollte aber nach dem ursprünglichen Plan 600 m lang werden und fünf Innenhöfe, eine Hauptkirche, Schlaf-, Speise- und Arbeitssäle enthalten. Doch unregelmäßige Finanzierung und die französische Besatzung verhinderten die Fertigstellung in dieser Form. 1819 wurde zumindest der Fassadentrakt in der heute existierenden Gestalt fertiggestellt. Die Einrichtung, aus der wegen der schlechten Lebensbedingungen (Hunger, Kälte, üble hygienische Verhältnisse) immer wieder viele Insassen flohen, war für insgesamt 8 000 Mädchen, Jungen, Frauen und Männer geplant.

Socrate imaginato] ›Socrate immaginario‹ (›Der eingebildete Sokrates‹), eine musikalische Komödie in 3 Akten auf der Grundlage eines Textes von Giovanni Battista Lorenzi (1719-1805) und Ferdinando Galiani (1728-1787), wurde im Herbst 1775 erstmals im Teatro Nuovo zu Neapel aufgeführt.

Tauro farnese] s. Komm. (3) 12.1.1789.

Naque in Athene, Vive in Roma e mori in Napoli] Er wurde in Athen geboren, lebte in Rom und starb in Neapel.

18.1.1789

künstliche] hier: kunstvoll, künstlerisch wertvoll (DW XI, 2713 f.).

Presepie] s. Komm. (1) 7.1.1789.

Proviel] Profil.

19.1.1789

Erz Bischof] Giuseppe Capece-Latro.

Kirche Sankt Genario] Der Dom San Gennaro wurde 1272 an der Stelle eines Neptun-Tempels gegründet und 1314 unter König Robert (1277-1343) vollendet. Die dreischiffige Basilika mit flachem Mittelschiff und hohen Türmen, einer Hauptfassade von 1299 und einem Portal von 1407 wurde durch ein Erdbeben 1456 zerstört, aber durch Alfonso I. (1396-1458) wieder aufgebaut. Im 17. und 18. Jh. erfuhr sie mehrfach Umbauten. Unter dem Hochaltar ruht der Schutzpatron der Stadt, der Heilige Gennaro (Januarius, † 305). Er stammte aus Neapel, war Bischof von Benevent und starb unter Diocletian als Märtyrer. Sein Blut, das in zwei silbernen Ampullen in der von den Neapolitanern als Dank für die Errettung vor der Pest im 16. Jh. erbauten und von Domenichino ausgemalten Kapelle des Heiligen Gennaro (Cappella del Tesoro, s. unten) aufbewahrt wird, soll vor den Verwüstungen des Vesuvs und anderem Unglück schützen und verflüssigt sich angeblich dreimal im Jahr (6. Mai, 19. September, 16. Dezember), was mit einem großen Kirchenfest gefeiert wird (vgl. auch Goethe 1740, 167-169; Goethe 1830, 166 f.).

einige Gemälde von Domenikin] Domenichino war 1630 mit der Ausgestaltung der Cappella del Tesoro beauftragt worden. Die 1631-1641 entstandenen Fresken erzählen die Geschichte des Heiligen Gennaro: ›Die Schlacht gegen die Sarazenen‹, ›Der Heilige Gennaro hilft den Neapolitanern während des Ausbruchs des Vesuvs‹, ›Der Heilige Gennaro besucht die Gefangenen‹, ›Die Begegnung der Heiligen Gennaro und Sossio‹, ›Der Heilige Gennaro im Amphitheater zu Pozzuoli‹, ›Die Heilige Jungfrau als Fürsprecherin der Neapolitaner‹, ›Das Wunder vom Lampenöl‹, ›Die Krankenheilung‹, ›Die Erweckung eines Toten‹, ›Der Gang zum Martyrium‹.

Kirche der Carmeliter] Die Kirche Santa Maria del Carmine wurde zum Gedenken an einen Kampf gegen die Türken im 12. Jh. an einem Platz erbaut, an dem man zuvor bereits das Gnadenbild der Madonna Bruna verehrt hatte. Um 1300 wurde sie neu gebaut und 1769 grundlegend verändert. Zu den Heiligtümern der Kirche gehört u.a. ein Kreuz aus dem 14. Jh. Die Kirche ist mit verschiedenen historischen Ereignissen der Stadt verbunden: Sie birgt in unter dem Altar beigesetzten Bleibehältern die Gebeine der 1268 enthaupteten Freunde Konradin von Schwaben und Friedrich, Markgraf von Baden und Herzog von Österreich (1249-1268), die erst unter dem seit 1285 regierenden Karl II. von Anjou (1254-1309) bestattet werden durften, nachdem sie jahrelang am Strand unter einem Steinhaufen verscharrt gewesen waren. Die heute in der Kirche befindliche Marmorstatue Konradins ließ König Maximilian II. von Bayern (1811-1864) erst 1847 nach Thorvaldsens (1768-1844) Modell schaffen. Der Führer des Volksaufstandes von 1647, Masaniello, sprach auf der nahen Piazza Mercato, bevor er wenige Tage später ebenfalls auf diesem Platz enthauptet, gevierteilt und von seinen Getreuen später in der Kirche Santa Maria del Carmine beigesetzt wurde.

Conradin] In seinem 1783/84 gemalten Historienbild (Öl auf Leinwand, 174,2 × 251,3 cm) ›Konradin von Hohenstaufen und Friedrich von Österreich im Gefängnis beim Brettspiel‹ nahm Johann Heinrich Wilhelm Tischbein das

Schicksal des letzten Staufers (s. Personenregister) auf. Das Gemälde wurde als Gegenleistung für ein 1783-1786 von Herzog Ernst II. von Sachsen-Gotha-Altenburg (1745-1804) an den Künstler vergebenes Rom-Stipendium nach Gotha gesandt.

Seraglio] s. Komm. (1) 17.1.1789.

Plaz ... wo Masignello ... gesprochen] Es ist die Piazza Mercato in der Nähe des Karmeliterklosters Santa Maria del Carmine (s. oben).

Kayserliche Minister] Johann Amadeus Franz de Paula Baron von Thugut.

20.1.1789

Casernen] Die Reisegesellschaft betrat die Stadt Pompeji offenbar von Süden her. Hier lagen seit 62 n. Chr. die Kasernen der Gladiatoren, die im heute noch hervorragend erhaltenen Amphitheater (70 v. Chr.) im Südosten der Stadt auftraten. Dieser Platz, der sich heute als ein von Säulen umgebenes Geviert darbietet, war bis zum Erdbeben im Jahre 62 ein Areal, in dem sich das Publikum der beiden nahebei liegenden Theater in den Spielpausen ergehen konnte.

Landhaus] Diese frühe Ausgrabungsphase brachte nur zwei Villen zum Vorschein: 1755-1757 entdeckte man den weiträumigen Besitz der Julia Felix (Abb. s. Coarelli, 312-321). Das Geviert in der Nähe des Amphitheaters umfaßte einen quadratischen Wohnbereich mit einem mit Wandmalereien geschmückten Atrium, ein Peristyl mit Garten, in dem sich unter anderem eine Fischzuchtanlage, Schmuckterrassen mit Statuen (z.B. des Philosophen Pittakos von Mytilene, Pan), ein kleines Isis-Heiligtum und ein Brunnen in Muschelform befanden, und schließlich den Bereich der Thermen, der nach dem Erdbeben 62 n. Chr. noch umgebaut wurde, um nach der Zerstörung der öffentlichen Bäder einem fremden Publikum zu dienen. Dazu wurde auch die Front des Anwesens an die Via dell'Abbondanza verlegt. – 1771-1774 grub man die Villa des Diomedes südlich der Via dei Sepolcri vor dem Herkulaner Tor aus. Das palastartige Landhaus mit seinen vielen Räumen und den zwei dem Meer zugewandten Belvederes wurde vor allem bekannt, weil man in seinem Weinkeller 18 Opfer des Vulkanausbruchs, meist Frauen und Kinder, die sich in dem Gewölbe sicher glaubten, gefunden hat. An der Tür des quadratischen, von einer Säulenreihe umschlossenen Gartens, den ursprünglich ein Sommertriclinium, Brunnen und ein Fischteich zierten, lagen der Hausherr und ein Sklave, die mit Geld und Wertsachen beladen vergeblich versucht hatten, sich in Sicherheit zu bringen. Welches Landhaus die Weimarer nun besichtigten, muß offen bleiben. August von Goethe hat 1830 das Haus des Diomedes in Pompeji als erstes beim Betreten der Ruinenstadt gesehen (vgl. Goethe 1830, 164-166).

Macaroni Fabrick] Die Pasta (ital. maccaroni oder maccheroni bezeichnet hier Nudeln, Mehlspeisen allgemein) war ein schon in etrurischen Gräbern nachweisbares Nahrungsmittel, aber erst seit dem 15. Jh. entwickelte sie sich allmählich zum Nationalgericht der Italiener. 1778 wurde die erste Tomatensoße kreiert, allerdings noch ohne die Idee, sie mit Pasta zu verbinden. Ebenfalls im 18. Jh. eröffneten einige aus Amalfi stammende Pastabäcker in Torre Annunziata die ersten Manufakturen mit Wassermühlen, um dieses Getreideprodukt industriell herzustellen. Eine solche Fabrik besichtigte die Weimarer Gesellschaft wohl. Um 1800 galt die Stadt als ein sehr wichtiger Produktionsstandort für Nudeln.

Lagrimae Cristi] ›Tränen Christi‹ ist der Name eines neapolitanischen Weines, der ursprünglich nur in der Umgebung des Lacrima-Klosters am Vesuv angebaut wurde und mit seiner hellroten Farbe und reichen Würze als einer der edelsten Likörweine galt (vgl. auch Goethe 1740, 196).

21.1.1789

Cadakomben] Drei bedeutende Katakomben sind heute in Neapel zugänglich, die ältesten, berühmtesten und damals zu jedem Reiseprogramm gehörigen waren die Catacombe di San Gennaro im Hügel von Capodimonte (vgl. auch Goethe 1740, 216 f.). Die aus kilometerlangen Gängen bestehende Anlage hatte ihren Ursprung im Familiengrab einer römischen Adelsfamilie aus dem 2. Jh. Im 6. Jh. konzipierte man die zweistöckige Anlage, die zunächst bis zum 10. Jh. benutzt wurde. Einige Gräber sind in den Boden eingelassen, andere in einfachen Wandnischen untergebracht und wieder andere reich mit Fresken und Mosaiken überwiegend des 5. bis 9. Jh. ausgestattet. Das älteste Fresko jedoch stammt noch aus dem 2. Jh. und stellt mit Adam und Eva sowie David und Goliath alttestamentliche Themen dar. Ihren Namen verdanken diese Katakomben der Tatsache, daß der Leichnam des neapolitanischen Heiligen Gennaro nach seiner Enthauptung zunächst hier beigesetzt wurde, ehe er vom Herzog von Benevent gestohlen und später in den Dom gebracht wurde. Im 17. Jh. wurden hier noch einmal verstorbene Neapolitaner beerdigt, als wegen der Pest des Jahres 1656 der Platz in den vom 11. bis 18. Jh. ausschließlich als Begräbnisstätten der Stadt dienenden Kirchen und Klöstern nicht mehr ausreichte und man die San-Gennaro-Katakomben wieder einrichten mußte. Erst ein Edikt Napoleons für den gesamten damals französischen Machtbereich verfügte die Anlage öffentlicher Friedhöfe in hinreichender Entfernung vom bebauten Stadtraum; es behielt auch über das Ende seiner Herrschaft hinaus Gültigkeit (vgl. Komm. (3) 20.8.1789).

Chinesern ... Misionaren] Das Collegium Sinicum zu Neapel war 1736 von Matteo Ripa (1682-1746), einem in der christlichen Missionierung in China erfahrenen Priester und Maler (›36 Ansichten des Sommerpalastes von Jehol‹), eröffnet worden. Bereits seit der Frühzeit des Christentums hatte man versucht, die Völker Asiens in diesem Sinne zu bekehren. Erst nachdem die Portugiesen Macau vor der chinesischen Küste als Handelsniederlassung eingerichtet hatten, konnten die Jesuiten erste Erfolge verbuchen, eine Öffnung des Chinesischen Kaiserreiches für ihre Zwecke erreichen. Doch bald folgten ihnen Augustiner, Franziskaner und Dominikaner, und zwischen ihnen brach ein Streit über die gültigen Riten aus, was den chinesischen Kaiser schließlich bewog, allen Geistlichen mit Ausweisung zu drohen. Davon abgesehen war die Missionierung in ganz Asien durch unüberwindliche Sprachschwierigkeiten beeinträchtigt. Deshalb beschloß Ripa 1723, mit fünf jungen Chinesen und einem chinesischen Lehrer für Schrift und Sprache des Mandarin nach Europa zurückzukehren, um dort ein Kolleg zu gründen, das junge Asiaten zu Priestern ausbildete und sie dann als Missionare in die Heimat zurückschickte. Erst 1736 bekam er die päpstliche Bestätigung, eine solche Einrichtung in Neapel gründen zu dürfen und die auch zu diesem Zweck von ihm ins Leben gerufene Weltpriesterkongregation der Heiligen Familie Jesu Christi mit deren Trägerschaft zu beauftragen. Von den Benediktinern des Monte Oliveto auf dem Capodimonte nahe des Ponte della Sanità kaufte Ripa einen geeigneten Gebäudekomplex mit Kirche und weitläufigem Areal. Letztlich bestand das neue Collegium Sinicum aus drei Bereichen: Aus Asien gekommene Alumnen sollten hier im katholischen Glauben erzogen und unterwiesen werden, um nach der Priesterweihe zu Hause die Missionsarbeit leisten zu können; europäische Studenten, die sich für die Mission interessierten, sollten hier auf eigene Kosten lernen, um dann ebenfalls in nichtchristlichen Gebieten arbeiten zu können; auf Wunsch Kaiser Karls VI. (1685-1740) immatrikulierte man auch Studenten für eine Dolmetscherausbildung in chinesischen und indischen Sprachen, nach der sie der Handelskompanie in Ostende zur Verfügung stehen sollten. Später gliederte man dem Collegium auch noch ein schulgeldpflichtiges Konvikt für junge Neapolitaner an. Unter Papst Pius VI. erfuhr die Einrichtung eine deutliche Erweiterung ihrer Einkünfte und Privilegien. Zusätzlich nahm sie damals auch Alumnen aus dem Osmanischen Reich (Ägypter, Albaner, Bulgaren, Bosnier, Griechen, Libanesen, Montenegriner, Serben) auf. Das Collegium Sinicum bestand unter der Leitung der Kongregation der Heiligen Familie Jesu Christi bis 1888. Seit 1869 übernahm der neu gegründete italienische Staat die Kontrolle über die Einrichtung und unterstellte sie 1888 vollständig als ›Königliches Orientalisches Institut von Neapel‹ ebenso wie die Universität dem Unterrichtsministerium.

Malabaren] Die Malabaren sind ein altes Kulturvolk, das zu den Draviden gehört, jenen dunkelhäutigen indischen Stämmen, die um 2000 v. Chr. von jüngeren, hellhäutigen, Sanskrit sprechenden Völkern unterworfen wurden. Sie leben überwiegend im Hochland von Dekan. – Hier steht die Bezeichnung Malabaren aber wohl eher metonymisch für alle Inder. Allerdings finden sich unter den Alumnen, die das Collegium Sinicum 1736-1887 besuchten, nur 106 Chinesen und einige Studenten aus dem Osmanischen Reich, keine aus Indien entsandten Studenten. Es ist also anzunehmen, daß es sich hier um einen Lehrer für indische Sprachen handelt, der mit der Sprachmittlerausbildung befaßt war.

22.1.1789

Datenn Christiana] Wahrscheinlich ist mit den christlichen Daten hier die Liste der katholischen Feiertage in Neapel gemeint.

23.1.1789

Casino] Casino ist die zeitgenössische Bezeichnung für Villen, Landhäuser, die adeligen und wohlhabenden Familien außerhalb der Städte zu Erholung und geselligem Vergnügen dienten.

24.1.1789

Napel] Dies war eine damals gebräuchliche Form zu Napoli.

25.1.1789

Erz Bischof] Giuseppe Capece-Latro.

Sachett] Beutelchen, Säckchen (frz. sachet, ital. sacchetto). Hier handelt es sich wohl um ein Duftsäckchen oder Riechkissen als kleines Geschenk.

Castell San Elmo] Das Castello Sant'Elmo wurde 1329-1343 von Robert dem Weisen (1277-1343) a.d.H. Anjou auf dem Vomero errichtet. An diesem Platz stand zuvor ein dem Heiligen Erasmo geweihtes Heiligtum, das der Feste den Namen gab. Zu dieser Zeit war das Kastell weniger eine Zwingburg als vielmehr ein Lustschloß des Hofes. Erst 1536-1546 gab ein spanischer Architekt der Anlage die heutige, uneinnehmbar scheinende Gestalt nach den damals neuesten fortifikationstechnischen Erkenntnissen: Es entstand eine mächtige sternförmige Festung mit sechs Eckbastionen und tiefen Gräben. Die Verteidigungsanlage diente u.a. als königliches Staatsgefängnis, dann als Militärgefängnis und beherbergte schließlich die Biblioteca di Storia dell'Arte und das Centro storico di Napoli e Provincia.

Closter] Am Fuße des Kastells Sant'Elmo liegt seit 1325 das monumental wirkende und später mit außerordentlicher barocker Pracht ausgestattete Kartäuserkloster di San Martino, das 1860 mit dem Orden aufgelöst wurde (vgl. auch Goethe 1740, 158 ff.). Es beherbergt heute das Museo Nazionale di San Martino.

Doncatalamachio] Der deutsche Name dieser Fischart konnte nicht ermittelt werden.

Caramari] Tintenfische (ital. calamari).

Ancini] Seeigel (ital. ancino).

26.1.1789

transportabeles Bad] Hier handelt es sich wohl um die sogenannte ›bathing machine‹, in Deutschland als Badekarren, -kutsche oder -wagen bekannt. 1793 beschrieb Georg Christoph Lichtenberg (1742-1799) in seinem Aufsatz ›Warum hat Deutschland noch kein öffentliches Seebad?‹ ein solches zweirädriges Fuhrwerk mit einem hausähnlichen Aufbau, in dem der Badegast sich während der Fahrt ins Meer umkleiden kann. An einer hinreichend tiefen Stelle im Wasser wird über der Treppe eine Markise herabgelassen, so daß der Badende, ohne gesehen zu werden, ins Wasser steigen und eintauchen kann (Lichtenberg II, 186 f.).

General Salis] Wohl nach diesem Abend übersandte Herder dem General, der ihm sehr gut gefiel, eine seiner Schriften, vermutlich eine Ausgabe seiner ›Ideen‹ (Herder 2003, 321 f.).

sein Neveu] Carl Ulysses Salis-Marschlins.

28.1.1789

Esequien] Beisetzungsfeierlichkeiten. Hier ist eine Trauerfeier für den sechs Wochen zuvor in Madrid verstorbenen Karl III. von Spanien gemeint; er war der Vater Ferdinands IV. von Neapel-Sizilien.

einreisenten Unglauben] Die Ideen der Aufklärung waren seit Jahrzehnten besonders von der katholischen Kirche und katholischen Fürsten als eine Bedrohung angesehen worden. Zu dieser Zeit gewann zudem das sich seit 1732 in ihrem Gefolge auch in Italien verbreitende Freimaurertum wieder an Einfluß in Süditalien: Zwar war es 1751 und erneut 1775 durch König Karl von Neapel und Sizilien bzw. von Spanien wegen der von ihm angeblich ausgehenden Gefährdung der öffentlichen Sicherheit und der königlichen Souveränität verboten worden. Doch schon 1776 setzte die Entlassung des spanientreuen neapolitanischen Premiers Bernardo Tanucci (1698-1793) dieses Verbot de facto wieder außer Kraft, zumal Königin Maria Karolina, im steten Bemühen, den spanischen Einfluß am neapolitanischen Hof zurückzudrängen, und als Schwester Kaiser Josephs II. durchaus Reformen gegenüber offen, die Logen im Lande tolerierte. Erst mit dem Ausbruch der Französischen Revolution 1789 erschien das Freimaurertum der neapolitanischen Regierung wieder als Bedrohung und wurde bekämpft.

ErzBischoff] s. Komm. (6) 14.1.1789. Das Bonmot zu Lasten des Erzbischofs nahm gewiß Bezug auf dessen aufgeklärte, weltoffene Haltung und seine häufige Abwesenheit von seinem Bistum (vgl. Komm. (7) 10.1.1789).

29.1.1789

Hauß Hamiltons] Der Palazzo Sessa war der Hauptwohnsitz Hamiltons. Er war auf dem Gelände der Kirche Santa Maria a Cappella Vecchia erbaut worden, die das große Areal, auf dem bislang die Geistlichen lebten, 1741 an Marchese Giuseppe Sessa verkauft hatte. Um die Kosten zu verringern, vermietete dieser die beiden unteren Stockwerke des Gebäudes für mehr als 40 Jahre an die britische Botschaft. Hier zeigte Hamilton seine reichen Sammlungen und veranstaltete musikalische Soireen, wie sie der neapolitanische Hof kaum prächtiger bieten konnte. Vom Balkonzimmer des mitten in der Stadt Neapel gelegenen Palazzo aus hatte man einen weiten Blick über die ganze Bucht von Neapel.

Portrait der Miss Hard] Die außerordentliche Ausstrahlung der Emma Hart veranlaßte eine Reihe von Künstlern, sie auch in ihren verschiedenen Verkleidungen und in mimischen Darstellungen zu malen. Allein William Hamilton besaß 1798 im Palazzo Sessa 14 Porträts von ihr, u.a. von Johann Heinrich Wilhelm Tischbein (s. Komm. (6) 10.1.1789), von George Romney (1734-1802), von Elisabeth Louise Vigée-Lebrun (1755-1842; vgl. Vigée-Lebrun I, 180-186), von Joshua Reynolds (1723-1792), Angelica Kauffmann, Guy Head (1760-1800), Hugh Douglas Hamilton (1740-1808). Auch an einer Tür in Hamiltons Casino fand sich eine Kohlezeichnung des Kopfes von Emma (Vigée Lebrun I, 187, Anm. 1).

über Cicilien und den Etna geschrieben] Hier wird wohl Bezug genommen auf Giuseppe Gioenis de Duchi d'Angio Buch ›Relazione della eruzione dell'Etna nel mese di Iuglio MDCCLXXXVII. Catania 1787‹ (›Bericht über den Ausbruch des Ätna im Juli 1787‹). Das Hauptwerk des seinen Zeitgenossen als moderner Plinius geltenden Naturwissenschaftlers wurde ›Saggio di Litologia Vesuviana dedicaro A. S. M. la Regina delle due Sicilie, Napoli 1790‹, eine der Königin von Neapel gewidmete ›Abhandlung zur Gesteinskunde des Vesuvs‹. Weitere Werke von ihm sind ›Descrizione di una nuova famiglia, e di un nuovo genere di Testacei, trovati nel littorale di Catania, Napoli 1783‹ (›Beschreibung einer neuen Familie und einer neuen Art von Schalenamöben, gefunden am Ufer von Catania‹), ›Saggio di etimologie siciliane. Palermo 1885‹ (›Abhandlung zur Herkunft des Sizilianischen‹) und ›Alcune lettere d'uomi illustri nella storia naturale. Catania 1815‹ (›Briefe eines Edelmannes zur Naturgeschichte‹). Die Herzogin kaufte für ihre Weimarer Bibliothek verschiedene Werke Gioenis an, doch verbrannten diese am 2.9. 2004.

30.1.1789

Puzole] Pozzuoli, lat. Puteoli, liegt am westlichen Fuß der Solfatara westlich von Neapel (vgl. auch Goethe 1740, 177 ff.). Es war um 530 v. Chr. von Samos aus gegründet worden, erreichte unter den Römern auch als Hafen eine große Bedeutung und verlor diese seit dem Frühmittelalter durch Zerstörungen unter der Gotenherrschaft. Auf dem alten Hauptplatz der Altstadt standen eine antike Bildsäule (s. unten) sowie ein Standbild des Vizekönigs von Sizilien unter Philipp IV. (1605-1665), Bischof Martino de Leon y Cardenas (1585-1655). Durch die Lage der Stadt in den Phlegräischen Feldern, einem vulkanischen Gebiet, strömen verschiedene Gase und warme Quellen aus dem Erdboden, die zum Teil heilkräftige Wirkungen haben und bereits in der Antike als solche genutzt wurden. Deshalb ist das Stadtgebiet reich an antiken Ruinen von Thermen, Theatern, Villen, Grabmälern. – Als Erinnerung an diese Ausfahrt und eine weitere am 3.2.1789 erwarb Louise von Göchhausen ein Tafelwerk mit Kupferstichen von Carlo Ceccarini, das Grund- und Aufrisse all der genannten Denkmäler sowie Münzabbildungen enthielt: ›Le Antichita di Pozzuolo, Cuma, Baja e luoghi convicini disegnate, ed incise per comodo di viaggiatori, Napoli 1775‹ (›Die Altertümer von Pozzuoli, Cuma, Baia und umliegenden Orten, beschrieben und in Stichen dargestellt für die Bedürfnisse Reisender‹, GSA, 24/32).

Grotta del Cane] Die sogenannte Hundsgrotte am ehemaligen Lago d'Agnano ist 3 m tief, 1 m breit und 3 m hoch. In ihr strömt kohlensaures Gas aus, so daß kleinere Tiere wie Hunde darin betäubt werden oder ersticken (vgl. auch Goethe 1740, 183 f.).

Pietestal ... Tyberius mit den 13 Asiatischen Stätten] 1693 fand man im ehemaligen Puteoli den mit Basreliefs und Inschriften versehenen Marmorsockel einer Kolossalstatue des Kaisers Tiberius (Abb. in ›Le Antichita di Pozzuolo, Cuma, Baja e luoghi convicini disegnate, ed incise per comodo di viaggiatori‹, GSA, 24/32, Bl. 13). Sie war die Kopie eines römischen Originals, das mehrere kleinasiatische Städte (Philadelphia, Cyme, Hierocaesarea, Mostene, Ephesos, Myrna, Cibyra u.a.) in Auftrag gegeben hatten, um dem Kaiser für die finanzielle Unterstützung nach den Zerstörungen des Erdbebens im Jahre 17 n. Chr. zu danken. Der niederländische Jurist Laurentius Theodorius Gronovius, der just 1693 eine Italienreise unternahm und auch in Neapel war, publizierte den Fund 1697 in Leiden unter dem Titel ›Marmorea basis colossi Tiberio Caesari erecti ob civitates Asiae restitutas‹ (›Der Denkmalssockel einer Kolossalstatue, dem Kaiser Tiberius von den wieder aufgebauten Städten Kleinasiens errichtet‹) und widmete ihn dem Florentiner Kardinal Francesco Maria de' Medici (1660-1711). Der Denkmalssockel wurde auf dem Markt von Pozzuoli aufgestellt (vgl. auch Goethe 1740, 192 f.).

Tempel des Serapiss] Der als Tempel des Serapis angesehene Gebäuderest mit den drei schon korrodierten, aber aufrecht stehenden, 13 m hohen Säulen ist der Haupteingang zu einem rechteckigen Areal (75 × 58 m) aus der Zeit der flavischen Kaiser am Ende des 1. Jh., dem Macellum, einem Fisch- und Fleischmarkt. Das Gelände war mit Mosaiken und Marmor ausgestaltet. Am Rande des Marktes finden sich Reste von Läden, in der Mitte erhebt sich eine Rotunde mit einem Durchmesser von 18,23 m knapp 1,20 über den Boden. Dieser Rundtempel war ursprünglich mit einer auf Säulen gestützten Kuppel überdacht, deren Reste heute am Boden liegen. Diese Ruinen waren 1749 entdeckt und freigelegt worden (s. auch Komm. (5) 26.4.1790; Goethe 1830, 172).

Hauß wo Silla lebte] Lucius Cornelius Sulla Felix, seit 82 v. Chr. Diktator des Römischen Reiches, legte seine Ämter 79 nieder und zog sich ins Privatleben zurück. In seiner prächtigen Villa in Pozzuoli – ihr genauer Ort ist nicht identifiziert – vollendete er seine Memoiren, welche von Plutarch später für seine Sulla-Biographie genutzt wurden.

Solfaterra] Solfatara ist die italienische, auch im Deutschen gebräuchliche Bezeichnung für jeden Krater eines Vulkans, der nur schwefelhaltige Dämpfe ausstößt. Die Solfatara von Pozzuoli auf den Phlegräischen Feldern westlich von Neapel (vgl. auch Goethe 1740, 182; Goethe 1830, 172) ist ein ungefähr 400 m langes und 300 m breites Becken. Aus den Spalten (Fumaroli) seines weißen, toten, manchmal warmen Bodens steigen ständig Schwefeldämpfe auf. Die Erde selbst eignet sich vorzüglich für Stuckarbeiten.

Amphitheater wo Nero soll gesungen haben] Kaiser Nero hielt sich selbst für einen kunstsinnigen, vor allem musikalischen Mann. Er trieb Gymnastik, um seine Lungen zu stärken, und aß an einigen Tagen im Monat nur Lauch und Öl, um seine Stimme zu veredeln. Wenn er ausging, trug ihm der Kommandeur der Leibgarde die Zither voran. Öffentlich trat er zum ersten Mal an mehreren aufeinanderfolgenden Tagen im Jahre 64 im Amphitheater von Neapel wie Apollo mit griechischen Liedern zur Leier auf, wozu er Alexandriner Bürger als Claqueure nach Neapel bringen ließ. Nicht einmal durch ein Erdbeben ließ er sich dabei angeblich (Sueton, Nero 20, S. 254) unterbrechen, nach Tacitus (Annalen 15, 34, S. 606) jedoch stürzte das Amphitheater kurz nach dem Auftritt Neros ein. – Was die Reisenden hier jedoch sahen, war wohl ein anderes Theater: In der damals wirtschaftlich starken Mutterstadt Neapels, Pozzuoli, die sich am Ende des Bürgerkrieges mit der Flotte von Miseno auf die Seite der Flavier gestellt hatte, ließ Kaiser Vespasian ein neues Amphitheater vom Architekten des Kolosseums errichten (vgl. auch Goethe 1740, 185; Goethe 1830, 172). Es war nach diesem und dem Campano in Capua das drittgrößte Italiens (147 × 117,44 m mit einer Arena von 72,22 × 42,33 m) und ist vor allem durch die Verschüttung unter der Asche des Vulkanausbruchs von 1158 bis zum heutigen Tag gut erhalten. Vier Haupt- und zwölf Nebeneingänge ermöglichten eine zügige Bewegung der Besucher zu und von den drei Rängen. Gekrönt wurde der Bau durch einen mit Statuen und anderen marmornen Dekorationen geschmückten Säulengang, der aber im Mittelalter zerstört wurde. Das Theater war von Vespasians Sohn Titus kurz nach der Eröffnung des Kolosseums in Rom eingeweiht worden, im Volksmund lebte es fort als das Gefängnis des Heiligen Gennaro, der hier 305 vor seiner Enthauptung während der Christenverfolgung durch Kaiser Diocletian mit seinen Gefährten gefangengehalten worden war.

31.1.1789

Villa Patricia] Die Villa Patrizi liegt auf der Anhöhe von Posillipo etwa 500 m südlich der Stelle, wo der Höhenweg vom Vomero nach Süden abbiegt. Sie ist ein monumentales Bauwerk, das zunächst als kunsthistorisch nicht besonders wertvoll galt, aber durch Restaurierungsmaßnahmen im 18. Jh. zu einem Stück bedeutender Barockarchitektur wurde. Dabei schuf Sanfelice (1675-1748) ein prächtiges Portal, einige Säle erhielten Freskomalereien, und ein faszinierendes Theater (Teatro Proscenio), reich an Dekorationen, Gemälden und Statuen, wurde eingebaut.

Villa wo wir als dann abstiegen] Hier ist die Villa Belvedere gemeint (ThHStAW, HA.A.XVIII.154, 14 r). Sie lag an der Via Belvedere westlich der Villa Floridiana. Der schmale Park erstreckte sich von der Straße bis zum Abhang des Vomero, wo dem Haus eine Terrasse vorgelagert war, die einen grandiosen Ausblick auf den gesamten Golf von Neapel bot.

schon in der Meße] vgl. Tb 16./17.1.1789.
Herder ... getraut] Herder traute an diesem Tag den englischen Diplomaten Harris mit einer der Töchter des britischen Konsuls, Sir James Douglas (Herder 2003, 323, 680).

1.2.1789
Tode des kleinen Prinzen] Carlo Gennaro de Borbón s. Neapel-Sizilien.
inokulirten Blattern] Die Blattern waren seit Jahrhunderten die größte Gefahr in den Kinderstuben, und gerade der Fortbestand herrschender Familien wurde häufig durch das massenhafte Sterben von Kindern gefährdet. Im 18. Jh. begann sich in Europa eine schon früher in China und Persien bekannte Art der Immunisierung durch Impfung mit Eiter eines pockenkranken Menschen durchzusetzen, die jedoch wegen einer gewissen verbleibenden Mortalität noch oft mit Mißtrauen betrachtet wurde. Nach dem Blatterntod ihres Schwagers Felipe Antonio de Borbón (1747-1777) setzte es Königin Maria Karolina, durchaus nicht ohne Besorgnis, durch, daß ihre ältesten Kinder 1778 geimpft wurden. Diese Immunisierung verlief problemlos. Doch bei der Impfung weiterer Kinder 1788 starben die Prinzen Carlo und Gennaro von Neapel-Sizilien. Das Ende der Pockenepidemien brachte erst der ungefährliche, aus Kuhpocken gewonnene Impfschutz (s. auch Komm. (2) 7.2.1790).

2.2.1789
an Wieland] s. Deetjen, 82-85; Seuffert, 544-546 (datiert 3.2.1789).
Syrakuser] Gemeint ist wohl ein Moscato di Siracusa. Der Dessertwein ist einer der ältesten Weine Italiens und geht direkt auf den Pollio di Siracusa oder Haluntium (Plinius d. Ä.) der Antike zurück.

3.2.1789
Baia] Der schon in der Antike bestehende Ort (lat. Baiae) an der Westküste des Golfes von Pozzuoli leitet seinen Namen von Baios her, dem Navigator des Odysseus (vgl. auch Goethe 1740, 190). Er hatte damals nur als Hafen von Cumae Bedeutung, bis er von den Römern wegen der herrlichen Lage, der Fruchtbarkeit seiner Umgebung und der Mineralquellen als Sommerfrische entdeckt wurde: Caesar, Claudius, Nero, Pompeius, Varro, Lucullus (um 117 – um 57 v. Chr.) u.a. hatten hier ihre Landhäuser, Hadrian verbrachte in diesem Ort seine letzten Tage. Doch seit dem 3. Jh. versanken große Teile des Ortes, Tempel, Villen und das Meeres-Triclinium des Claudius, durch eine Reihe von Mikrobeben im Meer; Baia hörte auf, ein Inbegriff der Wollust und Üppigkeit zu sein. Während des Mittelalters erstarb das Leben in dem gefährdeten Küstenort immer mehr, und im 16. Jh. waren schließlich nur noch wenige Häuser und das Kastell bewohnt.
Cuma] Cumae war die erste griechische Stadtgründung in Süditalien (Mitte des 8. Jh. v. Chr.). Es war eine reiche und mächtige Handelsstadt mit einem

Hafen am Golf von Pozzuoli und einer großen Flotte, die sich über Jahrhunderte der Angriffe verschiedener am Mittelmeer ansässiger Völker erwehren konnte, aber schließlich 421 v. Chr. den Samniten unterlag. 334 v. Chr. wurde Cumae römisches Munizipium, erlangte jedoch die frühere wirtschaftliche Blüte nicht mehr. Eine neue Bedeutung gewann die Stadt in dieser Zeit jedoch als Sybillenorakel und als ein durch die Aeneas-Sage eng mit den Gründungsmythen des Römischen Reiches verbundener Ort. Im Jahre 1203 wurde Cumae von Neapel aus zerstört, und seitdem zeugen nur noch Reste der Stadtmauer und einiger Tempel von einstiger Größe.

Micene] Miseno war der wichtigste Standort der römischen Westflotte. Das natürliche Hafenbecken nördlich des Ortes wurde vor allem durch Marcus Vipsanius Agrippa seit 40 v. Chr. erweitert, befestigt und durch eine Quermole von der See abgeriegelt. Der kleine Lago Miseno (vgl. auch Goethe 1830, 173) wurde durch einen Stichkanal mit dem Hafenbecken verbunden und zu einer großen Werft umgestaltet. Der militärische Komplex umfaßte einen Kommandeurspalast, Offizierswohnungen, Casinos, Lagerhallen, Arsenale, Sportanlagen für das Training der Mannschaften. Miseno und Bauli entwickelten sich im 1. Jh. n. Chr. als zivile Siedlungen am südlichen bzw. nördlichen Rand des Militärhafens zu Zentren von Handel und Gewerbe. Im Hinterland des Hafens sind heute noch Reste eines Theaters, einer Therme, mehrerer Heiligtümer zu sehen, an der Kapspitze finden sich die Ruinen eines antiken Leuchtturms.

Gegend am Meer, die Paucoli heißt] Bacoli (lat. Bauli) ist der Ort nördlich des Militärhafens Miseno. Hier standen in der Antike reich mit Marmor und Mosaiken geschmückte Villen. Erhalten sind u.a. das sogenannte ›Grab der Agrippina‹, eigentlich Reste eines zur Präsentation von Rezitationen, Gesang und Instrumentalmusik errichteten Odeons am Strand, und die Cento Caramelle (centum cellae), ein auf der Höhe gelegenes Gebäude. Einst befand sich hier auch der Tempel des Herkules, der die Herden des Geryon von den entfernten Ufern des Ozeans hierher gebracht haben soll.

Fallernerwein] Dies war ein berühmter altrömischer Wein, der auf dem ager falernus in Kampanien am Fluß Savone in mehreren Sorten angebaut wurde.

Tempel des Merkurs in Baya] Der sogenannte Merkur-Tempel von Baiae (vgl. auch Goethe 1740, 188) war eigentlich wohl ein luxuriös ausgestatteter Speiseraum mit Fresken, Mosaiken, Statuen in Nischen und Wasserspielen. Dieser zu den ältesten bekannten Kuppelbauten der antiken Welt gehörende Bau aus dem 1. Jh. n. Chr. hat eine beeindruckende Akustik und wurde aus leichtem Bimsstein-Zement und Puteolan-Erde über einer Holzverschalung gegossen.

Grotte des Pausilip] Die Grotta di Pozzuoli, ein 689 m langer Tunnel, der den Posillipo unterquert, wurde schon unter Kaiser Augustus angelegt. König Alfonso I. (1396-1448) ließ ihn 1442 erstmals erweitern, Karl IV., späterer König von Spanien, schließlich ebnete und verbreiterte ihn 1754, so daß er bequem befahrbar wurde (vgl. auch Goethe 1740, 178 f., 180 f.).

Monte nuovo] Der Neue Berg entstand bei einem Erdbeben und Vulkanausbruch im Jahre 1538 in nur einer Nacht (vom 29. auf den 30. September). Er ist 140 m hoch.

Lac Averno] Der Lago d'Averno (vgl. auch Goethe 1740, 185; Goethe 1830, 172 f.), ein fast kreisrunder See bei den Phlegräischen Feldern, galt in der Antike wohl wegen seiner giftigen Dämpfe, die die Vögel in der Luft sterben ließen, als Eingang zur Unterwelt. Er ist 65 m tief und fast ganz von steilen, waldigen Höhen eingeschlossen. An seinen Ufern soll die Sybille von Cumae gelebt haben.

Tempels des Appollo] Der Rest eines Kuppelgebäudes am Ostufer des Lago d'Averno – die Kuppel hatte einen nur wenig geringeren Durchmesser als die des Pantheons in Rom – war kein Tempel, sondern wie viele andere als Tempel bezeichnete Kuppelbauten um Baiae wohl eher Teil einer Therme. Sie wurde zur Zeit Kaiser Hadrians errichtet (vgl. auch Goethe 1830, 172).

Grotte der Sybille von Cuma] Die Grotte der Sybille von Cumae lag in der Nähe des Lago d'Averno (vgl. auch Goethe 1740, 186 f.; Goethe 1830, 172). Noch heute führt eine der Höhlen am südlichen Seeufer diesen Namen. Die Sybille von Cumae war eine der berühmtesten Seherinnen der Antike. Sie soll Aeneas in die Unterwelt geführt und dem König Tarquinius Priscus drei ihrer Spruchbücher verkauft haben. Diese waren geheim und wurden zunächst im Tempel des Jupiter, seit Augustus' Herrschaft im Tempel des Apollon in Rom unter Verschluß gehalten und durften nur von einem besonderen Senatskollegium befragt werden. Um 400 ließ sie Stilicho Flavius (um 360-408), ein hochrangiger römischer Staatsmann vandalischer Herkunft, verbrennen.

Festung von Baja] Die Festung von Baia wurde von Alfonso II. von Aragon (1448-1495), dem damaligen König von Neapel, am Ende des 15. Jh. errichtet, um die Piraten im Mittelmeer besser bekämpfen zu können. Sie stand möglicherweise auf den Ruinen von Caesars Villa, die sich am höchsten Punkt des Gebirges von Baia befunden haben soll.

Bauli] Bacoli, s. oben.

Molo /die Brücke des Caligola genand/] Üblicherweise nannte man den antiken Molo in der Tat die Brücke des Caligula, jedoch liegt hier ein Irrtum vor: Der antike Molo von Pozzuoli ist nicht mit der Brücke des Caligula identisch (vgl. auch Goethe 1740, 191). Sueton (Caligula 19, S. 180 f.) beschrieb das letztgenannte Bauwerk, das den Golf von Pozzuoli von Bauli bis zu den Ufermauern Pozzuolis überspannte, als einen auf einer doppelten Reihe verankerter Lastkähne aufliegenden Erdwall, der wie die Via Appia gestaltet wurde. Diesen Damm überquerte Caligula an zwei aufeinanderfolgenden Tagen, einmal als Reiter und einmal als Wagenlenker, und bot damit ein grandioses Schauspiel. Dabei wurde er von dem seit dem Jahre 38 als Geisel in Rom weilenden Partherprinzen Darius, einem Trupp Prätorianer und vielen Freunden begleitet. Als Grund für diese Idee favorisiert Sueton einen angeblichen Ausspruch des um seine Nachfolge besorgten Kaisers Tiberius, Caligula werde ebensowenig Kaiser werden, wie er die Bucht von Baia zu Pferd überqueren könne. Dieses Bauwerk kann, da es nicht fest gegründet war, im 18. Jh. nicht mehr sichtbar gewesen sein. – Den eigentlichen Molo von Pozzuoli jedoch konnte man noch lange erkennen (Abb. in ›Le Antichita di Pozzuolo, Cuma, Baja e luoghi convicini disegnate, ed incise per comodo di viaggiatori‹, GSA, 24/32, Bl. 16), seine Ruinen wurden erst Ende des 19. Jh. zugeschüttet. Er war 372 m lang, ruhte auf 15 Pfeilern von 9 bis 15 m Breite und schirmte den Hafen gegen Unbilden der See ab. Man betrat das Bauwerk durch ein viertoriges, auf quadratischem Grundriß stehendes Torgebäude (Ianus quadrifons), das von vier Trompete blasenden Tritonen gekrönt wurde. Weiter vorn auf der Mole passierte man zwei Säulen mit den Statuen von Castor und Pollux. Dann durchschritt man einen zweitorigen Triumphbogen, auf dem ein Viergespann aus Seepferden von Neptun gelenkt wurde. Das äußerste Ende der Mole hatte die Gestalt eines Schiffsbuges.

Lazaret, das im Meer liegt] In der Neuzeit wurde auf Nisida (s. unten) ein vom Festland abgeschottetes Lazarett errichtet, um Waren und Schiffsbesatzungen in Quarantäne halten zu können, wenn sie Pest oder Cholera zu verbreiten drohten.

Nisida] Nisida war eine kleine vulkanische Insel am Fuß des Posillipo, die Plinius, Cicero u.a. wegen ihrer Vegetation und der vielen Kaninchen priesen. Lucullus (um 117 – um 57 v. Chr.) unterhielt hier eine Villa. Kaiser Konstantin der Große übergab die Insel später dem Bischof von Neapel. 1533 ging sie für 3 000 Dukaten ins Eigentum des Alfonso II. Piccolomini (1500-1565), Duca di Amalfi, über, der darauf ein Kastell erbaute, um vor allem kriegerische und Piratenüberfälle rechtzeitig abwenden zu können. Über Jahrhunderte diente es auch als Staatsgefängnis.

Castell a Mare] Castellammare di Stabia. In der Stadt am Golf von Neapel spielten seit der Antike stets zwei Erwerbszweige eine Rolle: Schiffbau und Thermalbäder. Ferdinand IV. ließ seit 1783 große Werftanlagen errichten, baute die Stadt als Kriegshafen und Flottenstützpunkt aus. Schon Karl III. von Spanien hatte als neapolitanischer König hier eine sehr erfolgreiche Kristallfabrikation angesiedelt. Die 28 verschiedenen Thermalquellen unterschiedlicher chemischer Zusammensetzung werden bis heute für Trinkkuren, Bäder, Packungen und Inhalationen genutzt.

Arco felice] Der Arco felice wurde im Jahr 95 im Zusammenhang mit dem Bau der Via Domitiana errichtet. Diese wurde nicht um den Monte Grillo herum oder steil über ihn geführt, sondern auf dem Niveau des umgebenden Landes durch ihn hindurch. Das Tor stützte die Seitenwände des Berges gegen die Straße ab und schmückte zugleich den Eingang zur Stadt Cumae. Über dem 20 m hohen Rundbogen erhoben sich zwei niedrigere Bogenreihen. In seitlichen Nischen standen Skulpturen, und das ganze Gebäude war mit Marmor verkleidet.

Grabmählern ... von Scipio Africano] Scipio Africanus (235-183 v. Chr.) war auf seinem Landgut bei Liternum nördlich von Cumae gestorben, weshalb man sein Grab in der Nähe vermutete.

Festung von Gaeta] Die Festung von Gaeta liegt auf einem durch eine schmale Landzunge mit dem Festland verbundenen Vorgebirge und war eine der stärksten Italiens. Sie bestand aus einem mit Bastionen versehenen niedrigen Wall mit Graben und Glacis. Die Tore waren durch Außenwerke geschützt. Eine dahinterliegende Terrasse stieß an die Felswand, in die Geschützkasematten eingelassen waren. Berühmt wurde die Festung im Jahre 1806, als sie der neapolitanische Gouverneur von Gaeta, Landgraf Ludwig von Hessen-Philippsthal, über mehrere Monate gegen überlegene französische Truppen verteidigte. Er wurde hier auch bestattet.

cotoyirt] (an etwas) entlanggehen oder -fahren.

Lack de Fusaro /Acheron/] Der Acheron ist eigentlich ein Fluß in der antiken Unterwelt. Der Lago del Fusaro gilt nach Vergil, auch wegen seiner dunklen Farbe, als eben dieser Weg, über den Charon die Seelen in die Hölle oder die Elysäischen Felder brachte. König Ferdinand IV. ließ sich 1782 auf einer Insel des Sees von Carlo Vanvitelli ein Jagdschlößchen erbauen.

runden Tempels der Diane] Der sogenannte Diana-Tempel von Baia war ein Kuppelbau, Teil eines Bades, das Kaiser Severus Alexander (208-235) zum Andenken an seine Mutter hatte bauen lassen (vgl. auch Goethe 1740, 188).

Lacs Lucrini] Der Lago Lucrino ist ein kleiner Kratersee südlich des Lago d'Averno (vgl. auch Goethe 1740, 188; Goethe 1830, 172). In römischer Zeit war er für seine Austernzucht berühmt, heute ist er nahezu verlandet. Zur Zeit des Kaisers Augustus hatte man einen Tunnel durch den Monte Grillo nach Cumae schlagen lassen, der die Verbindung mit dem Lago Lucrino und dem Meer herstellte. Er wurde aber bei dem starken Erdbeben 1538, als der Monte nuovo in der Nähe entstand, zum Teil zerstört.

achteckigten Tempels der Venus Genitrix] Der nur noch zu einem Teil hoch aufragende Mauersockel, dem sogenannten Tempel der Venus in Baiae zugehörig, war eigentlich Teil einer Therme, die unter Kaiser Hadrian errichtet wurde (vgl. auch Goethe 1740, 188; Goethe 1830, 173).

Eliseeischen Falter] Diese Landschaft war, so beschrieb es J. C. Goethe (Goethe 1740, 190), ein idyllisches Tal in der Nähe von Baia.

La Piscina mirabile] Wunderbares Bassin. Das Süßwasserreservoir der römischen Flotte an der heutigen Via A. Greco in Bacoli wurde durch das Aquädukt vom Serino gespeist, das in augusteischer Zeit entstand. Es ist ein in eine Tuffbank gegrabenes, in fünf säulengestützte Längsabschnitte unterteiltes Becken (70 m lang, 25,5 m breit, 15 m tief) mit einem Fassungsvermögen von 12 600 m^3 (vgl. auch Goethe 1740, 189 f.).

Cento Camerelle] Die Cento Camerelle (centum cellae) an der gleichnamigen Straße in Bacoli sind nach heutigem Verständnis Ruinen von Zisternen, nicht die Verliese eines Palastes. Man sieht noch vier Gebäudeschiffe, die durch drei Säulenreihen abgeteilt sind. 6 m darunter befinden sich hohe, in den Tuff geschlagene Gänge in ebensolcher Raumanordnung. Diese Zisternen wurden ebenso wie die Piscina mirabile durch das Serino-Aquädukt gespeist. Sie gehörten vermutlich zu einer prachtvollen Villa des Orators Quintus Ortensius Ortalus (114-50 v. Chr.), die zunächst an Antonia Minore (36 v. Chr.-37 n. Chr.), die Mutter des Kaisers Claudius (10 v. Chr.-54 n. Chr.), und dann an dessen Neffen Nero überging. Hier fand die letzte Begegnung Neros mit seiner Mutter Agrippina (15-59) vor deren gewaltsamem Tod statt (vgl. auch Goethe 1740, 188 ff.).

heißen Bädern des Nero] Die Stufe di Nerone (vgl. auch Goethe 1740, 187 f.; Goethe 1830, 172) nördlich von Baia unmittelbar in der Biegung vor dem Lago Lucrino sind ein in den Felsen gehauener Stollen, an dessen Ende sich eine Höhle mit vier Räumen öffnet. In ihnen sind Sitzbänke in den Stein geschlagen. Diese Anlage, zumindest im 17. Jh. noch weitgehend erhalten, war Teil eines Thermalbades, das sich über der Grotte in den Hügel schmiegte. Aus den verschiedenen nahegelegenen Fumarolen wurde Dampf für Schwitzbäder hierher geleitet. Die Anlage war sicher für die römische Oberschicht gebaut, aber wohl kaum exklusiv für Kaiser Nero.

l'academie de Cicerone] ›Akademie des Cicero‹. So nannte Cicero selbst seine Villa am Meeresufer im Golf von Pozzuoli, die wegen der sie umgebenden waldigen Höhen und der Säulengänge berühmt war. Sie hatte vor allem 1538 durch jenes starke Erdbeben sehr gelitten, das in ihrer Nähe den Monte nuovo entstehen ließ.

Questions Accademici] Die ›Academica‹ gehören zu den philosophischen Schriften Ciceros. Er schrieb sie um 45 v. Chr. zunächst in einer Fassung von zwei Büchern in Gestalt eines Gesprächs zwischen Catullus, Lucullus (um 117 – um 57 v. Chr.) und Hortensius (114-50 v. Chr.). Auf Einspruch seines Freundes Varro (116-27 v. Chr.) erweiterte er das Werk, das sich vorwiegend mit Fragen der Erkenntnistheorie auseinandersetzte, zu einer Fassung in vier Büchern. Doch beide Texte sind nur unvollständig überliefert: Von der ersten Fassung blieben nur das 2. Buch, von der zweiten Fassung nur ein Fragment des 1. Buches und einzelne Zitate, die spätere Autoren bewahrten.

Hacker] Jakob Philipp Hackert.

Papstes] Pius VI., s. Giovanni Angelo Braschi. Papst Pius VI. starb erst im Jahre 1799.

4.2.1789

Mondschein] Es handelt sich um eine Art von Transparentbildern, die auf lichtdurchlässige Materialien gemalt und bei Dunkelheit von hinten angestrahlt vorgeführt wurden. Besonders häufig waren um 1800 Mondschein-Landschaften, als deren Erfinder Jakob Philipp Hackert galt. Von ihm sind keine überliefert, aber von Andreas Nesselthal finden sich vier im Berliner Kupferstichkabinett der Stiftung Preußischer Kulturbesitz.

5.2.1789

ErzBischoff] Giuseppe Capece-Latro.

Cato in Utica] s. Komm. (5) 14.1.1789.

Ballet, die Einnahme von Peru] Komponist und Choreograph dieser Aufführung konnten nicht ermittelt werden. Der Stoff wurde u.a. durch den britischen Autor Sir William d'Avenant (1606-1668) in einer Oper verwendet. 1797 führte man in Prag einen Balletteinakter ›Die Spanier in Amerika‹ von Anton Wolanek (1761-1817) auf, dessen Choreograph Barchielli war. Nachweislich hat auch der Sänger und Komponist Antonio Binachi (1758-1802) eine Ballettmusik zu dieser Choreographie Barchiellis geschrieben, aber wohl erst 1798.

6.2.1789

Herdern der nicht wohl war] Herder schrieb dazu am 10.2.1789: »Meine Gesundheit hat hier eine sonderbare Crisis gehabt, aus der ich gemerkt habe, daß mich vielleicht Neapel allein ganz gesund machen könnte. Wir waren in den Schwefelbädern u. in den Grotten der Solfatara gewesen: der warme erquickende Dampf durchdrang mich so innig, daß ich spürte, hier allein könnte meine alte böse Leber durchaus erweicht werden« (Herder 2003, 332).

Grotte di Bonea] Die Zeichnung ›Grotta del Bonea‹ (um 1788, Feder und schwarze Tusche, braun laviert, 641 × 920 mm) von Kniep zeigt den Blick aus einer weiträumigen Grotte, in der Diana und die Nymphen sich vergnügen, auf den Fluß und die östliche Bergkette des Valle di Bonea (s. Komm. (4) 30.9.1789). Sie ist heute im Besitz der Klassik Stiftung Weimar. – Die tatsächliche Grotte, eine Stalaktitenhöhle, die durch eine Tropfsteinsäule gestützt und von einem Wasserfall durchströmt wird, liegt an der Westseite des Valle di Bonea bei Corpo di Cava.

Cava] Cava de' Tirreni.

Salern] Salerno.

7.2.1789

Fiorentino] Das Teatro dei Fiorentini in Neapel wurde zum 1.1.1618 eröffnet. Es war zunächst Heimstatt spanischer Komödiantentruppen. Seit 1681 wurden dort auch Opern aufgeführt, so daß es 1706-1709 dem eigentlich der Opera seria vorbehaltenen Teatro San Bartolomeo empfindliche Konkurrenz machte. Da der große wirtschaftliche Erfolg jedoch ausblieb, veranlaßte der Theaterpächter im Herbst 1709 die Aufführung der von Antonio Orefice (1685-1727) vertonten Dialektkomödie ›Patrò Calienno de la Costa‹, die ein ungeheurer Erfolg wurde. Am 17.1.1711 brannte das Teatro dei Fiorentini während einer Vorstellung ab, wurde 1713 wieder eröffnet und blieb bis Januar 1714 noch der Opera seria verpflichtet. Danach spielte man fast ausschließlich die beim Publikum äußerst beliebte musikalische Dialektkomödie.

lo scaltro Avventuriere] ›Lo scaltro avventuriero‹ (›Der listige Abenteurer‹) erlebte anläßlich des Karnevals 1788 seine Uraufführung im neapolitanischen Teatro dei Fiorentini.

8.2.1789

einige Villen zu besehn] Man suchte eine Villa als Quartier für den zweiten Neapel-Aufenthalt vom Sommer 1789 an (ThHStAW, HA.A.XVIII.154, 17 r).

Pasalte] Basalte (unterschieden nach den ihnen im Schmelzfluß oder durch spätere Ablagerung in Hohlräumen beigemengten mineralischen Bestandteilen) sind ein schwarzes, matt glänzendes Gestein vulkanischen Ursprungs, das überwiegend aus dem Tertiär stammt. Die basaltischen Laven süditalienischer Vulkane (z.B. Vesuv, Ätna) erkalten beim Einfließen ins Meer sehr schnell und bilden vor allem am Ufer im Laufe der Zeit vier-, fünf- oder sechsseitige Säulen, die sehr charakteristisch sind.

Teatro nuovo] Das Teatro nuovo sopra Toledo bildete neben dem Teatro dei Fiorentini die Heimstatt der komischen Oper in Neapel, die bald von den niederen Ständen und dem Bürgertum Neapels der ernsten und heroischen Oper vorgezogen wurde. Für seine Einweihung am 15.10.1724 komponierte Antonio Orefice (1685-1727) die Oper ›Lo Simmele‹.

la finta Galatea ossia l'antiquario fanatico] ›Le Donne Bisbetiche o l'Antiquario fanatico‹ (›Die wunderlichen Damen oder Der fanatische Antiquitätenhändler‹), eine musikalische Farce in 2 Akten, Libretto und Musik von Marcello da Capua, wurde während des Karnevals 1785 in Rom im Teatro de la Pace uraufgeführt und erlebte unter dem Titel ›La finta Galatea ossia l'Antiquario fanatico‹ (›Die falsche Galatea oder der fanatische Antiquitätenhändler‹) im Frühjahr 1788 ihre Erstaufführung in Neapel im Teatro nuovo sopra Toledo.

9.2.1789

V] Im Tagebuch Anna Amalias ist der vollständige Name des Sängers zu lesen: Vigano (ThHStAW, HA.A.XVIII.154, Bl. 17 v). Näheres konnte zu seiner Person jedoch nicht ermittelt werden.

Miserere von Jomelli] Von Jomelli sind wenigstens fünf Kompositionen des Miserere überliefert, eines davon ausdrücklich für zwei Soprane und Orchester.

beyden Söhne der Prinzessin] wohl Antonio und Giuseppe Pignatelli.

Theater Fonde] Das Teatro del Fondo di Separazione dei Lucri (eigentlich: Theater des Fonds aus der Teilung des Vermögens) ließ Ferdinand IV. 1778 nach Plänen von Francesco Securo (1746-1827) errichten, um auch dem adeligen Publikum die Möglichkeit zu geben, die in Neapel so beliebte Opera buffa zu genießen. Die Mittel dazu stammten aus dem Erlös der Güter der aus dem Königreich vertriebenen und enteigneten Jesuiten, was auch den Namen des Theaters begründet. Am 20.7.1779 war es mit Cimarosas Opera semiseria ›L'infedeltà fedele‹ nach einem Libretto von Giambattista Lorenzi (1719-1805), die sonst nur noch in Dresden unter dem Titel ›Treu in der Untreue‹ am 5.2.1782 aufgeführt worden zu sein scheint, eröffnet worden. Nach den napoleonischen Kriegen übernahm Domenico Barbaja (1778-1841), der Intendant des Teatro San Carlo, auch die Direktion des Teatro del Fondo und leitete eine Zeit künstlerischer Höhepunkte mit Werken von Rossini (1792-1868), Mozart (1756-1791) und Donizetti (1797-1848) ein. Im 19. Jh. erfuhr das Theater zwei tiefgreifende Renovierungen, wobei 1892 die heutige dreigliedrige Fassade mit den acht Karyatiden vorangesetzt wurde. Im Dezember 1870 benannte man das Teatro del Fondo zu Ehren des apulischen Komponisten Giuseppe Saverio Raffaele Mercadante (1795-1870) in Teatro Mercadante um. Bis heute bildet das nunmehr städtische Theater einen Glanzpunkt des kulturellen Lebens in Neapel.

Il sposo senza Moglie] Das heitere Musikdrama ›I due supposti conti ovvero Lo sposo senza moglie‹ (›Die zwei mutmaßlichen Grafen oder Der Ehemann ohne Frau‹) wurde am 10.10.1784 in der Mailänder Scala uraufgeführt.

Ballet Pigmaleon] Vor allem seit Erscheinen von Jean-Jacques Rousseaus (1712-1778) Monodram ›Pygmalion‹ im Jahre 1770 wurde dieser Stoff in allen Bühnengenres benutzt, auch mehrfach als Ballett, so daß eine Entscheidung, um welche Komposition es sich hier handelt, nicht möglich ist.

Ramalietto Buket] Blütenbukett (ital. ramaglietto). Wahrscheinlich gab ein weiteres kleines Geschenk des Erzbischofs Capece-Latro für die Herzogin Anlaß zu dieser Vokabelnotiz.

10.2.1789

Comedie des Policinell San Carlacino] Hier ist wohl das Dialekttheater San Carlino gemeint. Es wurde 1740 am Largo del Castello als hölzerne Bühne in einem schmalen Raum unter dem Konvent San Giacomo errichtet und verschrieb sich unter anderem der neapolitanischen Volkskomödie, in der die Gestalt des Pulcinella eine wichtige Rolle spielte. – Diese angeblich von dem neapolitanischen Bauern Puccio d'Agnello erfundene Figur der Commedia dell'arte, die im 18. Jh. neu ausgeprägt und in ganz Europa zu großer Beliebtheit geführt wurde, fand u.a. im Hanswurst der deutschen Bühne einen Nachfolger. Die hakennasige Gestalt, dumm, faul, gefräßig, dabei punktuell auch schlau und durchtrieben, trat in den unterschiedlichsten Rollen auf, als Gärtner, Bäcker, Diener, Krämer, Maler, Poet, als Soldat, Schmuggler, Dieb und Räuber. Immer auf seinen Vorteil bedacht war er auch meist ein eifersüchtiger, brummiger Ehemann und tyrannischer Vater vieler Kinder. Bald nach dem ersten Auftreten dieser Figur im 16. Jh. war der Pulcinella in Neapel als Karnevalsmaske, die sich allerhand schamlose Späße erlaubte, äußerst populär. – Das unter der Direktion der Familie Tomeo stehende neapolitanische Lustspieltheater wurde am 27.4.1760 auf Befehl des Königs zerstört, doch mit einer Konzession vom 17.3.1770 von derselben Familie in äußerlich recht bescheidener Form an der Nordseite des Largo del Castello neu errichtet. 1884 wurde es im Zuge der Stadtsanierung abgerissen.

12.2.1789

Herder ... Verse] Das Gedicht Herders ›Der Traum von Salerno‹ war der Herzogin gewidmet (Herder 2003, 338 ff.).

Torre de L'anunziade] Torre Annunziata.

13.2.1789

al Florantino] s. Komm. (1) 7.2.1789.

14.2.1789

Trauung] Herder traute an diesem Tag die Tochter des aus Genf stammenden Butlers von Premierminister Domenico Caraciollo mit dem Butler des Hauses Hamilton, Cotier, nach dem Genfer Ritus, also den Vorschriften der Reformierten Kirche (Herder 2003, 684).

Hamiltons Hause] s. Komm. (1) 29.1.1789.

addituten] Attitüden. Für diese Nachahmung und Imitation in der Art lebender Bilder war Emma Hart berühmt. Bereits Goethe schilderte in der ›Italienischen Reise‹ (WA I 30, 54 f.) ihre Ausdrucksvielfalt, und Friedrich Rehberg zeichnete zwölf dieser Attitüden (Abb. s. Maierhofer 2001, 167). Tommaso Piroli (1750-1824) fertigte nach diesen Umrißzeichnungen 1794 eine Serie von Radierungen an, die Aloys Hirt im ›Neuen Teutschen Merkur‹ kommentierte und die Lady Hamiltons Begabung noch berühmter machten.

Indianschen Schaalen] fremdländische, exotische Schals.

15.2.1789

Festin] Maskenball (ital. festino).

Sankt Carlo] Das Teatro San Carlo wurde 1737 auf Befehl König Karls IV., des späteren spanischen Königs, der mit diesem Neubau das alte Teatro San Bartolomeo ablösen wollte, durch Giovanni Antonio Medrano (*1703) und Angelo Carasale für 75 000 Dukaten errichtet. Am Namenstag des Königs, dem 4.11.1737, eröffnete man das Haus in unmittelbarer Nähe des Palazzo Reale mit ›Achille in Sciro‹ (Musik: Domenico Sarro (1679-1744), Text: Metastasio) und zwei Balletten als Zwischenspiel. Das Theater mit seiner majestätischen Architektur, der reichen Innenvergoldung und den blauen, später roten Polstern (Blau und Gold sind die Farben der Bourbonen, Gold und Rot standen für das vereinigte Italien) erregte sofort die Bewunderung der Neapolitaner und ihrer Gäste. Aber auch künstlerisch gehörte es zu den ersten Bühnen der italienischen Staaten, besonders hinsichtlich der hier bevorzugten Opera seria. Mit diesem Haus wurde Neapel zur europäischen Musikhauptstadt. Auf Befehl des Königs von Napoleons Gnaden, Gioacchino Murat (1767-1815), wurde die Fassade des Theaters durch Antonio Niccolini (1772-1850) erneuert. Am 12.2.1816 brannte das Haus völlig ab, doch schon am Ende desselben Jahres erstand es durch Niccolini in klassizistischen Formen neu. Bis zur Mitte des 20. Jh. war das Teatro San Carlo neben der 41 Jahre später erbauten Mailänder Scala das bedeutendste Opernhaus Italiens (vgl. auch Goethe 1740, 209 f.; Goethe 1830, 183).

17.2.1789

ErzBischof] Giuseppe Capece-Latro.

18.-20.2.1789

Pauluden] Sümpfe; gemeint sind hier die Pontinischen Sümpfe (vgl. Komm. (2) 2.1.1789).

Mola di Gaeta] Formia; s. Komm. (1) 3.1.1789.

Cabinet des Signore Porcia] Das Kabinett des Giovanni Paolo Borgia geht zurück auf die von Clemente Erminio Borgia (1640-1711) begründete Sammlung der in Velletri ansässigen Familie. Der eifrigste Sammler des Hauses im 18. Jh. war ohne Zweifel Stefano, der während seines ganzen Lebens neue Exponate suchte und diese vor allem 1770-1789 als Sekretär der Propaganda Fide (s. Komm. (1) 15.4.1789) und später als Kardinal bei sich in Rom in verschiedenen Häusern, zuletzt im Palazzo Altemps, präsentierte. Mehrfach teilte er seine Sammlung mit seinem Bruder Giovanni Paolo und erweiterte so auch die in Velletri befindliche Kollektion. Sie umfaßte in der Tat nicht nur griechische und römische Antiken, wie man sie allerorten in Italien sehen konnte, sondern auch alte etruskische und volskische Funde, Exponate aus den Kulturen der Drusen, Mamelucken, spanischen Mauren und Perser seit Mohammed, hinduistische und buddhistische Figuren und illuminierte Handschriften aus Indien, Tibet, China und Birma, mittelalterliche christliche Kunst, zahlreiche altägyptische Altertümer und sogar kolumbianische, peruanische, mittelamerikanische und neuseeländische Artefakte (s. Germano/Nocca). Nach dem Tode des Kardinals 1804 kam es zu Erbstreitigkeiten zwischen der Propaganda und der Familie Borgia hinsichtlich der Sammlungsbestandteile. 1809 schließlich einigte man sich: Der in Rom befindliche, größere Teil wurde Eigentum der Propaganda und gelangte 1921-1923 in die Sammlungen des Vatikan; betreffs des anderen Teils hatte Camillo Borgia (1773-1817), Gian Paolos Sohn, bereits mit Gioacchino Murat (1767-1815) in Verkaufsverhandlungen gestanden, doch erst 1814/15 wurde der Handel abgeschlossen, nun jedoch mit dessen Nachfolger, dem wieder auf den neapolitanischen Thron zurückgekehrten König Ferdinand IV., jetzt Ferdinand I. beider Sizilien. Deshalb besitzt das Museo Archeologico Nazionale in Neapel noch heute Schätze der Borgia.

unsere Villa] s. Komm. 9.12.1788 und Tb 13.12.1788.

21.2.1789

ambasaden] Besorgungen, Aufträge.

meine Mutter] Charlotte Christiane von Göchhausen.

22.2.1789

Senator] Abbondio Faustino Rezzonico.

Teatro di Torre Argentina] Das Teatro di Torre Argentina wurde 1731 in Rom von Principe Giuseppe Sforza Cesarini (1705-1744) durch den Architekten Marchese Girolamo Teodoli (1677-1766) errichtet und am 13.1.1732 mit der

Oper ›Berenice‹ von Domenico Natale Sarri (1679-1744) eröffnet. Die bedeutendsten Opern von Jomelli, Gluck, Scarlatti (1660-1725), Leo (1694-1744), Galuppi (1706-1785), Piccinni, Sacchini, Anfossi (1727-1797), Paisiello, Giordani, Cimarosa u.a. wurden hier aufgeführt. Erst 1828 gestaltete Pietro Holl (um 1780-1855) eine Fassade für das Teatro di Torre Argentina, das in der 2. Hälfte des 19. Jh. das wichtigste Haus am Platz war.

Duntalmo] ›La disfatta di Duntalmo re di Theuta‹ (›Die Niederlage des Duntalmo, König von Theuta‹) von Luigi Caruso (1754-1823) wurde 1789 in Rom uraufgeführt.

24.2.1789

Porta del Popolo] s. Komm. (14) 17.10.1788.

Sankt Peter] s. Komm. (2) 5.10.1788.

25.2.1789

Guvernatore] Gouverneur, Statthalter, hier: Hofmeister (ital. governatore).

28.2.1789

Mosaic die Verklärung Raphaels] Das Altarbild ›Transfiguration oder Verklärung Christi‹ von Raffael (s. Komm. (3, 4) 31.10.1788) wie auch u.a. Guercinos ›Beisetzung der Heiligen Petronella‹, Domenichinos ›Kommunion des Heiligen Hieronymus‹ und Guido Renis ›Erzengel Michael‹ konnten wegen zunehmender Feuchtigkeit nicht im Petersdom bleiben. Deshalb wurden an ihre Stelle Mosaik-Kopien von Fabio de' Cristofari († 1689) und seinem Sohn Pietro Paolo (1685-1743) gesetzt. Die Gemälde wurden u.a. den Vatikanischen Museen übergeben.

1.3.1789

Campus martii] Marsfeld.

Abate Puonfiglioli] Bernardino Bonfiglioli bat wohl im März 1789 die Herzogin, sich dafür einzusetzen, daß man ihm eine Anwartschaft auf die Stelle des preußischen Residenten in Rom einräume. Da der bisherige Amtsinhaber, Ciofani, weiterhin auf seinem Posten verblieb, kann nicht festgestellt werden, ob Anna Amalia diese Intervention in Berlin ablehnte oder ob eine solche zwar stattgefunden hat, aber erfolglos war.

2.3.1789

Mengsische Gemälde … auf ein Stück Mauer gemalt] Goethe schilderte in einem Brief an Charlotte von Stein (1742-1827) vom 17./18.11.1786 seine Variante der Geschichte dieses Bildes (WA IV 8, 55 f.): Der Franzose Diel de Marsilly hätte ein auf Kalk gemaltes antikes Gemälde – Ganymed reicht dem Jupiter eine Schale Wein und wird mit einem Kuß belohnt (Gips mit Leinwand verstärkt, 178,7 × 137 cm) – erworben, durch Mengs restaurieren lassen und es bei seinem Tode seiner Pensionswirtin, Catherine Smith, vermacht. Goethe folgte damit dem ersten Urteil Winckelmanns, der es in seiner ›Geschichte der Kunst des Altertums‹ 1764 als antik aufgefaßt hatte. Zwei Jahre später jedoch tilgte dieser die Annahme einer antiken Provenienz aus der Neuauflage seines Buches, weil es Fälschungsgerüchte gab, die sich bestätigten, als Mengs auf dem Totenbett das Bild als sein eigenes, vor dem November 1760 geschaffenes Werk ausgab. Dennoch präsentierte Catherine Smith das Bild nicht allein Goethe 1786, sondern 1789 auch der Herzogin Anna Amalia als antikes Stück. Und weil Goethe und Johann Heinrich Meyer an das hohe Alter des Kunstwerkes glaubten, übernahmen auch die Herausgeber der Winckelmannschen Werke 1812 diesbezüglich dessen ersten, falschen Text von 1764. Inzwischen gilt das Bild, das mindestens bis 1796 noch im Besitz von Catherine Smith blieb, dann in die Villa Albani kam, 1895 in Rom versteigert wurde und sich heute in der Galleria Nazionale d'Arte Antica im Palazzo Barberini zu Rom befindet, als die berühmteste Antiken-Fälschung des 18. Jh.

Gallerie Doria] Der aus dem 16. Jh. stammende Palazzo Doria-Pamphilj (Abb. s. Vincenti/Benzi/Schezen, 208-217) entstand ganz allmählich und ist heute ein Gebäudekomplex, der durch sechs monumentale, um fünf Innenhöfe verteilte Eingänge zugänglich ist. An der Via del Corso dominiert die 1731-1734 durch Gabriele Valvassori (1683-1761) geschaffene Fassade mit ihrem Gurtgesims und den geschwungenen Balkonen, die ebenso Bewegung in die Rokoko-Architektur bringen wie die Fenstergestaltung der Beletage. Die Fassade gilt als eines der bedeutendsten Bauwerke des 18. Jh. in ganz Italien. Der von Valvassori gestaltete Innenhof folgt mit seinem Arkadengang strengeren, klassischen Vorbildern. Im Park kann man den von den Brüdern Taddeo (1543-1615) und Giuseppe Carlone im Jahre 1599 erbauten Neptunbrunnen sehen. Mit der malerischen Innenausstattung der 1 000 Räume waren u.a. Gaspard Poussin und Pietro da Cortona (Deckengemälde im Großen Saal) befaßt. Der Palazzo ist noch immer im Besitz der Familie und birgt eine der bedeutendsten privaten Kunstsammlungen des 15. bis 18. Jh. Diese entstand in der zweiten Hälfte des 17. Jh. und enthält Malereien, Fresken, Skulpturen vor allem italienischer und flämisch-niederländischer Meister.

viele Landschaften von Pusin] Gaspard Dughet/Poussin erfreute sich in den 1640er und 1650er Jahren der besonderen Gunst des aus der Familie Pamphilj stammenden Papstes Innozenz X. Das ist auch der Grund dafür, daß der Maler zur Innenausstattung der verschiedenen Immobilien der Familie herangezogen wurde: Als Dekor für den Palazzo Doria-Pamphilj an der Via del Corso fertigte er bis 1654 eine Folge von Tempera-Landschaften und für den Thronsaal des Hauses eine Serie von Staffeleibildern. Auch das Landhaus der Pamphilj in Valmontone schmückte er 1658 mit Landschaftsfresken. Der Palazzo Pamphilj an der Piazza Navone wurde 1649-1651 mit vier Fresken ausgestattet (›Landschaft mit Ochsenhirt vor einem Höhleneingang‹, ›Landschaft mit Fischern und einem Wasserfall‹, ›Seestück‹, ›Landschaft mit einem sich am Flußufer erfrischenden Mann und einem Fischer‹). Viele der

Bilder wurden bei Umbauten der jeweils anderen Gebäude in der Galleria Doria-Pamphilj versammelt und finden sich noch heute dort. Dazu gehören die ursprünglich aus der Villa Belrespiro (s. Komm. (7) 23.10.1788) stammende ›Stürmische Landschaft mit der Flucht nach Ägypten‹ (1645-1647, 86 × 136 cm), die ›Kaskade mit Felsen‹ (1651-1653, 185 × 67 cm), ›Grotte und Felsen‹ (1651-1653, 217 × 63 cm), das ›Dorf auf einer Felsenkuppe‹ (1651-1653, 188 × 48 cm) und der ›Wald mit zwei Zypressen‹ (1651-1653, 275 × 385 cm). Im Salone del Possino des Palazzo hängen auch die ›Kaskade mit Dickicht‹ (1651-1653, 102 × 298 cm) und die ›Sumpflandschaft‹ (1651-1653, 101,5 × 194,5 cm), die ›Felslandschaft mit Bächlein‹ (1651-1653, 99 × 192 cm) und die ›Wilde Landschaft mit Felsen und Bach‹ (1651-1653, 98 × 192 cm) sowie ›Ponte Lucano‹ (1651-1653, 183 × 452 cm) und die ›Kaskade‹ (1651-1653, 183 × 453 cm), die Papst Innozenz X. ursprünglich beide für den Vorsaal zu den Repräsentationsräumen bestimmt hatte. – Außer den von den Reisenden so hervorgehobenen Landschaftsbildern zeigt die Galleria Doria-Pamphilj heute auch sieben religiöse Darstellungen aus dem Besitz Papst Innozenz' X., die Dughet zusammen mit Guillaume Courtois (1628-1679) gemalt hatte.

wie einer der Vorfahren dieses Hauses die Genueser ... in ihre Rechte einsezt] Gemeint ist Andrea Doria (1468-1560), der, einer armen Seitenlinie der Familie entsprossen, sich in fremden Diensten (Urbino, Sforza, Neapel, Frankreich) zum Feldherrn und Staatsmann ausbildete. Durch Getreidelieferungen an das durch seine, die französische, Flotte belagerte Genua 1527 und im Jahr darauf durch den Übertritt auf die Seite Kaiser Karls V. (1500-1558), der Genua für viele Jahre wieder die vollständige Souveränität brachte, erwarb er die Herrschaft über die Stadt und blieb auch über die Unruhen nach der Verschwörung des Giovanni Luigi Fiesco († 1547) hinaus der Erste Bürger der Freien Stadt Genua.

schlafende Magdalene von Caravage] Die ›Büßende Maria Magdalena‹ von Caravaggio entstand 1593/94 (Öl auf Leinwand, 122,5 × 98,5 cm) für einen unbekannten Auftraggeber, kam an den Neffen Papst Clemens' VIII. (1536-1605), Pietro Aldobrandini (1571-1621), und befindet sich noch immer in der Galleria Doria-Pamphilj. Die Heilige scheint in der Tat im Sitzen eingeschlafen zu sein, daher die Bezeichnung Louise von Göchhausens.

Opfer Abrahams von Titian] Das 1543/44 entstandene ›Opfer Abrahams‹ (Öl auf Leinwand, 328 × 284,5 cm) von Tizian war zusammen mit ›Kain tötet Abel‹ (298 × 282 cm) und ›David und Goliath‹ (300 × 285 cm) als Deckengemälde für das Mittelschiff der Kirche Santo Spirito in Isola zu Venedig geplant. Auch ein Altarblatt sollte entstehen, das jedoch unmittelbar nach der Lieferung zerstört wurde und 1546 neu gemalt werden mußte. Tizian hatte den Auftrag 1542 erhalten, nachdem Vasari, der zunächst 1541 damit betraut worden war, die Lagunenstadt verlassen hatte. Nach der Aufhebung des Augustinerordens wurden die drei Gemälde in die im 17. Jh. erbaute Kirche Santa Maria della Salute zu Venedig gebracht, wo sie an der Decke der großen Sakristei verankert wurden. In der Galleria Doria-Pamphilj hing möglicherweise eine Kopie.

Cristus am Creuz von Michel Angello] Das einzige Michelangelo sicher zuzuschreibende Tafelgemälde ist die ›Heilige Familie‹ (1505/06, Öl und Tempera auf Holz, Durchmesser 120 cm), die sich heute in den Uffizien zu Florenz befindet. Bei zwei anderen Bildern, der unvollendeten ›Madonna di Manchester‹ (102 × 76 cm) und der ›Kreuzabnahme‹ (um 1508, 159 × 149 cm), beide in der National Gallery in London, sind die Zuschreibungen unsicher. Andere Bilder Michelangelos sind nicht bekannt, so daß das hier besichtigte Gemälde wohl nicht von Michelangelo stammt.

Johanes] ›Der Heilige Johannes der Täufer an der Quelle‹ (1652, Öl auf Leinwand, 227 × 180 cm) war einst Eigentum Innozenz' X. (1574-1655) a.d.H. Pamphilj und ist heute wieder in der Galleria Doria-Pamphilj zu sehen.

der verlohrene Sohn] Das Gemälde ›Der verlorene Sohn‹ (Öl auf Leinwand, 114 × 153,5 cm) in der Galleria Doria-Pamphilj wurde zwar in der Vergangenheit Guercino zugeschrieben; heute jedoch zweifelt man diese Provenienz an oder lehnt sie gar ab. Möglicherweise ist es ein Bild aus Guercinos Werkstatt.

Heilige Angnes auf den Scheiderhaufen] ›Die Heilige Agnes auf dem Scheiterhaufen‹ (Öl auf Leinwand, 226 × 178 cm; Galleria Doria-Pamphilj in Rom), auch genannt ›Das Martyrium der Heiligen Agnes‹, malte Guercino 1653.

Papst Inozens x von Velaskes] Das Gemälde ›Papst Innozenz X.‹ (1650, Öl auf Leinwand, 140 × 120 cm; Galleria Doria-Pamphilj in Rom) ist eines der berühmtesten Porträts von Velazquez.

schlafente Cristus auf den Schoß der Marie von Guido] Das Bild der ›Jungfrau mit dem schlafenden Christuskind im Schoß‹ (1627/28, Öl auf Leinwand, 65 × 50 cm) befindet sich noch immer in der Galleria Doria-Pamphilj zu Rom.

2 vortreffliche Landschaften] In der Galleria Doria-Pamphilj sind für diese Zeit sechs Landschaftsbilder Claude Lorrains nachweisbar: ›Landschaft mit Apoll und Merkur‹ (1645, Öl auf Leinwand, 55 × 45 cm), ›Landschaft mit Cephalus und Procris‹ (1645/46, Öl auf Leinwand, 55 × 45 cm), die als Pendants von Camillo Pamphilj (1622-1666) in Auftrag gegeben worden waren; ›Idyllische Landschaft‹ (1646/47, Öl auf Leinwand, 69 × 91 cm; Museum der Schönen Künste, Budapest); ›Ansicht von Delphi mit einer Prozession‹ (1648-1650, Öl auf Leinwand, 150 × 200 cm; Galleria Doria-Pamphilj in Rom); die beiden von Louise von Göchhausen herausgehobenen Darstellungen scheinen die ›Landschaft mit der Ruhe auf der Flucht nach Ägypten‹ (um 1639, Öl auf Leinwand, 100 × 125 cm) und die ›Landschaft mit tanzenden Figuren‹ (1648/49, Öl auf Leinwand, 150 × 200 cm), beide noch heute in der Galleria Doria-Pamphilj, zu sein.

Besuch der Magdalene und Maria] Garofalos 1518 entstandenes, noch immer in der Galleria Doria-Pamphilj befindliches Gemälde stellt nicht den Besuch der Magdalena, sondern den ›Besuch der Elisabeth bei der Heiligen Jungfrau‹ (Öl auf Holz, 260 × 162 cm) dar.

fünf Gemälde in eine Capelle] Pietro Aldobrandini (1571-1621), Neffe des Papstes Clemens VIII. (1536-1605) und Kardinalstaatssekretär, beauftragte 1603 Annibale Carracci mit der Ausschmückung seiner Privatkapelle im damaligen Palazzo Aldobrandini. Alte Pläne zeigen, daß diese bei der Restaurierung des Palastes durch die Doria-Pamphilj zerstörte Kapelle zwei große, zwei mittlere und zwei kleine bogenförmige Wandflächen hatte. Die daran befindlichen Kunstwerke wurden im 17. Jh. in die Villa Aldobrandini verbracht, kehrten jedoch durch Erbschaft wieder in den Palazzo zurück. Die ›Landschaft mit der Flucht nach Ägypten‹ (1604, Öl auf Leinwand, 122 × 230 cm), eine klassisch komponierte und proportionierte ideale Landschaftsdarstellung, die in dieser Hinsicht Maßstäbe für die Malerei des 17. und 18. Jh. setzte, war wohl an der großen Wand vor dem Altar angebracht, rechts jenes Einganges, der heute zum Aldobrandini-Zimmer führt. Auch die ›Landschaft mit der Kreuzabnahme‹ (1604, Öl auf Leinwand, 120,5 × 189 cm) wurde wohl noch von Carracci ausgeführt. Doch wegen dessen Erkrankung übernahmen andere Künstler die Umsetzung der Entwürfe Carraccis für die übrigen Bilder: Die ›Landschaft mit dem Besuch Mariae‹ (nach 1604, Öl auf Leinwand, 93,5 × 126,5 cm) stammt wohl von Francesco Albani, assistiert von Sisto Badalocchio (1581-1647), die ›Landschaft mit der Anbetung der Hirten‹ (nach 1604, Öl auf Leinwand, 94 × 127 cm) fertigte wohl Badalocchio unter Aufsicht Albanis, die ›Landschaft mit der Anbetung der Könige‹ (nach 1604, Öl auf Leinwand, 120 × 225 cm) vollendete Francesco Albani mit Giovanni Lanfranco (1582-1647) und unter Assistenz von Badalocchio, und die ›Landschaft mit der Himmelfahrt Mariae‹ (nach 1604, Öl auf Leinwand, 121 × 189,5 cm) wurde wohl von Francesco Albani allein gemalt.

Landschaft mit geistlichen Geschichten] Gemeint ist wohl die ›Landschaft mit Maria Magdalena‹ (1600/01, Öl auf Leinwand, 51,5 × 67 cm), die sich noch immer in der Galleria Doria-Pamphilj befindet. Eine Kopie des Bildes, die jedoch die Landschaft weitestgehend eliminiert, ist in der Dulwich College Picture Gallery in London zu sehen.

ein toder Cristus … von Hanibal Carage] Hier ist die noch heute im Palazzo Doria-Pamphilj befindliche Kopie der ›Pietà‹ von Annibale Carracci gemeint. Sie ist die beste der vielen Kopien dieses Werks. 1788 fanden Meyer und Bury eine weitere Kopie in der Galleria Farnese und hielten sie ebenso wie Angelica Kauffmann im Gegensatz zu den im Palazzo Doria-Pamphilj und in der Galleria Rospigliosi befindlichen für das Original. Sie kauften das Bild für 16 Scudi und boten es Goethe an. Dieser verhielt sich zurückhaltend, Herzogin Anna Amalia bzw. Herzog Carl August jedoch kauften 1793 die Erwerbung der beiden für die herzoglichen Kunstsammlungen an, die heute im Besitz der Klassik Stiftung Weimar ist (Inventar-Nr. G 187). Nach übereinstimmender Meinung der heutigen Kunsthistoriker ist das Original jenes in Neapel (s. Komm. (2) 5.9.1789).

2 *Gemälde Köpfe*] In der Galleria Doria-Pamphilj befindet sich heute das Bild ›Zwei betende Mönche‹ (30 × 43 cm), das jedoch kein Original von Qentin Massys' Hand ist, sondern eine Kopie oder Werkstattreplik zu sein scheint.

Caneletti] Keine der zahlreichen von Canaletto überlieferten Ansichten Venedigs konnte mit der Galleria Doria-Pamphilj in Rom in Verbindung gebracht werden.

Hird ... über Laocon] Hirts Text über ›Laokoon‹ wurde erst 1797 in Schillers ›Horen‹ veröffentlicht (10. Stück, 1-26; 12. Stück, 19-28). Doch bereits im Frühjahr 1789 beschäftigte er sich mit diesem Thema, wie sein Brief an Goethe vom 4.4.1789 belegt: Hierin betonte er, daß seine Bemerkungen über das Kunstwerk im Gegensatz zu Lessings, Winckelmanns und Herders Auffassung stünden. Anders als Lessing nehme er an der Laokoongruppe »nicht einen gemilderten, sondern den höchsten Ausdruck« wahr und bestreite, »daß nicht die stille Ruhe, der gemilderte Ausdruck, und überhaupt diese Art von Schönheit das erste Grundgesez der bildenden Künste sey, sondern Bedeutung, Karakteristik, Wahrheit« (Regestausgabe I, Nr. 352).

3.3.1789

Gallerie Borgese] Diese nur mit den vatikanischen Kunstschätzen vergleichbare Sammlung von Gemälden und Skulpturen (Abb. s. Bussaglio, 531) war durch den Kardinal Scipione Caffarelli Borghese (1576-1633) gegründet und 1682 durch die umfangreiche Kunstsammlung der Olimpia Pamphilj (1623-1681) a.d.H. Aldobrandini beträchtlich erweitert worden. Paolo Aldobrandini a.d.H. Borghese (1733-1792) brachte sie im letzten Drittel des 18. Jh. im Erdgeschoß des Palazzo Borghese unter. Später kam auch sie ins Museum der Villa Borghese. Der Stadtpalast der Borgheses, in dem sich die Galerie befand, ist einer der prächtigsten in Rom. Er wurde Ende des 16. Jh. errichtet und trägt seiner Form wegen den Namen ›Il Cembalo‹. Der Portikus des inneren Hofes wird von 96 Granitsäulen getragen.

Zimmer des Onkels des Prinzen Borgese, Prinz Altobrandini] Der letzte Fürst Aldobrandini hinterließ Titel und Besitz seiner einzigen Tochter Olimpia (1623-1681), Principessa di Medola e Sarsina e di Rossano, die in erster Ehe seit 1638 mit Paolo Borghese (1624-1646), in zweiter Ehe seit 1647 mit Camillo Pamphilj (1622-1682) verheiratet war. Ihr Sohn Giovanni Battista Pamphilj (1648-1709), seit 1671 vermählt mit Violante Facchinetti (1649-1716), wurde Erbe der Aldobrandinis und vermachte seinerseits Titel und Besitz an seine älteste Tochter Olimpia (1672-1731), die 1697 Filippo II. Colonna (1663-1714), Principe di Paliano, ehelichte. Beider Tochter Agnesa (1702-1780) heiratete 1723 Camillo Borghese (1693-1763). Nach dem Aussterben der Familie Pamphilj 1760 und einer kurzen Verwaltung der herrenlosen Güter durch den Vatikan wurden 1767 die aus dem Erbe Olimpia Aldobrandinis stammenden Besitztümer und Rechte mit Namen und Titeln als Sekundogenitur an das Haus Borghese vererbt. Herr dieser Sekundogenitur war 1789 der zweitgeborene Sohn Agnesa und Camillo Borgheses, Paolo Borghese, Principe di Aldobrandini (1733-1792), der Bruder des regierenden Fürsten Marcantonio Borghese. Ob sich die Bezeichnung ›Onkel‹ daher (fälschlich) auf ihn oder auf einen früheren Verwandtschaftszusammenhang bezieht, muß hier offen bleiben.

Cristus mit den Schriftgelerten] Es handelt sich um eine falsche Zuschreibung. Dieses lange Zeit als ein Leonardo angesehene Gemälde (1515-1530, Öl auf Holz, 72,4 × 85,7 cm) stammt von Bernardino Luini (um 1480-1532), wurde 1798 an Alexander Day (um 1751-1841) verkauft und gelangte so nach Großbritannien. Heute befindet es sich in der National Gallery, London. – Von Leonardo da Vinci ist dagegen heute keine solche Darstellung bekannt. Allerdings hatte Isabella d'Este (1474-1539), die Markgräfin von Mantua, dem Künstler 1504 den Auftrag erteilen lassen, Jesus im Alter von zwölf Jahren, dem Alter, in dem er mit den Schriftgelehrten im Tempel disputiert hatte, zu malen und zwar unter Verwendung einer Zeichnung, die er vom Gesicht der Fürstin einige Zeit zuvor angefertigt hatte. Der Auftrag wurde nie ausgeführt (Nicholl, 474).

Hyronimus] Heute befinden sich wenigstens zwei Hieronymus-Darstellungen in der Galleria Borghese: ›Der Heilige Hieronymus‹ (1605/06, Öl auf Leinwand, 157 × 112 cm) von Caravaggio und ›Der Heilige Hieronymus büßend‹ von Federico Barocci, so daß eine klare Identifizierung nicht möglich ist.

Grabmal des General Schernisew] s. Komm. (4) 11.10.1788.

4.3.1789

Mengs seinen Gemälde] s. Tb und Komm. (1) 2.3.1789.

Künster] ältere Form von ›Künstler‹ (DW XI, 2691).

5.3.1789

Apoll der die Haar nach Horaz im Castalischen Quell badet] Nachdem Apoll die am ehemaligen Gaia-Heiligtum zu Delphi lebende Schlange Python überwunden hatte, reinigte er der Legende nach die Quelle Kastaleia, die den Dichtern günstig ist, und wusch sein Haar darin. Seitdem war sie in der Antike Ort der Reinigung für Besucher des neuen Apollon-Heiligtums zu Delphi (Horaz, Oden III, 4, S. 57-59). – Das Bild von Gavin Hamilton konnte nicht ermittelt werden.

Geschichten vom Pitagoras] Salvatore Rosa malte zwei Begebenheiten aus dem Leben des Pythagoras, die zunächst im Besitz des Fürsten Antonio Ruffo (1706-1753) in Messina waren, bevor Gavin Hamilton sie beide nach Großbritannien brachte, wo sie bis ins 20. Jh. in verschiedenen Sammlungen zu sehen waren: ›Pythagoras und die Fischer‹ (1662, Öl auf Leinwand, 127 × 187 cm) ist heute Eigentum der Stiftung Preußischer Kulturbesitz, ›Pythagoras steigt aus der unterirdischen Behausung‹ (1662, Öl auf Leinwand, 132 × 189 cm) befindet sich in Fort Worth.

Tintoret] Nach Anna Amalias Notizen handelte es sich um eine Darstellung der Heiligen Familie an der Krippe des Kindes (ThHStAW, HA.A.XVIII.154, Bl. 25 r), die aber nicht identifiziert werden konnte. Zwei solcher Bilder sind bekannt, sie werden jedoch erst in neuerer Zeit als Werke Tintorettos aus den Jahren 1538/39 angesehen, und es fand sich auch kein Beleg dafür, daß sie je in Rom zu sehen gewesen wären: Eines (Öl auf Leinwand, 85 × 115 cm), bislang als ein El Greco angesehen, befindet sich in venezianischem Privatbesitz, das andere (Öl auf Leinwand, 94 × 114 cm) stammt aus dem Besitz der Familie Mocenigo in Venedig, befand sich 1927 in Amsterdam und wurde erstmals 1921 Tintoretto zugeschrieben.

Heilige Marie mit der Glorie von Engeln] Dieses Gemälde von Polidor de Caravaggio konnte nicht ermittelt werden.

andern Engländer] Anna Amalia nennt seinen Namen: George Manley (ThHStAW, HA.A.XVIII.154, Bl. 25 r).

Heiliger Franciscus der das Kind Jesu auf den Schoos der Maria anbedet] Auch nach der ausführlicheren Beschreibung Anna Amalias (ThHStAW, HA.A.XVIII.154, Bl. 25) konnte das Bild nicht identifiziert werden. Eines mit ähnlichem Sujet von Lodovico Carracci, ›Die Heilige Familie mit dem Heiligen Franciscus‹ (1591, Öl auf Leinwand, 225 × 166 cm), befindet sich in der Pinacoteca civica zu Cento. Es war von der Familie Piombini in Cento für die gerade fertiggestellte Kapuzinerkirche gestiftet und von den französischen Truppen 1796-1815 nach Paris verschleppt worden.

Findung Moses] Ob man bei James Durno ein eigenhändiges Bild Paolo Veroneses zu sehen bekam und welches, muß offen bleiben. Es gibt noch heute eine Reihe von Bildern dieses Sujets von Veronese oder aus seiner Werkstatt, die Varianten dieses Stoffes bieten. Eines davon, die ›Errettung des Mosesknaben aus den Fluten des Nils‹ (Öl auf Leinwand, 50 × 43 cm), befindet sich heute im Museo del Prado zu Madrid, andere sind in Dresden, Lyon, Washington, Liverpool und anderen Galerien der Welt zu sehen.

eine von Nicolo Busin ... ein Hird, sehr schön] Hier handelt es sich wohl um eine Kopie der ›Landschaft in Ruhe‹ (Öl auf Leinwand, 97 × 131 cm), die Poussin 1651 zusammen mit dem Pendant ›Landschaft im Sturm‹ (Öl auf Leinwand, 99 × 132 cm) für den Lyoneser Bankier Jean Pointel malte. Beide Originalbilder waren wohl nie in Italien und befinden sich heute in Sudeley Castle, Morrison Trustees bzw. im Musèe des Beaux-Arts, Rouen. – ›Landschaft in Ruhe‹ zeigt in der Tat eine Landschaft mit See, an dessen diesseitigem Ufer ein Hirte, gestützt auf seinen Stab, eine Ziegenherde hütet, während das andere Ufer von Gebäuden und Bergen bestimmt wird.

Marie mit dem Kinde] s. Komm. (7) 2.3.1789. Anna Amalia scheint das Ölgemälde der Maria mit dem Kind, neben der ein Korb mit ihren Arbeitssachen steht, nicht für einen eigenhändigen Michelangelo zu halten, sondern eher für das Werk eines seiner Schüler (vgl. ThHStAW, HA.A.XVIII.154, Bl. 26 r).

6.3.1789

Conversation] s. Komm. (4) 3.9.1788.

Venetianischen Gesanden] Gemahlin Pietro Donados.

7.3.1789

an Knebel] s. Deetjen, 85-87.

State zito ... il Spirito del'anima] Bleibt still, weil ihr mich schon gelangweilt habt.

Adesso mi pilla la rebia ... a la io patisco] Jetzt ergreift mich die Wut, steigt mir in den Kopf, und dort leide ich Schmerzen.

8.3.1789

Bachus Tempel ... jezt die Kirche der Heiligen Constanzia] Die Kirche Santa Constanza, heute ein Teil des Komplexes von Sant'Agnese an der Via Nomentana, wurde 1254 aus einem im 4. Jh. errichteten Mausoleum für die Tochter Kaiser Konstantins, Constantia, und ihre Mutter Helena umgebaut. Es war ein Zentralbau, in dem nun ein niedriger, zum Kuppelbau hin durch Säulen abgetrennter Ringkorridor mit Nischen und dekorativen Mosaiken (geometrische Muster, Weinranken, Stilleben, dionysische Szenen; Abb. s. Bussagli, 167, 194 f., 304 f.) verläuft. In den Nebenapsiden finden sich mit den Darstellungen der Gesetzesübergabe durch Christus an Petrus (traditio legis) und der Schlüsselübergabe Mosaike des 4. Jh., die damals neue Bildinhalte in prächtiger Weise zeigen. Das Mosaik der Kuppel fehlt zum Teil, hier waren die damals beliebtesten biblischen Geschichten zu sehen.

Gemalin Constantin des Großen] Flavia Maximiana Fausta.

Monte Cavallo ... Statuen] s. Komm. (1) 17.10.1788.

9.3.1789

Gallerie Barbarini Palestrina] Carlo Barberini († 1630), Bruder Papst Urbans VIII. (1568-1644), kaufte die Ortschaft Palestrina (lat. Praeneste) am Monte Glicestro, seit dem 8. Jh. zum Kirchenstaat gehörig, 1630 von der Familie Colonna, wollte jedoch deren Palais nicht übernehmen. So beauftragte Kardinal Francesco Barberini (1597-1679) 1636-1640 Pietro da Cortona mit der Restaurierung des aus dem 1. Jh. v. Chr. stammenden antiken Tempels der Fortuna Primigenia, einer der bedeutendsten Orakelstätten im antiken Italien, vergleichbar dem griechischen Orakel von Delphi. Dieses Orakel wurde 392 n. Chr. geschlossen. Der Neubau des Palastes entlang der halbrunden Wand dieses alten Tempels vermittelt den Eindruck, als ginge der Tempel in den Palazzo Barberini über. Seit 1956 ist der Palazzo Sitz des Museo Nazionale Prenestino, dessen wichtigstes Exponat das aus dem Fortuna-Tempel gerettete Mosaik ›Überschwemmung des Nils‹ ist. – Allerdings scheint es nicht korrekt zu sein, daß man an diesem Tag den Palazzo Barberini in Palestrina besuchte, wie die nachträgliche Einfügung glauben macht, denn die nachfolgend genannte ›Magdalena‹ von Guido Reni befand sich wohl im römischen Palast der Barberinis (vgl. Vigée-Lebrun I, 153 f.). Dieser entstand nach Entwürfen Carlo Madernos (1556-1629) unter Mitarbeit von Giovanni Lorenzo Bernini und Francesco Borromini (1599-1667) auf einem Weinberg, der durch die städtebauliche Neugestaltung Roms unter Papst Sixtus V. (1521-1590) nicht vor der Stadt, sondern in deren Zentrum lag. Der Palazzo, ursprünglich mit einem U-förmigen Grundriß wie eine ländliche Villa geplant, erhielt schließlich einen H-förmigen Grundriß, der die Front des Gebäudes der neuen Straße entzog. Die Gartenfront ist in allen drei Etagen durch Arkaden und verglaste Loggien gegliedert. Die Ausschmückung des um 1630 vollendeten Palastes übergab Papst Urban VIII. (1568-1644) a.d.H. Barberini u.a. Andrea Sacchi (Fresko ›Die göttliche Weisheit‹) und Pietro da Cortona (Fresken, ›Die über Zeit und Schicksal gebietende Vorsehung‹, ›Pallas Athene erschlägt den Giganten‹, ›Silen und die Satyrn‹, ›Herakles verjagt die Harpyien‹, ›Die Klugheit schließt die Tore des Janus-Tempels‹). Im Palazzo, seit 1949 in staatlichem Besitz, sind die Wohnräume der Barberini im 2. Obergeschoß zu besichtigen sowie der aus der Kunstsammlung der Familie, zu der früher auch der Barberinische Faun (s. unten) gehört hatte, hervorgegangene Teil der Galleria Nazionale d'Arte Antica.

Magdalene von Guido] Die Sammlung der Familie Barberini enthielt zwei Darstellungen der Magdalena von Guido Reni. Die ›Büßende Magdalena‹ (Öl auf Leinwand, 175 × 135 cm; Sammlung Francesco Micheli), eine halbfigurige Darstellung der Heiligen, entstand um 1627 im Auftrag des Kardinals Lelio Biscia (um 1573-1638). Doch Kardinal Antonio Barberini (1569-1646), der das entstehende Werk zufällig sah, erwarb es für sich, da Biscia noch keine Anzahlung geleistet hatte. Das Gemälde wurde von so vielen Menschen bewundert, daß die Barberini es an verschiedene Künstler ausliehen, die Kopien anfertigten. Eine andere, ganzfigurige Version (1631/32, Öl auf Leinwand, 231 × 152 cm; Galleria Nazionale d'Arte Antica im Palazzo Corsini) war eine testamentarisch für Antonio Barberini bestimmte Hinterlassenschaft des Kardinals Antonio Santacroce (1598-1641). Bis 1812 blieben beide Darstellungen in der Sammlung Barberini.

2 Schwestern die eine klug die andere eidel] Ein solches Bild von Leonardo da Vinci konnte nicht nachgewiesen werden. Es handelt sich vielmehr um die falsche Zuschreibung des 1515 von Bernardino Luini (um 1480-1532) geschaffenen allegorischen Gemäldes ›Bescheidenheit und Eitelkeit‹, das sich heute in der Sammlung Rothschild, Paris, befindet.

verschiedene Claude de Lorin] Die Familie Barberini besaß am Ende des 18. Jh. eine ganze Reihe von Werken Lorrains, die zumeist Papst Urban VIII. (1568-1644) a.d.H. Barberini in Auftrag gegeben hatte: ›Landschaft mit Bauerntanz‹ (1637, Öl auf Leinwand, 71 × 100,5 cm; 1798 verkauft, Privatbesitz des Earl of Yarborough); ›Seehafen‹ (1637, Öl auf Leinwand, 74 × 99 cm; 1798 verkauft, Privatbesitz des Duke of Northumberland); ›Hafenszene‹ (1628, Öl auf Leinwand, 73 × 96 cm; Privatbesitz des Marquess of Bute), das

Bild entstand im Auftrage des Kardinals Angelo Giorio (1586-1662) und wurde später an die Barberini verkauft; die ›Idyllische Landschaft mit Castel Gandolfo‹ (1639, Öl auf oktogonaler Kupferplatte, 30,5 × 37,5 cm) war bis 1934 im Besitz der Familie Barberini, stand dann zum Verkauf und wurde von der Principessa Henriette Barberini zurückgekauft; ›Küstenszene‹ (1638, Öl auf Kupfer, 42 × 52,5 cm; 1934 verkauft, seit 1942 Institute of Art, Detroit); ›Landschaft mit dem Hafen von Santa Marinella‹ (1639/40, Öl auf oktogonaler Kupferplatte, 30 × 37 cm) gelangte wie auch das folgende Bild zu Beginn des 19. Jh. als Erbschaft in die Sammlung Sciarra, aus der es Eugène (1807-1886) und Auguste Dutuit (1812-1892) erwarben und 1902 der Stadt Paris (Petit Palais) schenkten; ›Landschaft mit Flucht nach Ägypten‹ (1645, Öl auf Kupfer, 40 × 52 cm) wurde 1893 aus der Sammlung Sciarra für das Musée des Beaux-Arts zu Strasbourg erworben.

schlafente Faun] Der ›Barberinische Faun‹ (Marmor, 178 cm) ist eine hellenistische Arbeit aus der Zeit um 220 v. Chr. Die Statue, ein mit geöffneten Armen und Beinen an einen Fels gelehnt schlafender Satyr, die wohl als Brunnenfigur in den kaiserlichen Gärten zu Rom diente, wurde bei Befestigungsarbeiten an der Engelsburg zwischen 1624 und 1641 gefunden und von Papst Urban VIII. (1568-1644) a.d.H. Barberini in seine Familiensammlung gebracht. Ergänzungen am rechten Bein, am linken Arm und am Felsen sind jüngeren Datums. Heute ist sie im Besitz der Glyptothek München.

Guvernatore] Gouverneur, Statthalter, hier: Hofmeister.

Spanische Gesande] José Nicolás de Azara.

Tenor aus Neapel, Martini] Andrea Martini, wenn er hier gemeint ist, stammte nicht aus Neapel, sondern aus Siena, und war ein Kastrat.

10.3.1789

Gallerie Santa Croce] Die Familie Santacroce besaß zwei Paläste in Rom: Der jüngere, in der Nähe der Kirche San Carlo ai Catinari gelegen, wurde 1630-1640 durch Francesco Peparelli († 1641) gebaut, 1670-1672 durch Giovanni Antonio de' Rossi (1616-1695) vergrößert und war wohl derjenige, in dem die Bildersammlung der Familie präsentiert wurde – über sie konnte nichts Näheres ermittelt werden. De' Rossi war auch der Schöpfer des kleinen Gartens im Inneren des Palastkomplexes mit seiner barocken Brunnengestaltung. Der ältere Palazzo Santacroce in der Via dei Falegnami entstand bereits Ende des 15. Jh. und hat in Rom einmalige Dekorationen.

4 Albanos] Anna Amalia bezeichnet diese vier Bilder als die schönsten Albanos in Rom, doch auch sie erläutert die Sujets nicht (ThHStAW, HA.A.XVIII.154, Bl. 28 v).

Himmelfarth Marie von Guido] Das Sujet der Himmelfahrt Mariae ist unter Guido Renis Gemälden sehr zahlreich vertreten. Auch wurde eines davon (1619, Öl auf Leinwand, 442 × 287 cm), welches die Familie Durazzo für San Ambrogio in Genua 1616 in Auftrag gab und das sich heute in der Pinacoteca Nazionale in Bologna befindet, damals so berühmt, daß man es häufig kopierte. Andere originale Gemälde mit diesem Sujet befinden sich in der Chiesa Parrochiale zu Pieve di Cento (1549-1600, Öl auf Leinwand, 400 × 280 cm), in der Kirche Santa Maria della Terra zu Castelfranco Emilia (1627, Öl auf Leinwand, 228 × 147 cm), in der Akademie zu Wien und in der Alten Pinakothek München (1631-1642, Öl auf Seide, 208 × 295 cm). Keines konnte jedoch mit der Galerie der Familie Santacroce in Verbindung gebracht werden.

Kirche Saint André della Valle … Dominichin] Die römische Hauptkirche des Theatinerordens Sant'Andrea della Valle (Abb. s. Bussagli, 518; vgl. auch Goethe 1740, 230) wurde seit 1591 erbaut. Das einschiffige Langhaus mit den Seitenkapellen wurde durch Querhaus und Sanktuarium zu einer Kreuzform ergänzt. Die Fassade, von Carlo Maderno (1556-1629) begonnen, vollendete Carlo Rainaldi (1611-1691) in den Jahren 1656-1665. Die Kuppel, nach dem Petersdom die zweithöchste Roms, wurde 1625-1627 von Giovanni Lanfranco (1582-1647) mit Fresken gestaltet: Die ›Glorie Mariens‹ gilt als ein Höhepunkt der Barockmalerei. Im Auftrage des Kardinals Andrea Baroni Peretti Montalto († 1629) malte Domenichino 1623-1626 im Chor der Kirche Episoden aus dem Leben des Heiligen Andreas (u.a. ›Die Berufung von Petrus und Andreas‹, ›Die Geißelung des Heiligen Andreas‹, ›Der Gang des Heiligen Andreas zum Martyrium‹, ›Der Heilige Andreas zum Himmel auffahrend‹). Von ihm stammen auch die 1627/28 gemalten Fresken der vier Evangelisten mit ihren Symbolen im jeweils oberen Teil des Zwickels unter der Kuppel und allegorische Figuren wie ›Die Mäßigkeit‹ und ›Die Treue‹ von 1627. Die Cappella Barberini wird durch eine große Statue Johannes des Täufers von Giovanni Lorenzo Bernini dominiert. In dieser Kirche befindet sich seit 1614 auch das aus der Peterskirche überführte Grabmonument Papst Pius' II. (1405-1464), eine Arbeit von Paolo Romano (um 1415-1470).

Kirche San Carlo in Cadenato] Die Kirche San Carlo ai Catinari wurde 1636-1638 von Rosato Rosati im Auftrage der Mailänder Barnabiten in Rom errichtet, die den 1610 heilig gesprochenen Erzbischof Carlo Borromeo (s. Komm. (1) 10.9.1788), der ihren Orden zeitlebens unterstützt hatte, ehren wollten. Die Kirche wurde als Basilika mit Seitenkapellen gebaut, die Fassade aus Travertin entwarf 1635 Giovanni Battista Soria (1611-1670). Sie hat zwei Geschosse mit jeweils acht Pilastern: Im Erdgeschoß führen eine große und zwei kleine Türen in das Gotteshaus, im oberen dominiert ein Balkon den Bau, der von einem Tympanon gekrönt ist. Diese drittgrößte Kirche Roms weihte Kardinal Lorenzo Corsini, der spätere Papst Clemens XII. (1652-1740), am 19.3.1722. Das Interieur ist reich an Barockwerken: Das Altarblatt des Hochaltars aus dem Jahr 1667, das San Borromeo mit einem Heiligen Nagel in einer Prozession zeigt, stammt von Pietro da Cortona, der Altar selbst wurde von Martino Longhi d. J. (1602-1660) geschaffen. In der

Apsis findet sich das ovale Gemälde ›Der betende Carlo Borromeo‹ von Guido Reni. Die Kapellen sind jeweils verschiedenen Heiligen gewidmet (Santa Maria, San Blasio, Santa Cecilia u.a.); die Gegenfassade haben die Brüder Mattia (1613-1699) und Gregorio Preti (1603-1672) mit Fresken zu Carlo Borromeos Leben geschmückt. In der Sakristei ist ein von Algardi (1598-1654) entworfenes, mit Marmor, Glas und Perlmutt ausgelegtes Kruzifix zu sehen. Die Kirche beherbergt heute auch das Triptychon ›Mutter Gottes mit dem Kind und den Heiligen Johannes dem Täufer und Michael‹ von Leonardo da Roma, das die Familie Catellini 1453 eigentlich für die Kirche Santa Barbara dei Librai in Auftrag gegeben hatte.

4 *Tugenden*] Hier ist die Darstellung der vier Kardinaltugenden Domenichinos in den Hängezwickeln von San Carlo ai Catinari gemeint. Sie sind paarweise analog konzipiert: Gerechtigkeit und Mäßigung sind als liegende Frauengestalten mit aufgestütztem Oberkörper dargestellt, Stärke und Vorsicht sind aufrecht sitzend und mit zur Kuppel erhobenem Blick wiedergegeben. Nach dem Willen des Kardinals Giovanni Battista Leni (1573-1627) sollte Guido Reni bzw. sein Schüler Giovanni Giacomo Sementi (1580-1636), der bereits den ›Ewigen Vater mit Engeln‹ im Zentrum der Kuppel gemalt hatte, mit der Ausschmückung der Kirchenkuppel beauftragt werden. Doch nach Lenis Tod vergab dessen Testamentsvollstrecker Scipione Caffarelli Borghese (1576-1633) die Vollendung derselben an Domenichino.

Teutschen Kirche Madona della Pace] Die Kirche Santa Maria della Pace wurde unter Papst Sixtus IV. († 1484) errichtet. Im 17. Jh. erarbeitete Pietro da Cortona einen Gesamtentwurf für den Platz vor der Kirche und gestaltete zugleich 1656/57 deren Fassade neu. Dieses Ensemble veranlaßte die Besitzer anliegender Häuser ebenfalls zur Errichtung neuer Fassaden, so daß der Platz vor der Kirche noch heute ein selten geschlossenes Barockensemble bietet. Die Fassade der Kirche fällt vor allem durch ihr plastisch modelliertes Obergeschoß mit einem dreieckigen Giebel und einem halbrund auf den Platz vorspringenden Portikus im Erdgeschoß auf (Abb. s. Bussagli, 511). Die innere Gestaltung der Kirche ist durch die von verschiedenen Künstlern gestalteten einzelnen Kapellen recht vielfältig. Die Reliefs in der Cappella Cesi stammen von Simone Mosca (1492-1553), andere Bildwerke von Vincenzo de' Rossis (1525-1587). Für die im Auftrage des Kardinals Ferdinando Ponzetti (1444-1527) aus Sorrent in Auftrag gegebene Cappella Ponzetti malte Baldassare Peruzzi (1481-1536) ein Altarbild, das die Madonna mit dem Kind, die Heiligen Katharina und Brigitta sowie den Kardinal selbst zeigt. Über dem Eingangsbogen zur Cappella Chigi, einem kompositorisch sehr schwierig zu bewältigenden Ort, gestaltete Raffael 1511 sein Sybillen-Fresko (Basis 615 cm), indem er Sybillen und Engel vor einem Vorhang darstellte. 1532 schuf Sebastiano del Piombo (um 1485-1547) ›Die Geburt Mariae‹, eine Ölmalerei auf Peperinblöcken, für eben diese Kapelle. Der zweigeschossige, 1500-1504 errichtete Kreuzgang dieser Kirche ist das erste Werk Bramantes in Rom.

11.3.1789

Gesandte von Venedig] Gemahlin Pietro Donados.

sein Monument] s. Komm. (4) 11.10.1788.

12.3.1789

Kirche Sankt Lorenzo fuondelle Mure] Die Kirche San Lorenzo fuori le Mura gehört zu den wichtigsten und ältesten Kirchen Roms. Sie war von Papst Pelagius im 6. Jh. bei einem Heiligtum erbaut worden, neben dem Symmachus († 514) eine habitacula, eine Unterkunft für die Armen der Gemeinde, hatte errichten lassen und so an den karitativen Auftrag der Kirche erinnerte. Papst Honorius III. († 1227) begann noch als Kardinal den Umbau der Pilgerbasilika, Innozenz IV. (um 1195-1254) vollendete ihn. Die alte Kirche, deren Apsis abgerissen wurde, diente dabei als Presbyterium des an der Westseite neu angebauten Sakralraums. Dieser war durch mit Architraven verbundene Säulengänge dreischiffig gegliedert, ein vorgebauter Portikus sowie ein Campanile bestimmten nun sein Äußeres. Im Inneren verwendete man wie im Vorgängerbau Ziegelsteine, die Außenwand wurde mit Tuffstein verkleidet. Die liturgische Einrichtung, zu der der Osterleuchter (Abb. s. Bussagli, 224, 256), Ambonen (Abb. s. Bussagli, 256), der Bischofsthron (Abb. s. Bussagli, 257), die Kathedra (Abb. s. Busagli, 258 f.) u.a. gehörten, wurde von einer im 12. bis 14. Jh. in Rom tätigen Gruppe von Marmordekorateuren (Kosmaten) durch bunte Mosaike in verschiedenfarbigen Marmorkörpern gestaltet.

13.3.1789

Sankt Peter] s. Komm. (2) 5.10.1788.

Capitol] s. Komm. (1) 9.10.1788.

Amor der den Bogen spant] Die Statue des Bogen spannenden Amors (parischer Marmor, Höhe 1,23 m, teilweise ergänzt) fand sich bei der Villa d'Este in Tivoli und wurde 1753 von Papst Benedikt XIV. (1675-1758) für das Kapitolinische Museum erworben, wo sie zunächst in der Stanza del Gladiatore, bald darauf in der Stanza del Fauno aufgestellt wurde. Es handelt sich wohl um eine römische Kopie nach einem bronzenen Original des Lysippos in Thespiai. Herder schrieb ein Gedicht auf das Kunstwerk ›Amor, der den Bogen spannt‹ (Herder 2003, 557).

der Fechter] s. Komm. (2) 9.10.1788.

Amor und Psyche] Die Figurengruppe (Grechetto, Höhe 1,25 m, teilweise ergänzt) wurde 1749 auf dem Aventin gefunden, von Papst Benedikt XIV. (1675-1758) dem Kapitolinischen Museum geschenkt und in der Stanza del Fauno aufgestellt. Herder schrieb ein auf diese römische Kopie eines späthellenistischen Originals bezügliches Gedicht ›Amor und Psyche‹ (Herder 2003, 557 f.).

Antinous] Der ›Kapitolinische Antinous‹ (lunensischer Marmor, Höhe 1,80 m, teilweise ergänzt) wurde 1723/24 in der Villa Adriana bei Tivoli gefunden, war zunächst Teil der Sammlung Albani und gelangte dann in die Kapitolinische Sammlung. Diese römische Statue, nach einem Original des frühen 4. Jh. v. Chr. gearbeitet, war im 17. und 18. Jh. die berühmteste und meistkopierte Darstellung des Hadrianlieblings.

Psyche] Die Statue der gequälten Psyche (lunensischer Marmor, Höhe 1,49 m, teilweise ergänzt) wurde bei der Villa d'Este in Tivoli gefunden, 1753 von Papst Benedikt XIV. (1675-1758) für das Kapitolinische Museum erworben und in der Stanza del Fauno aufgestellt. Wahrscheinlich geht die Skulptur auf eine Kopie einer Tochter der Niobe zurück, die durch die Ergänzungen eines römischen Bildhauers zur Psyche umgewandelt wurde.

14.3.1789

Meine Mutter] Charlotte Christiane von Göchhausen.

15.3.1789

Cardinal Stats Sekertair] Ignazio Boncompagni-Ludovisi.

Senator] Abbondio Faustino Rezzonico.

Lady Eren] Mary Creighton Viscountess of Erne.

Onkel] William Hervey.

Castelano di Sankt Angelo Ottoboni] Marco Boncompagni-Ludovisi-Ottoboni.

17.3.1789

zu verschiedenen Künstlern] Nach Anna Amalias Notizen war einer dieser Künstler der Landschaftsmaler Simon Denis (1755-1813), der sich 1786-1801 in Rom aufhielt und dann nach Neapel zog, ein anderer François (1745-1819) oder Jacques Sablet (1749-1803), die seit 1776 in Rom lebten (ThHStAW, Ha.A.XVIII.154, Bl. 30 v). Der Name des Engländers konnte nicht ermittelt werden.

ihr Mann] Antonio Zucchi.

Harfe ... dreyfach bezogen] Hiermit ist wohl die sogenannte dreireihig-chromatische Harfe gemeint, bei der die bis zu 100 Saiten in drei Reihen angeordnet sind. Zwei im Einklang gestimmte äußere Saitenebenen schließen dabei eine innere (für die chromatischen Zwischenstufen) ein.

18.3.1789

Maria mit den Toden Cristus auf den Schooß] s. Komm. (17) 2.3.1789.

attelier] Bury, Schütz und Rehberg wohnten in den Jahren 1788-1791 am Corso 18-20 in Rom.

zeichen] zeigen (vgl. Reichmann/Wegera § L56.3).

19.3.1789

Spanische Gesande] José Nicolás de Azara.

Concert] Das gedruckte Programm weist Musikstücke von Paisiello, Guglielmi, Cimarosa, Mozart (1756-1791), Sarti (1729-1802), Andreozzi (1763-1826) u.a. aus (ThHStAW, HA.A.XVIII.161, Bl. 17).

20.3.1789

Doge] Paolo Renier.

Amico sto male … fatte mi fare una bona figura] Lieber Freund, es geht mir schlecht. Ihr kennt meine Würde. Laßt mich eine gute Figur machen.

Serenissimo, faremo un poco di fiatico e un poco d'olio Santo] Durchlaucht, wir werden Euch ein wenig Viatikum (die dem Sterbenden zu reichende Kommunion – J. B.) und ein wenig Letzte Ölung geben.

Papst] Giovanni Angelo Braschi.

Serenissomo alzate la Voce!] Durchlaucht, sprecht lauter!

21.3.1789

Paris und Helena] Das riesige Gemälde ›Hektor hält Paris in Gegenwart der Helena seine Weichlichkeit vor‹ (Öl auf Leinwand, 294,7 × 363,3 cm), das für Ernst II. von Sachsen-Gotha-Altenburg bestimmt war, nahm Bezug auf den sechsten Gesang von Homers ›Ilias‹. Tischbein ließ es, als er Rom in Richtung Neapel verließ, zurück (vgl. Nachgeschichte, 13). Heute ist es Eigentum der Klassik Stiftung Weimar (Abb. s. Maisak, 90 f.).

23.3.1789

Kirche der Madonna del Popolo] s. Komm. (2) 30.10.1788.

Esequien] Beisetzungsfeierlichkeiten.

Portugisische Gesande] Joâo de Almeida.

24.3.1789

Pallast Chici] s. Komm. (2) 22.12.1788.

Pallast Altieri] Der Palazzo Altieri (Abb. s. Vincenti/Benzi/Schezen, 194-207) neben der Kirche Il Gesù wurde seit 1650 von Giovanni Antonio de' Rossi (1616-1695) zunächst im Auftrage des Kardinals Giambattista Altieri (1589-1654) errichtet. Dessen Bruder, der spätere Papst Clemens X. (1590-1676), dessen Wappen noch immer den Haupteingang ziert, vollendete den Bau. Da die Familie Altieri in der männlichen Linie auszusterben drohte, adoptierte man einen Verwandten aus der Familie Albertoni und konzipierte den Palast für zwei Familien, wie die zwei Höfe und vier Eingänge erkennen lassen. Der dreigeschossige Bau präsentiert an der Front zur Piazza drei verschiedene Fenstergestaltungen (dreieckige, halbrunde und pagodenförmige Giebel), die typisch für den Architekten waren. An einer der Hofseiten wurde das oberste Geschoß zurückgenommen und stattdessen eine Terrasse vorgebaut. Die Innengestaltung variiert von Raum zu Raum. Am bedeutendsten ist das Fresko ›Triumph der Milde‹ von Carlo Maratta (1625-1713), das den Erbauer, Clemens (der Milde), ehrt.

2 *Claude Lorins*] Die ›Landschaft mit dem Vater der Psyche, am Apollon-Tempel opfernd‹ (1663 Öl auf Leinwand, 174 × 220 cm; seit 1947 Privatbesitz, Großbritannien) und die ›Landschaft mit der Landung des Aeneas in

Latium‹ (1675, Öl auf Leinwand, 175 × 224 cm; seit 1947 Privatbesitz, Großbritannien) wurden um 1798/99 durch die Familie Altieri verkauft.

Portrait von Andreas Sacchi] Es ist kein Selbstbildnis von Andrea Sacchi bekannt. Jedoch galt lange Zeit ein Porträt Sacchis (Öl auf Leinwand, 67 × 50 cm) in der Sammlung Philipps V. von Spanien (1683-1746) im Palazzo San Ildefonso als Selbstbildnis, das sich heute im Prado zu Madrid befindet und als Werk von Carlo Maratta (1625-1713) betrachtet wird. Von diesem Bild weiß man, das es sich noch 1662 in Rom befand – Guillaume Vallet (1632-1704) fertigte 1661/62 nach dieser Vorlage einen Stich, unter dem er aber schon die Autorschaft Marattas festhielt. Das Bild, das die Weimarer zu sehen bekamen, mag eine Kopie des Maratta-Porträts gewesen sein.

Villa Borgese] s. Komm. (1) 13.10.1788.

Fechter] s. Komm. (2) 13.10.1788.

Porto d'Angio] Porto d'Anzio.

Millien] Meilen (ital. miglio); 1 italienische Meile entsprach etwa 1,5 Kilometer.

Apoll] Hier ist der Apoll von Belvedere (Marmor, 224 cm) gemeint, eine römische Kopie hadrianischer Zeit nach einem griechischen Bronzeoriginal von 320 v. Chr., die vermutlich Ende des 15. Jh. bei Porto d'Anzio gefunden und später im Belvedere-Hof des Vatikans aufgestellt wurde.

25.3.1789

Spanischen Expeditionairs] Hier ist wohl der Gesandte Azara gemeint.

Papst] Pius VI., s. Giovanni Angelo Braschi.

Kirche àla Minerva] Die Errichtung der Klosterkirche Santa Maria sopra Minerva war der letzte Bauauftrag Papst Nikolaus' III. (um 1215-1280). Der vom Dominikanerorden damals ausgehende Geist der Erneuerung spielte eine wichtige Rolle auch in der architektonischen Gestaltung dieses Klosters am Pantheon. Die Kirche ist mit ihren vierblattförmigen Pfeilern, den Spitzbögen und den schmalen Säulen an Wandpfeilern auf sonst schmucklosen Wänden der Kirche Santa Maria Novella in Florenz so ähnlich, daß man diese als direktes Vorbild ansehen muß. Später erfuhr der Innenraum massive Veränderungen: Eine fünfeckige Apsis wurde angefügt, die Seitenschiffe mit ihrem ursprünglich offenen Gebälk wurden im 14. Jh., das Hauptschiff 1453 mit einem Gewölbe überspannt. Erheblich griffen Restaurierungsarbeiten des 19. Jh. in die Innengestaltung der Kirche ein, so daß der Eindruck, den die Reisenden 1789 hatten, nicht mehr völlig nachzuvollziehen ist. Giovanni di Cosma schuf um 1300 das Grabmal des Kardinals Guglielmo Durando († 1296), das heute in einer Nische des rechten Querschiffs zu sehen ist, ein mit Tüchern verhangener Sarkophag auf einem Mosaikgrund mit den Familienwappen, darüber die liegende, von Engeln flankierte Figur des Toten. Andrea Bregno (1418-1503) errichtete das Grabmal für Kardinal Giovanni de Coca († 1477), das wie andere Arbeiten dieses Meisters mit dem von zwei

Doppelpilastern getragenen Architrav unter einem muschelförmigen Giebel eine damals ungewohnte Harmonie erreichte. Aus der Mitte des 15. Jh. stammte das heute Benozzo Gozzoli (1420-1497) zugeschriebene ›Banner der Mutter Gottes mit dem Kind‹, das in der Grabkapelle Fra Angelicos (1400-1455) aufbewahrt wird. Die Carafa-Kapelle wurde 1488 von Filippino Lippi (1457-1504) mit dem Fresko ›Triumph des Heiligen Thomas von Aquin über die Häretiker‹ (Abb. s. Bussagli, 396) ausgestaltet. In der Cappella dell'Annunziata sieht man Antoniazzo Romanos (1452 – um 1510) 1485 gemaltes Altarbild ›Verkündigung mit dem Kardinal Juan de Torquemada‹. Aus dem 16. Jh. stammen die Gräber der Medici-Päpste Leo X. (1475-1521) und Clemens VII. (1478-1534), deren Bildhauerarbeiten Baccio Bandinelli (1493-1560) ausführte, und Michelangelos 1518-1521 geschaffene Statue des ›Auferstandenen Christus‹. Für die Cappella Aldobrandini fertigte Ippolito Buzio (1562-1634) mehrere Statuen, darunter die des Papstes Clemens VIII. (1536-1605), seines Auftraggebers. Aus dem 18. Jh. stammte die 1724/25 von Filippo Raguzzini (1680-1771) errichtete Cappella di San Domenico. Die Qualität der Kunstwerke und das Engagement so vieler verschiedener Päpste bezeugen die Vorliebe, die der Heilige Stuhl für dieses Gotteshaus hegte.

Pallast Corsini] Der Palazzo Corsini alla Lungara am Janiculum war ursprünglich von Kardinal Domenico Riario, einem Neffen Papst Sixtus IV. (1414-1484), erbaut worden. 1668-1689 war er der Wohnsitz der Königin Christina von Schweden, weshalb der über einen kleinen, mit Pflanzgefäße tragenden Säulen abgegrenzten Platz erreichbare Garten des Palazzo heute ihren Namen trägt. Der aus Florenz stammende Papst Clemens XII. (1652-1740) kaufte ihn 1735 für seinen Neffen, Kardinal Neri Maria Corsini (1685-1770), und beauftragte Ferdinando Fuga (1699-1781) 1729-1732 mit der Umgestaltung des Hauses, das auch seine bis heute vollständige Kunstsammlung bewahrte, die das Herzstück der u.a. in diesem Palazzo untergebrachten Galleria Nazionale d'Arte Antica ist.

Königin Cristine] Die Konversion der ehemaligen Königin Christina von Schweden, der Tochter des wichtigsten protestantischen Kriegsherrn im Dreißigjährigen Krieg, König Gustavs II. Adolf (1594-1632), 1654 zum Katholizismus mußte für den Vatikan eine ungeheure Befriedigung darstellen. Dies erklärt die prominente Behandlung, die die hochbegabte, politisch und wissenschaftlich umfassend gebildete und interessierte Fürstin jederzeit in Rom genoß: Sie zog im Dezember 1655 in Rom mit außerordentlicher Pracht als Amazone gekleidet hoch zu Roß ein, wobei im Auftrage des Vatikan Giovanni Lorenzo Bernini die der Piazza del Popolo zugewandte Schauseite der Porta Flaminia künstlerisch gestaltete; Christina wurde durch Papst Alexander VII. († 1667) selbst gefirmt, der Vatikan gewährte ihr eine Pension von 12000 Scudi, die Päpste Innozenz XI. († 1689) und Alexander VIII. († 1691) ließen durch Carlo Fontana (1634-1714) für ihr Grab in der Peterskirche ein Denkmal errichten. Seitdem sie 1668 den Palazzo Riario (später Palazzo Corsini) gekauft hatte – zuvor residierte sie im Palazzo Farnese –, lebte Christina ständig in Rom. Der Hof der Königin ohne Land wurde mit der Akademie (s. Komm. 4.12.1788), für die eigens ein Garten angelegt wurde, ein europäisches Zentrum von Wissenschaft und Kunst. Als Patronin junger künstlerischer Talente wie Pietro Alessandro Gaspare Scarlatti (1660-1725) u.a. spielte sie eine große Rolle in der Stadt. Ihr soziales Engagement erhellt aus der Tatsache, daß sie ihren Palast in Not geratenen alleinstehenden oder durch ihre Ehemänner gequälten Frauen aller Schichten öffnete, also eine frühe Idee des Frauenhauses verwirklichte. Ihre umfangreichen Sammlungen von Handschriften, Münzen und Gemälden wurden später überwiegend durch den Papst und durch dem Heiligen Stuhl nahestehende Familien erworben. Das Schatzhaus von Loreto bewahrt noch heute Krone und Zepter der Königin, die beides bei einem Besuch der Pilgerstätte zu Füßen der Madonna niederlegte.

Academie der Arkadier] s. Komm. 4.12.1788.

Kloster der Nonen die Blumen machen] Die Blumenmacherei, die Herstellung künstlicher Blumen aus verschiedenen Geweben, Papyrusrinde, Papier, Gummi, Holz, Federn usw., war bereits im 4. Jh. v. Chr. aus Ägypten nach Griechenland gelangt. Auch in China kannte man dieses Handwerk. Im Mittelalter waren vor allem in Italien und Spanien die Klöster Pflegestätten dieser Kunst, um Schmuck für die Altäre zu schaffen. Von Italien kam die Blumenmacherei im 15. Jh. nach Frankreich, wurde aber mehr und mehr wieder ein Teil der Modeindustrie. Welches Kloster, das sich am Ende des 18. Jh. in Rom mit der Fertigung von Kunstblumen befaßte, die Reisenden besuchten, konnte nicht ermittelt werden.

26.3.1789

Sacristey in der Peterskirche] Südlich des Petersdoms wurde, durch zwei schmale Gänge angeschlossen, ein sechsstöckiger Prachtbau errichtet, der damals die päpstliche Sakristei, die Wohnungen der Domherren, das Archiv und den Schatz der Basilika, in dem sich u.a. Kandelaber von Michelangelo und Benvenuto Cellini (1500-1571) sowie die Dalmatika Karls des Großen (747-814) befanden, enthielt. Carlo Marcionni (1702-1786) erbaute dieses Haus 1776 im Auftrage Pius' VI. als sein letztes bedeutendes römisches Projekt.

Senator] Abbondio Faustino Rezzonico.

Conversation] s. Komm. (4) 3.9.1788. Da sich von diesem Tag ebenfalls ein gedrucktes Programm für eine private musikalische Darbietung erhalten hat, ist anzunehmen, daß der Senator wieder ein Konzert geben ließ. Man spielte und sang Werke von Paisiello, Cimarosa, Guglielmi, Martin, Anfossi (1727-1797), Sarti (1729-1802), Naumann (1741-1801) und Gluck (ThHStAW, HA.A.XVIII.161, Bl. 18).

27.3.1789

Colegium Romanum] Das Collegium Romanum ist eine wissenschaftliche Einrichtung des Vatikans (vgl. auch Goethe 1740, 231). Es wurde 1551 von Ignatius von Loyola (1491-1556) und Francesco Borgia (1510-1572) gegründet und durch Papst Julius III. (1487-1555) als Universität bestätigt. Durch Papst Gregor XIII. (1502-1585) wurde die Einrichtung bedeutend erweitert und trägt seit 1567 den offiziellen Namen ›Pontificia Universitas Gregoriana‹. Teil dieser Universität, die überwiegend der Ausbildung des katholischen Klerus dient und von Jesuiten geführt wird, ist das 1651 in einem bis dahin offenen, dann aber zugemauerten Arkadengang des Collegium Romanum untergebrachte Museum Kircherianum. Es erwuchs aus der dem Collegium 1651 testamentarisch übergebenen Sammlung ethnologischer und antiker Funde des römischen Senatssekretärs Alfonso Donnino, deren erster Kustos der universell gebildete Athanasius Kircher war.

28.3.1789

Kirche des Closters Sankt Onofrio] Die Kirche gehört zu dem 1439 bei einer alten Einsiedelei erbauten Hieronymiten-Kloster Sant'Onofrio al Gianicolo. Es wurde vor allem deshalb berühmt, weil sich der Dichter Torquato Tasso hierher bringen ließ und am 25.4.1595 in geistiger Umnachtung starb. Er wurde zunächst mit zwei anderen Poeten unter einem Stein begraben, das Kloster zeigte ein Brustbild von ihm und die Büste nach der dem Toten abgenommenen Maske. Diese Situation, welche die Weimarer Reisegesellschaft noch vorfand, wurde später verändert: Unter Papst Pius IX. (1792-1878) wurde in der dem Eingang nächstliegenden Kapelle ein Marmordenkmal errichtet, bei dem heute auch die Asche des Dichters bewahrt wird. Doch das Kloster ist auch ein Hort der bildenden Kunst: Die Lünetten in der äußeren Halle des Klosters wurden 1604/05 von Domenichino im Auftrage des Kardinals Girolamo Agucci († 1605) mit der ›Taufe, Vision und Versuchung des Heiligen Hieronymus‹ ausgemalt. ›Szenen aus dem Leben Mariae‹ von Baldassare Peruzzi (1481-1536) finden sich dort ebenso wie das einzige in einer römischen Kirche überlieferte Werk von Agostino Carracci (1557-1602), ›Die Madonna von Loreto‹.

Gieps] Es handelt sich vermutlich um jene Gipsform, die Reiffenstein, laut seinem Brief an Angelica Kauffmann vom 13.8.1788 (Maierhofer 2001, 397), nach der Büste in Sant'Onofrio angefertigt hatte.

29.3.1789

Villa Albano] s. Komm. (1) 21.10.1788.

30.3.1789

Beschreibung] Auf Grundlage der während seiner Reise mit Marie Gabriel Florent Augustin Graf Choiseul-Gouffier durch das Osmanische Reich gefertigten Zeichnungen nach der Natur bereitete Cassas eine eigene Reisebeschreibung (›Voyage pittoresque de la Syrie, de la Phénicie‹, Paris 1799) vor, die aber nur in 30 Lieferungen erschien, weil Choiseul-Gouffier die Fortsetzung des Werkes untersagen ließ. Selbst als Reiseschriftsteller tätig, fürchtete er offenbar die Konkurrenz.

Monte Cavallo] s. Komm. (1) 17.10.1788.

Wohnung des Papstes] Quirinalspalast; s. Komm. (2) 17.10.1788.

Verkündigung Marie] Das Altarblatt ›Verkündigung Mariae‹ (1612, Öl auf Leinwand, 330 × 200 cm) war für die Verkündigungskapelle im Quirinalspalast bestimmt, für die Reni schon 1610 die Fresken gearbeitet hatte.

Creuzigung Petri] Für die Kirche San Paolo alle Tre Fontane malte Reni 1604/05 das Altarbild ›Kreuzigung Petri‹ (Öl auf Holz, 305 × 171 cm), das um 1787 im Quirinalspalast aufgestellt und 1799-1815 nach Paris verschleppt wurde. Es befindet sich heute in der Pinacoteca Vaticana zu Rom.

Guvernatore] Ignazio Busca.

Venezianische Gesande] Pietro Donado. Durch die Ernennung keines aus Venedig stammenden Kardinals (s. Tb 2.4.1789) fühlte sich die Republik düpiert.

1.4.1789

Porta Portese] Die Porta Portese im Südwesten Roms war Teil der von Papst Urban VIII. (1568-1644) beabsichtigten, aber nicht vollendeten Schließung eines Mauerrings um die Stadt. In der Mitte des 17. Jh. wurde das alte Tor in der aurelianischen Mauer durch das gegenwärtige ersetzt.

Sankt Peter] s. Komm. (2) 5.10.1788.

2.4.1789

Spanischen Gesanden] José Nicolás de Azara.

Guvernadore Bruschi] Ignazio Busca.

Borcia] Stefano Borgia.

Capelle Sixtina] s. Komm. (6) 3.11.1788.

Dedeum] lat. Te deum laudamus (Herr Gott, dich loben wir). Mit diesen Worten beginnt der sogenannte Ambrosianische Lobgesang (kurz: Tedeum), der an hohen Feiertagen der protestantischen und der katholischen Kirche gesungen wird. Der Text stammt aus dem 5. Jh. und wurde zu allen Zeiten von vielen Komponisten, darunter auch Johann Christian Bach (1735-1782) und Georg Friedrich Händel (1685-1759), vertont.

3.4.1789

Camien] Kameen.

Duchesse d'Albani … Maßern] Diese Diagnose ist möglicherweise falsch, denn Charlotte Stuart, Duchess of Albany, starb am 17.11.1789 an Leberkrebs (Ingamells, 910).

4.4.1789

Brief von der Herdern] Unter dem 16.3.1789 bedankte sich Caroline Herder für einen Brief der Herzogin vom 1.3.1789, in dem diese ihr die Verwandlung Herders unter der süditalienischen Sonne geschildert hatte: »Ich kann aber nicht umhin Ihnen [...] zu sagen, daß ich einen Kleinen Sieg über unsern Herder gewonnen habe [...] Ich hatte mir im Anfang alle Mühe gegeben ihm etwas von seiner Philosophie, abzuziehen damit er werden möchte wie unser einer, es war aber nichts zu machen. Ich reiste ganz mißmütig mit ihm nach Napel. Was geschah da! Die zauberische Partenope mit allem ihren Reiz umschlung den Philosophen mit ihren schönen geründeten Armen [...] nannte ihm ihren Sohn ihren liebling. Wer konnte da widerstehen! Unser Philosophe fing an zu lächeln, wurde heiter, gab doppelt wieder was er mit zärtlichkeit impfing, u die Kalte Weisheit verschwand« (Herder 2003, 362 f., s. auch 388).

Herder] Seit seiner Rückkehr von Neapel nach Rom zeigte sich Herder wieder von dem so anderen Charakter der Stadt und ihrer Menschen bedrückt. Er sehnte sich nach Hause, zumal seit Anfang März eine wichtige Entscheidung zu treffen war: Ein Ruf an die Universität Göttingen war ihm übermittelt worden (Herder 2003, 352 f., 358 ff., 368 ff., 375 ff., 394 ff., 399 ff., 407 ff.). Er lehnte diesen schließlich ab, nachdem der Weimarer Herzog ihm die Erfüllung einiger Bedingungen (Tilgung seiner Schulden, Erhöhung seines Salärs auf die für Weimar außerordentliche Summe von 2000 Talern jährlich, die Übernahme der Kosten für Ausbildung und Versorgung von Herders Söhnen) zugesichert hatte.

Bädern und den Cirkus von Caracalla] Die Fahrt führte die Reisenden offenbar entlang der Via Appia nach Süden. Der Zirkus, der hier wie die Bäder (s. Komm. (4) 15.11.1788) dem Caracalla zugeschrieben wird, ist aber wohl der noch relativ gut erhaltene Circus Maxentius vor der aurelianischen Mauer, den Kaiser Maxentius (275/283-312) als Teil seines privaten Palastes hier errichten ließ (vgl. auch Goethe 1740, 266).

5.4.1789

consecration der Palmen] Weihe der Palmen. Am Palmsonntag, der an Jesu Einzug in Jerusalem am Sonntag vor Ostern auf mit Palmblättern bestreutem Weg erinnert, werden in der katholischen Kirche Palmblätter und andere Zweige vor dem Hochamt geweiht, bevor sie in der Prozession mitgeführt werden.

Closter dei filibini] Die Filippini (Philippiner) sind der nach Filippo Neri (1515-1595) benannte italienische Zweig der Oratorianer, einer Gemeinschaft von Weltgeistlichen ohne Gelübde und ohne zentrale Führung, die sich der Pflege von Pilgern und Kranken widmen. Neri hatte 1556 mit anderen Geistlichen solche Abendversammlungen mit Gebeten, Vorträgen, Lesungen und frommer Musik, wie die Reisenden hier besuchen, eingeführt.

Eine feste Niederlassung der Oratorianer in Rom war 1575 mit dem Bau der wuchtigen Kirche Santa Maria in Vallicella, auch Chiesa Nuova genannt, begonnen worden. Sie wurde aber erst 1605 fertiggestellt und birgt bis heute einen goldenen Schrein mit Neris Gebeinen.

Portugisische Gesande] Joâo de Almeida.

6.4.1789

Frescadi] Frascati.

ihren Mann] Antonio Zucchi.

Villa Conti] Die Villa Conti an der Piazza Marconi von Frascati, auch als Villa Ludovisi und heute als Villa Torlonia bekannt, wurde 1563 für den seiner Aeneis-Übersetzung wegen berühmten Dichter Annibale Caro (1507-1566) erbaut. 1607 ließ Scipione Caffarelli Borghese (1576-1633) die Gesamtanlage von Flaminio Ponzio (1560-1613), Domenico Fontana (1543-1607) und Carlo Maderno (1556-1629) neu gestalten, jedoch ist der heute öffentliche Park mit seinen Wasserspielen und eine weite Aussicht gewährenden Gartenterrassen nur noch teilweise erhalten. Den im 18. Jh. üblichen Namen verdankt die Villa der Familie Conti, aus der Papst Innozenz XIII. (1655-1724) hervorging.

Villa Pamphilie] Die heutige Villa Aldobrandini (früher auch Belvedere oder Villa Pamphilj) wurde 1598-1604 im Auftrage von Pietro Aldobrandini (1571-1621), Neffe des Papstes Clemens VIII. (1535-1605), durch Giacomo della Porta (um 1540-1602) und Carlo Maderno (1556-1629) am Hang über der Piazza Marconi auf dem Gelände einer älteren Anlage errichtet und im 18. Jh. erneuert. Man erreichte die imposante, von Rom aus gut sichtbare Villa von der Piazza aus über Rampen und Terrassen. Trotz seiner Größe folgt das Gebäude in seinem Bauplan einem Casino: Es gibt keinen Innenhof, alle Zimmer haben eine Aussicht, entweder auf Rom oder zu den Kaskaden und Brunnen im dahinterliegenden Garten. Neben eleganten Brunnen, Nischen mit Statuen und Fontänen überraschte der Park mit einem Wassertheater, in dem z.B. das Wasser Musikinstrumente, die die Brunnenfiguren in den Händen halten, zum Klingen brachte, und mit einer darüber angelegten Wassertreppe (vgl. auch Goethe 1740, 297).

Sala terena] ebenerdiger Gartensaal (ital. sala terrena). Dieses Gebäude liegt links des Wassertheaters, sein Pendant auf der rechten Seite war die Sebastians-Kapelle mit 1633 von Domenichino ausgeführten Fresken.

Villa die denen Jesuiten gehörte] Hier handelt es sich wohl um jenes Kolleg, das die Jesuiten an der Piazza del Gesù nordwestlich der Piazza San Pietro in Frascati besaßen. Die zugehörige reich geschmückte Kirche war vor allem wegen der illusionistischen Kuppelmalerei von Andrea Pozzo (1642-1709) und seinem Schüler Antonio Colli sowie eines Pietro da Cortona zugeschriebenen Gemäldes berühmt. Das Kolleg wurde 1770, im Zuge der Aufhebung des Ordens, von Papst Clemens XIV. a.d.H. Ganganelli der bischöflichen Jurisdiktion des damaligen Kardinal-Bischofs von Frascati, Henry Stuart

(1725-1807), unterstellt. Dieser richtete hier ein Diözesan-Seminar ein. Der Gebäudekomplex wurde im 2. Weltkrieg völlig zerstört.

Villa falconiere] Die Villa Falconieri in Frascati, ehemals La Rufina, wurde 1540-1550 durch Monsignor Alessandro Ruffini († 1578) erbaut. 1628 erwarb die Familie Falconieri das Casino und baute es Ende der 1660er Jahre um. 1727-1733 ließ Kardinal Alessandro Falconieri (1657-1733) die Villa im Stile des Barock vergrößern: Francesco Borromini entwarf den Mittelbau neu, Carlo Maratta (1625-1713) und Ciro Ferri (1634-1689) malten die Fresken im Inneren. Der Eingang wurde in Anlehnung an das Portale delle Armi gestaltet, jenes Tor an einer geplanten, aber nie vollendeten Straße von Frascati nach Rom, das zu Beginn des 17. Jh. durch Kardinal Scipione Caffarelli Borghese (1576-1633) errichtet worden war.

Grotta ferata] Die Abtei von Grottaferrata nördlich des Lago Albano, zu der die dreischiffige Kirche Santa Maria gehört, hat eine ungewöhnliche Geschichte: Im Jahre 1004 hatte der kalabrische Mönch Nilos (910-1005) hier auf den Resten einer römischen Villa ein Kloster gegründet, das dem byzantinischen Ritus folgte, jedoch der römischen Kirche unterstellt war, 50 Jahre bevor das Schisma die Kirche spaltete und lange vor der Überwindung der Kirchenspaltung durch die unierten Kirchen. Das Gotteshaus mit dem aus dem 12. Jh. stammenden Turm wurde von Nilos' Gefährten, dem Heiligen Bartholomäus, 1024 geweiht und demonstriert diese Einheit auch in seiner Ausstattung: Ein byzantinisches Taufbecken des 9./12. Jh. mit rätselhaften Reliefs stand in der romanischen Vorhalle, ein wundertätiges Marienbild aus dem Hochmittelalter bildete das Zentrum des Ikonostas. Im 17. Jh. war dieses Bildnis, von Bernini-Engeln flankiert, Teil eines westlichen Altaraufsatzes, weil sich zu dieser Zeit der römische Ritus durchgesetzt hatte. Ein prächtiger Triumphbogen mit Mosaiken zum Pfingstwunder aus dem 12. Jh., ein im Stile der Kosmaten gestalteter Mosaikfußboden, eine Holzdecke des 16. Jh. blieben bei dem radikalen Umbau des Kircheninneren 1754 ebenso erhalten wie die im frühen 17. Jh. im Auftrage Odoardo Farneses (1573-1626) umgestaltete Nilos-Kapelle (s. unten) am rechten Seitenschiff. Neben dieser Kapelle liegt jene Crypta ferrata, die der Abtei den Namen gab und auf früheste christliche Zeiten zurückgeht. Der byzantinische Ritus wurde in der Abtei 1882 wieder eingeführt. Der Gesamteindruck der Abtei ist ein martialischer, denn am Ende des 15. Jh. hatte der spätere Papst Julius II. (1443-1513) a.d.H. della Rovere sie durch Giuliano da Sangallo (1445-1516) und Baccio Pontelli (1450-1492) zu seinem eigenen Schutz vor Papst Alexander VI. (1430-1503) a.d.H. Borgia zu einer Festung mit Mauern und Gräben umbauen lassen.

Gemälde en fresco von Dominichin] In den Jahren 1609/10 entstanden in der Nilos-Kapelle Fresken von Domenichino, in denen er hauptsächlich verschiedene Begebenheiten aus dem Leben der Heiligen Nilos und Bartholomäus darstellte. Die beiden größten Bilder (530 × 300) sind ›Die Errichtung der

Abtei Grottaferrata‹ und ›Die Begegnung Nilos mit Kaiser Otto III. (980-1002) in Gaeta im Jahre 1000‹. Weiter gehören zu diesem Zyklus ›Die Heilung des Besessenen‹, die Louise von Göchhausen besonders hervorhebt, ›Das Regenwunder‹, die Darstellung der Madonna mit Nilos und Bartholomäus (Altar), ›Das Gebet des Heiligen Nilos vor dem Kruzifix‹ und ›Die Jungfrau reicht den Heiligen Nilos und Bartholomäus den goldenen Apfel‹. Eine Vielzahl biblischer und legendärer Gestalten ergänzen dieses Bildprogramm: die Heiligen Eustachius und Odoardo, Cecilia, Agnes und Francesca (in der Kuppel), König David und der Prophet Jesaja, die Patriarchen der griechischen Kirche, die vier Evangelisten und Gottvater. Am Triumphbogen nimmt ›Mariae Verkündigung‹ Bezug auf die Kirchenpatronin.

7.4.1789

Gesandin von Venedig mit ihrem Mann] Pietro Donado und seine Gemahlin.

Stabat Mader] Dieser berühmte Gesangstext (›Es stand die Mutter‹) in lateinischen Terzinen, der vor allem dem inbrünstigen Marienkult des Mittelalters Ausdruck verlieh, stammt wahrscheinlich von dem Minoriten Jacobus de Benedictis (um 1230-1306). Viele Komponisten ließen sich durch den auch oft veränderten und vielfach übersetzten Text zu neuen Kompositionen inspirieren. – Das an diesem Ort damals alljährlich vorgetragene Stabat mater schrieb Pergolesi im Auftrag der adeligen Bruderschaft von den sieben Schmerzen Mariens wenige Tage vor seinem Tod am 17.3.1736.

andere Musick] Neben Pergolesis Komposition führte man – so der gedruckte Programmzettel – Werke von Jomelli, Paisiello, Guglielmi, Caruso, Andreozzi (1763-1826), Anfossi (1727-1797) und Rust (1739-1796) auf (ThHStAW, HA.A.XVIII.161, Bl. 20).

8.4.1789

Lamentationen] Lamentationen heißen die drei Abschnitte der Klagelieder Jeremiae, die an den letzten drei Tagen der Karwoche in den katholischen Kirchen gesungen werden. Sie wurden in Rom bald mehrstimmig aufgeführt, seit 1520 meist nach der Komposition Carpentrassos (eigentlich Elzear Genet, † 1548) und seit 1589 bis zum heutigen Tag meist nach der Fassung Palestrinas.

Miserere] lat. Miserere (›Erbarme dich‹) ist das erste Wort des 50. Psalms Davids nach der Vulgata. Dieser Psalm wurde besonders häufig vertont, und die Komposition für zwei neunstimmige Chöre (1638) von Allegri gehört zu den berühmtesten ihrer Art. Dieses Miserere während der Karfreitagsliturgie in der Sixtina zu hören, war ein fester Programmbestandteil der Italienreisenden des 18. Jh. Gleichermaßen begeistert wurde auch das Miserere von Palestrina aufgenommen (vgl. Brief Louise von Göchhausens an Wieland am 1.4.1789, Seuffert, 547).

Papst] Pius VI., s. Giovanni Angelo Braschi.

Onkel] William Hervey.

Portugisische Gesande] Joâo de Almeida.

Pelegrini] Pilger (ital. pellegrini). In der Karwoche pflegten zum Zeichen der Trauer und Buße angesehene Römer und Geistliche bis zum Gründonnerstag den Pilgern, die wegen des Osterfestes nach Rom kamen, die Füße zu waschen und sie zu verpflegen.

9.4.1789

Sixtine] s. Komm. (6) 3.11.1788.

Miserere] s. Komm. (2) 8.4.1789.

Heiligste] Gemeint ist das sogenannte Allerheiligste, die in einem Gefäß zur Anbetung ausgestellte geweihte Hostie.

Pauline] s. Komm. (7) 3.11.1788 und (3) 1.12.1788, s. auch Beschreibung der Gründonnerstagsmesse durch Vigée-Lebrun (Vigée-Lebrun I, 155 f.).

10.4.1789

Creuzanbetung] Am Karfreitag wurde üblicherweise ein Gottesdienst mit der Anbetung jenes Kreuzes veranstaltet, an dem Jesus starb. Die Zeremonie beschrieb Louise von Göchhausen in ihrem Brief an Wieland (Seuffert, 547) viel begeisterter, als es Goethe in der ›Italienischen Reise‹ tat. Die gleiche Messe schilderte Vigée-Lebrun (Vigée-Lebrun I, 156).

Greci] Griechen (Pl.). Die Griechen unterhielten in Rom mehrere Kirchen (vgl. auch Goethe 1740, 275), denn durch die jahrhundertelange Bindung (Süd-) Italiens an Griechenland gab es in der Stadt viele Christen, die ihren Glauben nach den Riten der Ostkirche lebten. Die meisten von ihnen gehören heute der mit Rom verbundenen italienisch-albanischen Kirche an.

Grablegung Cristi] Auch J. C. Goethe berichtete von dem Zeremoniell in den orthodoxen Kirchen, bei dem die Priester in der Karwoche eine Statue Christi in ein Grab am Hauptaltar legten (vgl. auch Goethe 1740, 275 f.).

11.4.1789

meine Mutter] Charlotte Christiane von Göchhausen.

Oradorium] Man führte eine Motette des päpstlichen Kapellmeisters Antonio Boroni (1738-1792) auf (ThHStAW, HA.A.XVIII.161, Bl. 21 f.).

12.4.1789

Seegen] An diesem Tag sprach der Papst den Segen Urbi et Orbi (vgl. auch Vigée-Lebrun I, 156 f.).

13.4.1789

Hauß des Conte Eroli] Conte Eroli bewohnte ein Haus in der Via del Corso in der Nähe der Via Babuino (Ingamells, 815).

Girandola] Feuerwerk. Das Wort bezeichnete speziell die vom Papst veranstalteten Feuerwerke über der Engelsburg; vgl. auch hierzu den Brief Louise von Göchhausens an Wieland (Seuffert, 547) und Vigée-Lebrun I, 158; Gemälde von Hackert (Nordhoff/Reimer, Farbabbildung 52, Katalognr. 476).

Engelsburg] Die Engelsburg (Abb. s. Vincenti/Benzi/Schezen, 76-87) war ursprünglich das Grabmal Kaiser Hadrians, das dieser sich im Gartenareal am rechten Tiberufer errichten ließ. Es wurde durch die Pons Aelius im Jahre 134 mit dem Marsfeld verbunden und 139 eingeweiht. Der mit Marmor verkleidete Rundbau mit dem zylinderförmigen Zinnenaufbau erhob sich auf einem großen quadratischen Sockel. Bronzene Reiterstandbilder, vergoldete Pfauen und eine vom Kaiser gelenkte Quadriga auf der Spitze schmückten das Bauwerk, sind aber heute zum Teil verloren. In der großen Grabkammer ruhten neben Hadrian auch seine Frau Vibia Sabina († 136/137), sein Adoptivsohn Lucius Aelius Caesar (101-138) und spätere Kaiser bis zu Caracalla. Wegen zunehmender Barbareneinfälle bezog Kaiser Aurelian (214-275) das massive Mausoleum als Befestigungswerk mit in seine Stadtmauer ein. Es wurde bis zum 4. Jh. zur unbezwingbaren und bedrohlichsten Verteidigungsanlage der antiken Welt ausgebaut. Seit dem frühen Mittelalter war das Kastell, das 1377 endgültig in den Besitz des Heiligen Stuhls gekommen war, Schutzburg der Päpste. Militärarchitekten bauten es entsprechend den neuesten Erfordernissen um, der runde Saal, die ehemalige Grabkammer, wurde Verwahrungsort des Vatikanischen Schatzes. Da die Räume oft über Monate Zufluchtsstätte des Papstes waren, beauftragte man berühmte Künstler (Romano, Bramante u.a.) mit der Ausgestaltung der Räume. Ihren Namen verdankt die Engelsburg Gregor dem Großen, der, als er mit einer Bittprozession gegen die Pest am Hadriansmausoleum vorbeikam, auf dessen Spitze den Erzengel Michael sein blutiges Schwert in die Scheide stecken sah. Raffaelo da Montelupo (1505-1567) schuf deshalb eine Engelsstatue für das Kastell, die 1753 durch den Bronzeengel von Pietro van Verschaffeldt (1710-1793) ersetzt wurde und ihren Platz im Cortile dell'Angelo fand.

14.4.1789

viele andere] Anna Amalia zählt zusätzlich William Hervey, Lady Susan, Galeppi, Reiffenstein und Antonio Zucchi auf (ThHStAW, HA.A.XVIII.154, Bl. 37 r).

15.4.1789

Propagante] Der von Giovanni Lorenzo Bernini unter Papst Urban VIII. (1568-1644) an der Piazza di Spagna errichtete Palazzo di Propaganda Fide mit seiner von Francesco Borromini (1599-1667) 1665 vollendeten Kirche und Seitenfront ist Sitz der ›Congregatio cardinalium de propaganda fide‹. Die Kongregation besteht aus 30 Kardinälen und 2 Prälaten, die vom Papst auf Lebenszeit eingesetzt werden. Zur Erfüllung ihres Auftrages, sowohl die reformierten als auch die heidnischen Gebiete der Welt im Sinne der katholischen Kirche zu missionieren, unterstehen der Propaganda viele Lehranstalten, Institute, Buchdruckereien usw. – Die Besichtigung unter Führung Stefano Borgias hatte Herder durch ein Schreiben vom 14.4.1789 an den Kardinal (Herder 2003, 422, 691 f.) vermittelt. Sie lief offenbar immer in der gleichen Weise ab, wie auch die Beschreibungen Goethes (vgl. WA I 30, 251 f.) und Karl Philipp Moritz' (1756-1793; vgl. Auszug aus ›Reisen eines Deutschen in Italien in den Jahren 1786 bis 1788‹, MA 15, 953 f.) zeigen.

Villa Pamphilia] s. Komm. (7) 23.10.1788.

16.(17.)4.1789

Senator] Abbondio Faustino Rezzonico.

Messe] Von Jomelli sind mehrere Messen überliefert, so daß hier keine eindeutige Zuordnung getroffen werden kann.

Villa Ludovisi] s. Komm. (1) 20.10.1788.

Staadssekretair] Ignazio Boncompagni-Ludovisi.

Venezianische Gesandin] Gemahlin Pietro Donados.

17.(18.)4.1789

Institut St Michael] Das Institut San Michele a Ripa wurde 1686 durch den Baumeister Mattia de' Rossi (1637-1695) als Arbeitshaus für arme und verwaiste Kinder beiderlei Geschlechts und andere Bedürftige begonnen. Bereits 1673 hatte Monsignor Carlo Tommaso Odescalchi, ein Neffe Papst Innozenz' XI. (1611-1689), an der Piazza Margana zur Vermeidung von Betteln und Vagabundieren ein Waisenhaus für Knaben ›Conservatorio dei ragazzi‹ eingerichtet, das 1686 an der Ripa Grande seinen neuen Sitz fand. 1693 unterstellte Papst Innozenz XII. (1615-1700) das Haus dem Vatikan als ›Ospizio Apostolico dei poveri invalidi di San Michele‹ (Breve vom 20.5.1693) und beauftragte Carlo Fontana (1634-1714) mit der Erweiterung der Einrichtung. Der Komplex (Länge 335 m, Breite 80 m, Höhe 25 m), an dem eine Reihe anderer bedeutender Architekten wie Nicola Michetti (1675-1759) und Ferdinando Fuga (1699-1781) weiterarbeiteten, wurde erst 1834 durch Luigi Poletti (1792-1869) vollendet. Er bestand aus einem 4stöckigen, sich um einen rechteckigen Hof gruppierenden Zentralbau, an den sich in den folgenden Jahrzehnten u.a. zwei Kirchen, die 1706-1713 von Carlo Fontana im Grundriß eines griechischen Kreuzes entworfene, später in einen T-förmigen Grundriß abgeänderte Chiesa della Trasfigurazione di Nostro Signore Gesù Cristo und die ebenfalls zu Beginn des 18. Jh. erbaute Chiesa della Madonna del Buon Viaggio sowie die ›Carcere di Correzione‹, Heime jeweils für Jungen und Mädchen, ein Fabrikgebäude an der Porta Portese und Gebäude für alte Männer und Frauen anschlossen. Während des ganzen 18. Jh. galt diese Einrichtung in Europa als vorbildliches Modell. Die hier Aufgenommenen beiderlei Geschlechts erhielten zunächst eine Schulbildung und konnten in den institutseigenen Werkstätten ein Kunsthandwerk erlernen (Gobelinweberei, Druckerei, Weberei, Spinnerei, Steinschneiderei, Malerei, Stukkaturarbeit, Musik), wodurch sie zugleich zu ihrem Unterhalt beitrugen.

Villa Negroni] s. Komm. (2) 2.12.1788.

Tempels der Minerva medica] Der sogenannte Tempel der Minerva medica (Abb. s. Reber, Tafel XXXIII) ist eines der besterhaltenen spätrömischen

Bauwerke der Stadt, auch wenn ein heute zu sehendes Atrium und zwei Apsiden nicht antik sind. Er befand sich in der Nähe der Diocletian-Thermen (s. Komm. 14.12.1788) in den Licinianischen Gärten. Das Ziegelsteingebäude aus dem 3. Jh. ist ein Dekagon mit einem Außendurchmesser von 34 m und einer Höhe von 33 m. An neun Seiten befanden sich Nischen (vier davon offen und mit Säulen geschmückt), an der zehnten der Eingang mit zwei Säulen. Zehn Fenster erhellten den Raum, über dem sich eine Kuppel aus Zement erhob, die durch ein außergewöhnliches System von Ziegelsteinrippen gestützt wurde. Die Verkleidung des Baus bestand aus Marmor und Stuck. Aber es handelte sich wohl nicht um einen Tempel, sondern eher um einen öffentlichen Repräsentationsraum.

Kirche Santa Maria magior] s. Komm. (10) 17.10.1788.

io inteso ch'il Vescovo non verrà] Ich habe gehört, daß der Bischof nicht kommen wird.

18.(19.)4.1789

an Wieland] s. Deetjen, 87-93 (datiert 17.4.1789).

Zeichnung nach Carage] Hier handelte es sich einem Brief Burys an Goethe vom 22.4.1789 (Dönike, 41) zufolge um eine heute verschollene Sepia-Zeichnung nach Carraccis ›Pietà‹ (s. Komm. (17) 2.3.1789 und 18.3.1789).

Kirche Trinita del Mondo] Die Kirche Trinita dei Monti, eine Stiftung des französischen Königs Karl VIII. (1470-1498), wurde seit 1502 als Minoritenkirche erbaut. Sie ist ein Saalbau mit seitlichen Kapellen, Querhaus, gerade geschlossenem Chor und zwei Türmen. Eine besondere Wirkung erzielt die Kirche durch die 1723-1728 erbaute Spanische Treppe, die von Berninis ›Fontana della Barcaccia‹ auf der Piazza di Spagna zu ihr hinaufführt. 1786 ließ Pius VI. einen Obelisken aus den Gärten des Sallust vor der Front der Kirche aufstellen. Das wohl berühmteste Kunstwerk im von Gestaltungsmitteln teils der Gotik und teils der Hochrenaissance bestimmten Innenraum war das Fresko von Daniele da Volterra, die ›Kreuzabnahme‹. Es wurde nach der Zerstörung der Capella Orsini im Jahre 1809 auf Leinwand übertragen. Eine Replik des Freskos auf Leinwand, die Tischbein im Kloster an der Porta del Popolo entdeckt hatte, erwarb Angelica Kauffmann für sich (WA I 32, 5 f.). Meyer fertigte davon eine Teilkopie in Aquarell an, welche sich heute im Besitz der Klassik Stiftung Weimar befindet.

19.(20.)4.1789

Quelle von Aqua Santa] Im Tal von Caffarella im Süden von Rom entspringt die Acqua santa-Heilquelle, reich an Kohlendioxid, mit leicht säuerlichem Geschmack. Sie wird seit dem 18. Jh. mit der Quelle der Egeria (s. Komm. (2) 10.12.1788) identifiziert, in deren Nymphäum damals ein Gasthaus eingerichtet wurde, das viele berühmte Gäste sah.

Theater Argentino] s. Komm. (2) 22.2.1789.

20.(21.)4.1789

Kirche Sankt Grisonomo] Die erste Kirche San Crisogono in Trastevere wurde im 4. oder 5. Jh. errichtet. In den Jahren 1123-1129 entstand an ihrer Stelle eine völlig neue Kirche mit Campanile, einem im Stile der Kosmaten gestalteten Mosaikfußboden, einem auf zwei Porphyrsäulen ruhenden Triumphbogen und einem Hochaltar von 1127 mit einem Baldachin von Bernini aus dem Jahre 1627. 22 mit Architraven verbundene, alte Granitsäulen gliedern den Kirchenraum in drei Schiffe. Pietro de' Cerroni genannt Cavallini (1273-1321) arbeitete im 13. Jh. an der Innenausstattung der Kirche. Im Untergeschoß, erreichbar über eine Treppe in der Sakristei, finden sich noch Reste der ersten, einschiffigen Kirche mit Apsis und Märtyrerschrein, von der auch noch Gemälde des 8. bis 11. Jh., u.a. ›Papst Sylvester fängt den Drachen‹, ›San Pantaleone heilt einen Blinden‹, ›Der Heilige Benedikt heilt einen Leprakranken‹, ›Die Errettung des Heiligen Placido‹, stammen. Auch einige schön dekorierte Sarkophage werden in der unteren Kirche aufbewahrt. Um 1620 erfuhr die Basilika im Auftrage Kardinal Scipione Caffarelli Borgheses (1576-1633) durch Giovanni Battista Soria (1581-1651) weitere eingreifende Umbauten. Ein Portikus wurde aus den Säulen des Vorgängerbaus von 1127 gestaltet, der Innenraum erhielt u.a. durch Guercinos Gemälde (s. unten) barockes Gepräge. 1752 malte Gaspare Traversi (1722-1770) im Auftrag des Generalvikars der Franziskaner, Fra Raffaello Rossi da Lugagnano, sechs große Gemälde für San Crisogono in Trastevere, die sich heute in der Sala verde von San Paolo fuori le Mura befinden.

Apotheose des Heiligen] Kardinal Scipione Caffarelli Borghese (1576-1633) gab bei Guercino das Gemälde ›Trionfo di San Crisogono‹ (1622, Öl auf Leinwand, 500 × 295 cm) für die Kirche San Crisogono in Trastevere in Auftrag. 1808 wurde das Deckenbild durch eine Kopie ersetzt, während das Original als Teil der Sammlung des Herzogs von Sutherland nach London kam und bis heute die Decke der Long Gallery in Lancaster House ziert.

Santa Maria in Trastebere] Die Basilika Santa Maria in Trastevere (Abb. s. Bussagli, 159) ist die älteste Marienkirche der Welt. Unter Papst Calixtus I. († 222) begann man im Jahre 222 mit dem Bau, der 341 unter Papst Julius I. († 352) fertiggestellt wurde. Hier fanden vermutlich die ersten öffentlichen Gottesdienste der römischen Christen statt. Die heutige Kirche geht zurück auf Papst Innozenz II. († 1143), der an Stelle der alten eine neue Kirche mit einem Campanile unter Verwendung des Baumaterials der Therme des Caracalla (s. Komm. (4) 15.11.1788) errichten ließ. Diese Kirche bewahrt eine Reihe sehr früher Kunstdenkmäler: die Apsismosaiken ›Krönung der Maria‹ aus dem 12. Jh. und ›Szenen aus dem Marienleben‹ von Pietro Cavallini (1273-1321), einen Jacopo di Lorenzo zugeschriebenen Bischofsthron von 1215 (Abb. s. Bussagli, 262), einen frühmittelalterlichen Altar aus vergoldetem Silberblech, ein enkaustisches Gemälde ›Madonna della Clemenza‹. Der 1701/02 von Carlo Fontana (1634-1714) errichtete Portikus (Abb. s. Bussagli, 574) modernisierte die Fassade, ohne den romanischen Fassadenfries mit dem Mosaik der ›Madonna auf dem Thron‹ aus dem 12. Jh. zu zerstören.

Verklärung der Maria] Domenichinos achteckiges Gemälde ›Verklärung Mariae‹ an der hölzernen Decke stammt aus dem Jahre 1617.

Santa Cecilia] Die Kirche Santa Cecilia in Trastevere bewahrt eine sehr eigentümliche, im Jahre 1600 von Stefano Maderno (1576-1636) geschaffene Statue der Heiligen Cäcilie. Sie liegt in leicht gegürtetem Hemd und mit unter einem Tuch verborgenen Haupt seitlich auf einer Marmorplatte. Diese Gestaltung stand deutlich unter dem Eindruck der im selben Jahr erfolgten, wunderähnlichen Auffindung der Gebeine der Märtyrerin in eben dieser Kirche, wohin sie 821 von Papst Paschalis I. († 824) gebracht worden waren. Die Kirche war im 5. Jh. durch Umwandlung des angeblichen Wohnhauses der Heiligen entstanden.

21.(22.)4.1789

Museum Strozi] Den Palazzo Strozzi in der Nähe der Piazza Navona kaufte die gleichnamige Florentiner Bankiersfamilie 1649 von der Familie Olgiati, für die er im frühen 17. Jh. von Carlo Maderno (1556-1629) errichtet worden war. Das Gebäude ist nur noch in Teilen erhalten. Die darin befindliche Gemmen-Sammlung ist nicht mehr vorhanden. – »[...] über die geschnittenene Steine bin ich beynahe zum Narren geworden«, schrieb Louise von Göchhausen dazu am 23.4.1789 an Goethe (Nachgeschichte, 166).

la fiera di forlipopoli] ›Der Jahrmarkt von Forlimpopoli‹, ein Singspiel in 2 Akten von Marcello di Capua, wurde im April 1789 im Teatro Valle in Rom uraufgeführt.

alla Valle] Das Teatro Valle wurde 1726 von Marchese di Giuliano Capranica als kleines hölzernes Theater errichtet, auf dem zunächst überwiegend Dramen, Pulcinella-Stücke und Komödien Goldonis, auch komische Opern gegeben wurden. Von 1815 an führte man auch Opern von Cimarosa und Rossini (1792-1868) auf. 1821/22 baute man das Theater nach Plänen des Architekten Giuseppe Valadier (1762-1839) aus Stein neu auf, nutzte es aber seit Mitte des 19. Jh. nur noch als Schauspielhaus.

22.(23.)4.1789

Villa Pamphilia] s. Komm. (7) 23.10.1788.

23.(24.)4.1789

bey dem Cardinal Hercan] Der Kardinal wohnte seit Ende 1781 im Palazzo Ruffo an der Piazza Santi Apostoli.

Todt des Kaysers] Joseph II. von Habsburg, s. Österreich. Er starb erst im darauffolgenden Jahr, aber sein langes Siechtum erzeugte gelegentlich solche Gerüchte (vgl. Corti, 162-168).

24.(25.)4.1789

Grab der Horazier und Curiazier] An der Straße von Albano nach Ariccia erheben sich noch heute die beiden Grabtürme, die in ihrer Gestalt an etruskische Grabmäler erinnern, obgleich sie aus der 1. Hälfte des 1. Jh. stammen. Auf einem Sockel standen einst fünf konisch geformte Türme aus großen Albaner Steinen, je einer an den Ecken und ein fünfter, schlankerer in der Mitte. Die Lage beim antiken Alba longa und die Fünfzahl (s. auch Komm. (5) 10.11.1788) mag den überlieferten Namen bedingt haben, aber in neuester Zeit haben Gelehrte dieses Grabmal der in der Nähe begüterten altrömischen Familie Arruntia zugeschrieben.

Grabmal ... Pompejus seyns] Der Überlieferung zufolge hatte die verwitwete Cornelia die Asche des Pompeius Magnus im Nordwesten Albanos bei dessen Villa, deren Bau 61-58 v. Chr. mit der Beute aus dem Mithridates-Feldzug finanziert worden war, beigesetzt. Von diesem Grabmal, das auch als Grabmal des legendären Gründers von Alba longa, Ascanius, bezeichnet wird, sieht man nur noch einen mehrstöckigen, turmartigen, sich nach oben verjüngenden Ziegelbau mit marmornen Bindern auf quadratischem Grundriß (Reber, 293 f.). Ringsumher finden sich Reste der Villa, die sich auf künstlich terrassiertem Boden über 9 ha erstreckte. Die später in kaiserlichen Besitz geratene und mehrfach umgebaute Anlage hatte ein dreistöckiges Hauptgebäude mit Blick zum See. Daneben fanden sich Reste eines Nymphäums und anderer separater Gebäude, wertvoller Statuen, Terrakottadekorationen, Brunnen und Gärten. Hier wurden im 18. Jh. der Marmoraltar mit den Taten des Herkules (Museo capitolino, Rom) sowie zwei Zentauren in mehrfarbigem Marmor und ein bärtiger Bacchus gefunden, die heute in der Galleria Doria-Pamphilj gezeigt werden: Diese Familie war im Besitz eines Teils der Villa des Pompeius Magnus, als die Ruinen ans Licht kamen.

Lac von Albano] Lago Albano.

Villa Barbarini] Nach der Wahl des Papstes Urban VIII. (1568-1644) gelang es den Barberini, das Gelände und die Weingärten der ehemaligen Villa des Kaisers Domitian um den Lago Albano zu kaufen und auf ihm im 17. Jh. ihren neuen Palazzo mit herrlichen Gärten zu errichten, in die die antiken Ruinen einbezogen wurden. Die Villa Barberini, seit 1636 Sitz des vatikanischen Observatoriums, das Papst Gregor XIII. (1502-1585) gegründet hatte, ist seit 1929 exterritoriales Gebiet des Vatikan.

Voute] Gewölbe, Wölbung (frz. voûte).

Caissons] Kassetten (an der Decke).

25.(26.)4.1789

la Galleria] Diese Alleen immergrüner Eichen (galleria di sopra, galleria di sotto) waren von Papst Urban VIII. (1568-1644) angelegt worden.

Larici] Ariccia.

Kirche] Die Kirche Santa Maria dell'Assunzione in Ariccia wurde an der heutigen Piazza della Repubblica, die von der Villa Chigi della Rovere Albani beherrscht wird, von Bernini 1662-1664 errichtet. Sie ist wie das Pantheon (s. Komm. (4) 5.10.1788) zu Rom ein Zentralbau mit großer Kuppel und einer dreibögigen Vorhalle. Das Innere wird u.a. von dem Fresko ›Himmelfahrt Mariae‹ von Jacques Courtois, genannt il Borgognone (1621-1676), aus dem Jahre 1666 geschmückt.

Genzano] Genzano di Roma.

Familie Forza Cesarini ... Pallast] Die Familie Sforza Cesarini, der Genzano seit 1564 gehörte, gestaltete den Ort nach dem Vorbild der Piazza del Popolo um: Große Straßen, die von einem mit der 1776 von Virginio Bracci (1737-1815) geschaffenen Fontana del Vino geschmückten Platz ausgingen, verbanden die architektonisch wichtigen Gebäude des Ortes, die Hauptkirche Santa Maria della Cima, den Palast der Sforza Cesarini und die Kapuzinerkirche. Der Palazzo geht auf ein Kastell zurück, durch das die Stadtherren im Mittelalter den Weg zur Stadt kontrollieren konnten und das ständig vergrößert wurde. Dieses Kastell ließ Gaetano Sforza Cesarini (1674-1727) 1713-1730 von Ludovico (1661-1723) und Domenico Gregorini (1700-1777) zu einem Palazzo umgestalten. Dessen Fassade vermittelt durch einige architektonische Kniffe eine größere Monumentalität, als eigentlich vorhanden ist.

Lac di Nemi] Der Lago di Nemi, auch das ›Wunder der Diana‹ genannt, ist ein Kratersee südlich von Rom. Umgeben von Eichen- und Kastanienwäldern war er Ort der Inspiration u.a. für William Turner (1775-1851), George Byron (1788-1824) und Charles François Gounod (1818-1893).

Nepoten ... Pallast] Hier ist der Palazzo Ruspoli in Nemi gemeint. Nemi, eines der Castelli Romani, liegt auf einem Felsvorsprung über dem Krater des Nemi-Sees zwischen einem Kloster und dem Renaissance-Palast aus dem 15. Jh., der von der mittelalterlichen Fortifikationsanlage noch einen runden Wehrturm bewahrt. Die Stadt war, anders als die meisten der Castelli Romani, die der Familie Colonna gehörten, im Besitz der Orsinis. Im 18. Jh. erwarb die Familie Ruspoli Gemeinde und Schloß, das mit reichen Fresken ausgestaltet und von einem terrassierten Garten über dem Krater umgeben wurde. Der Palazzo Ruspoli gilt noch immer als einer der prächtigsten Paläste der Gegend.

Jenkins Wohnung] Jenkins bewohnte seit 1775 eine Sommerwohnung in einer Villa bei Castel Gandolfo.

Kirche der Augusti] Der Lage nach handelt es sich wohl um das zu Beginn des 17. Jh. erbaute Kapuzinerkloster kurz vor Albano, von dessen Gartenterrasse aus der See, aber auch Rom und das Meer zu übersehen sind (Bernoulli I, 619; Volkmann 1770, II, 862).

26.(27.)4.1789

Kirche] Der Dom San Barnaba zu Marino Laziale, seit 1650 von Antonio del Grande (1625-1671) im Auftrage des Kardinals Girolamo Colonna (1604-

1666) entworfen, bewahrt bis in die Gegenwart die von Anna Amalia beschriebene Kopie des ›Martyrium des Heiligen Bartholomäus‹ von Guercino (ThHStAW, HA.A.XVIII.154, Bl. 41 v). Das Original entstand 1636 für die Kirche San Martino in Siena, aus der es allerdings Ferdinando dei Medici (1663-1713) 1693 entfernte und eine Kopie an seine Stelle hängte. Eine andere Kopie ließ Kardinal Colonna anfertigen und schenkte sie später dem Dom San Barnaba, wo sie als ›Martyrium des Heiligen Barnabas‹ verstanden wird, gemalt von Bartolomeo Gennari (1594-1661). Zumindest heute sind keine Bilder von Domenichino oder Salvatore Rosa mehr hier nachweisbar.

Päpstliche Schloß Gandolfo] Der Ort Castel Gandolfo am Westufer des Albano-Sees wurde der Sage nach vom Sohn des Aeneas an Stelle des antiken Alba Longa errichtet. Am Ende des 16. Jh. gelangte das den Savallis gehörige Gebiet in päpstlichen Besitz. Urban VIII. (1568-1644) erwählte es zu seinem Sommersitz, weshalb der Ort samt den ausgedehnten Gärten und der Villa Barberini bis heute exterritoriales Gebiet des Vatikan ist. Im Jahre 1624 entwarf Carlo Maderno (1556-1629) den ursprünglichen Palast, der aber von den Nachfolgern Urbans VIII. immer wieder erweitert wurde. Alexander VII. (1599-1667) beauftragte beispielsweise Giovanni Lorenzo Bernini mit der Errichtung der Kirche San Tommaso di Villanova gegenüber dem Palast. Sie erhielt den Grundriß eines griechischen Kreuzes, die Inneneinrichtung überließ Bernini verschiedenen anderen Künstlern, insbesondere dem begabten Bildhauer und Stukkateur Antonio Raggi (1624-1686). Auch Clemens XIII. (1693-1769) und Pius IX. (1792-1878) veränderten das Palastareal nach ihren Wünschen. Die Innenausstattung des Palastes mit ihren Marmorverkleidungen, Tapeten und Paneelen u.a. von Carlo Dolci (1616-1686), Paolo Veronese und Salvatore Rosa ist sehr kostbar.

28.(29.)4.1789

ihr Mann] Antonio Zucchi.

29.4.1789

Peters Cupel] Die Kuppel des Petersdomes ist begehbar und bietet einen Ausblick sowohl in den Kirchenraum und als auch über den Vatikan.

Vatican] s. Komm. (1) 3.11.1788.

Stanzen von Raphael] s. Komm. (2) 3.11.1788.

noch einge Kirchen] Nach Anna Amalias Aufzeichnungen besuchte man u.a. noch einmal Santa Constanza (ThHStAW, HA.A.XVIII.154, Bl. 42 v; s. Komm. (1) 8.3.1789).

1.5.1789

Conversation] Ein handgeschriebener Programmzettel zeigt, daß man Werke der Komponisten Paisiello, Sarti (1729-1802), Martin, Robuschi (1765-1850), Giordani, Anfossi (1727-1797), Caruso, Guglielmi, Cimarosa, Tritto u.a. hörte (ThHStAW, HA.A.XVIII.161, Bl. 23).

2.5.1789

an Bertuch] s. Deetjen, 95-98. Die Briefe an Bertuch über die Italienreise fanden Eingang in das von Bertuch herausgegebene ›Journal des Luxus und der Moden‹: Brief aus Rom vom 18.11.1788 – gedruckt Januar 1789, S. 30-32; Brief aus Rom vom 2.5.1789 – gedruckt Juli 1789, s. 311-313, Brief aus Neapel vom Februar 1790 – gedruckt Oktober 1790, S. 525-538.

Nachricht] Herzog Carl August beschrieb seiner Mutter am 20.4.1789 von Aschersleben aus die Umstände dieser schwierigen Niederkunft der Herzogin Luise von Sachsen-Weimar-Eisenach (Bergmann, 88 f.): Angeblich aufgrund eines Stoßes, den die junge Herzogin bei einer Wagenfahrt erlitten hatte, sei in der Nacht vom 12. auf den 13.4.1789 die Fruchtblase geplatzt, aber es seien keine Wehen zu verzeichnen gewesen. Keiner der Hofmedici sei in der Stadt gewesen, so daß man Johann Christian Stark erst aus Jena habe holen müssen. Dieser habe eine falsche Kindslage festgestellt, das Kind daraufhin gedreht und ans Licht gebracht. Der vollentwickelte Junge habe jedoch wegen der um den Hals gewickelten Nabelschnur kaum Lebenszeichen von sich gegeben und sei wenig später verstorben. Für die Kindsmutter habe weitere Gefahr bestanden, da sie auch die Nachgeburt nicht aus eigener Kraft ausstoßen konnte; inzwischen habe sie sich jedoch erholt.

3.5.1789

Tyvoli] s. Komm. (1) 9.1.1789.

Solfa terra] Solfatara (s. Komm. (6) 30.1.1789). Es handelt sich hier um einen schmalen Kanal an der Via Tiburtina, einige hundert Meter vom meist trocken liegenden Lago de' Tartari entfernt. Der Ausfluß eines tiefen Sees mit Schwefelwasserstoff und Kohlensäure enthaltendem Wasser ist durch Gasentwicklung und Geruch schon weithin erkennbar.

Schwimenten Inseln] Die festen Kalkbestandteile des Wassers der Solfatara an der Via Tiburtina verkrusten Ufer und Grund des Gewässers, so daß die Austrockung fortschreitet. Doch fördern sie und die im Wasser befindlichen Gase das Wachstum bestimmter Schilfe, Flechten und Wasserpflanzen, die sich millionenfach zu an der Oberfläche treibenden, kompakten Inseln verbinden.

Retirato] Verstoßener.

gouvernirte] herrschen, regieren.

Bad der Zenobia] Wahrscheinlich meinten die Reisenden hier jene aus Backsteinen erbaute, dem Agrippa zugeschriebene Therme, in der die Dämpfe der Solfatara (in der Antike aquae albulae genannt) an der Via Tiburtina als Heilmittel eingesetzt wurden (Reber, 267). – Das Schicksal der Königin Zenobia ist tatsächlich mit Tivoli verbunden: Die verwitwete und seit 266 für ihre Söhne regierende Herrscherin von Palmyra hatte ihre Unabhängigkeit von Rom erklärt und ihr Reich bis nach Ägypten und Kleinasien erweitert. Kaiser Aurelian (214-275) gelang es erst 272, sie zu besiegen und gefangen zu nehmen. Sie wurde mit zwei Söhnen im Triumphzug des Kaisers durch Rom geführt und lebte danach auf einem Landgut bei Tivoli in der Verbannung.

Grabmal des Plautius] Das Grabmal der Plautier stammt aus den Jahren 10-14 n. Chr. und ist eines der besterhaltenen Grabdenkmäler. Es gleicht in vielem dem der Caecilia Metella, ist jedoch etwas kleiner. Der antike zylindrische Baukörper war mit Travertin verkleidet. Ein gegen Tivoli gewandter, mit ionischen Halbsäulen verzierter Vorbau trägt zwei Inschriften-Tafeln, die die Zuordnung erlaubten: Eine davon verweist auf Marcus Plautius Silvanus, die andere auf seinen Sohn, Titus Plautius Silvanus, Präfekt Roms um 80 n. Chr. Im 15. Jh. wurde das Grabmal zu einem Wachturm umgebaut und erhielt seinen zinnenartigen Aufbau.

Winkelmans Auslegung] vgl. auch den Brief Winckelmanns an Friedrich Wilhelm von Marpurg (1720-1795), einen königlich-preußischen Kriegsrat zu Berlin, vom 8.12.1762 (Winckelmann X, 590 ff.)

Tempio della Tossa] Bei dem Tempio della Tosse handelt sich um eine kleine Rotunde aus Tuffstein und Ziegeln, in einem Weinberg an der alten Via Constantina westlich von Tivoli gelegen. Sie hatte einen Innendurchmesser von 11,85 m und eine oben offene Kuppelwölbung. Dabei ist der Bau durch vier rechteckige und vier halbrunde, einander abwechselnde Nischen gegliedert, von denen eine den Eingang mit einem Travertinsturz von 3,5 m Länge bildet. Ihr gegenüber liegt ein Fenster, die Nischen haben jeweils drei Blenden für Statuen.

Wohnung] Der Tempel der Sybille steht im Hof eines gleichnamigen Gasthofes (Abb. s. Reber, Tafel XXXVIII), den man sich wohl zum Quartier wählte.

Tempel der Sybille oder Vesta] Am Rande eines schroffen, fast überhängenden Felsens über dem Fluß im Norden der Stadt steht der sogenannte Tempel der Sybille. Der Rundtempel (Abb. s. Reber, Tafel XXXVIII) wurde schon in der Antike durch eine Substruktion gestützt. Auf einer 2,4 m hohen Basis erheben sich noch 10 der ehemals 18 Säulen (Durchmesser 0,65 m), die in einem Abstand von 1,25 m gesetzt sind. Die mit Akanthus und Lotos geschmückten Kapitelle tragen noch ein Gebälk mit Tierschädeln und Festinen. Die Cella, teilweise zerstört, hatte bei einem Durchmesser von 7,3 m einen über eine Treppe erreichbaren Eingang und zwei Fenster. Trotz seines Namens ist der Tempel wohl am ehesten als ein Vesta-Heiligtum anzusehen. Er entstand spätestens unter Kaiser Augustus. Dicht daneben stand ein weiterer, rechteckiger Tempelbau (Tempel des Tiburtus) mit ionischen Halbsäulen auf einer Travertinbasis, der heute gelegentlich als Sybillen-Tempel bezeichnet wird und aus dem 2. Jh. n. Chr. stammte. Im Mittelalter wurde er in die Kirche San Giorgio (Abb. s. Reber, Tafel XXXVIII) integriert. Von hier aus hatte man einen guten Blick auf die Villa Gregoriana (s. Komm. (3) 4.5.1789) und die Kaskaden des Aniene.

Villa d'Este] Die weitläufige Renaissancevilla mit dem reich ausgestatteten Garten, dessen Brunnen und Wasserspiele vom Aniene gespeist wurden (Abb. s. Gothein I, 267-275; vgl. auch Goethe 1740, 298; Goethe 1830, 195), ließ Kardinal Ippolito d'Este (1509-1572), Sohn der legendären Lucrezia Borgia (1480-1519) und Alfonsos I. d'Este (1476-1534), seit 1549 Gouverneur von Tivoli und bedeutender Kunstliebhaber und Mäzen, 1550 nach Plänen von Pirro Ligorio (1514-1583) auf dem Gelände eines ehemaligen Benediktinerkonvents errichten. Der Kardinal versuchte eine neue Hadriansvilla zu erbauen, was schon allein die Ausdehnung – das Gelände der Villa nahm fast das ganze südwestliche Viertel der Stadt ein – zeigt, und verwirklichte zugleich bestimmte philosophische und mythologische Vorstellungen in der den Schutzpatronen der Stadt und der Familie, Hippolyt und Herkules, geweihten Anlage: Vom Herkules-Brunnen der ursprünglichen Garteneinrichtung führten zwei Wege zur Venus bzw. zur Diana Virtus – Herkules stand hier gewissermaßen am Scheideweg. Da der Park erst um 1600 vollendet wurde und mehrere Veränderungen erfuhr, ging diese Konzeption verloren. Das mit Fresken von Livio Agresti (um 1508 – um 1580), Federico (1540-1609) und Taddeo Zuccari ausgemalte Gebäude des Casinos wirkt von außen sehr geschlossen-monumental, die einzelnen Gartenbezirke dagegen sehr extravagant, wenngleich sie einer strengen Symmetrie folgen.

runte Plaz ... mit hohen Cipressen] Abb. s. Gothein I, 275 f.

Spirren] Schergen, Häscher (ital. sbirro). In Italien, besonders im Kirchenstaat, bezeichnete man mit diesem Begriff bis ins 19. Jh. die militärisch organisierten Justiz- und Polizeidiener.

Gouvernatore] Der Gouverneur von Tivoli konnte nicht identifiziert werden.

Tasso] Die Idee und die ersten Arbeiten Goethes zu einer Prosafassung des ›Torquato Tasso‹ entstanden 1780/81. 1787 begann Goethe mit der vollständigen Umarbeitung seiner bisherigen Entwürfe. Nach fast durchgängiger Arbeit 1788/89 an diesem Stoff teilte er am 2.8.1789 in einem Brief an Herder mit: »Tasso [...] Seit zwey Tagen darf ich erst sagen er sey fertig« (WA IV 9, 146). Was die Reisenden also in Tivoli lasen, waren nur Teile des Stückes, die Goethe durch Caroline Herder an Herder schicken ließ (vgl. Herder 2003, 391 f.).

4.5.1789

Grotte des Neptuns ... Cascatellen] s. Komm. (1) 9.1.1789.

Villa des Varus] Auf einem Hügelkamm mit Blick nach Südosten auf den Fluß Aniene und die Wasserfälle befanden sich Reste einer Villa, die dem außerordentlich wohlhabenden Publius Quinctilius Varus zugeschrieben wird. Es handelt sich um eines der größten Villenareale (4,9 ha) der Zeit. Grundmauern, Kammern mit Tonnengewölben und eine gut erhaltene Zisterne mit 24 Pfeilern sowie ein Bassin mit Zu- und Abflüssen waren noch deutlich zu erkennen. Auf diesen Ruinen errichtete man später die Kirche Santa Maria di Quinctilio.

Villa des Vopiscus] Auf dem Gelände der im 19. Jh. errichteten Villa Gregoriana, die heute für ihre über 100 m tiefen Wasserfälle berühmt ist, lagen die Ruinen der sogenannten Villa des P. Manlius Vopiscus. Sie erhielt ihr Wasser über die Aqua Marcia.

Ango] Aniene.

Tebrone] Teverone.

7. Ode des Horaz 1. Buch ... von Tivoli und den Cascaden] »Mich hat das männerhärtende Sparta / oder das fruchtbare Feld Larisas nie so begeistert / wie der Prophetin Albunea Heimat / und des Anio Fall, des Tiburnus Hain und die Gärten, / von den eilenden Bächen gewässert« (vgl. Horaz, Oden I, 7, S. 11).

5.5.1789

Villa Mecens] Der unterhalb der Villa d'Este vor der Porta del Colle gelegene Ruinenkomplex, die sogenannte Villa des Maecenas, war eigentlich ein Herkulesheiligtum aus dem 2. Jh. v. Chr. Durch dessen Substruktion mit Mauern, die sich zu mit Halbsäulen geschmückten Arkaden öffneten, verlief ursprünglich die Via Tiburtina. Seit der Flußumleitung im 18. Jh. stürzte ein Arm des Aniene durch sie hinab. Im Innern befand sich eine Terrasse, die von geschlossenen, mit Halbsäulen geschmückten Korridoren umgeben war. An anderer Stelle waren noch Kammern mit Tonnengewölben zu sehen. Heute rechnet man diese Ruinen der Villa des Varus zu (vgl. auch Goethe 1830, 195).

Horazens Villa] Das Landhaus am Ostausläufer des Colle Rotondo in den Lucretilibergen bei Licenza schenkte Maecenas dem Horaz im Jahre 33 v. Chr. (Horaz, Epistulae I, 14, S. 237-239, 304, 423). Das zugehörige Land wurde von fünf Pächterfamilien bewirtschaftet und ermöglichte dem Dichter fortan ein gutes Auskommen. Im 18. Jh. hatte man anhand der Angaben des Horaz das Gut lokalisiert und erste Ausgrabungen vorgenommen. Die Ausdehnung des Grundstücks (bebaute Fläche und Gärten) betrug nach gegenwärtigen Ausgrabungsergebnissen etwa 40 × 110 m. Durch den Eingang gelangte man offenbar zunächst in einen rechteckigen Garten mit Bassin, der von Arkaden umgeben war. An der gegenüberliegenden Schmalseite erstreckte sich das Hauptgebäude. Etwa $^{2}/_{3}$ der Fläche des Herrenhauses wurde von einer Wandelhalle eingenommen. Um zwei Innenhöfe gruppierten sich außerdem zwölf mit Fresken und Mosaiken geschmückte Schlaf- und Aufenthaltsräume, ein Speisesaal, Vorratsräume und Küche sowie eine kleine Therme.

Herder laß den Tasso] Die arkadische Szenerie, da die sich unter Zypressen am Boden und auf antiken Trümmern lagernden Reisenden, denen sich ein Lämmchen zugesellte, aus Goethes ›Torquato Tasso‹ lesen, ist in einem berühmten Aquarell (40,7 × 52,2 cm; Klassik Stiftung Weimar) von Johann Georg Schütz bildlich überliefert. Sie ist der passende Rahmen für die Lektüre eines Stückes, in dem Goethe die zwischen Tassos Schäferdichtung ›Aminta‹ (s. Komm. (6) 13.1.1789) und Giovanni Battista Guarinis (1537-1612) ›Il pastore fido‹ (s. Anhang 3) bestehende und dem Leser des 18. Jh. wohlvertraute Kontroverse über die Liebe in einem arkadisch beschriebenen Zeitalter thematisiert (vgl. auch Blumenthal; Müller, 39). – Den gelesenen Text schenkte Herder der Angelica Kauffmann (Kauffmann an Goethe, 28.5.1789; Nachschrift, 169). Etwa eine Woche nach diesem Ausflug nach Tivoli, am 15.5.1789, verließ er Rom und begab sich über Florenz, wo er eine ganze Woche blieb, über Bologna, Venedig, Mailand, Innsbruck, München und Nürnberg nach Hause. Louise von Göchhausen vermerkt dieses Ereignis in ihrem Tagebuch nicht.

Aquetucten des Clautius] Zur Kaiserzeit gab es elf Aquädukte, die die Stadt Rom mit täglich 950000 m³ Wasser versorgten. Das größte davon war das von Kaiser Claudius erbaute. Vom Aniene oberhalb der Stadt Tibur (ital. Tivoli) wurde das Wasser durch einen unterirdischen Stollen durchs Gebirge, dann auf gemauerten Bögen über die Täler der Campania di Roma zu den Reinigungsbassins geleitet, von wo es in die Stadtbezirke verteilt wurde. Die Bögen des Aquädukts – 155 stehen noch – waren 5,5 m breit und 30 m hoch. Die auf ihnen verlaufende leicht abfallende Wasserrinne war abgedeckt, um Verunreinigungen zu vermeiden.

7.5.1789

Villa Hadrians] s. Komm. (7) 21.10.1788.

Egiptische Tempel des Canope] Mit dem Namen Canopus wurde in der Hadriansvilla ein Bezirk bezeichnet, den der Kaiser der gleichnamigen Anlage in der Nähe Alexandrias nachgestalten ließ. Damals war er selbst allerdings noch nicht in Ägypten gewesen. Es handelte sich um eine mit Wasser umgebene Grünfläche, die er mit originalen Plastiken aus Ägypten, darunter zwei lebensgroßen Krokodilen, und zerbrochenen Säulen gestalten ließ. Am Ende eines langen Kanals erhob sich ein halbrund überkuppelter Raum, der dem Tempel des Serapis bei Alexandria nachempfunden wurde, aber hier wohl als Speisesaal diente.

Olivitaner Kloster … Villa Catulls] Es handelt sich um das Kloster Oliveto de Angelis am Monte Catillo.

Sivillen Tempel] s. Komm. (11) 3.5.1789.

Horazens … Tivoli und Tarent] Diese Oden wurden von der Reisegesellschaft an diesem Tag wohl gelesen oder zitiert und nehmen in ihren Versen Bezug auf die Orte Tivoli und Tarent: »[…] wann mir nur einst Tibur (Tivoli – J. B.), / erbaut von Argiver-Kolonien, / die Ruhestätte meines Alters ist« (vgl. Horaz, Oden II, 6, S. 38) und »[…] Und Iuppiter gebe dir gütig / reichlichen Lohn […] / und Neptun, der das heil'ge Tarent behütet als Schirmherr!« (vgl. Horaz, Oden I, 28, S. 26).

8.5.1789
ihr Man] Antonio Zucchi.

9.5.1789
meine Mutter] Charlotte Christiane von Göchhausen.
il Bruto fortunato] Das heitere Melodram in 3 Akten ›Gli amanti confusi ossia il bruto fortunato‹ (›Die verwirrten Liebhaber oder der glückliche Unhold‹) nach einem Libretto von Saverio Zini (tätig 1770-1803) wurde erstmals im Mai 1786 im Teatro Valle in Rom und später mehrfach im Ausland aufgeführt.
Galathea] s. Komm. (4) 8.2.1789.
son io, son io lo Sposo] Ich bin, ich bin der Ehemann.

10.5.1789
San Pietro in vincoli] Die Kirche San Pietro in Vincoli (St. Peter in den Ketten) unweit des Kolosseums gehört zu den ältesten der Christenheit: Auf das 4. Jh. zurückgehend wurde sie unter Papst Sixtus III. († 440) 431 neu gebaut und als San Pietro e Paolo geweiht. Nachdem Papst Leo der Große († 461) jedoch die Ketten, die Petrus im Mamertinischen Keller zu Rom getragen haben soll, hier niederlegen ließ – sie befinden sich heute in einem Bronzeschrein unter dem Hochaltar –, erhielt die Kirche ihren heutigen Namen. Im 8. bis 15. Jh. erfolgten zahlreiche An- und Umbauten an der Basilika, beispielsweise errichtete man Ende des 15. Jh. den Kreuzgang. Die Kirche ist reich geschmückt mit einer Holzdecke, die mit tiefer Kassettierung das Fresko von Giovanni Battista Parodi (1647-1730) nach einem Entwurf von Francesco Fontana (1602-1656) einrahmt, mit Werken von Guercino, Michelangelo u.a. sowie einer Mosaikikone des Heiligen Sebastian aus dem 7. Jh. Im linken Seitenschiff findet sich die Grabstätte des Nikolaus von Kues (1401-1464), dessen Kardinalskirche San Pietro in Vincoli war. Am berühmtesten ist aber wohl das Grabmal für Papst Julius II. (1443-1513) mit der Statue des Moses (s. unten).
Heilige die … den Drachen bändiget] In der rechten Seitenapsis der Kirche San Pietro in Vincoli befindet sich Guercinos Altarblatt ›Heilige Margaretha mit dem Drachen‹ (Öl auf Leinwand, 115 × 95 cm) von 1644. Es war ein Geschenk des Mutterhauses der Augustiner in Bologna. Der Drachen stammt möglicherweise von der Hand Paolo Antonio Barbieris (1603-1649), eines Tiermalers und Bruders von Guercino.
Petrus vom Engel erfeckt, im Gefängniß] Das 1604 von Domenichino im Auftrage Kardinal Girolamo Agucchis († 1605) gemalte Bild ›Befreiung des Heiligen Petrus‹ befindet sich heute nur noch als Kopie in der Vorsakristei der Kirche San Pietro in Vincoli. – Der Legende nach soll Petrus, im Jahre 44 von Herodes Agrippa verhaftet und im Gefängnis auf seine Hinrichtung wartend, nachts von einem Engel geweckt und nach Antiochia am Orontes entführt worden sein, wo schon Paulus und Barnabas predigten.

Kirche San Gregorio] Der vollständige Name dieser heute einer nach der Benediktinerregel lebenden Kamaldulensergemeinschaft gehörigen Kirche ist Santi Andrea e Gregorio Magno al Celio. Papst Gregor der Große (um 540-604) lebte hier als Abt des Klosters San Andrea, das er 575 in seinem eigenen Haus eingerichtet hatte. Er bildete britische, auf dem römischen Markt erworbene Sklaven zu Mönchen aus und sandte sie 596 zur Missionierung in ihre Heinat zurück. Diese alte Kirche ist in ihren Grundmauern wohl unter der heutigen bewahrt, die nach den Zerstörungen durch die Normannen am Ende des 12. Jh. neu aufgebaut wurde. 1629-1633 ließ sie Kardinal Scipione Caffarelli Borghese (1576-1633) nach Entwürfen Giovanni Battista Sorias (1611-1670) restaurieren und mit einer Fassade versehen. Im 18. Jh. erfuhr das Innere der Kirche durch Francesco Ferrari eine Erneuerung. Hier fallen zunächst zwei mittelalterliche Statuen mit den Patronen des Klosters auf, dem Heiligen Gregor und dem Heiligen Andreas. Am Ende des rechten Seitenschiffes befindet sich die Cappella San Gregorio mit den angeblichen Resten der früheren Zelle des Heiligen, u.a. einem Stuhl. Über dem Altar sieht man das Gemälde ›Erzengel Michael und die Heiligen‹ aus der umbrischen Schule des 15. Jh. Die Marmorfront des Altars schmückt ein Relief des 14. Jh. ›Die 30 Messen des Heiligen Gregor‹. Das Gewölbe wurde 1727 von Placido Costanzi (1690-1759) ebenfalls mit Motiven zu diesem Heiligenleben ausgestaltet. Von der gegenüberliegenden Kapelle führt eine Tür in die Cappella Salviati mit einer Wand der ältesten Kirche, die noch ein Fresko trägt. Die Legende berichtet, daß der Heilige Gregor vor diesem Madonnenbild gebetet und Antwort erhalten habe. Im Klostergarten sind drei Kapellen interessant, die in ihrer heutigen Gestalt 1607 von Flaminio Ponzio (1560-1613) geschaffen wurden. Die Kapelle der Heiligen Barbara bewahrt u.a. einen Marmortisch mit Szenen aus dem Leben Gregors des Großen und ein Gemälde dahinter mit ähnlichem Sujet. Die Kapelle des Heiligen Andreas ist mit Fresken von Domenichino und Guido Reni geschmückt, die Kapelle der Heiligen Sylvia, der Mutter Gregors gewidmet, zeigt im Gewölbe der Apsis Renis Fresko ›Konzert der Engel‹.

Papst Gregorius mit den Heiligen Geist] Annibale Carracis ›Gregor im Gebet‹ (1601/02, Öl auf Holz, 265 × 152 cm) war ursprünglich für die Cappella Salviati in der Kirche San Gregorio Magno al Celio gemalt worden. Kardinal Antonio Salviati († 1602) stiftete sie für das alte Marienbild, das zum Heiligen Gregor einst gesprochen haben soll (s. oben). Als die Kapelle im Jahre 1600 vollendet war, gab der Kardinal Antonio Carracci den Auftrag zu dem genannten Altarstück. Die Franzosen verschleppten es 1800 nach Paris. Doch auf dem Weg dorthin kam es in Genua in die Hände von Alexander Day (1751-1841) und Signor Camuccini, die es mit einer Aquarell-Kopie eines Guido Reni übermalten und nach Großbritannien schmuggelten. 1801 wurde das Bild an William Waldegrave Lord Radstock (1753-1825) verkauft und in die Sammlung des Bridgewater House aufgenommen, in der es während des Zweiten Weltkrieges zerstört wurde.

clair obscur] Helldunkel.

Statue des Papstes, wie ihm die Taube ins Ohr spricht] s. Komm. (4) 21.12. 1788.

Grabmal des Papstes Julius des 2ten *mit den Moses*] Als Michelangelo mit dem Grabmal für Papst Julius II. (1443-1513) beauftragt wurde, zeichnete er einen Entwurf (Abb. s. Bussagli, 427), der laut Vasari jedes antike oder kaiserliche Grabmonument übertreffen sollte. Es wurde so nie verwirklicht, zumal dieser Papst nicht in St. Peter, sondern in seiner Kardinalskirche San Pietro in Vincoli begraben wurde; nur drei der Statuen wurden vollendet. Zentrale Gestalt ist Moses (1515, Marmor, Höhe 235 cm), der in weitem Mantel, Kniebundhosen und Sandalen, mit langem Bart und Hörnern (übliches Beiwerk der Mosesdarstellungen aufgrund eines Übersetzungfehlers des hebräischen Wortes karan ›strahlen‹ – kären ›Horn‹.), die Gesetzestafeln unter den Arm geklemmt vom Berge Sinai kommt und mit grimmigem Blick sein Volk um das goldene Kalb tanzen sieht (Abb. s. Bussagli, 428 f.). Die beiden ihn flankierenden Figuren, Rahel und Lea, sind ebenfalls von Michelangelo, für den restlichen Teil des 1545 aufgestellten Kenotaphs zeichnen andere Künstler verantwortlich. – Goethe erwarb, wie er seiner Frau Christiane am 27.7. 1812 aus Teplice schrieb (WA IV 23, 46 f.), eine kleine bronzene Kopie dieser Moses-Statue, die sich heute im Junozimmer seines Hauses befindet.

11.5.1789

Scaglion] Scagliola ist eine zur Nachahmung von Marmor geeignete formbare Masse (Stuckmarmor, Alabastergips).

Bäder des Caracalla] s. Komm. (4) 15.11.1788.

12.5.1789

Venezianische Gesandin] Gemahlin Pietro Donados.

13.5.1789

Sankt Peter ... Kupel] s. Komm. (2) 5.10.1788 und (1) 29.4.1789.

14.5.1789

Villa Borgese] s. Komm. (1) 13.10.1788.

Mondschein Landschaften] s. Komm. 4.2.1789.

Spaniol Dose] Tabatiere für (spanischen) Schnupftabak. Solche Dosen waren ein beliebtes Geschenk in der damaligen Zeit: Grave hatte z.B. anläßlich der Neuwahl des Dogen von Venedig 1789 eine solche erhalten (›Teutscher Merkur‹ 1789, Nr.5, S. 205 ff.); Kaiser Joseph II. hatte dem Geiger Pietro Nardini (1722-1793) wegen seiner außerordentlichen Virtuosität ebenfalls eine reich verzierte, goldene Tabatiere geschenkt; das neapolitanische Königspaar überreichte Sir William Hamilton ein mit Brillanten besetztes Stück anläßlich eines Allianzvertrages mit England im Jahre 1793.

15.5.1789

Abschieds Visite] Die Krankheit der Louise von Göchhausen am folgenden Tag und der Durchfall Graves zwei Tage darauf verzögerten die Abreise nach Neapel wider Erwarten (ThHStAW, HA.A.XVIII.154, Bl. 46 v).

16.5.1789

an ... Knebel] s. Deetjen, 98-100.

17.5.1789

Tapeten von Raphael] Hier sind Raffaels Wandteppiche für die Cappella Sistina gemeint, deren erste Serie sich heute in der Pinacoteca Vaticana befindet. Sie wurden am Fronleichnamstag unter den Kolonnaden am Petersplatz öffentlich präsentiert. Die zugehörigen, 1514-1519 entworfenen Kartons, von denen drei (›Steinigung des Heiligen Stephanus‹, ›Bekehrung des Paulus‹ und ›Paulus im Gefängnis‹) fehlen, sind im Victoria and Albert Museum in London bewahrt. Die übrigen dargestellten Themen sind ›Der wunderbare Fischzug‹, ›Die Heilung des Lahmen‹, ›Tod des Ananias‹, ›Die Blendung des Elymos‹, ›Opfer von Lystra‹ und ›Die Predigt Pauli in Athen‹. Gewirkt wurden die Tapeten in Flandern. Nach der für den Vatikan bestimmten Serie wurden nach denselben Kartons weitere Exemplare gearbeitet, von denen sich auch einige in der Gemäldegalerie Alte Meister zu Dresden befinden.

Seelig gesprochenen Sepastiano] An diesem Tag wurde wahrscheinlich die Seligsprechung des Sebastian von Apparitio (um 1500-1600) öffentlich bekanntgegeben, nachdem das diesbezügliche Breve bereits am 27.3.1789 ausgefertigt worden war. – Sebastian war ein Bauernsohn aus Galizien gewesen, der, nach Mexiko verschlagen, dort als Straßenbauunternehmer wohlhabend wurde und all sein Geld für gute Werke ausgab. Obwohl zweimal verheiratet, soll er doch immer keusch in sogenannter Josephsehe gelebt haben. Im Alter von über 70 Jahren trat er schließlich in den Franziskanerorden ein und lebte dort noch 28 Jahre. – Papst Pius VI. war ein wichtiger Förderer des Franziskanerordens, unter seinem Pontifikat wurden vergleichsweise viele Franziskaner heilig gesprochen.

La Contatina nelle Selve] Das Hirtenspiel ›La costanza nelle selve‹ (›Die Beständigkeit im Wald‹) stammt wohl nicht von Bianchi, sondern von Luigi Mancia (Text von Ortensio Mauro) und entstand 1697.

18.5.1789

Wachs Malerey] s. Komm. (3) 10.10.1788.

19.5.1789

Veletri] Velletri.

20.5.1789

Mola di Gaeta] Formia; s. Komm. (1) 3.1.1789.

21.5.1789

unserer Villa in Portici] Nach Anna Amalias Aussage hatte die Villa der Weimarer in Portici eine schöne Aussicht und einen Garten mit Grotte (ThHStAW, HA.A.XVIII.154, Bl. 47 r). Wohl wegen zu großer Enge (Dönike, 45) mietete man dazu noch eine Unterkunft westlich des Palazzo Reale innerhalb der Stadt Neapel am Pizzofalcone-Hügel Monte Echia.

22.5.1789

Villa Reale] Erbauer der Villa Reale (heute Villa Comunale), des königlichen Gartens von Neapel, war Karl IV., der spätere König Karl III. von Spanien. Er ließ das Ufer vor der Riviera di Chiaia aufschütten und die Villa Reale anlegen. Die eigentliche Bauphase fiel jedoch in die Zeit Ferdinands IV.: Nach Plänen von Luigi Vanvitelli schuf man 1778-1781 den Park, der mit verschiedenen klassizistischen Gebäuden und anderen architektonischen Kunstwerken ausgestattet war (vgl. auch Komm. (1) 8.9.1789).

23.5.1789

Portrait des Erzpischofs] Das Porträt Giuseppe Capece-Latros von Tischbein ist verschollen. Allerdings befindet sich eine Zeichnung dazu heute im Landesmuseum Oldenburg (herzlicher Dank für die Auskunft gilt Hermann Mildenberger, Weimar).

24.5.1789

sein Neveu] Carl Ulysses Salis-Marschlins.

Königin] Maria Karolina von Neapel-Sizilien.

26.5.1789

ihre Kinder] Maria Teresa, Ludovica, Francesco, Maria Christina, Maria Amalia, Maria Antonia, Maria Clotilda und Henriette de Borbón, s. Neapel-Sizilien.

27.5.1789

Picket] Piquet ist ein Kartenspiel für zwei Personen, das sowohl mit deutschem als auch mit französischem Blatt zu 32 Karten gespielt werden kann. Es ist dem Tagebuch zufolge neben Whist das von der Herzogin und damit auch ihrer Entourage bevorzugte Spiel.

Theater Fiorentini] s. Komm. (1) 7.2.1789.

Grotta di Trophonio] Paisiellos ›La grotta di Trofonio‹, eine musikalische Komödie in 2 Akten nach einem Libretto von Giuseppe Palomba (1769-1825), wurde im Dezember 1785 im Teatro dei Fiorentini uraufgeführt.

28.5.1789

nach Neapel] Der Hof übersiedelte von Caserta in die Hauptstadt, um den Namenstag des Königs zu feiern.

29.5.1789

Pausilip] s. Komm. (1) 5.1.1789.

des ... Hamilton Casino] Hamiltons Sommerhaus, die Villa Emma, lag am Fuße des Posillipo beim Palazzo Donn'Anna (Abb. s. White, 181). Hier konnte er das maritime Leben im Golf von Neapel beobachten, von hier aus begleitete er den König zur Jagd. Aber es war nicht seine einzige Villa, noch weitere Casinos nannte Hamilton in der Umgebung Neapels sein eigen: Die Villa Angelica lag zwischen Pompeji und Herculaneum am Fuße des Vulkans, wo er den Fortgang der Ausgrabungen und die Folgen der Eruptionen des Vesuvs genau beobachten konnte. Auch bei Caserta unterhielt Hamilton ein Casino, bei dem er den ersten englischen Garten im Königreich Neapel anlegte. Dieser beeindruckte Königin Maria Karolina so, daß sie 1786 den Gärtner John Andrew Graefer aus London kommen ließ, um die Schloßgärten bei Caserta ebenfalls in diesem Stil umgestalten zu lassen.

nach Portici] An diesem Tag schrieb die Herzogin an Karl Ludwig von Knebel, er möge den 6. Gesang der Aeneide Vergils lesen, um sich ein Bild von der Landschaft zu machen, in der sie nun lebe (Varnhagen/Mundt 1, 198 f.).

un Pezzo di Cielo caduto in Terra] ein Stück zur Erde gefallenen Himmels. Diese Redensart zitierte auch Anna Amalia am 13.9.1789 in einem Brief aus Neapel an Knebel (Varnhagen/Mundt 1, 199).

30.5.1789

Königs] Ferdinand IV. de Borbón, s. Neapel-Sizilien.

Sankt Carls Teater] s. Komm. (2) 15.2.1789.

Ademira] Diese Opera seria in 3 Akten von Guglielmi wurde 1789 im Teatro San Carlo zu Neapel aufgeführt.

Primo homo] erster Solist: Giuseppe Damiani.

31.5.1789

Schloßgarten] Il Boschetto (Wäldchen) ist eine umgangssprachliche Bezeichnung für den Park der Villa Reale (s. Komm. 22.5.1789).

1.6.1789

Santa Maria del Arco] Die Kirche Santa Maria dell'Arco, heute an der nach ihr benannten Piazza in Miano nördlich von Neapel gelegen, stammt aus dem 16. Jh., doch ist der heutige Bau infolge der Errichtung der Brücke von Bellaria und eingreifender Anordnungen der reformierten Franziskaner erst das Ergebnis einer grundsätzlichen Restaurierung des Jahres 1842. Das alljährliche Kirchenfest dort gehörte zu den von Touristen häufig aufgesuchten lokalen Ereignissen, vgl. die ausführlichere Beschreibung von Vigée-Lebrun (Vigée-Lebrun I, 204-206).

Tarantela] Die Tarantella ist ein schneller, eigentümlicher Tanz im $^{6}/_{8}$-Takt, der in Unteritalien zum Tamburin getanzt wird. Der Name leitet sich von den angeblichen Folgen des Bisses einer Tarantel her.

Charge d'affair] Geschäftsträger, Beauftragter (frz. charge d'affaires).

2.6.1789
ihre Mutter] Mary Lyon.
al fondo] s. Komm. (4) 9.2.1789.

3.6.1789
in fiorentini] s. Komm. (1) 7.2.1789.
la Grotta di Trophonia] s. Komm. (3) 27.5.1789.

4.6.1789
Königin] Maria Karolina von Neapel-Sizilien.
Cronprinz] Francesco, s. Neapel-Sizilien.
Museum] Seit man im 18. Jh. Herculaneum und Pompeji wiederentdeckt hatte, wurde auch der südliche Fuß des Vesuvs zu einem beliebten Standort für Villen. Die bourbonischen Herrscher teilten bald diese Vorliebe und lösten damit einen regelrechten Sturm auf die miglia d'oro, die Goldene Meile, aus. Zu deren Mittelpunkt gedieh Portici, nachdem 1738-1752 Antonio Canavari (1681 – um 1750) und Giovanni Antonio Medrano (*1703) für den König ein Schloß dort errichteten. Sie entwickelten ihren Gesamtplan aus einer Reihe älterer Bauten an dieser Stelle, u.a. der Villa Elboeuf und dem Palazzo Caramanica. Der Palazzo Reale diente zwar gelegentlich als Sommerresidenz Ferdinands IV., grundsätzlich aber war er über lange Jahre hinweg ein Geheimmuseum, in dem man die Grabungsfunde von Herculaneum barg. Im Hof des Schlosses war das Lapidarium eingerichtet, wohin man z.B. die korinthischen Kapitelle der Villa di Giulia Felice aus Pompeji (s. Komm. (2) 20.1.1789) oder die Marmorstatuen der Balbi aus Herculaneum (s. Komm. (5) 25.2.1790) brachte. Büsten, Statuen, Mosaike, Malereien, Gebrauchsgegenstände usw. waren im ehemaligen Palazzo Caramanico versammelt (s. Bernoulli II, 154-270). Sie befinden sich heute zum großen Teil im Museo Archeologico Nazionale in Neapel.

7.6.1789
Santa Lucia] Santa Lucia, einst ein Fischerdörfchen an der Landspitze am Castello dell'Ovo, wurde im Zuge einer Sanierung Neapels nach einer Choleraepidemie 1884 zerstört. Hier befand sich eine der Mineralquellen auf dem Stadtgebiet Neapels, eine Schwefelquelle.
Jüngere Hacker] Georg Abraham Hackert.
Tochter der Marchesa Malespina] Eugenia Malaspina Estense.

10.6.1789
zur Königin] Anna Amalia beschrieb ihren Eindruck von der Königin an diesem Tag folgendermaßen: »sie spricht sehr viel aber nicht aneinanderhängend die hiesige Regierung komt mir vor wie ein Schiff was ohne Mast u*nd* ohne Ruder von sich selbst gehet« (ThHStAW, HA.A.154, Bl. 51 r).

11.6.1789

Feierlichkeit des Corpus Domini] Fronleichnamsfeierlichkeit; der König, der, sofern er nicht der Jagd in seinen verschiedenen Revieren nachging, in seiner Residenz Caserta bzw. San Leucio Hof hielt, kam nur zu Krisenzeiten oder zu hohen, besonders kirchlichen, Feiertagen nach Neapel. Seiner angegriffenen Gesundheit wegen hatte er sich im Frühjahr 1789 auf Capri aufgehalten.

Goldene Fließ] Der Orden vom Goldenen Vließ wurde am 10.1.1429 durch Herzog Philipp den Gütigen von Burgund (1396-1467) am Tage seiner Vermählung mit Isabella von Portugal (1397-1472) zu Ehren Marias und des Schutzpatrons des burgundischen Herzogshauses, des Heiligen Andreas, zur Verteidigung des katholischen Glaubens und der Kirche, zur Förderung der Tugenden und guten Sitten gestiftet. Der Name bezog sich auf das legendäre Widderfell, das die Argonauten in Kolchis eroberten. Die Mitgliederzahl des Ordens war zunächst auf 31, später auf 52 festgelegt. Da bei Aussterben des Mannesstammes die Erbtochter Oberhaupt des Ordens wurde, brachte Maria von Burgund (1457-1482) durch ihre Vermählung mit dem späteren Kaiser Maximilian I. 1477 das Großmeistertum des Ordens an das Haus Habsburg. Im Spanischen Erbfolgekrieg war auch die Zugehörigkeit des Ordens zur spanischen oder zur österreichischen Linie der Habsburger umstritten, schließlich behielten beide das Recht der Ordensverleihung. In Österreich durften nur Ritter aus uraltem Adel katholischer Konfession berufen werden, in Spanien auch Protestanten. Das Ordenskleid bestand aus einem roten Talar mit Mütze, roten Schuhen und Strümpfen sowie einem purpurnen, mit weißem Taft gefütterten und mit weißem Atlas gesäumten Mantel. Der auffälligste Teil des Ordenskleinods ist das herabhängende goldene Schaffell. Es wird an rotem Band oder Kette getragen und änderte im Laufe der Zeit immer wieder seine Gestalt. Die Ordensdevise lautet: ›Ante ferit quam flamma micet‹ (›Bevor die Flamme erglänzt, schlägt man‹). Die Orden spanischen und österreichischen Rechts unterscheiden sich im Dekor.

Cardinal] Giuseppe Maria Capece-Zurlo.

Molo] Mole, Kai.

12.6.1789

Docktor] Wilhelm Ernst Christian Huschke.

Villa Reale] s. Komm. 22.5.1789.

Englische Consuld] Sir James Douglas.

13.6.1789

Marchese Venuti deren Sohn] Orsola Venuti, s. auch Venuti, N.N. Zwar verzeichnet die Familiengeschichte (Venuti) keinen erwachsenen Nachkommen des älteren Bruders von Domenico, Marchese Benvenuto Giuseppe Marchese di Venuti (1741-1780), doch da Domenico Venuti zwischen 1787 und 1790 sowohl von Goethe als auch von der herzoglichen Suite nicht als Marchese, sondern als Cavaliere angesprochen wurde, ist die Existenz eines solchen der älteren Linie entstammenden Knaben zu vermuten. Zudem ist in besagter Familiengeschichte auch kein anderer Neffe ausgewiesen. Allerdings scheint dieser früh gestorben zu sein, denn Domenico erbte bald darauf den Titel (vgl. Hackerts Tagebuch, WA I 46, 299), und sein Sohn Ludovico wurde der nachfolgende Träger desselben.

Villa Caravita] Die Villa Caravita, auch Maltesische Villa, wurde 1730 nach einem Entwurf von Domenico Antonio Vaccaro (um 1680 – um 1750) errichtet, ihre Fassade aber bei einer späteren umfangreichen Sanierung mit Gesimsen, Stuckfüllungen, Balustraden und Vasen überladen. Trotzdem blieb der ursprüngliche Gesamteindruck von Proportion und Ausstrahlung des Gebäudes erhalten. Der schöne Garten der Villa Caravita mit Statuen und Wasserbassin grenzt an den des königlichen Palastes in Portici.

Villa Lanzeloti] Die Villa Lauro Lancellotti am Corso Garibaldi 227-231 in Portici ist heute hauptsächlich ein Werk des Architekten Pompeo Schiantarelli (1746 – um 1802). Die 1750 neu errichtete Villa geht auf ältere Gebäude zurück, die während des Vulkanausbruchs 1631 zerstört worden waren. Um das Jahr 1800 rekonstruierte man das Haus, dessen geschlossen wirkende Außenfassade sich nach dem Durchgang durch eine reich stuckierte Toreinfahrt in einen Hof öffnet, der von zwei flacheren Gebäudetrakten umfangen wird. Von einer Terrasse mit Treppen und Pavillon gelangt man durch den Garten zum Strand.

ErzBischoff] Giuseppe Capece-Latro.

14.6.1789

Theater del Fondo] s. Komm. (4) 9.2.1789.

Gl'ingani delusi] Die komische Oper in 2 Akten ›Gl'inganni delusi‹ (›Die vereitelten Betrügereien‹) nach einem Libretto von Giuseppe Palomba (1769-1825) wurde 1789 im Teatro del Fondo zu Neapel uraufgeführt.

15.6.1789

Vice Königs von Sicilien] Francesco d'Aquino Principe de Caramanico.

16.6.1789

Academi degli Amici] Akademie der Freunde. Der Begriff Accademia bezeichnete u.a. die Veranstaltung privater Konzerte mit von Opernbühne und Kirchenmusik bekannten professionellen Musikern und begabten Dilettanten, zu der bestimmte Gesellschaftsschichten üblicherweise Zugang hatten. So war die Accademia degli amici eine Einrichtung des Bürgertums der Stadt Neapel (s. auch Komm. (1) 17.9.1789 und (1) 5.2.1790). Die berühmtesten Institutionen dieser Art waren die 1669 gegründete Académie nationale de musique in Paris, die Academy of ancient music in London oder die Academies of music in New York und Philadelphia, die Opernhäuser unterhielten. Eine kleine Académie de musique gründete auch Herzogin Anna Amalia mit ihren Konzertabenden in Neapel.

18.6.1789

Octave vom Corpus Domini] achter Tag nach Fronleichnam.

festa dei quatri altari] Am achten Tag nach dem Fronleichnamsfest fand üblicherweise eine erneute Prozession statt, das sogenannte Fest der vier Altäre, bei der vier Kirchen im Stadtgebiet besucht wurden.

Grands d'Espagne] Granden Spaniens.

22.6.1789

Musaeum] s. Komm. (3) 4.6.1789.

sein Neveu] Carl Ulysses Salis-Marschlins.

Sankt Leuci] San Leucio. Auf einem Hügel am nordwestlichen Ende des Schloßparks von Caserta, den Karl IV. als Jagdrevier erworben hatte, gründete Ferdinand IV. einen Musterstaat. Um eine Meierei (1774/75), eine Seidenmanufaktur (um 1785), eine Leinen- und Tapetenweberei herum erstreckten sich Wohnhäuser, das aus dem Belvedere hervorgegangene Verwaltungsgebäude, Werkstätten, ein Wildgehege und andere Einrichtungen, die die wirtschaftliche Basis eines idealen Staatswesens bilden und dessen Bewohnern Arbeit und soziale Absicherung bieten sollten. Der König begriff sich selbst in diesem weniger hierarchisch als das eigentliche Königreich Neapel gestalteten Gemeinwesen als Baron (Corti, 156). Angesichts des Ausbruchs der Französischen Revolution 1789 proklamierte er hier die Republik San Leucio unter seiner Führung und gab der Kolonie eine Verfassung. Der Einfall der Franzosen bereitete dem Experiment ein Ende.

23.6.1789

ihre Mutter] Mary Lyon.

Caserda] Caserta; s. Komm. (4) 6.1.1789.

24.6.1789

Vomitiv] Brechmittel.

Diarée] Diarrhöe.

Herzogin zu mahlen] s. Komm. (1) 12.7.1789.

25.6.1789

Sankt Leucio ... Manufacturen] s. Komm. (3) 22.6.1789.

Königin] Maria Karolina von Neapel-Sizilien.

ihren Kindern] Maria Teresa, Ludovica, Francesco, Maria Christina, Maria Amalia, Maria Antonia, Maria Clotilda und Henriette de Borbón, s. Neapel-Sizilien.

französischen Minister und seiner Frau] Louis Marie Anne Baron de Talleyrand-Périgord und Marie Louise Fidèle.

König] Ferdinand IV. von Neapel-Sizilien.

Nina] Die Oper ›Nina ossia La Pazza per amore‹ (›Nina oder Wahnsinn aus Liebe‹) von Paisiello wurde an eben diesem 25.6.1789 im Park von San Leucio uraufgeführt, nicht im Belvedere des königlichen Palastes in Capua (MGG X, 640).

Susanne] Es handelt sich hier um einen Figurennamen in ›Nina‹, die Amme der Titelheldin bezeichnend.
Collonie] San Leucio; s. Komm. (3) 22.6.1789.
Malteser Gesanden] Franconi.
Couverrti] Gedecke.

27.6.1789
Attiduten] s. Komm. (3) 14.2.1789.

28.6.1789
Wasser Sulfuria] schwefelhaltiges Wasser; s. Komm. (1) 7.6.1789.
Beichtvater] Anton Bernhard Gürtler.
ihre Schwester] Constantia, Annetta oder Rosina Coltellini.
Oper San Carlo] s. Komm. (2) 15.2.1789.

29.6.1789
Cassino zu Hamilton] s. Komm. (2) 29.5.1789.
Cassin des Königs] Hier ist wohl das auf einem Vorsprung des Pizzofalcone oberhalb des Castello dell'Ovo gelegene Casino di Chiatamone gemeint. Es war von Michele Imperiali (1719-1782), Principe di Francavilla, dem ursprünglichen Namengeber, errichtet worden und gehörte seit dessen Tod 1782 Ferdinand IV., der es als Lustschloß und Gästehaus nutzte.
Concert spirituel] Konzertvorführungen unter dieser Bezeichnung prägten wesentlich den Musikgeschmack im Frankreich des 18. Jh. Wegen eines Privilegs war es damals anderen Veranstaltern als der Königlichen Musikakademie nur dann erlaubt, Konzerte zu organisieren, wenn die Akademie selbst es nicht tat, etwa an den katholischen Feiertagen. Darüber hinaus durfte zunächst auch keine französische Musik gespielt werden. Eine alternative Gründung war das Concert spirituel. Obwohl seine Leitung häufig wechselte, entwickelte es sich zum Zentrum der europäischen Musik: man präsentierte hier nicht nur italienische und später auch neuere französische Musik, sondern lud auch berühmte ausländische Komponisten wie Joseph Haydn (1732-1809), Georg Philipp Telemann (1681-1767) oder Wolfgang Amadeus Mozart (1756-1791) ein. Mit der Revolution fielen die Privilegien der Königlichen Musikakademie, und so fand das letzte Concert spirituel am 11.3.1790 statt.
nehmen] neben (vgl. Reichmann/Wegera § L61.4).
Mais Monsieur cela est tres difficil] Aber, Monsieur, das ist sehr schwierig.
eh! je voudrais que cela fut impossible] Nun, ich wollte, es wäre unmöglich.

30.6.1789
Aqua Sulfuria] schwefelhaltiges Wasser; s. Komm. (1) 7.6.1789.

1.7.1789
Castel a Mar] s. Komm. (17) 3.2.1789.

Osteria] Wirtshaus.

Loge eines Klosters] Es war ein Kloster der Pauliner (ThHStAW, HA.A.XVIII.154, Bl. 54 r).

Piquet] s. Komm. (1) 27.5.1789.

König] Ferdinand IV. von Neapel-Sizilien.

Casino und den Palazo] Die Villa Quisisana war seit dem Mittelalter Sommerresidenz der neapolitanischen Könige. Sie wurde ursprünglich durch Robert den Weisen von Anjou (1277-1343) der gesunden Luft (worauf der Name Bezug nimmt) und der schönen Aussicht über den Golf wegen am Monte Faito errichtet. Die Villa ging im Laufe der Jahrhunderte durch viele Hände: Seit 1541 gehörte sie der Familie Farnese und fiel wie der sonstige Besitz dieses Hauses 1731 an die in Neapel regierenden spanischen Bourbonen; Ferdinand IV. baute die Villa um 1820 in klassizistischem Stil neu; nach der französischen Eroberung gehörte sie dem napoleonischen König Gioacchino Murat (1767-1815); mit der Einigung Italiens fiel sie zuerst an das Haus Savoyen und zuletzt an den Staat bzw. die Stadt.

3.7.1789

Trattoria] Speisehaus, hier wohl: Werft; vgl. ital. tratta (langer schmaler Kahn) und ital. tratto (Zug).

neu gebaute Fregatte] Anna Amalia verzeichnete den Namen des Schiffes: ›Syrene‹ (ThHStAW, HA.A.XVIII.154, Bl. 54 v).

Französische Minister] Louis Marie Anne Baron de Talleyrand-Périgord.

neue Hauß] s. Komm. 21.5.1789.

Zwerg] Das Zeitalter des Barock mit seiner Vorliebe für das Bizarre und Absonderliche hat eine zwar von alters her geübte, aber nun sehr stark entfaltete ›Zwergenkultur‹ hervorgebracht, in der Kleinwüchsige wegen ihrer körperlichen Proportionen, wegen des alten Gesichts auf einem kindlich kleinen Körper zum Objekt der Belustigung und der Schadenfreude wurden. Oft hatten sie in adeligen oder fürstlichen Häusern die Stelle des Hofnarren inne und waren in Gestalt von Kleinplastiken Sammelobjekt in Kuriositätenkabinetten, die ihren Besitzern hohes Sozialprestige einbrachten. Auch auf Jahrmärkten waren Kleinwüchsige eine Sensation. Im 18. Jh. wurde zudem eine Reihe von äußerst beliebten Kupferstichfolgen publiziert, in denen Zwerge in verschiedenen Berufen oder Tätigkeiten vorgeführt wurden.

28 pouce] Zoll; 1 Zoll entsprach etwa 2,3 cm. Demnach wäre der Kleinwüchsige 65 cm groß.

Teatro nuovo] s. Komm. (3) 8.2.1789.

4.7.1789

Fiorentini] s. Komm. (1) 7.2.1789.

Nina] s. Komm. (6) 25.6.1789.

Königin] Maria Karolina von Neapel-Sizilien.

5.7.1789
Cassino francaville] s. Komm. (2) 29.6.1789.
seiner Frau] Marie Louise Fidèle Baronesse de Talleyrand-Périgord.
Herculis Porticum] Säulenhalle des Herkules. Vgl. Petronius, 106.

6.7.1789
Faction der Glukisten und Piccinisten] Der in Frankreich schwelende Konflikt zwischen Freunden der italienischen Musik und Befürwortern der neuartigen dramatischen Werke Glucks brach aus, nachdem Gluck erfahren hatte, daß Piccinni ebenso wie er selbst an einer Oper zu Philippe Quinaults (1635-1688) Rolandstoff arbeitete. Er vernichtete seine eigenen Entwürfe und beschimpfte die Gegenpartei mit deutlichen, sarkastischen Worten in einem öffentlichen Brief. Dies war der Beginn der Auseinandersetzung zwischen Gluckisten und Piccinnisten im engeren Sinne, die mit vielen Verbalinjurien für die jeweils gegnerischen Parteigänger ausgetragen wurde. Padre Martini in Bologna, den beide Parteien zur Schlichtung ihres Streites angerufen hatten, konnte mit seinem salomonischen Urteil, Gluck gebühre im ernsten Fach der Vorrang, Piccinni im komischen Genre, niemanden zufriedenstellen. Piccinni, der gegen seinen Willen als Galionsfigur der Piccinnisten diente, sogar Gluck außerordentlich schätzte, betrachtete die Vorgänge konsterniert. Nach der erfolgreichen Aufführung von Glucks Oper ›Armide‹ 1777 und von Piccinnis ›Roland‹ 1778 verlief sich der Streit in kleinlichem Gezänk (MGG 5, 343 ff.; vgl. auch Vigée-Lebrun, 58).
il a Tort … non pas a l'endentre] Er hat Unrecht, Madame, ich sehe ihn sehr gern, aber ich mag ihn nicht hören.

7.7.1789
Königin von Franckreich] Marie Antoinette von Frankreich.

8.7.1789
ErzBischoff] Giuseppe Capece-Latro.

9.7.1789
Beichtvater] Anton Bernhard Gürtler.
Grani] Der Grano war die um 1460 für Neapel und Sizilien eingeführte kleinste Kupfermünze Süditaliens, er entsprach etwa $^1/_{100}$ Dukaten.
l'amore contrastato] Diese Oper (›Verweigerte Liebe‹) von Paisiello war 1788 im Teatro dei Fiorentini in Neapel uraufgeführt worden.

10.7.1789
Aqua sulfuria] schwefelhaltiges Wasser; s. Komm. (1) 7.6.1789.
beyden Hacker] Jakob Philipp und Georg Abraham Hackert.

12.7.1789
er mahlte die Herzogin] Tischbein malte die Herzogin 1789 im Profil nach links vor dem Grabmal der Priesterin Mammia in Pompeji (Gräberstraße

zum Herkulaner Tor) auf einer ausgegrabenen, mit einer Inschrift verzierten Steinbank sitzend, deren Wangen die Gestalt von Greifenklauen haben. Ihr rechter Arm ruht auf der Rückenlehne, während die linke Hand im Schoß liegend den Sommerhut hält. Die erste Fassung des Bildes (Öl auf Holz, 72,5 × 54,5, cm) scheint die Herzogin Goethe geschenkt zu haben. Eine zweite (Öl auf Leinwand, 73 × 55,5 cm) war für die herzogliche Sammlung bestimmt und befindet sich heute in Tiefurt. Eine ebenfalls von der Klassik Stiftung Weimar bewahrte Zeichnung Tischbeins aus dem Jahre 1789 zeigt den Kopf der Herzogin Anna Amalia von vorn und mit offenem, nicht gelocktem Haar (schwarze Kreide, 47 × 33 cm; Abb. s. Maisak, 94).

Scuola di Virgilio] An der Südspitze des Kaps von Posillipo liegt auf Tuffklippen ein Ruinenkomplex, die sogenannte ›scuola di Virgilio‹ (›Schule des Vergil‹). Bögen, Portale und Gewölbe gehörten dazu, besonders aber ein Saal mit quadratischem Grundriß, einer halbrunden Apsis und Nischen, der wohl einmal Teil einer antiken Therme war.

14.7.1789

unser neues Hauß] s. Komm. 21.5.1789.

Teatro nuovo] s. Komm. (3) 8.2.1789.

la Donna bizara] Das heitere Drama in 2 Akten ›La Donna di spirito‹ (›Eine Dame von Geist‹) nach Carlo Goldonis ›La vedova scaltra‹ (›Die kluge Witwe‹) wurde im Frühjahr 1787 im Teatro Valle in Rom uraufgeführt. Es erfuhr unter dem Titel ›Le quattro stagioni‹ (›Die vier Jahreszeiten‹) im Herbst 1788 eine Erstaufführung im Teatro Lucangeli in Albano, unter dem Titel ›La donna bizzarra‹ (›Die seltsame Dame‹) spielte man es am 8.7.1789 im Teatro Nuovo sopra Toledo in Neapel und zum Karneval 1794 als ›Li cinque pretendenti‹ (›Die fünf Bewerber‹) im Teatro San Pietro in Triest. Auch im Ausland wurde es mehrfach aufgeführt.

17.7.1789

beyden Hacker] Jakob Philipp und Georg Abraham Hackert.

Levante ... Greco] Es ist die Aufzählung jener Winde, die in Süditalien das Klima bestimmen: Der Levante (Ostwind) weht aus den Gebieten östlich des Mittelmeeres; der Schirokko ist in Süditalien ein sehr heißer, trockener, heftiger und staubführender Südostwind, der meist im Frühjahr dort auftritt und die Blüte der Oliven und des Weines gefährden kann; der Ostro (Südwind) weht aus Afrika; der Libeccio ist ein Südwestwind; der Ponente (Westwind), auch Ponentino, weht vom Westen über das Mittelmeer; der Maestrale ist ein Nordwestwind; der Tramontana ist der Nordwind, so genannt, weil er über die Alpen nach Italien einfällt; der Greco (der Griechische) weht aus dem Nordosten, aus Griechenland.

18.7.1789

sein Neveu] Carl Ulysses Salis-Marschlins.

20.7.1789
Königin] Maria Karolina von Neapel-Sizilien.
al fiorentin] s. Komm. (1) 7.2.1789.
Nina] s. Komm. (6) 25.6.1789.
älteste Belmonte] Antonio Pignatelli (1763-1828).

21.7.1789
Tripolitanischen Gesanden] Der Name konnte nicht ermittelt werden, nur der Akkreditierungszeitraum ist bekannt: 26.7.-16.12.1789 (Repertorium III, 457).
Conversation] s. Komm. (4) 3.9.1788.

22.7.1789
König] Ferdinand IV. von Neapel-Sizilien.

23.7.1789
Ochiale] Augenglas, Brille (ital. occhialo).

27.7.1789
Pyrus] Das musikalische Drama in 3 Akten ›Pirro‹ nach einem Libretto von Giovanni de Gamerra (1743-1803) wurde erstmals am 12.1.1787 in Teatro San Carlo in Neapel aufgeführt.

28.7.1789
Erz Bischoff] Giuseppe Capece-Latro.
meiner Mutter] Charlotte Christiane von Göchhausen.

29.7.1789
Revellion in Paris] Mit dem Sturm auf die Bastille begann am 14.7.1789 die Französische Revolution. Die Nachrichten aus Paris versetzten besonders den Adel und die Herrscher Europas in Angst und Schrecken. Für viele französische Flüchtlinge wurde das Königreich Neapel-Sizilien, in dem die Schwester der französischen Königin Marie Antoinette (1755-1793) regierte, ein erster Anlaufpunkt. Allerdings erlaubte das Königspaar in Neapel nur Künstlern, Besitzenden und Handelsleuten den dauerhaften Aufenthalt: »Die Nichtstuer aber, die Adeligen, großen Herren und Müßiggänger wären uns weder angenehm, noch würden sie gut empfangen werden und ich hätte gewünscht«, schrieb Maria Karolina an ihren Bruder Leopold von Habsburg am 22.9.1789 nach Florenz, »daß sich ganz Italien zusammenschlösse, um alle Auswanderer daran zu verhindern, die in Italien herrschende Ruhe stören zu kommen« (Corti, 160 f.). Der Tod Marie Antoinettes, ihres Mannes und ihres Sohnes machte später die neapolitanische Königin zur unversöhnlichen Feindin Frankreichs, insbesondere Napoleons, und so zur einzigen Herrscherin Europas, die in keiner Weise sich seinem Diktat zu beugen bereit war.

31.7.1789

Ischia] Die 46,5 km² große Insel ist geologisch eine Fortführung der Phlegräischen Felder und als solche vulkanischen Ursprungs, durch die Laven sehr fruchtbar, dicht bewaldet, immergrün und reich an Thermalquellen. Allerdings wurden Vulkanausbrüche und Erdbeben den verschiedenen Besiedlungsversuchen immer wieder zum Verhängnis.

Feluche] Feluke. Dies war ein kleines, einer Galeere ähnliches Küstenfahrzeug im Mittelmeer mit zwei Pfahlmasten (mit oder ohne Klüverbaum).

Marochiano] Marechiaro la Gaiola.

Nisita] Isola di Nisida; s. Komm. (16) 3.2.1789.

Procita] Isola di Procida; s. Komm. 7.8.1789.

Ziegelbrennereyen] Bereits zum Zeitpunkt der Erstbesiedlung um 700 v. Chr. nutzten die Griechen die reichen Tonvorkommen der Insel und ihre traditionelle Verhüttungstechnik auch für eine berühmte Keramikherstellung, so daß Ischia damals ein Zentrum des Handels und der Technologievermittlung war. Seitdem gehört die Herstellung von Vasen, Fliesen und Ziegeln neben Strohflechterei und Fischfang zu den traditionellen Erwerbszweigen der Inselbewohner.

Portschaisen] Tragstühle, Sänften.

Casamiciole] Casamicciola ist die nördliche Hafenstadt von Ischia und zugleich ein berühmter Badeort. Es wurde allerdings 1883 durch vulkanische Aktivitäten und Erdbeben völlig zerstört (2800 Tote), so daß es heute nicht mehr die Gestalt des Jahres 1789 hat. – Das Quartier beschrieb die Herzogin als sehr spartanisch – sie brachte ihr Bett selbst mit –, aber reinlich (Hollmer 1999, 73).

Pithecusae Isola] Dieser griechische Name bezog sich ursprünglich nur auf eine chaldäisch-euböische Stadtgründung Pithekoussai im Nordwesten Ischias, die seit 700 v. Chr. als Brückenkopf zur Besiedlung der kampanischen Küste, namentlich zur Gründung von Cuma, Pozzuoli und Neapel diente, dann jedoch ihre Bedeutung verlor. Eine im 1. Jh. v. Chr. bei Ischia Ponte im Osten der Insel gegründete römische Siedlung, Aenaria, gab der Insel Ischia ihren lateinischen Namen. – Die Etymologie des griechischen Siedlungsnamens ist umstritten. Zwar gehen die meisten Quellen von griech. pithekos (Affe) aus, doch da es keine Verbindung zumindest zwischen dem Tier und der Insel gibt – legendäre Überlieferungen oder metaphorische Verwendung sind nicht auszuschließen –, kommt auch die Ableitung von griech. pithos (Krug) in Betracht, die auf die hier aus einheimischen Rohstoffen seit der Antike hergestellte Keramik verweisen würde.

1.8.1789

Cavalcade] Reiterangriff, hier scherzhaft für den Aufbruch der Reisenden zur Besichtigungstour. Eine ähnliche Tour unternahm August von Goethe über 40 Jahre später (vgl. Goethe 1830, 174 f.).

Hauß wo der König … wohnt] Die 1735 von Francesco Buonocore auf einem Hügel am Südufer eines Kratersees errichtete Villa, die erst durch den Ausbau des Hafens Ischia Porto im 19. Jh. ins Stadtgebiet einbezogen wurde, gefiel dem König so gut, daß er sie schon bald in Besitz nahm und als Kuraufenthalt (nunmehr Villa Reale dei Borboni oder Palazzo Reale genannt) für sich und seine Gäste benutzte.
Arzt] Francesco Buonocore.

2.8.1789
Furia] Forio.
Laccho] Lacco Ameno, wie das Dorf heute heißt, war auch damals von mehreren Dampfbädern umgeben.
ah Signor sta sempre bene nella vostra Compagnia] Ach mein Herr, es geht ihm in eurer Begleitung immer gut.
è morto, salute a noi] Er ist gestorben. Auf unser Wohl!

3.8.1789
Doctor] Wilhelm Ernst Christian Huschke.
Larcio] Hier ist wohl L'Arso gemeint, ein sich vom Epomeo in nordöstlicher Richtung erstreckender ausgehärteter Lavastrom, der bei der Stadt Ischia ins Meer mündet. Wahrscheinlich verdankt er seine Entstehung dem letzten Ausbruch des Vulkans 1302.

4.8.1789
Ischia] Hier ist der gleichnamige Ort an der Ostküste der Insel gemeint, heute aus zwei Schwesterstädten bestehend. Im 18. Jh. gab es Ischia Porte noch nicht, nur Ischia Ponte, dessen historischer Kern das seit 1438 hier von Alfonso I. von Aragon (1396-1458) errichtete Kastell ist; es lag auf einer kleinen, über eine Brücke erreichbaren Insel vor der Küste. Auf diesem befestigten Inselchen lebten etwa 1000 Einwohner, es gab verschiedene Kirchen, darunter die früher nur durch einen Tunnel und eine Treppe erreichbare Bischofskirche Ischias, und ein 1575-1810 tätiges Klarissinnenkloster. Gekrönt wird das Kastell von der eigentlichen Burg, einem gewaltigen, mit vier Rundtürmen geschützten Palast mit Nebengebäuden, der 1441 vollendet, mit der ganzen Inselanlage jedoch 1809 bei einer Beschießung durch die britische Flotte weitgehend zerstört wurde.
Ton fang] Thunfischfang.

5.8.1789
Capelle] Es handelt sich wohl um die Kirche Madonna del Soccorso oder auch Santa Maria della Neve, in der in der Tat zumindest eine Kopie der ›Pietà‹ Spagnolettos aus dem Jahre 1745 von einem unbekannten einheimischen Künstler zu sehen ist, jener ›Pietà‹, deren Original sich in der Sakristei der Kartause San Martino in Neapel befindet. Vor allem ihrer exponierten Lage auf einer Klippe über dem Meer und der in der zweiten Hälfte des 19. Jh.

entstandenen Fassade mit den Majolika-Elementen verdankt die Kirche heute ihre außerordentliche Berühmtheit weit über Forio d'Ischia hinaus. Sie gehörte ursprünglich zu einem Kloster der Augustiner, das um 1350 hier entstand und 1653 durch eine Bulle Papst Innozenz' X. (1574-1655) aufgehoben wurde. Damals übergab man das Kloster der Università di Forio. In den folgenden Jahrhunderten wurde die Kirche mehrfach umgebaut, u.a. 1791 und 1864. Zu den bereits 1789 in der Kirche befindlichen Kunstwerken gehören wohl u.a. ein wundertätiges Kruzifix des 16. Jh., ein Weihwasserbekken aus weißem Marmor von Vincenzo Borquera vom Beginn des 17. Jh., ein Altargemälde in der Kapelle aus dem Jahre 1633 von Cesare Calise (1588-1641), den Heiligen Augustinus mit den Heiligen Monika und Nikolaus von Talentino darstellend, und der 1743 von Cristoforo Coppa gestiftete Hauptaltar. Ein Gemälde Dürers konnte nicht nachgewiesen werden. Ende des 18. Jh. stiftete ein Privatmann, so die Herzogin und die Hofdame in ihren Notizen (ThHStAW, HA.A.XVIII.154, Bl. 60 r; Hollmer 1999, 74), eine von einem Prior geleitete Schwesterngemeinschaft in dem offen gelassenen Kloster, die keine Gelübde ablegte und ihr Haus für jedermann offen hielt.

6.8.1789

Castell] s. Komm. (1) 4.8.1789.

Liparischen Inseln] Diese Inselgruppe, auch Äolische Inseln (Isole Eolie) genannt, zu der neben Lipari auch Alicudi, Filicudi, Salina, Vulcano, Panarea und Stromboli sowie einige kleinere Eilande gehören, liegt nordwestlich der Straße von Messina im Tyrrhenischen Meer.

Isle ponte] Die Isole Ponziane sind eine Inselgruppe südwestlich von Gaeta im Tyrrhenischen Meer.

7.8.1789

Procida] Die Insel (4 km^2) ist der Rest von vier Vulkankratern, die heute ein sanft ansteigendes Tuffplateau bilden. Erst im 9. Jh. entstand eine Siedlung, die man seit dem 13. Jh. zu einer gut zu verteidigenden Festung ausbaute und die gelegentlich auch den Bewohnern Ischias Schutz bot. 1735 wurde die Insel königlich-spanisches Jagdrevier: Die Einwohner durften seitdem weder Gewehre, Ruten oder Fallen besitzen noch Hunde und Katzen halten. Als Kompensation erhielten sie ein Monopol auf Holz- und Kohletransporte, so daß die Insel damals ein Zentrum für Schiffbau, Schiffsausrüstung und Seetransporte wurde.

8.8.1789

Theater Fiorentini] s. Komm. (1) 7.2.1789.

Pruova Reciproca] Die musikalische Komödie ›La pruova reciproca‹ (›Gegenseitige Prüfung‹) nach einem Libretto von Giuseppe Palomba (1769-1825) wurde 1789 im Teatro dei Fiorentini in Neapel uraufgeführt.

9.8.1789

Maesta, non tanta Crudeltà ... non vienna quà] Majestät, nicht so viel Grausamkeit, damit die Mode aus Frankreich nicht herkommt!

10.8.1789

Aloe] Die Erzählung Hackerts verwundert nicht: Das besonders in den Arten Aloe vulgaris Dec. und Aloe Arborescens Haw. in Südeuropa damals weit verbreitete Liliengewächs war eine in vieler Hinsicht nutzbare Pflanze: Die holzigen Bestandteile konnten als Räuchermittel verwendet werden, aus dem Saft ließen sich verschiedene Heilmittel herstellen, aus den Blattfasern gewann man Fäden für grobe, locker gewebte Stoffe und aus den Wurzelfasern drehte man Seile.

Mariniers] Seeleute, Schiffer.

Einlage, Vorderseite

San Nicolo. Epopeo] Der Monte Epomeo (lat. Epomeus oder Epopeus) oder Monte San Nicola (nach dem 1459 gegründeten, gleichnamigen Kloster mit Kirche) ist die höchste Erhebung der Insel Ischia, die in geologischer Hinsicht eine Fortführung der Phlegräischen Felder ist und deshalb auch unter dieser Überschrift von Hamilton behandelt wurde (s. Tb 7.12.1789). Der Vulkan ist 787 m hoch und gilt nach seinem letzten Ausbruch 1301 heute als erloschen. Allerdings gelangt durch zahlreiche Brüche und Verwerfungen in seiner Umgebung Magma bis dicht an die Erdoberfläche, so daß es nach wie vor zu geringen seismischen Bewegungen kommt.

Pisciarella mirabile] vgl. Komm. (27) 3.2.1789. Die Notiz hat keinen erkennbaren Zusammenhang zum vorherigen Text.

Einlage, Rückseite

Nordwind, Tramontana ... Nordost, Greco] s. Komm. (2) 17.7.1789.

Berg Gaurus] Der im Altertum Gaurus, heute Monte Barbaro benannte Gebirgszug vulkanischen Ursprungs erstreckt sich zwischen dem Posillipo und Cumae.

falernus] Der ager falernus, ebenfalls eine Landschaft in Kampanien, liegt nördlich von Volturnus.

11.8.1789

an Wieland] s. Deetjen, 100-104; Seuffert, 552-555 (datiert 7. und 11.8.1789).

meine Mutter] Charlotte Christiane von Göchhausen.

Casino von Hamilton] s. Komm. (2) 29.5.1789.

13.8.1789

Königin] Maria Karolina von Neapel-Sizilien.

Pateo] der innere Hofraum eines Hauses (span. pateo).

Recimero] ›Recimero‹, eine Oper in 2 Akten, war wohl die erste musiktheatralische Komposition des jungen Giacomo Siri.

Telemaco auf der Insel der Calipso] Wahrscheinlich handelte es sich um das Ballett von Pierre Dutillieu (1754-1798) ›Telemaco nell'isola di Calipso‹, das 1789 entstanden war.

Il Tempio della Follia] Dieses Ballett (›Tempel der Narrheit‹) konnte nicht ermittelt werden.

14.8.1789

Hedrurischen Vasen] Sir William Hamilton verkaufte seine erste Sammlung antiker Vasen, dokumentiert in Hamilton/d'Hancarville: ›Collection of Etruscan, Greek and Roman Antiquities [...]‹. 8 Bde. 1766/67 (›Sammlung etruskischer, griechischer und römischer Altertümer‹), im Jahre 1770 ans Britische Museum und hatte wohl beschlossen, keine weitere anzulegen. Doch neue Funde ließen ihn diesen Entschluß vergessen, und so entstand in den Jahren 1789/90 eine neue Sammlung griechischer Vasen. Hamilton bat Tischbein, die Vasenformen und -bilder für ein Sammelwerk zu dokumentieren. Dieser sagte zu und ließ seine Zeichnungen der drohenden kriegerischen Auseinandersetzungen wegen sogleich in Kupfer stechen. Hamilton und sein ebenfalls kunsthistorisch interessierter russischer Amtskollege Italinsky schrieben die Erläuterungen dazu. So entstand das Werk: ›Recueil de gravures d'après des vases antiques la plus part d'un ouvrage grec, trouvés dans des tombeaux dans le royaume des deux Siciles, mais principalement dans les environs de Naples l'année 1789 & 1790 tirés du cabinet de Monsieur le chevalier Hamilton, envoyé extraordinaire et plénipotentiaire de S. M. Britannique à Naples avec des observations sur chacun des vases par l'auteur de cette collection. Tom. I. II. III.; publié par Guillaume Tischbein, Directeur de l'académie Royale de peinture à Naples 1791-1795‹. Für den nicht publizierten Band IV sind noch 60 Kupferstiche erstellt worden. Der Wert dieses Werkes ist vor allem dadurch gestiegen, daß diese zweite Vasensammlung auf dem Weg nach England verlorenging. Nebenprodukt dieser Beschäftigung Tischbeins mit der antiken Vasenkunst war der Gedanke, die auf den Gefäßen dargestellten Szenen aus den homerischen Epen zu sammeln und in einem Werk herauszugeben. Die ersten Lieferungen dieses Werkes erschienen schon 1801 in Göttingen, zwei Jahre, nachdem Tischbein das von den Franzosen geplünderte Neapel fluchtartig mit seinen bereits fertigen Kupferstichplatten verlassen hatte (Tischbein, Autobiographie, 351-361). – Anna Amalia erwarb in den Jahren nach ihrer Italienreise die französische Ausgabe zur zweiten Vasensammlung Hamiltons sowie eine deutsche Edition der Tischbeinschen Kupferstiche von Carl August Böttiger: ›Griechische Vasengemälde des William Hamilton mit archäologischen und artistischen Erläuterungen der Originalkupfer‹, Weimar 1796-1800. Die genannte erste Publikation Hamiltons und d'Hancarvilles aus dem Jahre 1766 war in französischer Sprache bereits 1780 als Geschenk an die Herzoginmutter nach Weimar gelangt (HAAB TH RO: 22a-d).

15.8.1789
sein Neveu] Carl Ulysses Salis-Marschlins.
Fiorentine] s. Komm. (1) 7.2.1789.

16.8.1789
Casino von Hackert] Hackert mietete seit 1788 zusammen mit seinem Bruder und Christian Heigelin im Sommer ein an der Spitze des Capo Posillipo gelegenes Gartenhaus.

18.8.1789
Mondschein] ›Die Bucht von Neapel‹ des Landschaftszeichners Lusieri hängt über dem Schreibsekretär der Herzogin im Wittumspalais (s. auch ThHStAW, HA.A.XVIII.154, Bl. 61 v).
Unzen] 1 Unze entsprach 3 Ducati di Napoli bzw. 6 Gulden (GSA 14/56, Bl. 5v). Lusieris Bild kostete die Herzogin demnach 150 Gulden.

19.8.1789
e l'uomo della verità caccia fuori tute le bugie] Er ist ein Mann der Wahrheit, er gibt alle Lügen von sich.
La vigna ... poco uva] Der Weinberg der verrückten Frauen ist voller Mädchen, hat aber kaum Trauben.
Maesta, non tante crudeltà ... non viene qua] s. Komm. 9.8.1789.

20.8.1789
Pallast des Duca di Parangello] Hier ist wohl der Palazzo Ruffo di Bagnara an der Piazza Dante 89 gemeint. Ein erster Palast an dieser Stelle wurde im Auftrage des aus kleinen Verhältnissen stammenden und wohlhabend gewordenen Giovanni Battista de Angelis erbaut, der das Haus seinem Sohn Antonio hinterließ. Während des Masaniello-Aufstandes 1647 brannte das Gebäude völlig herunter. 1660 erwarb Fabrizio Ruffo (1619-1692), Duca di Bagnara und Generalkapitän der Malteser Flotte, die Ruine, von der heute noch die Fassade stammt, und ließ von Carlo Fontana (1634-1714) einen neuen Palazzo errichten. Im 19. Jh. gestaltete Vincenzo Salomone das Interieur um, 1842 vollendete man beispielsweise die Dekorationen im pompejanischen Stil. Vom Hof des Palastes aus erreicht man die Privatkapelle der Ruffo di Bagnara e Baranello. Ein mit Putti und Girlanden geschmücktes Portal gewährt den Zugang vom Hausflur zur Haupttreppe.
Joseph und Potiphars Weib] Guido Renis um 1630 entstandenes Gemälde ›Joseph und Potiphars Weib‹ (Öl auf Leinwand, 129 × 170 cm; Paul Getty Museum, Los Angeles) war seit 1769 im Besitz des Duca di Baranello.
Poggio Reale] Die damals überwiegend unbebaute Anhöhe Poggioreale vor dem nordöstlichen Stadttor ist heute vor allem wegen des Ausblicks über die Stadt Neapel berühmt, noch mehr vielleicht aber durch den 1837 als städtischer Hauptfriedhof eröffneten Monumentalfriedhof Poggioreale.

Thor von Capua] Die Porta Capuana, das nordöstliche Stadttor der Altstadt von Neapel, wurde durch ein Kastell an der heutigen Piazza Enrico de Nicola gedeckt. Es wurde 1484-1488 von dem Florentiner Giuliano da Majano (1432-1490) als eines der schönsten Renaissancetore errichtet, 1535 mit Reliefs geschmückt und beherbergte später, als die Stadt über ihre Mauern hinausgewachsen war, Wohnungen und kleine Läden. Erst 1952 wurde der ursprüngliche Zustand wiederhergestellt.

verfallenen Schloß] Die königliche Villa Poggio Reale mit ihren weitläufigen Gärten soll seit 1490 unter König Ferdinand I. (1423-1494) von Sizilien, Jerusalem und Ungarn a.d.H. Aragon von Giuliano da Majano (1432-1490) begonnen und von Fra' Giocondo (1433-1515) vollendet worden sein und gilt mit ihrer Architektur und Dekoration, die heute nur noch durch einen Kupferstich des Sebastiano Serlio (1475-1554) bekannt sind, als der erste profane Renaissancebau nach einem Zentralplan. Sie verfiel insbesondere nach Errichtung und Bezug des Palazzo Reale (s. Komm. (1) 22.8.1789) zunehmend.

Königin Anne] s. Anjou und Carafa. Hinsichtlich des Namens ist Louise von Göchhausen den Wirrungen der Legendenbildung der Neapolitaner aufgesessen: Der Name der im Volk u.a. mit dem Palazzo di Poggio Reale verbundenen Königin von Neapel ist der von Johanna I., die zudem in der Erinnerung gelegentlich mit Königin Johanna II. verschmilzt. Der Name dieser Königin(nen) steht in der süditalienischen Geschichte für eine zwar kluge, aber auch sehr leidenschaftliche, sich jeglicher Ausschweifung hingebende, im Wortsinne männermordende Monarchin, denn Johanna soll ihre Günstlinge in ihrem Lustschloß zu Tode gestürzt haben, damit diese über ihre Liebesabenteuer mit der Königin nichts mehr berichten konnten. Mit dieser Vorstellung sind verschiedene Orte im Königreich verbunden (Castecapuano und Bagno della regina Giovanna bei der Kirche Santa Maria della Fede in Neapel; der ehemalige Königspalast an der Piazza San Ciro, genannt Comune Vecchia, in Portici; der Torre di Amalfi, heute städtisches Museum; ein Kastell bei Nocera und ein Bagno in Sorrent), darunter auch solche, die erst viel später erbaut wurden, wie der Palazzo Donn'Anna auf einem Tuffplateau am Beginn der Via Posillipo in der Nähe der Villa Emma des britischen Botschafters Hamilton. Dieses Schloß hat in Wirklichkeit nichts mit einer Königin zu tun: Anna Carafa war damals die reichste Erbin der Stadt und Gemahlin des spanischen Vizekönigs in Neapel, für sie wurde das Schloß seit 1642 von Cosimo Fanzaga (1591-1678) erbaut. Doch der frühbarocke Baukomplex blieb Ruine, da Donna Anna bereits 1644 starb und das Erdbeben von 1688 den Verfall beförderte. 1870 entschloß man sich, die Untergeschosse zu Mietwohnungen auszubauen.

Castell Sankt Elmo] s. Komm. (3) 25.1.1789.

junge Hakert] Georg Abraham Hackert.

Engländer] Robert Blair.

Vesuv] Die relativ kleinen Ausbrüche vom 19./20.8. und 22.8.1789 sowie die deshalb beschlossene Besteigung des Vulkans beschrieb Göchhausen Wieland am 25.8.1789 (Seuffert, 555 f.; vgl. auch Goethe 1740, 194 ff.).

22.8.1789

Palazzo Reale] Der Palazzo Reale, seit 1927 die Nationalbibliothek beherbergend, war die neue Residenz der spanischen Vizekönige, nachdem diese das seit dem 13. Jh. als Königsschloß dienende Castel Nuovo am Kriegshafen und den Poggio Reale vor dem Capuanischen Tor verlassen hatten. Der 1600 begonnene Bau wurde die erste große Palastanlage des Absolutismus, ein Schloß ohne Fortifikationsbauten. Der ursprünglich mit vier Flügeln einen Innenhof umschließende, dreigeschossige Entwurf Domenico Fontanas (1543-1607) wurde nicht vollständig ausgeführt. 1602 war ein Teil des Schlosses vollendet, so daß es bewohnbar war, aber der weitere Bau zog sich über Jahrzehnte hin, was jeweils auch Veränderungen der barocken Stilistik mit sich brachte, wie die Schloßkapelle und das Prunktreppenhaus (1651) zeigen. Der französische König Murat (1767-1815) und seine Gemahlin Caroline Bonaparte (1782-1839) statteten den Palast mit klassizistischen Möbeln aus. Der heutige Eindruck stimmt jedoch nicht mit dem der Jahre 1789/90 überein, weil die Anlage nach einem katastrophalen Brand 1837 umfassend restauriert wurde. Darüber hinaus hatte der Palazzo bereits 1774 seine Bedeutung verloren, als Ferdinand IV. mit seiner Familie Caserta als Residenz vorzog. Der Fürstenfamilie nahestehende Personen, Minister, Adelsfamilien, nutzten Räume des Palazzo Reale währenddessen zu Wohnzwecken.

Florentini] s. Komm. (1) 7.2.1789.

La Pruovo Reciproca] s. Komm. (2) 8.8.1789.

23.8.1789

Vesuv ... die neue Lava] In ihren späteren ›Briefen über Italien‹ schilderte die Herzogin den Ausbruch des Vulkans (Hollmer, 71 f.).

25.8.1789

meine Mutter] Charlotte Christiane von Göchhausen.

Wieland] s. Deetjen, 105-108; Seuffert, 555-557.

Engländer] Robert Blair.

Pharao] s. Komm. 25.11.1788.

Aqua Dofana] Toffanisches Wasser. Es handelt sich um einen ursprünglich Ende des 17. Jh. von einer Sizilianerin namens Toffana erfundenen farb-, geschmack- und geruchlosen Gifttrank, dessen Zusammensetzung unbekannt blieb, obwohl es diverse Hypothesen dazu gab. Toffana verkaufte ihn angeblich an junge Frauen, die ihre Ehemänner umzubringen wünschten. Als ihr Verbrechen angesichts mehrerer hundert Todesfälle ruchbar wurde, floh Toffana von Palermo nach Neapel in ein Kloster, wurde dennoch verhaftet, gefoltert und entweder 1709 erdrosselt oder starb, anderen Quellen zufolge, nach 1730 im Kerker. Das Schleich- oder Zehrgiftwasser führte, in einer Dosis von nur 5 bis 6 Tropfen verabreicht, langsam, ohne Schmerzen, Entzündungen, Fieber und Krämpfe, allein durch allmähliches Abnehmen der Kräfte zum Tode. Wie die 1789 hingerichtete Giftmischerin hieß, konnte nicht ermittelt werden.

26.8.1789

Capelle di piede di Grotta] Die Basilika Santa Maria di Piedigrotta, am Eingang des Tunnels nach Pozzuoli gelegen, wurde im 14. Jh. erbaut und nach der Santa Maria dell'Idria benannt, deren Verehrung auf den im griechischen Einflußgebiet weit verbreiteten Kult der heidnischen Göttin Hodigridia zurückging. Ein Klausner, der zurückgezogen im hintersten Winkel der Grotte wohnte, hatte der Legende nach von der ihm erschienenen Maria den Befehl zur Errichtung der ersten Kapelle an dieser Stelle erhalten. Die Fassade der Kirche wird durch die Darstellung der Madonna von Piedigrotta zwischen Alfonso I. von Aragon (1396-1458), Papst Nikolaus V. (1397-1455) und dem Heiligen Augustinus dominiert. Der im Inneren reich ausgestattete Bau bewahrt eine Madonnenstatue aus dem 14. Jh., Freskenmalereien von Belisario Corenzio (1590-1646) sowie ein Tafelgemälde aus dem 16. Jh. in flämischem Stil. Der Kreuzgang des im 13. Jh. begonnenen Klosterbaus entstand um 1450 im Auftrage eines neapolitanischen Adeligen. 28 Rundbögen mit Kreuzgewölben bilden hier ein Rechteck (30 × 26 m). Das Obergeschoß stammt erst aus dem 16. Jh. und erforderte die Hinzufügung einiger Pilaster (vgl. auch Komm. (1) 8.9.1789).

27.8.1789

Strada Toledo] Die heutige Via Toledo, benannt nach dem Vizekönig Don Pedro Alvarez de Toledo († 1560), ist seit fast 500 Jahren die eigentliche Hauptstraße Neapels. Sie führt vom Königspalast aus nach Norden und bildet die östliche Grenze eines im 16. Jh. unter genanntem Vizekönig neu errichteten, dicht bebauten Stadtteils, des sogenannten Spanischen Viertels. Auf ihr fanden Prozessionen und Paraden ebenso statt wie der Korso, sie ist eine der wichtigsten Verkehrsadern der Stadt und ein Zentrum regen Geschäftslebens.

Theater fiorentini] s. Komm. (1) 7.2.1789.

28.8.1789

Phisischen Instrumente] Nicola Vivenzio, dessen Wohnräume sich wie die der Hofdame Giuliana Duchessa Giovane di Girasole im Hause seines Dienstherren, im Pallazzo Reale (s. Komm. (1) 22.8.1789), befanden, sammelte neben den obligaten Antiken vor allem naturwissenschaftliche Exponate und Instrumente. Tischbein berichtet, daß er bei ihm gelegentlich den Gesandten von Tripoli traf, der einem seiner Diener befahl, sich für ein Experiment mit Vivenzios Elektrisiermaschine herzugeben (Tischbein, Autobiographie, 302).

30.8.1789
al Fondo] s. Komm. (4) 9.2.1789.

1.9.1789
sein Neveu] Carl Ulysses Salis-Marschlins.
sein Bruder] Giuseppe Pignatelli.

3.9.1789
CronPrinzen] Francesco, s. Neapel-Sizilien. Tischbeins Porträt ist heute verschollen.
Theater nuovo] s. Komm. (3) 8.2.1789.
la Dona bizarra] s. Komm. (3) 14.7.1789.

4.9.1789
beyden Hackert] Jakob Philipp und Georg Abraham Hackert.

5.9.1789
Capo di monde] s. Komm. (1) 14.1.1789.
der tode Christus auf den Schoß der Marie] Annibale Carraccis ›Pietà‹ (Öl auf Leinwand, 156 × 149 cm) entstand 1599/1600 im Auftrage Odoardo Farneses (1573-1626) und fand ihren Platz zunächst im Palazzo Farnese zu Rom. Die Familie nahm das Bild im 17. Jh. mit nach Parma, wo es zunächst im Palazzo del Giordano und dann in der herzoglichen Galerie im Palazzo della Pilotta hing. 1734 transportierte man es mit anderen Erbstücken nach Neapel in den Palazzo Reale und später in das Museo Nazionale di Capodimonte zu Neapel. Ferdinand IV. nahm es 1798 mit auf seine Flucht nach Palermo und überführte es 1817 in das damalige Real Museo Borbonico. Heute ist es wieder auf dem Capodimonte zu sehen. Die Museen der Welt bewahren eine ganze Reihe von Kopien dieses Meisterwerkes: die Galleria Doria-Pamphilj, Galleria Pallavicini-Rospigliosi und der Palazzo Farnese in Rom (s. Komm. (17) 2.3.1789), der Palazzo del Giordano in Parma, der Escorial in Madrid, Hampton Court, Galerien in Avignon, Chicago usw.
Magdalene] ›Die büßende Magdalena‹ (Öl auf Leinwand, 120 × 101 cm) von Guercino im Museo Nazionale di Capodimonte zu Neapel zeigte eine mit tränenden Augen die Dornenkrone betrachtende Magdalena. Das Gemälde stammte unzweifelhaft aus dem Farnesischen Erbe und hing zuvor im Palazzo Giordano zu Parma. Doch zählt es heute zu jenen verlorenen Originalen, die nur noch durch eine Kopie bzw. Stiche dokumentiert sind.
Danae von Titian] s. Komm. (2) 14.1.1789.
Christus … wie er sein Creuz trägt] Polidoro da Caravaggios Gemälde ›Christus als Kreuzträger‹ (Öl auf Holz, 310 × 247 cm) entstand vor 1534 im Auftrage des Konsuls der spanischen Nation in Messina, Pietro Ansalone, für die dortige Kapelle der katalanischen Bruderschaft. Es zeigt den unter der Last des Kreuzes zusammengebrochenen Jesus, dem zwei Juden zu Hilfe kommen, während ein dritter ein Tuba-Signal gibt. Links davon wird die

verzweifelte Gottesmutter von zwei frommen Frauen gestützt, rechts sind Magdalena und Veronika mit dem Schweißtuch zu sehen. Das Gemälde befindet sich seit der Rettung aus dem Schutt des Erdbebens von 1783 im Museo Nazionale di Capodimonte zu Neapel.

6.9.1789

Casino zu Hamilton] s. Komm. (2) 29.5.1789.

Vous lui donnerez ce quil vant: rien] Sie geben ihm, was er rühmt: nichts.

Villa reale] s. Komm. 22.5.1789.

7.9.1789

an Goethen] s. Deetjen, 109-110; Nachgeschichte, 188-189.

8.9.1789

Fest della Madonna di Piede di Grotta] Alljährlich am 8. September fand und findet ein Fest zu Ehren der Madonna di Piedigrotta statt, das größte Volksfest Neapels. An diesem Tag stand der Park der Villa Reale, an deren westlichem Ende sich das Heiligtum befindet, jedem Bewohner und Besucher Neapels unabhängig von seinem sozialen Stande offen, während außerhalb dieser Zeit nur Bürger mit gesitteter Kleidung, also Bürgertum und Adel, Zugang erhielten. Über lange Jahre war dieses Fest auch eine gern genutzte Gelegenheit, die berühmtesten und schönsten neapolitanischen Lieder dem Publikum bekanntzumachen (s. Komm. 26.8.1789 und Vigée-Lebrun I, 206).

Locanda] Herberge, Gasthaus.

König und die Königin] Ferdinand IV. und Maria Karolina von Neapel-Sizilien.

Ciaia] Chiaia war damals noch ein Vorort westlich von Neapel.

Ce peuple ... méleé de superstition] Dieses Volk hat nur Sinne; eine geläuterte Religion hätte dafür nicht genügend Sinnlichkeit: Es muß sie berühren, sie betasten, sie sehen; sie müßte also mit Aberglauben vermischt sein.

9.9.1789

Theater Nuovo] s. Komm. (3) 8.2.1789.

13.9.1789

Pallast] Palazzo Reale in Neapel; s. Komm. (1) 22.8.1789.

lastricos] Söller, Dachterrasse (ital. lastrico solare).

Arco di Castello] Torbogen des Kastells.

Bandieren] Fahnen (ital. bandiera).

14.9.1789

2 *Franzosen*] Seit Beginn der Französischen Revolution trafen zunehmend Emigranten aus Frankreich in Neapel ein (s. Komm. 29.7.1789).

15.9.1789

Conversation] s. Komm. (4) 3.9.1788.

16.9.1789

Paket ... vom Herzog] Carl August von Sachsen-Weimar-Eisenach schickte Einsiedel am 15.8.1789 von Eisenach aus ein Päckchen »zur Herzstärkung« und legte einen Brief an seine Mutter bei (Bergmann, 92 f.): Er berichtete von seinen Aktivitäten, namentlich von der Einweihung des neuen Brunnens auf dem Markt von Eisenach und dem Besuch in einem eisenachischen Dorf, von dessen Kirche Goethe behauptete, sie sei in die Mauern eines römischen Grabmals ähnlich dem der Caecilia Metella (s. Komm. (1) 10.12.1788) eingebaut. Am Ende des Briefes drängte der Herzog wie häufig in seinen Briefen an die Mutter auf ihre »baldige Rückkunft«.

Comte de Saxe] Hermann Moritz Graf von Sachsen.

l'ordre du Saint Esprit] Der Orden vom Heiligen Geist wurde im Dezember 1578 von König Heinrich III. von Frankreich und Polen (1551-1589) gestiftet; ihm gehören 100 Ritter an. Das an einem hellblauen Band getragene Ordenszeichen ist eine zur Erde stürzende weiße Taube auf weiß-goldenem Kreuz, in dessen Winkeln goldene Lilien angebracht sind (Gritzner, 77 ff.).

blauen Adler Orden] Louise von Göchhausens Anmerkung ist korrekt: Es handelt sich um den Weißen Adlerorden, ein ursprünglich 1325 von König Wladislaw I. von Polen (1260-1333) gestifteter, 1705-1713 von König August II. dem Starken von Polen und Kurfürsten von Sachsen (1670-1733) erneuerter Orden, der nach den polnischen Teilungen durch Ukas 1831 zum Kaiserlich-Königlichen Orden Rußlands erhoben wurde. Das Ordenszeichen wurde dabei immer variiert, jedoch blieb der weiße polnische Adler mit goldener Bewehrung stets enthalten (Gritzner, 422 ff.; BKL I, 149, Ritterorden, 77 ff.).

wenn ich den Adler für die Taube] Der deutsche Text ist eine Übersetzung des nachfolgenden französischen.

17.9.1789

Academie delle Nobili] Akademie des Adels bzw. Akademie der Ritter (ital. Accademia delle Nobili bzw. Accademia degli Cavalieri). Diese Einrichtung wurde vom neapolitanischen Adel unterhalten (vgl. Komm. 16.6.1789).

Nina] s. Komm. (6) 25.6.1789.

18.9.1789

Leyer /Vielle/] Es handelt sich der Beschreibung nach um eine sogenannte Dreh- oder Radleier, ein Instrument, das im Prinzip seit dem 10. Jh. in Europa bezeugt ist, jedoch hinsichtlich der Gestalt des Schallkörpers sowie der Zahl und Art der Saiten im Laufe der Zeit Veränderungen unterworfen war. Im Mittelalter ein Instrument der Kunstmusik, wurde es mit der Entdeckung freierer Stimmführungen in der Mehrstimmigkeit ein Instrument der Volksmusik und als solches seit dem 16. Jh. etwas herablassend betrachtet. Doch Virtuosen und adelige Dilettanten entdeckten die Drehleier im 18. Jh. als Soloinstrument (u.a. in Concerts spirituels 1731-1733, s. Komm. (3) 29.6.

1789) wieder, was sich auch in deren prächtiger kunsthandwerklicher und musiktechnischer Ausstattung widerspiegelte.

Kronprintzen] Francesco, s. Neapel-Sizilien.

19.9.1789

Frau vom Russischen Ambassateur] Gräfin Katharina Wassiljewna Skawronskaja.

Unzen] s. Komm. (2) 18.8.1789.

Contra il vento non si navigà] Zu Wasser fährt man nicht gegen den Wind.

20.9.1789

primo uomo di Sankt Carlo] erster Solist am Teatro San Carlo: Giuseppe Damiani.

Onguno sa quel … nella sua Pignata] Jeder weiß, was im eigenen Topf kocht.

Sa piu un pazzo … nella Casa delle altri] Ein Verrückter kennt sich in seinem eigenen Haus besser aus als ein Weiser in einem fremden.

22.9.1789

Villa Patrizia] s. Komm. (1) 31.1.1789.

Lazaret] s. Komm. (15) 3.2.1789.

Brochita] Procida; s. Komm. 7.8.1789.

Capo di Misene] Capo Miseno; s. Komm. (2) 3.2.1789.

Wasser mit fixer Luft …] Fixe Luft, auch Luftsäure genannt (frz. acide aerienne), ist eigentlich Kohlensäure. Die Einfügung im Text ‹con acetati› ist demnach als ital. con acidita (mit Säure) zu verstehen. Es geht also um die Herstellung von kohlensäurehaltigem Wasser. In diesem Falle entstehen durch die chemische Reaktion von Kalziumkarbonat (Marmorstaub, frz. marbre poulverine) und Schwefelsäure (Vitriolsäure, frz. acide vitriolique) Kalziumsulfat und Kohlensäure, welche bei Erwärmung in Kohlendioxid und Wasser zerfällt. Der Apparat diente dabei zum Auffangen des Gases. – Die Aufklärung hatte auch das allgemeine Interesse an naturwissenschaftlichen Erkenntnissen gefördert. Seit der 2. Hälfte des 17. Jh. war die Wissenschaft zu einer gesellschaftlichen Institution geworden, neue Beobachtungs- und Analysegeräte wurden entwickelt, die Zahl vor allem naturwissenschaftlicher Erkenntnisse nahm außerordentlich zu, in akademischen Gesellschaften und Fachzeitschriften tauschte man sich öffentlich darüber aus. Wie allgemein dieses Interesse auch unter den Weimarer Reisenden war, zeigt die Vorführung dieser chemischen Experimente durch den Naturkundeprofessor Giuseppe Gioeni ebenso wie die Beobachtung vulkanischer Phänomene unter Anleitung Hamiltons (s. auch Tb 7.12.1789) oder der Besuch in verschiedenen naturwissenschaftlichen Kabinetten.

inflamable Luft …] brennbare Luft, entzündbares Gas. In diesem Falle entstehen aus der Reaktion von Eisen und verdünnter Vitriolsäure Eisensulfat und Wasserstoff, ein Gas, das mit bläulicher Flamme zu Wasser verbrennt.

Chi sta bene non si move] Wem es gut geht, der geht nicht weg.

23.9.1789
Prinz Borgese] Marcantonio Borghese.
Ottobone] Marco Boncompagni-Ludovisi-Ottoboni.

24.9.1789
Docktor] Wilhelm Ernst Christian Huschke.
Hird, Bury, Burmann] Einsiedel hatte Hirt mehrfach eingeladen, mit der Reisegesellschaft nach Neapel zu kommen (Brief von Hirt an Goethe vom 4.4.1789, Nachgeschichte, 161).
Vella] Vella erlangte in der Zeit der Aufklärung, die zugleich eine Fülle von Scharlatanen oder zumindest eigentümlichen Visionären hervorbrachte, zweifelhafte Berühmtheit. 1782 war angeblich eine mittelalterliche arabische Handschrift zur Geschichte Siziliens gefunden worden, die durch Abate Vella ins Italienische übersetzt wurde. Er gab auch vor, im Besitz einer arabischen Fassung der 17 verlorenen Bücher des Livius zu sein, und erregte damit europaweit Aufsehen. Schon als junger Geistlicher hatte Vella arabische und normannische Archivalien in Sizilien, Malta und Süditalien gesucht und ins Italienische übertragen, wobei er sich der Protektion des Bischofs von Eraclea, Airoldi, und der neapolitanischen Vizekönige Caracciolo und Caramanico erfreute. In den Jahren 1788-1793 erschienen seine Schriften unter den Titeln ›Codice diplomatico di sicilia sotto il governo degli Arabi‹ (›Diplomatischer Kodex Siziliens unter der Herrschaft der Araber‹) und ›Libro del consiglio di Egitto‹ (›Ratsbuch Ägyptens‹) und galten bald als Standardwerke der Geschichtswissenschaften. Zwar gab es seit 1786 erste Stimmen, die die Manuskripte für Fälschungen hielten, doch erst 1795/96 gelang dem österreichischen Philologen Joseph Hager (1757-1819) der Beweis hierfür, und Vella wurde der Prozeß gemacht.

25.9.1789
Römer] Hirt, Bury, Birmann.

26.9.1789
Piscina mirabilis] s. Komm. (27) 3.2.1789.

27.9.1789
Sicilianische Münze mit den Gott Hibon] Hebon ist u.a. ein Beiname des Dionysos (Pauly VII.2, 2584). Dieser Gott ist das dominierende Münzbild auf den Prägungen der ihm zugeordneten, für ihren Wein berühmten Kykladeninsel Naxos und der gleichnamigen ältesten sizilianischen Siedlung, wohl weil diese von der Insel Naxos aus besiedelt worden war. Doch schon im Jahre 404 v. Chr. wurde die Stadt von dem Tyrannen Dionysios I. von Syrakus (um 430-367 v. Chr.) zerstört und mußte die Münzprägung einstellen. Sowohl auf den archaischen wie auf den späteren Tetradrachmen der sizilianischen Stadt findet sich der Dionysoskopf, auch efeubekränzt, auf der Vorderseite; die Rückseite zeigt auf den älteren Münzen meist eine Weintraube, auf den

jüngeren einen trinkenden Silen. – Allerdings kommen auch andere, nicht-sizilianische Münzen in Frage, die ein Abbild des Gottes Hebon tragen: In Kampanien galt der als Stier mit dem Gesicht eines freundlichen alten Mannes u.a. auf Münzen dargestellte Gott als regionaler Hauptgott und Personifikation des Ackerbaus (Münter, 53).

al Fondo] s. Komm. (4) 9.2.1789.

il Raggiratore di poco fortuna] Diese Oper (›Der glücklose Betrüger‹) in 3 Akten nach einem Libretto von Giuseppe Palomba (1769-1825) war bereits 1779 im Teatro dei Fiorentini zu Neapel uraufgeführt worden. Es handelte sich hier also nur um eine Neuinszenierung.

Pauluten] Sumpf (ital. palude), hier: Pontinische Sümpfe. Hirt hat recht mit dieser Annahme (vgl. Komm. (2) 2.1.1789).

Brief worinnen Horaz seine Reise beschreibt] Horaz, Satiren I, 5, S. 146-150.

28.9.1789

Künster] ältere Form von ›Künstler‹ (DW XI, 2691).

Mossi] Gebärden, Gesten, Attitüden; s. Komm. (3) 14.2.1789.

29.9.1789

Brif an die Herdern] Dieser Brief der Herzogin an die Familie Herder wurde von Einsiedel in einem Schreiben vom 29.9.1789 an den Generalsuperintendenten angekündigt und vom Ehepaar Herder unter dem 23.10.1789 mit Danksagung und einem Gedicht ›Nicht nach Pästum!‹ beantwortet (Herder 2003, 536 f., 542 ff.).

30.9.1789

Doctor] Wilhelm Ernst Christian Huschke.

Nocera, mit dem Zunahmen Pagan] Nocera Superiore war eine antike Siedlung, die auf dem Geländesattel am Paß zwischen Vesuv, Apenninen und den Monti Lattari strategisch günstig lag und als Handelszentrum ein bemerkenswerter Konkurrent für Pompeji war. Nocera Inferiore entstand erst, nachdem 1137 eine neu angelegte Straßenkreuzung in der besser passierbaren Ebene 5 km entfernt die Einwohner zwang, ihre alte, teils auch durch Kriege zerstörte Stadt zu verlassen. Nocera Inferiore verschmilzt fast mit der westlich davon gelegenen Siedlung Pagani.

Tempel] Hier ist der in Nocera Superiore befindliche Rundbau aus dem 7. Jh., die Kirche Santa Maria Maggiore – kein Baptisterium –, gemeint. Die Rotunde ist von außen in Zeltform überdacht, von innen überkuppelt. Ein mittlerer, doppelter und ein innerer, einfacher Ring aus Säulen stehen auf einem antiken Mosaikfußboden. Gegenüber der Vorhalle mit vier Säulen liegt die halbrunde Apsis. Die Baugeschichte der Kirche ist bis heute nicht detailliert geklärt.

Thal von Cava] Das in Nord-Süd-Richtung verlaufende Tal von Cava de' Tirreni liegt 198 m hoch zwischen zwei Gebirgszügen, den Monti Picentini und den Monti Lattari, deren höchster Gipfel der Monte Finestra (1139 m) ist. Zwei Flüsse durchfließen das Tal, die Cavaiola und die Bonea (s. auch Komm. (2) 6.2.1789).

Vietri] Vietri sul Mare.

1.10.1789

Pestum] lat. Paestum, ital. Pesto.

mal aria] üble Luft, auch Sumpffieber (ital. mal'aria).

vinaigre des 4 Volleurs] Vier-Räuber-Essig (frz. vinaigre de quatre voleurs), Pestessig, aromatischer Essig (Acetum aromaticum). Dies ist ein pharmazeutisches Präparat, das zu Desinfektionszwecken verwendet wurde und dessen Wirksamkeit auf den in Weingeist (450 Teile), verdünnter Essigsäure (650 Teile) und Wasser (1 900 Teile) gelösten ätherischen Ölen (Lavendel-, Pfefferminz-, Rosmarin-, Wacholder-, Zimt-, Nelken- und Zitronenöl) beruhte. Der Legende nach hatten vier Männer zur Zeit der Pest in Marseille diese Substanz benutzt, um schadlos in die Häuser infizierter Bürger einbrechen und diese ausrauben zu können. Die Substanz sollte die Weimarer Reisenden vor den gesundheitsschädlichen Einflüssen der Luft auf dem Wege nach Paestum schützen.

Fluß Syle] Sele.

Mittlere] Der jüngere Hera- (sogenannte Poseidon-)Tempel ist die jüngste der drei Anlagen. Er wurde um 460 v. Chr. erbaut und zählt zu den besterhaltenen und berühmtesten griechischen Tempeln. Die Cella, der von vier Mauern umschlossene Raum für die Götterstatue, ist bei ihm noch teilweise erhalten. Vor- und Hinterhalle sind nahezu symmetrisch mit Säulen gefaßt. Die Cella selbst wurde durch zwei Säulenreihen in beiden Geschossen in drei Schiffe geteilt. Sie steht erhöht über der Peristase, etwa genauso hoch wie sich der Tempel ursprünglich über das Straßenniveau Paestums erhob. Über dem Säulenumgang mit sechs Säulen an der Vorder- und 14 Säulen an der Längsseite erheben sich Gebälk, Fries und ein flacher Giebel, deren Schmuckelemente (schwarz-rot-blaue Bemalung, Blumenwerk und Löwenköpfe, Triglyphen mit Tropfen und dazwischenliegenden Metopen) meist verloren sind. Der Poseidon-Tempel bietet das vollentwickelte dorische System der Klassik.

Tempel linker hand] Der ältere Hera-Tempel, die sogenannte Basilika, entstand um 550 v. Chr. Ihre nun zerstörte Cella hatte eine Vorhalle mit drei Säulen, von der zwei Türen in das Innere führten, das durch eine Säulenreihe in zwei Schiffe gegliedert war. Dahinter befand sich entsprechend zur Vorhalle noch ein weiterer, jedoch geschlossener Raum. Der äußere Säulengang um die Cella herum ist von außerordentlicher Monumentalität: 9 flach kannelierte Säulen an der Schmal- und 18 an der Längsseite übertreffen auch die Größenverhältnisse des Parthenon von Athen. Doch sie tragen kein Gebälk, Giebel oder Dach mehr. Der Wulst (Echinus) der Säulenkapitelle läßt unten über dem Blattkelch des Halses noch teils plastisches, teils wohl ursprünglich farbiges Lotosblüten- und Rosettendekor erkennen.

Der rechter hand] Der nördlich etwas abseits stehende Athena- (sogenannte Ceres-)Tempel entstand nur kurze Zeit nach der Basilika. Seine ebenfalls zerstörte Cella bestand nur in einem gegenüber der Peristase leicht erhöhten Raum, dessen große Vorhalle mit zierlich anmutenden ionischen Säulen gefaßt ist. Der Säulenumgang mit 6 Säulen an der Vorder- und 13 an der Längsseite wirkt durch die schärfer ausgeprägte Kannelierung, die schlankere Proportion der Schäfte und den größeren Abstand der Säulen viel luftiger. Die Giebel scheinen durch drei Schichten kleiner Sandsteinblöcke ober- und unterhalb des Metopen-Frieses höher als etwa beim Poseidon-Tempel. Reste alter Schmuckelemente (dorischer Eierstab, Perlreihen, Wellen) sind an ihnen erhalten. Das Giebelgeison hat Kassetten, die wohl ursprünglich mit bemalten Sandsteinrosetten gefüllt waren.

da sie die Volcsier belagerten] Die Volsker waren ein altitalischer Volksstamm im Süden Latiums, der zunächst mit den in Paestum seit dem 7. Jh. siedelnden Griechen und seit dem 5. Jh. mit Rom in harten militärischen Auseinandersetzungen stand. Die Römer besiegten 338 bzw. 329 v. Chr. die Volsker und gestatteten ihren Städten nur ein eingeschränktes römisches Bürgerrecht.

Provinz hieß Lucania und Positonia] Paestum, griech. Poseidonia, war im 7. Jh. v. Chr. von Sybaris aus als achäische Kolonie gegründet, um 400 v. Chr. von den Lukanern erobert – daher der Name der römischen Provinz Lukanien – und schließlich 273 v. Chr. als römische Kolonie latinischen Rechts vereinnahmt worden. Im 9. Jh. wurde die Provinz durch die Sarazenenüberfälle zerstört.

Vitruv] In seinem Werk ›De architectura‹ (›Über die Architektur‹), das dem Augustus gewidmet war, befaßten sich die Bücher 3 und 4 mit dem Tempelbau. Dabei kompilierte Vitruv überwiegend aus griechischen Quellen.

Schlacht bey Actium] Hier liegt eine falsche Namenform vor: Es war Marcus Vipsanius Agrippa, der als Feldherr des Octavian (Kaiser Augustus) dessen Konkurrenten um die Macht in Rom, Marcus Antonius (82-30 v. Chr.), in der Seeschlacht vor Actium 31 v. Chr. schlug.

Pestummer Wappen, ein Stier] Die Münzen Paestums zeigten zunächst nur den einen Dreizack schwingenden Meeresgott Poseidon/Neptun. Die späteren, zweiseitig geprägten Münzen behielten die Vorderseite im wesentlichen bei, auf der Rückseite erschienen nun Stiere.

2.10.1789

Noterra] Nocera Inferiore; s. Komm. (2) 30.9.1789.

Catetral Kirche] Der Dom San Matteo zu Salerno wurde 1076-1085 von dem hier herrschenden Normannenfürsten Robert Guiscard (1015-1085) unter Verwendung vieler antiker Reste aus Paestum erbaut und von Papst Gregor VII. (1021-1085) geweiht, der auch hier in der Kreuzfahrerkapelle begraben ist. Im 18. Jh. wurde der Bau bei einem Erdbeben stark zerstört und im Stile des Barock restauriert: Man ersetzte die ehemaligen Holzdecken durch Tonnen- und Kreuzgewölbe und vermauerte die Spolienarchitektur mit kompakten Streben. Erst nach dem Zweiten Weltkrieg baute man diese Veränderungen weitestgehend zurück. Dem Dom, in dessen Krypta die Gebeine des Apostels Matthäus aufbewahrt werden, ist ein Atriumhof mit zweigeschossigen, aus Paestumer Säulen gestalteten Arkaden vorgelagert. Hier sind noch 14 antike Sarkophage erhalten, die von Normannen und ihren Nachfolgern für christliche Bestattungen verwendet wurden. Der Campanile mit seinen fünf Etagen stammt aus dem 12. Jh. Das Portal aus dem 11. Jh. wird mit Bronzetüren aus Byzanz verschlossen, die Landolfo Butromile 1099 stiftete. In der Cappella del Sacramento befindet sich heute noch eine Andrea Sabatini zugeschriebene ›Pietà‹.

l'ass qui cours] ›L'As qui court‹ (›Das As, das läuft‹) ist ein Kartenspiel mit einem Blatt von 32 oder 52 Karten, je nach Zahl der Teilnehmer (2 bis 25). Jeder Spieler ist dabei bemüht, sich einer Karte geringen Wertes zu entledigen, besonders des Asses, woher das Spiel seinen Namen hat. Er verfügt zu Beginn der Partie über eine vereinbarte Anzahl von Jetons. Der Geber wird durch Ziehen einer Karte mit dem höchsten Wert bestimmt, verteilt dann an jeden Spieler entgegen dem Uhrzeigersinn je eine Karte und legt den verbleibenden Kartenstoß in die Mitte des Tisches. Die höchste Karte ist der König, die niedrigste das As. Der Spieler rechts des Gebers beginnt die Partie. Ist er der Meinung, seine Karte sei hinreichend hoch, die Partie nicht zu verlieren, behält er sie. Wenn er dagegen seine Karte für zu niedrig hält, tauscht er sie mit seinem Nachbarn zur Rechten usw. Man kann den Tausch nicht ablehnen, wenn man eine niedrigere Karte als den König besitzt. In diesem Fall jedoch deckt man seinen König auf, und das Spiel ist beendet. Wenn das As beim Geber angekommen ist, legt der rechts von ihm Sitzende seine Karte ab und nimmt stattdessen die oberste Karte des Kartenstoßes. Alle Spieler decken nun ihre Karten auf. Haben mehrere Spieler eine Karte gleichen Wertes, so verliert derjenige, der dem Geber rechts am nächsten sitzt. Derjenige, der nun die niedrigste Karte hat, zahlt an jeden anderen Spieler einen Jeton.

3.10.1789

Unze] s. Komm. (2) 18.8.1789.

4.10.1789

Römer] Hirt, Bury, Birmann.

Theatro nuovo] s. Komm. (3) 8.2.1789.

la Pescatrice] Die komische Oper in 2 Akten ›La bella Pescatrice‹ (›Die schöne Fischerin‹) mit dem Text von Saverio Zini (tätig 1770-1803) wurde 1789 im Teatro Nuovo uraufgeführt.

5.10.1789

Syracusa] Siracusa.

Kalck in den grosen Amphitheater gemacht] Es war das Schicksal vieler antiker Gebäude, daß ihre Marmorblöcke oder -verkleidungen zu Kalk gebrannt wurden, um als Baustoff für Neubauten zu dienen. Auch Ziegel wurden wiederverwendet. Gerade monumentale Gebäude wie Amphitheater boten dafür reiches Material. Erst durch die Beschäftigung mit antiker Kunst und Kultur und der Wertschätzung ihrer noch vorhandenen Spuren begann man, die Zerstörung der Baudenkmäler zu verbieten, doch dauerte diese Unsitte oft noch bis ins 19. Jh. an.

Antichità a me! antichità a me!] Altertum, und das mir! Altertum, und das mir!

6.10.1789

an Wieland] s. Deetjen, 110-114; Seuffert, 557-560.

seiner Tochter] Beatrice Pappafava.

einen Vetter von Gioene] Francesco Paternò-Castello.

8.10.1789

Tripolitanische Gesande ... Bruder] Die Namen beider konnten nicht ermittelt werden, s. Komm. (1) 21.7.1789.

9.10.1789

Portugisische Gesande] José de Sâa e Pereira.

die Venezianerin] Hier ist wohl Beatrice Pappafava gemeint, die mit ihrem Vater aus Venedig kam, um in Sizilien zu heiraten (ThHStAW, HA.A.XVIII.154, Bl. 68 r).

10.10.1789

Memphis] Die 18 km südlich des heutigen Kairo gelegene antike Stadt war die älteste Hauptstadt Ägyptens. Um 2 500 v. Chr. verringerte sich ihre Bedeutung zwar, aber sie blieb bis zur Ptolemäischen Zeit gelegentliche Residenz der Pharaonen und ein wichtiger Wirtschafts- und Handelsplatz des Landes. Nach dem Niedergang der Stadt nutzte man vor allem im Mittelalter die alten Steine für die Neubauten Kairos. Seit dem 19. Jh. wurden hier u.a. verschiedene Tempel, das Serapeum und zwei Statuen Ramses II. (um 1298-1213 v. Chr.) ausgegraben.

Architraph] Der Architrav ist der Hauptbalken, der waagerecht auf den Säulen eines Tempelbaus ruht und den Oberbau trägt.

Metopen] Die Metopen sind eine mit Bemalungen oder Reliefs geschmückte Platte, die bei dorischen Tempeln über dem Architrav liegt. Sie verdecken den Raum zwischen zwei zur Aufnahme der Balkenköpfe bestimmten Löchern. Nach Louise von Göchhausens Ausführungen gehen die Reliefs der Metopen ursprünglich auf tatsächlich dort abgelegte Opfergaben zurück.

Trigliphen] Triglyphen sind Deckplatten mit drei Schlitzen, die am Gebälk der dorischen Tempel mit den Metopen wechseln.

Corniche] Karnies, Simskranz. Gemeint ist das Geison, das bei dorischen Tempeln waagerecht auf dem Metopen-Triglyphen-Fries aufliegt und die Basis des Tympanons bildet.

11.10.1789

Beichtvater] Anton Bernhard Gürtler.

Sicilianischen Cotex] s. Komm. (3) 24.9.1789.

Theater nuovo] s. Komm. (3) 8.2.1789.

12.10.1789

Caserta] s. Komm. (4) 6.1.1789.

so genanten Teich] Hier ist wohl das Große Wasserbecken (Peschiera grande) gemeint, das 1762-1769 im Bosco Vecchio im Westen des schloßnahen Parkterrains angelegt wurde. Mit Modellschiffen konnten hier Seeschlachten nachgespielt werden.

Belvedere] Das Wasserschlößchen oberhalb der großen, zum Schloß hinabfallenden Kaskade stand am Ende jener 42 km langen Wasserleitung, über die das Wasser für die Brunnen und Teiche des Parks hierhergeleitet wurde. Es lag knapp 100 m höher als der Palast.

neue Anstalten und Fabriken] Westlich des Wasserschlosses konnte man die Kolonie San Leucio (s. Komm. (3) 22.6.1789) liegen sehen.

Conchilien] Hier handelt es sich um Weichtiere, Seemuscheln und -schnecken, deren Schalen in besonderen naturwissenschaftlichen Kabinetten gesammelt, aber auch oft zu Dekorationszwecken etwa als Wandverkleidung in Grotten nachempfundenen Räumen verwendet wurden.

Legno di Mare della Sicilia] Strandholz, Schwemmholz aus Sizilien. Das im Meerwasser konservierte und geglättete Holz wurde und wird gern als Material für Skulpturen genutzt.

Treppe ... Capelle] s. Komm. (4) 6.1.1789.

Gemälde von Mengs] Im Dezember 1756 beauftragte Königin Maria Amalia von Neapel (1724-1760) Mengs mit einem Altarbild für die Schloßkapelle zu Caserta. 1757 mußten noch einige Differenzen wegen des Honorars beigelegt werden, und 1759 übergab der Künstler seinen ›Tempelgang Mariae‹, der allerdings verloren ist. Im Louvre zu Paris befindet sich jedoch eine frühe Kompositionszeichnung zu diesem Tafelbild (1756-1759, schwarze Kreide, weiß gehöht, Quadrierung mit grauer Kreide auf blau grundiertem Papier, 51,2 × 38,7 cm), die einen Eindruck dieses bei Hofe begeistert aufgenommenen, von den übrigen Zeitgenossen jedoch unterschiedlich beurteilten Gemäldes gibt.

Canpagna die Roma] Campagna di Roma ist im engeren Sinne die Bezeichnung für die öde Gegend rings vor den Toren Roms, im weiteren Sinne für das Territorium zwischen Civitavecchia im Norden und Terracina am Südende der Pontinischen Sümpfe, zwischen der Küste des Tyrrhenischen Meeres im Westen und den Sabiner Bergen im Osten. Auf der 185 km langen und

70 km breiten, von Tiber und Anio durchflossenen, hügeligen Ebene finden sich vulkanische Erhebungen und etliche Kraterseen. Das große Sumpfgebiet mit seinen giftigen Gasen und Mückenschwärmen war für Menschen gesundheitsgefährdend und daher wirtschaftlich wenig entwickelt (s. Komm. (2) 2.1.1789).

Theater] s. Komm. (4) 6.1.1789.

Fong] Fond, Rückwand.

Landschaften und Aussichten von Hakert] Von den bis 1789 vom Hofmaler Jakob Philipp Hackert für den König von Neapel gemalten Bildern hängt noch heute eine ganze Reihe im Schloß von Caserta, u.a. ›Heuernte in San Leucio‹ (1782, Gouache, 47 × 70 cm), ›Der Palazzo Reale von Caserta, gesehen vom Convento di San Francesco‹ (1782, Gouache, 47 × 70 cm), ›Das Jagdschloß von Persano‹ (1782, Gouache, 47 × 70 cm), ›Blick auf Castellammare di Stabia‹ (1782, Öl auf Leinwand, 120 × 186 cm), ›Überfahrt über den Sele bei Persano‹ (1787, Gouache, 47 × 70 cm), ›Stapellauf der Partenope in der Werft von Castellammare di Stabia‹ (1787, Öl auf Leinwand, 210 × 286 cm), ›Militärparade in Gaeta‹ (1788, Öl auf Leinwand, 148 × 220 cm), ›Blick auf Gaeta‹ (1789, Öl auf Leinwand, 207 × 213 cm), ›Hafen von Castellammare di Stabia‹ (1789, Öl auf Leinwand, 210 × 287 cm), ›Hafen von Tarent‹ (1789, Öl auf Leinwand, 143 × 218 cm), ›Blick auf Forio d'Ischia‹ (1789, Öl auf Leinwand, 208 × 314 cm) und ›Bucht und Hafen von Brindisi‹ (1789, Öl auf Leinwand, 143 × 218 cm). Vor allem der Zyklus zu den Häfen des Königreiches Neapel beschäftigte Hackert auch noch in den folgenden Jahren.

königliche Familien Gemälde] Angelica Kauffmanns ›Familienbildnis Ferdinand IV. von Neapel und seine Familie‹ (Öl auf Leinwand, 310 × 426 cm) befindet sich seit 1893 im Museo Nazionale di Capodimonte zu Neapel. Es ist das größte und auch eines der bedeutendsten Gemälde der Malerin. Die Porträtstudien zu den einzelnen Personen hatte sie im September und Oktober 1782 in Neapel vorgenommen, das Gesamtbild stellte sie 1783 in Rom fertig. Im Frühjahr 1784 wurde es nach Neapel transportiert.

Damicelli] Damigella ist die italienische Bezeichnung für den Jungfernkranich (Anthropoides virgo L.). Er wurde wegen seiner grazilen Schönheit gern in Parks gehalten. Sein Lebensraum ist jedoch nicht allein Lampedusa, sondern das sumpfige Flachland und die Steppen Nordwestafrikas und des mittleren Eurasiens. Der Körper des knapp 1 m hohen Vogels ist grau gefiedert, Kopf-, Hals- und die längeren Brustfedern sind schwarz. Davon heben sich große weiße Schmuckfederbüschel hinter den rotbraunen Augen ab. Der Jungfernkranich hat lange graue innere Armschwingen, die, wie bei Kranichen üblich, über den Schwanz hinabhängen.

Lampetuse] Die Isola de Lampedusa liegt relativ abgeschieden südlich der Westspitze Siziliens und südwestlich Maltas im Mittelmeer.

vice König aus Sicilien] Francesco d'Aquino Principe di Caramanico.

eigendlich Van Calw] Dies ist falsch: Der niederländische Name des nach Italien eingewanderten Vaters Gaspar, der eine Italienerin heiratete, war van Wittel.
meine Mutter] Charlotte Christiane von Göchhausen.

13.10.1789
Römischen Künstler] Hirt, Birmann, Bury.

14.10.1789
Sophonispe ... die den Massinissa bittet] Sophonisbe (235-203 v. Chr.) war eine Tochter des Hasdrubal, der im Zweiten Punischen Krieg (213-207 v. Chr.) Karthagos Heere in Spanien und Afrika führte. Sie war zunächst mit dem befreundeten Numidierkönig Massinissa verlobt, doch als dieser sich auf die Seite der Römer stellte, vermählte ihr Vater sie mit dem damals römerfeindlich gesonnenen Syphax. Dieser wurde jedoch 203 von Massinissa und Publius Cornelius Scipio (235-183 v. Chr.) geschlagen und mit Sophonisbe gefangen genommen. Massinissa vermählte sich mit seiner nun gefangenen, ehemaligen Verlobten, wurde dann aber durch seine mißtrauischen römischen Verbündeten veranlaßt, ihr den Giftbecher zu schicken. – Das Gemälde Tischbeins, ›Massinissa, seine ehemalige Geliebte Sophonisbe, die Gemahlin des numidischen Königs Syphax, gefangennehmend‹, war seine Prüfungsaufgabe für die Bewerbung um die Stelle des Direktors der neapolitanischen Malerakademie 1789/90. Nach dem Tod des Vorgängers, Giuseppe Bonito (1707-1789), wollte eine Reihe von (nach Tischbeins eigener Aussage) weniger begabten und ausgebildeten Künstlern diesen Posten erlangen. Tischbein schlug daher dem König die Ausschreibung eines Wettbewerbs vor, den er selbst gewann. Dennoch mußte er sich in Rücksicht auf die landestypischen Gepflogenheiten als Ausländer den Posten mit Domenico Mondo († 1806) teilen. Das Sujet der Sophonisbe hatte Tischbein schon Jahre zuvor in Rom, jedoch in einer anderen Szene, erprobt: Der Römer Laelius forderte dort Sophonisbe, die eher den Tod als die Erniedrigung annehmen würde, von ihrem kleinmütigen Ehemann Syphax, um sie im Triumph nach Rom bringen zu können (Tischbein, Autobiographie, 240, 320-325). Über die Qualität des bei der Principessa Belmonte ausgestellten Prüfungswerkes schweigt Louise von Göchhausen im Tagebuch, lobt es jedoch in dem im ›Journal des Luxus und der Moden‹ (Oktober 1790, S. 533) veröffentlichten Brief an Bertuch: Tischbein habe die Komposition mit einem so warmen Kolorit, mit so viel Bestimmtheit in Zeichnung und Formen, mit so vielem Ausdruck in den Köpfen, und so richtig im Kostüme ausgeführt, daß er nun auf einmal alle Stimmen für sich vereinigt habe. Die Herzogin dagegen kritisierte das Bild hart: »es ist nicht gut ausgefallen, es ist alles ineinander. Das Colorit ist schlecht, in denen Phisiognomien kein Ausdruck, so klumpig!« (ThHStAW, HA.A.XVIII.154, Bl. 69 v). Das Bild gilt heute als verschollen.
Fiorentini] s. Komm. (1) 7.2.1789.
Comte Pignatelli] Giuseppe Pignatelli.

16.10.1789

questo e di peccore, questo e de Cane] Das ist vom Schwein, das ist vom Hund.

18.10.1789

Si ... e il piu bel animale che si può vedere] Ja [...] es ist das schönste Tier, das zu sehen ist, – Das Mißverständnis entstand vielleicht nicht zufällig, sondern war der (gelungene) Versuch Cartonis, seine wahre Meinung zu verhehlen. In einem langen Bericht Kaiser Josephs II. an seine Mutter Maria Theresia vom 21.4.1769 über das frisch vermählte neapolitanische Königspaar beschrieb dieser die Reitkünste seines Schwagers Ferdinand IV. wenig schmeichelhaft: Der König sitze mit rundem Rücken zu Pferde, krümme sich buchstäblich zu einem Z (Corti, 82, vgl. auch 721-746).

19.10.1789

la Madonna delle Angelli delle Croce] Der aus dem 17. Jh. stammende, ehemalige Konvent Santa Maria degli Angioli alle Croci befindet sich im Nordosten der Stadt Neapel vor der Porta San Gennaro am Anfang des im 19. Jh. dort gegründeten Botanischen Gartens.

Ponte rosse] Die Ponti rossi am Fuße des Capodimonte-Hügels sind die Reste eines augusteischen Aquäduktes. Die Aqua Iulia teilte sich in der Nähe: Ein Zweig führte Wasser in die Stadt Neapel, ein anderer Zweig verlief über den Vomero und teilte sich dann erneut, um einerseits die Villen des Posillipo mit Wasser zu versorgen, zum andern über den Monte Olibano nach Baia und Misenum, die Piscina mirabilis zu füllen.

sein Neveu] Carl Ulysses Salis-Marschlins.

20.10.1789

Hirt ... Capo di Misene, Baya] Capo Miseno, Baia; Hirt hatte mit diesen Interpretationen recht (vgl. Komm. (2) 3.2.1789).

21.10.1789

Marchesa de Moda] Hier ist wohl ein Geschäft für Galanteriewaren gemeint.

22.10.1789

Bischoff] Anton Bernhard Gürtler.

aqueducten ... Caserta] s. Komm. (4) 6.1.1789.

Garden] Schloßpark von Caserta; s. Komm. (4) 6.1.1789.

23.10.1789

Andrea] Andria in Apulien, das die Herzogin auf Einladung des Erzbischofs Giuseppe Capece-Latro besuchte, lag weit abseits der von den europäischen Reisenden üblicherweise verfolgten Reiserouten. Möglicherweise war Anna Amalia damals die erste Deutsche, die diese ehemalige Stauferhochburg besuchte.

seine Tochter] Beatrice Pappafava.

24.10.1789

ihren Mann] Frédéric-Robert Meuricoffre.

25.10.1789

Ruinen von Monteforte] Die Ruinen über der Ortschaft Monteforte Irpino gehören zu einem alten Kastell, dessen Entstehungsgeschichte jedoch im Dunkeln liegt. Es entstand wohl Ende des 6. Jh. im Zusammenhang mit der Eroberung durch die Langobarden, möglicherweise auch erst später als Grenzfestung zwischen den Fürstentümern Benevento und Salerno. Kaiser Friedrich II. begann 1239 die Burg unter dem Burgherren Giacomo Francisio erneuern zu lassen, eine Arbeit, die unter der Herrschaft Karls I. von Anjou (1226-1285) fortgesetzt wurde. 1268 setzte dieser Guido de Montfort, Graf von Leicester, als Herren über Monteforte, Atripalda, Forino, Nola und Cicala ein. Die angevinische Herrschaft galt als die Blütezeit der Burg. 1295 kam sie an das Haus Orsini. Wie die meisten dieser Befestigungsanlagen war auch die Burg Monteforte mit der Einführung der Feuerwaffen allmählich dem Untergang geweiht. Zwei heftige Erdbeben in der 2. Hälfte des 15. Jh. trugen ein Übriges zum Zerfall der nun verlassenen Burg bei.

Brocaccio] Landbote (ital. procaccia). Dieser hatte feststehende Poststationen zu bedienen, so daß die Reisegesellschaft sich nach ihm richten mußte.

La Cartinale] Mugnano del Cardinale.

Avellina] Avellino.

26.10.1789

Mirabella] Mirabella Eclano.

Pulia] Apulien.

27.10.1789

Abrazo] Gebirgszug der Abruzzen.

28.10.1789

Cerignole ... Caringnolo] Cerignola.

Cannosa] Canosa di Pulia, lat. Canusium.

Canna] ital. Canne, lat. Cannae.

Schlacht Hanibals] Die Schlacht bei Cannae im August 216 v. Chr. wurde in der Militärgeschichte zum Inbegriff einer vernichtenden Umfassungsschlacht und Hannibal ihr genialer Stratege. Seine halbkreisförmige Schlachtordnung (40 000 Mann Fußtruppen, 6 000 Reiter) bot wesentlich mehr Variationsmöglichkeiten als die Phalanx der Römer (80 000 Mann Fußtruppen, 10 000 Reiter). Die Leichtbewaffneten eröffneten die Schlacht beiderseits, zogen sich jedoch bald hinter ihre Schlachtordnung zurück. Hasdrubals Reiterei hatte währenddessen die römische Reiterei des Paulus Aemilius völlig zersprengt und konnte nun der anderen karthagischen Flanke unter seinem Bruder Hanno erfolgreich zu Hilfe kommen. Der Hauptstoß der Römer gegen die Linie der karthagischen Fußtruppen schien zunächst erfolgreich, während dieses Vormarsches bemerkten sie nicht, daß die Seitenflügel der zentralen karthagischen Streitmacht sich vorschoben und so die römische

Phalanx in den Flanken umfaßten. Hasdrubals inzwischen freie Reiterei schloß den Kessel, so daß der Frontalangriff der Römer in eine Rundumverteidigung mündete. Nur etwa 10000 Römer entkamen (Diesner, 107-110).

Aufidius] ital. Ofanto, lat. Aufidus.

Kloster] In dem Tuffsteingebiet rings um Andria gibt es eine Reihe alter Höhlenheiligtümer. Eines davon ist Santa Maria dei Miracoli. Es befindet sich etwa 2 km vom historischen Stadtzentrum Andrias entfernt. Das Heiligtum, das seit dem 17. Jh. Teil eines Benediktinerklosters ist, besteht aus drei übereinandergebauten Kirchen unterschiedlichen Alters: Der älteste Teil sind jene in Tuff geschlagenen Höhlen – ob sie nun Zuflucht verfolgter Christen waren oder ein Höhlenkloster, muß offen bleiben –, die der Heiligen Margarethe geweiht sind (vgl. Tb 3.11.1789). Rechts des kleinen Altars, um den Bänke in den Stein geschlagen sind, gelangt man in die Grotte, in der das wundertätige Bild der Madonna mit dem segnenden Kind, das man 1576 wiederentdeckte, in einem schreinartigen Altarbau verwahrt wird. Die Datierung dieser byzantinischen Ikone ist unsicher, heute geht man vom 9./10. Jh. aus. Eine weitere Kostbarkeit ist heute ein aus Silber geschmiedeter, vergoldeter Sternenhimmel, den König Francesco II. beider Sizilien (1836-1894) gespendet hat. Von dieser untersten Ebene gelangt man über eine Treppe in die Chiesa del Crocifisso. Sie hat den Grundriß eines griechischen Kreuzes. Die Fresken zeigen den Leidensweg Christi und das Altarbild seine Kreuzigung. Die jüngste und oberste Kirche ist schließlich jene, die Cosimo Fanzago (1591-1678) im 17. Jh. über den beiden vorigen errichtete. Sie ist ein dreischiffiger Bau, 14 Säulen teilen das unter einer Kuppel liegende Presbyterium ab. In den Seitenschiffen befinden sich vier marmorne Altäre und zwei dem Kruzifix und dem Heiligen Benedikt geweihte Kapellen. Die Kirche zieren Gemälde aus dem 18. Jh., die man dem neapolitanischen Maler Alessio d'Elia (1718-1770) zuschreibt. Der Hauptaltar aus mehrfarbigem Marmor stammt aus der nicht mehr bestehenden Benediktinerkirche della Trinità. Von großem Wert sind die vergoldete, hölzerne Sängerempore von 1644 und die Gemälde, welche die Heilige Scholastica, die Maria dei Miracoli und den Heiligen Benedikt darstellen. Die Kirchenfassade besteht aus einem Portikus mit Balkon und Balustrade aus dem 18. Jh., der den drei Portalen des 17. Jh. vorgebaut ist. – Zu den obligaten Gebäuden eines Benediktinerklosters gehörte auch ein Gästehaus, das Pilgern und Reisenden wie der Herzogin zur Verfügung stand.

ErzBischof] Giuseppe Capece-Latro.

29.10.1789

Vingen] Weingärten.

la Montagna delle Angelli] Der Monte degli Angeli ist ein 884 m hoher Berg auf der Halbinsel Gargano. An ihm liegt der Ort Monte Sant'Angelo mit dem Heiligtum San Michele (s. Komm. 5.11.1789).

improvisiren] In Italien war die Kunst, aus dem Stegreif eine Dichtung oder ein Musikstück zu jedem beliebigen vorgegebenen Thema in gebundener Sprache dichten und vortragen zu können, äußerst beliebt. In der Zeit der Renaissance wurde sie besonders an den Höfen von Urbino, Ferrara, Mantua, Mailand, Florenz und Neapel gepflegt. Bis heute gelten die Toskana und Venetien als Zentren des Improvisierens.

Baletta] Barletta.

Statue von Bronce des Keysers Heracelius] Die 4,27 m hohe sogenannte Kolossalstatue des Kaisers Heraklius – nach der Entstehungszeit kämen eher Valentinian I. (321-375), Honorius (384-423) oder Makian († 457) in Frage – befindet sich in Barletta bei der Basilika del San Sepolcro an der Via Vittorio Emanuele. Sie soll im 4./5. Jh. in Byzanz gegossen und von dort durch die Venezianer im 13. Jh. geraubt worden sein, wobei das Schiff vor der hiesigen Küste unterging. Nach einigen Quellen wurde sie bereits während der Regierungszeit Friedrichs II. von Hohenstaufen aus dem Meer geborgen.

Fabel von Hero und Leander] Hero war der griechischen Sage nach Priesterin der Aphrodite in Sestos. Ihr Geliebter Leander, der aus Abydos am gegenüberliegenden Ufer des Hellespontos nachts zu ihr an das andere Ufer der Meerenge schwimmen wollte, ertrank, weil die ihm von Hero als Wegweiser aufgestellten Laternen erloschen. Hero stürzte sich daraufhin in den Tod. – Der Stoff ist in antiker und neuzeitlicher Dichtung ebenso beliebt wie in der Malerei.

30.10.1789

geistliche Capitel] Mitglieder des Domkapitels zu Andria.

Catedral Kirche] Der Dom zu Andria, der Himmelfahrt Mariae geweiht, geht auf die Normannen des 12. Jh. zurück, auch ein normannischer Prinz namens Riccardo wird an diesem Ort als Heiliger verehrt. Doch schon 1350 wurden Stadt und Kirche von Söldnertruppen Ludwigs von Ungarn (1326-1382) zerstört. 1438 begann man daher mit dem Neubau der Oberkirche. Der etwas unregelmäßig proportionierte Bau, ein dreischiffiges, an beiden Seiten mit Kapellen gesäumtes Langhaus mit einem tiefen Querschiff, wurde auch im 17. und 18. Jh. immer wieder verändert – daher rührte die barocke Ausstattung – und erhielt Mitte des 19. Jh. einen neoklassizistischen Portikus. Beim Querschiff führte eine Treppe in die Krypta, eine vom 7. bis 10. Jh. genutzte zweischiffige Kirche (San Salvatore oder San Pietro), die aber erst 1909 durch Grabungen zugänglich wurde. Alle Jahrhunderte haben auch bildliche Darstellungen, Basreliefs, Fresken, Gemälde, ein goldenes Reliquiar u.a., im Kirchenraum hinterlassen. Der Campanile stammt in seinen Ursprüngen bereits aus der Zeit der Langobarden (7./8. Jh.).

Dominicanern] An der Piazza San Domenico in Andria liegt das Dominikanerkloster. Der spätgotische Bau stammt aus dem 14. Jh. Zu den wertvollsten Teilen der Innenausstattung gehören u.a. eine hölzerne Skulptur der

Madonna mit dem Kind aus dem 16. Jh. und eine Marmorbüste von Francesco II. del Balzo (1410-1482). – Der ›alte Pfaf‹ war ein etwa 80jähriger Prior des Klosters (Hollmer 1999, 81).

31.10.1789

Casino Collona] vgl. Beschreibung durch Anna Amalia (ThHStAW, HA.A.XVIII. 154, Bl. 71 v; Hollmer 1999, 80). La Colonna ist noch heute der Name dieses Geländes an einem Felssporn oberhalb des adriatischen Meeres. Ein Benediktinerkloster und das Bad an der Felsküste Tranis bewahren u.a. diesen Namen.

Nipote] Nichte; sie konnte jedoch nicht identifiziert werden.

Spannen] 1 Spanne waren knapp 0,25 m; die Baumwolle erreichte demnach keine 40 cm Höhe.

1.11.1789

Tuffa] Tuffstein ist ein sehr weiches Kalkgestein, das durch Gewässerablagerungen entstanden ist. Daher ist es relativ leicht, darin Höhlen für Tier und Mensch anzulegen (s. auch Tb 3.11.1789).

danehmen] daneben (vgl. Reichmann/Wegera § L61.4).

Tricktrak] Tricktrack (frz. Tokkadille, ital. Toccadegli) wird auf einem Backgammon- oder Puffbrett mit zwei Würfeln und je 15 Damesteinen von zwei Spielern gespielt. Dazu gehören weiter drei Stäbchen, die für gewonnene Punkte ins Spielbrett gesteckt werden können, und eine Spielmarke zur Kennzeichnung eines Feldes, auf dem man einen gegnerischen Stein geschlagen hat. Die Spieler setzen ihre Steine auf den jeweils ersten Pfeil ihrer Spielseite, von wo aus sie gegeneinander vorrücken. Sie würfeln nun abwechselnd, können die Gesamtaugenzahl mit einem Stein oder die Augenzahl jedes Würfels mit verschiedenen Steinen setzen, auch feindliche Steine schlagen. Wer zuerst mit seiner Spielmarke, also nach den meisten geschlagenen gegnerischen Steinen, den Spielfeldrand erreicht, gewinnt das Spiel.

2.11.1789

3 Brüder ... Canose] s. Capece-Minutolo.

Chevaliers de Malde] Ritter des Malteserordens.

ErzBischof] Giuseppe Capece-Latro.

3.11.1789

lieblingsAufenthalt] Die Spuren dieser Neigung des Staufer-Kaisers zeigen sich u.a. in den Versen des Kaisers, deren erster in das alte Stadttor San Andrea eingraviert ist: »Andria felix nostris affixa midullis, / Absit quod Federicus sit tui muneris iners. / Andria vale felix, omnisque gravaminis expers« (»Heil Dir, Andria, glückliche Stadt, / Die unserm Herzen innig verbunden sich hat, / Stets wird Friedrich den Wert solcher Treue erkennen. / Andria Heil! Mögst glücklich du immer dich nennen«). Zwei der Gemahlinnen Friedrichs II., Isabella / Jolanda von Brienne (um 1211-1228) und Isabella von England

(1217-1241), sind in Andria begraben, wie neueste Grabungen in der Unterkirche des Doms nachwiesen.

ihm gewidmetes Monument] Es ist nicht zu entscheiden, welches Monument Louise von Göchhausen hier meint, zumal viele Denkmäler aus der Stauferzeit in Andria und seiner Umgebung spätestens im Jahre 1799 der völligen Zerstörung durch französische Truppen zum Opfer gefallen sind. – Anna Amalia erwähnt in ihren ›Briefen über Italien‹ (Hollmer 1999, 81) einen Hügel zwischen Andria und Barletta, auf dem Friedrich II. ein Schloß gehabt haben soll. Sein in entgegengesetzter Richtung liegendes, aber weithin sichtbares Castel del Monte, das wie die Stadt Andria damals im Besitz Riccardo Carafas war, wurde merkwürdigerweise keiner Beachtung gewürdigt.

tuffa calcara /tuffe calquaire/] Kalksteintuff (ital. tufo calcare, frz. tuf calcaire; s. Komm. (1) 1.11.1789).

Conchiligen] s. Komm. (5) 12.10.1789.

untere Capelle des Klosters der la Madonna] s. Komm. (6) 28.10.1789.

wunderthätige Madonnen Bild] s. Komm. (6) 28.10.1789.

Christus] Die Komposition von Giuseppe Capece-Latro konnte nicht nachgewiesen werden.

4.11.1789

Salzwercke] Die Ortschaft Salina di Barletta, seit 1879 Margherita di Savoia, erstreckt sich entlang der Adriaküste und der großen Salzbecken, die einst zur Feuchtzone des heute wegen der von ihm ausgehenden Malariaepidemien trockengelegten Salpi-Sees gehörten. Schon seit Jahrtausenden gewann man aus diesem salz-, brom- und jodhaltigen Gewässer Salz, indem man das Wasser in der sommerlichen Hitze verdunsten ließ und das zurückbleibende Salz durch stetes Wenden trocknete. Mit seiner geographischen Lage und der eigentümlichen Beschaffenheit ist das Feuchtgebiet alljährlich Überwinterungsplatz für etwa 30000 Vögel, besonders Flamingos.

La Schiatosa] Weiteres konnte zu diesem Tanz nicht ermittelt werden.

Gouvernatore] Gianvincenzo Cirro.

5.11.1789

Statue von Keyser Heraclius] s. Komm. (5) 29.10.1789.

zu Sankt Michael] Das Heiligtum San Michele auf der Halbinsel Gargano war im 5. Jh. Ausgangspunkt der Michaels-Verehrung in Nord- und Westeuropa. Zu den Pilgern, die dieses Grottenheiligtum seitdem besuchten, gehörte auch eine Reihe bedeutender Fürsten und Kirchenväter wie Kaiser Otto III. (980-1002) oder Heinrich II. (973-1024) und Franz von Assisi (1181-1226). Es gilt als die einzige nicht von Menschenhand geweihte Kultstätte des christlichen Abendlandes, denn seine Stiftung geht auf die Erscheinung des Erzengels Michael zurück: Im Jahre 493, so berichtet die Legende, war dem Herrn von Gargano ein Stier entlaufen. Nach tagelanger Suche fand er ihn hoch oben am Monte Drion vor einer Grotte kniend. Wutentbrannt schoß er einen Pfeil auf das Tier ab, der jedoch abprallte und den Schützen traf. Nachdem der Besitzer des Stieres diese merkwürdige Geschichte dem Bischof von Siponto erzählt hatte, ordnete dieser ein mehrtägiges Fasten und Beten an, um das Rätsel zu ergründen. Darauf erschien ihm der Erzengel Michael und verkündete, er habe die Höhle zu seiner Weihestätte erhoben, an ihr dürfe kein Blut fließen, deshalb habe er den Stier gerettet. Es sei ein Ort, an dem alle Sünden vergeben würden, der Bischof solle ihn für christliche Kulthandlungen in Besitz nehmen. Doch dieser zögerte, und erst nach zwei weiteren Zeichen des Erzengels entschloß er sich, mit zehn apulischen Bischöfen den Berg Drion zu besteigen. Ein über ihnen fliegender Adler spendete den Geistlichen Schatten. In der Grotte fanden die Bischöfe einen geschmückten Altar, einen frischen Quell und einen kindlichen Fußabdruck, der als Zeichen der Anwesenheit des Heiligen Michael gedeutet wurde. Seitdem nannte man den Monte Drion Monte degli Angeli. Das Wunder veranlaßte u.a. den Kaiser von Byzanz, dem Bischof reiche Geldmittel für den Bau von Kirchen in Siponto und am Heiligtum zur Verfügung zu stellen. Auch spätere italienische Herrscher suchten ihr Seelenheil in der Ausstattung von San Michele: Das ursprünglich romanische Gotteshaus an der Grotte wurde seit 1273 gotisch überbaut und unter Karl II. von Anjou (1254-1309) vollendet, eine Burg wurde errichtet, eine Stadt mit vielen Kirchen, die zur Vorbereitung der Pilger auf den eigentlichen Ort des Wunders dienten, entstand. Der Campanile stammt noch aus dem 13. Jh., doch die Grottenbasilika wurde 1680 verändert und im 20. Jh. völlig umgestaltet. Über einen Brunnenplatz und einen Vorhof erreicht man den sich nach Süden öffnenden Haupteingang (das Tympanon zeigt den Aufstieg der Bischöfe im Schatten des Adlers) aus dem 13. bzw. 19. Jh., durch dessen eine Pforte man in die Tiefe gelangt. Von einem Atrium aus gelangt man durch eine im 11. Jh. gegossene Bronzetür und ein prächtiges Steinportal in die Vorkirche, von der aus man in eine Grotte mit Hochaltar und einem Bischofsstuhl aus dem 11. Jh. kommt. Erst hinter einer weiteren Grotte befindet sich schließlich jene Höhle, in welcher 493 der erste Altar des Erzengels gestanden haben soll.

6.11.1789

Abt] Vincenzo Rogadei.

Gesundheiten, Brindisi] Gesundheit (ital. brindisi), hier: Toast, Trinkspruch (DW V, 4330).

7.11.1789

eine Art anticipierten Todes] Wie sehr der Erzbischof von Tarent der Herzogin und ihrer Hofdame ans Herz gewachsen war, bezeugt auch Louise von Göchhausens Brief an Wieland vom 17.11.1789 (Seuffert, 560).

Foggia] Vor dem Hauptportal des Domes zu Foggia hatte einst ein kleines Grabmal gestanden, das Herz und Eingeweide Kaiser Friedrichs II. bewahrte. Aber dieses war bereits 1731 durch ein Erdbeben zerstört worden.

36 Millien] Meilen (ital. miglio); 1 italienische Meile entsprach etwa 1,5 Kilometer.

10.11.1789

terra di Lavoro] Terra di Lavoro ist die frühere Bezeichnung der Provinz Caserta. Zwischen den Provinzen Aquila, Campobasso, Avellino, Benevent, Neapel und der Küste des Tyrrhenischen Meeres liegend, war das Land auch damals sehr fruchtbar und gut bewirtschaftet, worauf sich der alte Name bezog.

Galucio] Es gibt zwar nordwestlich von Neapel einen Ort namens Galluccio, doch lag dieser nicht auf dem Reiseweg der Herzogin. Ein anderer ist zumindest heute nicht mehr in den Karten verzeichnet.

Lastrico] Söller, Dachterrasse (ital. lastrico solare).

11.11.1789

Cavaliere Paterna] Francesco Paternò-Castello.

Duca d'Andria und seine Frau] Riccardo und Margherita Carafa.

12.11.1789

Improvisatore] Francesco di Magistris, s. auch Komm. (3) 29.10.1789.

Teatro San Carlo] s. Komm. (2) 15.2.1789.

Alexander in India] Die Opera seria ›Alessandro nell'Indie‹ in 2 Akten nach einem Libretto von Pietro Metastasio wurde im Teatro San Carlo zu Neapel uraufgeführt.

13.11.1789

Lava Sammlung] Offenbar hatten die Reisenden von ihren Landpartien in diesem an vulkanischen Aktivitäten reichen Gebiet immer wieder Gesteinsproben mitgebracht, die der Naturkundeprofessor Gioeni unter wissenschaftlichen Gesichtspunkten ordnete. Die Sammlung ist im selben Zusammenhang zu betrachten wie das Interesse für Meerespflanzen (s. Tb 24.11.1789) oder für chemische Experimente (s. Tb und Komm. (5, 6) 22.9.1789).

Prinzeß Catolica] Caterina Bonanno.

Schlacht bey Canna] s. Komm. (4) 28.10.1789.

Geschichte Tancrets aus Tasso] Gemeint ist Tankred, einer der Kreuzritter aus Torquato Tassos 1575 erschienenem Epos ›La Gerusalemme liberata‹ (›Das befreite Jerusalem‹): Der aus Neapel stammende Normanne wurde von der Sarazenenprinzessin Erminia heimlich geliebt, war seinerseits aber in Liebe zur Amazonin Clorinde, der Tochter eines Äthiopierfürsten und einer weißen Sklavin, entbrannt. Nachdem Tankred Clorinde, sie in nächtlichem Kampf nicht erkennend, tödlich verwundet hatte, stürzte er sich verzweifelt in ein Duell mit dem feindlichen Argantes. Siegreich, aber verletzt wurde er ins Lager getragen, wo die inzwischen zum Christentum konvertierte Erminia die Wunden des in ihren Schoß gebetteten Ritters mit ihrem Haar reinigte, so zugleich Maria Magdalena und die Gottesmutter bildlich implizierend.

14.11.1789
Theater fiorentini] s. Komm. (1) 7.2.1789.

15.11.1789
Teatro nuovo] s. Komm. (3) 8.2.1789.

17.11.1789
Tableau] Nachstellung von Gemälden mit wirklichen Personen, lebendes Bild; dies war bis zum Beginn des 20. Jh. ein beliebtes Gesellschaftsspiel.
an Wieland] s. Deetjen, 114-118; Seuffert, 560-563.
meine Mutter] Charlotte Christiane von Göchhausen.

19.11.1789
Function] Amtshandlung, Gottesdienst (ital. funzione).
Chiesa della Madonna di Constantinopoli] Die Kirche Santa Maria di Constantinopoli besticht zunächst durch ihre zweigeschossige Fassade unter einem Tympanon. Im Innern des einschiffigen Baus mit seinen fünf Seitenkapellen sind u.a. Arbeiten von Domenico Antonio Vaccaro (um 1680 – um 1750) und Cosimo Fanzaga (1591-1678), Fresken von Belisario Corenzio (1590-1646) und einige Statuen von Giovanni Battista Nauclerio (tätig 1705-1737) zu sehen. Letzterer schuf auch das Portal des Konvents.
komunizirte] das Abendmahl nehmen.
Cardinal] Giuseppe Maria Capece-Zurlo.
Confituren] Zuckerwerk, Eingemachtes (Petri, 200).
Prinz Catolica] Francesco Antonio Bonanno.

20.11.1789
Kindermord] Das Gemälde ›Bethlehemitischer Kindermord‹ (Öl auf Holz, 234 × 238 cm) wurde von Matteo di Giovanni 1488 für einen Altar der Kirche Santa Caterina a Formiello gemalt, in die man die 1480 von den Türken in Otranto massakrierten Frauen und Kinder überführt hatte. Das Gemälde befindet sich heute im Museo Nazionale di Capodimonte zu Neapel.

21.11.1789
i Zingari in fiera] Die musikalische Komödie in 2 Akten ›I Zingari in Fiera‹ (›Zigeuner auf dem Markt‹) nach einem Text von Giuseppe Palomba (1769-1825) wurde an diesem Tag uraufgeführt, anscheinend jedoch nicht im Teatro nuovo, sondern im Teatro del Fondo (vgl. MGG X, 644).
Conte Bignatelli] Giuseppe Pignatelli.

23.11.1789
Bischoff] Anton Bernhard Gürtler.
mit seiner Frau] Agnesa Venuti.
Oper al Fondo] s. Komm. (4) 9.2.1789.

24.11.1789

Principessa Catolica] Caterina Bonanno.

Moosarten im Meer] vgl. Komm. (5) 22.9.1789, (1) 13.11.1789.

Siete un scaltaletto di Jesu Christo] Ihr seid ein Bettwärmer von Jesus Christus.

Fachin] Dienstmann, Lastenträger (ital. facchino).

Vorei vederti uscire quardo per quardo come esce la Luna] Ich möchte dich Stück für Stück herauskommen sehen, wie der Mond herauskommt.

Fuggi di saper quel che sara il giorno dopò] Versuche nicht herauszufinden, was der nächste Tag bringt.

25.11.1789

Pallast della Rocca] Der Palazzo Filomarino della Rocca an der Via Benedetto Croce 12 in Neapel wurde im 15. Jh. durch einen Zweig der Familie Brancaccio errichtet und erfuhr später verschiedentlich Umbauten: Im 16. Jh. baute man den Säulengang im Hof und ließ das Haus durch Giovanni Francesco Di Palma/Mormanno (tätig 1505-1570) restaurieren; im 17. Jh. war als Folge des Masaniello-Aufstandes eine erneute Renovierung nötig; um 1700 gestaltete Ferdinando Sanfelice (1675-1748) die heute noch bestehende Fassade mit dem Barock-Portal. Noch aus der ersten Bauphase stammen die Rundbögen der Treppen. Für die Neapolitaner ist der Palast heute von besonderer Bedeutung, weil der Historiker und Philosoph Benedetto Croce (1866-1952) in diesem Haus lebte und starb.

Madonna mit dem Kind] Es konnte keine Mariendarstellung ermittelt werden, die mit dem Palazzo Filomarino della Rocca in Verbindung zu bringen ist. Hingegen bezeugt Volkmann (Volkmann 1777, III, 96) für dieses Haus die halbfigurige Darstellung der vier Evangelisten von Guido Reni, des weiteren eine ›Bauern in Frösche verwandelnde Latona‹ von Annibale Carracci und ein ovales Gemälde ›Josephs Traum‹ von Pietro da Cortona.

Creuzigung] Eine ›Kreuzigung‹ von Santafede konnte nicht ermittelt werden. Allerdings bezeichnet Anna Amalia, anders als Louise von Göchhausen, das Bild als eine ›Kreuzabnahme‹ (ThHStAW, HA.A.XVIII.154, Bl. 74 r).

Palast della Torre] Der heutige Palazzo Giusso del Galdo am Largo San Giovanni Maggiore, seit 1932 die Nachfolgeeinrichtung des Collegium sinicum (s. Komm. (2) 21.1.1789) beherbergend, gehörte damals Ascanio III. Filomarino (1751-1799), Duca della Torre. Der im 17. Jh. von Kardinal Ascanio Filomarino (1583-1666) errichtete Palast wurde beim Angriff der Franzosen auf Neapel 1799 durch Aufständische zerstört, der Herzog, ein Mathematiker und Vulkanologe, und sein Bruder Clemente (1759-1799), ein der Literatur zugetaner Geistlicher, wurden erschossen, zerstückelt und in Tonnen verbrannt. Auch die Gemäldegalerie des Hauses, die u.a. Domenichinos (›Maria mit dem toten Christus‹ und ›Die Heilige Familie‹), Poussins (›Verkündigung‹ und ›Anbetung der Könige‹), einen Annibale Carracci (›Die

Frauen am Grabe Christi‹) und einen Pietro da Cortona (›Flucht nach Ägypten‹) enthielt, wurde beraubt (vgl. auch ThHStAW, HA.A.XVIII.154, Bl. 74 v; Tischbein, Autobiographie, 369; Volkmann 1777, III, 99 f.). Ob sich in ihr auch ein Bild von Zingaro befand, konnte nicht ermittelt werden.

Piquet] s. Komm. (1) 27.5.1789.

26.11.1789

Palast des Marquese del Vasto] Der aus dem 16. Jh. stammende Palazzo del Vasto befindet sich noch heute im Besitz der Familie d'Avalos, der Marchesi di Vasto, und liegt an der Via dei Mille 48 zu Neapel. In der zweiten Hälfte des 18. Jh. wurde er gründlich in spätbarock-frühklassizistischem Stil erneuert.

12 Kayser] Es handelt sich hierbei wohl um Kopien von Tizians ursprünglich 1537/38 für den Herzog Federico II. Gonzaga von Mantua (1500-1540) zur Ausgestaltung seiner Schlösser gemalten zwölf Cäsarenbilder, die heute verschollen sind. Auch im Palazzo Farnese zu Rom hingen einst im Piano nobile Kopien dieser Porträts. Außerdem sind sie in Stichen von Egidius Sadeler (1570-1629) aus den Jahren 1593/94 überliefert.

Kayser Ferdinantus ... gefangen] Hier scheint eine Verwechslung vorzuliegen. Tischbein (Tischbein, Autobiographie, 302), der nach eigener Aussage oft im Hause des Marchese di Vasto verkehrte, berichtete ebenso wie Anna Amalia in ihrem Tagebuch (ThHStAW, HA.A.XVIII.154, Bl. 75v), daß es die Rüstung und das Schwert König Franz' I. von Frankreich (1494-1547) seien, die man in der Familie Avalos bewahrte. Die Franzosen und die spanischen Bourbonen, die jahrhundertelang um die Vorherrschaft in Italien kämpften, fochten am 24.2.1525 in der Schlacht bei Pavia um Mailand. Kaiser Karl V. (1500-1558) trug hier den Sieg davon, und der französische König mußte sich dem späteren spanischen Generalgouverneur des Herzogtums Mailand, Alfonso d'Avalos d'Aquino d'Aragona, Marchese di Vasto e Pescara (1502-1546), ergeben und ihm seine Waffen aushändigen. Trotz weiterer, durchaus mit wechselndem Kriegsglück bestandener bewaffneter Auseinandersetzungen mußte Frankreich 1559 im Frieden von Chateau-Cambrésis auf Italien verzichten. Die Trophäen wurden im Hause Avalos offensichtlich hoch geschätzt und durch Hautelisse-Tapeten nach Entwürfen von Tizian, die eine Reihe von Begebenheiten des spanisch-französischen Krieges in Italien darstellten, in einen prächtigen Rahmen gesetzt.

Frau die einen Kranz bindet] Die Information wird von Tischbein bestätigt: »Ein äußerst anmutiges Bildchen von Dürer bewunderte ich später zu Neapel bei den Gebrüdern Teres. Es war ihnen von ihrem Schwager, dem Abate Mazzola in Wien, der die bekannte Schmetterlingssammlung hatte, zum Geschenk gemacht: Ein schönes junges Mädchen wand einen Vergißmeinnichtkranz vor einem offenen Fenster, in welchem eine weiße Katze mit einem aufgerollten langen Papierstreifen spielte, der um den mittelsten Fensterpfosten geschlängelt war. Auf dem Bilde stand die Inschrift: ›Ich binde mit Vergißmeinnicht.‹« (Tischbein, Autobiographie, 126). Auch Anna Amalia sah dieses Bild (ThHStAW, HA.A.XVIII.154, Bl. 75v). Ein solches Dürer-Werk konnte jedoch nicht ermittelt werden.

Schu] 1 Schuh ist gleichzusetzen mit 1 Fuß und entsprach in Sachsen-Weimar etwa 28,2 cm.

Abt aus Andria] Vincenzo Rogadei.

28.11.1789

ErzBischof] Giuseppe Capece-Latro.

Coregio und Albano] Bilder im Besitz Venutis konnten nicht identifiziert werden. Aber vielleicht gehörten die genannten Gemälde zu jenen, die er als Verwalter des an die neapolitanischen Bourbonen gefallenen Farnese-Erbes auf dem Capodimonte hütete, wie die ›Heilige Elisabeth in der Glorie‹ (Öl auf Kupfer, 68 × 53 cm) von Francesco Albano, die sich seit 1745 in Neapel befand, oder Correggios ›Madonna mit Kind genannt La Zingarella‹ (Öl auf Holz, 46,5 × 37,5 cm), die ›Mystische Vermählung der Heiligen Katharina‹ (Öl auf Holz, 28,5 × 23, 5 cm), beide seit 1734 in Neapel und vom König 1798-1815 vor den Franzosen nach Palermo in Sicherheit gebracht, sowie das aus zwei Tafeln bestehende Bild des ›Heiligen Josef mit einem Gläubigen‹ (1529, Tempera auf Leinwand, je 165 × 64 cm), das ebenfalls 1734 nach Neapel kam.

29.11.1789

Alessandro nell'Indie] s. Komm. (3) 12.11.1789.

Michel Angelo a souvent fais ...] Michelangelo hat oft in ein und derselben Aktion alle Muskeln seiner Figuren auf einmal agieren lassen, was jedoch völlig entgegengesetzt zur natürlichen Bewegung ist. Betrachtet man denjenigen Muskel, der den Arm hebt, so ist er zum Beispiel überhaupt nicht in Aktion, wenn der Arm sich senkt. Salvator Rosa gab beim Betrachten sein abschließendes Urteil ab: Da ist eine große Vorstellung, aber ohne Verstand.

On predent que le Gladiateur ...] Man behauptet, daß der Gladiator von Agasias (s. Komm. (2) 13.10.1788), der Herkules von Glykon (s. Komm. (6) 15.12.1788) und die Familie der Niobe von Skopas (s. Komm. (12) 23.9.1788) seien.

30.11.1789

Docktor] Wilhelm Ernst Christian Huschke.

Herzogin ließ sich von Riedel mahlen] Das Porträt konnte nicht nachgewiesen werden.

nach Capua] Man wollte einem Kavalleriemanöver beiwohnen (ThHStAW, HA.A.XVIII.154, Bl. 75 r).

particulier Hauß] Privathaus.

1.12.1789

revue] Truppenparade.

Hakerts] Jakob Philipp Hackert.

Graves traurigen Todt] Grave hatte am 30.11.1789 Selbstmord begangen (s. Tb 30.11.1789). Der Grund blieb unklar: Bury kolportiert, daß Louise von Göchhausen mit ihren ständigen Spitzen und Spöttereien daran nicht unschuldig wäre (Bury an Goethe, 22.12.1789, Dönike, 53). Vielleicht hängt damit auch das von Goethe registrierte Zerwürfnis zwischen der Herzogin und ihrer Hofdame zusammen, von dem weder die eine noch die andere sonst etwas verlauten ließ: »Die Herzoginn Mutter ist schon seit einem Jahr mit der Göchhausen radicaliter brouillirt, es ist nicht möglich daß sich das Verhältniß wiederherstelle; die Herzoginn wünscht sie je eher je lieber los zu werden und da die Nostitz (Göchhausens Tante J. L. von Nostitz, die ihre Nichte zum Dienst bei der Herzoginmutter empfohlen hatte – J. B.) gestorben, wird die Sache erleichtert« (Goethe an Knebel, 17.10.1790, WA IV 9, 232). Der Herzogin Anna Amalia enthielt man zumindest die Art des Graveschen Todes zwei Tage lang schonend vor. Friedrich Hildebrand von Einsiedel nahm indessen Graves Hinterlassenschaft von 900 Reichstalern in Verwahrung, um sie nach der Rückkehr nach Weimar dessen Witwe zu übergeben (vgl. GSA 14/56, Bl. 5 r).

2.12.1789

l'ombre] L'hombre ist ein aus Spanien stammendes Kartenspiel, das mit französischem Blatt ohne 8, 9 und 10 gespielt wird. In Deutschland war es vor dem Siegeszug des Skat im 19. Jh. das beliebteste Kartenspiel.

3.12.1789

Beichtvater] Anton Bernhard Gürtler.

Fiorentin] s. Komm. (1) 7.2.1789.

la finta Matta] ›La finta matta‹ (›Die falsche Verrückte‹) war die erste komische Oper von Silvestro Palma. Sie wurde im Herbst 1789 am Teatro dei Fiorentini mit Coltellini und Casacia in den Hauptrollen uraufgeführt.

Schüler von Paisiello] Silvestro Palma.

Chevalier Paternò mit seiner Frau] Francesco Paternò-Castello und Beatrice geb. Pappafava.

ihr Vater] Roberto Pappafava.

Sechinen] Zechinen; s. Komm. (5) 26.9.1788.

6.12.1789

Margraf] Markgraf Christian Friedrich Karl Alexander von Brandenburg-Ansbach-Bayreuth. Seine Ankunft eröffnete eine Reihe von verwandtschaftlichen Begegnungen der Herzogin in Italien: Ende Januar traf ihre Schwester, Markgräfin Sophie Karoline Maria von Brandenburg-Bayreuth, in Neapel ein (s. Tb 28. und 29.1.1790), kurz zuvor auch einer ihrer braunschweigischen Neffen (s. Tb 19.1.1790).

7.12.1789

Knebl] Wilhelm Karl Maximilian von Knebel.

Campi Flegrei] Das Exzerpt entstammt dem Buch William Hamiltons: ›Campi Phlegraei. Observations on the Volcanoes of the Two Sicilies‹ (›Die Campi Phlegraei. Beobachtungen an den Vulkanen beider Sizilien‹), Neapel 1776.

Epomeus, jezt Sankt Nicolo] s. Komm. (1) zur Einlage, Vorderseite, nach 10.8. 1789.

Milien] s. Komm. (8) 24.3.1789.

Fuß] s. Komm. (5) 26.11.1789.

seines Oncels] Plinius d. Ä.

Catanea] Catania.

fossa grande] tiefer Graben (ital. fosso grande); typisch für den Vesuv ist die sogenannte plinianische Eruption (nach Plinius d. J.), das Aufsteigen einer mehrere Kilometer hohen Eruptionssäule, die in kürzester Zeit viel vulkanisches Material herausschleudert, begleitet von höchst gefährlichen Strömen eines heißen Gas-Magma-Gemisches. In einer darauffolgenden, ruhigeren Phase des Ausbruchs strömen Laven die Täler hinab. Dies geschah offenbar auch nach dem Ausbruch vom 8.8.1779 im sogenannten Fosso grande. Doch existiert dieser heute nicht mehr, denn der Ausbruch des Jahres 1859 hatte zur Folge, daß dieser Graben sich durch erstarrende und neue, sich darüberlegende Lavaströme völlig auffüllte und sogar zu einer Anhöhe aufbaute.

Strompoli] Stromboli.

Libarischen Inseln] s. Komm. (2) 6.8.1789.

Laco d'Argano] Der Lago d'Agnano war ein Kratersee auf dem vulkanischen Boden der Phlegräischen Felder 8 km westlich von Neapel, der wegen seiner schädlichen Dünste (vgl. Komm. (2) 30.1.1789, auch Goethe 1740, 185) seit 1870 trockengelegt ist. Ursprünglich hatte der See ohne sichtbaren Zu- und Abfluß einen Umfang von 6 km und eine Tiefe von etwa 20 km. Sein kaltes Wasser sprudelte unter dem Gasdruck gelegentlich in die Höhe.

il Sudatorio di Germano] Schwitz-/Dampfbad von San Germano. In den Jahren 874-1863 war San Germano der Name des antiken Casinum bzw. des heutigen Cassino. In den so bezeichneten Gewölben westlich des Lago d'Agnano, nur wenige Schritte von der Grotta del Cano (s. Komm. (2) 30.1. 1789) entfernt, bringt eine geologische Stufe schwefelhaltige Dämpfe hervor, die als Schwitzbäder genutzt gegen Syphilis, Gicht u.a. Krankheiten als heilkräftig angesehen wurden (vgl. auch Goethe 1740, 183).

Solfaterra] s. Komm. (6) 30.1.1789.

8.12.1789

Königin] Maria Karolina von Neapel-Sizilien.

10.12.1789

Villa reale] s. Komm. 22.5.1789.

11.12.1789

Duca d'Argayle und seine Familie] Offensichtlich schließt hier der Begriff Familie nicht die Ehefrau mit ein, denn Anna Amalia registrierte, daß der Herzog an diesem Tag ohne seine Gemahlin, nur mit seinen beiden Töchtern kam (ThHStAW, HA.A.XVIII.154, Bl. 76 v).

13.12.1789

Metailleur] Abraham Abramson.

14.12.1789

Laura Lanzeloti] s. Komm. (3) 13.6.1789.

Kinder von Fiammingo] Das Bild konnte nicht identifiziert werden. Ein Grund dafür ist, daß der Künstlername Fiammingo (der Flame) in Italien allen aus den Niederlanden stammenden Malern und Bildhauern beigelegt wurde. Möglicherweise handelt es sich bei dem Maler um Denys Calvaert.

Angelica und Medor] Das Sujet ›Angelika und Medoro‹ war sehr beliebt, so daß dieses ohne weitere Angaben nicht identifiziert werden kann.

15.12.1789

Teater vom Policinello] s. Komm. 10.2.1789.

la Turca fedele ossia les Adventure di Posilipo] ›Die treue Türkin oder die Abenteuer am Posillipo‹; Näheres ist zu diesem Stück nicht bekannt.

18.12.1789

Baronin von Tarent] Teresa Ungaro.

3te Sohn der Prinzeß Belmonde] Francesco Pignatelli.

Gomandor Ruffo] Kommandant Tommasso Ruffo.

19.12.1789

zum Rusischen Gesanden] Skawronski wohnte offenbar in Chiaia unmittelbar neben dem Hotel de Maroc (Vigée-Lebrun I, 177).

22.12.1789

Prinzeß Catolica] Caterina Bonanno.

Tableau] s. Komm. (1) 17.11.1789.

Primas von Pohlen] Michał Poniatowski.

24.12.1789

seiner Frau] Katharina Wassiljewna Skawronskaja.

31.12.1789

Policinello] s. Komm. 10.2.1789. Das Stück hieß ›Le novante nove disgrazie di Porcinello‹ (›Die 99 Unglücke des Polcinello‹, s. ThHStAW, HA.A.XVIII.154, Bl. 77 r).

4.1.1790

Königin] Maria Karolina von Neapel-Sizilien.

6.1.1790

Grotte von Pausilipo] s. Komm. (7) 3.2.1789.

Fuori di Grotta] Fuorigrotta ist der Ort, an dem der Tunnel Grotta di Posillipo an der Westseite des Berges mündet.

fiorentini] s. Komm. (1) 7.2.1789.

Medea] Dieses Singspiel Bendas wurde 1775 am Gothaer Hoftheater von Hans Konrad Dietrich Ekhof (1720-1778) und seiner Truppe uraufgeführt und feierte über 20 Jahre hinweg auf allen Bühnen Europas Erfolge. Die Übersetzung ins Italienische besorgte Norbert Hadrava (ThHStAW, HA.A.XVIII.155, Bl. 2 r).

7.1.1790

Teatro nuovo] s. Komm. (3) 8.2.1789.

Le gelosie Villane] Die komische Oper ›Flegelhafte Eifersucht‹ (Text: Tommaso Grandi) war bereits im November 1776 in Venedig im Teatro San Samuele uraufgeführt worden.

8.1.1790

Socrate imaginario] s. Komm. (2) 17.1.1789.

Primas von Polen] Michał Poniatowski.

10.1.1790

Beichtvater] Anton Bernhard Gürtler.

die Hakerts] Jakob Philipp und Georg Abraham Hackert.

Pirus] s. Komm. 27.7.1789.

San Carlo] s. Komm. (2) 15.2.1789.

12.1.1790

Königs] Ferdinand IV. von Neapel-Sizilien.

baccio mano] Handkuß (ital. baciamano). Er war in dieser zeremoniellen Form ein Zeichen der Besiegelung und Bekräftigung des dem König geleisteten Vasalleneides durch den Ritterstand des Landes.

Pirro] s. Komm. 27.7.1789.

Gabrielli de Vergi] ›Gabrielle di Vergi‹ ist wohl das von dem Tänzer, Ballettmeister, Choreographen und Musiker Francesco Clerico 1780 in Venedig uraufgeführte Ballett, dessen Komponist jedoch unbekannt ist.

13.1.1790

ihr Landhauß … l'arenella] Die hier bezeichnete Villa an der Arenella, einer sich nordwestlich Neapels hinter dem Vomero entlang ziehenden Hügelkette, mußte die Familie wohl 1799, als sie vor den Franzosen floh, aufgeben. Über dieses Haus konnte nichts Näheres ermittelt werden. – Die neue Villa Meuricoffre oder Casa grande, ein langgestrecktes Sommerhaus mit einem unterirdischen Tuffsteingewölbe, zwei Glockentürmen und einer von zwölf Säulen getragenen Loggia am Südende des ehemaligen Dorfes Capodimonte, erwarb Frédéric-Robert Meuricoffre erst nach seiner Rückkehr nach Neapel 1805. Etwa 100 Jahre blieb sie in Familienbesitz. Das Bankhaus mit der Stadtwohnung der Familie, der sogenannte Palazzo Meuricoffre, lag am Largo Castello und ging zu Beginn des 20. Jh. in den Besitz der Bank Credito Italiano über.

Sevrino] Severino scheint der Gastgeber der Familie des Duke of Argyll gewesen zu sein, der sich mit seiner Gemahlin Elizabeth, den Töchtern Charlotte und Augusta (1760-1831) sowie dem Ehemann der letzteren, Henry Mordaunt Clavering (1766-1850), und beider Tochter von Dezember 1789 bis April 1790 in Neapel aufhielt.

Mossi] s. Komm. 28.9.1789. Die Duchess of Argyll behandelte Emma Hart bei solchen Begegnungen trotz deren fragwürdiger Stellung im Hause Hamilton außerordentlich freundlich und ermöglichte ihr so auch ihre künftige Karriere (Ingamells, 25).

Primas von Pohlen] Michał Poniatowski.

14.1.1790

Coltelina] Celeste Coltellini.

15.1.1790

amore contrastato] Die Oper ›L'amore contrastato‹ (›Die zweifelhafte Liebe‹) von Cimarosa war 1782 erstmals in Rom aufgeführt worden.

Marquis de Vaudreuil und seine Frau] Da Vaudreuil zu dieser Zeit nicht verheiratet war, ist hier wohl seine offizielle Geliebte de Polignac, die Mutter der anwesenden Duchesse de Guiche, als seine Gemahlin angesehen worden.

17.1.1790

Accademie dei Nobili] s. Komm. (1) 17.9.1789.

19.1.1790

Erbprinz von Braunschweig] Karl Georg August von Braunschweig-Wolfenbüttel. Das Eintreffen dieses Fürsten und seiner anderen Tante, Sophie Karoline Maria von Brandenburg-Bayreuth, wenige Tage später veränderten den Lebensstil Anna Amalias in Neapel: Die notwendige Vorstellung bei Hofe, ihre großen Suiten, die aus jedem kleinen Ausflug ein großes Ereignis machten, erlaubten keinen individuellen Kunst- und Naturgenuß mehr und erhöhten die Zahl gesellschaftlicher Verpflichtungen. Anna Amalia wurde seit 1790 ohnehin zunehmend als Repräsentantin ihrer fürstlichen Familie und weniger als Privatperson wahrgenommen, so daß sich ihre Freiräume verengten und den Entschluß zur Heimkehr beförderten.

20.1.1790

Teatro del Fondo] s. Komm. (4) 9.2.1789.

22.1.1790

Abate von Andria] Vincenzo Rogadei.

Vallafro] Venafro.

23.1.1790
sogenanden Landhauß] s. Komm. (2) 20.1.1789.
Macaroni Fabrique in la Torre] Torre Annunziata; s. Komm. (3) 20.1.1789.
L'Equivoco curioso] Die Erstaufführung der Operette ›Das sonderbare Mißverständnis‹ von Cercià fand 1774 statt.

24.1.1790
gl'Incontri stravaganti] Die Komödie in 2 Akten ›Seltsame Begegnungen‹ erlebte 1790 hier im Teatro Nuovo sopra Toledo zu Neapel ihre Uraufführung.
festin] Maskenball (ital. festino).

28.1.1790
Beichtvater] Anton Bernhard Gürtler.
Frau Margräfin] Markgräfin Sophie Karoline Maria von Brandenburg-Bayreuth hatte am 19.11.1789 ihre Witwenresidenz Erlangen verlassen, um in Begleitung u.a. ihrer Hofdame Gräfin von Sayn-Wittgenstein-Berleburg und des Ansbacher Hofmalers Friedrich Gotthard Naumann (1750-1821) eine kurze Italienreise zu unternehmen. Am 18.6.1790 kehrte sie wieder nach Erlangen zurück.

29.1.1790
la Villa di Swezia] Gasthof ›Schwedischer Hof‹.
Eis Collation] kleine Erfrischung mit Eis.

30.1.1790
Erdmannsdorf ... auch angekommen] Erdmannsdorff, der zur Suite des Erbprinzen von Braunschweig gehörte, kam später als dieser in Neapel an, weil er erst einen Katarrh in Rom auskurieren mußte.

31.1.1790
Königin] Maria Karolina von Neapel-Sizilien.
resors] Feder, Schnappschloß (frz. ressort).
das erste mal] s. Tb 24.1.1790.

1.2.1790
San Carlo] s. Komm. (2) 15.2.1789.

2.2.1790
Prinzen] Karl Georg August von Braunschweig-Wolfenbüttel.
Prinzeß Catolica] Caterina Bonanno.

3.2.1790
in fiorentini] s. Komm. (1) 7.2.1789. Anna Amalia notierte jedoch als Aufführungsort das Teatro San Carlo (ThHStAW, HA.A.XVIII.155, Bl. 5 v).

5.2.1790
Accademie dei Cavallieri] s. Komm. 16.6.1789 und (1) 17.9.1789.
Nina] s. Komm. (6) 25.6.1789.

6.2.1790

Margraf] Markgraf Christian Friedrich Karl Alexander von Brandenburg-Ansbach-Bayreuth.

die ganze Braunschweigische Familie] Prinz Karl Georg August von Braunschweig-Wolfenbüttel, Markgräfin Sophie Karoline Maria von Brandenburg-Bayreuth und Herzogin Anna Amalia von Sachsen-Weimar-Eisenach, beide a.d.H. Braunschweig-Wolfenbüttel.

7.2.1790

Dolcis] Süßigkeiten.

Gatti ... über die Blatter inoculation] Angelo Gatti: ›Reflexions sur les prejuges, qui s'opposent aux progres et a la perfection de l'inoculation‹ (›Betrachtungen über die Vorurteile, die dem Fortschritt und der Vervollkommnung der Impfung entgegenstehen‹), Brüssel 1764.

8.2.1790

Abate von Andria] Vincenzo Rogadei.

9.2.1790

Puzolo] Pozzuoli; s. Komm. (1) 30.1.1789.

meine Tante] Johanna Liutgarde von Nostitz.

10.2.1790

Maltheser Gesanden] Franconi. Die Einladung zu diesem Diner bewahrte Kammerherr von Einsiedel auf (GSA 14/55, Bl. 1). Es ist ein gedrucktes Formular mit handschriftlichen Einträgen des Namens und der Daten: »Le ministre plenipotentiaire de Malthe prie Monsieur le Baron d'Eynsiedel de Vouloir bien lui faire l'Honneur de venir diner chez lui Mercredi 10. du courant fevrier. Ce 6. fevrier 1790 R.S.V.P.«

Theater nuovo] s. Komm. (3) 8.2.1789.

11.2.1790

Französische Gesandin] Marie Louise Fidèle Baronesse de Talleyrand-Périgord.

il Zingaro] ›Der Zigeuner‹. Das Jagdhaus – seine genaue Lage konnte nicht ermittelt werden – scheint in der Tat recht klein gewesen zu sein, denn Erdmannsdorff, der mit dem Erbprinzen von Braunschweig-Wolfenbüttel ebenfalls eingeladen war, schrieb an seine Frau, daß trotz der großen Kälte an diesem Tag noch zwei Zelte aufgestellt werden mußten, um darin die Gäste speisen zu lassen (Rode, 138).

14.2.1790

Genaro Orden] Den Orden des Heiligen Gennaro (Januarius) stiftete am 6.7.1738 König Karl IV. von Neapel-Sizilien, der spätere Karl III. von Spanien, anläßlich seiner Vermählung mit Maria Amalia von Sachsen. Nach der Besetzung Neapels 1806 wurde er bis 1814 aufgehoben, bestand aber in Sizilien fort. Voraussetzungen für die Ritterschaft der 60 Mitglieder waren neben der katholischen Konfession und Einhaltung kirchlicher Gebote das Vorhandensein von mindestens vier adeligen Ahnen und die Ablehnung von Duellen. Der Orden bestand nur in einer Klasse. Das Ordenskleinod war ein achtspitziges, goldbordiertes Kreuz mit goldenen Lilien in den Winkeln, in dessen Mitte der segnend seine Hand erhebende Heilige Januarius abgebildet war; darunter las man den Schriftzug: ›In sanguine foedus‹ (›Im Blute das Bündnis‹).

nehmen her] neben her (vgl. Reichmann/Wegera § L61.4).

Fondo] s. Komm. (4) 9.2.1789.

Festin] Maskenball (ital. festino).

15.2.1790

Macao] Es handelt sich um ein Kartenglücksspiel, bei dem man so viele Karten nachkaufen kann, bis man 9 Augen hat. Wer jedoch mehr als 9 Augen bekommt, verliert. Die Spieler wechseln einander als Bankhalter ab.

16.2.1790

Prinz] Karl Georg August von Braunschweig-Wolfenbüttel.

19.2.1790

Concert] Erdmannsdorff hob in einem Brief dieses Tages an seine Frau die Qualität der wöchentlichen Konzerte der Herzogin Anna Amalia, zu denen immer die besten Sänger geladen würden, hervor (Rode, 142).

20.2.1790

Porcelanfabrique] s. Komm. (1) 13.1.1789.

Farnesine] Farnesina; s. Komm. (1) 31.10.1788.

basreliefs] Flachrelief; dabei heben sich die Figuren nur geringfügig aus der Grundplatte heraus.

hautrelief] Hochrelief; dabei heben sich die Figuren sehr stark, manchmal fast vollplastisch, aus der Grundplatte heraus.

Mossi] s. Komm. 28.9.1789.

21.2.1790

Guitare … Harpsicord] Diese Gitarre, die der Mailänder irrtümlich mit einem wohl aufgeschnappten, mißverstandenen englischen Wort für das Cembalo (engl. harpsichord) bezeichnete, brachte die Herzogin mit nach Hause. Ob sie aber mit der im Besitz der Klassik Stiftung Weimar befindlichen Gitarre von Joachim Tielke (1641-1719) identisch ist oder verlorenging, muß offen bleiben. Die musikgeschichtliche Standardliteratur geht davon aus, daß die Herzogin mit diesem Instrument eine deutschlandweite Mode initiiert habe, vor allem, nachdem der Weimarer Geigenbauer J. G. Naumann eine sechste Saite hinzugefügt habe.

Frau Margräfin] Markgräfin Sophie Karoline Maria von Brandenburg-Bayreuth.

bey Signori Rymon und Piatti] Es handelt sich um die Inhaber der ›Banca Raymond-Piatti e Compagnia‹ in Neapel, Domenico Piatti und seinen französischen Schwiegersohn Raymond (vgl. auch ThHStAW, HA.A.XVIII.155, Bl. 7 r).

22.2.1790

Prinz von Taxis] Maximilian Joseph Prinz von Thurn und Taxis.

Prinz] Karl Georg August von Braunschweig-Wolfenbüttel.

23.2.1790

Landhauß] s. Komm. (2) 20.1.1789.

Villa der Herzogin in Portici] s. Komm. 21.5.1789.

25.2.1790

primo Cusdote del Museo] erster Kustode des Museums.

neuen Gebeuten in Mesina] Die einst blühende sizilianische Stadt war seit dem 17. Jh. innerlich und äußerlich im Niedergang begriffen: 1675 hatte Ludwig XIV. von Frankreich (1638-1715) sie unterworfen, weshalb Karl II. von Spanien (1661-1700) ihr 1679 alle Privilegien nahm. 1740 starben während einer Pestepidemie 40000 Menschen, so daß ein Teil der Stadt verödete. Ein Erdbeben im Jahre 1783 schließlich zerstörte die Hälfte aller Häuser. Deshalb gab Ferdinand IV. Pläne zum Wiederaufbau in Auftrag.

Theater] Die 1766-1794 ausgegrabene Theaterzone der Stadt Pompeji am Foro triangolare bestand aus drei Teilen: dem großen Theater, dem kleinen Theater und der zuletzt als Kaserne dienenden Wandelhalle des Theaters (s. Komm. (1) 20.1.1789). Das große Theater zog sich an einem Abhang nordöstlich des Forums hinauf und war im 2. Jh. v. Chr. erbaut worden. Das erste Bühnenhaus lag zu ebener Erde und hatte zwei Flügel mit schräg zur Szene verlaufenden Wänden. Der Hauptbau öffnete sich mit drei Toren zur Orchestra. Dieser hellenistische Bau wurde in der augusteischen Zeit umgestaltet, wobei die Flügelanbauten beseitigt, der Spielboden erhöht, das Bühnenhaus stärker gegliedert und der hufeisenförmige Zuschauerraum erhöht wurde. 5000 Menschen fanden nun auf drei Rängen (Ehrenplätze, Mittlerer Rang und Logen) Platz. Das Theater wurde bei dem Erdbeben 62 n. Chr. so schwer beschädigt, daß es bis zum Ausbruch des Vesuvs 79 noch nicht wieder völlig hergestellt worden war. Südlich des großen Theaters erstreckte sich bis zum Jahre 62 die Wandelhalle für die Theaterbesucher, östlich davon schloß sich das kleine, jedoch im Prinzip ähnlich gebaute Theater an. Dieses faßte nur 1000 bis 1500 Menschen und war als überdachtes Gebäude um 80 v. Chr. entstanden. Es blieb seitdem weitestgehend erhalten und fällt vor allem durch seine dekorativen Details auf, zu denen auch der in augusteischer Zeit von Marcus Oculatius Verus gestiftete Orchestra-Fußboden aus farbigen Marmorplatten gehörte. Es diente dem Gesang und der Rezitation und wird deshalb auch als Odeon bezeichnet.

Theater von Herculanum] Dieses Theater war 1709 das erste ausgegrabene Gebäude der Stadt Herculaneum, deren Identität 1738 durch den Fund einer Inschrift im Grabungsfeld bestätigt wurde. Es war am Westrand des Ortes von dem Architekten Numisius im Auftrage eines Lucius Annius Mammianus Rufus errichtet worden. Der Zuschauerraum wurde von zwei Geschossen zu je 19 Bögen gestützt. Vier Reihen dienten als Ehrensitze des Magistrats, 16 Reihen bildeten den mittleren Rang, drei Reihen den höchsten. Darüber befanden sich noch Logen mit separatem Zugang. Insgesamt faßte die Spielstätte etwa 2500 Zuschauer. Das eigentlich aus augusteischer Zeit stammende Bühnenhaus war seit 62 n. Chr. mit verschiedenfarbigen, kostbaren Marmorarten gestaltet worden. Auf den Mauern standen Bronzestatuen von Kaisern und hohen Amtsträgern, es fanden sich auch Marmorbildwerke, deren räumliche Zuordnung jedoch unsicher ist.

Statuen der Balbi Vater und Sohn] Die beiden marmornen Reiterstandbilder der Balbi befinden sich heute im Museo Nazionale di Capodimonte in Neapel. Zwar nehmen einige Forscher an, daß sie am Eingang des Theaters von Herculaneum gestanden hätten, doch ist wahrscheinlicher, daß sie am belebtesten Ort der Stadt, an der Basilika, ihren Platz hatten. Die Statue des Marcus Nonius Balbus sen. ist teilweise an Kopf und Hand ergänzt, die Statue des in Panzer und Feldherrenmantel dargestellten Marcus Nonius Balbus jun. (Höhe 2,56 m) hat heute einen von Angelo Brunelli (1740-1806) kopierten Kopf, da das Original 1799 beim Beschuß des Museums von Portici durch Revolutionäre zerstört wurde.

San Leucio] s. Komm. (3) 22.6.1789.

König] Ferdinand IV. de Borbón, s. Neapel-Sizilien.

26.2.1790

Prinzeß Elisabet] Elisabeth Wilhelmine von Habsburg; s. Österreich. Sie starb im Kindbett bei der Geburt ihrer Tochter Ludovika (1790-1791).

ErzHerzogs Franz] Franz von Habsburg, s. Österreich. Er lebte, nachdem ihn Kaiser Joseph II. zum Thronfolger ernannt hatte, seit 1784 in Wien.

Contesse Potoski] Gräfin Anna Potocka ließ sich im Frühjahr 1790 in Rom von der französischen Malerin Vigée-Lebrun porträtieren, was zumindest ihre Anwesenheit in Italien belegt.

27.2.1790

Kirche dello Spirito Santo] Die Kirche dello Spirito Santo wurde in der zweiten Hälfte des 16. Jh. nach Entwürfen von Cafaro Pignaloso di Cava errichtet, ihr Interieur stammte von Luigi Rodriguez (tätig 1594-1606) und Giovanni Bernardo Azzolino (1572-1645). Der Bau blieb jedoch unvollendet, und 1758-1775 gestaltete der Barockarchitekt Mario Gioffredo (1718-1785) ein vollständig neues Gotteshaus. Es ist einschiffig und hat eine überkuppelte Vierung.

Prinz] Karl Georg August von Braunschweig-Wolfenbüttel.

la Destruzione die Gerusaleme] Es handelt sich wohl um jenes szenisch gestaltete Oratorium ›La distruzione di Gerusalemme‹ (›Die Zerstörung Jerusalems‹) von Giuseppe Giordani, das auch Goethe zwei Jahre zuvor in Neapel gehört hatte: »Dagegen gibt mir das Theater gar keine Freude mehr. Sie spielen hier in den Fasten geistliche Opern, die sich von den weltlichen in gar nichts unterscheiden, als daß keine Ballette zwischen den Acten eingeschaltet sind; übrigens aber so bunt als möglich. Im Theater St. Carlo führen sie auf: Zerstörung von Jerusalem durch Nebucadnezar. Mir ist es ein großer Guckkasten; es scheint, ich bin für solche Dinge verdorben« (WA I 31, 34 f.).

28.2.1790

Don Federico] Federico Schürer.

Jefta] ›Jephta‹ gehört zu jenen biblischen Stoffen, die immer wieder von verschiedenen Komponisten u.a. in Oratorien aufgenommen wurden, so von Giacomo Carissimi (1605-1674); Georg Friedrich Händel (1685-1759); Bernhard Joseph Klein (1793-1832). Für die hier erwähnte Aufführung ist jedoch kein einzelner Komponist zu nennen; vielmehr ist durch die Aufnahme von Volksliedern oder diversen Opernarien in die biblische Geschichte ein sogenanntes oratorio-centone entstanden.

1.3.1790

ihr Bruder] Gaetano di Amicis.

Prinz] Karl Georg August von Braunschweig-Wolfenbüttel.

Todt des Keysers] Joseph II. starb am 20.2.1790 nach langer Krankheit (s. Komm. (2) zu (23.) 24.4.1789).

Frau Margräfin] Markgräfin Sophie Karoline Maria von Brandenburg-Bayreuth.

2.3.1790

Zwerch] s. Komm. (5) 3.7.1789.

Biscilia in Pulien] Bisceglie in Apulien.

3.3.1790

Safatta] Das Wort konnte nicht ermittelt werden. Wahrscheinlich bezeichnet es eine Hofcharge.

4.3.1790

König Popeius] Einen König, auch einen dieses Namens, gab es nie in Pompeji.

5.3.1790

Königin] Maria Karolina von Neapel-Sizilien.

Prinz] Karl Georg August von Braunschweig-Wolfenbüttel.

7.3.1790

ErzBischof] Giuseppe Capece-Latro.

8.3.1790

Prinz] Karl Georg August von Braunschweig-Wolfenbüttel.

10.3.1790
Pesto] Paestum.
Nocera] Nocera Inferiore und Superiore; s. Komm. (2) 30.9.1789.
La Cava] Cava de' Tirreni.
Viedri] Vietri.
Raida] Raito.
Catetral Kirche] s. Komm. (2) 2.10.1789.
die 3 Könige] Das Gemälde ›Die Heiligen drei Könige‹ von Andrea di Salerno (Öl auf Holz, 243 × 186 cm), das sich heute im Museo Nazionale di Capodimonte zu Neapel befindet, stammt ursprünglich aus Salerno.
Astrico] Söller, Dachterrasse (ital. lastrico solare). Hier wurde ital. lastrico offenbar als Verbindung von bestimmtem Artikel und einem Substantiv /astrico/ begriffen.
Duca d'Angri Doria] Die Familie nennt sich Doria d'Angri.

11.3.1790
Canestern] Korbwagen, leichte Kutsche (ital. canestro).
Tempel] s. Tb und Komm. (5-7) 1.10.1789.
Capecio] Capaccio.
Salza Fluß] Sele.

12.3.1790
Debora und Sissera] Debora, Prophetin und Richterin der Israeliten, zog mit ihrem unterdrückten Volk gegen das unter der Führung Siseras stehende Heer der Kanaaniter. Den Israeliten gelang es, das mit 900 Kampfwagen überlegen gerüstete Heer Kanaans in sumpfiges Gelände zu zwingen, wo dessen Streitmacht hilflos war und besiegt wurde. Der flüchtige Sisera fand Unterschlupf bei Jael, die ihn scheinbar freundlich aufnahm, ihn dann aber mit einem Zeltpflock tötete. Debora sang daraufhin ein Loblied auf Jael, das zu den ältesten Zeugnissen hebräischer Literatur gehört. – Der biblische Stoff ist musikalisch mehrfach, u.a. von Georg Friedrich Händel (1685-1759), aufgenommen worden. Hier ist jedoch eher Guglielmis szenisches Oratorium in 2 Akten ›Debora e Sisara‹ (Text von Carlo Sernicola) gemeint, das 1788 im Teatro San Carlo zu Neapel uraufgeführt wurde.

13.3.1790
Prinz] Karl Georg August von Braunschweig-Wolfenbüttel.

14.3.1790
Meergraß] Alge, Tang.

15.3.1790
Teatro Nuovo] s. Komm. (3) 8.2.1789.

16.3.1790
Don Federico] Federico Schürer.

Bischof] Anton Bernhard Gürtler.
Prinzeß Catolica] Caterina Bonanno.
Tableau] s. Komm. (1) 17.11.1789.

17.3.1790
C'est une Nation ...] Es ist eine demaskierte Nation, der Lack ist ab, und nur Grausamkeit und Barbarei bleiben davon übrig.
L'ipocrisie est la seul ...] Heuchelei ist der einzige Fehler, der ihnen fehlt.

18.3.1790
Prinzen] Karl Georg August von Braunschweig-Wolfenbüttel.

19.3.1790
Ponte di Madalene] Ponte della Maddalena war die östlich aus Neapel führende Uferstraße in Höhe der Mündung des Flüßchens Sebeto. Durch Hafenerweiterungen in das Meer hinein verlor sie ihre damalige Attraktivität.

20.3.1790
Stampria reale] königliche Druckerei (ital. stamperia reale).

21.3.1790
nach Portici in die Villa] s. Komm. 21.5.1789.

22.3.1790
Miserere von Jomelli] s. Komm. (2) 9.2.1789.
Fuori di Grotta] Fuorigrotta; s. Komm. (2) 6.1.1790.

24.3.1790
Socrate imaginario] s. Komm. (2) 17.1.1789.

25.3.1790
Isernia in Abruzo] Isernia in den Abruzzen.
Heiligen Cosmo] Die Leiber der als Ärzte wirkenden Brüder Cosmas und Damian kamen nach ihrer Hinrichtung als christliche Märtyrer (287/303) zunächst nach Cyr in Syrien. Bald wurden sie in ganz Asien als Heilige verehrt. Erst mit der Verbreitung ihrer Reliquien kam ihr Kult auch nach Europa.
Priapo] Der antike Gott der Gärten und der Fruchtbarkeit wurde zumeist als großer Phallus dargestellt. So gestaltete, rot bemalte, hölzerne Statuen standen häufig auch in Weinbergen und Obstgärten, um eine gute Ernte zu beschwören.
König von Spanien] Die Anekdote ist nicht datiert und somit ihr Protagonist auch nicht zu identifizieren.
Ces peauvres bêtes ...] Diese armen Tiere wissen nicht, daß vor dem Christentum alles türkisch war.

26.3.1790
Docktor] Wilhelm Ernst Christian Huschke.

28.3.1790
Königin] Maria Karolina von Neapel-Sizilien.
älteste Prinzeß] Maria Teresa de Borbón, s. Neapel-Sizilien.

29.3.1790
Miserere von Jomelli] s. Komm. (2) 9.2.1789.

30.3.1790
meine Mutter] Charlotte Christiane von Göchhausen.
alte Comtesse Scawronski] Gräfin Maria Nikolajewna Skawronskaja.

31.3.1790
Beichtvater] Anton Bernhard Gürtler.
Kirche San Sevrino] Das Kloster des Heiligen Severino und seiner Gefährten an der Piazzetta Grande archivio ist ein ganzer Komplex von Bauwerken, die überwiegend der Renaissance entstammen. Von den beiden Kirchen bewahrte die Chiesa inferiore, die für die Mönche von geringer Bedeutung war, ihren ursprünglichen Renaissancestil; die Chiesa maggiore, die von Giovanni Donadio genannt Mormando (1449-1530) errichtet wurde, erlebte in den folgenden Jahrhunderten mehrfach Umbauten. Das Kloster hatte vier Kreuzgänge: Der älteste, der Kreuzgang der Platanen, stammt aus dem 10. Jh., wurde jedoch 1715 erweitert und mit Pipernosäulen ausgestattet. Er beherbergt eine Malerei, Szenen aus dem Leben des Heiligen Benedikt, aus der Zeit der Aragonier. Seinen Namen verdankt der Kreuzgang einer Platane, die der Heilige Benedikt noch selbst gepflanzt haben soll, und aus deren Wurzeln, nachdem der Baum gefällt worden war, neue Triebe sprossen. Diesem alten Kreuzgang wurde unter den Königen des Hauses Aragon ein neuer angefügt, der Kreuzgang der Novizen. Ursprünglich hatte er einen rechteckigen Grundriß und wurde von 30 Arkaden aus Pipernostein gesäumt. In der Spätrenaissance gestaltete man ihn in einen Garten um. Seit dem Jahr 1835 ist hier der Sitz des Großen Archivs des Königreichs Neapel bzw. des Staatsarchivs. Neben diesen beiden bestanden noch ein inzwischen zerstörter Kreuzgang und ein weiterer, marmorner, in dem sich heute eine allegorische Darstellung der Theologie von dem Bildhauer Michelangelo Naccherino (1590-1647) befindet.
Cristo] Dieses Kirchenmusikstück konnte nicht identifiziert werden.

1.4.1790
Kirche la Piedà] Die Kirche Pietà dei Turchini oder Santa Maria dell'Incoronatella stammt aus dem Jahre 1352. Sie war vor allem durch zahlreiche darin bewahrte Kunstwerke interessant, etwa ›Die Heilige Familie‹ von Battistello Caracciolo.

2.4.1790
Donna Regina … Sepolcro] Die Kirche Santa Maria di Donnaregina ist eines der interessantesten Bauwerke im Stadtteil östlich der Via Duomo, eine Dop-

pelkirche, die einst den Benediktinerinnen gehörte (vgl. auch Goethe 1740, 162). Sie war die einzige Kirche, die im 14. Jh. auf Wunsch der herrschenden Familie Anjou im gotischen Stil entstand, eine steile, einschiffige Tuffsteinarchitektur. Diese sogenannte alte Kirche ist sehr reich ausgestattet, u.a. befindet sich hier das von Tino di Camaino (1285-1337) geschaffene Grabmal für Maria von Ungarn (um 1255-1323), die Gattin des Kirchengründers Karl II. von Anjou (1254-1309). Im frühen 17. Jh. wurde die Kirche auf Wunsch der Nonnen im Barockstil nach einem Entwurf von Fra Giovanni Guarino erweitert. Dem neuen Kirchenschiff mit seinen sechs Seitenkapellen ist eine Fassade vorgebaut, vor der sich eine mit Stukkaturen und den Statuen der Heiligen Andreas und Bartholomäus dekorierte Treppe erstreckt. Das Innere des Baues zeigt im Gewölbe eine Freskenmalerei aus dem Jahr 1654 von Francesco de Benedictis, Gemälde von Francesco Solimena (1657-1747) sowie Stuck- und Marmordekorationen.

Donna Romita] s. Komm. (2) 16.1.1789.

Jesu nuovo die ehemalige Jesuiter Kirche] Die Kirche Gesù nuovo, auch Santa Trinità Maggiore, war ursprünglich ein 1455-1470 errichteter Palast der Familie Sanseverino, den die Jesuiten 1584 erwarben und bis 1601 umbauten, ohne jedoch seine Fassade, die als Vorläufer des Diamantpalastes von Ferrara gilt, zu verändern. Das der Jungfrau Maria geweihte Gotteshaus wurde im 17. und 18. Jh. im Inneren mit Marmor, Mosaiken, Stukkaturen, Fresken und Altären barock ausgestattet. Das Fresko ›Die Vertreibung Heliodors aus dem Tempel‹ an der Innenseite der Eingangswand gilt als das Hauptwerk des Barockmalers Francesco Solimena (1657-1747). Die Evangelisten in den Zwickeln der Kuppel stammen von Giovanni Lanfranco (1582-1647). 1773 wurden die Jesuiten verboten und mußten die Kirche verlassen.

Santa Maria la nuova] Die mittelalterliche, den Franziskanern gehörende Kirche Santa Maria zu Neapel wurde abgebrochen, als man auf ihrem Grund das Castel Nuovo errichten wollte. Um den Orden zu entschädigen, ließ Karl I. von Anjou (1226-1285) seit 1279 ein neues Kloster errichten. Nach seiner Zerstörung Ende des 16. Jh. wurde der Kirchenkomplex Santa Maria La Nova unverzüglich wieder aufgebaut. Der prachtvolle Kreuzgang repräsentiert aber noch die mittelalterliche Kirchenarchitektur. Der Grundriß der Kirche, die sich über einer Treppe aus Pipernostein erhebt, ist ein lateinisches Kreuz. Der einschiffige Bau mit seinen Seitenkapellen beherbergt eine Vielzahl wertvoller Gemälde: ›Mariae Himmelfahrt‹ von Francesco Imparato, ›Die Krönung‹ von Fabrizio Santafede, die ›Glorie von Maria‹ von Francesco Curia (1538-1610), ›Die zwölf Tugenden‹ von Nicola Malinconico (1663-1721), ›Die Kreuzigung‹ von Marco Pino (1520-1587) und das ›Ecce homo‹ von Giovanni da Nola (1478-1558). Der Altar im Presbyterium stammt von Cosimo Fanzaga (1591-1678). Zwei Grabmäler in dieser Kirche ehren jene zwei Kapitäne, die König Franz I. von Frankreich (1494-1547) 1528 aussandte, um Neapel für sein Haus von Spanien zurückzuerobern: Odetto di Foix und Pietro Navarro.

Miserere] s. Komm. (2) 8.4.1789.

3.4.1790

unsern Medicus] Wilhelm Ernst Christian Huschke.

Comtess Scawronsky Mutter] Maria Nikolajewna Skawronskaja.

4.4.1790

Castell a mere] Castellammare di Stabia; s. Komm. (17) 3.2.1789.

Nachricht daß Goethe ... warthete] Goethe war bereits am 31.3.1790 in Venedig eingetroffen. Da die Herzogin die Lagunenstadt erst am Abend des 7.5. 1790 erreichte, hatte der Dichter Zeit, die im Herbst 1786 gewonnenen Eindrücke (vgl. WA I 30, 97-152) zu vertiefen: Er besuchte Kirchen und Scuole, um die dortigen Gemälde zu studieren, insbesondere am 6.4.1790 die Kirche San Giorgio dei Greci mit ihren byzantinischen Malereien und die Restaurierungswerkstatt Santi Giovanni e Paolo (vgl. Goethes Aufsatz ›Ältere Gemählde. Neuere Restaurationen in Venedig, betrachtet 1790‹, WA I 47, 211-223). Der zufällige Fund eines Tierschädelknochen auf dem jüdischen Friedhof Venedigs veranlaßte neue entwicklungsgeschichtliche Überlegungen (vgl. ›Bedeutende Förderniß durch ein einziges geistreiches Wort‹, WA II 11, 58-64, und ›Das Schädelgerüst aus Wirbelknochen auferbaut‹, WA II 8, 167-169). Das aber wohl bekannteste Ergebnis des unerwartet langen Aufenthaltes in Venedig sind die ›Venezianischen Epigramme‹ (s. Komm. (6) 7.5.1790). – Um diese Zeit wird Einsiedel den Reisepaß beantragt haben, der sich noch heute in seinen Unterlagen (GSA 14/54) befindet. Demnach unterfertigte John Acton am 8.4.1790 ein Formular, das der Herzogin, Louise von Göchhausen und Einsiedel sowie ihrer Begleitung die Reise von Neapel nach Rom erlaubte.

Königin] Maria Karolina von Neapel-Sizilien.

5.4.1790

Villa Patrizia] s. Komm. (1) 31.1.1789.

ihren Mann] Buonsollazzi.

6.4.1790

Beichtvater] Anton Bernhard Gürtler.

Palazzo Francavilla] s. Komm. (3) 9.1.1789.

7.4.1790

Portugisische Gesande] José de Sâa e Pereira.

9.4.1790

Mondschein] s. Komm. 4.2.1789.

11.4.1790

Der Amicis] Gaetano di Amici.

Son Regina e son amante] Ich bin die Königin und ich bin die Geliebte. Die Arie stammt aus der Opera seria ›Didone abbandonata‹ (›Die verlassene Dido‹, Text: Pietro Metastasio), mit deren Aufführung anläßlich des Geburtstages von König Ferdinand IV. am 12.1.1776 im Teatro San Carlo zu Neapel Schuster zum italienischen Publikumsliebling avancierte.

verstorbenen Cardinals] Pasquale Acquaviva d'Aragona.

Domus aurea] Dieser Textabschnitt scheint eine Einfügung zu sein, die auf eine Lektüre oder die Ausführungen kunstsachverständiger Gäste zurückgeht. – Nero ließ diesen neuen Palast, die Domus aurea, mit den weitläufigen Anlagen errichten, nachdem der Brand von Rom im Juli 64 seinen vorherigen Bau, die den Esquilin mit dem Palatin verbindende Domus transitoria, zerstört hatte. Die neue Anlage erstreckte sich vom Palatin und der Vela bis zur heutigen Kirche San Pietro in Vincoli, zur servianischen Mauer und zum Caelus unter Einschluß des ganzen Tals (etwa 50 ha). Zu ihr gehörten ein See an der Stelle des späteren Kolosseums, Kornfelder, Weinberge, Viehweiden und Tiergärten, mehrere hundert Meter lange dreireihige Säulengänge, Wohnräume und Bäder, die teils mit Meerwasser, teils mit Wasser aus einer schwefelhaltigen Heilquelle bei Tivoli gespeist wurden. Nach der Beschreibung des Sueton (Nero 31, S. 262 f., 527 f.) waren die Gebäude äußerst prächtig: Eine knapp 40 m hohe Kolossalstatue des Kaisers von dem Bildhauer Zenodorus erhob sich im Vestibül – sie stand später am Kolosseum, gab ihm seinen Namen, und Vespasian setzte ihr den Kopf des Sonnengottes statt dem des Nero auf. Überall schmückten aus Griechenland geraubte Statuen das Gelände. Die Wände des Speisesaals waren mit Gold, Edelsteinen und Perlmutt verkleidet. Die Decke aus Elfenbeinkassetten hatte Löcher, durch welche man duftende Essenzen und Blüten auf die Gäste regnen lassen konnte. Eine den Himmel imitierende Kuppel drehte sich Tag und Nacht. Der Bau blieb unvollendet, Vespasian beendete den Ausbau und beschränkte die kaiserlichen Paläste wieder auf den Palatin.

Größe von der Verklärung Raphaels] s. Komm. (4) 31.10.1788.

12.4.1790

Santa Agata] Sant'Agata di Goti.

Mola di Gaeta] Formia; s. Komm. (1) 3.1.1789.

14.4.1790

tre Ponte] Tor Tre Ponti.

Veletri] Velletri.

Cora] Cori, lat. Cora.

Tempels des Hercul] Am höchsten Punkt der Stadt Cori steht ein wohl dem Herkules geweihter Tempel auf einer Terrasse (Abb. s. Reber, Tafel XL). Nur die Vorhalle (8,5 × 6,8 m) mit vier dorischen Säulen an der Vorder- und drei

Säulen an der Seitenfront sowie die Türseite der Cella sind erhalten. Das Triglyphen- und Tropfendekor des Architravs sind noch sehr gut erhalten, der Giebel ist dagegen seines Schmucks beraubt. Die Tür der Cella, 2,35 m breit und inzwischen vermauert, hat einen fein gearbeiteten Türrahmen. Die Inschrift darüber gibt aber keine Hinweise auf die Zeit der Entstehung dieses Heiligtums.

15.4.1790

Professor Mayer aus Göttingen] Friedrich Ludwig Wilhelm Meyer.

Primas von Pohlen] Michał Poniatowski.

ihr Mann] Antonio Zucchi.

heiligen Sprechung] Papst Pius VI. hat keine Heiligsprechungen vorgenommen (Pastor, 243).

16.4.1790

Rodonta] Pantheon; s. Komm. (4) 5.10.1788.

Peterskirche] s. Komm. (2) 5.10.1788.

Büsten … des Mahlers Poussin] Im Pantheon pflegte man berühmte Künstler und Gelehrte durch das Aufstellen einer Büste zu ehren. So ließ auch J. N. d'Azara Ende 1779 das Bildnis seines verstorbenen Freundes Anton Raphael Mengs enthüllen, das die Inschrift trug ›Pictori philosopho‹ (›Dem philosophischen Maler‹). Die Büste von Nicolas Poussin, im Auftrage von Seroux d'Argencourt 1782 nach einer Kopie des Poussinschen Selbstporträts im Louvre (1650, Öl auf Leinwand, 98 × 74 cm) gestaltet, wurde demnach 1789 im Pantheon aufgestellt. Zuvor hatte Carlo Maratta (1625-1713) 1674 eine von Paolo Naldini (1615-1691) geschaffene Büste am Grabe Raffaels im Pantheon aufstellen lassen, die 1820 ins kapitolinische Museum gebracht wurde (s. Komm. (4) 5.10.1788).

Ille hic est Raphael …] Hier liegt Raffael; da er lebte, fürchtete die Natur, von ihm besiegt zu werden. / Und als er starb, da bangte sie, mit ihm zu sterben. – Die Grabinschrift am Sockel der Büste (vgl. auch Goethe 1740, 228 f.) stammt von dem venezianischen Humanisten Pietro Bembo (1470-1547).

17.4.1790

Ervin und Elmire] Seit Anfang 1790 arbeitete Reichardt an der Vertonung von Goethes 1788 erschienenem Singspiel ›Erwin und Elmire‹. Am 30.5.1791 bedankte sich Goethe für die ihm zugesandte Partitur (WA IV 9, 263).

Monument für Gessner] Alexander Trippel vollendete 1792 das marmorne Salomon-Geßner-Denkmal, das als eines der ersten patriotischen Schweizer Denkmäler in den Anlagen zwischen Limmat und Sihl in der Nähe des Landesmuseums in Zürich steht. Bereits 1788 hatte die Stadt beschlossen, ihrem verstorbenen Sohn ein Denkmal zu setzen und Trippel damit zu beauftragen. 1789 einigte man sich schließlich auf einen Entwurf: Trippel fertigte aus hellem Marmor ein Basrelief mit einem Motiv aus Geßners Idyllen, das 1791 fertiggestellt wurde, und ein Porträtmedaillon nach der Totenmaske (1792). Beide wurden nach Zürich geschickt, wo einheimische Bildhauer einen Korpus aus dunklem Marmor schufen, in den sie das Relief einließen. Der auf zwei Stufen stehende Quader wird von einem Giebel mit dem Medaillon überdacht, auf welchem sich eine Urne aus hellem Marmor befindet.

Psiche und Amor] Diese Marmorstatue ›Psyche durch einen Kuß Amors wiederbelebt‹ von Antonio Canova entstand um 1790 für den englischen Sammler John Campbell (1755-1821) und wurde schließlich Teil der Kunstsammlung des französischen Marschalls und 1808-1815 Königs von Neapel, Gioacchino Murat (1767-1815). Für diesen schuf der Bildhauer 1796-1800 eine weitere Version des Liebespaares. Beide Arbeiten befinden sich heute im Louvre.

Adonis und Venus] Die Gruppe ›Venus und Adonis‹ schuf Canova 1789-1794. Sie befindet sich heute im Musée d'Art et d'Histoire zu Genf.

Monument des Papsts Rezonico] Das Denkmal Antonio Canovas für Papst Clemens XIII. (1693-1769) a.d.H. Rezzonico befindet sich im Petersdom. Dieses über Rom hinaus als eines der schönsten klassizistischen Werke geltende Grabmal entstand 1784-1792. Die Genien der Religion und des Todes sind asymmetrisch angeordnet und verleihen zusammen mit der Papstgestalt der Komposition eine kreisende Bewegung.

Achill unter den Mädchen] Angelica Kauffmanns Bild ›Odysseus entdeckt Achill unter den Töchtern des Lykomedes‹ (Öl auf Leinwand, etwa 241 × 292 cm) entstand 1789 für Katharina II. von Rußland (1729-1796) und ist verschollen.

sterbende Alceste] Angelica Kauffmanns Gemälde ›Tod der Alkeste‹ (1790, Öl auf Leinwand, 114 × 154 cm) kam ins Vorarlberger Landesmuseum zu Bregenz.

Villa Borgese] s. Komm. (1) 13.10.1788.

Kleiner Tempel der Diane] Hier ist ein kleiner klassizistischer Diana-Tempel im Park der Villa Borghese gemeint.

18.4.1790

Angelica] Bei diesem Abschied überreichte Angelica Kauffmann wohl der Fürstin ein Freundschaftsgeschenk, das heute im Besitz der Klassik Stiftung Weimar ist: eine kleine medaillonartige Kapsel aus Gold und Email mit einem ovalen Bild ›Iphigenie, Orest und Pylades‹ (um 1789/90, Öl auf Elfenbein, 58 × 44 mm).

Neveu] Francesco Zucchi.

19.4.1790

Monterosa] Monterosi.

Mayern den Schweizer] Johann Heinrich Meyer lebte seit 1784 in Italien, hatte dort 1786 Goethes Bekanntschaft gemacht und später dessen Freundschaft gewonnen. In Neapel lernte er 1789 – Louise von Göchhausen erwähnt dies nicht ausdrücklich – die Herzogin und ihre Begleitung kennen. Nachdem der Künstler eine lebensgefährliche Krankheit überstanden hatte, schloß er sich hier der herzoglichen Reisegesellschaft an. In Venedig verabschiedete er sich, um in seiner Heimat Erholung zu suchen und später nach Weimar zu folgen (Klauß, 78, 301 f.).

Civita castelana] Civita Castellana (Falerii veteres).

20.4.1790

ponte felice] Bei Civita Castellana kreuzte in der Antike die Via Flaminia den Tiber. Ende des 16. Jh. ließ Papst Sixtus V. (1521-1590) etwas abseits des alten Flußbettes eine neue Brücke errichten und den Tiber dann dorthin umleiten, wodurch das kleine Kastell Borghetto an dem alten Kreuzungspunkt überflüssig wurde. Der Name dieser neuen Brücke leitete sich von dem bürgerlichen Namen des päpstlichen Bauherrn, Felice Peretti, her.

Neri] Narni.

Inschrift Raphaels] s. Komm. (4) 16.4.1790.

21.4.1790

Wasserfall] Der Wasserfall bei Terni, Caduta delle marmore genannt, entstand, wo der Fluß Velino etwa 60 m tief in die Nera stürzt. Durch die Lichtbrechung in der Gischt sind dort stets Regenbogen zu beobachten.

Sedie] Sänfte, Tragestuhl (ital. sedia).

22.4.1790

Somma] Valico di Somma. La Somma ist einer der höchsten Berge der Apenninen.

Dom] Der dreischiffige, mit Seitenkapellen versehene Dom Santa Maria Assunta von Spoleto, an der Nordseite des Domplatzes gelegen, wurde im 12. Jh. auf den Fundamenten einer von Friedrich Barbarossa 1155 zerstörten Kirche erbaut. Er wurde 1198 geweiht und 1216-1227 vollendet. 1491 begann Ambrogio Barocci mit dem Vorbau eines Renaissance-Portikus mit seitlichen Freikanzeln. Die Fassade zeigt ein Mosaik, Christus zwischen Maria und Johannes auf goldenem Grund, über einer durch Säulen scheinbar gestützten Fensterrose. Das Eingangsportal aus dem 12. Jh. ist trotz vielfacher Umbauten bis heute erhalten. Direkt an die Fassade anschließend erhebt sich seit dem 11. Jh. der Campanile aus Travertinquadern. Zahlreiche Inschriften und Fragmente sind in seiner Ostwand vermauert. Innerhalb dieser Außenmauern ist ein zweiter Turm eingebaut, und zwischen beider Wand steigt eine Treppe hinauf zur Glockenstube, die aber erst 1416 aufgesetzt wurde. Das Innere des Domes war vollständig mit Fresken geschmückt, bis eine barocke Umgestaltung des romanischen Baues im Auftrage Urbans VIII. (1568-1644) im 17. Jh. die meisten von ihnen vernichtete. Erhalten blieben u.a. Fra' Filippo Lippis (1406-1469) Szenen aus dem Marienleben (s. unten) in der Apsis. Dem Maler wurde von Lorenzo de' Medici (1449-1492) in der ersten Kapelle links des Chores ein Grabmal gestiftet, das von Filippino Lippi (1457-1504), seinem Sohn aus des Malers Beziehung mit der entlaufenen Nonne Lucretia Buti, entworfen wurde. Die Hauptreliquie des Gotteshauses ist ein byzantinisches Madonnenbild, das dem Evangelisten Lukas zugeschrieben wurde und in der im 13. Jh. am westlichen Seitenschiff angebauten, 1626 von Giovanni Battista Mola (1585-1665) neu gestalteten Sakristei aufbewahrt wird. Sie soll ein Geschenk Friedrich Barbarossas sein. Die am östlichen Seitenschiff anschließende Cappella dell'Assunta ist eine Stiftung des Constantino Eroli, Bischof von Spoleto, und seines im Amt nachfolgenden Neffen Francesco, deren danebenliegende Grabkapelle lange als Baptisterium genutzt wurde. Sie wird dominiert durch ein Gemälde der Madonna mit den Heiligen Lorenzo und Johannes dem Täufer in grüner Landschaft sowie einer Lünette mit Gottvater und zwei Engeln von Pinturicchio (1454-1513). Auch ein Gemälde Annibale Carraccis, ›Madonna mit Kind und Heiligen‹ (1598/99, Öl auf Leinwand, 365 × 212 cm), befindet sich im Dom. Es entstand unter Mitwirkung von Innocenzo Tacconi (1618-1664) für jene Kapelle, die Benedetto Gelosi dem Andenken seines 1591 verstorbenen Sohnes gewidmet hatte.

Todt Mariae] Unter Fra' Filippo Lippis (1406-1469) Fresko in der Kuppel der Apsis des Domes zu Spoleto, die die ›Krönung Mariae‹ zeigt, sind noch drei Szenen aus dem Marienleben zu sehen, die ›Verkündigung‹, der ›Tod Mariae‹ und die ›Geburt Christi‹. Sie stammen jedoch nicht von Pietro Perugino, sondern von Lippis Schüler Fra Diamante (tätig 1480-1498).

Kirche des Klosters delle Comtesse] Das Kloster Santi Anna e Antonio ist das einzige der ehemals sechs an der Via dei Monasteri liegenden Klöster, das bis heute existiert. Es war auf Betreiben von Beata Angelina dei Conti di Marsciano Ende des 16. Jh. errichtet worden und führte deshalb allgemein den Zusatz ›delle Contesse‹. In seiner Kirche hatte sich bis 1797 die ›Maria von Foligno‹ (s. unten) befunden. Noch heute sind im Kreuzgang zwei wertvolle Renaissance-Fresken zu sehen.

Verklärung Mariae] Raffaels sogenannte ›Maria von Foligno‹ (1511/12; Öl auf Holz und übertragen auf Leinwand, 308 × 198 cm) war von ihrem Stifter, Kardinal Sigismondo de' Conti (1432-1512), als Altarblatt des Hochaltars der Kirche Santa Maria dell'Ara Coeli in Rom gedacht, der damit wohl für ein Wunder, das sein Haus in Foligno vor Blitz- oder Kometenschlag bewahrt hatte, danken wollte. Seine Erben brachten 1565 das Bild in die Franziskanerkirche Santi Anna e Antonio seiner Heimatstadt Foligno. Heute befindet es sich in der Pinacoteca Vaticana. Es zeigt unter der auf Wolken sitzenden Madonna mit ihrem Kind betende Figuren: Johannes den Täufer, den Heiligen Franciscus, den Heiligen Hieronymus sowie den Kardinal selbst.

Verklärung auf Petro Montorio] s. Komm. (4) 31.10.1788.

23.4.1790
Saravella] Serravalle.
il passo del Vescovo] Bischofspaß.
Vallcimara] Valcimarra.
Doctor] Wilhelm Ernst Christian Huschke.

24.4.1790
Marcerate] Macerata.
Ricanati] Recanati. Es war der Geburtsort des jungen Sängers Domenico Giuzza, von dem Bury im Auftrage der Herzogin auch eine Zeichnung fertigte.

25.4.1790
Santa Casa] Die mit Marmor umkleidete Santa Casa ist der Mittelpunkt des Marienwallfahrtsortes Loreto. Angeblich sollen Engel im Jahre 1295 nach Umwegen über Dalmatien und Recanati das Elternhaus der Gottesmutter aus Nazareth hierhergetragen haben. Ihre heutige Gestalt mit dem kassettenartigen Aufbau und der reich mit Statuen und Reliefs geschmückten Marmorverkleidung, die 1534 vollendet wurde, verdankt sie den Entwürfen Bramantes von 1509 (vgl. auch Goethe 1740, 126 f., 131 f.).
Kirche] Die Basilika Santuario della Santa Casa, ein weltberühmtes Pilgerziel, wurde auf Betreiben der Päpste Paul II. (1418-1471) und Sixtus V. (1521-1590) seit 1468 an der Piazza della Madonna errichtet. Seit 1295 stand die Santa Casa – bis zum heutigen Tag ohne Fundament – mitten auf der Straße, Anfang des 14. Jh. schützte man sie durch vier achteckige Türme, die durch Mauern verbunden wurden und heute als Sakristeien Teil der Basilika sind. Als Baumeister für die Errichtung der großen Wallfahrtskirche verpflichtete man Giuliano da Maiano (1432-1490), Giuliano da Sangallo (1445-1516), Bramante u.a. Unter der achteckigen Kuppel Sangallos steht die Santa Casa. Die helle Barockfassade des Baues (Bramante) mit ihren drei 1605-1621 von Girolamo Lombardo gefertigten Bronzeportalen und den von Sansovino (1460-1529) gestalteten Reliefs entstand 1571-1587; den über 75 m hohen Glockenturm errichtete 1750-1756 Vanvitelli. Die Sakristeien sind mit Fresken von Melozzo da Forlì (1438-1494) und Luca Signorelli (1441-1523) geschmückt (vgl. auch Goethe 1740, 129 ff.). Allerdings wurde das Heiligtum 1886-1905 einer so durchgreifenden Restaurierung und Neugestaltung unterzogen, daß sein Eindruck sich heute deutlich von dem des Jahres 1790 unterscheidet.
facate] Fassade (ital. facciata).
portiquen] Säulenhallen (frz. portique).
Schaz] Die Santa Casa besaß einen großen Schatz an Gemälden und kunsthandwerklichen Arbeiten, den die vielen Pilger, z.B. auch Christina von Schweden (s. Komm. (5) 25.3.1789), alljährlich vermehrten (vgl. auch Goethe 1740, 127 ff.). Im Jahre 1600 wurde deshalb parallel zum Schiff der

Basilika eine durch die Kleine Sakristei zugängliche Halle errichtet. Deren Fresken, die Szenen aus den Marienlegenden und heidnische Sibyllen zeigen, malte 1605-1610 Pomarancio/Cristoforo Roncalli (1552-1626), der auch das Altarblatt ›Die Beweinung Christi‹ schuf. 1608-1615 wurden die hohen Nußbaumschränke gefertigt, in denen man die Schätze aufbewahrte. 1798 plünderten die Franzosen die Schatzkammer. Heute befinden sich die verbliebenen und die neu hinzugekommenen Schätze im Museum des Palazzo Apostolico neben der Basilika.

Madone mit dem Kind auf welches sie einen Schleyer breiten will und Joseph] Die sogenannte ›Madonna von Loreto‹ (Öl auf Holz, 120 × 90 cm) zeigt die Heilige Familie. Das Original wurde zusammen mit dem Porträt Julius' II. (Öl auf Holz, 108 × 80 cm; National Gallery, London) 1511/12 von Raffael gemalt und vom Papst der Kirche Santa Maria del Popolo in Rom gestiftet. Nach seinem Tode 1513 stellte man beide Bilder öffentlich aus und löste damit einen Sturm der Begeisterung aus. Seinen Namen verdankt das Gemälde, das sich heute im Musée Condé zu Chantilly befindet, jedoch einer Kopie, die man 1741 der Basilika von Loreto übergab und die heute im Louvre zu Paris zu sehen ist.

ein Carage] Die ›Geburt Mariae‹ (Öl auf Leinwand, 274 × 155 cm) malte Annibale Carracci etwa 1598/99. Sie befand sich zunächst in der Cappella Cantucci (heute Cappella della Sposilizio), wurde aber wegen ihres schlechten Zustandes später ins Schatzhaus gebracht. Das Original hängt heute im Louvre zu Paris, an seiner Stelle wurde eine Kopie in Loreto gelassen.

Maria mit verschiedenen Frauen] Guido Renis ›Nähschule‹ (›La Scuola‹) in der Sakristei der Basilika von Loreto ist nur eine Kopie des verlorenen Originals. Werkstatt-Varianten befinden sich heute außerdem in der Eremitage zu St. Petersburg (Öl auf Leinwand, 146 × 205 cm), im Museum der Schönen Künste zu Budapest und im Wiener Kunsthistorischen Museum.

26.4.1790

Molo … Bogen Traians] Mole, Kai. Der antike Molo war 650 m lang und wurde unter Kaiser Traian errichtet. Dafür erbaute der römische Senat dem Kaiser 115 v. Chr. auf der großen Mole einen 14 m hohen Triumphbogen, der aus weißem Marmor bestand (vgl. auch Goethe 1740, 122 f.). Weiter vorn auf dem Kai steht ein von Luigi Vanvitelli gestalteter dorischer Backstein-Bogen (Arco Clementino), der zu Ehren Papst Clemens' XII. (1652-1740) errichtet wurde, weil dieser 1732 den Molo verlängern, das Lazarett, ein achteckiges Bollwerk zur Verteidigung und zur Quarantäne, von Luigi Vanvitelli erbauen (vgl. auch Goethe 1740, 120 f.) sowie die Hafenanlagen und die Festungsbauten der Stadt erneuern ließ und sie zum Freihafen erklärte. Vor diesem Kai wurde auf den Ruinen des alten Fort della Lanterna später das Gesundheitsamt für Seeleute errichtet.

Börse] Die Loggia dei Mercanti (Halle der Kaufleute) gilt mit ihrem reichen Statuenschmuck als ein hervorragendes Beispiel für die spätvenezianische Gotik. Sie wurde 1503-1505 im Auftrage des Kardinals Alessandro Farnese (1468-1549) errichtet, weil die Arkaden des angrenzenden Palazzo della Ragione, die bislang diese Funktion hatten, zugemauert worden waren. Die Loggia bietet einen überdachten Eingang zu den Versammlungsräumen der Händler und zur Cancelleria; sie hat einen quadratischen Grundriß und öffnet sich nach vorn hin mit drei Rundbögen, die auf Marmorsäulen mit eleganten Kapitellen ruhen (vgl. auch Goethe 1740, 124).

Kirche Santa Palatia] Das Nonnenkloster Santa Palazia wurde seit Ende des 16. Jh. in Ancona errichtet und 1630 vollendet, im 19. Jh. aber wieder aufgehoben. Die bronzene Urne mit der Asche der Märtyrerin und Stadtheiligen, ein Geschenk Papst Benedikts XIV. (1675-1758), befindet sich jedoch bis heute in der Cappella della Pietà der Krypta unter der Kathedrale San Ciriaco.

Altarblat] Die ›Ekstase der Heiligen Palazia‹ (1658, Öl auf Leinwand, 370 × 215 cm) von Guercino befindet sich heute in der Pinacoteca Civica ›Francesco Podesti‹ zu Ancona im Palazzo Bosdari.

Stein ...] Der Stein stammt wahrscheinlich vom Hausberg Anconas, dem Monte Conero (572 m), der für das reiche Vorkommen an sogenannten Meer- oder Steindatteln (z.B. Lithophaga lithophaga, ital. dattero di mare) bekannt ist (vgl. Volkmann 1777, III, 491-493). Es handelt sich dabei um eßbare, bis zu 8 cm lange Muscheln, die im ganzen Mittelmeer verbreitet sind und sich mit Hilfe von Säuredrüsen in Kalksteinklippen hineinätzen. Um sie zu finden, werden Felsenstücke, die Bohrgänge enthalten, zerschlagen. Der berühmteste Fundort solcher zur Familie der Miesmuscheln gehörigen Tiere sind die Säulen des Serapis-Tempels (s. Komm. (4) 30.1.1789) in Pozzuoli. Bohrlöcher in etwa 4-7 m Höhe über dem Meeresspiegel, in denen teilweise noch die Muschelschalen stecken, belegen, daß der Boden des Marktes von Pozzuoli sich nach dem Bau der Anlage für einige Zeit unter den Meeresspiegel gesenkt und später wieder auf das heutige Niveau gehoben hat – eine Folge der ständigen vulkanischen Aktivitäten in diesem Gebiet. – Die Bezeichnung ital. balano (Meereichel) ist nicht synonym mit dattero di mare. Sie bezieht sich auf eine Art von Krebstieren aus der Gruppe der Rankenfüßer, die Seepocken (Balanida), auch Walfischpocken genannt, deren Fühler, Augen, Beine bis auf ein paar gekrümmte Ranken völlig zurückgebildet sind. Sie leben in einem aus Kalkstücken festgefügten, kegelförmigen Gehäuse, das oben eine Öffnung hat, durch welche mit Hilfe der Ranken Nahrung und frisches Atemwasser hineingestrudelt werden kann. Durch diese feste Schale sehen Meereicheln jedoch den im Tagebuch Louise von Göchhausens beschriebenen Meerdatteln sehr ähnlich.

27.4.1790

Senigalia] Senigallia.

dieses Meeres] Adria.

Mitländischen] Mittelmeer; eigentlich ist das Tyrrhenische Meer gemeint.

il Comte di buon humore] Die heitere Posse in 2 Akten ›Il conte de bell'umore‹ (›Der vergnügte Graf‹), deren Text Marcello da Capua auch selbst geschrieben hatte, war während des Karnevals 1783 in Florenz im Teatro Pallacorda uraufgeführt worden und erlebte danach noch viele Inszenierungen im In- und Ausland.

28.4.1790

San Francesco] Die aus romanisch-gotischer Zeit stammende Kathedrale San Francesco in Pesaro ist vor allem wegen ihrer gotischen Fassade aus dem 14. Jh. mit dem spitzbogigen, skulpturengeschmückten Portal berühmt. In diese Zeit gehören auch die Sarkophage der Seligen Michelina (1356) und der Paola Orsini (1371).

Grablegung] Giovanni Bellinis ›Beweinung Christi‹ (Öl auf Holz, 106 × 84 cm), welche damals oberhalb des 1471-1474 gemalten Altarbildes ›Pala di Pesaro‹ in der Kathedrale von Pesaro angebracht war und später durch eine Darstellung des Heiligen Hieronymus ersetzt wurde, kam bei der Säkularisierung und Plünderung der Klöster durch die Franzosen 1797 nach Paris. Canova entdeckte sie dort wieder und brachte sie 1815 in die Pinacoteca Vaticana nach Rom. Der übrige Altar befindet sich heute im Museo Civico zu Pesaro. Er besteht aus einem zentralen Bild ›Krönung Mariae‹ (Öl auf Holz, 262 × 240 cm) und zwei mit kleinen Gemälden geschmückten Pilastern (links Porträts der Heiligen Katharina, Lorenzo, Antonio, Johannes des Täufers, rechts die der Seligen Michelina, der Heiligen Bernardino, Ludovico und Andrea; jeweils Öl auf Holz, 61 × 25 cm) sowie der Predella (›Georg und der Drache‹ und der Heilige Terenzio, jeweils Öl auf Holz, 40 × 36 cm; ›Bekehrung des Paulus‹, ›Kreuzigung Petri‹, ›Geburt Christi‹, ›Weinender Hieronymus‹, ›Stigmatisierung des Franciscus‹, jeweils Öl auf Holz, 40 × 42 cm).

Meister des Titians] Tizian war aus der Schule des Giovanni Bellini hervorgegangen.

eine Heilige] Hier handelt es sich wohl um Baroccis Porträt einer im Mittelalter in Pesaro geborenen Ortsheiligen, der ›Seligen Michelina‹ (1606, Öl auf Leinwand, 252 × 171 cm) in der Kirche San Francesco, das seit der Rückkehr aus Frankreich in der Pinacoteca Vaticana in Rom hängt.

Republik San Marino] Der nur 61,2 km² große Staat am Monte Titano ist eines der ältesten republikanischen Gemeinwesen der Welt. Um 600 n. Chr. erstmals besiedelt, war San Marino vom 9. bis 13. Jh. gräfliches bzw. herzogliches Protektorat und erlangte 1400 seine Unabhängigkeit unter dem Schutze der Herzöge von Urbino. Seine bis heute gültige Verfassung stammt aus dem Jahre 1600 und legt u.a. fest, daß der Staat von zwei für eine Amtszeit von sechs Monaten vom Parlament gewählten Regierenden Kapitänen repräsentiert wird.

Brücke ... Augusts] Die 72 m lange, gut erhaltene Brücke aus istrischem Kalkstein mit ihren fünf Bögen (Spannweiten zwischen 8,70 und 10,50 m) über die Marecchia verbindet die in Rimini endende Via Flaminia mit der Via Aemilia. Sie wurde im Auftrage des Kaisers Augustus von dessen Militärbaumeister Vitruv 14-21 errichtet und unter Kaiser Tiberius vollendet. 552 wurde der letzte der Bögen von Gotenkönig Usdrila zerstört, um den byzantinischen Feldherrn Narses (um 480-568) aufzuhalten. Im Jahre 1680 sorgte Papst Innozenz XI. († 1689) für eine vollständige Restaurierung des Bauwerkes (vgl. auch Goethe 1740, 110).

Morechio] Marecchia.

Triumpfbogen] Der 14 m hohe, 14,92 m breite Triumphbogen aus Travertin (Bogenöffnung 8,84 m breit, 10,4 m hoch), Porta Romana oder Arco d'Augusto genannt, wurde 27 v. Chr. zu Ehren des Kaisers Augustus für die Instandsetzung der Via Flaminia erbaut. Er war Teil der Stadtmauer und wurde früher an der Stirnseite von zwei viereckigen und zwei polygonalen Türmen überragt. Ein von Augustus gelenktes Viergespann aus Marmor krönte damals das Bauwerk. Die nach Rom ausgerichtete Stirnseite war zudem mit korinthischen Halbsäulen und Schildern mit Abbildungen der Schutzgötter der Stadt verziert. Im Mittelalter wurden die oberen Bogenteile geschleift und durch Zinnen ersetzt (vgl. auch Goethe 1740, 112).

Piedestal ...] Auf dem Forum des antiken Rimini am Ende der Via Flaminia, auf der heutigen Piazza Tre Martiri, ließ der Konsul Camillo Passarelli 1555 einen quadratischen Säulenstumpf auf einem flachen Kapitell errichten, dessen Inschrift die im Volksmund überlieferte Überzeugung manifestiert, Caesar habe hier eine Rede an seine Legionen gehalten, nachdem er den Rubikon überschritten hatte – Caesar selbst berichtete, die Rede vor der Flußüberquerung in Ravenna gehalten zu haben. Ein auf der Säule befindlicher Stein ging im Zweiten Weltkrieg verloren.

Rubicon] Der Fluß war im Römischen Reich die Grenze zwischen Italien und der Provinz Gallia Cisalpina. Hier mußte jeder nach Rom heimkehrende Feldherr seine Armee entlassen. Indem Caesar im Januar 49 v. Chr. diesen Fluß mit seinen Legionen überschritt, eröffnete er den Bürgerkrieg. Obwohl heute der Fiumicino offiziell als der alte Grenzfluß gilt, vermuten einige Historiker den antiken Rubicon auch im Pisciatello mit seinem Oberlauf Urgo oder im Uso. Caesars Übergang über den Rubikon ist mit einem berühmten Zitat verbunden: Nach Suetons Überlieferung (Sueton, Caesar 32, S. 20) soll er diese historische Tat mit den lateinischen Worten »Der Würfel ist gefallen« kommentiert haben. Nach Plutarch soll Caesar den Satz, der vom Komödiendichter Menander (342/341 – um 291 v. Chr.) stammt, in griechischer Sprache zitiert haben.

29.4.1790

Mayolica, nach den Erfinder genand] Diese Behauptung, wiewohl vielfach kolportiert (vgl. auch Anhang 3), ist falsch. Das Wort Majolika für die farbig glasierte Tonware bezieht sich auf den Namen der Insel Mallorca, die als frühes Zentrum arabisch-maurischer Fayence und später vor allem als Zwischenhandelshafen mit diesem Produkt verbunden war. Im 15. Jh. gelangte die Kunst nach Italien und erlebte einen außerordentlichen Aufschwung, als etwa zur selben Zeit Luca della Robbia (um 1400-1482) aus Florenz ein zinnhaltiges weißes Email fand und als Überzug für seine Terrakottafiguren nutzte. Faenza – daher der Name Fayence – war die erste Manufaktur, die dieses Email auch für die Töpferwaren nutzte. Bald wurde auf dieser Grundlage ein breiteres Farbensortiment erarbeitet, und Kunstmaler sahen in der Gestaltung der Keramik eine lohnende Aufgabe. Das 16. Jh. war der Höhepunkt der Majolikafertigung in Italien; im 18. Jh. sollten diese Waren auch ein beliebtes Sammlerobjekt werden, wie Goethes und anderer gelehrter Kunstfreunde Sammlungen zeigen.

Pingen] Pinien.

30.4.1790

Bolonga] Bologna.

Marck und Romaanga] Die Marken und die Romagna sind zwei italienische Provinzen, die damals noch zum Kirchenstaat gehörten.

unser alter Gasthof] s. Tb 16.-20.9.1788. Der Name des Gasthofes wurde dort nicht genannt, aber wahrscheinlich wohnte die Reisegesellschaft im Gasthaus ›Tre Pellerini‹, das Louise von Göchhausen im Anhang (Text 4) empfiehlt.

Aquillo nero] Gasthof ›Zum schwarzen Adler‹.

1.5.1790

Mayer] Johann Heinrich Meyer.

Cordona] Cortona. Die Antiken sind heute im Palazzo Casali an der Piazza Signorelli untergebracht.

In der Santa Cicilia ... Berucino pp] In diesem Textabschnitt sind Fakten zusammengezogen worden, die nicht zusammengehören: Es gibt ein Oratorio (Betsaal) Santa Cecilia in unmittelbarer Nähe der Kirche San Giacomo Maggiore, das im Auftrage Giovanni II. Bentivoglios (1463-1506) mit Fresken u.a. von Francesco Francia (›Vermählung der Heiligen Cäcilie‹, ›Begräbnis der Heiligen Cäcilie‹), Lorenzo Costa (1460-1535) und Amico Aspertini (1474-1552) geschmückt worden war. – Raffaels ›Heilige Cäcilie‹ war jedoch für eine andere Bologneser Kirche, die Klosterkirche San Giovanni in Monte, bestimmt. Sie ist es auch, die in ihren Mauern außerdem Bilder von Guercino und Perugino beherbergt. Das ursprüngliche Gebäude mit rundem Grundriß wurde im 5. Jh. auf einem Hügel außerhalb des alten Bononia erbaut. Das mehrfach erneuerte Gotteshaus war damals Ziel vieler Pilger, weil die Lage des Klosters an den Ölberg in Jerusalem erinnerte. Mitte des 15. Jh. errichtete man an dieser Stelle eine neue, gotische Kirche, in deren Fassade ein 1481 von Nicolò dell'Arca (tätig 1462-1494) geschaffener Adler über dem Portal den Evangelisten Johannes symbolisiert. Im 16. und 17. Jh. erhielt das Gotteshaus seine gegenwärtige Gestalt durch Antonio Morandi († 1568) und Bartolomeo Belli (tätig 1602-1652). Auch nach der Überführung der ›Heiligen Cecilia‹ von Raffael in die Pinacoteca Nazionale in Bologna bewahrte der dreischiffige Bau mit dem im 16. Jh. geschnitzten Chor immer noch eine Reihe kostbarer Gemälde u.a. von Ercole de' Roberti (1450-1496), Domenichino (›Madonna mit dem Rosenkranz‹) und Guercino (›Der Heilige Franciscus‹, 1645, Öl auf Leinwand, 249,5 × 143 cm) sowie ein von Perugino geschaffenes Auftragswerk Michele Scaranis für eine 1499 errichtete Kapelle der Kirche (›Die Madonna in der Glorie zwischen Engeln mit Erzengel Michael, Katharina von Alexandria, Apollonia und dem Evangelisten Johannes‹; 1500, Öl auf Holz, 265 × 330 cm; Pinacoteca Nazionale in Bologna). Seit dem Jahre 1675 feierte man in dieser Kirche alljährlich das Fest der Accademia Filarmonica, wobei Aufführungen mit bis zu 100 Musikern keine Seltenheit waren (s. auch Burney, 127 ff.). Mit der Eroberung Bolognas durch Napoleon endete das religiöse Leben in San Giovanni in Monte. Das Kloster wurde Gefängnis, Kriminalgericht, auch Polizeipräsidium und schließlich Sitz der 1088 gegründeten Universität von Bologna. – Das Altarstück von Guido Reni (s. unten) schließlich befand sich in der Kirche Santa Maria della Pietà dei Mendicanti, einer 1600-1609 errichteten Waisenhauskirche Bolognas vor der Porta San Vitale. Es ist eine Saalkirche mit zwei Seitenkapellen und einer gewölbten Kapelle für den Hauptaltar.

Raphael] s. Komm. (3) 18.9.1788.

Francia] s. oben.

Altar Stück] Das hier beschriebene Altarbild Guido Renis ist die sogenannte ›Pietà dei Mendicanti‹ (1613-1616, Öl auf Leinwand, 704 × 341 cm) in der Kirche Santa Maria della Pietà dei Mendicanti. Sie ist heute in der Pinacoteca Nazionale zu Bologna zu sehen. Das zweigeteilte Bild zeigt unten die Stadtheiligen Dominicus, Petronius, Franciscus, Proculus und Carlo Borromeo mit einem Modell Bolognas und über ihnen auf einem zwischen zwei Säulen aufgehängten Tuch eine Beweinung Christi.

Gallerie Zambieri] Galleria Sampieri; s. Komm. (3) 19.9.1788.

Albano] s. Komm. (4) 19.9.1788.

weinende Petrus] Guido Reni befaßte sich häufig mit dem Motiv des ›Reuigen Petrus‹, und auch für Bologna sind solche Bilder mehrfach bezeugt. Hier ist wohl jenes aus dem Palazzo Sampieri gemeint, das heute in der Pinacoteca di Brera zu Mailand zu sehen ist.

Palazo Publico] Der Palazzo Communale (Accursio), das Rathaus der Stadt an der Piazza Maggiore, besteht aus mehreren Gebäuden, deren erstes bereits 1290 begonnen wurde und die man zu einem einheitlichen Baukörper vereinte. Zunächst amtierten hier verschiedene Gemeindeeinrichtungen, bis 1336 der Anziani, der höchste Regierungsmagistrat der Stadt, seinen Sitz in dem Hause nahm. 1425-1430 wurde der Komplex renoviert und umgebaut. Im 15. Jh. errichtete man auch den Uhrturm. Durch die Bauweise des Rathauses sind eine Reihe malerischer Höfe entstanden. Die Fassade mit der Madonna von Niccolò dell'Arca (tätig 1462-1494) wurde Mitte des 16. Jh. durch das Portal von Galeazzo Alessi (1500-1572) und 1580 durch eine Bronzestatue von Papst Gregor XIII. (1502-1585) ergänzt. Im Inneren dient die Galerie des 1. Stockes nach wie vor dem Magistrat: Der Saal des Gemeinderates nimmt mit seinen Deckengemälden und Allegorien auf den Reichtum, die Kultur und die Künste von Bologna Bezug. Im 2. Stock befindet sich die Sala Farnese, ein im Stile der Renaissance ausgestatteter Festsaal, dessen um 1660 realisiertes Bildprogramm Episoden päpstlicher Machtausübung in der Stadt zeigt. Von diesem Saal gelangt man in die Kapelle, in der Kaiser Karl V. (1500-1558) 1530 gekrönt wurde. In der gleichen Etage liegen die Städtischen Kunstsammlungen. In der ebenfalls aus der Renaissance stammenden Sala d'Ercole wird die 1519 von Alfonso Lombardi (1487-1536) geschaffene Tonstatue des Herkules, der die lernäische Hydra besiegt, gezeigt.

Madona mit dem Kind auf Wolcken] Die ›Madonna del Rosario‹ oder ›Pala della Peste‹ befindet sich heute in der Pinacoteca Nazionale zu Bologna. Das Bild, ein 1631 gemaltes Prozessionsbanner gegen die Pest (Öl auf Seide, 382 × 242 cm), zeigt Maria und unter ihr die Stadtheiligen, ergänzt um die erst kurz zuvor heilig gesprochenen Franz Xaver und Ignazio de Loyola.

al Bosco ... in ein Kloster] Etwa 2 km vor der Porta San Mamlo im Süden der Stadt Bologna liegt das 1427 gegründete und 1797 aufgehobene Olivetanerkloster San Michele in Bosco (s. auch Goethe 1740, 107). Dieser mächtige Komplex erhielt im 15. und 16. Jh. seine endgültige Gestalt. Die von Biagio Rossetti (1447-1516), einem Architekten aus Ferrara, gestaltete Renaissancefassade der einschiffigen Kirche mit dem 1522 von Baldassare Peruzzi (1481-1537) geschaffenen Portal führt in einen mit Gemälden und Skulpturen des 16. und 17. Jh. reich ausgestatteten Innenraum. Das Gehäuse der 1524 erbauten Orgel schuf Raffaele de Brescia (1479-1539). Der Kreuzgang des Klosters, der mit Gemälden aus der Schule Carraccis geschmückt war, stammt aus dem 16. Jh. Wenige Jahre nach dem Besuch der Weimarer Herzogin säkularisierten die französischen Truppen das Kloster: Es wurde zunächst Kaserne, dann Gefängnis und schließlich Sitz eines Institutes.

bouru bien faisant] Die Komödie in 3 Akten ›Le Bourru Bienfaisant‹ (›Der herzensgute Unwirsch‹) von Carlo Goldoni war 1771 aufgeführt worden. Am 4.1.1786 fand die Uraufführung des heiteren Musikdramas ›Il Burbero di buon cuore‹, dessen Libretto Lorenzo Da Ponte (1749-1838) nach Goldonis Stück gearbeitet hatte, im Wiener Burgtheater statt. Sein Komponist war Martin y Soler.

2.5.1790

Pallast] Welcher Palast hier gemeint ist, bleibt unsicher. Am ehesten kommt wohl die Akademie in Frage: 1706 hatte eine Gruppe von Malern unter der Leitung von Giampietro Zanotti (1674-1765) eine Malerakademie gegründet, die die Werke der Bologneser Schule (Carracci, Reni, Domenichino, Francesco Albano usw.) bewahrte. 1710 wurde diese mit dem von Luigi Ferdinando Marsigli gestifteten Istituto delle Scienze (s. auch Komm. (2) 17.9.1788) in dessen Palast vereinigt. Im Jahr darauf bestätigte Papst Clemens XI. (1649-1721) die Statuten der bis 1791 bestehenden Einrichtung und gab ihr seinen Namen, Accademia Clementina. 1714 bezog man den eigens für diese Einrichtungen (Akademie der Wissenschaften, Bibliothek, Sternwarte, Naturalienkabinett, Antiquitätensammlung, Malerakademie) vom Rat der Stadt erworbenen Palazzo der Familie Cellesi (Aufriß, Grundriß mit Raumaufteilung s. Zanotti II, Anhang), der nun Palazzo dell'Istituto delle Scienze hieß. Durch die napoleonische Besatzung wurde die Akademie geschlossen, ihre Gemäldesammlung geplündert. Um die Kunstschätze umliegender Kirchen und Klöster sowie die noch in der Stadt befindlichen Gemälde vor weiteren Verlusten durch die Besatzungstruppen zu schützen, trug man sie im aufgelösten Kloster San Vitale zusammen. Diese Bilder wurden der Kern der neuen Pinakothek, die zusammen mit der Akademie der schönen Künste seit 1808 ihre neue Heimat im ehemaligen Jesuitenkolleg in der Via Belle Arti fand. Nach der Niederlage Napoleons entsandte Papst Pius VII. (1742-1823) Antonio Canova nach Paris, um die gestohlenen Kunstgüter zurückzuholen. Dies gelang, und 1815 kehrten Gemälde wie die ›Heilige Cäcilie‹ von Raffael wieder nach Bologna zurück. Später übernahm die Pinakothek die Kupferstichsammlung Papst Benedikts XIV. (1675-1758), die bislang der Universität unterstanden hatte, 1881 erhielt sie als Schenkung zudem die wertvolle Sammlung Zambeccari.

bedende Heilige Francisco] Vermutlich handelt es sich hier nur um eine Kopie des Franciscus aus Renis Originalgemälde der ›Pala della Peste‹ (s. Komm. (11) 1.5.1790), die allerdings nicht vom Meister selbst stammt. Im Inventar 1804 der Pinakothek zu Bologna ist eine betende Halbfigur des Franciscus (82 × 70 cm) verzeichnet.

2 *Landschaften*] Die Pinacoteca Bologna verzeichnet u.a. sieben Landschaftsbilder von Martinelli, von denen aber z.B. die ›Berglandschaft mit mythologischen Figuren‹ (Tempera auf Leinwand, 61 × 88 cm) und ›Landschaft mit mythologischen Figuren‹ (61 × 88 cm) aus der Galleria Zambeccari stammen, die erst 1881 in die Pinakothek kam. Möglicherweise gehört aber Martinellis ›Winterlandschaft‹ (Tempera auf Leinwand, 99 × 86 cm) zum älteren Bestand.

Flohr Fabrique] Bologna war seit dem 14. Jh. ein Zentrum der Seidenmanufaktur. Aus dem Orient war die Kunst der Seidenherstellung und -verarbeitung über Sizilien nach Italien gekommen; seit dem 11. Jh. baute man in

Lucca und seit 1200 auch in Venedig Manufakturen auf. Doch die politischen Wirren am Anfang des 14. Jh. veranlaßten viele Handwerker, in andere Städte, darunter Bologna, überzusiedeln. Italien blieb bis ins 16. Jh. führend in der europäischen Seidenproduktion, wurde dann aber von Frankreich abgelöst. Jedoch erwähnte J. C. Goethe noch im Jahre 1740 500 Seidenmühlen in der Stadt (Goethe 1740, 106).

Doctor] Wilhelm Ernst Christian Huschke.

Brücke über den Reno] s. Tb und Komm. (5) 16.9.1788.

3.5.1790

Cesena ... Geburdsort] Hier liegt wohl ein Schreibfehler Louise von Göchhausens vor: Der Geburtsort Guercinos ist Cento.

Jesuiter Collegium] Im 17. Jh. hatte Abate Francesco Piombini († um 1630) sein Hab und Gut testamentarisch dem Jesuitenkolleg vermacht, das mit diesen Mitteln ein neues Gebäude und die Ausgestaltung der Kirche finanzierte. Die Jesuiten unterhielten seit 1709 eine öffentliche Schule, die sich seit 1737 in der Via Guercino 47 befand. Später wurde daraus das Seminario Clementino, das nach wechselvollem Schicksal 1870 einem ›Patrimonio degli Studi‹ unterstellt und schließlich 1934 in ein staatliches klassisch-humanistisches Gymnasium verwandelt wurde.

Madonna mit dem Kind] Es handelt sich um eine Darstellung der stillenden Madonna, die nach dem Willen des Künstlers ebenso wie der auch im Jesuitenkolleg befindliche ›Heilige Hieronymus mit einem Engel‹ weder verkauft noch kopiert werden durfte. Solche Maria-lactans-Darstellungen waren im Mittelmeerraum weit häufiger verbreitet als nördlich der Alpen. Wahrscheinlich geht das Sujet ursprünglich auf die altägyptische Göttin Isis zurück, die häufig mit dem an ihrer Brust saugenden Horusknaben abgebildet worden war.

Creuzigung ... in einer andern Kirche] Das Altarblatt ›Die Kreuzigung‹ (Öl auf Leinwand, 383 × 216,5 cm) in der Cappella Barbieri der Kirche del Rosario zu Cento entstand 1643-1645. Daneben sind in dieser Kapelle noch ›Der Heilige Franciscus‹, ›Der ewige Vater‹ und ›Der Heilige Johannes der Täufer‹, sämtlich aus dem Jahre 1645 stammend, zu sehen. Berühmt wurde die Kirche del Rosario jedoch durch Guercinos ›Himmelfahrt Mariae‹.

Capuciner Kloster] Das Kapuzinerkloster außerhalb der Stadt Cento entstand Ende des 16. Jh. Hier hingen u.a. die ›Madonna mit dem segnenden Kind‹ (1629, Öl auf Leinwand, 134 × 103,5 cm), zu der dem Künstler angeblich seine Gefährtin Modell gestanden haben soll, und das allerdings heute nicht mehr als eigenhändig angesehene Gemälde ›Die Jünger Jesu zu Emmaus‹ (Öl auf Leinwand, 163 × 256 cm).

particulier Hauß] Privathaus.

4.5.1790

Schloß ... Fresco Mahlereyen] Das Castello Estense, die Residenz der hier vom 14. bis 17. Jh. herrschenden Familie Este im Zentrum der Stadt, wurde 1385 von Bartolino da Novara erbaut. Über einem von einem Graben umgebenen quadratischen Grundriß erhebt sich ein Ziegelbau mit vier Türmen und Bastionen. 1554 wurde der Bau teilweise erneuert und erweitert, indem der Charakter des Baues als Befestigungsanlage etwas zurückgenommen wurde. Auch die Pavillons auf den Türmen und das Treppenhaus zum 1. Stock stammen aus dieser Zeit. Im Innern sind neben den repräsentativen Räumen auch eine Küche mit Feuerstelle und das Gefängnis erhalten. Im 1. Obergeschoß befinden sich in der Loggia die Orangerie, die Saletta dei Baccanali, die Kapelle der Renée von Frankreich (1510-1575), Gemahlin Ercoles II. d'Este (1508-1559), die Sala dell'Aurora mit den die vier Tageszeiten darstellenden Fresken und die Saletta bzw. Sala dei Giochi, in denen die erwähnten Fresken mit Szenen von Sport und Spiel zu sehen sind. Als Schöpfer dieser Arbeiten aus dem 16. Jh. sind Camillo (um 1500-1574), Cesare (1536 – nach 1602) und Sebastiano Filippi (1532-1602) belegt.

Hospital Santa Anna] Das Hospital Sant'Anna in Ferrara liegt nahe dem Castello Estense. Es wurde im 15. Jh. hier unter Verwendung der Gebäude des vormaligen armenischen Klosters San Basilio begründet. Die heutige Piazzetta Sant'Anna ist der ehemalige Kreuzgang dieser Einrichtung, in der Torquato Tasso während seiner Erkrankung in den Jahren 1579-1586 lebte.

Benedictiner Kirche] Die Kirche San Benedetto am Corso Porta Po war 1496-1553 von Giambattista († 1575) und Alberto Tristani als dreischiffige Pfeilerkirche mit Kapellen errichtet worden. Sie barg bis 1801 das Grab Ariosts (s. Goethe 1740, 95), zu dem ein Neffe des Architekten Giovanni Battista Aleotti (1546-1636) ein Denkmal aus mehrfarbigem Marmor in Auftrag gegeben hatte. 1801 wurden die sterblichen Überreste des Dichters zusammen mit dem Grabmonument in die 1753 begründete Biblioteca Communale umgesetzt, die im Palazzo Paradiso, dem ehemaligen Universitätssitz, ihren Platz gefunden hatte.

Aetsch] Etsch (ital. Adige).

5.5.1790

Goezen vom Geheimrath Goethe] Goetze brachte einen Gruß Goethes und die Ankündigung einer Entschuldigung dafür, daß er der Herzogin nicht bis Padua entgegenkommen könne (s. Nachgeschichte, 205; vgl. auch Komm. (2) 4.4.1790).

Katedral Kirche] Der Dom Santa Maria Assunta in Padua an der Piazza dei Miracoli wurde um 1550 in Stile der Hochrenaissance auf dem Grund älterer Vorgängerbauten errichtet. Die ursprünglichen Pläne stammten von Michelangelo, doch wurden sie vielen Veränderungen unterzogen. Die Fassade der im Grundriß venezianischer Kreuzkuppelkirchen errichteten Kathedrale blieb unausgeführt, die Westanlage wurde sehr monumental gestaltet. Der Dom besitzt einen reichen Schatz an kirchlichem Prachtgerät und an Miniaturen des 12. bis 15. Jh. Das anschließende Baptisterium ist ein 1260 erbauter und im 14. Jh. erneuerter Backsteinbau, dessen Innenraum Giusto de' Menabuoi (um 1320-1391) 1376-1380 mit Fresken ausgestaltete.

San Antonio] Die Basilika Sant'Antonio zu Padua wurde 1232-1310 bald nach der Heiligsprechung des Antonius errichtet, um dessen sterbliche Überreste aufnehmen zu können. Die Basilika hat den Grundriß eines lateinischen Kreuzes mit Umgangschor und einem Kapellenkranz im Osten und bietet eine Mischung verschiedener Baustile: Die Fassade ist romanisch gestaltet, die sechs Kuppeln muten byzantinisch an, der kegelstumpfförmige Vierungsturm, die Glockentürme und der Innenraum sind der Gotik verpflichtet. 1690-1737 fügte man am Chorhaupt die Cappella del Tesoro an. Seit der Fertigstellung des Baues kamen viele Gläubige an den Sarkophag des Heiligen, der u.a. als Schutzpatron der Reisenden und der Liebenden, der Bäcker und der Bergleute gilt. Die Kirche birgt auch eine Vielzahl von Reliquienschreinen, in denen die Zunge, Haut- und Haarreste, der Unterkiefer und der gesamte Stimmapparat des Heiligen bewahrt werden. Der Hochaltar mit seinen Bronzereliefs und Statuen ist ein Werk von Donatello (um 1386-1466), die Fresken stammen von Altichiero (um 1320-1395), und die Wandreliefs der Antoniuskapelle im linken Seitenschiff schufen Jacopo Sansovino (1486-1570) und Tullio Lombardo (um 1455-1532).

Gattamelata] Das von Donatello (um 1386-1466) in den Jahren 1447-1453 gefertigte Reiterstandbild (Bronze, Höhe 340 cm) auf der Piazza del Santo in Padua ist dem Condottiere der Republik Venedig, Erasmo de' Narni (1370-1443), genannt Gattamelata (Honigkatze), gewidmet. Es wurde von seinem Sohn Giannantonio de' Narni († 1456) in Auftrag gegeben.

grosen runden Plaz] Prato della Valle (Piazza Vittorio Emanuele). Dieser Platz war seit der Antike ein wichtiges kulturelles Zentrum der Stadt, hier befanden sich der Zirkus und das Theater. Später wurden hier Turniere, Jahrmärkte und Volksfeste veranstaltet. Die den Weimarern begegnende Gestalt des Platzes entstand 1775 im Auftrage des venezianischen Statthalters Andrea Memmo (1729-1793): Auf einer von einem Kanal umflossenen Insel errichtete man bis 1838 Standbilder berühmter Bürger und Einwohner Paduas.

6.5.1790

Kirche del Anunziade] Hier liegt eine Ungenauigkeit vor: Die Fresken Mantegnas (s. unten) befanden sich nicht in der 1303 errichteten, kleinen Kirche della Annunziata mit der Cappella della Madonna dell'Arena, der tonnengewölbten, einschiffigen Hauskapelle des Enrico Scrovegni († 1336), sondern in der dicht daneben liegenden Kirche degli Eremitani (s. Komm. (1) 23.5.1790). Die Kirche della Annunziata ist vor allem durch die Gemälde Giottos (1266-1337) in der Scrovegni-Kapelle berühmt, die die geistliche Heilsgeschichte von der Geburt Marias bis zum Jüngsten Gericht erzählen.

Johannes der Täüfer] In der Sakristei links des Chores der Augustinerkirche degli Eremitani (s. Komm. (1) 23.5.1790) befindet sich noch heute ›Johannes der Täufer in der Wüste‹ (1623, Öl auf Leinwand), das traditionell Guido Reni zugeschrieben wird.

Legente des grosen Christophels] Die Fresken Mantegnas in der Cappella Ovetari (Cappella Santi Jacopo e Cristoforo) der im 13. Jh. im Norden der Stadt erbauten ehemaligen Augustinerkirche Santi Filippo e Giacomo, genannt degli Eremitani (s. Komm. (1) 23.5.1790), zu Padua waren wohl die berühmteste Darstellung der Legende des Heiligen Christophorus, wurden aber 1944 nahezu vollständig zerstört. Die Kapelle, im 15. Jh. rechts an das Atrium der Kirche angebaut, wurde 1448-1457 mit Legenden des Heiligen Jakobus und des Heiligen Christophorus ausgemalt. Sie ist ein rechteckiger Bau mit Kreuzgewölbe, an den sich eine polygonale Apsis anschließt. Es wurden mehrere Künstler beauftragt: Von Antonio Vivarini (um 1415 – um 1480) stammen nur die Fresken des Kreuzgewölbes; der Heilige Jakobus, der Ewige Vater, die vier Kirchenväter und ein Terrakottarelief des Altars gehen auf Nicolo Pizzolo (1420-1453) zurück; das Bild des kanaanäischen Riesen malte Ansuino da Forli und den den Fluß überquerenden Christophorus führte Bono da Ferrara (tätig vor 1450-1461) aus. Alle anderen Bilder beider Legenden sind Werke von Mantegna. – Der aus Lykien stammende Christophorus, der unter Kaiser Decius (um 190-251) den Märtyrertod erlitt, soll einer mittelalterlichen Passion zufolge von riesenhafter Größe und hundsköpfig gewesen sein. Eine andere Legende erzählt, daß Christophorus, der die der Taufe vorausgehenden Bußübungen verweigerte, zur Strafe Pilger auf seinen Schultern durch einen Strom ohne Brücke tragen mußte. Eines Tages trug er ein kleines Kind, unter dessen Last er fast zusammenbrach: Es war Christus, der ihn auf solche Weise untertauchte, also taufte. Erst seitdem führte der spätere Märtyrer den Namen Christophorus (Christusträger). – Bury zeigte sich von den Bildern Mantegnas so beeindruckt, daß er im Herbst 1790 Kopien von dessen drei in den Uffizien zu Florenz zu einem Triptychon vereinten Gemälden anfertigte und zwei davon, die ›Beschneidung Christi‹ und die ›Himmelfahrt Christi‹, nach Weimar (Feder in Sepia, laviert; 40,7 × 42,3 cm bzw. 40,3 × 41,4 cm; beide Klassik Stiftung Weimar) schickte.

Meister Coregios] Correggio ging aus der Schule des Mantegna hervor.

nehmen Dingen] Nebendingen (vgl. Reichmann/Wegera § L61.4).

Brenda … Landhäußer] Brenta. Die Ufer der Brenta, eines später zum Kanal zwischen Padua und Venedig ausgebauten Flusses, sind berühmt wegen der vielen Villen, die sich der venezianische Adel im 16. bis 18. Jh. hier errichten ließ. Zu den über 100 Villen gehören die Villa Pisani, die Villa Rossi in Strà, die Villa Widman-Foscari und die Villa Valmarana in Mira, die Villa Ferretti Angeli in Dolo und die Villa Foscari in Malcontenta.

eines der Familie Pisania, von Paladio] Die Villa Pisani ›La nazionale‹ in Strà ist heute wohl das bekannteste und größte der Landhäuser an der Brenta. Die dem Vorbild Palladios folgende Villa mit Parkanlage, Stallungen und Gartenpavillons wurde 1736-1756 für den Dogen Alvise Pisani († 1741) durch Francesco Maria Preti (1701-1774) gebaut. Sie hat 114 Zimmer, das größte, der Festsaal, wurde 1762 von Giovanni Battista Tiepolo (1696-1770) mit dem Fresko ›Apotheose der Familie Pisani‹ ausgestaltet.

Goethen] s. Komm. (2) 4.4.1790.

Unsere Wohnung] Es war der Gasthof ›Scudo di Francia‹ (›Schild von Frankreich‹) bei der Riva del Carbon am Canale Grande.

Mayer] Johann Heinrich Meyer.

7.5.1790

Fera] Feiertag (ital. feria). Hier ist das bevorstehende Fest der Vermählung des Dogen mit dem Meer gemeint (s. Tb 13.5.1790, 16.5.1790).

herzoglichen Pallast] Der dreiflügelige Palazzo Ducale (Dogenpalast) zu Venedig entstand in seiner heutigen Gestalt zwischen dem 14. und 17. Jh. Doch schon im 9. Jh. befand sich an dieser Stelle das politische Zentrum der Republik und die Residenz der Dogen. Aber da der Große Rat (Maggior Consiglio) damals auf über tausend Mitglieder angewachsen war, beschloß man 1292, die zum Rio di Palazzo im Osten gelegene Sala dello Scrutino (1301-1309) zu errichten. 1422 begann man mit dem Bau des an der Piazzetta-Seite liegenden Palastteiles und glich seine Fassade in ihrer formalen Ausprägung mit Ausnahme des Balkons der Südseite an. Dagegen hob sich die Fassade zur Markuskirche mit dem monumentalen Portal, der 1439 von Giovanni (1360-1442) und Bartolomeo Buon (tätig 1421-1464) begonnenen Porta della Carta, erheblich von den anderen Flügeln ab. Durch sie, ein Meisterwerk der venezianischen Gotik, gelangt man in den mit bronzenen Brunnenbrüstungen und Loggien gestalteten Innenhof. Hier trugen die Bittsteller den Mitgliedern des Großen Rates ihre Anliegen vor. Süd- und Westflügel hatten drei Etagen: Über einer 5,76 m hohen Arkadenzone mit 17 spitzen Bogen erhob sich eine weitere Arkadenreihe mit der doppelten Anzahl Kielbogen. Das abschließende Obergeschoß mit dem charakteristischen Rautenmuster in rötlichem und weißem Kalkstein war genauso hoch wie die beiden Arkadengeschosse zusammen. Seine Wand wurde u.a. von sieben großen, spitzbogigen Fenstern durchbrochen, deren mittleres durch einen Balkon akzentuiert ist. Am 20. Dezember 1577 wurden West- und Südteil des Dogenpalastes durch einen Großbrand verwüstet, auf Drängen des Baumeisters Francesco Sansovino (1521-1583) jedoch weitgehend in der vorherigen Gestalt wieder aufgebaut. Bereits 1483 machte ein Brand des Ostflügels die Errichtung eines monumentalen, zum Rio della Canonica hin ganz mit istrischem Kalkstein verkleideten Neubaus nötig. Im 15. Jh. gestaltete Antonio Rizzo (um 1430-1499) die vom Hof in den Ostflügel führende Scala dei Giganti, eine einläufige Prachttreppe, die von zwei überlebensgroßen Plastiken, Neptun und Mars, flankiert wird. Sie sollten Venedigs Macht zu Wasser und zu Lande symbolisieren. Auf der obersten Stufe dieser Treppe vollzogen sich die Krönungszeremonien der Dogen. In die oberen Stockwerke gelangte man über die Treppe Scala d'Oro, die ihren Namen der reichen Verzierung mit

Fresken und Goldstuck verdankt. Die Gestaltung der Innenräume des Dogenpalastes ist in ihrer Kostbarkeit nicht weniger Symbol der Republik als das Äußere. In der Sala del Gran Consiglio hängen einige wertvolle Gemälde von Jacopo (1518-1594) und Domenico Tintoretto (1560-1635). Die Gemächer des Dogen im 2. Stock bestehen aus drei Räumen mit einer Fläche von 300 m^2. Hier liegen auch seine Amtszimmer. Im dritten Stock kann man die Sala delle Quattro Porte und die Sala del Collegio mit den 1575-1577 entstandenen Bildern von Veronese (s. Komm. (5) 11.5.1790) sehen. Neben den Prunkgemächern birgt das Gebäude aber auch die berühmten Bleikammern, alte Gefängnisse innerhalb des Dogenpalastes, und Geheimgänge.

Sankt Marcus Kirche] In der Basilica di San Marco an der Ostseite des Markusplatzes verschmelzen Elemente des byzantinischen, des romanischen und des gotischen Stils. Ihre herausragende Rolle nicht nur als architektonisches Kunstwerk, sondern auch als geschichtsträchtiger Ort in der Stadt Venedig beruht auf ihrer Funktion: Sie ist die Kapelle des Dogen und direkt mit dem Dogenpalast verbunden. Die Kirche wurde ursprünglich als romanische Backsteinkirche im Jahre 830 erbaut, 976 nach einem Brand erneuert, im 11. Jh. nach byzantinischem Vorbild umgebaut und schließlich im 15. Jh. gotisch verziert. Durch fünf Portale mit Basreliefs, die die Künste, das Handwerk, die vier Jahreszeiten und geometrische Formen zeigen und über denen verschiedene Episoden, u.a. die Überführung des Leichnams des Heiligen Markus im Jahre 829 von Alexandria nach Venedig, dargestellt sind, betritt man den Innenraum des Gotteshauses. Dessen Decken sind mit biblische Motive darstellenden Mosaiken bedeckt, eine rote Marmorplatte in der Mitte des Vestibüls markiert die Stelle, an der Friedrich Barbarossa (1122-1190) im Jahre 1177 vor Papst Alexander III. († 1181) niedergekniet sein soll. Der Hauptraum mit 500 meist orientalischen Säulen aus verschiedenen Marmorarten hat den Grundriß eines griechischen Kreuzes, über dem sich fünf Kuppeln erheben. Diese sind mit Mosaiken geschmückt, die die Propheten, die Himmelfahrt, das Pfingstwunder, den Evangelisten Johannes, die Mutter Gottes und das Heilige Abendmahl darstellen. In der Apsis ist die Abbildung des Christus Pantokrator zu sehen. An der linken Seite des Querhauses, in der Cappella della Madonna Nicopeia, wird eine Ikone bewahrt, die venezianische Schiffe im Kriege schützen sollte. Vom rechten Querhaus aus gelangt man in die Schatzkammer von San Marco. Über dem Hauptaltar der Kirche, der den Sarkophag mit den sterblichen Überresten des Heiligen Markus birgt, wird an hohen Festtagen das Altarbild, ein Werk byzantinischer Goldschmiedekunst, enthüllt.

die 4 schönen Pferde von Bronze] An der Außenseite auf der Loggia über dem Eingangsportal der Basilica di San Marco befindet sich ein antikes Viergespann aus vergoldeter Bronze. Es soll als Teil einer Quadriga den Triumphbogen des Nero, dann den des Traian in Rom geschmückt haben, kam mit der Verlagerung der Hauptstadt im 4. Jh. nach Konstantinopel, wo es das

Hippodrom krönte. 1204, als die Venezianer Konstantinopel eroberten, gelangten die vier Plastiken nach Venedig.

alte Zuchi] Giuseppe Carlo Zucchi war der Bruder des in Rom lebenden Antonio Zucchi.

Epigramen] Die ›Venezianischen Epigramme‹ begann Goethe, während er in der Lagunenstadt auf die Ankunft der Herzogin Anna Amalia wartete (s. Komm. (2) 4.4.1790). Am 4.5.1790 schrieb er an Caroline Herder: »Das Büchlein ist schon auf 100 Epigramme angewachsen« (WA IV 9, 203). Am 9.7.1790, zurück in Weimar, teilte er Knebel mit: »Mein Libellus Epigrammatum ist zusammengeschrieben« (WA IV 9, 213). In Auswahl erschien die Sammlung erstmals in Schillers (1759-1805) ›Musenalmanach für das Jahr 1796‹.

Knebels Uebersezung des Properz] Knebel übersetzte 1788-1790 Elegien des Properz ins Deutsche. 1795, unter dem Eindruck von Goethes ›Römischen Elegien‹, faßte Knebel diese Übersetzungen in Distichen und veröffentlichte 18 davon in Schillers (1759-1805) ›Horen‹. 1797 publizierte er 36 Elegien des Properz in einem Band.

8.5.1790

Carita Kirche und Stiftung] Die Bruderschaft von Santa Maria della Carità ist eine der ältesten religiösen Laienbruderschaften Venedigs, sie wurde im Jahre 1260 gegründet. Ihre außerordentlichen wirtschaftlichen Möglichkeiten erlaubten ihr, mit der Kirche Santa Maria della Carità am Canale Grande im Stadtteil Dorsoduro große Teile des angrenzenden Klosters zu erwerben. Diese Kirche war Mitte des 15. Jh. rekonstruiert worden, und adelige Familien hatten in den Jahren 1460-1464 darin Kapellen einrichten lassen. Vier davon sind mit Bildern von Giovanni Bellini geschmückt: die Sebastian-Kapelle mit dem Sebastians-Tryptichon (s. unten), das Laurentius-Triptychon in der Kapelle des Lorenzo Dolfin; das Christi-Geburt-Triptychon in der Kapelle des Andrea da Molin und das Madonnen-Triptychon in der Kapelle des Giacomo Zorzi (s. unten). 1561 betraute die Bruderschaft Santa Maria della Carità den Architekten Palladio mit dem Neubau ihrer Scuola. Die gotische Fassade besaß einen geschwungenen, mit Baldachinen bekrönten Giebel und zwei Maßwerkfenster. Um die Mitte des 18. Jh. wurde sie von Giorgio Massari (1687-1766) und Bernardino Maccaruzzi († 1798) durch die heutige Fassade mit auf hohen Sockeln ruhenden korinthischen Säulen ersetzt. Über dem Portal befand sich einst eine Nische mit Skulptur, Statuen bekrönten den abschließenden Segmentgiebel. Wie alle anderen Bruderschaftsgebäude wurde auch die Scuola Santa Maria della Carità von Napoleon aufgelassen. Seit 1807 ist sie mit der Klosteranlage Sitz der Akademie der schönen Künste. Bei der Anpassung der Räume an diese neue Funktion veränderte der Architekt Gianantonio Selva (1715-1819) auch die Fassade erneut: Die Rahmungen der seitlichen Fenster wurden begradigt und vereinheitlicht, der Segmentgiebel durch eine Attika ersetzt. Die der Akademie angeschlossenen Gallerie dell´Accademia, das berühmteste Museum der Stadt mit 24 Ausstellungssälen, gehen auf eine um 1750 von dem Maler Giovanni Battista Piazzetta (1682-1754) begründete umfangreiche Sammlung venezianischer Malerei vom 14. bis 18. Jh. zurück, bewahren aber auch die Sammlungen der von den Franzosen aufgelösten anderen Laienbruderschaften Venedigs.

Cristus der einen Toden erweckt] Die ›Aufweckung des Lazarus‹ von Leandro da Ponte genannt Bassano (1557-1622), die in den Gallerie dell'Accademia hing, war ursprünglich als Altarbild für die Kirche Santa Maria della Carità gemalt worden.

Heiligen Sebastian] Es handelt sich um ein 1460-1471 in Öl auf Holz gemaltes Triptychon, das für die Sebastian-Kapelle in der Kirche Santa Maria della Carità (s. oben) der gleichnamigen Scuola gedacht war und das sich noch heute in den Gallerie dell'Accademia zu Venedig befindet. Der linke Flügel (127 × 48 cm) zeigt Johannes den Täufer, der rechte (103 × 45 cm) den Heiligen Antonius als Abt, die Mitteltafel (103 × 45 cm) den Heiligen Sebastian. Die Lünette (59 × 170 cm) stellt die Verkündigung Mariae dar. Das Bild war von Zaccaria Vitturini in Auftrag gegeben worden.

Madonna mit dem Kind] Ebenfalls 1460-1471 entstand unter Beteiligung von Bellinis Werkstatt das Marientriptychon (Öl auf Holz) für die Kapelle des Giacomo Zorzi in der Kirche Santa Maria della Carità (s. oben). Der linke Flügel (127 × 48 cm) stellt den Heiligen Hieronymus dar, der rechte (127 × 48 cm) den Heiligen Ludwig. Die Mitteltafel (127 × 48 cm) zeigt die Madonna mit dem Kind, die Lünette (60 × 166) den leidenden Christus.

Conseil der Carita] Rat der Bruderschaft; s. Komm. (1) 8.5.1790.

Cristus Vorstellung im Tempel] Hier liegt wohl ein Irrtum Louise von Göchhausens vor: Es handelt sich eher um die Darstellung des ›Tempelgangs Mariae‹ (Öl auf Leinwand, 335 × 775 cm), die Tizian 1534-1538 für die dem Altar gegenüberliegende Wand der Sala d'Albergo der Bruderschaft von Santa Maria della Carità malte; das Gemälde verblieb auch an seinem Platz, als man in den Räumen die Gallerie dell'Accademia zu Venedig unterbrachte. Ursprünglich hatten die Brüder 1504 Pasqualino da Venezia († 1504) mit dieser Aufgabe betraut; doch er starb, und es vergingen 30 Jahre, bis man sich entschloß, Tizian damit zu beauftragen.

La Salute] Die Basilika Santa Maria della Salute wurde 1631-1682 am Ostende des Canale Grande nicht von Palladio, sondern von Baldassare Longhena (1598-1682) zum Andenken an die Überwindung der Pest im Jahre 1630 errichtet. Über eine Million Holzpfähle erforderte die Gründung dieses Kirchenbaus. Der Grundriß der überkuppelten Kirche ist ein Oktogon, von dem aus sich sechs Kapellen öffnen. 1667 beauftragte man Luca Giordano (1634-1705) mit der kompletten Dekoration der Kirche. Dem Portal gegenüber im mit einer kleineren Kuppel überspannten Altarraum bestimmt eine

Skulptur das Interieur: ›Die Stadt Venedig dankt der Jungfrau Maria für die Errettung von der Pest‹. Eine griechisch-byzantinische Ikone der Mutter Gottes am Hauptaltar, Tizians ›Heiliger Markus mit Sebastian, Rochus, Cosmas und Damian‹ oder ›Die Ausgießung des Heiligen Geistes‹ sind nur drei der vielen hier präsentierten Gemälde von Rang.

Malzeit, wo Cristus zu Gast sizt] In der Sakristei von Santa Maria della Salute hängt Tintorettos ›Die Hochzeit zu Kanaa‹ (1561, Öl auf Leinwand, 435 × 585 cm).

Pallast Falsatti] Der Palazzo Farsetti, heute Sitz der Kommunalverwaltung der Stadt, am Ende der Fondamenta del Carbon am Canale Grande im Stadtteil San Marco gelegen, gehört zusammen mit dem ihm benachbarten Palazzo Loredan (Rathaus) zu den ältesten Palästen der Stadt. Beide wurden vom 11. bis 13. Jh. im byzantinischen Stil errichtet. Die Aufstockung des Palazzo Farsetti stammt aus dem 16. Jh. Die Arkadenreihe des Erdgeschosses ermöglichte ursprünglich das einfache Ein- und Ausladen von Waren, auch das Piano Nobile (1. Etage) war nach vorn geöffnet, was sich im Grundriß in einem zentralen Saal, der sich zur Fassade hin T-förmig erweitert, zeigt.

Ausgüße] Gipsabguß. Die Sammlung von Kopien sowohl antiker als auch zeitgenössischer Skulpturen war ein Werk des Abbé Filippo Vincenzo Farsetti (1704-1744). Er hatte 1752 von Papst Benedikt XIV. (1675-1758) die Erlaubnis erhalten, in den römischen Museen solche Abgüsse anzufertigen, erwarb auch Bozzetti und Modelle aus den Werkstätten moderner Künstler. Ursprünglich wollte er seine Sammlung in einem neuen Familienpalast an Stelle des alten am Canale Grande ausstellen, doch das gelang nicht: 1755 eröffnete der Abbé sein Museum im alten Palazzo Farsetti. Nach seinem Tode übernahm ein Cousin, Daniele Farsetti (1725-1787), die Pflege der Kollektion, dann dessen Sohn Antonio Francesco Farsetti. Bereits 1782 hatte der Großfürst Paul von Rußland (1754-1801) die gesamte Skulpturensammlung kaufen wollen, doch widersetzte sich die Regierung der Stadt Venedig diesem Ansinnen. Nach dem Ende der Republik 1797 jedoch kam Antonio Francesco Farsetti auf das Anliegen Pauls zurück, so daß sich ein Teil der Schätze noch in St. Petersburg finden läßt.

9.5.1790

Prinz von Braunschweig] Karl Georg August von Braunschweig-Wolfenbüttel.

Scuola di San Marco] Die Scuola di San Marco, Sitz der Markusbrüderschaft, wurde 1485 am nordwestlichen Ufer des Kanals Rio dei Mendicanti erbaut und bestach in ihrem Inneren durch Reliefs und Trompe-l'œil-Darstellungen von Pietro Lombardo (1435-1515) und Antonio di Giovanni Buora (†1538). Viele ihrer Gemälde befinden sich heute in den Gallerie dell'Accademica. Seit der napoleonischen Besetzung ist die Scuola di San Marco Teil des sich am gegenüberliegenden Ufer erstreckenden Krankenhauses.

das wo seine Arm aus einen Reliquien Schranck erscheint] Tintorettos Gemälde ›Das Wunder des Heiligen Markus, der einen Sklaven vor der Todesstrafe bewahrt‹ (Öl auf Leinwand, 415 × 541 cm) von 1548 erregte außerordentliches Aufsehen und brachte dem Maler höchstes Lob u.a. von Pietro Aretino ein. Allerdings ragt der Arm nicht aus einem Reliquienschrank, sondern ist vom schwebenden Heiligen Markus von oben in das irdische Geschehen des Bildes ausgestreckt. Vielleicht hatte eine bestimmte Aufhängung einen solch falschen Eindruck bei Louise von Göchhausen erweckt. Dieses spektakuläre Bild gehört zu einem Zyklus über den Heiligen Markus, vier Bilder hängen heute in den Gallerie dell'Accademica zu Venedig, ein fünftes seit 1811 in der Pinacoteca di Brera zu Mailand. Die ersten vier, das genannte Markuswunder, ›Die Auffindung des Leichnams des Heiligen Markus‹ (1562, Öl auf Leinwand, 405 × 405 cm; Mailand), ›Die heimliche Entführung des Leichnams des Heiligen Markus‹ (um 1562, Öl auf Leinwand, 422 × 316, stark beschnitten) und ›Die Rettung des Sarazenen durch den Heiligen Markus‹ (1565, Öl auf Leinwand, 422 × 316 cm, stark beschnitten), entstanden im Auftrage des Arztes und Philologen Tommaso Rangones (1493-1577) für die Scuola Grande di San Marco. ›Der Traum des Heiligen Markus oder Pax tibi, Marce‹ (Öl auf Leinwand, 390 × 322 cm) wurde erst 1586 wohl von Tintorettos Sohn, Domenico Robusti (1560-1635), gemalt.

San Giovani e Pauolo] Die Basilika Santi Giovanni e Paolo (94 m × 40 m) wurde seit 1234 von den Dominikanern im Stile der venezianischen Gotik erbaut und 1430 geweiht. Die unverhältnismäßig große Anzahl von Grabmälern darin macht diese dreischiffige Kirche mit den Spitzbogengewölben zu einer Art Pantheon: Hier finden sich u.a. das 1481 von Pietro Lombardo (1435-1515) geschaffene Grabmal für den Dogen Pietro Mocenigo (regierte 1474-1476), die Grabstätten der Dogen Michele Morosini (regierte 1382), Andrea Vendramin (regierte 1476-1478) und des Siegers von Lepanto, Sebastiano Venier (regierte 1477/78), sowie das Grabmal des Engländers Odoardo Windsor († 1574). Ein ursprünglich vorhandener hölzerner Chor wurde später entfernt. Von großer künstlerischer Bedeutung sind auch der Flügelaltar des Heiligen Vincenzo Ferreri, ein Jugendwerk Giovanni Bellinis, die barock ausgestattete Cappella dell'Addolorata sowie die Cappella della Madonna della Pace.

Märtyrer todt des Petrus Martyr] Tizians Gemälde ›Tod des Heiligen Petrus Martyr‹ für die Kirche Santi Giovanni e Paolo in Venedig entstand in den Jahren 1528-1530. Es verbrannte im Jahre 1867 und ist nur in einem Stich von Martino Roto aus den Jahren 1558-1566 überliefert.

Pallast Pisani] Der Palazzo Pisani-Moretta im Stadtteil San Polo (vgl. auch Goethe 1740, 59 f.) stammt aus dem 15. Jh. Er ist ein Beispiel des an Verzierungen reichen ›gotico fiorito‹-Stiles mit Loggien im 1. und 2. Obergeschoß. Chiara Pisani und ihre Söhne Pietro Vettore und Vettore bauten 1739-1746 den Palast um: Sie entfernten eine gotische Freitreppe, die einst im hinteren

Innenhof direkt in den 2. Stock geführt hatte, und ersetzten sie durch ein barockes Treppenhaus. Später wurden noch ein Dachgeschoß und eine Dachterrasse aufgesetzt. Zur bis heute zum Teil erhaltenen barocken Innenausstattung gehören Fresken von Jacopo Guarana (1470-1528), Giovanni Battista Tiepolo (1696-1770), Antonio Zanchi (1631-1722), Giuseppe Angeli (1712-1798), Giambattista Piazzetta (1682-1754) und Gaspare Diziani (1689-1767). Paolo Veroneses Bild ›Familie des Darius vor Alexander dem Großen‹ (s. unten) wurde jedoch 1857 verkauft.

Familie des Darius] Paolo Veroneses ›Familie des Darius vor Alexander dem Großen‹ (nach 1565, Öl auf Leinwand, 234 × 473 cm) befindet sich heute in der National Gallery in London. – Die Legende berichtet, daß die Mutter des unterlegenen Königs Darius, Sisygambis, als man sie mit den Siegern bekannt machte, vor Hephaistion auf die Knie fiel, weil sie ihn seiner Ehrfurcht gebietenden Gestalt wegen für Alexander hielt, worauf Hephaistion auf den wahren König wies. Dieser nahm die Verwechslung mit seinem Freund nicht übel: »Auch er ist Alexander.«

Conservatorium i mendicanti] Bei der Kirche San Lazzaro dei Mendicanti an den Fondamenti dei Mendicanti, die seit 1826 zum städtischen Krankenhaus gehört, war wie bei La Pietà (s. Komm. (3) 16.5.1790), Santi Giovanni e Paolo oder dem Ospedale degli Incurabili auch eine Wohlfahrtseinrichtung zur Erziehung von verwaisten oder ausgesetzten Kindern entstanden. Diese entwickelte sich seit Anfang des 17. Jh. zu einem Konservatorium, auf das sich nicht zuletzt Venedigs Ruhm als Musikmetropole gründete. Die im Conservatorio dei Mendicanti ausschließlich aufgenommenen Mädchen wurden bei entsprechender Begabung zu virtuosen Sängerinnen und Instrumentalistinnen ausgebildet und bis zu ihrer Heirat versorgt (vgl. auch Goethe 1740, 31 ff., 375 f.). Sie gaben regelmäßig Konzerte, die sich großen Zulaufs durch das internationale Publikum erfreuten. Die Kirche San Lazzaro dei Mendicanti, die das Konservatorium trug, war 1601-1631 nach Plänen von Scamozzi (1552-1616) als einschiffiger Bau mit Presbyterium errichtet worden. Im Inneren trennt ein Grabmonument für den Prokurator Alvise Mocenigo († 1654) das Vestibül vom übrigen Kirchenraum ab. Es ist ebenso wie die 1673 errichtete Fassade ein Werk des Giuseppe Sardi (1624-1699). Auf der Innenseite des einem Triumphbogen nachempfundenen Baus befinden sich Reliefs zum türkischen Angriff auf die Festung Martenengo und zur Seeschlacht bei Paros sowie die Statuen der Gerechtigkeit und der Stärke von Josse de Corte / Giusto Lecurt (1627-1679), auf der äußeren Seite sieht man Reliefs zu Plänen griechischer Festungen und die Statuen des Glaubens und der Mäßigung von der Hand Giuseppe Bellonis. Die Kirche birgt darüber hinaus auch frühe Arbeiten von Jacopo Tintoretto (›Die Heilige Ursula und die 10000 Jungfrauen‹, 1544-1547, 330 × 178 cm) und Paolo Veronese (›Die Kreuzigung mit Maria und Johannes‹) sowie die Gemälde ›Die Verkündigung Mariae‹ von Giuseppe Porta Salviati (1520-1570) und ›Die Heilige Helena vor dem wahren Kreuz‹ von Guercino.

Agar fugiens in Desertum] Francesco Bianchis Oratorium ›Agar fugiens‹ (›Die fliehende Hagar‹) war 1785 auch schon am Ospedale dei mendicanti in Venedig uraufgeführt worden.

10.5.1790

Scuola di San Roco] Die 1478 gegründete Bruderschaft von San Rocco gelangte 1485 in den Besitz von Reliquien des Pestheiligen Rochus und brauchte nun einen festen Sitz. Seit 1517 wurde daher eine Scuola in der Nähe des Kanals Rio della Frescada im Stadtteil San Polo von Bartolomeo Buon (tätig 1421-1464), seit 1524 von den Brüdern Sante (1504-1560) und Giulio Lombardo und seit 1527 schließlich von Scarpagnino († 1549) errichtet und in der Mitte des Jahrhunderts fertiggestellt. Finanziert wurde dieser Bau durch reiche venezianische Bankiers, die sich durch diese gute Tat vor der Pest zu schützen hofften. Die Fassade der Scuola, die der bescheiden wirkenden, die Gebeine des Heiligen Rochus beherbergenden Kirche San Rocco gegenüberliegt, ist durch korinthische Säulen gegliedert. Die Sala d'Albergo (Sitzungssaal des Vorstandes) und die Sala superiore (Versammlungssaal der Bruderschaft) im 1. Obergeschoß sowie die Eingangshalle (Sala terrena) im Erdgeschoß sind mit Ensembles von Ölbildern von der Hand Tintorettos ausgestaltet. Auch die Kirche birgt Kunstwerke dieses Malers, der bis 1587 an den alt- und neutestamentlichen Sujets arbeitete. Daneben bewahrte die Scuola noch Werke anderer Künstler, etwa eine ›Mariae Verkündigung‹ und ein ›Ecce homo‹ von Tizian, ›Die Engel besuchen Abraham‹ von Tiepolo (1696-1770), einen das Kreuz tragenden Christus, der Tizian oder Giorgione (1478-1510) zugeschrieben wird.

Flucht aus Egypten] Gemeint ist wohl ›Die Flucht nach Ägypten‹ in der Sala terrena. Zwar findet sich an der Decke der Sala superiore ein kleines Gemälde, das eine Flucht aus Ägypten zeigt, nämlich ›Der Durchgang durch das Rote Meer‹, doch hat es nicht dieselbe Präsenz wie das erstgenannte Bild. Die ›Flucht nach Ägypten‹ ist das mittlere der fünf Bilder an der Ostwand des Raumes, umgeben von einer ›Verkündigung‹ und einer ›Anbetung der Könige‹ einerseits und dem ›Bethlehemitischen Kindermord‹ und einer Heiligen, möglicherweise Maria Magdalena, andererseits. Die andere Seite des Saales, die durch Treppenportale, Türen und Fenster stark gegliedert ist, zeigt eine ›Beschneidung Christi‹, die ›Himmelfahrt Mariae‹ und eine lesende Heilige, die sogenannte ›Maria Aegyptiaca‹, sämtlich von Tintoretto 1783-1787 gemalt.

ein Beschneitung] Von Paolo Veroneses eigener Hand ist heute nur noch ein Gemälde dieses Sujets bekannt, die 1558-1560 entstandene ›Darstellung im Tempel und Beschneidung Christi‹ am Orgelflügel der Kirche San Sebastian zu Venedig, ein anderes ist eine Arbeit aus Veroneses Werkstatt, die sich heute in Dresden befindet. 1870 vermerkte ein Katalog von zu verkaufenden Bildern zwei ›Beschneidungen‹ von Veronese in Venedig, die allerdings heute verloren sind. Entweder bezieht sich Louise von Göchhausen auf eines der letztgenannten Gemälde, oder sie verwechselte die Namen der Maler und meinte Tintorettos ›Beschneidung Christi‹ im Erdgeschoß der Scuola di San Rocco (s. oben).

Engel der zur Maria kommt] ›Mariae Verkündigung‹ (Öl auf Leinwand, 166 × 266 cm) malte Tizian um 1535. Es war 1555 ein Geschenk des Rechtsgelehrten Melio Cortona an seine Bruderschaft und wurde in der Sala d'Albergo aufgehängt, mußte jedoch später den Tintorettos weichen und kam ins Treppenhaus. Heute hängt sie im Kapitelsaal der Scuola di San Rocco.

Grose Kreutzigung] Tintorettos ›Kreuzigung Christi‹ (Öl auf Leinwand, 536 × 1224 cm) entstand 1565-1567 für die Sala d'Albergo der Scuola di San Rocco. Sie ordnet sich ein in die Darstellung der Passion Christi an den Wänden des Raumes, zu der außerdem ›Christus vor Pilatus‹, ›Ecce homo‹ und ›Die Kreuztragung‹ gehören. Die Decke zeigt ein ovales Gemälde ›Die Verklärung des Heiligen Rochus‹, umgeben von friesartigen allegorischen Darstellungen.

Kirche i Frari] Die Kirche Santa Maria Gloriosa dei Frari wurde 1236-1338 von den Franziskanermönchen errichtet, bald darauf jedoch noch einmal umgebaut. Ihr Campanile aus dem Jahr 1361 ist einer der höchsten Venedigs. In dieser Kirche wurde 1576 Tizian beigesetzt. Das zugehörige Kloster ist eines der bedeutendsten des Ordens in ganz Italien. Das dreischiffige Gotteshaus mit seinen sieben Apsiskapellen bewahrt noch heute in seinem Inneren das von den Weimarer Reisenden bewunderte Kunstwerk, die 1519-1526 von Tizian für den Altar der Familienkapelle der Pesaro geschaffene ›Madonna der Familie Pesaro‹ (Öl auf Leinwand, 478 × 268 cm); daneben die ›Himmelfahrt Mariae‹ (Öl auf Holz, 690 × 360 cm), die Tizian 1516-1518 für den Hauptaltar der Kirche malte, die Holzstatue Johannes des Täufers von Donatello (um 1386-1466), Grabmäler der Dogen Francesco Foscari (1373-1457) und Nicolo Tron (regierte 1471-1473), ›Der Heilige Hieronymus‹ von Alessandro Vittoria (1525-1608) am Zane-Altar und das 1488 von Giovanni Bellini geschaffene Marien-Triptychon mit seinem Mittelteil ›Maria mit musizierenden Engeln‹ (Öl auf Holz, 184 × 79 cm). Dessen Flügel mit den Heiligen Nikolaus und Petrus (Öl auf Holz, 115 × 46 cm) sowie Benedikt und Markus (Öl auf Holz, 115 × 46 cm) inspirierten Dürer später zu seinen ›Vier Aposteln‹ (vgl. Komm. (5) 13.6.1790).

Murano … Glaß Fabrick] Die Inselstadt Murano hat ähnliche natürliche Voraussetzungen wie Venedig: Sie besteht aus neun durch Holz- und Steinbrücken verbundenen Inseln und wird von einem Canale Grande durchflossen. 17 Kirchen und viele prächtige Adelspaläste (u.a. der Palazzo da Mula, der 1689 errichtete Palazzo Giustiniani, ehemals Sitz des Bischofs von Torcello, und der Palazzo Trevisan) zeugen von der bis ins 18. Jh. andauernden wirtschaftlichen Blütezeit der Stadt, die auf der bis ins 7. Jh. zurückreichenden Glaserzeugung beruhte. Bis 1500 hatten die Glasmacher auf Murano meist dickwandige Gefäße aus grünem oder blauem Glas mit eingebrannten Emailfarben hergestellt, die durch die orientalischen Gefäße des Mittelalters angeregt worden waren. Seit dem 16. Jh. schufen sie einen eigenen Stil: In dünnwandig geblasenes Material setzte man farbige, sich spiralig windende oder kreuzende Fäden oder farbige Edelsteine nachahmende Glasstücke ein. Neben der Produktion von Haushaltglas oder den berühmten venezianischen Spiegeln, die in den vorzüglichsten Barockbauten Europas zu finden sind, entwickelte sich so die Glasmacherei zu einem wirklichen Kunsthandwerk. Ein Meister dieser Kunst war Angelo Barovier (1405-1460), der selbst aus einer alten Glasmacherfamilie stammte. Einer seiner Verwandten hatte das Milchglas, welches im 18. Jh. als Porzellanimitat einen zweiten Höhepunkt erlebte, und die dem gestreiften Achat ähnliche Glaspaste Chalzedon erfunden; auf Angelo Barovier ging die epochemachende Entwicklung des Kristallglases zurück. Durch Verrat kamen viele der geheimen Rezepte trotz strengster Strafdrohungen u.a. an den Geistlichen Antonio Neri, der 1612 seine Sammlung von Glasrezepturen unter dem Titel ›L'arte vetraria‹ (›Die Glaskunst‹) in Florenz herausbrachte. Spätere Auflagen in vielen europäischen Sprachen ermöglichten im 17. Jh. die Errichtung von Glashütten überall in Europa, die das Monopol Muranos zerstörten. Das Ende der Republik Venedig stürzte auch dessen Glasfabrikation in Murano in die Krise, und erst Ende des 19. Jh. entwickelte sich für antiquarisches und neues Muranoglas wieder ein Markt.

einige Kirchen] Unter den vielen Kirchen Muranos wird ein Besuch im Dom San Donato, in der Basilika San Pietro Martire und in Santa Maria degli Angeli unverzichtbar gewesen sein. – Die Basilika San Donato, ursprünglich der Gottesmutter geweiht, wurde im 8. Jh. erbaut. Die Apsis ist zum Canale Grande gewandt, die Hauptfassade nach Osten zur Stadt. Der Bau mit dem sechseckigen Grundriß hat einen dreischiffigen Innenraum mit einem an Ornamenten und symbolischen Tierdarstellungen reichen Mosaikboden. Von besonderem Wert ist das Bildnis der ›Betenden Madonna‹. – Die Basilika San Pietro Martire am Rio dei Vetral und das zugehörige Kloster wurden 1338 durch Dominikaner gegründet und 1511 erneuert und erweitert. Nach der Säkularisierung durch Napoleon wurden beide all ihrer Kunstwerke beraubt. Heute enthält die Basilika religiöse Kunst aus anderen, nicht mehr existierenden Bauwerken Muranos. – Die Klosterkirche Santa Maria degli Angeli am Ende des Fondamente Venier am Canale degli Angeli war im 16. Jh. unter Verlust des Klosters und des Nonnenchores erneuert und später im Barockstil ausgestattet worden. Hier finden sich eine Deckenbemalung von Pennacchi (1500-1550) und Arbeiten von Jacopo Palma jun. (1544-1628), Antonio Pordenone (um 1483-1539) und Francesco Salviati (1510-1563).

11.5.1790

Lido] Strand, Küste, Gestade. In Venedig bezeichnet man mit diesem Wort einen Teil der langgestreckten Landstreifen, die vor Venedig die Lagune vom Adriatischen Meer trennen.

Patriarchal Kirche] Basilica di San Marco; s. Komm. (3) 7.5.1790.

Pallast des Doge] Palazzo Ducale; s. Komm. (2) 7.5.1790.

4 schöne Tintorets] Im Dogenpalast findet sich noch heute eine ganze Reihe von Decken- und Wandgemälden von der Hand Tintorettos: Im Atrio Quadrato schmückt die Decke das Gemälde ›Giustitia überreicht dem Dogen Girolamo Priuli auf Empfehlung der Venetia und in Anwesenheit des Heiligen Hieronymus Schwert und Waage‹ (1559-1567, Oktogon). In der Sala delle Quattro Porte befinden sich zwei Deckengemälde, ›Jupiter geleitet Venetia in die Lagunen‹ und ›Juno übergibt der Venetia den Plan‹, aus den Jahren 1577-1581. Die Sala dell'Anticollegio schmücken vier Gemälde aus dem Jahr 1578, ›Merkur und die drei Grazien‹ (Öl auf Leinwand, 146 × 155 cm), ›Bacchus, Ariadne und Venus‹ (Öl auf Leinwand, 146 × 167 cm), ›Minerva drängt Mars von Pax und Abundantia zurück‹ (Öl auf Leinwand, 148 × 168 cm), ›Schmiede des Vulkan‹ (Öl auf Leinwand, 145 × 156 cm). In der Sala del Collegio waren die Gemälde ›Der Doge Francesco Donato wohnt der Verlobung der Heiligen Katharina bei‹, ›Der Doge Andrea Gritti kniet vor der Madonna‹, ›Der Doge Niccolo da Ponte kniet vor der Madonna‹, ›Dem Dogen Alvise Mocenigo erscheint der schwebende Christus‹ zu sehen. Die Gemälde an Decke und Wänden der Sala del Senato stammen überwiegend aus der Werkstatt des Tintoretto. In der Sala dello Scrutino hängt die ›Schlacht von Zara‹ aus dem Jahre 1587, in der Sala del Maggior Consiglio ›Das Paradies‹ (1588-1590). Welche dieser und anderer Tintorettos Louise von Göchhausen hier speziell meinte, muß offen bleiben.

Paulveronese] Werke Veroneses finden sich mehrfach im Dogenpalast: Im Saal des Rates der Zehn war er 1553 zusammen mit Giambattista Ponchino (1500-1570) und Giambattista Zelotti (1526-1578) an der Gestaltung der Decke mit den Gemälden ›Jugend und Alter‹ (Öl auf Leinwand, 280 × 145 cm) und ›Juno schüttet ihre Gaben über Venedig aus‹ (Öl auf Leinwand, 350 × 140 cm) beteiligt. Ebenfalls Deckengemälde sind im Saal der Häupter des Rates der Zehn ›Die Bestrafung des Fälschers‹ (Öl auf Leinwand, 270 × 165 cm) und ›Tugend bezwingt die Sünde‹ (Öl auf Leinwand, 270 × 165 cm). 1575-1577 gestaltete Veronese die Decke der Sala del Collegio mit den Gemälden ›Venetia als Herrscherin zwischen Gerechtigkeit und Frieden‹ (Öl auf Leinwand, 250 × 180 cm) und den beiden Allegorien ›Sanftmut‹ und ›Dialektik‹ (jeweils Öl auf Leinwand, 220 × 160 cm). 1580 malte Veronese für Jacopo Contarini (1536-1595) den ›Raub der Europa‹ (Öl auf Leinwand, 240 × 303 cm), der 1713 von Bertolucci Contarini der Republik Venedig geschenkt und später in der Sala dell'Anticollegio aufgehängt wurde.

Religion ein Doge knied dafür] Tizian erhielt ursprünglich den Auftrag, vier Votivbilder von Dogen für die Sala del Collegio des Palazzo Ducale auszuführen, eines für Marcantonio Trevisan (um 1475-1554), eines für Andrea Gritti (1455-1538), eines für Pietro Lando (1462-1545) und eines für Antonio Grimani (1436-1523). Doch 1577 verbrannten die ersten drei, und Tintoretto und seine Werkstatt wurden damals gebeten, die verlorenen Bilder neu zu malen. Von Tizian blieb nur das Gemälde ›Der Doge Antonio Grimani vor dem Glauben kniend‹ (Öl auf Leinwand, 373 × 496 cm), das wohl, obgleich bereits 1555 in Auftrag gegeben, erst nach dem Brand und mit geringen Vollendungsarbeiten durch Marco Vecellio (1545-1611) geliefert wurde. Seit 1581 hängt es in der Sala delle Quattre Porte.

Marcus Thurm] Ursprünglich war der 1511 auf den Grundmauern eines Turmes aus dem Jahre 888 erbaute, viereckige Campanile (98 m) von San Marco auch ein Turm zur Orientierung für Seefahrer. Über 582 Stufen gelangte man, so beschrieb es J. C. Goethe (Goethe 1740, 21), unter das von 16 Marmorsäulen getragene Dach mit der Inschrift »Venit in pace. Deus homo factus est« (»Er kommt in Frieden. Gott ist Mensch geworden«). Am Fuße des Glockenturmes befindet sich seit 1540 eine Loggetta des Baumeisters Sansovino (1486-1570). Vier Bronzestatuen und Erztüren gereichen dem Bau ebenso zur Zierde wie die Statue des Erzengels Gabriel auf der Spitze, die die Windrichtung anzeigt. Im Jahre 1902 stürzte der Turm ein, wurde aber binnen neun Jahren wieder aufgebaut. Vier der fünf alten Glocken wurden eingeschmolzen und neu gegossen.

Senator von Rom] Abbondio Faustino Rezzonico.

12.5.1790

Prinz August von England] Augustus Frederick von Großbritannien und Braunschweig-Hannover.

Oper San Samueli] Das der Familie Grimani gehörige Teatro di San Samuele wurde 1655 errichtet und brannte 1748 nieder. Zwar wurde es bald wieder aufgebaut, jedoch Ende des 18. Jh. endgültig abgerissen.

13.5.1790

Ascenza] Überlegenheit. Hier ist das Fest der Vermählung der Serenissima Venedig bzw. des Dogen mit dem Meer aus Anlaß der Gewinnung der Vorherrschaft über die Adria gemeint (s. Komm. (1) 16.5.1790).

Mendicanti] s. Komm. (8) 9.5.1790.

Prinz von England] Augustus Frederick von Großbritannien und Braunschweig-Hannover.

Oper San Benedetto] Das Teatro San Benedetto wurde auf Kosten der venezianischen Patrizierfamilie Grimani di San Luca erbaut und während des Karnevals 1756 mit Gioacchino Cocchis (um 1715-1804) Oper ›Zoë‹ eröffnet. Es löste das Teatro San Giovanni Grisostomo ab. Die in den letzten Jahren der Republik sehr erfolgreich tätige Theaterleitung brachte vor allem viele Werke

Paisiellos und Cimarosas zur Aufführung. Nach einem Brand 1774 kam es zu längeren Streitigkeiten um den Wiederaufbau, und so übernahm das 1792 an anderer Stelle eröffnete Teatro La Fenice, das mit Paisiellos ›I giuochi d'Agrigento‹ (›Die Dummköpfe von Agrigento‹) seine Pforten öffnete, die Rolle als bedeutendste Opernbühne der Stadt. Das 1784 schließlich an Stelle des San Benedetto gebaute Theater – es firmierte seit 1868 unter dem Namen Teatro Rossini – erlangte die frühere Bedeutung nicht wieder.

Antigona] Bertonis Oper ›Antigona‹ (Text: Gaetano Roccaforte) war bereits 1756 in Genua uraufgeführt worden. Aber auch andere zeitgenössische Komponisten hatten sich des Stoffes angenommen, so daß die Aufführung hier nicht genau identifiziert werden kann.

14.5.1790

Cartaces] Mit den Carceres sind wohl die unter dem mit Blei gedeckten Dach des Dogenpalastes über der Sala dei Dieci gelegenen Zellen des Untersuchungsgefängnisses gemeint. Die dort herrschende Hitze war für die Gefangenen, deren heute prominentester Giacomo Casanova (vgl. Casanova IV, Kapitel 12) war, besonders quälend. Nach der Verurteilung im Dogenpalast führte man die Staatsgefangenen gewöhnlich über die sogenannte Seufzerbrücke in den nebenanliegenden zweigeschossigen Gefängnispalast, wo sie ihre Strafe abzusitzen hatten. Da die 1591 eingerichteten Bleikammern bis 1797 in Benutzung waren, sind Zugangsbeschränkungen nicht verwunderlich.

Prinz] Augustus Frederick von Großbritannien und Braunschweig-Hannover.

Ponte Rialdo] Die berühmteste Brücke über den Canale Grande war auch damals die Rialtobrücke. Bereits 1172 ist an dieser Stelle eine Brücke belegt, eine Floßbrücke, der später noch verschiedene hölzerne Bauten folgten. Im Jahre 1557 veranstaltete Venedig schließlich einen Wettbewerb für eine steinerne Brücke, an dem auch Palladio und Sanmicheli (1484-1559) teilnahmen. Sieger wurde Antonio Da Ponte (1512-1597), dessen eleganter Bogen aus istrischem Marmor mit zwei Ladenreihen 1591 eingeweiht wurde und seitdem ein Wahrzeichen Venedigs ist (vgl. auch Goethe 1740, 58 f.).

Englischen Reiter] Für das 18. und 19. Jh. ist eine Reihe von Kunstreitergesellschaften bezeugt, oft aus Frankreich, aber auch aus anderen europäischen Ländern stammend, die in den Reithallen der Städte, der fürstlichen Residenzen und auf Jahrmärkten Vorführungen ihrer Kunst boten. Dazu gehörten der ›barocke‹ oder ›akademische‹ Reitstil (s. unten), aber auch akrobatische Übungen wie die Ungarische Post oder Wettrennen (vgl. Beschreibung einer solchen Vorführung durch eine Mailänder Gesellschaft in den Briefen August von Goethes, Goethe 1830, 53 f.). Aus solchen Gesellschaften ging u.a. im letzten Drittel des 19. Jh. der moderne Zirkus hervor. Es könnte sich also hier um eine von den britischen Inseln stammende Truppe handeln. Aber auch ein anderes Verständnis ist möglich: Etwa um die Mitte des 18. Jh. kam ein neuer Reitstil auf, der ›englisch‹ oder ›natürlich‹ genannt wurde. Auslösendes Moment für die Durchsetzung dieses neuen Verständnisses der Reiterei war der gewaltige Erfolg, den Generalmajor Friedrich Wilhelm von Seydlitz (1721-1773) in der Schlacht bei Roßbach am 5.11.1757 errang, indem er mit 38 preußischen Reiterschwadronen in vollem Galopp die französischen Linien blitzartig zersprengte. Dieser Sieg brachte einen in England bereits im Gefolge des dortigen Jagdreitens gepflegten Reitstil zum Durchbruch, der im Gegensatz zum zwischen 1600 und 1750 in Neapel, Portugal, Spanien sowie im Deutschen Reich gepflegten ›barocken‹ oder ›akademischen‹ Reitstil stand. Dieser wurde vor allem in hohen Sätteln auf großen, schweren Pferden geritten und legte besonderen Wert auf die Versammlung des Tieres (hauptsächliche Belastung der Hinterbeine), seine vollständige Beherrschung in einer Vielzahl von Dressurübungen auf und über der Erde (Schritt- und Gangarten, Pirouetten, Levaden usw.) und auf die stete Herstellung des Gleichgewichts in der Bewegung. Die englische Reiterei nahm nun zunehmend auch durch den Export leichter, flinker und ausdauernder Vollblutpferde, die man hier aus arabischen und türkischen Rassen im Hinblick auf ihre Renn- und Springeigenschaften gezüchtet hatte, starken Einfluß auf die Reitkultur des Kontinents. Man ritt dabei aufrecht oder leicht zurückgelehnt auf flachen Sätteln, disziplinierte sich und das Pferd weit weniger als in der Hohen Schule, legte jedoch Wert auf Schnelligkeit in der Vorwärtsbewegung, auf die Springkraft des Tieres im Gelände. Vielleicht erlebten die Reisenden also auch eine Vorführung solchen Reitens in Venedig mit. Der englische Stil, der heute in Europa die meistverbreitete Art des Reitens ist, erfuhr jedoch seit dem Anfang des 19. Jh. noch eine weitere Entwicklung: Obwohl auch britische Pferdespezialisten wie Henry Herbert, der 10. Earl of Pembroke (1734-1794), in der Militär- und Jagdreiterei stets, wenn auch zunächst vergeblich, auf die Notwendigkeit eines fortgeschrittenen Schulreiterwissens verwiesen hatten (›Military Equitation‹, 1778), setzte sich ein ausbalancierterer Reitstil, der die Freiheit von Pferd und Reiter zugunsten z.B. sicheren Waffengebrauchs, stärkerer Ausbildung des Tieres und taktischer Disziplin der Reitertruppen etwas einschränkte, erst nach den napoleonischen Kriegen durch. Die barocke Reitkunst fand jedoch in dieser Zeit ihr endgültiges Ende im Krieg, auf der Jagd und im Reisen. Sie blieb als eine kulturhistorisch interessante Disziplin in den Vorführungen der Spanischen Hofreitschule oder im Dressurreiten erhalten.

15.5.1790

Arsenal] Das Arsenal, die Werft der Stadt Venedig, liegt im Nordosten des Stadtteiles Castello. Seit dem 12. Jh. brachen von hier aus die großen Handelsschiffe und Kriegsflotten auf, die den Reichtum der Stadt begründeten und ihre Dominanz im Mittelmeer über Jahrhunderte gegen Piraten und feindliche Staaten verteidigten. Im Jahre 1104 begann man, im Sumpf der

Insel ein Wasserbecken abzuteilen, Hallen und Docks zu errichten. Bis 1345 vervierfachte sich die Größe des Arsenals. Mindestens 1 000, oft auch 3 000 Menschen, um 1560 sogar 16 000 Arbeiter waren hier beschäftigt. Das von hohen Backsteinmauern, Wehrgängen und Wachtürmen festungsartig geschützte Areal mit einem Eingangstor, das als der erste Renaissancebau der Stadt gilt, schützte das technologische Wissen und Rüstzeug, das die Vormachtstellung Venedigs garantierte. Ihm räumte die Regierung der Republik jederzeit höchste Priorität ein. Die Handwerker, die nicht nur die Schiffe, sondern all ihre Ausrüstungsteile produzierten, waren zum Teil hochqualifiziert. Die Masse waren Schiffszimmerer und Kalfaterer; Frauen schneiderten die Segel; eine Bäckerei lieferte den Schiffszwieback; in einer 316 m langen Halle, der Seilerei, wanden Reepschläger viele Kilometer von Schiffstauen; Schmiede produzierten Schiffsnägel und Ruderscharniere; Waffenschmiede stellten Rüstungen, Lanzen und Schwerter her; in der Gießerei entstanden Kanonenrohre; Schwarzpulver wurde gemischt, Pech geschmolzen. Die Organisation des Arsenals glich im ausgehenden Mittelalter bereits einem neuzeitlichen Industriebetrieb: War der Schiffskörper einer Galeere schwimmfähig, so zog man ihn mit einem Boot durch einen Kanal, an dessen beiden Seiten die diversen Spezialwerkstätten lagen. Von diesen aus wurden durch die Fenster alle Ausrüstungsstücke auf das Schiff hinaufgereicht und dort angebracht. Erreichte die Galeere das Ende dieser Gasse, bestieg die Mannschaft das Schiff und besetzte die Ruder. Zu Beginn des 15. Jh. konnten auf diese Weise an einem Arbeitstag zehn Schiffe die Werft verlassen. Die Belegschaft, die Arsenalotti, war streng hierarchisch gegliedert und bildete zugleich eine eigene Gesellschaftsschicht: Sie sprach einen eigenen Jargon, heiratete meist untereinander, wohnte in Castello. Eine sonst völlig unbekannte Sozialpolitik, Arbeitsplatzgarantie und Altersversorgung, sicherte den Dogen die Loyalität der Arbeiter, so daß diese auch zu sicherheitsrelevanten Aufgaben herangezogen werden konnten: Sie kontrollierten die Eingänge des Dogenpalastes, wenn der Große Rat tagte, nahmen Polizeiaufgaben in Castello wahr, stellten die Ehrengarde, die nach dem Tode eines Dogen aufzog, schützten den Palast, die Münze und das Arsenal der Stadt. Der Niedergang der Republik und damit auch des Arsenals begann mit den Siegen der Heiligen Allianz über die Türken im 16. Jh. Trotz außerordentlich hoher menschlicher und materieller Opfer konnte Venedig Zypern und den Peloponnes nicht halten. Zugleich verlagerte sich in dieser Zeit der Schwerpunkt des Welthandels vom Mittelmeer an die Atlantikküste, von wo aus die Flotten in die neue Welt aufbrachen. Das Arsenal, in dem nun meist Schiffe repariert, aber nur noch selten neu gebaut wurden, ist im 18. Jh. ein Industriedenkmal geworden.

mit den Englischen und Braunschweigischen Prinzen] Augustus Frederick von Großbritannien und Braunschweig-Hannover und Karl Georg August von Braunschweig-Wolfenbüttel.

16.5.1790

Fest der Vermählung des Doge] Das Fest der Vermählung des Dogen mit dem Meer fand gewöhnlich am zweiten Sonntag im Mai um Christi Himmelfahrt statt und erinnerte an die Eroberung Dalmatiens durch die venezianische Flotte im 10. Jh., die Venedig die Herrschaft über die ganze Adria brachte. Nach einem Hochamt in San Marco begaben sich der Doge, der Patriarch, die Ratsherren und Schöffen in vollem Ornat, mit Fahnen, Reliquiaren, Kreuzen und Fackeln üblicherweise ans Ufer, bestiegen den Bucintoro, das Prachtschiff des Dogen, und liefen unter Glockengeläut und Musik mit einer Prozession tausender Begleitboote seewärts aus. Bei San Nicolo Lido warf der Doge früher einen goldenen Ring als Symbol der Vermählung der Republik Venedig mit dem Meer ins Wasser, heute symbolisiert ein Blumenkranz die Verbindung von Stadt und See (vgl. auch Goethe 1740, 363 f.).

Bucentoro] ›Il Bucintoro‹ ist der Name der Prunkgaleere des Dogen von Venedig (vgl. auch Goethe 1740, 35 f.). Das von über 300 Ruderern bewegte, überaus aufwendig mit Gold und seidenen Tüchern verzierte Staatsschiff, dessen Name sich von einem Untier der griechischen Sage herleitete, hatte in der Geschichte der Republik Venedig mehrere Vorgänger gleichen Namens. Das letzte, ein zweistöckiges, überreich mit vergoldeten Skulpturen dekoriertes Schiff, an dessen vergoldetem Mast das Banner der Republik wehte, beherbergte einen prächtig ausgestalteten Thronraum, über dem Karyatiden ein rotes Samtdach hielten. Diesen Bucintoro ließ Napoleon 1797 als Sinnbild von venezianischer Macht und venezianischem Luxus zerstören.

in die Pieta] Die Kirche La Pietà, auch Santa Maria della Visitazione genannt, stammt aus dem 15. Jh. Das von ihr getragene Waisenhaus entwickelte sich im 17. und 18. Jh. zu einem Konservatorium von ausgezeichnetem Ruf. U.a. wirkte dort 1703-1740 der wegen seiner Haarfarbe ›Prete rosso‹ (›Roter Priester‹) genannte Antonio Vivaldi (1678-1741) als Erster Geiger und seit 1709 als Konzertmeister; er unterrichtete die Waisenmädchen in Gesang und Instrumentalmusik und leitete allein im Jahre 1709 27 Konzerte. 1745-1762 baute Giorgio Massari (1687-1766) eine wegen ihrer ausgezeichneten Akustik berühmte neue Kirche, deren von Palladio entworfene Fassade aber erst 1906 vollendet wurde. 1754 übernahm Giambattista Tiepolo (1696-1770) die Ausmalung des hohen klassizistischen Kirchenraums, für dessen Decke er das Fresko ›Marias Aufnahme in den Himmel‹ schuf.

Joas Rex Juda] ›Joas König von Juda‹ ist eines von zwei Oratorien, die Bianchi komponierte.

17.5.1790

Prinzen] Karl Georg August von Braunschweig-Wolfenbüttel.

Malamocho ... Pelestrina] Malamocco ist der Name einer Lidoinsel vor Venedig und der gleichnamigen Gemeinde. Pellestrina ist die südwestlich anschließende Lidoinsel. Zwischen beiden befindet sich die befestigte Haupteinfahrt zum Hafen mit der langen Mole.

Istrischen Stein] Die heute zu Kroatien gehörige Halbinsel Istria in der nördlichen Adria ist seit der Antike für den hochwertigen Marmor bekannt, der in den dortigen Steinbrüchen abgebaut und über den Hafen Vrsr in viele italienische Städte gebracht wurde. Vor allem in Venedig, das vom 13. bis 18. Jh. die Herrschaft über Istrien ausübte, verwendete man zum Bau repräsentativer Gebäude wie Brücken, Kirchen, Paläste gern den feuchtigkeitsbeständigen Kalkstein, der unter Einfluß von Sonne und Regen ausbleichte, sich an schattigen, geschützten Stellen jedoch schwarz färbte.

18.5.1790

Madonna del Ordo] Die Kirche Santa Maria dell'Orto im Norden des Stadtviertels Cannareggio wurde im 14. Jh. errichtet, aber schon im 15. Jh. umgebaut und durch eine Backsteinfassade ergänzt. Sie war ursprünglich dem Heiligen Christoph Märtyrer geweiht, bekam ihren heutigen Namen jedoch, als man in einem nahegelegenen Garten eine wundertätige Marienstatue fand. Der dreischiffige Kirchenraum mit seinen Säulen aus griechischem Marmor, den gotischen Kapitellen und der hölzernen Kassettendecke birgt eine Reihe wertvoller Kunstwerke, vor allem einige Gemälde von Tintoretto, der in der rechten Apsiskapelle dieser Kirche begraben wurde. Dazu gehören das Altarbild ›Tempelgang Mariae‹ (1556, Öl auf Leinwand, 429 × 480 cm), ›Die Anbetung des Goldenen Kalbes‹ (um 1546, Öl auf Leinwand, 1340 × 570 cm) oder ›Das Jüngste Gericht‹ (um 1546, Öl auf Leinwand, 1340 × 570 cm), ›Die Enthauptung des Heiligen Petrus‹ (Öl auf Leinwand, 430 × 240 cm) und ›Die Vision des Heiligen Petrus‹ (Öl auf Leinwand, 445 × 300 cm).

Gian Bellin] Im Tabernakel der aus der Renaissancezeit stammenden Valier-Kapelle der Kirche Santa Maria dell'Orto befand sich bis 1993 das 1480 gemalte Bild ›Madonna mit Kind‹ (1475, Tempera auf Holz, 75 × 50 cm) von Giovanni Bellini.

Carbacio] Dieses Bild von Carpaccio, wenn es denn eine richtige Zuschreibung war, scheint nicht mehr vorhanden zu sein.

Cunigliono] Das Altarbild ›Johannes der Täufer mit den Heiligen Markus, Petrus, Paul und Hieronymus‹ (1489, Öl auf Holz, 305 × 205 cm) in der Contarini-Kapelle der Kirche Santa Maria dell'Orto stammt von Giambattista Cima da Conegliano, einem Schüler Giovanni Bellinis.

Boden] Die Unterredung bezog sich auf Wilhelm von Bodè, der auf dieser Reise starb.

19.5.1790

Französischen] Marc Marie Marquis de Bombelles.

Kayserlichen] Karl Graf von Breuner.

20.5.1790

Prinz] Karl Georg August von Braunschweig-Wolfenbüttel.
Französische Gesandin] Angélique Marquise de Bombelles.
Spanischen Gesanden] Simón de las Casas.

21.5.1790

Armaturen] Waffen und Waffenschmuck. Das sogenannte Kleine Arsenal, die Rüstkammer im Dogenpalast, bestand aus vier Sälen, in denen man sowohl die im Gefahrenfall sofort benötigten Waffen als auch museale Stücke wie den Helm Attilas oder das Schwert des albanischen Nationalhelden Skanderbeg (1405-1468), einen von Giovanni Maria Bergamini (um 1600) erfundenen 20schüssigen Selbstlader oder die Rüstung Heinrichs IV. von Borbón-Navarra sowie eine Reihe von Kunstwerken betrachten konnte (vgl. Goethe 1740, 33 f.).

22.5.1790

Patua] Padua (ital. Padova).

23.5.1790

Kirche Philippo e Giacomo] Die Chiesa Santi Filippo e Giacomo, die Kirche der Augustiner-Eremiten, wurde 1276 als einschiffige, äußerlich deutlich den Prinzipien des Bettelordens verpflichtete Kirche mit drei Kapellen errichtet. 1306 zog man eine Holzdecke in Tonnen- und Halbtonnen-Gestalt ein. Architekt war Fra Giovanni degli Eremitani (um 1300).

Mantegni] s. Komm. (3) 6.5.1790.

Guido unter Glaß] s. Komm. (2) 6.5.1790.

Arena] Von dem antiken Amphitheater Paduas sieht man nur noch den ovalen Umriß. An seinem Rande liegt die Kirche der Madonna dell'Arena.

Pallasts] Hier ist wohl der heutige Palazzo Mantova Benavides gemeint. Seine 1944 durch Bomben schwer zerstörte Innenausstattung aus dem 16. Jh. geht auf Domenico Campagnola (1500-1564) und den in dessen Werkstatt arbeitenden Lamberto Sustris (um 1515 – um 1584) zurück. Im Innenhof, der durch einen Triumphbogen mit dem Garten verbunden ist, stehen u.a. Statuen des Jupiter und des Apoll von Ammannati (1511-1592).

Academische Gebäude] Hauptsitz der 1222 gegründeten Universität Padua ist seit etwa 1500 der Palazzo del Bo. Seinen Namen verdankt der Palast dem zuvor hier untergebrachten Hospitium Bovis, über dessen Tür ein Ochse zu sehen war. Die ursprünglich über die Stadt verstreuten Universitätseinrichtungen wurden nun in und um diesen Palazzo konzentriert. Im Palazzo del Bo befinden sich einige architektonisch und historisch bemerkenswerte Baulichkeiten: der Innenhof, die Aula magna, das seit 1594/95 hier untergebrachte älteste ständige anatomische Theater und der Saal der Vierzig, in dem das Katheder des 1592-1610 in Padua lehrenden Galileo Galilei (1564-1642) zu sehen ist.

Pallazo della Ragione] Der Salone oder Palazzo della Ragione, das größte mittelalterliche Gebäude Italiens, wurde 1172-1219 als Gerichtsgebäude und Sitz des Stadtvogts errichtet und von Fra Giovanni degli Eremitani (um 1300) umgebaut. Die Loggien im Erdgeschoß und 1. Obergeschoß stammen von 1309. Der Name Salone bezieht sich auf den großen, 1420 nach einem Brand, bei dem auch eine Freskenfolge von Giotto (1266-1337) verlorenging, neu eingerichteten Festsaal (79,5 m lang, 17 m breit, 26,5 m hoch) mit gewölbter Holzdecke. Die neuen Fresken von Giusto de' Menabuoi (um 1320-1391) in der Sockelzone und Giovanni (1375 – nach 1450) und Nicolo Miretto u.a. an den oberen Wänden befassen sich mit den zwölf Monaten des Kalenderjahres. Am Ende des Saales stand ein hölzernes Pferd, das man gelegentlich für eine Kopie des Trojanischen Pferdes hielt. Es wurde 1466 von einem unbekannten Künstler für den paduanischen Edelmann Annibale Capodilista als Turnierpferd nach dem Vorbild des Reiterstandbildes Gattamelatas (s. Komm. (4) 5.5.1790) gefertigt. Das von J. C. Goethe noch in Einzelteilen vorgefundene Gerät (s. Goethe 1740, 85 f.) wurde 1837 restauriert.

Scuola del Santo] Die neben der Basilika Sant'Antonio gelegene Scuola del Santo zu Padua war der Versammlungsort der Bruderschaft des Heiligen Antonius. Sie ist mit 17 das Leben des Heiligen darstellenden Fresken ausgestaltet, von denen drei 1508-1511 von Tizian, wohl unter Assistenz von Domenico Campagnola (1500-1564), gemalt wurden: ›Das Wunder des Neugeborenen‹ (320 × 315 cm), ›Das Wunder des abgetrennten Fußes‹ (327 × 220 cm) und ›Das Wunder des eifersüchtigen Ehemannes‹ (327 × 182 cm).

Kirche Gustina] Die Kirche Santa Giustina wurde 1516-1532 von Andrea Riccio (1470-1532) geplant und 1532-1537 u.a. von Andrea da Valle († 1577) erbaut. Das dreischiffige Gebäude (122,5 m lang, im Hauptschiff 30 m, im Querschiff 76 m breit) wird von sieben Kuppeln überwölbt. Es birgt heute die Gebeine der Heiligen Justina, deren Leben in Veroneses Altarbild ›Das Martyrium der Heiligen Justina‹ von 1575 geehrt wird. Der Campanile an der Südseite ruht auf einem mittelalterlichen Rest. Schon vor diesem Kirchenbau gab es eine Kirche zu Ehren der Heiligen Justina. Vom zugehörigen Benediktinerkloster aus dem 9. Jh. ging im 15. Jh. eine Ordensreform aus. Wie in allen der Benediktinerregel folgenden Konventen war Frauen der Zugang zum engeren Klosterbezirk, der den Kreuzgang einschloß, untersagt.

schöne Mantengis] Für die Lukaskapelle der Kirche Santa Giustina zu Padua war Mantegnas 1453/54 gemalter Lukas-Altar (Öl auf Holz, 178 × 227 cm, Polyptychon) bestimmt. Im Zentrum des heute in der Pinacoteca di Brera zu Mailand ausgestellten, aus zwölf Tafeln bestehenden Altars ist der schreibende Evangelist zu sehen, über ihm der Gekreuzigte. Um ihn gruppieren sich in der oberen Reihe die Darstellungen von Daniel, Hieronymus, Augustinus und Sebastian, in der unteren Reihe die der Scholastica, des Benedikt, des Prosdocimus und der Justina.

Botanischen Garden] Der zur Universität Padua gehörige Botanische Garten ist der älteste Europas und vor allem für seinen Baumbestand aus dem 16. Jh. berühmt. Am 29.6.1545 hatte der Senat von Padua ein Dekret zur Gründung dieser Bildungs- und Forschungseinrichtung erlassen, in dem bereits Form und Einteilung des Orto botanico in Beete vorgeschrieben waren. Man entschied sich schließlich für eine runde Anlage, in deren Mitte vier Quadrate angeordnet wurden. Diese waren sowohl nach antiken als auch nach modernen Vorstellungen mit je einer kreuzartigen Grundform und vier verschiedenen Varianten gestaltet (Abb. s. Gothein I, 258).

Boschet] Wäldchen (ital. boschetto).

la Logetta] Arkadengang. Gemeint ist hier wohl die Loggia Cornaro in der Via Cesarotti. 1524 errichtete Giovanni Maria Falconetto (1468-1535) im Auftrage Alvise Cornaros (1484-1566) einen damals am Rande der Stadt gelegenen Palast, von dem nur noch das Odeon, ein zur Präsentation von Rezitationen, Gesang und Instrumentalmusik dienender Theaterbau, und die Loggia erhalten sind. Im Untergeschoß bestimmt eine Portikusvorhalle mit Arkaden den Eindruck, im Obergeschoß alternieren Nischen mit römischen Götterstatuen und Fenstern.

Portrait einer Königin von Cipren] Es konnte nicht festgestellt werden, ob im 18. Jh. hier auch ein Porträt der berühmtesten Frau der Familie Cornaro in der Loggia Cornaro zu sehen war: Caterina Cornaro (1454-1510) wurde seit ihrem 10. Lebensjahr im Kloster San Benedetto zu Padua erzogen. 1472 heiratete sie König Jakob II. von Zypern (um 1438-1473). Nach dessen und ihres Sohnes Jakobs III. Tod am 26.8.1474 übernahm sie die Regentschaft über die Insel selbst, dankte jedoch 1489 zugunsten der Republik Venedig ab.

specola] Die Sternwarte, die 1767 im Auftrage der Republik Venedig als Einrichtung der Universität Padua erbaut wurde, setzte eine alte Tradition an dieser Hochschule fort, die u.a. Galilei (1564-1642) begründet hatte. Sie ordnete sich in eine Reihe von Reformen der alten Alma Mater ein, die mit der Installierung neuer Lehrstühle und der Förderung moderner Wissenschaften den neueren Entwicklungen Rechnung trug. 1765 war der Astronomie-Professor Abbé Giuseppe Toaldo (1719-1797) beauftragt worden, in ganz Italien Observatorien zu besichtigen und ihren Instrumentenbestand zu eruieren. Nach seiner Rückkehr entwarf er mit seinem Freund, dem Architekten Domenico Cerato (1715-1792), das neue Gebäude, wobei ihnen der hohe Turm des alten Kastells im Süden der Stadt mit seinen dicken Mauern und der freien Sicht auf den südlichen Horizont als der beste und zugleich preiswerteste Ort erschien. 1777 wurde die Specola fertiggestellt. Sie besaß neben dem Turm noch zwei weitere Beobachtungsplattformen, eine 16 m über Grund (später Meridianraum genannt, weil hier die mittägliche Ortszeit ermittelt wurde) an der Ostwand des Kastells und eine weitere, 35 m über Grund, auf einer der Bastionen. Letztere hatte einen achteckigen Grundriß sowie rundum Fenster und eine Terrasse, so daß von hier aus die Beobachtung der Sterne mit Hilfe verschiedener Teleskope möglich war. Wegen der Fresken, mit denen dieser Raum ausgestaltet war, hieß er Sala delle Figure.

24.5.1790

Palläste und Häußer von Palladio] Zu den von Palladio erbauten Gebäuden in Vicenza gehören die aus dem spätgotischen Palazzo Pubblico della Ragione seit 1549 umgebaute Basilica Palladiana mit ringsumlaufenden zweigeschossigen Arkaden, die Loggia del Capitano von 1571 mit hohen Rundbogenarkaden, die Loggia del Delegato (Palazzo Prefettizio) aus demselben Jahr, der vor 1551 begonnene, im 19. Jh. restaurierte Palazzo Chierecati mit dem Museo civico, die unvollendet gebliebene Casa del Diavolo mit ihren korinthischen Säulen und dem prächtigen Kranzgesims, der Palazzo Barbarano Porto von 1577 und der Palazzo Valmarano aus dem Jahre 1566. Allein die Vielzahl der von Palladio geplanten und gebauten Häuser belegt seinen übermächtigen Einfluß auf das Stadtbild seines Heimatortes.

sein eigen Hauß] Der Palazetto Cogollo-Baroni (auch Casa del Palladio) am Corso Palladio 167 in Vicenza soll der Überlieferung nach das Haus Palladios gewesen sein. In Wirklichkeit baute man ihn 1558-1562 für den Notar Pietro Cogollo wohl nach Plänen Palladios. Es ist ein dreigeschossiger Bau, dessen unterste Etage sich u.a. durch ionische Säulen und zwei neben dem Bogen befindliche Viktoria-Figuren auszeichnet. Die Fassade des 1. Stockes mit den beiden Fenstern und den korinthischen Säulen ist weniger expressiv, der 2. Stock schließlich ganz schlicht. Die Fassade war einst in der Mitte und im Bereich des Dachgeschosses mit Fresken von Gian Antonio Fasolo (1530-1572) geschmückt.

Theater] Das Teatro Olimpico an der Piazza d'Isola zu Vicenza war 1584 von Vincenzo Scamuzzi (1552-1616) in Abwandlung der Pläne Palladios vollendet worden. Im Februar 1580 hatte die 1555 gegründete Accademia Olimpica von Vicenza die Genehmigung erhalten, in der Nähe der Ponte degl'Angeli ein festes Theater zu bauen. Es war das erste ständige Theater der Neuzeit, ein hölzerner Bau, der in den proportionalen Vorgaben Vitruvs eine Nachahmung antiker Theater darstellte: Hinter der einem Triumphbogen ähnlichen, dreigeschossigen, mit Statuen und Säulen reich gegliederten Bühnenwand mit fünf Portalen öffneten sich die Straßenzüge einer antiken Stadt vortäuschenden Holzkulissen. Palladios Entwurf hatte nur einen dreibogigen Proszeniums-Triumphbogen mit einer zentralen und zwei kleineren Öffnungen vorgesehen, doch Vicenzo Scamozzi veränderte diesen, da die Akademie inzwischen beschlossen hatte, das Haus mit Sophokles' ›Oedipus Rex‹ in der Übersetzung von Vito Giustiniani (1426-1499) zu eröffnen, und das Bühnenbild das siebentorige Theben erahnen lassen sollte. Die schmale Spielfläche und die leicht vertiefte Orchestra präsentierten sich vor einem halbelliptisch aufsteigenden Auditorium. Die lebensgroßen Statuen, von Palladio noch als allegorische Figuren geplant, stellten nun die Mitglieder der Accademia Olimpica dar. Zum Schmuck gereichten dem Hause zudem Trompe-l'œil-Verzierungen, eine die Illusion des freien Himmels vermittelnde Deckenbemalung, Basreliefs (Szenen aus dem Leben des Herkules, des Schutzherrn der Akademie) und Gemälde, während durch Stuck, Holz und Marmor zugleich eine großartige Akustik ermöglicht wurde. Das Teatro Olimpico wurde am 3. März 1585 eingeweiht (vgl. auch Goethe 1830, 65).

Triumpf Bogen Paladios] Der Arco delle Scalette, der den Stationenweg nach dem Heiligtum Monte Berico eröffnete, war zwar um 1576 von Palladio entworfen worden, konnte aber erst 1595 in einer leicht veränderten Ausführung durch den venezianischen Stadtkommandanten Giacomo Bragadin (1566-1610) verwirklicht werden (vgl. auch Goethe 1740, 391).

Campo Marzio] Marsfeld. Der Name Campus Martius war ursprünglich der Eigenname der dem Mars geweihten Ebene zwischen Tiber, Pincius, Capitol und Quirinal zu Rom, auf der die allgemeine Heeresversammlung stattfand. Entsprechend entstanden in anderen römischen Städten ebenfalls solche freien Plätze, die aber später oft bebaut wurden.

Venozianischen Gebürge] Die Venetianischen Alpen sind Teil der Südlichen Kalkalpen und liegen von Vicenza aus in nordöstlicher Richtung. Ihr höchster Gipfel, der Monte Terza Grande, erhebt sich 2600 m.

25.5.1790

Landhauß der Familie Capra … Rodonte] Die Villa Almerico Capra, auch Rotonda genannt, liegt südlich vor der Stadt Vicenza. Sie wurde 1560 begonnen, aber erst von Vincenzo Scamozzi (1552-1616) 1580 vollendet. Es ist ein quadratischer Villenbau mit einem runden, von einer Kuppel überwölbten Mittelsaal. Jede der vier Seiten des Gebäudes zeigt dem Betrachter eine an griechische Tempel erinnernde Front, zu der eine breite Treppe hinaufführt: Über jeweils sechs ionischen Säulen trägt der Architrav einen mit Statuen und Reliefs geschmückten Giebel (vgl. auch Goethe 1830, 66).

Peristile] Säulenhof.

Kloster der Madonna del Monte Berico] Die Basilika Santa Maria de Monte Berico liegt auf den zypressenbewaldeten Hügeln, die südlich vor Vicenza verlaufen. Das Heiligtum, das noch heute zahlreiche Gläubige anzieht, verdankt seine Entstehung der Heiligen Jungfrau Maria, die am 1.3.1426 und am 1.8.1428 an dieser Stelle einer Bäuerin erschienen sein soll. Nach einer umfangreichen theologischen Prüfung wurde die Betreuung des heiligen Ortes 1429 zunächst dem Orden der Heiligen Brigitta übertragen, der sie jedoch am 1.6.1435 wegen eines abschlägigen Papstbescheides an die schon seit 1322 in Vicenza ansässigen ›Diener Mariens‹, die Serviten, abgeben mußte. Die heutige monumentale Kirche ist mit der Stadt Vicenza durch zwei Wege verbunden: Der erste ist ein sich den Hügel hinaufziehender Fahrweg mit einem von Francesco Muttoni (1668-1747) seit 1746 errichteten Säulengang. Über 700 m erstreckt sich der Weg mit 150 Bögen (entsprechend den 150 Psalmen), jeweils mit einem kleinen Treppenabsatz in Form einer kleinen Kapelle unterteilt in Zehnergruppen, um die 15 Geheimnisse (Glaubenssätze des Rosenkranzgebetes) zu versinnbildlichen. Vom Osten erreicht man die Basilika über eine Treppe mit 192 Stufen, die von einem 1595 im Auftrag von Giacomo Bragadin (1566-1610), dem venezianischen Kommandanten Vicenzas, zu Ehren Marias errichteten Triumphbogen eröffnet wird. Die Treppe endet auf halbem Berg, von wo aus man einen Rundblick über die darunterliegende Stadt hat. Das Santuario della Madonna di Monte Berico vereinigt zwei Kirchen: Die gotische Kirche im Westen der Anlage wurde bereits im Jahre 1428 als Dank für die Befreiung von der Pest binnen dreier Monate unter Mithilfe der ganzen Bevölkerung gebaut. Im Zuge einer Erneuerung wurde 1860 die ursprüngliche Fassade verändert. Die nördlich seit 1576 daran angegliederte Kirche nach Plänen von Palladio erhielt ihre heutige Gestalt 1688-1703 durch den einheimischen Architekten Carlo Borella (tätig 1661-1707). Drei weitläufige, symmetrische Treppen mit zahlreichen Statuen führen zur Kirche hin, deren Ost-, West- und Nordseiten sich gleichen. Darüber erhebt sich eine Kuppel, die von vier Pfeilern mit korinthischen Säulen über dem Grundriß eines griechischen Kreuzes gestützt wird. Am Grunde der Kuppel läuft ringsum eine Balustrade mit Statuen Orazio Marinalis (1643-1720). Kuppel und Gewölbe sind mit Gemälden und vergoldetem Stuck verziert (vgl. auch Goethe 1740, 390; Goethe 1830, 66).

Foresterie] Fremdenherberge, Gästehaus (ital. foresteria). Auch Klöster unterhielten solche Einrichtungen, in denen Laien, Menschen anderen Geschlechtes oder Gaubens Unterkunft fanden.

Cena] ›Das Gastmahl des Heiligen Gregor‹ (Öl auf Leinwand, 862 × 477 cm) schuf Paolo Veronese im Jahre 1572 für den alten Speisesaal des Klosters. Es zeigt eine Episode aus dem Leben Gregors des Großen: Als der Papst wie jeden Tag zwölf Arme speiste, kam einmal ein unbekannter Pilger und half ihm. Beim darauffolgenden Abendmahl offenbarte er sich als Jesus.

Gänge von Basalt] Die Landschaft Venetien, in der Vicenza liegt, ist reich an Basaltfelsen mit meist säulenartiger Struktur. Der Naturforscher Alberto Fortis, mit dem die Reisenden schon in Neapel bekanntgeworden waren, hatte beispielsweise das Alponetal zwischen Vicenza und Verona in den 1760er Jahren eingehend untersucht und seine Forschungsergebnisse unter dem Titel ›Della valle vulcanico-marina di Ronca nel territorio veronese‹, Venice 1778 (›Über das vulkanisch-maritime Tal von Ronca im Veroneser Gebiet‹), veröffentlicht. Vielleicht rührt aus diesem Kontakt die Aufmerksamkeit, die Louise von Göchhausen der geologischen Situation bei Vicenza widmete.

26.5.1790

Prinzen von Braunschweig] Karl Georg August von Braunschweig-Wolfenbüttel.

Amphitheater] s. Komm. (3) 3.9.1788.

Giannina und Bernardone] Die Oper nach einem Text von Filippo Livigni war im Herbst 1781 in Venedig im Teatro San Samuele uraufgeführt worden.

27.5.1790

Pallast Beviaqua] Der Bevilacqua-Palast zu Verona wurde 1534 von Michele Sanmicheli (1484-1559) anstelle eines mittelalterlichen Baues errichtet. Er war der erste Palazzo dieses Architekten am Corso Cavour und zeigt, obwohl er nicht vollendet wurde, die Elemente seiner Handschrift: Über dem mächtigen Bossenmauerwerk des Sockels erhebt sich das erste Obergeschoß mit einer langen, von Säulen durchbrochenen Fensterreihe und einem Balkon. Büsten und andere plastische Arbeiten bezeugen einen hohen dekorativen Aufwand (vgl. auch Goethe 1740, 392 f.).

Venus der ein Amor den Spiegel] Veroneses Gemälde ›Venus vor dem Spiegel‹ (Öl auf Leinwand, 93 × 74 cm) befindet sich heute im Courtauld Institute of Art in London. Zumindest von diesem Bild nimmt man an, daß es für Kaiser Maximilian II. (1527-1576) oder für Kaiser Rudolf II. (1552-1612) gemalt worden sei und sich später in der Sammlung des Grafen Bevilacqua in Verona befunden habe. Allerdings wird es vereinzelt als nicht eigenhändig, sondern aus der Schule Veroneses stammend angesehen. Kopien befinden sich in Accademia di San Luca, Rom und in einer Pariser Privatsammlung.

Sohn der Niobe] Diese Kopie einer Statue aus einer antiken Gruppe (um 320 v. Chr.) befindet sich heute in der Glyptothek München. Der tödlich getroffene Niobide liegt mit brechendem Blick auf dem Rücken.

Sankt Giorgio] San Giorgio in Braida; s. Komm. (1) 4.9.1788.

Marter des Heiligen Georgs] s. Komm. (2) 4.9.1788.

heilige Ursula] Carotos Gemälde ›Die Heilige Ursula mit den Jungfrauen‹ (1535, Tempera auf Holz) befindet sich noch immer in San Giorgio in Braida.

Garten Gusti] s. Komm. (4) 4.9.1788.

28.5.1790

al Albergo Reale] Gasthof ›Königlicher Hof‹.

Catetral Kirche] Der Dom San Pietro zu Mantua, eine heute fünfschiffige Säulenbasilika mit Kuppel und zwei Reihen überkuppelter Kapellen im Inneren, war im 12. Jh. als dreischiffige romanische Kirche begründet worden – der Campanile und eine Seitenmauer stammen noch aus dieser Zeit. Ende des 14. Jh. erneuerte Giacomo da Venezia das Gotteshaus im gotischen Spitzbogenstil. Seit 1545 wurde es nach Entwürfen von Giulio Romano umgebaut. Die barocke Fassade errichtete 1756-1761 Nicolo Baschiera anstelle der baufälligen gotischen. Das Innere der Kirche unter den Kassetten- und Tonnengewölben ist von großer stilistischer Geschlossenheit und behält das Grundschema der frühchristlichen Basilika bei. Es birgt Fresken aus dem 13. Jh. ebenso wie Werke von Bazzani (1690-1769), Brusasorci (1516-1567), Andreasino (1548-1608), Domenico Fetti (1589-1623) u.a.

Pallazo del Te] Südlich der Stadt liegt der Palazzo del Tè (abgekürzt aus Tejetto), ehemals Sommerresidenz für Federico II. Gonzaga (1500-1540), auf einer Insel. Er wurde 1524-1535 nach Entwürfen Giulio Romanos erbaut. Der Grundriß des eingeschossigen, mit einem Mezzanin aufgestockten Ziegelsteinbaus ist quadratisch und umschließt einen Innenhof. Dorische Wandpfeiler, die sich bis zum Zwischengeschoß ziehen, gliedern die asymmetrische Fassade, Tore und Fenster sind durch Bossenwerk betont. Den ehemals im Westen gelegenen Eingang verlagerte man später nach Norden. Im Osten schloß sich ein prächtiger Garten mit Fischteichen an, der von einer besonders gestalteten Nische begrenzt war. Im Süden lagen Gärtnerwohnungen und Obstlager, im Nordosten ein Grottenhaus mit Geheimgarten. Doch die Gesamtanlage erfuhr 1630 schwere Einbußen: Spanische, französische, österreichische und piemontesische Truppen besetzten das Gelände und nutzten es als Kaserne; die Gärten, Brunnen, Statuen, Pavillons wurden zerstört. Allein das Schloß blieb erhalten und dient heute als Museum (vgl. auch Goethe 1830, 88 f.).

Peristil] Säulenhalle. Die Loggia des David, die dem Gebäude zur Gartenseite hin vorgelagert ist, zeigt in den Supraporten und in den Deckenoktogonen Fresken zur Geschichte König Davids. Die Pläne stammen von Giulio Romano, Ausführende waren Benedetto Pagni († 1578), Luca da Faenza († vor 1554) und Rinaldo Mantovano († um 1564).

Zimmer, rechter Hand] Der Saal der Giganten in der Südostecke des Palazzo wurde 1530-1535 von Rinaldo Mantovano († um 1564) nach Vorlagen Romanos gestaltet. Die Fresken zeigen, wie die Giganten, durch die Blitze des Zeus getroffen, zusammen mit riesigen Gebäudetrümmern in die Tiefe stürzen.

Auf der andern Seite] Im Büsten- oder Adlersaal an der Ostseite der Villa zeigen vier große halbkreisförmige Wandfelder, Lünetten, die Kämpfe der Amazonen, der Zentauren, der Tritonen und der Najaden.

Zimmer der Psiche] Im Saal der Psyche in der Nordostecke des Palazzo erzählen die Bilder an Decke und Wänden die Liebe der Psyche zu Eros nach der Dichtung des Apuleius. Auch hier hatte Romano die Ausführung seinen Schülern überlassen.

San Marco] Die Kirche San Marco lag jenseits der Porta Pusterla gegenüber dem Palazzo del Tè. Sie fiel samt ihren Kunstwerken den Zerstörungen der französischen Truppen am Ende des 18. Jh. zum Opfer.

29.5.1790

Ostilia] Ostiglia.

zu der Schlick ihren Aeldern] s. Strina-Sacchi

Museeum] Die in Mantua ausgestellten Antiken stammten weitestgehend aus dem Besitz der Gonzaga, besonders aus deren Castello di Corte und Palazzo della Favorita. Heute sind sie überwiegend im Palazzo Ducale zu sehen (s. Komm. (1, 3, 4) 30.5.1790).

Erzherzoglichen Pallast la Corte] Der alte Palast der seit 1328 aus der Familie Gonzaga stammenden Herzöge von Mantua, auch Palazzo Ducale oder Corte Reale genannt, liegt an der Piazza Sardello im historischen Zentrum der Stadt. Seit etwa 1300 arbeiteten die jeweils berühmtesten Architekten und Maler ihrer Zeit an diesem Palast, der mit seinen 500 Räumen auf 34 000 m² Fläche über fünf Jahrhunderte entstand. Er besteht aus einer Reihe unterschiedlicher Gebäudetrakte: Der Kapitänspalast, den noch die Familie Bonacossi am Beginn des 14. Jh. errichten ließ, und die Domus magna sind die ältesten Teile der Anlage; am Ende dieses Jahrhunderts, 1395-1406, errichtete einer der berühmtesten Festungsbaumeister der Zeit, Bartolino da Novara († 1406/1410), das Castello San Giorgio (in der ›Camera degli Sposi‹ 1474 vollendete Fresken von Andrea Mantegna); der ›Neue Hof‹, ›La Rustica‹ u.a. gehen auf Giulio Romano zurück. Giovanni Battista Bertani (1516-1576) entwarf die kirchlichen Gebäude des Palastes. Der Maler und Architekt Antonio Maria Viani (1683-1756) gestaltete die Appartements Herzog Vincenzos I. (1562-1612), die ›Sala dei Metamorfosi‹ und die Loggia di Eleonora. Der vielleicht berühmteste Raum des Palazzo ist der Spiegelsaal, der in seiner heutigen Gestalt zwischen dem 16. und 18. Jh. entstand. – Die unregelmäßige Anordnung der Gebäude des erzherzoglichen Palastes bot mit ihren Innenhöfen und Passagen auch Raum für interessante Gartenentwürfe wie die Hängenden Gärten von Pompeo Pedemonte (um 1515-1592) oder den 1603 entstandenen ›Garten des Einfachen‹ von Fra' Zenobio Bocchi, wo Heilkräuter wachsen. Der Palazzo Ducale ist heute Museum der Schönen Künste (vgl. auch Goethe 1740, 401 f.; Goethe 1830, 89).

Sala di Troja] Die Sala di Troia ist der einzige von Raub und Zerstörung verschont gebliebene Raum des Palastes. Sein Zierat stammt aus dem 16. Jh. Decken und Wände, deren Fresken die Geschichte des Trojanischen Krieges schildern, sind ein Werk Giulio Romanos und seiner Schule (1538/39).

nach Guido aus den Kinder Mord] Das Original, nach dem diese Kopie gefertigt wurde, ›Der Bethlehemitische Kindermord‹ (Öl auf Leinwand, 268 × 170 cm), entstand 1611 im Auftrage des Grafen Brerò als Altarbild der Familienkapelle in San Domenico zu Bologna und befindet sich heute in der Pinacoteca Nazionale zu Bologna. Die besagte Frau ist am rechten Bildrand zu sehen.

30.5.1790

bas reliefs] Bei den Reliefs handelt es sich um Teile antiker Sarkophage, die mythische und historische Geschichten darstellen: Jasons verstoßene Gemahlin Medea nimmt an ihrer Nachfolgerin Creusa tödliche Rache (Marmor, 65,8 × 230,7 cm; 2. Jh. n. Chr., Palazzo Ducale, Inventario Generale 6763; Abb. s. Kunst-Index, Microfiche 547, D13-E7); Herkules bewältigt die zwölf ihm gestellten Arbeiten (Marmor, 73,7 × 225,8 cm; Palazzo Ducale, Inventario Generale 6751; Abb. s. Kunst-Index, Microfiche 554, D5-D11); Meleager schenkt das Fell des sagenhaften kalydonischen Ebers seiner Geliebten Atalante, gerät darüber mit seinen Onkeln in Streit, tötet sie und wird schließlich von seiner Mutter selbst umgebracht (Marmor, 73,7 × 217 cm; Palazzo Ducale, Inventario Generale 6734); Gaius Marcius Coriolan, im 5. Jh. v. Chr. lebender römischer Feldherr und Sieger über die volskische Stadt Corioli, stellt sich nach einem lang anhaltenden Konflikt mit dem römischen Volk auf die Seite der Volsker und belagert mit ihnen Rom so lange, bis ein Bittgang seiner Mutter ihn zum Frieden zwingt.

Philoctet] Philoktet wurde auf dem Weg nach Troja von seinen Waffengefährten wegen einer schwärenden und also stinkenden Wunde auf der Insel Lemnos zurückgelassen. Neun Jahre verbrachte er dort in Verbitterung und Schmerzen. Den Krieg konnten die Griechen jedoch nicht gewinnen, weil nach einer Prophezeiung nur Philoktets Bogen, ein Geschenk des Herakles, dies erreichen konnte. Odysseus, der einst die Aussetzung Philoktets befürwortet hatte, und Diomedes mußten also nach Lemnos gehen, um den Geschmähten nach Troja zu bitten. Die Wunde heilte endlich, und Philoktet tötete mit seinem im Blut der Lernäischen Schlange vergifteten Pfeil den Paris. – Das beschädigte Relief besteht aus lunensischem Marmor (39 × 22 cm; Palazzo Ducale, Inventario Generale 11525) und zeigt am unteren Rand eine Inschrift: »VULNERE LERNAEO DOLET HIC POEANTIUS HEROS« (»Durch einen Schlangenbiß leidet der von Poeas abstammende Held Schmerzen«). Nach der Besichtigung dieses Reliefs wie auch des ›Schlafenden Amors‹ ließ Anna Amalia durch Bury Abgüsse von beiden Stücken veranlassen, die um 1800 noch in Weimar vorhanden gewesen sein müssen, heute aber als verschollen gelten.

schlafenter Amor] Die marmorne Figur des schlafenden Amor (Carrara-Marmor, 75 × 25,5 cm, Palazzo Ducale, Inventario Generale 11549; Abb. s. Kunst-Index, Microfiche 53, C9), an der Taille und am rechten Arm von zwei Schlangen umwunden, ist antik, obwohl Brinton (176 f.) in ihm ein Jugendwerk Michelangelos, den ›Schlafenden Cupido‹, vermutet.

Genius] Es handelt sich um eine Darstellung des Apollo, der sich an einen von einer Schlange umwundenen Lorbeerbaum (verwandelte Daphne) lehnt, auf dem ein Vogel sitzt (Abb. s. Kunst-Index, Microfiche 2224, D1-D11). Sie entstand nach einem Original des 5. Jh. v. Chr. (Für Auskünfte zu diesen Antiken aus dem Palazzo Ducale danke ich F. Trevisani von der Aufsichtsbehörde für das kunsthistorische und ethno-anthropologische Erbe in Mantua).

San Philipo Neri ... Altarblad] Das Gotteshaus, das die Reisegesellschaft aufsuchte, um das Altarblatt von Mantegna zu sehen, war die Kapelle Tempietto di Norsa, die eine eigentümliche Geschichte hat: Herzog Francesco Gonzaga (1466-1519) hatte als Dank für seinen Scheinsieg bei Fornovo 1495 bei Mantegna ein Votivbild in Auftrag gegeben, die sogenannte ›Madonna della Vittoria‹ (1496, Öl auf Leinwand, 280 × 166 cm; Louvre in Paris). Doch der Fürst zahlte weder den für das Bild vereinbarten Preis von 110 Dukaten noch errichtete er die Kapelle, für die es gedacht war, aus eigenen

Mitteln. Vielmehr verurteilte er den Mantuaner Juden Danile Norsa, der fälschlich der Zerstörung eines Madonnenbildes bezichtigt worden war, zur Übernahme der Kosten des Bildes und zur Zerstörung seines Hauses, um auf dessen Grund und Boden den sogenannten Tempietto di Norsa zu errichten. Die um 1500 durch Bernardino Ghisolfi (tätig 1483-1511) erbaute Kapelle, die später barock ausgestattet wurde, barg bis zur Eroberung durch die Franzosen am Ende des 18. Jh. das erwähnte Madonnenbild.

31.5.1790

Garden Justi] s. Komm. (4) 4.9.1788.

1.6.1790

Rovredo] Rovereto.

La Comtesse d'Altostato] Gräfin von Allstedt; s. Komm. (1) 24.8.1788.

2.6.1790

wieder Bier] Goethe ist zwar als passionierter Weintrinker bekannt, doch belegen seine Schriften auch gelegentlichen Bierkonsum: »hat Herr v. Milkau mir wieder Engl. Bier zukommen lassen« (Brief an Christiane Vulpius am 8.1.1796, WA IV 11, 4) oder »schicke mir einige Flaschen oberweim. Bier« (Brief an dieselbe vom 19.2.1796, WA IV 11, 33). Nicht alle Sorten Bier waren nach seinem Geschmack, wie eine in ›Dichtung und Wahrheit‹ geschilderte Erfahrung des jungen Goethe zeigt: »das schwere Merseburger Bier verdüsterte mein Gehirn« (WA I 27, 185). Die Feststellung Louise von Göchhausens beweist, daß Goethe nach langen Wochen unter den überwiegend Wein trinkenden Italienern die Abwechslung durchaus zu schätzen wußte.

3.6.1790

Procession des Corpus Domini] Fronleichnamsprozession.

Storzingen] Sterzing (ital. Vipiteno).

4.6.1790

Inspruck] Innsbruck.

Dockter] Wilhelm Ernst Christian Huschke.

5.6.1790

zu Hauße] Herzogin Anna Amalia war mit ihrer Begleitung im Gasthof ›Zum goldenen Adler‹ in Innsbruck abgestiegen.

bey den Graf und Gräfin Lotron] Die Innsbrucker Linie der Grafen Lodron besaß einen Stadtpalast in der Maria-Theresia-Str. 7: Josef Nikolaus Graf Lodron (1711-1791) hatte an dieser Stelle 1744 zwei Gebäude erworben und sie bis 1749 zu einem einheitlichen Rokokoschloß umgestalten lassen, das bis 1795 im Besitz der Familie blieb.

Erzherzogin] Maria Elisabeth von Habsburg, s. Österreich.

Großen Saal] Riesensaal; s. Komm. (4) 28.8.1788.

Herder sey todt] Herder starb im Jahre 1803.

6.6.1790

Leonardo und Blandine] Das Melodram in 2 Akten, dessen Text Joseph Franz von Götz nach Gottfried August Bürger (1747-1794) schrieb, wurde am 25.6.1779 in München zum ersten Mal aufgeführt.

7.6.1790

Nasereith] Nassereith.

8.6.1790

Reiti] Reutte.

9.6.1790

3 Mooren] Das Hotel ›Zu den drei Mohren‹ in der heutigen Maximilianstr. 40 verdankt seinen Namen einem anderen Gasthof in der Steckhausgasse, in welchem der Legende nach 1495 drei abessinische Mönche abgestiegen sein sollen. Erst 1691 ist das von der Weimarer Reisegesellschaft aufgesuchte Hotel am Weinmarkt bezeugt: Der Wirt desselben, Andreas Wahl, erwarb das dem seinigen gegenüberliegende Anwesen des 1714 abgebrannten Herwarthauses und ließ 1722/23 einen Neubau mit palastartiger Fassade errichten.

Neveu] Friedrich von Halder, Neffe Johannes von Halders.

des Panquiers] Das Bankhaus Johannes und Georg Walter von Halder, begründet von einer Lindauer Patrizierfamilie, die auch in Augsburg 1787 ratsfähig wurde, gehörte zu den führenden der Stadt. 1777-1784 tauschte es z.B. die an den Markgrafen von Brandenburg-Ansbach-Bayreuth für den Verkauf von Truppen nach Nordamerika von England gezahlten Subsidiengelder in 189 260 Gulden um. Goethe wickelte u.a. ein Geschäft mit Cotta über dieses Bankhaus ab (s. Regestausgabe V, Nr. 836 und Nr. 1057). Erbe und letzter Chef des Unternehmens war nach dem Tode seines Vaters Friedrich von Halder.

unglücklichen Todt von Knebels Bruder] Wilhelm Karl Maximilian von Knebel, der jüngere Bruder des in Weimar in Dienst stehenden Karl Ludwig von Knebel, hatte am 7.5.1790 Selbstmord begangen.

Margrafen] Markgraf Christian Friedrich Karl Alexander von Brandenburg-Ansbach-Bayreuth.

10.6.1790

Fresco Gemälde ... Häußer von ausen geziert] Unter anderem waren die Fassaden des Gasthofs ›Bauerntanz‹ in der Altstadt und das Haus des Verlegers J. A. Pfeffel (1674-1748) auf diese Weise gestaltet, beide Fresken sind jedoch nicht erhalten.

2 schöne Hakerts] Die beiden Bilder konnten angesichts der Vielzahl der zu diesem Sujet überlieferten Bilder Hackerts nicht identifiziert werden.

Peter van Hock] Bei dem beschriebenen Gemälde Pieter de Hoochs handelt es sich wohl um das seit 1871 in der London National Gallery befindliche ›Interieur, eine Frau, mit zwei Männern trinkend‹ (1658, Öl auf Leinwand, 73,7 × 64,6 cm).

Cartun Fabrique] Die von den Weimarern besuchte Baumwollfabrik lag an der Friedberger Straße 2 vor dem Roten Tor. Schüle ließ sie 1770-1772 von dem Architekten Leonhard Christian Mayr (1725-1810) als Dreiflügelanlage mit einer schloßartigen Rokokofassade errichten. 1785 hatte das Unternehmen, das mit dem ›Augsburger Zitz‹ einen Stoff von Weltruf fertigte, 3 500 Mitarbeiter. Der Ursprung des Betriebes lag im Jahre 1759, als Schüle eine eigene Manufaktur gründete, in der er als erster auf dem europäischen Festland große Mengen Rohkattune aus England und Ostindien verarbeitete. 1766-1768 verließ er Augsburg wegen juristischer Auseinandersetzungen mit den ansässigen Webern, kehrte aber nach dem Gewinn des Prozesses zurück und errichtete die beschriebene neue Manufaktur. 1792 übergab er das Unternehmen an seine Söhne, die es jedoch wegen der Kontinentalsperre während der napoleonischen Kriege nicht halten konnten.

Holz geschnitten Formen] Hier handelt es sich um Model zum Druck von Mustern auf Baumwollstoffen.

Garden seines Bruders] Im Jahre 1788 hatte Georg Walter von Halder im Bereich der heutigen Halder- und Hermannstraße zu Augsburg ein Gartengrundstück erworben, ein im 16. Jh. als Obstgarten genutztes Terrain, in dem die Vorbesitzer im 17. Jh. ein Gartenhaus errichtet hatten. Von Halder begann 1793, dieses Gartenhaus nach seinen Vorstellungen umzubauen (Abb. s. Trauchburg, 152 f.).

Gouter] Nachmittagskaffee (frz. goûter).

11.6.1790

Donau Werth] Donauwörth.

Kloster Kaysersheim] Kloster Kaisheim. Das im 12. Jh. gegründete Zisterzienserkloster wurde 1716-1720 barock umgebaut und ist seit der Säkularisierung 1816 Strafanstalt.

Ditfurth] Dietfurt.

12.6.1790

Docktor] Wilhelm Ernst Christian Huschke.

Nürrenberg] Nürnberg.

Knebels] Karl Ludwig von Knebel.

Rothen Roß] Das ›Rote Roß‹ in der Sebalder Altstadt am Weinmarkt 12a/14/16 war bis Mitte des 19. Jh. einer der renommiertesten Gasthöfe der Stadt Nürnberg. Er wurde 1541 erstmals erwähnt und konnte 1570, vor der Erweiterung durch das Prinkmännische Eckhaus 1685, 24 Personen und 50 Pferden Unterkunft bieten. Das Haus wurde 1887 geschlossen.

13.6.1790

Rathauß] Das Alte Rathaus von Nürnberg war ein Geviert verschiedener Bauten aus dem 14. bis 17. Jh. Der älteste Teil war der 1332-1340 errichtete Saalbau an der Südseite, der auf den Fundamenten des Brothauses des Klosters Heilsbronn gründet. Von den nach Norden angesetzten Bauten blieb nur der östliche mit der Ratsstube erhalten. Zukäufe anderer Häuser erweiterten seit dem 14. Jh. das Rathaus. Zu Beginn des 16. Jh. schließlich entwarf Jakob Wolff (1571-1620) einen Um- und Neubau, wofür auf der Westseite alle gotischen Gebäude zerstört und durch einen langen, prächtigen Trakt ersetzt wurden, der dem Ostchor der Sebaldkirche gegenüberliegt. Der kleine Hof nördlich des alten Saalbaus wurde dabei von einem nördlich parallel verlaufenden Gebäudeteil begrenzt; der anschließende große Hof konnte nicht vollendet werden, weil der Dreißigjährige Krieg schon 1622 alle Baumaßnahmen zum Erliegen brachte. – Von 1526 bis zum Ende der reichsstädtischen Zeit bestand im Rathaus eine Gemäldegalerie. Sie umfaßte zunächst überwiegend Werke Albrecht Dürers, später auch die anderer Nürnberger sowie vieler niederländischer Maler. 1596 verfügte der Rat, daß jeder in Nürnberg arbeitende Maler ein Bild an die Stadt zu geben habe, so daß die Rathausgalerie 1720 etwa 80 Gemälde besaß. 1786 erwarb sie auf einer Versteigerung noch 40 Gemälde aus der 869 Bilder umfassenden Privatsammlung des Johann Georg Friedrich von Hagen (1723-1783).

eines von Sandrat] Hier ist mit großer Sicherheit die Darstellung des ›Friedensmahls im Großen Rathaussaal 1649‹ gemeint, das zur Feier der Unterzeichnung des Interimsexekutionsrezesses zum Frieden von Münster und Osnabrück am 11./21.9.1649 in Nürnberg stattfand. Sandrart fertigte von diesem Gelage, bei dem 600 Speisen in sechs Gängen aufgetragen wurden, einen Stich für das ›Theatrum Europaeum‹ und im Auftrage des Pfalzgrafen Karl Gustav von Zweibrücken (1622-1660) dieses Gemälde, das der Fürst der Stadt Nürnberg schenkte. Diese präsentierte es an der Südwand der Regenten- und Konferenzstube des Rathauses.

Portraite] Die Rathausgalerie besaß von Anfang an viele Porträts. Dazu gehörten u.a. die heute im Germanischen Nationalmuseum Nürnberg befindlichen Bildnisse Kaiser Karls des Großen (768-814) und Kaiser Sigismunds (1368-1437) von Albrecht Dürer sowie Sandrarts Porträts des Pfalzgrafen Karl Gustav von Pfalz-Zweibrücken (1622-1660), der Königin Christina von Schweden und des Erzherzogs Ferdinand (1633-1654).

2 halb Figuren ... von Neudoerfer] Hier ist das Gemälde von Nicolaus Neufchatel (um 1525 – nach 1584) gemeint, welches Johann Neudörffer, den Nürnberger Schreib- und Rechenmeister, darstellt, der seinem Sohn geometrische Figuren erklärt (Abb. s. Stadtlexikon Nürnberg, 738). Es entstand 1561 und befand sich seit 1622 in den Galerieräumen im 2. Obergeschoß des Nürnberger Rathauses im sich an die Eckstube anschließenden Raum. Heute hängt es im Germanischen Nationalmuseum.

4 Apostel von Albrecht Dürer] Die beiden Original-Tafeln von 1526, ›Petrus und Johannes‹ (Öl auf Lindenholz, 155 × 76 cm) sowie ›Markus und Paulus‹ (Öl auf Lindenholz, 145 × 76 cm), waren ein Vermächtnis Dürers an seine Heimatstadt. Sie wurden im sogenannten Schönen Saal aufgehängt, kamen aber schon 1627 in die Alte Pinakothek nach München und wurden durch Kopien ersetzt, welche allerdings heute ebenfalls nicht mehr dort hängen, sondern sich im Germanischen Nationalmuseum zu Nürnberg befinden.

Sebalts Kirche] Die Gründung einer ersten Kirche an dieser Stelle um 1055 wird dem Heiligen Sebaldus zugeschrieben. Ihre Mutterkirche war St. Peter und Paul in Poppenreuth, weshalb die hier erbaute Kapelle ebenfalls Petrus geweiht war. Wegen der vielen Wallfahrten nach des Heiligen Tod benannte man diese jedoch lange vor der Heiligsprechung des späteren Stadtpatrons in Sebalduskirche um. Diese Kirche war bald zu klein. 1230-1275 errichtete man stattdessen eine spätromanische Pfeilerbasilika, deren Seitenschiffe 1309-1345 auf die Breite des Querschiffes erweitert und deren Türme gleichzeitig in hochgotischem Stil erhöht wurden. 1358-1379 erbaute man den spätgotischen Hallenchor. Das 17. Jh. schließlich brachte den barocken Innenausbau und die Ergänzung von Emporen. Der kreuzförmige Grundriß der Sebalduskirche mit den beiden (Ost- und West-) Chören hat sein Vorbild wohl im Bamberger Dom. In diesem Zustand wurde die Sebalduskirche mit ihren reichen, oft von Patrizierfamilien gestifteten Ausstattungsgegenständen und Glasfenstern von den Weimarer Reisenden besichtigt.

Grablegung von Albrecht Dürer] Hier ist wohl ›Die Beweinung Christi‹ gemeint, ein Epitaph, das am rechten Triumphbogen-Pfeiler des Ostchores der Sebalduskirche zu finden ist. Es entstand für Carl III. Holzschuer (1423-1480) und seine ihm 1447 angetraute Gemahlin Gertrude Gruber als Kopie des gleichnamigen Dürer-Gemäldes von 1498-1500 (Öl auf Tannenholz, 147 × 118 cm), das sich heute im Germanischen Nationalmuseum befindet. Ausgeführt hat die Kopie Georg Gärtner d. J. († 1654).

Taufstein Keyser Wenzels] Der Taufstein der Sebalduskirche wurde mit der Taufe des bei einem Weihnachtsaufenthalt 1360/61 seiner Eltern, Kaiser Karls IV. (1316-1378) und Anna von Schweidnitz (1339-1362), in der Reichsstadt Nürnberg geborenen Prinzen Wenzel eingeweiht. Seitdem heißt er Wenzelstein.

Sarcophage … des Stifters der Kirche] Als Stifter der St. Sebalduskirche gilt ihr Patron, der Heilige Sebaldus (8. oder 10./11. Jh.). Der Legende nach bat er auf dem Sterbebett seine Gefährten, sich zwei Ochsen zu leihen und sie vor seinen Leichenwagen zu spannen. Wo die ungelenkten Ochsen stehen bleiben würden, wollte er begraben sein. Dies geschah vor der Petrikapelle (s. oben) am Nürnberger Burgberg. Als diese Kapelle bald darauf vom Blitz zerstört wurde, sah man darin ein Zeichen und errichtete nun über dem Grab des Heiligen ein prächtiges Gotteshaus. – Was Louise von Göchhausen hier als seinen Sarkophag ansieht, ist der hausförmige Reliquienschrein, der 1391-1397 von dem Goldschmied Fritz Habeltzheimer d. Ä. († 1416/1419) geschaffen wurde. Der Eichenholzkorpus, der in sich zwei ebenfalls hausförmige Reliquienbehälter enthält, wurde mit in Silber gearbeiteten, rautenförmigen Reliefplatten beschlagen. Diesen Schrein stellte man zu Beginn des

16. Jh. in ein Gehäuse aus Bronze. Dieses gotische Fialenwerk mit 72 Figuren wurde 1508-1519 von Peter Vischer (um 1460-1529) und seinen Söhnen gefertigt.

Portrait von einen seiner Vorfahren] Bei dem den Reisenden zur Ansicht gebrachten Porträt wird es sich um das 1526 entstandene Bildnis (Öl auf Lindenholz, 48 × 36 cm) des Hieronymus Holzschuer (1469-1529) handeln, einem mit Dürer befreundeten Ratsherrn. Es ist heute Eigentum der Stiftung Preußischer Kulturbesitz.

Cabinet Herrn von Pöller] Die Pellersche Gemäldesammlung war seit 1674 ein Fideikommiß, das dem jeweils ältesten Sohne zufiel. Die Familie, seit 1788 zu den Patriziern der Stadt Nürnberg gehörig, besaß drei prächtige Häuser am Egidienplatz, die allerdings im Zweiten Weltkrieg weitestgehend zerstört wurden. In ihnen war die Sammlung zu sehen, die im Laufe des ersten Drittels des 19. Jh. zerstreut wurde.

Marie von Medici ... von Paul Veronese] Es handelt sich bei der Porträtierten wohl nicht um Maria de' Medici, sondern um eine namenlose ›Venezianische Dame‹, die nach Paolo Veronese, nicht von ihm gemalt wurde und die in den frühen Inventaren der Pellerschen Sammlung als Katharina de' Medici (1519-1589) bezeichnet wurde. Das Bild kam im 19. Jh. an die Familie von Fürstenberg und befindet sich noch heute in Privatbesitz.

Abraham der die Hagar verstößt] Das Bild ›Abraham und Hagar‹ in der Pellerschen Sammlung ist nicht von Lucas Cranach, sondern wurde aufgrund eines C. R. gelesenen Signets zunächst Christoph Ritter, später Jan Scorel (1495-1562) zugeschrieben. Es kam angeblich durch einen Herzog von Sachsen nach Nürnberg und befindet sich heute in Privatbesitz.

in der neuen Kirche eine Grablegung von Van Deyk] Die Egidienkirche, die die Reisenden besuchten, war 1711-1718 errichtet worden, hatte aber wesentlich ältere Vorgängerbauten. Der erste Bau entstand seit 1150 als romanische, dreischiffige Pfeilerbasilika mit Chor, Querhaus, Nebenapsiden im Osten und zwei Türmen im Westen. Dieser Bau, der in den folgenden Jahren wiederholt Veränderungen erfuhr, wurde 1696 durch einen Brand zerstört, so daß man zu Beginn des 18. Jh. den Grundstein für eine neue Kirche legte. Die heute im Süden angegliederten Bauteile (Wolfgangskapelle, Euchariuskapelle, Tetzelkapelle) sind noch älteren Ursprungs. – Das Altarblatt ist eine Wiederholung des Originalgemäldes von Van Dyck ›Beweinung Christi‹, das heute der Stiftung Preußischer Kulturbesitz gehört. Das Werk mit geringen Abweichungen vom Original stammte aus der Werkstatt Van Dycks und wurde 1696, dem Jahr der Brandkatastrophe, von Susanna Dorothea Eysen, der Witwe des Stadtschreibers Johann Christoph Eysen, gestiftet, um den Neuaufbau der Kirche zu befördern. Es zeigt den auf einer Bodenerhebung liegenden Leichnam Christi, von Maria, Maria Magdalena und dem Evangelisten Johannes beklagt. Im rechten Hintergrund ist die Grabeshöhle zu sehen. 1718 wurde das Bild in den neuen Hauptaltar der Egidienkirche eingepaßt, mußte deshalb jedoch am oberen Rand von Johann Daniel Preißler (1666-1737) um einige Engel ergänzt werden. Da der Altar 1945 zerstört wurde, hängt das Bild seit 1959 in einer Nische des südlichen Seitenschiffes.

Keyserlichen Zimmer] Die Nürnberger Burg, deren Ursprünge auf Kaiser Heinrich III. (1017-1056) zurückgehen und die unter dem Stauferkaiser Konrad III. (1093-1152) Kaiserpfalz und Reichsburg wurde, vereint in sich drei Baugruppen: die zentrale Burggrafenburg (Fünfeckturm, Burghut, Freiung, Walpurgiskapelle, Schildmauer zur Kaiserburg), die westlich sich anschließende Kaiserburg (Palas, Kastellanhaus, Sekretariatsgebäude, Finanzstadel u.a.) und die reichsstädtischen Bauten (Luginsland, Kaiserställe) im Osten. Die Kaiserburg, um 1175 unter Friedrich I. Barbarossa (1122-1190) vollendet, diente den deutschen Kaisern als Quartier, wenn sie z.B. während der Reichstage in Nürnberg weilten. Die der Herrscherfamilie vorbehaltenen Räume befanden sich im Palas und im Kemenaten- oder Frauenbau, die den inneren Burghof umschlossen. Der Palas war in der ersten Hälfte des 15. Jh. umgebaut und 1559 nach Westen hin verlängert worden. Im unteren Geschoß lag der zweischiffige Rittersaal, im Obergeschoß der sogenannte Kaisersaal. Der Kemenatenbau verdankt seine Ausstattung ebenfalls dem Umbau der Jahre 1440-1442.

grosen Brunnen] Schon im 17. Jh. galt dieser außerordentliche Brunnen als eine Sehenswürdigkeit der Stadt: Die elf Figuren, Neptun mit zwei auf Seemuscheln blasenden Tritonen, vier auf Delphinen bzw. Seedrachen reitenden Tritonen, zwei Nereiden auf Wasserurnen und zwei weiteren männlichen Figuren auf Seepferden, waren eine Arbeit von Georg Schweigger (1613-1690). Ein erstes Wachsmodell dazu war im Jahre 1650 von Christoph Ritter nach einem 1564-1566 von Giovanni di Bologna gegossenen Brunnen (s. Komm. (1) 18.9.1788) gefertigt worden.

14.6.1790

seine Schwester] Magdalene Henriette von Knebel.

Wiese] Hier ist wohl die Hallerwiese gemeint. Die ursprünglich sumpfige, nach ihrem ehemaligen Besitzer Berthold Haller († 1379) benannte Wiese im Überschwemmungsgebiet der Pegnitz wurde 1434 vom Rat der Stadt Nürnberg gekauft. Man bepflanzte sie mit mehreren Reihen Linden und richtete sie als Spiel- und Festwiese, als Schützenplatz (1462-1856 Schießgesellschaft St. Johannis) und seit 1446 als Richtplatz (Hinrichtung durch Ertränken) ein. Seit 1572 galt die Festwiese als Muntat, es herrschte also auf ihr eine besondere Friedenspflicht. Humanistische Autoren wie Conrad Celtis (1459-1508) und Eobanus Hessus (1488-1540) rühmten sie in Beschreibungen und Gedichten.

Frau Castelanin] Anna Katharina Stromer von Reichenbach. Goethe erzählte am 9.8.1819 den Gräfinnen Julie (1792-1869) und Caroline (1789-1868) von Egloffstein eine Anekdote über diese alte Dame: »Hierauf erzählte er uns eine niedliche Anekdote von einer alten würdigen Kastellanin zu Nürnberg, welche in einer Gesellschaft von jungen Leuten, die sich mit ungeziemender Heftigkeit und Unart über die Schmeichler und Heuchler äußerten, plötzlich hinter ihrem Kaffeetisch mit zusammengeschlagenen Händen in vollem Unmuth ausrief: ›Ach wie lieb' ich die Schmeichler und Heuchler!‹« (Herwig 3.1, 129).

15.6.1790

Creuzen] Creussen.

Gasthof, die Sonne] Das Wohn- und Gasthaus ›Zur Goldenen Sonne‹ in Bayreuth befand sich damals am Rennweg (heute Richard-Wagner-Str. 6), einer der wichtigsten Straßen der Stadt. 1788 hatte der Besitzer, Carl Friedrich Feldmann, ein großes Hintergebäude mit einem Saal im 2. Obergeschoß errichten lassen, 1799 erweiterte er auch das Vorderhaus durch Aufstockung mit einer dritten Etage und einer Mansarde. Das Hotel ist nicht mehr erhalten.

Bareut] Bayreuth.

16.6.1790

Imhof Bergamtmann … Frau … Tochter] Johann Siegmund Georg mit Maria Helena und Barbara Sabina Maria von Imhoff.

Veränderungen in Anspach] Christian Friedrich Karl Alexander von Brandenburg-Ansbach-Bayreuth war der letzte Sproß seiner Familie, nachdem seine Ehe mit Friederike Karoline von Sachsen-Coburg-Saalfeld (1735-1791) kinderlos geblieben war. Auf Grund eines Erbvertrages fielen die beiden Fürstentümer Ansbach und Bayreuth bei Aussterben des markgräflichen Hauses an Preußen zurück. Markgraf Alexander zog es jedoch vor, bereits zu Lebzeiten, im Jahre 1791, gegen eine Apanage auf seine Länder zu verzichten und mit seiner zweiten, ihm morganatisch angetrauten Ehefrau den Rest seines Lebens in England zu verbringen.

Berneck] Bad Berneck.

17.6.1790

Schlez] Schleiz.

Oberpölniz] Oberpöllnitz.

18.6.1790

Jägers Haus zu Moersdorf] Das Forsthaus zu Mörsdorf an der Dorfstraße 7 wurde im Jahre 2001 wegen Baufälligkeit abgerissen (Herzlicher Dank für diese Information gilt dem Bürgermeister der Gemeinde, Herrn Hans-Jürgen Lehmann).

Schloß] Das Schloß zu Jena wurde zu wesentlichen Teilen in der zweiten Hälfte des 17. Jh. auf den Grundmauern einer mittelalterlichen, seit dem 14. Jh. den Wettinern gehörigen Wasserburg im Nordosten der Stadt Jena errichtet. Im Laufe der Jahrhunderte entstand ein Geviert verschiedener Gebäude um einen rechteckigen Hof, an das sich ein weiterer Gebäudekomplex mit dem Amtshof, dem Gefängnis und der Kanzlei anschloß. Das älteste der den Schloßhof bildenden Gebäude neben dem alten Turm, dem Kornhaus und Resten der Stadtmauer ist der Johann-Wilhelmerbau (um 1570), der den in der damals neu gegründeten Jenaer Universität studierenden Fürstensöhnen als Unterkunft dienen sollte. Die anderen Bauten, das Residenzschloß, die Reitbahn und diverse Verbindungsgebäude, entstanden im Zusammenhang mit der im Testament Herzog Wilhelms IV. von Sachsen-Weimar (1598-1662) vorgesehenen Erbteilung, die dem jüngsten seiner Söhne, Bernhard (1638-1678), Jena als Residenz des kleinen Fürstentums Sachsen-Jena bestimmte. Nach dem Tode des unmündig verstorbenen Herzogs Johann Wilhelm (1675-1690) fiel Sachsen-Jena an Sachsen-Weimar und Sachsen-Eisenach. Von diesem Zeitpunkt an war das Jenaer Schloß wieder Apanagesitz und zeitweiliges Absteigequartier für den Landesherrn und in Jena studierende Fürstensöhne. Aber nach der Schlacht bei Jena und Auerstädt 1806, als die Gebäude als Lazarett und später als Stabsquartier wechselnder Truppen genutzt wurden, konnte das Schloß auch diesen fürstlichen Bedürfnissen nicht mehr genügen. Es gelangte, nachdem es schon im 18. Jh. universitäre Sammlungen beherbergt hatte, in die Obhut der Alma mater, die auf seinen Grundmauern im 20. Jh. ihr neues Hauptgebäude errichten ließ.

Cetschau] Kötschau.

Anhang 1

Reise von Weimar nach Neapel und zurück] Diese Übersicht über die Reise im Anschluß an den Tagebuchtext gibt die jeweiligen Entfernungen zwischen den einzelnen Poststationen in deutschen Meilen an. Dabei ist die Reise von Neapel nach Andria und zurück nicht verzeichnet.

Anhang 2

Der Weg … L. Stollberg] Diese Abschrift folgt im wesentlichen Stolbergs Text (vgl. Stolberg VII, S. 355,7-357,11). Sie wurde demnach erst nach Erscheinen von dessen Reisebeschreibung 1794 in das Tagebuch eingefügt. Die von Stolberg zitierten Texte entstammen folgenden Werken: »Illo Virgilium […]« (s. Vergil, Georgicon IV, Vers 563 f.; S. 314 f.) mit der Übersetzung von Johann Heinrich Voß; »– in otia […]« (s. Ovid, Metamorphosen XV, Vers 711 f., S. 788)

Anhang 3

Von Rom … aufgeführt] Dieses Textstück bezieht sich auf den im Tagebuch vom 19.4.1790 bis 4.5.1790 geschilderten Reiseabschnitt von Rom nach Ferrara. Es ist ganz überwiegend ein Konspekt aus den beiden Ausgaben von Johann Jacob Volkmanns ›Historisch-kritischen Nachrichten von Italien‹ (Volkmann 1770, III, 360-386, 423-457, 473-475, 478-489; Volkmann 1777, III, 403-412, 417, 421-423, 426-428, 470-473, 479, 483-506, 515 f., 527-529,

533-545), wobei sich jedoch Unstimmigkeiten eingeschlichen haben: Nach Louise von Göchhausen fand die Messe in Senigallia beispielsweise im Juni statt, Volkmann gibt in beiden Ausgaben als Termin jedoch den Juli an; der korrekte Name der Stadt bei Terni, die ein überhängender Fels bedroht, ist Cesi. Folgende wenige Ergänzungen gehen auf Bernoullis ›Zusätze zu den neuesten Reisebeschreibungen von Italien‹ zurück und sind z.T. wörtlich dort zu finden: daß den Platz vor der Basilika in Loreto außer Bramante auch Sansovino (um 1460-1529) u.a. gestaltet habe (Bernoulli II, 391), daß der von Vanvitelli errichtete Triumphbogen in Ancona ›L'arco Clementino‹ heiße (Bernoulli II, 417) und daß der Haupterwerbszweig der Alten in dieser Stadt die Gewinnung von Purpur gewesen sei (Bernoulli II, 419). Woher die Informationen, in Narni hätte man früher Ochsen als Opfertiere gemästet, stammt, konnte nicht ermittelt werden. Ebensowenig war sicher festzustellen, ob der Auszug aus diesen in Deutschland am wohl weitesten verbreiteten Reiseführern für Italien vor oder nach der Reise der Herzogin Anna Amalia angefertigt wurde.

Anhang 4

Im Venetianischen ... die Venitianische] Hier faßte Louise von Göchhausen stichpunktartig organisatorische Erfahrungen der Reise (Preise, geeignete Unterkünfte) für sich, aber wohl noch mehr für andere künftige Italienreisende zusammen.

Paoli ... Paul] Die Münze (ital. paolo) entspricht einem Zehntel des römischen Scudo di Roma im Wert von 10 Baiocchi (Kroha, 343; GSA 14/56, Bl. 5 v).

Bajochi] Der Baiocco war ursprünglich die kleinste Silbermünze des Kirchenstaates, wurde aber später auch in Kupfer geprägt. Der damals regierende Papst Pius VI. (1717-1799) prägte Kupfermünzen im Wert von 2 und 5 Baiocchi (Kroha, 54).

Stalliere] Stallknecht.

Vetturinis] Droschkenkutscher (ital. vetturini).

Zechini] s. Komm. (5) 26.9.1788.

Couvert] Gedeck, Mahlzeit.

Keller] ältere Form von Kellner (DW XI, 515 f.).

Fachinis] Dienstmann, Lastenträger (ital. facchino).

buona Mana] Trinkgeld.

Carlini] Die Carlino-Münze wurde seit 1278 von Karl I. von Anjou (1226-1285) für sein Königreich Neapel und Sizilien als Gold- und Silbermünze geprägt und existierte in Abwandlungen bis 1859. Sie erfreute sich im Mittelmeerraum großer Beliebtheit. Dabei war 1 Carlino 100 Grani wert, 10 Carlini entsprachen 1 Ducato di Napoli oder 2 Gulden (Kroha, 96; GSA 14/56, Bl. 5 v).

Scudi] Diese Silbermünze, die ihren Namen (ital. scudo) von den Wappen auf den Rückseiten bezog, entwickelte sich seit dem 16. Jh. zur gängigsten Talermünze Italiens. Prägestätten waren u.a. Ancona, Bergamo, Bologna, Florenz, Genua, Mantua, Mailand, Modena, Turin, Venedig, Ragusa und Malta (Kroha, 423).

florin] Gulden, Florin.

tre torre] Gasthof ›Zu den drei Türmen‹ (s. Tb 2.9.1788).

tre Pellerini] Gasthof ›Zu den drei Pilgern‹.

al Usero] Gasthof ›Zum Husaren‹ (s. Tb 27.9.1788).

Albergo Curlandia, auf den Spanischen Plaz] Gasthof ›Kurländischer Hof‹.

al Re di Swezia] Gasthof ›Zum König von Schweden‹ (s. Tb 29.1.1790).

Aquila nero] Gasthof ›Zum schwarzen Adler‹.

tre Re] Gasthof ›Zu den drei Königen‹ (s. Tb 7.9.1788).

Bäder von Sankt Germano] s. Komm. (12) 7.12.1789.

Italienischen Schulen] Die Differenzierung nach Schulen bezieht sich hier wohl auf die Malerei: Die Römische Schule der italienischen Malerei wirkte von der Mitte des 15. bis zum späten 19. Jh. und dies weit über die Grenzen des Kirchenstaates hinaus. Zu ihr gehören u.a. Michelangelo und Raffael als Vertreter der Hochrenaissance in Rom sowie Bernini und Pietro da Cortona als bildende Künstler des Hochbarock. Von ihnen zeigten sich noch im 18. Jh. europäische Maler wie Poussin, Claude Lorrain, Piranesi (1720-1778), Pannini (1691-1765) und Mengs beeindruckt. Römischer Manierismus fand auch außerhalb der Stadt seine Verbreitung durch Federico (1540-1609) und Taddeo Zuccari, Pomarancio / Cristoforo Roncalli (1552-1626) und Cavaliere d'Arpino / Giuseppe Cesari (1568-1640). Die Reaktion darauf brachte dann verschiedene Kunstrichtungen hervor, aber bis in die 2. Hälfte des 18. Jh. hinein blieb Rom das Zentrum der europäischen Kunst. – Der Begriff Lombardische oder, nach deren Hauptsitz, Bolognesische Schule umfaßt mehrere Phasen und Stilrichtungen zwischen 1300 und dem 18. Jh. Hauptvertreter waren die Brüder Carracci, die 1585/86 die Accademia degli Incamminati (Akademie der auf den rechten Weg Gebrachten) in Bologna gründeten und den Versuch einer Synthese aller in italienischen Kunstzentren erarbeiteten klassischen Traditionen unternahmen. – Die Florentinische Schule der Malerei wirkte von der Frührenaissance bis zum Barock stilbildend. Ihr größtes Verdienst liegt wohl in der Ablösung von der ehemals vorherrschenden byzantinischen Maltradition, vor allem hinsichtlich der Gestaltung des Bildhintergrundes. Repräsentanten der Florentiner Schule waren Giotto (1266-1337), Botticelli (1445-1510), später Cigoli (1559-1613), Furini (1600-1646). – Die Venezianische Schule ist überwiegend eine Schule der Renaissance. Gemeinsam ist all ihren Entwicklungsphasen die kraftvolle Arbeit mit Licht und Farbe. An ihrem Anfang standen Paolo Veneziano (tätig 1310-1358), Guariento († um 1370), Gentile da Fabriano (um 1370-1427) und vor allem Jacopo Bellini (um 1400-1470/71). Er war der Vater der nicht weniger berühmten Gentile (1429-1507) und Giovanni Bellini und Adoptivvater Andrea Mantegnas. Später standen Giorgione (1478-1510), Tizian,

Palma Vecchio (um 1480-1528), Sebastiano Del Piombo (1485-1547), Lorenzo Lotto (um 1480- 1557), Jacopo Tintoretto, Paolo Veronese und sogar El Greco für den venezianischen Stil der Malerei. Die letzte Periode der venetianische Schule blühte im 18. Jh. mit Canaletto, Giovanni Battista Tiepolo und Francesco Guardi (1712-1793).

Anhang 5

qui marcano ... ore. –] Übersetung aus dem Italienischen:

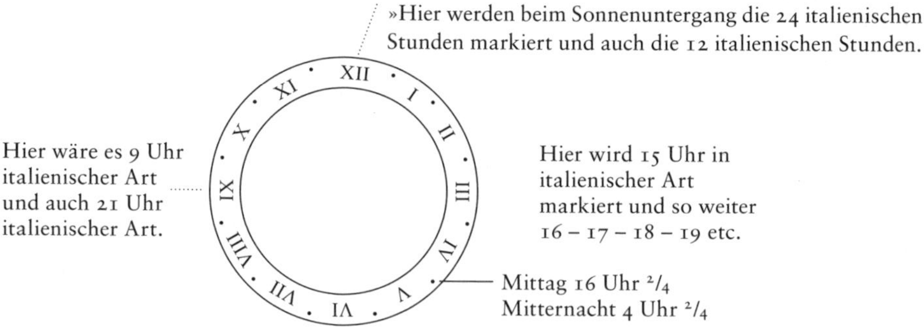
»Hier werden beim Sonnenuntergang die 24 italienischen Stunden markiert und auch die 12 italienischen Stunden.
Hier wäre es 9 Uhr italienischer Art und auch 21 Uhr italienischer Art.
Hier wird 15 Uhr in italienischer Art markiert und so weiter 16 – 17 – 18 – 19 etc.
Mittag 16 Uhr 2/4
Mitternacht 4 Uhr 2/4
XII
I
II
III
IV
V
VI
VII
VIII
IX
X
XI

Beim Zählen der Stunden auf der Uhr beginnen die Italiener zu Sonnenuntergang; dabei befindet sich der Zeiger auf 12 Uhr, und von hier ab wird 1 – 2 – 3 – 4 etc. gezählt; wenn man auf 12 Uhr kommt, unterbricht man sich nicht, sondern setzt mit der Zahl 1 – 2 – 3 – etc. fort, wobei man 13 – 14 – 15 etc. zählt bis 24 Uhr, welches die letzte Stunde des Tages ist; und von hier ab beginnt man wieder wie oben gesagt.

Die italienischen Uhrzeiten unterscheiden sich demnach von den französischen, welche während des Tages 2 mal 12 Stunden zählen, aber dabei ab Mittag bis Mitternacht und von Mitternacht bis Mittag verlaufen. Aber die Italiener beginnen mit dem Sonnenuntergang, wie schon gesagt wurde; zum Beispiel sind also elf Uhr italienischer Art elf Uhr nach dem Sonnenuntergang und das gleiche gilt für 13 Uhr und so weiter etc.

Der Mittag ist nie auf XII Uhr markiert, sondern von 16 Uhr bis 18 Uhr 2/4 mehr oder weniger nach der Jahreszeit, und so wird auch die Mitternacht an der selben Stelle wie der Mittag markiert, aber mit dem Unterschied, daß um Mitternacht die Uhrzeiten wirklich sind, wie sie gesehen werden und zu Mittag mit einem Zusatz von 12 Stunden.«

(Übersetzung von Birgit und Eliano Chiasera, Erfurt)

Auch Goethe hat in seiner ›Italienischen Reise‹ das System italienischer Zeitangaben dargestellt (WA I 30, 70-72 sowie die anschließende Übersicht; WA I 32, 341-344). Obwohl diese alte Zeiteinteilung der Italiener nur bis zur Eroberung des Landes durch Napoleon galt, ist sie an der Uhr des päpstlichen Schlosses Castel Gandolfo noch zu sehen.

Dank

Im *Reisetagebuch 1807 der Herzogin Charlotte Amalie von Sachsen-Gotha-Altenburg*, das Ingeborg Titz-Matuszak und Peter Brosche 2003 publizierten, schrieben sie: »Noch interessanter (als *Das italienische Reisetagebuch des Prinzen August von Gotha 1777-1778* und die *Briefe über Italien* der Anna Amalia von Sachsen-Weimar-Eisenach – J. B.) dürfte das 200seitige Diarium der Göchhausen sein. Den Wunsch nach seiner Edition geben wir hiermit zu Protokoll!«[1]

So überraschend die Feststellung war, daß ein Text aus dem unmittelbaren Umfeld des Klassischen Weimar bislang nicht ediert wurde, so anregend schien sie mir. Und so steht nun nach mehrjähriger Arbeit der Öffentlichkeit das Tagebuch der Louise von Göchhausen über ihre Reise mit der Weimarer Herzogin durch Italien in einer vollständigen Transkription und Kommentierung zur Verfügung.

Dies war nicht ohne die Hilfe von Freunden und einigen Kollegen der Arbeitsstelle des Goethe-Wörterbuches bei der Berlin-Brandenburgischen Akademie der Wissenschaften sowie das Verständnis ihres Leiters, Herrn Dr. habil. Michael Niedermeier, möglich. Ihnen allen möchte ich dafür hier von ganzem Herzen danken: Dr. Birgit und Dr. Eliano Chiasera (Erfurt) übersetzten die größeren italienischen Textpassagen, Frau Dr. habil. Christiane Schulz (Halle) stand mir mit vielen wichtigen Hinweisen und kritischen Anmerkungen zur Seite. Frau Eva Hörenz (Leipzig) widmete sich engagiert den Tücken der Textkorrektur.

Von den Mitarbeitern des Goethe- und Schiller-Archivs Weimar beförderte besonders Frau Susan Wagner jederzeit durch ihre aufmerksame Hilfsbereitschaft das Fortkommen dieser Arbeit; Frau Hilde Welsch beriet als Restauratorin und Buchbinderin durch ihre Fachkunde die Handschriftenbeschreibung.

Namentlich ungenannt müssen hier im einzelnen jene Ortsheimatpfleger und Bürgermeister, jene Kunsthistoriker und Mitarbeiter in- und ausländischer Archive oder auch Nachkommen damaliger Reisebekanntschaften der Herzogin Anna Amalia bleiben, die auf schriftliche Anfragen oft sehr schnell und ausführlich antworteten und auf diese Weise halfen, viele Probleme in Sachkommentar und Personenregister zu klären.

Nicht zuletzt gilt mein herzlicher Dank dem Herausgeber der Reihe *Schriften der Goethe-Gesellschaft*, Herrn Dr. habil. Jochen Golz (Weimar), und dem Vorstand der Goethe-Gesellschaft, welche die Publikation der Textedition erst ermöglichten.

Leipzig, den 25. Januar 2008 — Juliane Brandsch

1 Charlotte Amalie, 121.

Abkürzungen

Abb.	Abbildung
a.d.H.	aus dem Hause
Anm.	Anmerkung
Bl(l).	Blatt, Blätter
bzw.	beziehungsweise
engl.	englisch
f(f).	folgende Seite(n)
frz.	französisch
geb.	geborene
Hs.	Handschrift
ital.	italienisch
Jh.	Jahrhundert
Komm.	Kommentar
lat.	lateinisch
n. Chr.	nach Christi Geburt
s.	siehe
span.	spanisch
Tb	Tagebuch
u.a.	und andere; unter anderem
v. Chr.	vor Christi Geburt
vgl.	vergleiche
z.B.	zum Beispiel
z.T.	zum Teil

Literatur- und Siglenverzeichnis

Quellen

Thüringisches Hauptstaatsarchiv Weimar (ThHStAW): Hausarchiv A.XVIII (Unterlagen der Herzogin Anna Amalia) A 973-981 (Schatullrechnungen)
Goethe-Schiller-Archiv (GSA):
14 (Bestand Einsiedel)
24 (Bestand Göchhausen)
Niedersächsisches Landesarchiv, Hauptstaatsarchiv Hannover: Departement 84, Nr. 194, 1226, 1459-1461, 1587-1588

Forschungsliteratur

ADB
Allgemeine Deutsche Biographie, herausgegeben von der Historischen Commission bei der Königlichen Akademie der Wissenschaften. Leipzig 1875-1912.

Alinari
Alinari photo archive. Microfiches. Firenze 1982.

Alten
Alten, Friedrich von (Hrsg.): *Aus Tischbeins Leben und Briefwechsel*. Leipzig 1872.

Andreae
Andreae, Bernard: *Der Farnesische Stier. Schicksale eines Meisterwerkes der pergamesischen Bildhauer Apollonius und Tauriskos von Trolleis*. Freiburg im Breisgau 1996.

Angerer/Wanderwitz
Angerer, Martin / Wanderwitz, Heinrich: *Zu Gast im alten Regensburg. Erinnerungen an Gaststätten und Hotels, an Brauereien, Biergärten, Sommerhallen und dörfliche Ausflugslokale*. München 1992.

Antikensammlungen
Beck, Herbert / Bol, Peter C. / Prinz, Wolfram u.a. (Hrsg.): *Antikensammlungen des 18. Jahrhunderts*. Berlin 1981 (= Frankfurter Forschungen zur Kunst 9).

Apicius
Das Apicius-Kochbuch aus der altrömischen Kaiserzeit. Übersetzt und bearbeitet von Richard Gollmer. Breslau, Leipzig 1909 (Nachdruck Leipzig o.J.).

Arsenal Venedig
Moser, Ulrike: *Die Werkhalle der Weltmacht*. In: GEO spezial. Februar/März 2004, S. 86-94.

Ascher
Ascher, Hans-Joachim (Hrsg.): *»Tarock« mein einziges Vergnügen ... Geschichte eines europäischen Kartenspiels*. Wien 2003.

Baccheschi
Baccheschi, Edi: *L'opera completa di Guido Reni*. Milano 1971.

Badt 1914
Badt, Kurt: *Andrea Solario, sein Leben und seine Werke*. Leipzig 1914.

Badt 1981
Badt, Kurt: *Paolo Veronese*. Köln 1981.

Baedeker 1879
Baedeker, Karl: *Italien. Handbuch für Reisende. Teil 1: Ober-Italien bis Livorno, Florenz und Ravenna*. Leipzig 1879.

Baedeker 1880
Baedeker, Karl: *Italien. Handbuch für Reisende. Teil 3: Unter-Italien und Sicilien*. Leipzig 1880.

Baedeker 1911
Baedeker, Karl: *Oberitalien mit Ravenna, Florenz und Livorno. Handbuch für Reisende*. Leipzig 1911.

Baedeker 1928
Baedeker, Karl: *Oberitalien mit Ravenna, Florenz und Pisa. Handbuch für Reisende*. Leipzig 1928.

Baedeker 1933
Baedeker, Karl: *Rom und Umgebung. Kurzes Reisehandbuch*. Leipzig 1933.

Baldini
Baldini, Umberto: *The complete sculpture of Michelangelo*. London 1982.

Bandes
Bandes, Susan J.: *Gaspard Duguet's frescoes in Palazzo Colonna, Rome*. In: Burlington Magazine, Bd. CXXIII (1981), Nr. 935, S. 77-88.

Baumgart/Biagetti
Baumgart, Fritz / Biagetti, Biagio: *Die Fresken des Michelangelo in der Cappella Paolina im Vatikan*. Vatikanstaat 1934.

Baumgärtel
Baumgärtel, Bettina (Hrsg.): *Angelika Kauffmann*. Ausstellungskatalog. Düsseldorf 1998.

Bayreuther Hofkalender
Hochfürstlicher Brandenburg-Onolzbach- und Culmbachischer genealogischer Calender und Address-Buch 1784-1791. Ansbach 1784-1791.

Bendel
Bendel, Max: *Zur Entstehungsgeschichte des Salomon-Geßner-Denkmals in Zürich. Nach Briefen Alexander Trippels, zu dessen 200. Geburtstag*. In: Schaffhauser Beiträge zur vaterländischen Geschichte 21 (1944), S. 176-193.

Beny/Gunn
Beny, Roloff / Gunn, Peter: *Die Kirchen von Rom*. Freiburg, Basel, Wien 1982.

Bercken
Bercken, Erich von der: *Die Gemälde des Jacopo Tintoretto*. München 1942.

Berger 2001
Berger, Joachim (Hrsg.): *Der Musenhof Anna Amalias. Geselligkeit, Mäzenatentum und Kunstliebhaberei im klassischen Weimar*. Köln, Weimar, Wien 2001.

Berger 2003
Berger, Joachim: *Anna Amalia von Sachsen-Weimar-Eisenach (1739-1807). Denk- und Handlungsräume einer »aufgeklärten« Herzogin*. Heidelberg 2003.

Berger/Berger
Berger, Leonie / Berger, Joachim: *Anna Amalia von Weimar. Eine Biographie*. München 2006.

Bergmann
Bergmann, Alfred: *Briefe des Herzogs Carl August von Sachsen-Weimar an seine Mutter, die Herzogin Anna Amalia*. Jena 1938 (=Jenaer Germanistische Forschungen 30).

Bernoulli
Bernoulli, Johann: *Zusätze zu den neuesten Reisebeschreibungen von Italien nach der in Herrn D. J. J. Volkmanns historisch kritischen Nachrichten angenommenen Ordnung zusammengetragen und als Anmerkungen zu diesem Werke, sammt neuer Nachrichten von Sardinien, Malta, Sicilien und Großgriechenland herausgegeben*. 3 Bde. Leipzig 1777-1782.

Beyer
Beyer, Andreas: *Andrea Palladio. Teatro Olimpico. Triumpharchitektur in einer humanistischen Gesellschaft*. Frankfurt am Main 1994.

Bianchi
Bianchi, Vittorio Emanuele: *Guida per le Gallerie e i Musei di Roma*. Torino, Roma, Milano, Firenze, Napoli, Palermo 1913.

Biedermann
Johann Gottfried Biedermann's Geschlechtsregister des Patriciats der vormaligen Reichsstadt Nürnberg bis zum Jahr 1854 fortgesetzt und herausgegeben von Christoph Friedrich Wilhelm von Volckamer. Nürnberg 1854.

Biedrzynski
Biedrzynski, Effi: *Goethes Weimar. Das Lexikon der Personen und Schauplätze*. Düsseldorf, Zürich 1999.

Birmann
Peter und Samuel Birmann. Künstler, Sammler, Händler, Stifter. Ausstellungskatalog. Basel 1997.

BKL
Brockhaus' Konversationslexikon, 16 Bde. und 1 Supplement. Leipzig 1894-1897.
Blumenthal
Blumenthal, Lieselotte: *Arkadien in Goethes »Tasso«*. In: Neue Folge des Jahrbuchs der Goethe-Gesellschaft 21 (1959), S. 1-24.
Bodmer
Bodmer, Heinrich: *Lodovico Carracci*. Burg bei Magdeburg 1939.
Boehn
Boehn, Max von: *Guido Reni*. Bielefeld, Leipzig 1925.
Böttiger
Böttiger, Karl August: *Literarische Zustände und Zeitgenossen*. Berlin 1998.
Boisclair
Boisclair, Marie-Nicole: *Gaspard Dughet. Sa vie et son œuvre (1615-1675)*. Paris 1986.
Borea
Borea, Evelina: *Domenichino*. Milano 1965.
Bothe
Bothe, Rolf: *Das Weimarer Residenzschloß vom Mittelalter bis zum Anfang des 19. Jahrhunderts*. Ostfildern-Ruit 2000.
Brinton
Brinton, Selwyn: *Mantua*. Leipzig 1907.
Britannischer Staatskalender
Königlich Groß-Britannischer und Chur-Fürstl. Braunschweig-Lüneburgischer Staatskalender auf das Jahr 1790 ff. Lüneburg 1790 ff.
Brosche
Brosche, Peter: *Der Astronom der Herzogin. Leben und Werk von Franz Xaver von Zach (1754-1823)*. Frankfurt am Main 2001 (=Acta Historica Astronomiae 12).
Bülau
Bülau, Friedrich: *Die Gräfin von Allstädt*. In: Geheime Geschichten und rätselhafte Menschen. 12 Bde. Leipzig 1863-1864, hier Bd. 9, S. 317-354.
Burckhardt
Burckhardt, Jacob: *Der Cicerone. Eine Anleitung zum Genuß der Kunstwerke Italiens*. Basel 1855.
Burney
Burney, Charles: *Tagebuch einer musikalischen Reise durch Frankreich und Italien, durch Flandern, die Niederlande und am Rhein bis Wien, durch Böhmen, Sachsen, Brandenburg, Hamburg und Holland 1770-1772*, herausgegeben von Eberhardt Klemm. Wilhelmshaven 1985.
Bussagli
Bussagli, Marco (Hrsg.): *Rom. Kunst & Architektur*. Königswinter 2004.
Calvocoressi
Calvocoressi, Peter: *Who's who in der Bibel*. München 1991.
Cancogni
Cancogni, Manlio: *L'opera completa del Carpaccio*. Milano 1967.
Capodimonte
Napoli! Museo nazionale di Capodimonte. Ausstellungskatalog. Bonn 1996.
Cappella Ovetari
Italienische Fresken: Mantegna. Die Cappella Ovetari in der Chiesa degli Eremitani zu Padua. Zürich, Mailand 1948.
Casanova
Casanova, Giacomo: *Geschichte meines Lebens*. 12 Bde., herausgegeben von Günter Albrecht in Zusammenarbeit mit Barbara Albrecht. Leipzig 1983-1988. (CD-ROM)
Castelli/Coutelle
Castelli, Nicolo di: *La fontanan della crusca, ovvero: il Dizionario italiano-tedesco e tedesco-italiano [...] purgatio, accresciuto accentuato e migliorato per tutto secondo L'ortografia moderna [...] da Carlo Coutelle*. Leipzig 1759.
Charlotte Amalie
Titz-Matuszak, Ingeborg / Brosche, Peter (Hrsg.): *Reisetagebuch 1807 der Herzogin Charlotte Amalie von Sachsen-*

Gotha-Altenburg. Gotha 2003 (= Schriften des Thüringer Staatsarchivs Gotha 1).
Chevenix Trench
Chevenix Trench, Charles: *Geschichte der Reitkunst*. München 1970.
Christina von Schweden
Christina von Schweden: *Gesammelte Werke*. Hamburg 2000.
Cloulas
Cloulas, Ivan: *Die Borgias. Biographie einer Familiendynastie*. Solothurn, Düsseldorf 1994.
Coarelli
Coarelli, Filippo (Hrsg.): *Pompeji*. München 2002.
Cogliati Arano
Cogliati Arano, Luisa: *Andrea Solario*. Milano 1965.
Colledge
Colledge, J. J.: *Ships of the Royal Navy. The Complete Record of all Fighting Ships of the Royal Navy from the Fifteenth Century to the Present*. London 1987.
Corpus
Femmel, Gerhard: *Corpus der Goethezeichnungen*. 7 Bde. Leipzig 1958-1974.
Corti
Corti, Egon Caesar Conte: *Ich eine Tochter Maria Theresias. Ein Lebensbild der Königin Marie Karoline von Neapel*. München 1950.
DA
The Dictionary of Art. 34 Bde. New York 1996.
Danesi Squarzina
Danesi Squarzina, Silvia (Hrsg.): *Caravaggio in Preußen. Die Sammlung Giustiniani und die Berliner Gemäldegalerie*. Mailand 2001.
DB
Dizionario biografico degli Italiani. 63 Bde. Roma 1960-2004.
DBA
Deutsches Biographisches Archiv, herausgegeben von Bernhard Fabian, bearbeitet von Willi Gorzny u.a. Microfiches. München, New York, London, Paris 1982.
Deetjen
Deetjen, Werner (Hrsg.): *Die Göchhausen. Briefe einer Hofdame aus dem klassischen Weimar*. Berlin 1923.
Demandt
Demandt, Alexander: *Das Privatleben der römischen Kaiser*. München 1996.
Denio
Denio, Elisabeth Harriet: *Nicolas Poussins Leben und Werke*. Leipzig 1898.
Dewiel
Dewiel, Lydia L.: *Lombardei und Oberitalienische Seen. Kunst und Landschaft zwischen Alpen und Poebene*. Dumont-Kunst-Reiseführer. Ostfildern 1999.
Diesner
Diesner, Hans-Joachim: *Kriege des Altertums*. Berlin 1985.
Dönike
Friedrich Bury: *Briefe aus Italien an Goethe und Anna Amalia*, herausgegeben von Martin Dönike. Göttingen 2007.
Döpp
Döpp, Wolfram: *Die Altstadt Neapels. Entwicklung und Struktur*. Marburg 1968 (= Marburger Geographische Schriften 37).
Dreiser-Beckmann 1998
Dreiser-Beckmann, Sandra: *Anna Amalia's musikalische Reise. Eine deutsche Fürstin in Italien 1788-1790*. In: Düll, Sigrid / Pass, Walter (Hrsg.): Frau und Musik im Zeitalter der Aufklärung. St. Augustin 1998, S. 150-179.
Dreiser-Beckmann 2004
Dreiser-Beckmann, Sandra: *Herzogin Anna Amalia von Sachsen-Weimar-Eisenach (1739-1807). Musikliebhaberin und Mäzenin*. Schneverdingen 2004.
Droste
Droste, Torsten: *Venedig. Die Stadt an der Lagune. Kirchen und Paläste, Gondeln und Karneval*. Dumont-Kunst-Reiseführer. Ostfildern 2005.

DW
Grimm, Jacob u. Wilhelm: *Deutsches Wörterbuch.* Leipzig 1854-1954 (Nachdruck in 33 Bänden. München 1999).
EB
The new Encyclopedia Britannica. 32 Bde. Chicago 1994-2002. (CD-ROM)
Ebert-Schifferer
Ebert-Schifferer, Sybille (Hrsg.): *Giovanni Francesco Barbieri. Il Guercino 1591-1666.* Frankfurt am Main 1992.
Eckardt
Eckardt, Götz (Hrsg.): *Das italienische Reisetagebuch des Prinzen August von Sachsen-Gotha-Altenburg, des Freundes von Herder, Wieland und Goethe.* Stendal 1985 (= Schriften der Winckelmann-Gesellschaft 9).
Egloffstein 1923
Egloffstein, Hermann Freiherr von (Hrsg.): *Alt-Weimars Abende. Briefe und Aufzeichnungen aus dem Nachlasse der Gräfinnen Egloffstein.* München 1923.
Egloffstein 1927
Egloffstein, Hermann Freiherr von (Hrsg.): *Zeugnisse über Altweimar in Briefen der Familie von Egloffstein an einen fränkischen Prälaten.* In: Jahrbuch der Goethe-Gesellschaft 13 (1927), S. 205-250.
Einem
Einem, Herbert von (Hrsg.): *Anton Raphael Mengs. Briefe an Raimondo Ghelli und Anton Maron.* Göttingen 1973 (= Abhandlungen der Akademie der Wissenschaften in Göttingen. Philologisch-historische Klasse, 3. Folge. Nr. 82).
Ekserdjian
Ekserdjian, David: *Correggio.* London 1997.
Emiliani 1985
Emiliani, Andrea: *Federico Barocci.* Bologna 1985.
Emiliani 1993
Emiliani, Andrea (Hrsg.): *Ludovico Carracci.* Bologna [1993].
Emmerling
Emmerling, Ernst: *Pompeo Batoni. Sein Leben und Werk.* Darmstadt 1932.
Ertl
Ertl, Anton Wilhelm: *Chur-Bayerischer Atlas Das ist Eine Grundrichtige / Historische / und mit vielen schönen Kupfern und Land-Karten gezierte Abbildung aller in dem hochberühmten Chur-Hertzogthum Ober- und Nieder-Bayern [...] ligenden vortrefflichen Städten / Märkt / und theils Schlösser [...].* Nürnberg 1687 (Reprint Donauwörth 1995).
ESt
Europäische Stammtafeln. Stammtafeln zur Geschichte der europäischen Staaten, begründet von Wilhelm Karl Prinz zu Isenburg, fortgeführt von Frank Baron Freytag von Loringhoven. Neue Folge, herausgegeben von Detlev Schwennicke. Marburg 1980.
Farnese
Glanz der Farnese. Kunst und Sammelleidenschaft in der Renaissance. München, New York 1995.
Fechner
Fechner, Jörg-Ulrich: *Dokumente im Umkreis von Goethes Italienreise.* In: Italienische Reise. Reise nach Italien, herausgegeben von Michele Battafarano. Gardolo di Trento 1985.
Ferrara
Ferrara, Luciana: *Die Galerie Borghese in Rom.* München 1957.
FfA I 15
Goethe, Johann Wolfgang: *Italienische Reise.* Frankfurt am Main (= Goethe, Johann Wolfgang: Sämtliche Werke. 40 Bde. Frankfurt am Main 1987-1999, Abteilung I, Bd. 15 (1993), Teil 1 und 2).
FfA I 19
Goethe, Johann Wolfgang: *Philipp Hackert.* In: Goethe, Johann Wolfgang: Sämtliche Werke. 40 Bde. Frankfurt am Main 1987-1999, Abteilung I, Bd. 19 (1998), S. 411-599, 843-890.

Flaskamp
Flaskamp, Franz: *Christoph Ludwig Hoffmann*. Münster 1952 (= Quellen und Forschungen zur Natur und Geschichte des Kreises Wiedenbrück 71).
Fioravanti Baraldi
Fioravanti Baraldi, Anna Maria: *Il Garofalo. Benvenuto Tisi Pittore (c. 1476-1559). Catalogo generale*. Faenza 1993.
Freller
Freller, Thomas: *Cagliostro. Die dunkle Seite der Aufklärung*. Frankfurt am Main 2001.
Frenzel
Frenzel, Elisabeth: *Stoffe der Weltliteratur*. Stuttgart 1998.
Friedländer
Friedländer, Max J.: *Die altniederländische Malerei: Quentin Massys*. Bd. 7. Leiden 1934.
Friedrich
Friedrich, Arnd (Hrsg.): *Johann Heinrich Wilhelm Tischbein (1751-1829). Das Werk des Goethe-Malers zwischen Kunst, Wissenschaft und Alltagskultur*. Petersberg 2001.
Friedrichs
Friedrichs, Wolfgang: *Die Deutschlandreisen Kardinal Garampis*. In: Heitmann, Klaus / Scamardi, Teodoro (Hrsg.): Deutsches Italienbild und italienisches Deutschlandbild im 18. Jh. Tübingen 1993, S. 148-160.
Gärtner
Gärtner, Hannelore: *Kleines Lexikon der griechischen und römischen Mythologie*. Leipzig 1989.
Garibaldi
Garibaldi, Vittoria: *Perugino. Catalogo completo*. Firenze 1999.
Gaßner
Gaßner, F.S.: *Universal-Lexicon der Tonkunst*. Stuttgart 1849.
Genealogie Nürnberg
Genealogisches Handbuch des lebenden Raths- Gerichts- und Aemterfähigen Adels zu Nürnberg. Nürnberg 1795.
Gerber 1790
Gerber, Ernst Ludwig: *Historisch-Biographisches Lexicon der Tonkünstler, welches Nachrichten von dem Leben und Werken musikalischer Schriftsteller, berühmter Componisten, Sänger, Meister auf Instrumenten, Dilettanten, Orgel- und Instrumentenmacher enthält*. 2 Teile. Leipzig 1790-1792.
Gerber 1812
Gerber, Ernst Ludwig: *Neues Historisch-Biographisches Lexicon der Tonkünstler, welches Nachrichten von dem Leben und Werken musikalischer Schriftsteller, berühmter Komponisten, Sänger, Meister auf Instrumenten, kunstvoller Dilettanten, Musikverleger, auch Orgel- und Instrumentenmacher enthält*. 4 Teile. Leipzig 1812-1814.
Germano/Nocca
Germano, Anna / Nocca, Marco (Hrsg.): *La collezione Borgia, curiosità e tesori da ogni parte del mondo*. Napoli 2001.
Gerstfeldt
Gerstfeldt, O. von: *Umbrische Städte*. Leipzig [1909].
Geuß
Geuß, Karl-Heinrich: *Hohenstein und die Herren von Imhoff*. Nürnberg-Erlangen 1972.
Ghiotto
Ghiotto, Renato: *L'opera completa di Giovanni Bellini detto Giambellino*. Milano 1969.
Giampaolo/Muzzi
Giampaolo, Mario di / Muzzi, Andrea: *Correggio. Die Zeichnungen*. Basel 1990.
Gnudi
Gnudi, Cesare: *Mostra dei Carracci. Catalogo critico*. Bologna 1958.
Goldschneider 1953
Goldschneider, Ludwig: *Michelangelo. Gemälde, Skulpturen, Architektur. Gesamtausgabe*. Köln 1953.
Goldschneider 1960
Goldschneider, Ludwig: *Leonardo da Vinci. Leben und Werk. Gemälde und Zeichnungen*. Köln 1960.

Goethe 1740
Goethe, Johann Caspar: *Reise durch Italien im Jahre 1740. Viaggio per l'Italia*, herausgegeben von der Deutsch-Italienischen Vereinigung Frankfurt am Main, übersetzt und kommentiert von Albert Meier und Heide Hollmer. München 1999.
Goethe 1830
Goethe, August von: *Auf einer Reise nach Süden. Tagebuch 1830*, herausgegeben von Andreas Beyer und Gabriele Radecke. München 2002.
Gorys
Gorys, Erhard: *Lexikon der Heiligen*. München 1999.
Goten
Dahn, Felix: *Die Goten*. Neuausgabe der Ausgabe Berlin 1899. Essen o.J.
Gothe, Alpen
Gothe, Rosalinde: *Aufbruch nach Italien. Die Reise der Herzogin Anna Amalia von Weimar über die Alpen 1788*. In: Seifert, Siegfried (Hrsg.): Animo italo-tedesco. Studien zu den Italien-Beziehungen in der Kulturgeschichte Thüringens. Bd. 3. Weimar 2000, S. 79-91.
Gothe, Brief
Gothe, Rosalinde: *Ein Brief aus Verona. Friedrich Hildebrand von Einsiedel an Goethe. Mit Erstveröffentlichung des Briefes vom 3.9.1788*. In: Seifert, Siegfried (Hrsg.): Animo italo-tedesco. Studien zu den Italien-Beziehungen in der Kulturgeschichte Thüringens. Bd. 3. Weimar 2000, S. 69-77.
Gothein
Gothein, Marie Luise: *Geschichte der Gartenkunst*. 2 Bde. Jena 1926 (Nachdruck München 1997).
Gould
Gould, Cecil: *The paintings of Corregio*. London 1976.
Gregorovius
Gregorovius, Ferdinand Adolph: *Wanderjahre in Italien*. München 1997.
Grimm
Grimm, Herman: *Raffael*. Berlin 1941.
Gritzner
Gritzner, Maximilian: *Handbuch der Ritter- und Verdienstorden aller Kulturstaaten der Welt*. Leipzig 1893 (Reprint Leipzig o.J.).
Guadagnini
Guadagnini, Ancleto: *Real Pinacoteca di Bologna*. Bologna 1906.
Gunn
Gunn, Peter: *Neapel*. München 1964.
Hahn
Hahn, Klaus-Dieter: *Kastor und Pollux – Die Stärke des Mannes. Zu den Werken Johann Heinrich Wilhelm Tischbeins im Ostholstein-Museum in Eutin*. In: Wirken und Bewahren. Beiträge zur regionalen Kulturgeschichte und zur Geschichte der Eutiner Landesbibliothek. Festschrift für Ingrid Bernin-Israel, herausgegeben von Frank Baudach und Axel E. Walter. Eutin 2003 (= Eutiner Forschungen 8), S. 529-542.
Harnack
Harnack, Otto: *Das Kunstleben in Rom im Zeitalter der Klassik*. Weimar 1896.
Hartmann/Schnith
Hartmann, Gerhard / Schnith, Karl Rudolf (Hrsg.): *Die Kaiser. 1200 Jahre europäische Geschichte*. Graz, Wien, Köln 1996.
Haseloff
Haseloff, Arthur: *Die Kaiserinnengräber in Andria. Ein Beitrag zur apulischen Kunstgeschichte unter Friedrich II*. Rom 1905 (= Bibliothek des Königlich-Preußischen Historischen Instituts in Rom 1).
Heiligenlexikon
Stadler, J. E. / Heim, F. J. / Ginal, J. N. (Hrsg.): *Vollständiges Heiligenlexikon*. 5 Bde. Augsburg 1858-1882. (CD-ROM)
Heintze
Heintze, Helga von: *Juno Ludovisi*. Bremen 1957.
Helbig
Helbig, Wolfgang: *Führer durch die öffentlichen Sammlungen klassischer*

Altertümer in Rom. 4 Bde. Tübingen 1963-1972.
Hennig
Hennig, Christoph: *Latium. Das Land um Rom mit Spaziergängen in die Ewige Stadt.* Dumont-Kunst-Reiseführer. Ostfildern 2002.
Herder 1980
Johann Gottfried Herder: *»Bloß für Dich geschrieben«: Briefe und Aufzeichnungen über eine Reise nach Italien 1788/89*, herausgegeben von Walter Dietze und Ernst Loeb. Berlin 1980.
Herder 2003
Johann Gottfried Herder: *Italienische Reise. Briefe und Tagebuchaufzeichnungen 1788-1789*, herausgegeben, kommentiert und mit einem Nachwort von Albert Meier und Heide Hollmer. München 2003.
Herwig
Herwig, Wolfgang (Hrsg.): *Goethes Gespräche.* 4 Bde. Stuttgart, Zürich 1971.
Heuschele
Heuschele, Otto: *Herzogin Anna Amalia. Die Begründerin des weimarischen Musenhofes.* München 1949.
Heydenreich
Heydenreich, Ludwig Heinrich: *Leonardo da Vinci.* Basel 1953.
HistAtlas
Knaurs Historischer Weltatlas, herausgegeben von Geoffrey Barraclough und Norman Stone. München 1990.
Höcker
Höcker, Christoph: *Golf von Neapel und Kampanien.* Dumont-Kunst-Reiseführer. Ostfildern 2004.
Hofmann
Hofmann, Gerd: *Bolsena. Bolsenasee und Umgebung. Reiseführer.* Frankfurt am Main 2003.
Hollmer 1993
Hollmer, Heide: *Zwischen Enthusiasmus und Dilettantismus. Die Briefe über Italien der Herzoginmutter Anna Amalia.* In: Heitmann, Klaus / Scamardi, Teodoro (Hrsg.): Deutsches Italienbild und italienisches Deutschlandbild im 18. Jh. Tübingen 1993, S. 72-83.
Hollmer 1995
Hollmer, Heide: *»... ist das nicht ein kühnes Unternehmen?« Die Italienreise der Herzogin Anna Amalia von Sachsen-Weimar. Zum Problem der Korpusbegrenzung.* In: Golz, Jochen (Hrsg.): Editionen von autobiographischen Schriften und Zeugnissen zur Biographie. Tübingen 1995; S. 189-196.
Hollmer 1999
Hollmer, Heide (Hrsg.): *Anna Amalia von Sachsen-Weimar-Eisenach. Briefe über Italien.* St. Ingbert 1999 (= Kleines Archiv des 18. Jahrhunderts 33).
Hollmer 2001
Hollmer, Heide: *»Ohne Künstler kann man nicht leben weder in Süden noch Norden«. Herzogin Anna Amalias Kunstwahrnehmung und Kunstförderung während der Italienreise (1788-1790).* In: Berger, Joachim (Hrsg.): Der Musenhof Anna Amalias. Geselligkeit, Mäzenatentum und Kunstliebhaberei im klassischen Weimar. Köln, Weimar, Wien 2001, S. 107-124.
Horaz
Quintus Horatius Flaccus: *Werke*, herausgegeben und kommentiert von Reimar Müller. Leipzig 1984.
Hüttinger
Hüttinger, Eduard: *Die Bilderzyklen Tintorettos in der Scuola di S. Rocco zu Venedig.* Dissertation. Zürich 1962.
Huschke 1975
Huschke, Wolfgang: *Das klassische Weimar im Lichte neuer genealogischer Forschung: Karl Ludwig von Knebel, Familie und Vorfahren.* In: Genealogie. Deutsche Zeitschrift für Familienkunde, Heft 11 (1975), S. 721-737.
Huschke 1984
Huschke, Wolfgang: *Das klassische Weimar im Lichte neuer genealogischer Forschung: Luise von Göchhausen (1752-1807), Familie und Vorfahren.* In: Genealogie. Deutsche Zeitschrift

für Familienkunde, Heft 4 (1984), S. 97-118.
Ingamells
A dictionary of british and irish Travellers in Italy 1701-1800, compiled from the Brinsley Ford Archive by John Ingamells. New Haven, London 1997.
Innsbruck
Innsbruck. Ein historisch-topographisch-statistisches Gemälde dieser Stadt nebst Ausflügen in die nahen Umgebungen. Innsbruck 1838.
Junk
Junk, Viktor: *Handbuch des Tanzes.* Stuttgart 1930 (Nachdruck Hildesheim 1977).
Karte D
Die Generalkarte. 12 Großraum-Generalkarten Deutschland, 1:200000. 1999.
Karte I
Atlante stradale d'Italia, 1:225000. Milano 2003.
Kauffmann
Angelika Kauffmann und Rom. Ausstellungskatalog. Rom 1998.
Kayserlingk
Kayserlingk, Adalbert Graf von: *Monte Gargano. Europas ältestes Michaelsheiligtum.* Stuttgart 1987.
Keyßler
Keyßler, Johann Georg: *Reisen durch Deutschland, Böhmen, Ungarn, die Schweiz, Italien und Lothringen in welchen der Zustand und das Merkwürdigste dieser Länder beschrieben, und [...] erläutert wird.* 2 Teile. Hannover 1776.
Klauß
Klauß, Jochen: *Der »Kunschtmeyer«. Johann Heinrich Meyer: Freund und Orakel Goethes.* Weimar 2001.
Kleinert
Kleinert, Jochen: *Zur Geschichte und Kultur der Römer.* Berlin 1969.
Klemm
Klemm, Christian: *Gaspard Dughet und die ideale Landschaft. Die Zeichnungen im Kunstmuseum Düsseldorf.* Düsseldorf 1981.
Köbler
Köbler, Gerhard: *Historisches Lexikon der deutschen Länder.* München 1988.
Köhn
Köhn, Silke: *Lady Hamilton und Tischbein: Der Künstler und sein Modell. Begleitheft zur Ausstellung im Landesmuseum Oldenburg vom 20. Juni bis 26. September 1999.* Oldenburg 1999.
Kord
Kord, Susanne: *The Hunchback of Weimar: Louise von Göchhausen and the Weimar Grotesque.* In: Unwrapping Goethe's Weimar. Essays in cultural studies and local knowledge. Rochester, Woddbridge 2000, S. 233-263.
Kramer
Kramer, Matthias: *Neu ausgefertigtes Herrlich-grosses und allgemeines Italiänisch-Teutsches Sprach- und Wörter-Buch [...].* Nürnberg 1693.
Kraus/Matt
Kraus, Theodor / Matt, Leonard von: *Pompeji und Herculaneum.* Köln 1973.
Krönig/Wegner
Krönig, Wolfgang / Wegner, Reinhard: *J. Ph. Hackert. Der Landschaftsmaler der Goethezeit.* Weimar, Wien 1994.
Kroha
Kroha, Tyll: *Großes Lexikon der Numismatik.* Gütersloh 1997.
Kruft
Kruft, Hanno-Walter: *Städte in Utopia. Die Idealstadt vom 15. bis zum 18. Jahrhundert zwischen Staatsutopie und Wirklichkeit.* München 1989.
Kürschner
Kürschner, Max: *Wilhelm Christoph Diede zum Fürstenstein. Ein Staatsmann aus Thüringen in der Zeit des sterbenden Reiches.* In: Zeitschrift des Vereins für Thüringische Geschichte 43 (1941), S. 192-205.
Kunst-Brockhaus
Der Kunst-Brockhaus, 10 Bde. Mannheim, Wien, Zürich 1987.

Kunst-Index
Index der antiken Kunst und Architektur. Microfiches. München 1988-1991.
Kunze
Kunze, Christian: *Der Farnesische Stier und die Dirkegruppe des Apollonius und Tauriskos.* Berlin, New York 1998.
Lalande
Lalande, Joseph Jérôme: *Voyage d'un François en Italie, fait dans les années 1765 & 1766.* 8 Bde. Paris 1769.
Lange
Lange, Sigrid: *Spiegelgeschichten. Geschlechter und Poetiken in der Frauenliteratur um 1800.* Frankfurt am Main 1995.
Laschke
Laschke, Birgit: *Arma et Litterae. Tugendkonzeptionen an neapolitanischen Dichtergrabmälern.* In: Poeschke, Joachim / Kusch, Britta / Weigel, Thomas (Hrsg): Praemium virtutis. Grabmonumente und Begräbniszeremoniell im Zeichen des Humanismus. Münster 2002, S. 61-81.
Leitner
Leitner, Thea: *Schicksale im Hause Habsburg.* 2 Teile. München 2004.
Leuschner
Leuschner, Ulrike u.a. (Hrsg.): *Johann Heinrich Merck. Briefwechsel.* 5 Bde. Göttingen 2007.
Lexikon dAntike
Lexikon der Antike, herausgegeben von Johannes Irmscher u.a. Leipzig 1972.
Lexikon frKulturen
Lexikon früher Kulturen, herausgegeben von Joachim Herrmann. 2 Bde. Leipzig 1984.
Leyden
Leyden, Friedrich: *Neapel.* In: Geographischer Anzeiger 30 (1929), S. 369-379.
Lichtenberg
Lichtenberg, Georg Christoph: *Ausgewählte Werke in 2 Bänden*, herausgegeben von Ernst Johann. Frankfurt am Main 1970.
Linsingen
Linsingen, A. E. von: *Geschlechts-Folge der uralten ritter- und stiftsmäßigen Familie von Linsingen.* Erfurt 1774.
Litta
Litta, Pompeo: *Famiglie celebri italiane.* Milano 1819-1885.
LMA
Lexikon des Mittelalters. 10 Bde. München 2002.
Loch
Loch, Sylvia: *Reitkunst im Wandel.* Stuttgart 1995.
Lodron
Auf den Spuren der Lodron. Die Ereignisse. Die Persönlichkeiten. Die Zeichen. Tione di Trento 1999.
Löwe/Stoll
Löwe, Gerhard / Stoll, Heinrich Alexander: *Die Antike in Stichworten.* Leipzig 1969.
Loreto
Das Heilige Haus von Loreto. Regensburg 1994.
Lyncker
Lyncker, Carl Wilhelm Heinrich Freiherr von: *Ich diente am Weimarer Hof. Aufzeichnungen aus der Goethezeit.* Köln, Weimar, Wien 1997.
MA 9
Goethe, Johann Wolfgang: *Philipp Hakkert.* In: Goethe, Johann Wolfgang: Sämtliche Werke nach Epochen seines Schaffens. 21 Bde. München 1985- 1998. Bd. 9 (1987), S. 655-869, 1283- 1374.
MA 15
Goethe, Johann Wolfgang: *Italienische Reise.* München 1992 (= Goethe, Johann Wolfgang: Sämtliche Werke nach Epochen seines Schaffens. 21 Bde. München 1985-1998. Bd. 15).
Maierhofer 2001
Maierhofer, Waltraud (Hrsg.): *Angelica Kauffmann »Mir träumte vor ein paar Nächten, ich hätte Briefe von Ihnen empfangen«. Gesammelte Briefe in den Originalsprachen*, herausgegeben, kommentiert und mit einem Nachwort versehen. Lengwil am Bodensee 2001.

Maierhofer 2005
Maierhofer, Waltraud (Hrsg.): *Circe. Oper mit der Musik von Pasquale Anfossi. Übersetzung und Bearbeitung des italienischen Librettos für das Weimarer Theater.* Hannover-Laatzen 2005.
Maisak
Maisak, Petra (Hrsg.): *Goethe und Tischbein in Rom. Bilder und Texte.* Frankfurt am Main. Leipzig 2004 (= Insel-Bücherei Nr. 1251).
Malereilexikon
Kindlers Malereilexikon. 15 Bde. Zürich 1964-1971. (CD-ROM)
Martial
Marcus Valerius Martialis : *Epigramme. Auswahl*, übersetzt und kommentiert von Walter Hofmann. Leipzig 1976.
Matteini
Matteini, Nevio: *Rimini und die Adriariviera der Romagna. Historischer und kunstgeschichtlicher Reiseführer.* Rocca San Casciano 1960.
Matz
Matz, Klaus-Jürgen: *Wer regierte wann? Regententabellen zur Weltgeschichte.* München 1994.
Mauceri
Mauceri, Enrico: *La regia pinacoteca di Bologna.* Roma 1935.
Maul/Oppel
Maul, Gisela / Oppel, Margarete: *Goethes Wohnhaus in Weimar.* München, Wien 2000.
Mendel
Mendel, Hermann / Reissmann, August: *Musikalisches Conversations-Lexikon. Eine Encyklopädie der gesammten musikalischen Wissenschaften für Gebildete aller Stände.* 12 Bde. Berlin, Leipzig 1870-1880.
Menegazzi
Menegazzi, Luigi: *Cima da Conegliano. Catalogo della Mostra.* Venezia 1962.
Merz
Merz, Jörg: *Pietro da Cortona. Der Aufstieg zum führenden Maler des barokken Rom.* Tübingen 1991.
Meuricoffre
Gruber-Meuricoffre, Beatrice: *Die Familie Meuricoffre in Neapel.* In: Thurgauer Beiträge zur vaterländischen Geschichte 82 (1945), S. 1-42.
Meyer
Meyer, August L.: *Juseppe de Ribero (Lo Spagnoletto).* Leipzig 1923.
MGG
Die Musik in Geschichte und Gegenwart. Kassel, Basel 1949-1987. (CD-ROM)
Mildenberger 1986
Mildenberger, Hermann: *Johann Heinrich Wilhelm Tischbein. Goethes Maler und Freund.* Neumünster 1986.
Mildenberger 2001
Mildenberger, Hermann: *Angelika Kauffmanns Bildnis der Anna Amalia Herzogin von Sachsen-Weimar-Eisenach.* In: Beyer, Andreas (Hrsg.): Das römische Haus in Weimar. München, Wien 2001, S. 75-81.
Miller 1986
Miller, Norbert: *Goethes Begegnung mit Jakob Philipp Hackert. Der Jahreszeit-Zyklus des Malers und die »Landschaft nach der Natur« als klassizistisches Programm.* In: Die Vier Jahreszeiten im 18. Jahrhundert. Heidelberg 1986, S. 185-224.
Miller 1999
Miller, Norbert: *»Ist das nicht ein kühnes Unternehmen?«* In: Wiederholte Spiegelungen. Weimarer Klassik 1759-1832. Ständige Ausstellung des Goethe-Nationalmuseums. München, Wien 1999, S. 371-401.
Mondini
Mondini, Daniela: *Séroux d'Agincourt und die Kunstgeschichtsschreibung des Mittelalters. Ein Pionier wider Willen?* Dissertation. Zürich 2003.
Moschini
Moschini, Vittorio: *Die Galerie der Akademie zu Venedig.* Rom 1965.
Müller
Müller, Dorothee: *Luise von Göchhausens italienisches Reisetagebuch. Tran-*

skription und Kontextualisierung. Magisterarbeit. Marburg 2005.
Müller Hofstede
Müller Hofstede, Ulrike: *Achill, Apoll und Niobe. Das Sublime in Gavin Hamiltons Historienbildern.* Münster 1993.
Müller-Krumbach
Müller-Krumbach, Renate: *Alte Fächer aus den Beständen der Nationalen Forschungs- und Gedenkstätten der klassischen deutschen Literatur in Weimar.* Weimar 1988.
Münter
Münter, M. Friedrich: *Nachrichten von Neapel und Sicilien auf einer Reise in den Jahren 1785 und 1786 gesammlet.* Aus dem Dänischen übersetzt. Kopenhagen 1790.
Murr
Murr, Christoph Gottlieb von: *Beschreibung der vornehmsten Merkwürdigkeiten in des H. R. Reichs freyen Stadt Nürnberg und auf der hohen Schule zu Altdorf.* Nürnberg 1778.
Nachgeschichte
Harnack, Otto (Hrsg.): *Zur Nachgeschichte der italienischen Reise. Goethes Briefwechsel mit Freunden und Kunstgenossen in Italien 1788-1790.* Weimar 1890 (= Schriften der Goethe-Gesellschaft 5).
Natalucci
Natalucci, Mario: *Besuch der Kathedrale San Ciriaco und kurzer Führer durch die Stadt Ancona.* Città di Castello 1962.
National Biography
Stephan, Leslie u.a. (Hrsg.): *The Dictionary of National Biography.* 63 Bde. London 1885-1900.
Nationalmuseum Neapel
Illustrierter Führer des Nationalmuseums in Neapel. Neapel o.J.
Neumeister
Neumeister, Christoff: *Der Golf von Neapel in der Antike. Ein literarischer Reiseführer.* München 2005.
Nicholl
Nicholl, Charles: *Leonardo Da Vinci. Die Biographie.* Frankfurt am Main 2006.
Noack
Noack, Friedrich: *Deutsches Leben in Rom 1700 bis 1900.* Stuttgart, Berlin 1907 (Nachdruck Bern 1971).
Nordhoff/Reimer
Nordhoff, Claudia / Reimer, Hans: *Jakob Philipp Hackert 1737-1807. Verzeichnis seiner Werke.* 2 Bde. Berlin 1994.
Nürnberg
Aufsberg, Th.: *Es war einmal [...] Nürnberger Sagen und Geschichten.* Nürnberg o.J.
Nürnberger Rathaus
Das alte Nürnberger Rathaus. Baugeschichte und Ausstattung des Großen Saales und der Ratsstube. Nürnberg 1979.
Oberhuber
Oberhuber, Konrad: *Raffael. Das malerische Werk.* München, London, New York 1999.
Opernlexikon
Fath, Rolf: *Reclams elektronisches Opernlexikon.* Stuttgart, Berlin 2001.
Orbis latinus
Graesse/Benedict/Plechl: *Orbis latinus. Lexikon lateinischer geographischer Namen.* Braunschweig 1971.
Ortkemper
Ortkemper, Hubert: *Engel wider Willen. Die Welt der Kastraten.* Berlin 1993.
Osnabrück
Handbuch des Bistums Osnabrück, bearbeitet von Hermann Stieglitz. Osnabrück 1991.
Osterkamp
Osterkamp, Ernst: *Im Buchstabenbilde. Studien zum Verfahren Goethescher Bildbeschreibungen.* Stuttgart 1991.
Ovid
Publius Ovidius Naso: *Metamorphosen*, herausgegeben und übersetzt von Gerhard Fink. Düsseldorf, Zürich 2004.

Ow
Ow, Meinrad Freiherr von: *Warren Hastings und Marianne von Imhoff.* In: Jahrbuch des Historischen Vereins für Mittelfranken 92 (1984/85), S. 299-304.
Paestum
Die Tempel von Paestum. 41 Bildtafeln. Aufnahmen und Erläuterungen von Carl Lamb mit einem Geleitwort von Ludwig Curtius. Leipzig 1944.
Pallucchini
Pallucchini, Rodolfo: *Paolo Veronese.* Ausstellungskatalog. Venedig 1939.
Passavant
Passavant, J. D.: *Rafael von Urbino und sein Vater Giovanni Santi.* 4 Teile. Leipzig 1839-1858.
Pastor
Pastor, Ludwig Freiherr von: *Geschichte der Päpste seit dem Ausgang des Mittelalters.* Bd. 16, Abteilung 3: Pius VI. (1775-1799). Freiburg, Rom 1961.
Pauly
Paulys Real-Encyklopädie der classischen Altertumswissenschaft. München 1894-1978.
PBI
Polnischer biographischer Index, herausgegeben von Gabriele Baumgartner. Microfiches. München o.J.
Pedrocco
Pedrocco, Filippo: *Tizian.* München 2000.
Pepper
Pepper, Stephan: *Guido Reni. A complete catalogue of his works with an introductory text.* Oxford 1984.
Petri
Petri, Friedrich Erdmann: *Handbuch der Fremdwörter in der deutschen Schrift- und Umgangssprache.* Chemnitz 1886.
Petronius
Titus Petronius Arbiter: *Satyrgeschichten.* Aus dem Lateinischen übertragen von Volker Ebersbach. Leipzig 1984.
Pignatti 1958
Pignatti, Terisio: *Carpaccio.* Genf 1958.
Pignatti 1976
Pignatti, Terisio: *Veronese. L'opera completa.* Venezia 1976.
Pilz, Egidienkirche
Pilz, Kurt: *Die St. Egidienkirche in Nürnberg. Ihre Geschichte und ihre Kunstwerke.* Nürnberg 1972.
Pilz, Sebaldkirche
Pilz, Kurt: *Die St. Sebalduskirche zu Nürnberg.* Nürnberg 1977.
Pisani
Pisani, Salvatore: *Architektur im Neapel des Karl von Bourbon: Der Albergo dei Poveri und der Majolika-Garten von S. Chiara.* In: Frank, Christoph / Hänsel, Sylvaine (Hrsg.): Spanien und Portugal im Zeitalter der Aufklärung. Frankfurt am Main 2002, S. 523-542.
Posner
Posner, Donald: *Annibale Carracci. A study in the reform of italian painting around 1590.* London 1971.
Posse
Posse, Hans: *Der römische Maler Andrea Sacchi. Ein Beitrag zur Geschichte der klassizistischen Bewegung im Barock.* Leipzig 1925.
Predonzani
Predonzani, Elio: *Domenico e Antonio Piatti, martiri triestini dell'epopea napoletana del 1799.* Trieste 1948.
Prignitz
Prignitz, Horst: *Wasserkur und Badelust.* Leipzig 1986.
Pütter/Saalfeld
Pütter, Stephan / Saalfeld, Friedrich: *Versuch einer academischen Gelehrten-Geschichte von der Georg-Augustus-Universität zu Göttingen*, Teil 2 und 3. Göttingen 1788, Hannover 1820.
Puglisi
Puglisi, Catherine: *Caravaggio.* London 2000.
Raschke
Raschke, Bärbel: *Die Italienbibliothek Anna Amalias. Rekonstruktion und Thesen zur Interpretation.* In: Seifert, Siegfried (Hrsg.): Animo italo-tedesco.

Studien zu den Italien-Beziehungen in der Kulturgeschichte Thüringens. Bd. 3. Weimar 2000, S. 93-138.

RBA

Russisches Biographisches Archiv. Microfiches. München o.J.

Reber

Reber, Franz: *Die Ruinen Roms und der Campagna.* Neuausgabe der Erstauflage von 1863. Kettwig 1991.

Regestausgabe

Briefe an Goethe. Gesamtausgabe in Regestform, herausgegeben von der Klassik Stiftung Weimar, Goethe-und Schiller-Archiv, 7 Bde. für die Jahre 1764-1817. Weimar 1980-2004.

Reichmann/Wegera

Reichmann, Oskar / Wegera, Klaus-Peter (Hrsg.): *Frühneuhochdeutsche Grammatik.* Tübingen 1993.

Reichold 1957

Reichold, Helmut: *Sophie Caroline Marie von Brandenburg-Bayreuth (1737-1817). Die »Erlanger Markgräfin«. Eine biographische Studie.* In: Jahrbuch des Historischen Vereins für Mittelfranken 77 (1757), S. 159-227.

Reichold 1959

Reichold, Helmut: *Das Testament der »Erlanger Markgräfin« Sophie Caroline Marie von Brandenburg-Bayreuth (1737-1817) als Fundgrube für Familienforscher.* In: Erlanger Bausteine zur Fränkischen Heimatforschung 6 (1959), S. 165-167.

Reindl

Reindl, Peter: *Tischbein und Goethe oder Kastor und Pollux. Ein Maler zwischen barocker Idylle und klassizistischer Ratio.* In: Ostholstein-Museum in Eutin. Johann Heinrich Wilhelm Tischbein: Die Stärke des Mannes, Neapel 1789, herausgegeben von der Kulturstiftung der Länder in Verbindung mit dem Ostholstein-Museum in Eutin. Eutin 1999 (= Patrimonia 167), S. 8-57.

Reni

Guido Reni und Europa. Ausstellungskatalog. Frankfurt am Main 1988.

Repertorium

Repertorium der diplomatischen Vertreter aller Länder seit dem Westfälischen Frieden, herausgegeben unter der Leitung von Leo Santifaller, Bd. 3: 1764-1815. Graz, Köln 1965.

Riesenfeld

Riesenfeld, E. P.: *Erdmannsdorff. Der Baumeister des Herzogs Leopold Friedrich Franz von Anhalt-Dessau.* Berlin 1913.

Riha

Riha, Karl: *Commedia dell'arte. Mit den Figurinen Maurice Sands.* Frankfurt am Main 1996.

Ritterorden

Abbildung und Beschreibung aller hoher Geistlichen, Weltlichen und Frauenzimmer Ritter-Orden in Europa. Augsburg 1792 (Reprint Leipzig o.J.).

Rivinius

Rivinius, Karl Joseph: *Das Collegium Sinicum zu Neapel und seine Umwandlung in ein orientalisches Institut. Ein Beitrag zu seiner Geschichte.* St. Augustin 2004.

Roberti

Roberti, Giuseppe: *La musica in Italia nel secolo XVIII secondo le impressioni di viaggiatori stranieri.* In: Rivista musicale italiana. Jg. 7 (1900), S. 698-729 und 8 (1901), S. 519-559.

Rode

Rode, August von: *Das Leben des Friedrich Wilhelm von Erdmannsdorff.* Dessau 1801.

Roethlisberger 1979

Roethlisberger, Marcel: *Claude Lorrain. The paintings.* New York 1979.

Roettgen 2001

Roettgen, Steffi: *Mengs. Die Erfindung des Klassizismus.* München 2001.

Roettgen 1999/2003

Roettgen, Steffi: *Anton Raphael Mengs 1728-1779.* 2 Bde. München 1999-2003.

Rolfs

Rolfs, Wilhelm: *Neapel.* 3 Bde. Leipzig 1905.

Rom
Kulturgeschichte der Antike: Rom, herausgegeben von Joachim Herrmann. Bd. 2. Berlin 1978.
Rosenthal
Rosenthal, Angela: *Angelika Kauffmann. Bildnismalerei im 18. Jahrhundert.* Berlin 1996.
Rotter
Rotter, Ekkehart: *Apulien. Byzantinische Grottenkirchen. Normannische Kathedralen. Staufische Kastelle. Lecceser Barock.* Dumont-Kunst-Reiseführer. Ostfildern 2005.
Sängerlexikon
Kutsch, Karl J. / Riemens, Leo (Hrsg.): *Großes Sängerlexikon.* Bern, München 1997. (CD-ROM)
Sagen der Römer
Sagen der Römer. Geschichten und Geschichte aus der Frühzeit Roms, nacherzählt von Waldemar Fietz. Leipzig 1979.
Sahrer
Sahrer von Sahr, Carl: *Heinrich des H.R.R. Graf von Bünau aus dem Hause Seuselitz.* Dresden 1869.
Salerno 1975
Salerno Luigi: *L'opera completa di Salvatore Rosa.* Milano 1975.
Salerno 1988
Salerno, Luigi: *I dipinti del Guercino.* Roma 1988.
Schack
Beiträge zur Geschichte der Grafen und Herren von Schack. 5 Teile. Berlin 1896-1940.
Schardt
Schardt, Gisela: *Das Weimarer Liebhabertheater unter Goethes Leitung.* Weimar 1957 (= Beiträge zur deutschen Klassik. Abhandlungen, Bd. 5).
Scheffer
Genealogie van het Geslecht Lestevenon. In: Nederlands Familie-Archief, herausgegeben von Johan Hendrik Scheffer, Teil 10. Rotterdam 1879.
Scheffer, Neapel
Scheffer, Thassilo von: *Neapel.* Leipzig 1909.
Schenk
Schenk, Rolf: *Der Münchner Porträtmaler Johann Georg Edlinger. Monographie und Werkkatalog.* München 1983.
Schilling
Schilling, Gustav (Hrsg.): *Encyclopädie der gesammten musikalischen Wissenschaften, oder Universal-Lexicon der Tonkunst.* 7 Bde. Stuttgart 1835-1842.
Schlabrendorf
Schlabrendorf, Konstantin von: *Kurze genealogische Übersicht der churmärkischen Familie der Herren von Schlabrendorf.* Frankenstein 1842.
Schudt
Schudt, Ludwig: *Italienreisen im 17. und 18. Jahrhundert.* München, Wien 1959.
Schuette
Schuette, Marie: *Das Goethe-Nationalmuseum zu Weimar.* Leipzig 1910.
Schütterle
Schütterle, Michael: *Das Zwergenjahr. Die barocke Zwergenmode in Kupferstichen.* Rudolstadt 1996.
Schulz/Quast
Schulz, Heinrich Wilhelm / Quast, Ferdinand von: *Denkmaeler der Kunst des Mittelalters in Unteritalien.* 4 Bde. Dresden 1860.
Schwaiger
Schwaiger, Georg (Hrsg.): *Mönchtum. Orden. Klöster. Ein Lexikon.* München 1998.
Schweinitz
Schweinitz, Anna-Franziska von: *Fürst und Föderalist. Tagebücher einer Reise von Dessau in die Schweiz 1783.* Worms 2004.
Schweiz
Historisch-biographisches Lexikon der Schweiz, herausgegeben von Türler, Heinrich / Attinger, Victor / Godet, Marcel. 7 Bde. Neuenburg 1934.
Schwemmer
Schwemmer, Wilhelm: *Aus der Geschichte der Kunstsammlungen der Stadt Nürnberg. Reichsstädtische Zeit*

bis 1806. In: Mitteilungen des Vereins für Geschichte der Stadt Nürnberg 40 (1949), S. 97-206.
Sedlarz
Sedlarz, Claudia: *Aloys Hirt. Archäologe. Historiker. Kunstkenner.* Hannover-Laatzen 2004.
Seemann
Seemann, Annette: *Anna Amalia Herzogin von Weimar.* Frankfurt am Main, Leipzig 2007.
Seibold
Seibold, Gerhard: *Die Pellersche Gemäldesammlung.* In: Anzeiger des Germanischen Nationalmuseums, Nürnberg 1982, S. 70-82.
Seifert 1995
Seifert, Siegfried: *»Italien in Germanien«. Streiflichter zu den Italien-Beziehungen im »Klassischen Weimar«.* In: Seifert, Siegfried (Hrsg.): Animo italotedesco. Studien zu den Italien-Beziehungen in der Kulturgeschichte Thüringens. Bd. 1. Weimar 1995, S. 81-104.
Seuffert
Seuffert, Bernhard: *Der Herzogin Anna Amalia Reise nach Italien. In Briefen ihrer Begleiter.* In: Preußische Jahrbücher 65 (1890), Heft 5, S. 535-565.
Singer 1930
Singer, Hans Wolfgang: *Allgemeiner Bildniskatalog.* 14 Bde. Leipzig 1930-1936.
Singer 1937
Singer, Hans Wolfgang: *Neuer Bildniskatalog.* 5 Bde. Leipzig 1937-1938.
Sitzmann
Sitzmann, Gerhard H.: *Materialien zur Europäischen Goethe-Straße I: Goethes Reise durch Altbayern.* In: Jahresberichte der Stiftung Aventinum. Stiftung für Altbayern 13/21 (2006).
Sokop
Sokop, Brigitte: *Stammtafeln europäischer Herrscherhäuser.* Wien, Köln, Weimar 1993.
Speler
Speler, Ralf-Torsten: *Die Briefe Friedrich Wilhelm von Erdmannsdorffs an den Dessauer Fürsten aus Italien (1761-1790).* In: Heiterkeit und Munterkeit der Durchsichten. Festschrift für Erhard Hirsch, herausgegeben von Jörn Garber u.a. Dessau 1999 (= Dessau-Wörlitz-Beiträge 9), S. 104-122.
Spielbuch
Wagner, Hermann: *Illustriertes Spielbuch für Knaben.* Leipzig 1903 (Reprint).
Spindler
Spindler, Barbara: *Die Bildergalerie. Ein königliches Museum im Park Sanssouci.* München, Berlin, London, New York 2003.
Stadtlexikon Nürnberg
Stadtlexikon Nürnberg, herausgegeben von Michael Diefenbacher und Rudolf Endres. Nürnberg 2000.
Stadtlexikon Augsburg
Augsburger Stadtlexikon, herausgegeben von Günther Grünsteudel und Günter Hägele. Augsburg 1998.
Stern
Stern, Selma: *Karl Wilhelm Ferdinand Herzog zu Braunschweig und Lüneburg.* Hildesheim, Leipzig 1921.
Stolberg
Stolberg, Friedrich Leopold Graf von: *Reise in Deutschland, der Schweiz, Italien und Sicilien in den Jahren 1791-92.* In: Stolberg, Chr. und F. L. von: Gesammelte Werke, Bd. III und IV, Teil 7 ff. Hamburg 1822 (Nachdruck Hildesheim, New York 1974).
Stone
Stone, David M.: *Guercino. Catalogo completo dei dipinti.* Firenze 1991.
Striehl
Striehl, Georg: *Der Zeichner Christoph Heinrich Kniep (1755-1825). Landschaftsauffassung und Antikenrezeption.* Hildesheim, Zürich, New York 1998.

Stromer
Stromer von Reichenbach, Ernst Freiherr von: *Unsere Ahnen in der Reichsstadt Nürnberg 1250-1806*. Grünsberg bei Nürnberg 1951.
Stromer 1787
Nachricht von der Jubelfeier des Herrn Kastellans von Stromer zu Nürnberg. In: Fränkisches Archiv, herausgegeben von Büttner, Keerl und Fischer 1790.
Strunck
Strunck, Christina: *Vincenzo Giustinianis »humor peccante«. Die innovative Antikenpräsentation in den beiden Galerien des Palazzo Giustiniani zu Rom, ca. 1630-1830*. In: Silvia Danesi Squarzina (Hrsg.): Caravaggio in Preußen. Die Sammlung Giustiniani und die Berliner Gemäldegalerie. Milano 2001, S. 105-114.
Sueton
Gaius Suetonius Tranquillus: *Sämtliche erhaltene Werke*, neu bearbeitet von Franz Schön und Gerhard Waldherr. Essen 1987.
Sutherland Harris/Schaar
Sutherland Harris, Ann / Schaar, Eckhard: *Die Handzeichnungen von Andrea Sacchi und Carlo Maratta.* Katalog des Kunstmuseums Düsseldorf. Düsseldorf 1967 (= Handzeichnungen Bd. 1).
Tacitus
Publius Cornelius Tacitus: *Sämtliche erhaltene Werke*. Unter Zugrundelegung der Übertragung von Wilhelm Bötticher neu bearbeitet von Andreas Schäfer. Essen 2004.
Terhalle
Terhalle, Hermann: *Christoph Ludwig Hoffmann*. In: Westfälische Lebensbilder. Band XIV. Münster 1987, S. 101- 124.
Tessin
Tessin, Georg: *Die Regimenter der europäischen Staaten im Ancien Regime des XVI.-XVIII. Jahrhunderts*. 3 Teile. Osnabrück 1986-1995.
Teutscher Merkur 1789
Der teutsche Merkur vom Jahre 1789, herausgegeben von Ch. M. Wieland, Weimar 1789.
Thieme/Becker
Allgemeines Lexikon der bildenden Künstler von der Antike bis zur Gegenwart, begründet von Ulrich Thieme und Felix Becker. Leipzig 1907 ff. (Reprint 1978).
Thuillier
Thuillier, Jacques: *L'opera completa di Poussin*. Milano 1974.
Tietze
Tietze, Hans: *Tintoretto. Gemälde und Zeichnungen*. London 1948.
Tietze-Conrat
Tietze-Conrat, E.: *Mantegna. Gemälde. Zeichnungen. Kupferstiche. Gesamtausgabe*. Köln 1956.
Tirol
Jüttner, J. M.: *Die gefürstete Grafschaft Tirol und Vorarlberg*. Wien o.J. (Reprint Wien 1998).
Tischbein, Autobiographie
Tischbein, Heinrich Wilhelm: *Aus meinem Leben*, herausgegeben und kommentiert von Kuno Mittelstädt. Berlin 1956.
Toellner
Toellner, Richard: *Illustrierte Geschichte der Medizin*. 6 Bde. Erlangen 1992.
Trauchburg
Trauchburg, Gabriele von: *Häuser und Gärten Augsburger Patrizier*. München 2001.
Turner
Turner, Nicolas: *Federico Barocci*. Paris 2000.
Uffizien
Bartz, Gabriele / König, Eberhard: *Uffizien. Kunst und Architektur*. Köln 2001.
Ullrich
Ullrich, Hans Uwe: *Konradin von Hohenstaufen. Die Tragödie von Neapel*. München 2004.

Unterberger
Unterberger, Rose: *Die Goethe-Chronik.* Frankfurt am Main, Leipzig 2002.
Urania-Pflanzenreich
Die große farbige Enzyklopädie Urania-Pflanzenreich. 4 Bde. Leipzig, Jena, Berlin 1991.
Urania-Tierreich
Die große farbige Enzyklopädie Urania-Tierreich. 6 Bde. Leipzig, Jena, Berlin 1993.
Vantaggi
Vantaggi, Rosella: *Siena. Stadt der Künste.* Narni, Terni 1979.
Varnhagen/Mundt
Varnhagen von Ense, Karl August / Mundt, Theodor: *Karl Ludwig von Knebels literarischer Nachlaß und Briefwechsel.* Leipzig 1835 ff.
Vasari
Vasari, Giorgio: *Lebensläufe der berühmtesten Maler, Bildhauer und Architekten.* Zürich 1974.
Vehse
Vehse, Carl Eduard: *Die Höfe zu Bayern.* 2 Bde., herausgegeben von Wolfgang Schneider. Leipzig 1994.
Venedig
Venezia! Kunst aus venezianischen Palästen. Sammlungsgeschichte Venedigs vom 13. bis 19. Jahrhundert. Bonn 2002.
Venuti
Venuti di Dominicis, Teresa: *I Venuti.* Roma 1889.
Verdenhalven
Verdenhalven, Fritz: *Alte Meß- und Währungssysteme aus dem deutschen Sprachgebiet.* Neustadt an der Aisch 1993.
Verdi
Verdi, Richard: *Nicolas Poussin 1594-1665.* London 1995.
Vergil
Publius Virgilius Maro: *Georgicon Libri Quatuor. Landbau Vier Gesänge*, übersetzt und erläutert von Johann Heinrich Voß. Eutin, Hamburg 1789.
Vigée-Lebrun
Vigée-Lebrun, Elisabeth: *Die Erinnerungen der Malerin Vigée-Lebrun*, übersetzt von Martha Behrend. 2 Bde. Weimar 1912.
Villa Albani
Beck, Herbert / Bol, Peter C. (Hrsg.): *Forschungen zur Villa Albani. Antike Kunst und die Epoche der Aufklärung.* Berlin 1982 (= Frankfurter Forschungen zur Kunst 10).
Vincenti/Benzi/Schezen
Vincenti, Caroline / Benzi, Fabio / Schezen, Roberto: *Römische Paläste.* München 2003.
Vitzthum
Vitzthum von Eckstädt, Rudolf Graf: *Vitzthumsche Familienblätter. Beiträge zu einer Vitzthumschen Familiengeschichte.* Heft 1-8. Dresden 1936 ff.
Vivenot
Vivenot, Alfred Ritter von: *Vertrauliche Briefe des Freiherrn Thugut.* 2 Bde. Wien 1872 (Nachdruck 1980).
Volkmann 1770
Volkmann, Johann Jacob: *Historisch-kritische Nachrichten von Italien, welche eine genaue Beschreibung dieses Landes, die Sitten und Gebräuche, die Regierungsform, Handlung, Oekonomie, den Zustand der Wissenschaften und insonderheit die Werke der Kunst nebst einer Beurtheilung derselben enthalten.* Aus den neuesten französischen und englischen Reisebeschreibungen und aus eignen Anmerkungen zusammengetragen. 3 Bde. Leipzig 1770-1771.
Volkmann 1777
Volkmann, Johann Jacob: *Historisch-kritische Nachrichten von Italien, welche eine Beschreibung dieses Landes, der Sitten, Regierungsform, Handlung, des Zustandes der Wissenschaften und insonderheit der Werke der Kunst enthalten.* Aus den neuesten französischen und englischen Reisebeschreibungen und aus eignen Anmer-

kungen zusammengetragen. 3 Bde. Zweite, viel vermehrte, durchgesehene und verbesserte Ausgabe. Leipzig 1777-1778.

Vulgata
Biblia sacra iuxta vulgatam versionem, bearbeitet von Robertus Weber. Stuttgart 1983.

WA
Goethe, Johann Wolfgang von: *Werke*. 4 Abteilungen, 133 Bde. Weimar 1887-1919.

Wachsmuth
Wachsmuth, Wilhelm: *Weimars Musenhof in den Jahren 1772 bis 1807. Historische Skizze*. Berlin 1844 (Nachdruck Neustadt/Saale 1982).

Wahl 1939
Wahl, Hans: *Anna Amalia, Herzogin zu Sachsen: Briefe über Ischia und Apulien*. In: Goethe. Viermonatsschrift der Goethe-Gesellschaft, NF 4/1939, S. 117-127.

Wahl 1994
Wahl, Volker: *»Meine Gedanken«. Autobiographische Aufzeichnung der Herzogin Anna Amalia von Sachsen Weimar. »Andenken« und »Grabinschrift«*. In: Wolfenbütteler Beiträge. Aus den Schätzen der Herzog August Bibliothek, herausgegeben von Paul Raabe. Bd. 9. Wiesbaden 1994, S. 99-122.

Wallinga
Wallinga, Tammo: *Laurentius Theodorus Gronovius (1648-1724)*. In: Tijdschrift voor Rechtsgeschiedenis / Revue d'Histoire du droit / The legal history review LXV (1997). Den Haag, Antwerpen, London, Boston, S. 459-495.

Wallraf-Richartz
Heroismus und Idylle. Formen der Landschaft um 1800 bei Jacob Philipp Hakkert, Joseph Anton Koch und Johann Christian Reinhart. Ausstellungskatalog Wallraf-Richartz. Köln 1984.

Walther
Walther, Angelo: *Tizian*. Leipzig 1978.

Wangenheim
Wangenheim, Friedrich Hermann Albert von: *Beiträge zu einer Familiengeschichte der Freiherren von Wangenheim beider Stämme, Wangenheim und Winterstein, auf den Grund der vorangegangenen beiden Urkunden-Sammlungen für seine Vettern und Freunde zusammengestellt*. Göttingen 1874.

Wb der obersächs. Mundarten
Wörterbuch der obersächsischen Mundarten, bearbeitet unter der Leitung von Gunter Bergmann und Dagmar Helm. Berlin 1994-2003.

Weege
Weege, Fritz: *Das Goldene Haus des Nero*. In: Jahrbuch des kaiserlich deutschen archäologischen Institutes 27 (1913), S. 127-244.

Weidekamp
Weidekamp, Maria: *Der kurfürstlich Kölnische Leibarzt Christoph Ludwig Hoffmann*. Berlin 1936 (= Abhandlungen zur Geschichte der Medizin und Naturwissenschaft 17).

Weihrauch
Weihrauch, Hans R. (Bearb.): *Bayerisches Nationalmuseum München. Die Bildwerke in Bronze und in anderen Metallen*. Katalog. München 1956.

Weimarischer Hofkalender
Hochfürstlich Sachsen Weimar- und eisenachischer Hof- und Addreß-Calender auf die Jahre 1787-1790. Jena 1787-1790.

White
White, Colin: *The Nelson Encyclopaedia*. London 2002.

Wimböck
Wimböck, Gabriele: *Guido Reni (1575-1642). Funktion und Wirkung des religiösen Bildes*. Regensburg 2002.

Winckelmann
Winckelmann, Johann Jacob: *Sämtliche Werke*, herausgegeben von Joseph Eiselein. 13 Bde. Osnabrück 1825-1835 (Nachdruck Osnabrück 1965).

Wright
Wright, Christopher: *Poussin. Paintings. A catalogue raisonnè*. London 1985.
Wurzbach
Wurzbach, Constant von: *Biographisches Lexikon des Kaiserthums Oesterreich, enthaltend die Lebensskizzen der denkwürdigen Personen, welche 1750 bis 1850 im Kaiserstaate und seinen Kronländern gelebet haben*. 60 Teile. Wien 1856-1891.
Zanotti
Zanotti, Giampietro: *Storia dell'Accademia Clementina di Bologna aggregata all'Instituto delle Scienze e dell'arti*. 2 Bde. Bologna 1739.
Zedler
Zedler, Johann Heinrich: *Großes vollständiges Universallexicon*. Halle, Leipzig 1732-1754.
Zenkert
Zenkert, Astrid: *Tintoretto in der Scuola di San Rocco. Ensemble und Wirkung*. Tübingen, Berlin 2003.
Zimmermanns 2005
Zimmermanns, Klaus: *Venetien. Die Städte und Villen der Terra ferma*. Dumont-Kunst-Reiseführer. Ostfildern 2005.
Zimmermanns 2006
Zimmermanns, Klaus: *Florenz. Kirchen, Paläste und Museen in der Stadt der Medici*. Dumont-Kunst-Reiseführer. Ostfildern 2006.
Zöllner
Zöllner, Frank: *Leonardo da Vinci 1452-1519. Sämtliche Gemälde und Zeichnungen*. Köln, London, Los Angeles, Madrid, Paris, Tokio 2003.
Zoller
Zoller, Franz Karl: *Geschichte und Denkwürdigkeiten der Stadt Innsbruck und der umliegenden Gegend*. 2 Teile. Innsbruck 1816, 1825.
Zorn
Zorn, Wolfgang: *Handels- und Industriegeschichte Bayerisch-Schwabens 1648-1870*. Augsburg 1961.
Zuchini
Zuchini, Guido: *Catalogo delle Collezioni comunali d'arte di Bologna*. Bologna 1938.

Im übrigen wurden vor allem für Recherchen auf dem Gebiet der Genealogie verschiedene Internetseiten, insbesondere www.sardimpex.com und www.thePeerage.com, sowie die Materialien der Deutschen Zentralstelle für Genealogie beim Sächsischen Staatsarchiv Leipzig genutzt.

Kommentiertes Personenregister

Hier werden nur die Personen verzeichnet, deren Namen aus dem Text ersichtlich oder aus der Literatur zu ermitteln waren. [?] bezeichnet insofern eine unsichere Identifikation, als das Auftreten einer Person zwar wahrscheinlich ist, aber nicht wirklich als gesichert gelten kann. Im Personenregister wie auch im Sachkommentar entsprechen die Daten den tatsächlichen Gegebenheiten; jene Daten im April 1789, die Louise von Göchhausen irrtümlich notiert hat und die daher im Textabdruck, ergänzt durch eine korrigierende Fußnote, auch so belassen wurden, sind jeweils in Klammern beigefügt. Im Personenregister werden auch jene Namen von Künstlern verzeichnet, die im Tagebuch metonymisch für eines ihrer Kunstwerke stehen.

Abramson, Abraham (1754-1811); Medailleur; seit 1771 in preußischen Diensten, 1787-1791 zu Studienzwekken Reisen u.a. nach Italien.
1789: 11.12., 13.12.

Aci s. Reggio

Acquaviva d'Aragona, Francesco († 1830); Geistlicher; 1791 päpstlicher Hausprälat, 1794 apostolischer Protonotar, Neffe des Kardinals Acquaviva.
1790: 11.4.

Acquaviva d'Aragona, Pasquale (1718-1788); Johanniter; 1754 Generalkommissar der päpstlichen Marine, 1753-1766 Präfekt der Engelsburg, 1770 Kardinal.
1790: 11.4.

Acton, John Francis Edward Sir (1736-1811); 1766 Kommandeur der toskanischen Marine, seit 1778 in neapolitanischen Diensten, 1780 Kriegsminister; 1790 Premierminister des Königreichs Neapel-Sizilien; ∞ 1780 Mary Anne Acton, 2 Söhne, 1 Tochter.
1789: 25.6., 8.7., 1.12.
1790: 4.1., 14.2.

Adrava s. Hadrava

Agincourt (Arsincour, Agancourt, Agencourd, Agencourt, Ashencour, Argencourt), Jean-Baptiste-Louis-George Séroux d' (1730-1814); französischer Archäologe und Numismatiker; seit 1779 in Rom.
1788: 25.11., 8.12., 10.12., 22.12., 29.12.
1789: 25.2., 10.3., 15.3., 29.3.

Agrippina (Agripina), eigentlich Julia Agrippina (15-59); ∞ I. Domitius Ahenobarbus, mit ihm Mutter Kaiser Neros (37-68), II. Claudius (10 v. Chr.-54 n. Chr.).
1789: 12.10., 2.12.

Albacini, Carlo (1750 – nach 1824); italienischer Bildhauer und Restaurator; Professor der Accademia di San Luca zu Rom, Testamentsvollstrecker der A. Kauffmann; ∞ Florina.
1788: 15.10.
1789: 3.4.

Albani (Albano), Alessandro (1692-1779); 1720 im päpstlichen diplomatischen Dienst, 1721 Kardinal; wegen Verdachts der Spionage für Großbritannien in Ungnade; bedeutender Kunstsammler und Archäologe, Freund und Förderer Winckelmanns, Begründer der Antikensammlung in der Villa Albani.
1788: 19.9., 21.10., 5.12.
1789: 25.(26.)4.

Albani (Albano), Francesco (1578-1660); italienischer Maler; ∞ Anna Rusconi, 1 Tochter.

1788: 19.9., 22.12.
1789: 10.3., 28.11.
1790: 1.5.

Albany (Albani), Charlotte Stuart Duchess of (1753-1789); illegitime Tochter von Charles Edward Louis Philip Casimir Stuart (1720-1788) mit Clementina Walkinshaw; Geliebte des Erzbischofs Ferdinand von Bordeaux (1 Sohn, 2 Töchter), 1784 Duchess of Albany, lebte 1784-1788 bei ihrem Vater in Florenz, 1788/89 bei ihrem Onkel, Henry Benedict Maria Clement Stuart Cardinal Duke of York (1725-1807), in Rom und Frascati.
1788: 26.11.
1789: 17.3., 28.3., 3.4.

Aldobrandini (Altobrandini), Paolo Principe di (1733-1792); seit 1767 als zweitgeborener Sohn a.d.H. Borghese Erbe der Besitztümer, des Wappens, des Namens und der Titel der Familie Aldobrandini.
1789: 3.3.

Alexander III. der Große (356-323 v. Chr.); seit 336 v. Chr. König der Mazedonier; Eroberer des Perserreiches (Phönikien, Unterägypten, Mesopotamien, Mittelasien, Indien); ∞ I. 327 v. Chr. Roxane, II. und III. 325 v. Chr. Stateira und Parysatis.
1790: 9.5.

Algarotti (Allgarotti), Francesco (1712-1764); italienischer Schriftsteller; 1740 Graf, 1747 preußischer Kammerherr, polnisch-sächsischer Geheimrat, lebte in Berlin und Dresden, seit 1754 wieder in Italien.
1788: 28.9.

Allegri, Gregorio (1582-1652); italienischer Komponist; päpstlicher Kapellsänger.
1789: 8.4.

Almeida (Aminda), Joâo de; 1788-1790 portugiesischer Gesandter im Vatikan, später Außenminister Portugals.
1788: 11.12., 27.12.
1789: 23.3., 5.4., 8.4.

Altavilla s. Beccadelli

Altieri, Livia (1731-1802) a.d.H. Borghese; ∞ 1749 Emilio Carlo Altieri (1723-1801), Principe di Oriolo e di Viano; 5 Söhne, 4 Töchter.
1788: 7.12., 11.12.

Amalasuntha (Amalguntha) († 534); Tochter Theoderichs des Großen (454-526); ∞ 515 Eutharich († 522), 1 Sohn, 1 Tochter; 526-534 Vormundschaftsregentin für ihren Sohn Athalarich (518-534).
Anhang: Anhang 3

Amicis (Amici, Amigi, DeAmici, Deamici,), Anna Lucia di (1733-1816); Sängerin (Sopran), u.a. in London tätig, nach Karriereende in Neapel lebend; ∞ 1771 S. Buonsollazzi.
1790: 6.2., 13.2., 21.2., 1.3., 8.3., 15.3., 16.3., 18.3., 24.3., 29.3., 31.3., 1.4., 2.4., 3.4., 5.4, 6.4., 11.4.

Amicis, di; Töchter der Anna Lucia, die auch einzeln mit der Mutter auftraten.
1790: 21.2., 8.3., 16.3., 18.3., 24.3, 29.3., 6.4.

Amicis, Gaetano di (*1746); Sänger; Bruder der Anna Lucia; ∞ Marianna Buonsollazzi.
1790: 1.3., 8.3., 16.3., 18.4., 24.3., 6.4., 11.4.

Aminda s. Almeida

Ancora (Angora), Gaetano d' (1754-1816); italienischer Schriftsteller; Verfasser von Reiseführern durch Kampanien.
1789: 13.6., 26.11., 30.12.
1790: 3.1.

André, Wilhelm; 1776-1795 Konsul und Agent Schwedens in Neapel.
1789: 2.9.

Andrea di Salerno s. Sabatini

Andria s. Carafa

Angelica, Angelika s. Kauffmann

Angiolini, Tonio Pietro (1764-1830); Tänzer und Choreograph.
1790: 26.5.

Anjou, Johanna I. (1323-1382); seit 1343 Königin von Neapel; ∞ I. 1342 An-

dreas von Ungarn (1327-1345), 1 Sohn; II. 1346 Ludwig von Tarent († 1362), III. 1362 Jakob IV. von Mallorca († 1375), IV. 1376 Otto von Braunschweig (1320-1399).
1789: 20.8. [?]

Anjou-Durazzo, Johanna II. (1371-1435), 1414 Königin von Neapel; ∞ 1415 Jakob von Bourbon, Graf de La Marche (1370-1438).
1789: 20.8. [?]

Antici, Tommaso Marchese de (1731-1812); Diplomat; Vertreter beim Vatikan: 1779-1798 für Bayern, 1763-1787 für Kurköln, 1763-1767 für Parma, 1766-1777 für die Kurpfalz, 1767-1784 für Lüttich, 1777-1798 für Pfalz-Zweibrücken, 1766-1795 für Polen; 1789 Kardinal.
1789: 2.4.

Antinous (110-130); Liebling Kaiser Hadrians, starb den Opfertod im Nil, Schönheitsideal seiner Zeit.
1788: 21.10.
1789: 13.3.

Antoninus Pius, eigentlich Titus Aurelius Fulvius Boionius (86-161); 138 römischer Kaiser; ∞ um 110 Annia Galeria Faustina († 141).
1788: 11.10.

Antonucci; Sänger (Bassist).
1789: 27.8.

Aprile, Giuseppe (1732-1813), genannt Sciroletto oder Scirolino nach seinem Lehrer G. Sciroli; italienischer Sänger (Kastrat; Alt); Debüt 1753, Auftritte u.a. in Rom, Parma, Mailand, Neapel, Bologna, 1756-1769 Stuttgart, 1783 Gesangslehrer in Neapel, 1791 Herausgeber einer Gesangsschule.
1789: 24.7., 12.8., 21.8., 4.9., 11.9., 13.9., 25.9., 29.9., 9.10., 16.10., 24.10., 19.11., 27.11., 18.12., 25.12.
1790: 1.1., 8.1., 22.1., 3.2., 12.2., 19.2., 26.2., 12.3., 19.3., 20.3., 3.4.

Apuleius (* um 125); römischer Schriftsteller, Rechtsanwalt und Philosoph aus Madaura (Afrika).
1790: 28.5.

Argyll (Argayle, Argyl, Argeil, Argeyl), John Campbell Duke of (1723-1806); 1755 Oberst, 1778 General, 1796 Feldmarschall, 1744-1761 Mitglied des Parlaments; ∞ 1759 Elizabeth Gunning (1733-1790), verwitwete Hamilton.
1789: 8.12., 11.12., 21.12., 23.12.
1790: 13.1., 27.1., 17.2.

Argyll (Argyl, Argeil), Elizabeth Duchess of (1733-1790), geb. Gunning; ∞ I. 1752 James Hamilton Duke of Hamilton (1724-1758); II. 1759 John Campbell Duke of Argyll (1723-1806), 3 Söhne, 2 Töchter.
1790: 13.1., 20.1., 1.2.

Ariosto (Ariost), Lodovico (1474-1533); italienischer Dichter; Studium der Rechte und der schönen Künste, 1502 Kapitän der Burg von Canossa, 1503 im Dienste des Kardinals Ippolito d'Este (1479-1520), 1518 im Dienste des Alfonso von Ferrara (1476-1534).
1790: 4.5.
Anhang: Anhang 3

Arsincour s. Agincourt

Arteaga (Azaga, Arteava), Esteban de (1747-1799); Gelehrter, Musiktheoretiker (italienische Theatergeschichte); 1763-1769 Mitglied des Jesuitenordens, Studium in Bologna; Neubearbeiter der Werke Catulls, Tibulls, Properz' und Horaz', seit den 1780er Jahren Bibliothekar von J. N. d'Azara, folgte ihm Ende der 1790er Jahre nach Paris.
1788: 21.11., 28.12.
1789: 17.3.

Artur († um 510); König von England; legendärer Herrscher der britischen Kelten; Anführer im Kampf gegen die Angelsachsen (490 Schlacht am Berg Badon), fiel in der Schlacht bei Camlaun.
1788: 28.8.

Astrubal s. Hasdrubal

Atrava, Attrava s. Hadrava

Attila (um 400-453); 434 König aller Hunnen, Sieger über skythische, germanische, slawische Stämme und die Chasaren; 451 Niederlage auf den Ka-

talaunischen Feldern durch ein Heer der Westgoten, Burgunder und Franken, 452 Zug nach Oberitalien.
1790: 21.5.
Anhang: Anhang 3
Augustus, eigentlich Gaius Julius Caesar Octavianus (63 v. Chr.-14 n. Chr.); erster römischer Kaiser; ∞ I. 43-41 v. Chr. Claudia, II. 40-39 v. Chr. Scribonia; III. 38 v. Chr. Livia († 29 n. Chr.).
1790: 6.4., 28.4., 7.5.
Anhang: Anhang 3
Avalos, Tommaso d' (1752-1806), Marchese di Vasto; neapolitanischer Obersthofmeister, 1784-1787 Gesandter in Portugal; 1789 in Spanien, 1796/97 im Vatikan; ∞ 1769 Francesca Caracciolo (1753-1807), 1 Sohn, 2 Töchter.
1789: 26.11.
1790: 4.1., 28.3.
Azaga s. Arteaga
Azara, José Nicolás de (1731-1804), Marquese de Nibbiano; 1765-1772 spanischer Agent und 1775-1798 Geschäftsträger bzw. Gesandter im Vatikan, 1798-1803 als spanischer Diplomat in Paris; enger Freund und Herausgeber der Werke von A. R. Mengs.
1788: 18.10., 9.11., 21.11., 24.11., 1.12., 7.12., 11.12., 20.12., 21.12., 27.12.
1789: 9.3., 19.3., 25.3., 2.4., 3.4., 13.4.
Badoni s. Batoni
Baiers s. Byres
Bajocco s. Ravaglia
Balbus, eigentlich Marcus Nonius Balbus jun. (1. Jh.); römischer Prokonsul in Kreta u.a.
1790: 25.2.
Balbus, eigentlich Marcus Nonius Balbus sen. (Anfang 1. Jh.); Erbauer der Basilika, der Mauern und Tore seiner Heimatstadt Herculaneum.
1790: 25.2.
Banti (Bandi), Brigida (1757-1806), geb. Giorgi; Sängerin (Sopran).
1789: 31.1., 12.4., 3.12.
Barberini (Barbarini), Maffeo (1568-1644); 1623 Papst Urban VIII., Gelehrter, Dichter, Förderer von Kunst und Wissenschaft.
1788: 6.11.
1789: 9.3.
Bardollonie; Sängerin.
1790: 9.3.
Bardollonie; Vater der Sängerin.
1790: 9.3.
Barocci (Baroci), Federico (1528/1535-1612), genannt Fiori da Urbino; italienischer Maler.
1790: 28.4.
Basil, Madame.
1790: 6.2.
Bassano, eigentlich Leandro da Ponte (1557-1622); venezianischer Maler.
1790: 8.5.
Batoni (Badoni), Pompeo Girolamo (1708-1787); römischer Maler und Porträtist; ∞ I. 1730 Caterina; II. 1747 Lucia Fattori († nach 1788).
1788: 23.10.
Batoni, Lucia († nach 1788), geb. Fattori; ∞ 1747 Pompeo Girolamo Batoni (1708- 1787).
1788: 23.10.
Bavini.
1788: 23.9., 24.9., 26.9.
Bayane, Bayene s. Latier de Bayane
Bayern:
– Carl Theodor von Pfalz-Sulzbach (1724-1799); seit 1742 Kurfürst von der Pfalz, seit 1777 Kurfürst von der Pfalz und Bayern; ∞ I. 1742 Elisabeth Maria Auguste von Pfalz-Sulzbach (1721-1794); II. 1795 Maria Leopoldine von Habsburg-Este (1776-1848).
1788: 26.8.
Bayle (Bail), Pierre (1647-1706); französischer Philosoph und Schriftsteller; Professor in Sedan und Rotterdam, Verfasser der für die europäische Aufklärung wichtigsten Enzyklopädie.
1788: 1.10.
Beccadelli di Bologna, Giuseppe († nach 1790), Principe di Camporeale, Duca d'Advagna, Marchese d'Altavilla e

della Sambuca; 1771-1775 neapolitanischer Gesandter in Wien, 1776-1787 Premierminister in Neapel; ∞ 1749 Stefania Monteperto, 3 Söhne, 2 Töchter.
1789: 15.9.
Beccadelli, Stefania, geb. Monteperto; ∞ 1749 Giuseppe Beccadelli († nach 1790) Marchese d'Altavilla.
1789: 15.9., 20.9., 25.9.
Beccafumi, Domenico de Pace (1486-1551), genannt il Meccherino; italienischer Maler und Bildhauer; Studienaufenthalt in Rom, Schöpfer der Entwürfe für die Fußbodenmosaike im Dom zu Siena.
1788: 1.10.
Behaim (Böheim) von Schwarzbach, Sophia Katharina (1718-1791), geb. Haller von Hallerstein; ∞ Christoph Adam Friedrich Behaim von Schwarzbach (1713-1758), nürnbergischer Septemvir und Oberlandespfleger, 2 Söhne.
1790: 14.6.
Belisario (505-565); Feldherr des byzantinischen Kaisers Justinian I. (482-565), Sieger über das Vandalenreich, kämpfte gegen Ostgoten in Italien, Perser und Hunnen.
1790: 17.4.
Bellini (Bellino, Belini), Giovanni (um 1430-1516), genannt Giambellino (Ciambellino, Gian Ballin); italienischer Maler.
1790: 28.4., 8.5., 10.5., 18.5.
Belmonde, Belmonte s. Pignatelli
Benda, Georg Anton (um 1721-1795); deutscher Komponist; 1750 Hofkapellmeister in Gotha, 1765 Studienreise nach Italien, ab 1772 Entwicklung eines neuen Konzepts des Melodrams zusammen mit den Schauspielern um Konrad Ekhof (1720-1778).
1790: 6.1.
Benedikt XIV., eigentlich Prospero Lambertini (1675-1758); 1727 Bischof von Ancona, 1728 Kardinal, 1732 Erzbischof von Bologna, 1740 Papst.
1788: 17.9.
Benincasa, Bartolomeo Graf (1746 – um 1825); Literat; Hausfreund der Giustiniana Gräfin von Rosenberg.
1790: 21.5.
Bernardini, Marcello (1730/1740 – Anfang des 19. Jh.), genannt Marcello da Capua; italienischer Komponist.
1789: 8.2., 21.(22.)4., 9.5., 14.7.
1790: 24.1., 27.4.
Bernier s. Pierre de Bernis
Bernini, Giovanni Lorenzo (1598-1680); italienischer Bildhauer, Maler, Baumeister; 1629 Architekt der Peterskirche, Leiter der öffentlichen Bauarbeiten in Rom.
1788: 17.10.
1789: 25.(26.)4.
Bernis s. Pierre de Bernis
Bertoni (Berdoni), Ferdinando Gasparo (1725-1813); italienischer Komponist (Opern, Oratorien, Kirchenmusik u.a.), Organist und Musiklehrer; Studium in Bologna, Tätigkeit in Venedig, dabei Reisen durch ganz Italien, 1778-1783 in London, 1785-1808 Erster Kapellmeister von San Marco in Venedig; ∞ 1755 Teresa Plateo.
1790: 14.5.
Bertrand; französischer Konsul in Neapel.
1790: 7.4.
Bertuch, Friedrich Justin (1747-1822); Schriftsteller, Verleger, Unternehmer; 1769-1773 Hofmeister, 1775-1796 weimarischer Schatullverwalter; ∞ Friederike Elisabeth Karoline Slevoigt (1751-1810), 2 Kinder.
1789: 30.4., 2.5.
Berucino, Berugiano, Berugio s. Perugi(n)o
Bervio, Duca de; spanischer Grande.
1788: 25.9.
Bianchi, Giuseppe Francesco (um 1752-1810); italienischer Komponist, Kapellmeister, Cembalist und Organist; Ausbildung in Neapel, 1772 Operndebüt, 1775-1778 in Paris, seit 1794 überwiegend in London tätig; ∞ 1800 Jackson.

1788: 31.8.
1789: 17.5.
1790: 9.5., 13.5., 16.5.
Bieliński (Pilinzki), Graf Franciszek (1740- 1809); polnischer Pädagoge, Schriftsteller; bereiste 1788-1790 Italien; ∞ 1763 Krystyna Sanguszko-Lubartowicz (1741-1778), 6 Kinder.
1789: 6.10., 20.10., 22.11.
Bieliński, Sohn des Grafen Franciszek Bieliński.
1789: 6.10.
Bignatelli s. Pignatelli
Birmann (Birman, Burmann; Bürmann), Peter (1758-1844); Baseler Maler (Landschaftsaquarelle), Kunstsammler und -händler.
1788: 25.10., 19.11., 28.11., 11.12.
1789: 24.9., 25.9., 4.10., 13.10.
1790: 16.4.
Bischario s. Paternò-Castello
Blair (Bleair), Robert; britischer Reisender.
1789: 20.8., 25.8., 26.8., 29.8., 30.8., 1.9., 2.9., 4.9., 8.9., 11.9., 12.9., 14.9., 16.9., 19.9., 22.9., 5.10., 16.11., 18.11., 20.11., 25.11., 26.11., 29.11., 24.12.
1790: 3.1., 5.1., 18.1.
Blount (Bloond), Mary (1743-1805), geb. Aston of Forfar; ∞ 1766 Sir Walter Blount, Baron of Sodington († 1785); 3 Söhne.
1790: 27.1.
Blount, Edward (*1769); 2. Sohn von Sir Walter Blount und Lady Mary Aston.
1790: 27.1.
Blount, George (*1771); 3. Sohn von Sir Walter Blount und Lady Mary Aston.
1790: 27.1.
Blount, Walter (*1768); 1. Sohn von Sir Walter Blount und Lady Mary Aston.
1790: 27.1.
Bock, Abraham von; preußischer Offizier; Oberst einer 1788 zu einem neapolitanischen Dragonerregiment reformierten, 1734 errichteten Kavallerie-Einheit, die im Juli 1794 in kaiserlichem Sold in den Dienst der Lombardei gestellt und 1799 aufgelöst wurde.
1789: 8.9., 30.9., 2.10., 20.12.
1790: 10.3., 12.3.
Bodé (Bode), Wilhelm von († 1790); braunschweig-wolfenbüttelischer Oberst und Hofmeister des Erbprinzen Karl Georg August von Braunschweig-Wolfenbüttel.
1790: 19.1., 8.2., 9.2., 18.5.
Boeme; Kammerfrau am neapolitanischen Hof.
1790: 12.1., 30.1, 3.3.
Böhmer (Bömer), Georg Friedrich von; Geheimer Legationsrat, 1785-1787 preußischer Gesandter in Nassau-Oranien, Fulda, Paderborn, Trier, 1787 in Baden, Brandenburg-Ansbach, Hessen-Darmstadt, Mainz, Sachsen-Gotha-Altenburg, 1788-1792 beim Fränkischen Kreis in Nürnberg.
1790: 14.6.
Bojano, Contessa.
1790: 26.2.
Bolingac s. Polignac
Bologna, Giovanni da (Johann von Bologna) (1529-1608), genannt Giambologna; niederländisch-italienischer Bildhauer, seit 1557 in Florenz.
1788: 24.9.
Bombelles, Angélique Marquise de (1762-1800), geb. von Mackau; Ehrendame bei Elisabeth von Frankreich (1764-1794); ∞ Marc Marie Marquis de Bombelles (1744-1822).
1790: 20.5.
Bombelles, Marc Marie Marquis de (1744-1822); Rittmeister, 1775-1782 französischer Gesandter beim Reichstag in Regensburg, 1786-1788 in Portugal, 1789-1791 in Venedig, 1791 russischer Gesandter bei den französischen Emigranten; ∞ Angélique von Mackau (1762-1800).
1790: 19.5., 21.5.
Bonanno, Caterina, Principessa della Cattolica a.d.H. Branciforte; ∞ Francesco Antonio Bonanno (um 1745-1797), Principe della Cattolica; mindestens 1 Sohn, 2 Töchter.
1789: 13.11., 17.11., 24.11., 22.12.
1790: 5.1., 8.1., 2.2., 16.3.

Bonanno, Francesco Antonio (um 1745-1797), Principe della Cattolica; ∞ Caterina Branciforte; mindestens 1 Sohn, 2 Töchter.
1789: 19.11.

Boncompagni (Buoncompagno, Buoncompagnie, Boncompagni)-Ludovisi, Ignazio (1743-1790); 1769 päpstlicher Vizelegat in Bologna, 1775 Kardinal, 1777 Legat in Bologna, 1785-1789 Kardinal-Staatssekretär (Außenminister des Kirchenstaates).
1788: 14.10., 20.10., 1.11., 4.11., 9.11., 21.11., 23.11., 26.11., 21.12., 30.12.
1789: 15.3., 16.(17.)4.

Boncompagni-Ludovisi, Antonio II. (1735-1805); Principe di Venosa; ∞ I. 1757 Giacinta Orsini (1741-1759), II. 1761 Vittoria Sforza (1743-1778), 2 Söhne, 1 Tochter.
1788: 20.10.

Boncompagni-Ludovisi-Ottoboni, Marco (1741-1818); Principe di Campana, Duca di Fiano; 1789 Vizekastellan der Engelsburg; ∞ 1796 Giustiniana Sambiase (1777-1833), 2 Töchter, 1 Sohn.
1789: 15.3., 23.9.

Bonechi (Bonechy, Bonecki, Bonecky, Boneki), Giuseppe (um 1715-1796); 1767-1796 kaiserlicher Legationssekretär, toskanischer Konsul und Geschäftsträger in Neapel, italienischer Dichter und Librettist.
1789: 1.6., 17.6., 1.7., 3.7., 4.7., 6.7., 15.7., 19.7., 24.7., 29.7., 30.7., 8.8., 9.8., 10.8., 15.8., 16.8., 20.8., 27.8., 31.8., 4.9., 12.9., 13.9., 16.9., 17.9., 19.9., 22.9., 10.10., 11.10., 15.10., 18.10., 19.10.,11.11., 12.11., 16.11., 18.11., 22.11., 26.11., 3.12., 9.12., 11.12., 17.12., 20.12., 25.12., 31.12.
1790: 3.1., 6.1., 11.1., 14.1., 18.1., 21.1., 25.1., 26.1., 28.1., 2.2, 18.2., 22.2., 1.3., 3.3., 8.3., 9.3., 13.3., 15.3., 20.3., 21.3., 22.3., 23.3., 27.3., 30.3., 31.3., 1.4., 6.4., 7.4.

Bonechi; Ehefrau Giuseppe Bonechis.
1789: 1.7., 24.8.

Bonfiglioli (Buonfiglioli), Silvestre; 1773-1803 Agent des Bistums Speyer im Vatikan.
1789: 10.3.

Bonfiglioli (Buonfiglioli, Puonfiglioli), Bernardino; Geistlicher Rat, trierischer Kämmerer, Agent im Vatikan: 1773-1803 für das Bistum Speyer, 1788-1797 für die Freie Reichsstadt Augsburg, 1793-1797 für Freising, 1793-1798 für die Propstei Berchtesgaden, 1804-1808 für Württemberg, 1807-1809 für Baden-Durlach.
1788: 3.12.
1789: 1.3., 10.3.

Borcia s. Borgia

Boreel (Borell), Ehefrau des niederländischen Reisenden.
1788: 9.12., 12.12., 15.12.

Boreel (Borell), niederländischer Reisender.
1788: 9.12.

Boreel (Borell), Sohn des niederländischen Reisenden.
1788: 9.12.
1789: 25.2., 13.3., 16.3., 21.3., 29.3., 20.(21.)4.

Borghese, Marcantonio (1730-1800); Principe di Salmona, di Vivaro, di Sant'Angelo e San Polo, Duca di Montecompatri; bedeutender Kunstförderer; ∞ 1768 Anna Maria Salviati (1752-1809), 3 Söhne.
1788: 19.12.
1789: 3.3., 23.9.

Borgia (Borcia), Stefano (1731-1804); 1759 Gouverneur in Benevento, apostolischer Protonotar, 1770 Sekretär der Propaganda Fide, 1789 Kardinal; Kunstliebhaber und Archäologe.
1788: 21.12.
1789: 2.4., 15.4.

Borgia (Porcia), Giovanni Paolo (1732-1809); General, Malteserritter, Bruder des Kardinals Borgia; ∞ Alcmena Baglioni († 1802), 3 Töchter, 6 Söhne.
1789: 20.2.

Bramante, eigentlich Donato d'Angolo (1444-1514); italienischer Baumeister

und Maler, 1476-1499 in Mailand tätig, dann in Rom, legte den Grundstein für den Petersdom.
1790: 25.4.
Anhang: Anhang 3
Brandenburg-Ansbach-Bayreuth, Christian Friedrich Karl Alexander von (1736-1806); seit 1757 Markgraf in Ansbach, seit 1769 in Bayreuth, 1791 Verzicht zugunsten Preußens; ∞ I. 1754 Friederike Karoline von Sachsen-Coburg-Saalfeld (1735-1791), II. (morganatisch) 1791 Lady Elizabeth Craven (1750-1828), geb. Countess Berkeley.
1789: 6.12., 7.12., 8.12., 10.12.
1790: 6.2., 9.6.
Brandenburg-Bayreuth, Sophie Karoline Maria von (1737-1817) a.d.H. Braunschweig-Wolfenbüttel; ∞ 1759 Friedrich von Brandenburg-Bayreuth (1711-1763), seit 1764 in Erlangen; Schwester Anna Amalias.
1788: 20.8., 21.8.
1790: 28.1., 29.1., 30.1., 31.1., 1.2., 2.2., 3.2., 4.2., 5.2., 6.2., 7.2., 9.2., 11.2., 12.2., 17.2., 20.2., 21.2., 22.2., 23.2., 24.2., 25.2., 27.2., 28.2., 1.3.
Braschi, Giovanni Angelo (1717-1799); Conte di Falcino; 1766-1773 Schatzmeister des Vatikan, 1773 Kardinal, 1775-1798 Papst Pius VI.
1788: 5.10., 11.10., 17.10., 28.10., 4.11., 10.11., 21.11., 23.11., 26.12.
1789: 3.2., 20.3., 25.3., 30.3., 1.4., 2.4., 5.4., 8.4., 9.4., 10.4., 12.4., 23.(24.)4., 26.4.
Braschi-Onesti, Constanzia (*1767), geb. Falconieri; ∞ 1781 Luigi Braschi-Onesti (1745-1816), 2 Söhne, 1 Tochter.
1788: 23.11.
Braschi-Onesti, Luigi (1745-1816); u.a. Duca di Nemi, seit 1782 Principe di Rocca Sinibalda; Diplomat, Neffe des Papstes Pius VI., Bruder des Kardinals Romoaldo Braschi-Onesti; ∞ 1781 Constanzia Falconieri (*1767), 2 Söhne, 1 Tochter.
1789: 23.(24.)4.
Braschi-Onesti, Romoaldo (1753-1817); 1786 Kardinal, 1800 Kämmerer der Römischen Kirche.
1788: 23.11.
1789: 24.(25.)4.
Braunschweig-Wolfenbüttel, Karl Georg August von (1766-1806); Erbprinz (wegen nahezu vollständiger, angeborener Erblindung stets auf Begleitung angewiesen); Neffe Anna Amalias von Sachsen-Weimar-Eisenach; ∞ 1790 Friederike von Oranien-Nassau (1770-1819), 2 Söhne.
1790: 19.1., 20.1., 21.1., 22.1., 23.1., 24.1., 25.1., 26.1., 27.1., 28.1., 31.1., 2.2., 3.2., 6.2., 8.2., 12.2., 14.2., 16.2., 18.2., 22.2., 23.2., 27.2., 28.2., 1.3., 3.3., 5.3., 8.3., 10.3., 13.3., 15.3., 16.3., 17.3., 18.3., 19.3., 9.5., 10.5., 14.5., 15.5., 17.5., 20.5., 21.5., 22.5., 26.(27.)5.
Breunner (Bräuner)-Enckevoirth, Karl Borromäus Ignatius Joseph Graf (1740- 1796); kaiserlicher Kämmerer, Geheimer Rat, 1781-1784 kaiserlicher Gesandter in Sardinien, 1785-1796 in Venedig; ∞ 1762 Josefa Gräfin Khevenhüller (1742-1814), 1 Sohn, 1 Tochter.
1790: 19.5.
Brillan s. La Brillane
Bristol, Frederick Augustus Hervey Earl of (1730-1803); seit 1768 protestantischer Bischof von Londonderry (Irland); Kunstsammler, mehrfach in Italien, u.a. als Begleiter Prinz Augusts von Sachsen-Gotha-Altenburg; ∞ 1752 Elizabeth Davers (1732-1800), 2 Söhne, 3 Töchter, u.a. Lady Mary Creighton Viscountess of Erne (s. dort).
1790: 14.3., 15.3., 17.3., 18.3., 19.3., 21.3., 23.3., 24.3., 25.3., 2.4., 6.4., 8.4.
Brühl (Brül), Heinrich Albert Graf von (1743-1792); 1783-1787 kurpfälzischer Generalmajor, 1788-1791 preußischer Gesandter in Bayern, ∞ 1780 Laura Gräfin Minucci (1759-1824), 2 Söhne.
1788: 24.8., 25.8.

Brutus, eigentlich Lucius Junius Brutus; legendärer Begründer der römischen Republik im 6. Jh. v. Chr.
1789: 10.1.
Buchwald, Juliane Franziska von (1707-1789), geb. von Neuenstein; Oberhofmeisterin der Herzogin Luise Dorothea von Sachsen-Gotha-Altenburg (1751-1827), unterhielt einen Salon in Gotha; ∞ 1739 Schack Hermann von Buchwald († 1761), 1 Tochter.
1789: 14.1.
Bünau, Graf Günther von (1768-1841) auf Dahlen und Neusorge; kursächsischer Geheimer Rat, Landtagsmarschall; ∞ 1807 Auguste Caroline Amalie von Hopfgarten (1770-1858), Witwe Friedrich II. Augusts Vitzthum von Eckstädt († 1803), 1 Sohn, 1 Tochter.
1789: 13.2. [?]
Buonfiglioli s. Bonfiglioli
Buonocore, Francesco (1689-1768); spanischer Erster Hofmedicus, errichtete auf Ischia ein Sanatorium, später Villa reale.
1789: 1.8.
Buonsollazzi, S.; Sekretär König Ferdinands IV. von Neapel-Sizilien; ∞ 1771 Anna Lucia di Amicis.
1790: 18.3., 5.4., 6.4.
Burmann, Bürmann s. Birmann
Bury (Bur(r)i, Burry, Büry, Büri), Friedrich (1763-1823); Historien- und Porträtmaler, Kopist; 1782-1799 in Italien (wohnte in Rom 1784-1786 in der Via Babuino 51, 1786-1789 am Corso 18-20, 1796-1798 in der Via Babuino 51).
1788: 8.10., 10.10., 11.10., 15.10., 16.10., 20.10., 24.10., 4.11., 5.11., 7.11., 10.11., 13.11., 15.11., 17.11., 18.11., 19.11., 20.11., 29.11., 2.12., 5.12., 7.12., 11.12., 14.12., 18.12., 26.12., 28.12.
1789: 21.1., 27.2., 8.3., 18.3., 28.3., 1.4., 7.4., 9.4., 13.4., 18.(19.)4., 20.(21.)4., 4.5., 8.5., 14.5., 5.9., 24.9., 25.9., 27.9., 30.9., 1.10., 2.10., 4.10., 6.10., 10.10., 13.10., 17.10., 23.10., 11.11., 12.11., 20.11., 2.12., 3.12., 5.12., 8.12., 9.12., 12.12., 13.12., 15.12., 19.12., 31.12.
1790: 6.1., 2.2., 19.2., 21.2., 12.4., 18.4., 21.4., 23.4., 24.4., 2.5., 22.5., 25.5., 26.5., 27.5., 29.5., 30.5.
Busca (Bruschi), Ignazio (1731-1803); 1775 Titularerzbischof von Emesa, 1776-1785 päpstlicher Nuntius in den österreichischen Niederlanden, 1785-1789 Gouverneur von Rom, 1789 Kardinal.
1788: 16.11., 26.11., 27.12.
1789: 30.3., 2.4.
Busin s. Poussin
Byres (Baiers), James (1734-1817); aus Aberdeen stammend, 1745 Ausbildung in Frankreich, 1756/1758-1761 Malereistudien bei A. R. Mengs, später Hinwendung zur Architektur, seit 1764 auch Kunst- und Antikenhändler sowie Stadtführer in Rom; 1790 Rückkehr auf die Familiengüter in Tonley.
1788: 21.12.
Cacault (Caco, Sacco, Sacko), François (1742-1805); 1788/89 französischer Legationssekretär in Neapel, 1797/98 Bevollmächtigter in der Toskana, 1801-1803 Botschafter im Vatikan.
1789: 8.1., 10.1., 11.1., 14.1., 17.1., 4.2., 24.5., 2.6., 15.6., 10.8., 11.9., 16.9., 23.9., 11.11.
Caesar (Cesar, Julius Cesar), eigentlich Gaius Julius Caesar (100-44 v. Chr.); römischer Staatsmann und Feldherr, Schriftsteller; 59 v. Chr. Konsul, Triumvir, 51 v. Chr. Eroberung Galliens, Sicherung Ägyptens, 48 v. Chr. Alleinherrscher des Imperiums ∞ I. 83 v. Chr. Cornelia, II. 67-62 v. Chr. Pompeia, III. 58 v. Chr. Calpurnia.
1788: 16.12.
1790: 28.4.
Anhang: Anhang 3
Calabritto s. Tuttavilla
Calderari (Calterari), Otto Conte (1730-1803); Architekt; überwiegend in Vicenza tätig, Erbauer des erzbischöflichen Seminars in Verona.
1790: 24.5.

Caleppi (Calepi, Galepi, Galeppi), Lorenzo (1741-1817); Geistlicher, 1801 Erzbischof von Nisibis, 1816 Kardinal, 1798 päpstlicher Gesandter in Neapel, 1801 in Frankreich und der Toskana, 1802-1817 in Portugal.
1788: 6.11., 13.11., 26.11., 6.12., 15.12., 21.12., 28.12., 30.12.
1789: 25.2., 12.3., 25.3., 27.3., 22.(23.)4., 2.5.

Caligula (Caligola), eigentlich Gaius Julius Caesar Germanicus (12-41); 37 römischer Kaiser; ∞ I. 33-36/37 Iunia Claudilla, II. 37/38 Cornelia Orestina, III. 38/39 Lollia Paulina, IV. 39 Milonia Caesonia († 41).
1789: 3.2., 12.10.

Cambiagi (Cambiaci, Campigi), Gioacchino (1747-1822); Historiker in Florenz, 1776-1806 sachsen-weimarischer Agent in der Toskana.
1788: 23.9., 25.9., 30.9.

Cambri; gelehrter französischer Reisender.
1790: 18.3.

Campanelli, Filippo (1739-1795); apostolischer Protonotar, Auditor des Papstes; 1789 Kardinal.
1789: 2.4.

Campbell, Augusta (1760-1831), Tochter des Herzogs von Argyll; ∞ 1788 Henry Mordaunt Clavering (1766-1850), Offizier; mindestens 1 Tochter.
1789: 11.12.

Campbell, Charlotte Susan Maria (1775-1861); Tochter des Herzogs von Argyll; ∞ I. 1796 John Campbell (1781-1809), 3 Töchter, 1 Sohn; II. 1818 Edward John Bury (1790-1832).
1789: 11.12.

Campofiorito s. Reggio

Canaletto (Caneletti), eigentlich Giovanni Antonio Canale (1697-1768); venezianischer Architekturmaler.
1789: 2.3.

Canova, Antonio (1757-1822); italienischer Bildhauer; Hauptmeister des Klassizismus, seit 1779 in Rom, seit 1802 Oberaufseher der vatikanischen Kunstdenkmäler.
1788: 15.10.
1790: 17.4.

Caparolini s. Guizza

Capece-Latro, Giuseppe (1744-1836); Geistlicher; 1778 Erzbischof von Tarent, Gelehrter und Schriftsteller.
1789: 10.1., 14.1., 16.1., 17.1., 18.1., 19.1., 20.1., 21.1., 22.1., 23.1., 24.1., 25.1., 26.1., 27.1., 28.1., 29.1., 30.1., 31.1., 1.2., 2.2., 3.2., 4.2., 5.2., 6.2., 7.2., 8.2., 9.2., 10.2., 12.2., 13.2., 14.2., 15.2., 16.2., 17.2., 23.2., 24.2., 23.5., 13.6., 8.7., 28.7., 28.10., 31.10., 2.11., 3.11., 4.11., 5.11., 6.11., 7.11., 28.11.
1790: 7.3.

Capece-Minutolo di Canosa, Aniello (1752-1791), Malteserritter.
1789: 2.11. [?]

Capece-Minutolo di Canosa, Enrico (1745-1824); Geistlicher; 1792 Bischof von Mileto.
1789: 2.11. [?]

Capece-Minutolo di Canosa, Filippo (1746 – nach 1790); Malteserritter.
1789: 2.11. [?]

Capece-Zurlo, Giuseppe Maria (1711-1801); Theatinermönch; 1756 Bischof von Calvi, 1782 Kardinal-Erzbischof von Neapel.
1789: 11.6., 19.11.

Capra, Familie aus Vicenza.
1790: 25.5.

Caracalla, eigentlich Marcus Aurelius Severus Antoninus (186/188-217); 211 römischer Kaiser; ∞ 202 Publia Fulvia Plautilla (205 verbannt, † 211).
1788: 15.11., 2.12.
1789: 4.4., 11.5.

Caracciolo di Marano, Don Luigi Giuseppe (*1730); neapolitanischer Offizier, ledig.
1789: 11.8.

Caracciolo Duca di Santa Teodora, Domenico (1715-1789), Marchese di Villa Marina; Politiker und Nationalökonom; 1754-1764 neapolitanischer Gesandter in Sardinien, 1764-1771 in Großbritannien, 1771-1781

Botschafter in Frankreich, 1781-1786 Vizekönig von Sizilien, 1786 Premierminister des Königreichs Neapel-Sizilien.
1789: 29.6., 5.7., 6.7., 17.7.
Carace, Carach s. Carracci
Carafa della Spina, Vincenzo IV. (1739-1814), Principe di Roccella (Rocelle), Duca di Bruzzano, Marchese di Castelvetere e Brancaleone; seit 1765 in neapolitanischen Hofdiensten, seit 1768 Ritter des Ordens des Heiligen Gennaro; ∞ 1760 Livia Doria del Carretto (1745-1779), 3 Söhne, 5 Töchter.
1790: 28.3.
Carafa, Anna (1607-1644), Principessa di Stigliano, Duchessa di Roca Mondragone; Erbtochter des Hauses Carafa; ∞ 1636 Filippo Ramiro de Guzman († 1668), Duca di Medina de la Torres; Vizekönig von Neapel.
1789: 20.8.
Carafa, Magherita (1740-1810) a.d.H. Pignatelli; ∞ 1767 Riccardo Carafa (1741-1797), 5 Söhne, 4 Töchter.
1789: 11.11.
Carafa, Riccardo (1741-1797) Duca d'Andria e di Castel Monte; Obersthofmeister Maria Karolinas von Neapel-Sizilien; ∞ 1767 Magherita Pignatelli (1740-1810), 5 Söhne, 4 Töchter.
1789: 31.10., 3.11., 6.11., 11.11.
1790: 28.3.
Carag, Carage s. Carracci
Caramanico (Caramanica), Francesco Maria Venanzio d'Aquino (1738-1795) Principe de; 1785-1788 Vizekönig von Sizilien; ∞ 1767 Vittoria de Guevara (1738-1802), 1 Sohn.
1789: 12.10.
1790: 10.2.
Caramanico (Caramanica), Vittoria Principessa di (1738-1802) a.d.H. Guevara; ∞ 1767 Francesco Maria Venanzio d'Aquino Principe di Caramanico (1738-1795), 1 Sohn.
1789: 15.6.
1790: 10.2., 19.3.
Caravaggio (Caravace, Caravage), Michelangelo Merisi da (1573-1609); italienischer Maler.
1788: 16.12.
1789: 2.3.
Caravaggio (Caravagio), Polidoro da, eigentlich Polidoro Caldara (1499-1543); italienischer Maler.
1789: 5.3., 5.9.
Caravagio s. auch Carracci, Lodovico
Cardone s. Cartoni
Caribaldi, Gioacchino (1743 – nach 1792); Schauspieler, Sänger (Tenor).
1788: 14.12.
Carluccio (Carluci, Carlucio); Musiker.
1789: 18.8.
1790: 21.2., 15.3.
Caroto (Carotus), Giovanni Francesco (1470-1546); italienischer Maler.
1790: 27.5.
Carpaccio (Carbacio), Vittore (1455/1465-1525/26); venezianischer Maler.
1790: 18.5.
Carracci (Carace, Carag(e), Caragio, Caracio, Carach), Annibale (1560-1609); italienischer Maler und Kupferstecher; tätig in Bologna und Rom.
1788: 15.12.
1789: 2.3., 18.3., 18.(19.)4., 10.5., 5.9.
1790: 25.4.
Anhang: Anhang 3
Carracci (Caravagio), Lodovico (1555-1619); italienischer Maler, Radierer und Kupferstecher; Vetter von Annibale und Agostino Carracci.
1788: 11.12.
1789: 5.3.
Cartoni (Cardone), Carlo; Offizier, Vertrauter König Ferdinands IV. von Neapel-Sizilien.
1789: 4.9., 22.9.
Caruso, Luigi (1752-1822); italienischer Opernkomponist.
1789: 22.2.
Casaccia, Antonio (1719-1793), genannt Casaciello (Casacielo, Casaiello); Sänger (erster Buffo in Neapel).
1789: 8.2., 27.5., 8.8., 15.8., 27.8., 19.11., 27.11., 25.12.

1790: 8.1., 22.1., 12.2., 26.2., 19.3., 5.4., 6.4.
Casaciello, Casaiello s. Casaccia
Casanova; britischer Kaufmann aus Genf.
1790: 5.4.
Cassas (Casas), Louis François (1756-1827); Landschafts- und Architekturmaler, Zeichner und Radierer, Begleiter des Grafen de Choiseul-Gouffier im Orient.
1789: 30.3.
Castelbarco (Castelburg), Ercole Conte di (1750-1814); ∞ 1777 Maria Litta (1761-1815), 2 Söhne, 2 Töchter.
1788: 8.9. [?]
Castelbarco, Francesca (*1781); älteste Tochter von Ercole und Maria Castelbarco; ∞ I. 1798 Marchese Francesco Durazzo, II. Marchese De Mari.
1788: 8.9. [?]
Castelbarco, Maria (1761-1815), geb. Litta; ∞ 1777 Ercole Conte di Castelbarco (1750-1814) 2 Söhne, 2 Töchter.
1788: 8.9. [?]
Castelnuovo, Contessa.
1788: 25.11.
Castelpagano s. Mormile
Castiglioni, Paola Marchesa di (1751-1846) a.d.H. Litta; ∞ 1769 Giuseppe Castiglioni Stampa, Marchese di Castiglioni (1742-1805), 3 Söhne.
1788: 8.9., 9.9.
Cattaneo (Cataneo), Pietro Conte di († nach 1806); 1761-1797 Agent bzw. Resident Preußens in Venedig, 1787-1798 zugleich Gesandter Portugals in Venedig.
1790: 19.5., 20.5., 21.5.
Cattaneo, Contessa de; Ehefrau des Pietro Cattaneo.
1790: 19.5., 20.5., 21.5.
Cattolica s. Bonanno
Catull, eigentlich Gaius Valerius Catullus (um 85 – um 55 v. Chr.); römischer Lyriker.
1789: 7.5.
Cavaceppi, Bartolomeo (um 1716-1799); italienischer Bildhauer und Restaurator.
1788: 15.10.
Cecilia Metella s. Metella
Cerasi, Principessa.
1789: 8.12.
Cercià, Domenico (um 1770-1829); neapolitanischer Komponist (Kirchenmusik, Opern); Schüler von Fedele Fenaroli (1732-1818).
1790: 23.1.
Cerillo s. Cirillo
Certo de Milano; italienischer Maler.
1789: 5.9.
Ceruti (Cerutti, Cheruti), Guiseppe Antonio Gioacchino (1738-1792); Übersetzer und politischer Schriftsteller; Mitglied der Arkadia, in die er Herzogin Anna Amalia einführte.
1788: 26.10., 30.10., 2.11., 8.11., 9.11., 21.11., 25.11., 4.12., 5.12.
1789: 17.3., 5.4., 8.4., 15.5., 7.12., 8.12.
1790: 18.4., 15.5.
Cesi, Federico (1766-1799), Duca d'Acquasparta e di Rignano, Marchese di Monticelli; ∞ Matilda Malatesta († 1833), kinderlos.
1788: 4.11.
1789: 8.4.
Cestius, eigentlich Gajus Cestius Epulo (1. Jh. v. Chr.); Mitglied des Priesterkollegiums zur Ausrichtung der Festmähler bei öffentlichen Spielen, römischer Volkstribun, Praetor.
1788: 30.10., 20.11., 1.12.
Chateau Dauphin s. Saluzzo
Chernicheff s. Tschernyschew
Cherubini, Maria Luigi Carlo Zenobio Salvatore (1760-1801); italienischer Opernkomponist; seit 1788 in Paris.
1788: 28.9.
Cheruti s. Ceruti
Chigi (Chici), Principessa († 1789).
1789: 23.3.
Choiseul-Gouffier (Gouffier), Marie Gabriel Florent Augustin Graf de (1752-1817); Pair von Frankreich, russischer Geheimer Rat und Generalleutnant, 1814 Staatsminister, Mitglied der Académie Française, 1784-1792 französischer Botschafter im Osmanischen

Reich; ∞ I. 1771 Adelaide Marie Louise de Gouffier (1752-1816), 2 Söhne, 5 Töchter, II. 1816 Hélène de Bauffremont (1774-1836).
1789: 30.3.

Ciambellino s. Bellini

Cicero, eigentlich Marcus Tullius Cicero (106-43 v. Chr.); römischer Schriftsteller und Redner.
1789: 3.1., 3.2.

Cima da Conegliano (Cunigliono), Giovanni Battista (1459/60-1517/18); italienischer Maler, 1492-1516 in Venedig, Hauptmeister der venezianischen Frührenaissance; ∞ I. Corona, 2 Söhne, II. Joanna, 3 Söhne, 3 Töchter.
1790: 18.5.

Cimarosa (Chimaroso, Cimaroso), Domenico (1749-1801); italienischer Komponist; Ausbildung (Violine, Cembalo, Orgel, Gesang) in Neapel, seit 1765 eigene Kompositionen, 1787-1791 in St. Petersburg, 1799 Teilnahme am neapolitanischen Aufstand, Todesurteil, Begnadigung auf internationalen Druck; ∞ 1772 Gaetana Pallante († nach 1796).
1788: 7.9., 19.11.
1789: 9.2., 26.5.

Ciofani, eigentlich Francesco Maria Alfani († 1798); Geistlicher, Kunsthändler, 1763-1796 Agent Preußens und 1770-1782 Agent Württembergs im Vatikan.
1788: 10.12.

Cirillo (Cerillo), Domenico (1739-1799); Arzt und Botaniker in Neapel; Professor für praktische und theoretische Medizin an der Universität; Reisen nach England (Mitglied der Royal Society) und Frankreich, Autor wissenschaftlicher Arbeiten besonders zur Reform des Gesundheitswesens und des Strafvollzugs; Hinrichtung wegen Beteiligung an republikanischen Bewegungen.
1789: 14.1., 15.2.

Cirro, Gianvincenzo; Gouverneur von Andria.
1789: 4.11., 18.12.

Cito, Madame.
1790: 6.2.

Claudius (Clautius), eigentlich Tiberius Claudius Nero Germanicus (10 v. Chr. – 54 n. Chr.); 41 römischer Kaiser; ∞ I. Plautilla Urgulanilla; II. Aelia Paetina; III. 39 Valeria Messalina († 48); IV. 49 Iulia Agrippina († 59).
1789: 5.5., 19.10.

Clifford (Clifort); eine der 3 Töchter des Hugh Clifford (1726-1783), Baronet of Chudleigh: Anne Elizabeth Maria, Maria Anna Rosa oder Charlotte.
1790: 27.1.

Collin (Collinus), Alexander (1527/1529-1612); flämischer Bildhauer (Ottheinrichsbau des Heidelberger Schlosses, Grabmal Kaiser Maximilians I. in Innsbruck).
1788: 28.8.

Collina (Colina), Filippo; Sohn von Sante Serafino Collina (1715-1789) und Piera Giovanna de Rossi (1721-1791), den Wirtsleuten Goethes, Tischbeins, Schütz' und Burys in der heutigen Via del Corso 18-20 in Rom; als italienischer Führer für Herzogin Anna Amalia engagiert.
1788: 15.8., 30.9.
1789: 1.1., 22.1.

Coltellini (Coldeline, Coltalina, Coltaline, Coltelina, Coltel(l)ine, Corteline, Cordaline), Celeste (1760-1828); Sängerin (Mezzospran) und Malerin; ∞ 1792 Jean-Georges Meuricoffre (1750-1806), Neffe und Erbe von Frédéric-Robert Meuricoffre, 3 Söhne (Achille *1793, Georges, Auguste).
1789: 9.2., 27.5., 25.6., 28.6., 8.8., 15.8., 27.8., 4.9., 19.11., 27.11., 25.12.
1790: 8.1., 14.1., 24.1., 1.2., 4.2., 12.2., 15.2., 26.2., 19.3., 22.3.

Coltellini (Coltelina, Coltelline, Coldeline), Schwestern der Celeste Coltellini: Constantia († nach 1819), Malerin, oder Anetta, Sängerin, oder Rosina, Malerin.
1789: 28.6.
1790: 19.3., 22.3.

Concolo, Pietro; genannt der Genuese; Bilder- und Antiquitätenhändler in Rom.
1788: 29.10., 6.11.
Conradin s. Konradin
Constantius II., eigentlich Flavius Julius Constantius (317-361); 337 römischer Kaiser.
Anhang: Anhang 3
Contamine s. La Condamine
Cordaline, Cortelline s. Celeste Coltellini
Corecio, Coregio s. Correggio
Corletto, Marchese.
1789: 25.6.
1790: 4.1.
Correggio (Corecio, Coregio), eigentlich Antonio Allegri (um 1494-1534); italienischer Maler; Schüler Mantegnas.
1788: 15.9., 16.9., 23.9., 6.11.
1789: 20.8., 28.11.
1790: 6.5.
Corsini, Bartolomeo (1729-1792), Principe di Sisano; ∞ 1758 Maria Vittoria Felice Colonna Barberini (1737-1817); 3 Söhne, 8 Töchter.
1788: 25.9.
Corsini, Maria Vittoria Felice (1737-1817), Principessa di Sisano a.d.H. Colonna Barberini; ∞ 1758 Bartolomeo Corsini Principe di Sisano (1729-1792).
1788: 25.9.
Corsini, Tommaso (1767-1856); ab 1792 Principe di Sisano; ∞ I. 1802 Antonia Hayek von Waldstaetten (1781-1819); 7 Kinder; II. 1837 Natalja Dmitrievna Akazatov († 1852).
1788: 25.9.
Coutts (Cuts), Frances († 1832); Tochter von Thomas und Susan Coutts; ∞ 1800 John Stuart, Earl, später Marquess of Bute (1744-1814), 1 Tochter, 1 Sohn.
1790: 17.3.
Coutts (Cuts), Sophia († 1844); Tochter von Thomas und Susan Coutts; ∞ 1793 Sir Francis Burdett (1770-1844), 5 Töchter, 1 Sohn.
1790: 17.3.
Coutts (Cuts), Susan († 1837); Tochter von Thomas und Susan Coutts; ∞ 1796 George Augustus North, Earl of Guilford (1757-1802).
1790: 17.3.
Coutts (Cuts), Susan († vor 1815), geb. Starkie; ∞ 1763 Thomas Coutts (1735-1822), 3 Töchter.
1790: 14.3., 17.3.
Coutts (Cuts), Thomas (1735-1822); Bankier; unternahm mit seiner Familie 1789-1791 eine Europareise, die sie in der 1. Märzhälfte 1790 nach Neapel führte; ∞ I. 1763 Susan Starkie, 3 Töchter; II. 1815 Harriet Mellon.
1790: 17.3.
Cowper, George Earl of (1738-1789); 1757 Grand Tour, 1760 Niederlassung in Florenz, Förderer von Wissenschaftlern und Künstlern; 1786 Verlegung des Hauptwohnsitzes nach London; ∞ 1775 Hannah Anne Gore (1758-1826).
1788: 23.9., 25.9.
Cowper, Hannah Anne (1758-1826), geb. Gore; ∞ 1775 George Earl von Cowper (1738-1789), 3 Söhne.
1788: 24.9.
Cranach, Lukas d.Ä. (1472-1553); deutscher Maler und Zeichner; Hofmaler Kurfürst Friedrichs des Weisen von Sachsen (1463-1525).
1790: 13.6.
Craven (Grai), Elizabeth (1750-1828), geb. Countess Berkeley; Schriftstellerin und Dramatikerin; ∞ I. 1767-1781 William Craven († 1791), Baron of Hamstead Marshall, 6 Kinder, II. 1791 Christian Friedrich Karl Alexander, Markgraf von Brandenburg-Bayreuth (1736-1806).
1789: 7.12.
Crescentini, Girolamo (1762-1846); Sänger (Kastrat; Sopran); 1781-1786 Musikstudium in Bologna, Debüt in Rom, später an allen wichtigen italienischen Bühnen sowie in London, Lissabon und Wien tätig, 1803 Gesangslehrer der kaiserlichen Familie in Wien, 1805 auf persönliche Einladung Napoleons als Gesangslehrer der dortigen Kaiser-

familie in Paris, 1812 Ende der Bühnenkarriere, 1813 in Bologna, ab 1825 Professor für Gesang am Collegio di Musica in Neapel.
1789: 31.1.
Croce s. Santacroce
Cunigliono s. Cima da Conegliano
Cutler (Cuttler), Charles; britischer Kaufmann und Bankier; 1765-1790 in Neapel tätig.
1789: 25.12.
1790: 8.2.
Cuts s. Coutts
Dalberg (Dahlberg), Johann Friedrich Hugo Nepomuk Eckenbert von (1752-1812); Domkapitular von Trier, Worms und Speyer, Schriftsteller, Komponist; unternahm von August 1788 bis Juli 1789 eine Italienreise in Begleitung J. G. Herders und der Friederike von Seckendorff-Aberdar.
1788: 5.10., 6.10., 8.10., 10.10.,12.10., 19.10., 24.10., 26.10., 1.11., 7.11., 8.11., 9.11., 10.11., 18.11., 21.11., 23.11., 25.11., 26.11., 27.11., 2.12., 11.12.
1789: 6.1., 8.1., 10.1., 14.1., 17.1., 19.1., 24.1., 26.1., 28.1., 29.1., 31.1., 4.2., 5.2., 7.2., 9.2.
Dalleran s. Talleyrand
Damiani, Giuseppe († nach 1799); Sänger (Kastrat; Sopran).
1789: 30.5., 20.12.
Dante Alighieri (1265-1321); italienischer Dichter.
Anhang: Anhang 3
Darius III. Codomannus († 330 v. Chr.); seit 336 v. Chr. letzter persischer König, unterlag Alexander dem Großen 333 v. Chr. bei Issos, 331 v. Chr. bei Gaugamela; ∞ Stateira u.a., mehrere Kinder.
1790: 9.5.
Davia (Davya), Lorenza; Sängerin.
1789: 7.2., 14.6., 9.7., 30.8., 24.10., 4.12., 18.12., 21.12.
1790: 1.1., 22.1., 19.2., 12.3.
Davide (David, Davit), Giacomo († 1830); Sänger (Tenor).
1789: 17.1., 31.1., 5.2., 30.5., 27.7., 20.9., 19.11., 3.12., 20.12., 21.12.
1790: 15.1., 22.1., 19.2., 12.3., 19.3.
Deamici s. Amici
Dell'Era (Delera), Giovanni Battista (1765-1798); italienischer Maler und Zeichner aus Mailand, seit Mitte der 1780er Jahre in Rom.
1789: 5.3.
Demosthenes (Demostenes) (384-322 v. Chr.); griechischer Anwalt, Redner und Staatsmann.
1788: 15.12.
Deram, Christopher, eigentlich Christopher von Dramen (1755-1789); norwegischer Maler; um 1780 Miniaturmaler in Kristiania (Oslo), wanderte nach Italien aus.
1789: 31.8.
Desantis, Cloise; Harfenistin.
1789: 11.5.
Destours, Detour s. Ducours
Diede zum Fürstenstein, Ursula Margarethe Constanze Luise von (1752-1803), geb. Gräfin von Callenberg-Muskau; Pianistin, mehrfach sich in Italien aufhaltend, gab u.a. am 5.2.1788 bei Rezzonico in Rom ein Konzert; ∞ 1772 Wilhelm Christoph Diede zum Fürstenstein (1732-1807), 1763-1777 dänischer Gesandter in Berlin und London, 1793-1800 in Regensburg; 3 Töchter: Charlotte (*1772), Henriette (1774-1789), Luise (*1778) ∞ von Löw.
1788: 10.10.
Dies, Albert Christoph (1755-1825); Landschaftsmaler und Kupferstecher in Rom und Wien.
1788: 9.11., 10.11., 28.11., 16.12.
1789: 5.3., 11.3., 22.3.
Dillon (Dilon), Count Edward (1750-1839); französischer General (Westindien, Amerika) und Diplomat; Favorit Marie Antoinettes von Frankreich; ∞ I. 1777 Fanny Harland († 1777), II. Emilie Pocquet de Pulhery.
1789: 7.7.

Diocletian (Dioclatian), eigentlich Gaius Aurelius Valerius Diocletianus (247/248- 316); 284-305 römischer Kaiser; ∞ Pisca († 314/315).
1788: 17.10., 14.12.

Diodoro il Siciliano, eigentlich Diodor aus Agyrion/Sizilien (um 80-29 v. Chr.); hellenistischer Historiker; Verfasser einer Weltgeschichte von der Frühzeit bis zu Caesars Zeit (40 Bücher, von denen nur 15 erhalten sind).
1789: 24.9.

Dionysios I. (Dyonysius) (um 430-367 v. Chr.); 405 v. Chr. Tyrann von Syrakus
Anhang: Anhang 3

Dolomieu (Dolomnieu, d'Olomnieu), Déodat (1750-1801); französischer Geologe und Mineraloge; bereiste 1789/90 die Gebirge Italiens, Tirols und Graubündens; nach ihm wurden die Dolomiten benannt.
1789: 15.3.
1790: 16.4.

Domenichino (Dominichin, Dominicin, Domenikin), eigentlich Domenico Zampieri (1581-1641); italienischer Maler; Mitarbeiter Annibale Carraccis.
1788: 15.12., 21.12.
1789: 19.1., 10.3., 6.4., 20.(21.)4., 26.(27.)4., 10.5., 25.11.

Domitian, eigentlich Domitianus Titus Flavius (51-96); 81 römischer Kaiser; ∞ 70 Domitia Longina († um 135).
1789: 24.(25.)4.

Donado, Pietro; 1786-1791 venezianischer Gesandter im Vatikan.
1789: 30.3., 7.4.

Donado; Ehefrau Pietro Donados.
1789: 6.3., 11.3., 7.4., 16.(17.)4., 12.5.

Doria-Pamphilj, Leopolda (1744-1807), geb. di Savoia-Carignano; ∞ 1767 Andrea IV. Doria-Pamphilj (1747-1820) Principe di Melfi; 4 Söhne, 5 Töchter.
1788: 9.12. [?]

Doria-Pamphilj (Bamphilo), Giuseppe Maria (1751-1816); 1772 päpstlicher Gesandter in Spanien, 1773 Erzbischof von Seleucia, 1773-1785 päpstlicher Nuntius in Frankreich, 1785 Kardinal, Begleiter Pius VI. im Exil.
1788: 20.10., 30.11.

Dorno s. Durno

Douglas (Duglas), Sir James († 1795); 1780-1784 und 1788-1795 britischer Konsul in Neapel, wohnhaft in Portici; ∞ I. N.N., II. N.N., 3 Töchter.
1789: 31.5., 1.6., 3.6., 5.6., 7.6., 8.6., 12.6., 17.6., 21.6., 27.6., 28.6., 1.7., 3.7., 6.7., 8.7., 10.7., 13.7., 15.7., 18.7., 19.7., 23.7., 24.7., 26.7., 29.7., 30.7., 7.8., 9.8., 16.8., 17.8., 24.8., 2.9., 8.9., 11.9., 12.9., 16.9., 28.9., 3.10., 18.10., 21.10., 9.12., 23.12., 25.12.
1790: 11.1., 27.1., 24.2., 9.3., 30.3., 7.4.

Douglas; Töchter von Sir James: 1. N.N. ∞ 1789 Harris, britischer Legationssekretär; 2. N.N. ∞ vor 1793 Gibbs; 3. N.N.
1789: 31.1., 3.6., 5.6., 12.6., 21.6., 27.6, 28.6., 8.9., 21.10.

Drito, Dritto s. Tritto

Ducours (Destours, Detour), Chevalier de; ∞ vor 1790 Elizabeth Baroness St. George (1732-1813), geb. Dominick.
1788: 16.11., 11.12., 15.12., 21.12.

Ducros (DuGros), Abraham-Louis-Rodolphe (1748-1810); schweizerischer Aquarellist und Kupferstecher; 1776-1793 in Rom, 1793-1807 in Neapel tätig, arbeitete mit Volpato an einer Serie kolorierter Kupferstiche von Landschaften.
1788: 1.12.

Dufour de Pradt (Duefort Pras), Comte Dominique Georges (1759-1837); französischer Diplomat; 1812 Botschafter in Warschau, Erzbischof von Mecheln.
1788: 25.9.

Dunin-Majewski, Jakub Michał Piotr Pawel Graf (1761-1794); Ingenieur; hielt sich 1789 in Frankreich, danach in Italien auf; Teilnehmer des Kosciuszko-Aufstandes, wohl bei der Eroberung des Warschauer Vorortes Praga durch die Russen gefallen.

1789: 11.10., 11.11., 18.11.
1790: 25.3. [?]
Dupré; Bekannte des Erbprinzen von Braunschweig-Wolfenbüttel.
1790: 24.1., 19.3.
Dupré; Tänzerin, Schwester der vorigen.
1790: 13.5.
Dupret; Franzose.
1789: 15.8.
Dürer (Durer, Türer), Albrecht (1471-1528); deutscher Maler, Kupferstecher, Zeichner, Drucker, Verleger, Goldschmied, Architekt, Ingenieur und Schriftsteller; ∞ 1494 Agnes Frey († 1539), kinderlos.
1789: 5.8., 26.11.
1790: 2.5., 13.6.
Durno (Dorno), James (1745-1795); englischer Maler, lebte 1774-1795 in Rom.
1789: 5.3.
Durris s. Turris
Dyonysius s. Dionysios
Eberting s. Everdingen
Eckardtshausen (Ekartshausen), Karl von (1752-1803); Sohn des Grafen Karl von Haimhausen und der Bürgerlichen Marianne Eckardt; Studium der Philosophie, Mathematik und Physik in Ingolstadt, 1776 Hofrat in München, 1780 Bücherzensurrat, 1784 bayerischer Wirklicher Geheimer Archivar, 1799 Geheimer Hausarchivar; Schriftsteller (Dramen, belletristische Aufsätze und antiaufklärerische Publizistik); ∞ I. 1779 Genoveva Quiquerez, II. 1781 Gabriele von Wolter, III. 1799 Theresia Weiß.
1788: 25.8.
Edlinger (Edeling), Johann Georg (1741-1819); Porträtmaler; Ausbildung u.a. in Graz, Salzburg, Wien, 1770 München, seit 1781 bayerischer Hofmaler; ∞ 1774 Maria Anna Barbara Welser (1744-1822), 6 Kinder.
1788: 25.8.
Egloffstein (Eglofstein), Christian von (1764-1834); Majoratsherr in Egloffstein/Franken.
1788: 20.8. [?]
Einsiedel-Scharfenstein, Friedrich Hildebrand von (1750-1828); weimarischer Page, Jurastudium, Hofrat, seit 1776 Kammerherr der Herzogin Anna Amalia.
1788: 15.8., 31.8., 2.9., 4.9., 7.9., 19.9., 28.9., 29.9., 11.10., 23.10., 23.11., 7.12., 8.12., 9.12., 10.12., 14.12., 17.12., 21.12., 26.12., 29.12.
1789: 1.1., 7.1., 11.1., 12.2., 8.3., 6.5., 10.6., 15.6., 27.6., 2.8., 16.9., 17.9., 30.9., 15.10., 17.10., 18.10., 23.10., 1.12., 2.12., 8.12., 11.12., 27.12.
1790: 7.1., 12.1., 13.1., 28.1., 29.1., 4.3., 6.3., 10.3., 26.3., 1.4., 4.4., 5.4., 6.5., 27.5., 29.5., 5.6., 10.6., 13.6.
Einsiedel-Scharfenstein, Georg Karl von (1759-1835).
1788: 29.9.
Einsiedel-Scharfenstein, Johann Alexander von (1760-1849); österreichischer Rittmeister.
1788: 29.9.
Einsiedel-Scharfenstein, Johann August von (1754-1837); bis 1777 in holländischem Militärdienst, Studium der Mathematik und Naturwissenschaften, der Geschichte, Erd- und Völkerkunde in Göttingen und Freiberg, 1782 kursächsischer Bergrat, 1784/85 (gescheiterte) Expedition nach Senegal und Abessinien mit seinen Brüdern Johann Alexander und Georg Karl; lebte abwechselnd auf den Familiengütern Lumpzig und Scharfenstein, in Jena, Weimar und Ilmenau; ∞ 1788 Emilie von Münchhausen, geschiedene Werthern-Beichlingen (1757-1844), 1 Sohn.
1788: 29.9.
Elcho (Elkon), Francis Charteris Viscount of (1772-1853); Sohn von Francis Charteris Viscount of Elcho sen. und Susan Tracy-Keck; ∞ 1794 Margaret Campbell (1779-1850), 6 Töchter, 2 Söhne.
1790: 17.3.
Elcho (Elkon), Henrietta Charlotte Elizabeth (1773-1838); Tochter von Francis Charteris Viscount of Elcho sen. und Susan Tracy-Keck; ∞ 1797 George

Harry Gray, Earl of Stamford (1765-1845), 1 Sohn.
1790: 17.3. [?]

Elcho (Elkon), Susan Charteris Viscountess of (1746-1835), geb. Tracy-Keck; ∞ 1771 Francis Charteris Viscount of Elcho (1749-1808); 1 Sohn, 1 Tochter.
1790: 14.3., 17.3.

Elcho (Elkon, Elco), Francis Charteris Viscount of (1749-1808); 1780-1787 Mitglied des Parlaments; besuchte mit seiner Familie 1789-1790 vor allem Rom und Florenz mit einem kurzen Aufenthalt in Neapel; ∞ 1771 Susan Tracy-Keck (1746-1835).
1790: 14.3., 17.3.

Elisabeth s. Österreich

Elisei, Marchese.
Anhang: Anhang 3

Elkon s. Elcho

Emanuel; Besitzer eines Gasthauses in Neapel.
1789: 8.9.

Engst (Engs), Christine Marie Dorothea (1756-1795), geb. Rouillon; Schauspielerin; Debüt 1774 in Braunschweig, Mitglied der Koberweinschen Truppe, 1779 Engagements in Regensburg, Mannheim und München; 1790 in Berlin; seit 1793 in Frankfurt am Main lebend.
1788: 22.8.

Eran, Eraen, Erden s. Erne

Erdmannsdorff, Friedrich Wilhelm von (1736-1800); Architekt; besonders in Dessau, auch in Potsdam und Berlin tätig; Studium der Mathematik und Geschichte, ausgedehnte Reisen durch ganz Europa, 1789-90 mit dem Erbprinzen von Braunschweig-Wolfenbüttel durch Italien; ∞ 1781 Eleonore Wilhelmine von Ahlimb.
1790: 30.1., 24.2., 25.2.

Erdödy, Graf von Monyorókerék und Monoszló.
1790: 23.3.

Eren s. Erne

Erne (Eran, Eraen, Erden, Eren, Ernten), Mary Creighton Viscountess of (1753-1842), geb. Hervey; ∞ 1776 John Creighton (1738-1828), 1781 Viscount Erne; 1789 Earl Erne, Baron of Crom Castle, Fermanagh, 1 Tochter; Mary, in Trennung von Ihrem Mann lebend, begleitete ihren Vater, Frederick Augustus Hervey Earl of Bristol, gelegentlich auch ihren Onkel, William Hervey, 1785-1790 durch Italien.
1788: 27.12.
1789: 15.3., 8.4., 14.4., 16.(17.)4.

Eroli, römischer Graf.
1789: 13.4.

Euripides (485/484-406 v. Chr.); griechischer Tragödiendichter.
1788: 21.10.

Everdingen (Eberting), Allaert van (1621-1675); niederländischer Landschaftsmaler und Radierer.
1790: 4.6.

Fabius Maximus, eigentlich Quintus Fabius Maximus Verrucosus († 203 v. Chr.); 233 v. Chr. Konsul, 217 v. Chr. Diktator, führte gegen Hannibal erfolgreich einen hinhaltenden Kleinkrieg.
1789: 8.4.

Fagiuoli, Abbate.
1789: 28.7.

Falkland s. Frankland

Faustina, eigentlich Annia Galeria Faustina († 141); ∞ Antoninus Pius, eigentlich Titus Aurelius Fulvius Boionius (86-161); 138 römischer Kaiser.
1788: 11.10.

Feroli, Principessa.
1789: 24.11.

Fiammingo, Dionisio, eigentlich Denys Calvaert (1540-1619); niederländischer Maler; besuchte die Schule Fontanas und Sabbatinis in Bologna, Lehrer Albanos, Renis und Domenichinos.
1789: 14.12. [?]

Firrao, Guiseppe (1736-1830); Geistlicher; 1782 Erzbischof von Petra, seit 1782 päpstlicher Nuntius in Venedig.
1790: 19.5., 20.5.

Fischer, Johann Heinrich (1759-1814); Arzt; Studium der Medizin in Würz-

burg, Erlangen, Göttingen, 1781-1785 Studienreise durch Niederlande, England, Frankreich, 1785-1791 (außerordentlicher) Professor für Geburtshilfe in Göttingen, Leibarzt des Prinzen Augustus Frederick von Großbritannien und Braunschweig-Hannover, 1795 Geheimer Rat des Fürsten von Nassau-Weilburg, 1803 kurfürstlich-pfalzbayerischer Leibarzt.
1790: 12.5.

Flavia Maximiana Fausta (289-326); ∞ 307 Konstantin der Große (280-337).
1789: 8.3.

Fontana, Felice (1730-1805); italienischer Naturforscher; Professor für Philosophie in Pisa, später Direktor des physikalisch-naturhistorischen Kabinetts in Florenz.
1788: 24.9.

Fortis (Forti), Giovanni Battista (1741-1803), genannt Alberto; italienischer Geistlicher, Schriftsteller und Naturforscher.
1789: 30.1., 2.6., 4.6., 7.6., 13.7.
1790: 3.3., 7.3., 9.3., 12.3., 13.3., 14.3., 15.3., 17.3., 18.3., 19.3., 21.3., 22.3., 23.3., 24.3., 25.3., 30.3., 31.3., 1.4., 2.4., 4.4., 7.4.

Francia, eigentlich Francesco Raibolini (1450-1517); italienischer Goldschmied und Maler.
1790: 1.5.

Franconi, de; Bailli (hoher Würdenträger) des Johanniterordens, 1787-1789 Gesandter Maltas in Neapel.
1789: 25.6., 20.12.
1790: 2.1., 10.2.

Frankland (Falkland), Roger († 1826); Geistlicher.
1788: 29.12.
1789: 15.4.

Frankreich:

– Heinrich IV. de Borbón-Navarra (1553-1610); 1589 König von Frankreich, trat 1593 vom Protestantismus zum Katholizismus über, gewährte 1598 mit dem Edikt von Nantes den Hugenotten Religionsfreiheit; ∞ I. 1572 Margot von Valois (1553-1615), II. 1600 Maria von Medici (1573-1642), 2 Söhne, 3 Töchter.
1790: 21.5., 13.6.

– Maria (1573-1642) von Frankreich a.d.H. Medici; 1610-1617 Regentin; ∞ 1600 Heinrich IV. von Frankreich (1553-1610), 2 Söhne, 3 Töchter.
1790: 13.6.

– Marie Antoinette (1755-1793) von Frankreich a.d.H. Habsburg; ∞ 1770 Ludwig von Frankreich (1754-1793); seit 1774 König Ludwig XVI., 2 Söhne, 1 Tochter.
1789: 6.7., 7.7.
1790: 15.1.

Franz s. Österreich

Fränzl (Franzel, Fränzel, Fraenzel), Ferdinand (1767-1833); Komponist, Dirigent und Violinist; 1789/90 Konzertmeister der Hofkapelle in München, seit Frühjahr 1790 Begleiter der Familie Edward Taylor auf deren Italienreise, zugleich Lehrer für Deutsch und Musik, seit 1792 Konzertmeister am Nationaltheater in Mannheim.
1790: 1.5., 2.5.

Fredenheim (Frydenheim), Carl Frederic (1748-1803); schwedischer Politiker und Kunstsammler.
1788: 21.12.

Friedrich II. von Hohenstaufen (1194-1250); 1220 Kaiser des Heiligen Römischen Reiches; ∞ I. 1209 Konstanze von Aragón (1182/83-1222), 1 Sohn, II. 1225 Isabella/Jolanda von Brienne (1211/12-1228), 1 Tochter, 1 Sohn, III. 1233/34 Bianca Lancia (1210/11-1233/34), 1 Sohn, 2 Töchter, IV. 1235 Isabella von England (1217-1241), 4 Kinder.
1789: 3.11.

Frydenheim s. Fredenheim

Furius Camillus, eigentlich Marcus Furius Camillus (435-365); römischer Feldherr und Politiker.
Anhang: Anhang 3

Gabrielli, Vittoria, geb. Bruciotti, ∞ vor 1781 Gaspare Gabrielli (1750-1828), Conte di Carpegna.
1788: 25.11.

Galadone, Galladola, Galatone, Galatoni s. Pignatelli

Ganbarbe.
1789: 1.12.

Ganganelli, Lorenzo (1705-1774); seit 1769 Papst Clemens XIV., Begründer des Museums Pio Clementino.
1788: 15.10.
1789: 26.(27.)4.

Garamand; französischer Reisender.
1790: 18.3.

Garampi (Garambi), Giuseppe Conte (1725-1792); Geistlicher; 1746 Mitarbeiter im päpstlichen Geheimarchiv, 1749 Koadjutor des Archivpräfekten, 1757 Archivpräfekt, 1764 päpstlicher Geheimkämmerer, 1766 päpstlicher Finanzsekretär, 1772 Erzbischof von Beritus, 1772-1776 päpstlicher Nuntius in Polen, 1776 Bischof von Montefiascone und Corneto, 1776-1785 päpstlicher Nuntius in Wien, 1785 Kardinal.
1789: 4.3., 27.3.

Garofalo (Garoffalo), Benvenuto da, eigentlich Benvenuto Tisi (um 1476-1559); italienischer Maler.
1789: 2.3.
Anhang: Anhang 3

Gattamelata (›Honigkatze‹), eigentlich Erasmo da Narni (1370-1443); Feldherr in venezianischen Diensten.
1790: 5.5.

Gatti, Angelo Giuseppe Maria (1730-1798); Arzt in Pisa; forschte u.a. zur Pockenschutzimpfung, führte erfolgreich 1778 die Schutzimpfung der Prinzen, Prinzessinnen und des Königs von Neapel-Sizilien durch.
1790: 7.2.

Genaro, Gennaro s. Luzio

Genueser s. Concolo

Germanicus, eigentlich Gaius Julius Caesar Germanicus (15 v. Chr. – 19 n. Chr.); römischer Feldherr und Konsul, 13-16 Oberbefehlshaber am Rhein, 17 Oberbefehlshaber in den syrischen Provinzen; ∞ Vipsania Agrippina (17 v. Chr. – 33 n. Chr.), Kinder (u.a. Caligula, Agrippina).
1788: 2.12.

Germisol; Musiker.
1790: 21.2.

Gervinus (Gerwinus), Johann Friedrich (1744-1826); 1768 Hofmeister Karl Augusts von Hardenberg (1750-1822) in Leipzig, Mitglied des Göttinger Kreises um Georg Christoph Lichtenberg (1742-1799), 1789 Hofmeister der holländischen Familie Boreel in Italien.
1789: 25.2., 9.3., 16.3., 25.3., 31.3.

Geßner (Gessner), Salomon (1730-1788); schweizerischer Idyllendichter, Maler und Kupferstecher, Verleger, Züricher Ratsherr; ∞ 1761 Judith Heidegger (1736-1818), mehrere Kinder.
1788: 23.10.
1790: 17.4.

Gian Bellin s. Bellini

Gibbes (Gips), Philipp (1731-1815); reiste mit seiner Familie 1789/90 durch Italien; ∞ 1753 Agnes Osborne († 1813), 2 Töchter.
1789: 18.10.
1790: 14.3.

Gibbes, Agnes; Tochter von Philipp und Agnes Gibbes.
1790: 14.3.

Gibbes, Elizabeth (1761-1847); Tochter von Philipp und Agnes Gibbes; ∞ 1796 Charles Abbot.
1790: 14.3.

Gidoreni s. Reni

Gienaro s. Luzio

Gioeni (Gioene, Giovene, Goene, Giovani, Giovene, Geoveni) Duca d'Angio, Giuseppe (1747-1822); Naturforscher; Professor für Naturgeschichte in Catania; ∞ Gaetana Rizzari, mindestens 1 Tochter.
1789: 29.1., 25.5., 15.6., 22.6., 9.8. 19.8., 23.8., 25.8., 27.8., 28.8., 30.8., 1.9., 3.9., 7.9., 8.9., 11.9., 12.9., 13.9., 14.9., 15.9., 20.9., 21.9., 22.9., 23.9.,

24.9., 26.9., 4.10., 5.10., 11.10., 14.10., 19.10., 20.10., 24.10., 11.11., 13.11., 15.11., 16.11., 17.11., 18.11., 19.11., 20.11., 21.11., 23.11., 24.11., 26.11., 29.11., 1.12, 2.12., 3.12., 7.12., 13.12., 14.12., 24.12.
1790: 3.1., 5.1., 11.1., 14.1., 17.1., 18.1., 21.1., 2.2., 22.2., 27.2., 1.3., 3.3., 8.3., 14.3., 16.3., 18.3., 21.3., 30.3., 3.4., 7.4., 9.4.

Giordani, Giuseppe (um 1753-1798), genannt Giordaniello; italienischer Opernkomponist.
1790: 27.2.

Giordano (Jordano), Luca (um 1634-1705); neapolitanischer Maler und Radierer; 1692-1702 Hofmaler in Madrid.
1788: 26.9.

Giovane di Girasole (Giovene, Gioveni, Giovani, Giovine, Joveni, Jovani, Jovane, Gioene, Jiovane), Giuliana Duchessa (1766-1805), geb. Freiin von Redwitz genannt von Mudersbach; 1785 Hofdame der Königin Maria Karolina von Neapel-Sizilien, 1795 Obersthofmeisterin der Erzherzogin Maria Luisa von Österreich (1791-1847), späteren Kaiserin von Frankreich; lebte seit 1790/91 in Wien, später in Budapest; Autorin und Übersetzerin, 1794 Mitglied der Akademie der Wissenschaften zu Berlin; ∞ 1786 Duca Giovane di Girasole.
1789: 10.1., 11.1., 14.1., 28.1., 29.1., 10.2., 13.2., 23.5., 27.5., 28.5., 1.6., 3.6., 4.6., 10.6., 13.6., 30.6., 4.7., 16.7., 24.7., 10.8., 19.8., 27.8., 28.8., 31.8., 7.9., 17.9., 19.9., 29.9., 8.10., 11.10., 17.12., 18.12.
1790: 28.1., 18.2., 26.2., 8.3., 31.3., 1.4., 3.4., 9.4.

Giovane di Girasole, Duca; ∞ 1786 Giuliana Freiin von Redwitz genannt von Mudersbach (1766-1805).
1789: 31.8.

Giovani s. Gioeni Duca d'Angio

Giusti (Juste, Gusti), Agostino Conte (1546-1615); Ritter der Republik Venedig.
1788: 4.9.
1790: 27.5., 31.5.

Gleim, Johann Wilhelm Ludwig (1719-1803); deutscher Schriftsteller.
1788: 24.9.

Gluck (Gluk), Christoph Willibald Ritter von (1714-1787); deutscher Opernkomponist.
1789: 6.7.

Göchhausen, Charlotte Christiane von (1720-1793), geb. von Nostitz; Hofdame bei Johanna Charlotte von Sachsen-Weimar (1693-1751); ∞ 1750 Wilhelm Ernst Friedrich von Göchhausen (1702-1768); Offizier, 1750 weimarischer Schloßhauptmann in Eisenach, 1756 Oberkämmerer; Kinder: Louise Ernestine Christiane (1752-1807) und Friedrich Heinrich Adolf (1753-1768).
1788: 22.8., 3.9., 26.9., 7.10., 10.10., 14.10., 29.11., 7.12., 10.12., 27.12.
1789: 27.1., 21.2., 14.3., 11.4., 17.(18.)4., 9.5., 16.5., 28.7., 11.8., 25.8., 7.9., 12.10., 17.11.
1790: 30.3.

Göchhausen, Louise Ernestine Christiane Juliane von (1752-1807); Hofdame der Herzogin Anna Amalia.
passim

Goe(n)s, van der; holländischer Offizier.
1789: 31.12.
1790: 5.1., 19.1.

Goethe (Göthe), Johann Wolfgang (1749-1832); weimarischer Staatsminister; deutscher Dichter, Naturwissenschaftler; ∞ 1806 Christiane Vulpius (1765-1816), 4 Kinder.
1788: 11.10., 14.10., 1.11., 17.11., 19.11., 22.11., 29.11., 27.12.
1789: 10.1., 2.4., 3.5., 9.5., 9.6., 7.9., 22.12.
1790: 4.4., 3.5., 5.5., 6.5., 7.5., 9.5., 14.5., 15.5., 18.5., 22.5., 25.5., 26.5., 27.5., 29.5., 31.5., 2.6., 5.6., 8.6., 11.6., 14.6., 17.6.

Goetze (Goeze), Johann Georg Paul (1761-1835); seit 1777 Goethes Diener, weimarischer Wegebaukonducteur; ∞ N.N., kinderlos.
1790: 5.5.

Gold; britischer Reisender.
1789: 1.12.
Goldoni, Carlo (1707-1793); italienischer Dramatiker und Librettist.
1790: 1.5.
Gonzaga, Pietro (1751-1831); Maler und Bühnenbildner; arbeitete in Mailand (La Scala), Rom, Genua, Parma, seit 1792 in St. Petersburg, Autor theoretischer Werke über die Verknüpfung von Musik und Bühnenarchitektur.
1788: 30.12. [?]
Gonzalvo; Geistlicher, Aufseher über das Institut St. Michael.
1789: 17.(18.)4.
Görtz (Göerz), Johann Eustachius Graf von Schlitz genannt G. (1737-1821); in sachsen-gothaischen, dann weimarischen Diensten, 1762 Prinzenerzieher, 1775 Oberhofmeister der Herzogin Luise von Sachsen-Weimar-Eisenach, 1778 als Grandmaître de la Garderobe und Staatsminister in preußischen Diensten, zuletzt in Regensburg.
1788: 22.8.
Görtz, Friederike Karoline Gräfin von Schlitz genannt G. (1749-1809), geb. von Üchtritz; ∞ 1768 Johann Eustachius Graf von Schlitz genannt Görtz (1737-1821).
1788: 21.8.
1790: 29.5.
Gouffier s. Choiseul-Gouffier
Goullon (Goulon, Gulon, Gollon), René-François (1757-1839); weimarischer Mundkoch; begleitete die Reisegesellschaft Herzogin Anna Amalias.
1788: 15.8., 20.9.
1789: 25.10., 28.10., 2.12.
1790: 4.5., 11.6., 12.6.
Gouy, Louis Henry Marthe de (1753-1794 Guillotine), Marquis d'Arcy, Baron de Chars, Seigneur de Santeuil (Sodel, Sondoeil, Sontoille); Generalmajor, Oberst der Dragoner der französischen Königin, Deputierter von St. Domingue; ∞ 1780 Anne Amable Hue de Bayeux, 1 Sohn, 1 Tochter.
1789: 16.10., 23.10., 1.12.
Graefer (Graver), John Andrew († 1803); aus Braunschweig stammender, in London tätiger Gärtner; wurde 1786 mit der Anlage des Englischen Gartens der Königin Maria Karolina von Neapel-Sizilien in Caserta beauftragt; ∞ Caroline, mehrere Kinder.
1789: 29.6.
1790: 6.4.
Grai s. Craven
Grave (Grawe, Greve), David Heinrich (1758-1789); deutscher Sänger (Tenor); 1780 Debüt, bis 1786 Mitglied in Bellomos Theatergesellschaft, von Herzogin Anna Amalia zur Ausbildung nach Italien gesandt; ∞ 1787 Luise Aulhorn, 1 Kind († 1791).
1788: 8.9.
1789: 9.4., 10.4., 13.4., 27.(28.)4., 12.5., 18.5., 26.5., 5.6, 12.6., 14.6., 16.6., 20.6., 21.6., 22.6., 24.6., 26.6., 4.7., 15.7., 18.7., 19.7., 24.7., 8.8., 12.8., 21.8., 3.9., 4.9., 11.9., 24.10., 12.11., 20.11., 30.11., 1.12.
Gräven, Graf.
1789: 17.(18.)4.
Gravina s. Orsini
Gregor I. der Große (540-604) a.d.H. der Anicier; Studium des Rechts und der Kirchenväter, 585 Abt des von ihm in seinem Haus zu Rom gestifteten Benediktinerklosters, 590 Papst; Missionierung unter den Langobarden, den Korsen und den britischen Angelsachsen.
1788: 21.12.
1789: 10.5.
Gregorio; Benediktinermönch in Andria.
1789: 5.11.
Greve s. Grave
Großbritannien und Braunschweig-Hannover, Augustus Frederick von (1773-1843), Duke of Sussex; ∞ I. 1793/94 Augusta Murray (1768-1830), II. 1831 Cecilia Gore, seit 1825 verwitwete Buggin.
1790: 12.5., 13.5., 14.5., 15.5.
Guarini; Familie in Ferrara.
Anhang: Anhang 3

Guelichini; Kapitän des neapolitanischen Kriegsschiffes ›Partenope‹.
1789: 24.1.

Guercino (Guergino, Quercino, Quertcino), eigentlich Giovanni Francesco Barbieri (1591-1666); italienischer Maler.
1788: 11.12.
1789: 2.3., 20.(21.)4., 10.5., 5.9.
1790: 26.4., 1.5., 2.5., 3.5.
Anhang: Anhang 3

Guglielmi (Gulielmi), Pietro Alessandro (1728-1804); italienischer Opernkomponist; 1767-1772 London, 1793 Kapellmeister der Peterskirche in Rom, 1797 Kapellmeister in Lucina; ∞ Lelia.
1789: 30.5., 14.6., 27.9., 4.10., 12.11.

Guiche (Guische), Aglaé Louise Françoise Gabrielle Gramont Duchesse de (1768-1803) a.d.H. Polignac; Tochter von Jules, Nichte von Diane de Polignac; ∞ 1780 Antoine de Gramont Duc de Guiche et de Gramont († 1836).
1790: 15.1.

Guiche (Guische), Antoine de Gramont Duc de († 1836); ∞ 1780 Aglaé Louise Françoise Gabrielle de Polignac (1768-1803).
1790: 15.1.

Guido, Guidoreni s. Reni

Guizza, Domenico (1769-1848), genannt Caparolini (Caprolino); Sänger (Kastrat; Sopran).
1788: 14.12.
1790: 24.4.

Gürtler (Gürdler), Anton Bernhard (1726-1791); Geistlicher; Dr. theol., Bischof von Siena, Beichtvater der Salesianerinnen und der Königin Maria Karolina von Neapel-Sizilien; 1790 päpstlicher Nuntius bei der Krönung Kaiser Leopolds II. in Prag.
1789: 17.6., 20.6., 28.6., 9.7., 11.10., 12.10., 22.10., 23.11., 3.12.
1790: 10.1., 28.1., 5.2., 1.3., 2.3., 16.3., 31.3., 6.4., 7.4.

Haas; Kaufmann in Nürnberg.
1790: 14.6.

Hackert (Hacker, Haker), Jakob Philipp (1737-1807); deutscher Landschaftsmaler; seit 1768 in Rom, Neapel und Florenz, 1786 Kammermaler Ferdinands IV. von Neapel-Sizilien; Bruder der folgenden.
1789: 7.1., 8.1., 9.1., 11.1., 12.1., 14.1., 17.1., 18.1., 19.1., 21.1., 27.1., 1.2., 3.2., 4.2., 6.2., 10.7., 14.7., 17.7., 24.7., 8.8., 10.8., 15.8., 16.8., 31.8., 4.9., 10.9., 11.9., 18.9., 24.9., 4.10., 12.10., 24.10., 1.12.
1790: 10.1., 14.1., 26.1., 5.4., 6.4., 8.4., 9.4., 10.6.

Hackert (Haker), Georg Abraham (1755-1805); deutscher Kupferstecher und Verleger; seit 1776 Begleiter seines Bruders J. Ph. Hackert in Italien; Bruder der beistehenden.
1789: 5.1., 8.1., 11.1., 6.2., 15.2., 26.5., 7.6., 10.7., 17.7., 24.7., 20.8., 4.9., 15.9., 12.11.
1790: 10.1., 5.4.

Hackert (Haker), Karl Ludwig (1740-1796); deutscher Maler und Kupferstecher; Bruder der vorigen.
1789: 5.1., 11.1.

Hadrava (Atrava, Attrava, Adrava), Norbert (* um 1750); 1783-1799 kaiserlicher Legationssekretär in Neapel, Komponist, Archäologe.
1789: 21.1., 7.6., 26.6., 3.7., 15.7., 27.7., 28.8., 17.9., 18.9., 4.10., 20.10.
1790: 17.2., 22.2., 28.2., 23.3., 31.3.

Hadrian, eigentlich Publius Aelius Hadrianus (76-138); 117 römischer Kaiser; ∞ um 100 Vibia Sabina († 136/137).
1788: 21.10., 2.12.
1789: 7.5.

Haegelin, Haigelin s. Heigelin

Halder (Halter), Johannes von (1736-1799); Mitinhaber des Bankhauses Johannes und Georg Walter von Halder in Augsburg.
1790: 9.6., 10.6.

Halder jun., Georg Walter von (*1772); älterer Sohn des Georg Walter von Halder sen.; ∞ vor 1800 N.N., 1 Sohn, 1 Tochter.
1790: 9.6., 10.6.

Halder sen., Georg Walter von (1735-1810); Mitinhaber des Bankhauses Johannes und Georg Walter von Halder in Augsburg; ∞ 1769 Magdalena Barbara von Köpf (*1740), 2 Söhne, 1 Tochter.
1790: 10.6.

Haller von Hallerstein, Johann Siegmund Reichsfreiherr (1723-1805), auf Gründlach, Henfenfeld, Kalchreuth; 1766 Kriegsrat, 1794 Reichsschultheiß in Nürnberg; ∞ 1754 Maria Helene Ebner von Eschenbach (1734-1799), 2 Söhne.
1790: 13.6.

Halter s. Halder

Hamilton (Hamildon), Sir William (1730-1803); englischer Diplomat, Archäologe, Vulkanologe, 1764-1800 außerordentlicher Gesandter Großbritanniens in Neapel-Sizilien; ∞ I. 1758 Catherine Barlow (1737-1782), II. 1791 Emma Hart (1765-1815).
1789: 26.1., 27.1., 29.1., 13.2., 14.2., 23.5., 29.5., 2.6., 7.6., 12.6., 20.6., 23.6., 25.6., 27.6., 29.6., 2.7., 3.7., 5.7., 7.7., 8.7., 12.7., 15.7., 18.7., 23.7., 26.7., 29.7., 8.8., 11.8., 14.8., 15.8., 20.8., 26.8., 28.8., 30.8., 1.9., 4.9., 6.9., 11.9., 24.9., 28.9., 29.9., 5.10., 8.10., 16.10., 13.11., 1.12., 7.12., 8.12., 9.12., 11.12.
1790: 8.1., 13.1., 7.2., 15.2., 20.2., 4.3., 17.3., 18.3., 19.3., 4.4., 6.4., 7.4., 9.4.

Hamilton, Gavin (1723-1798); schottischer Historienmaler, Archäologe, Kunsthändler und Publizist; seit 1742 in Rom, arbeitete u.a. für Papst Pius VI. und Marcantonio Borghese.
1789: 5.3.

Hannibal (Hanibal) (147/146-183 v. Chr.); karthagischer Feldherr und Staatsmann; belagerte 211 v. Chr. die Stadt Rom.
1789: 28.10.

Hard, Nevil; britischer Kapitän.
1789: 3.7.

Harris; britischer Legationssekretär; ∞ 1789 Douglas.
1789: 31.1.

Hart (Hard, Hardt), Emma (1765-1815), geb. Lyon; Geliebte von Sir Henry Fetherstonhaugh (1754-1846, 1 Tochter), von Charles Francis Greville (1749-1809), dem Neffen W. Hamiltons, seit 1798 von Lord Horatio Nelson (1758-1805, 1 Tochter); ∞ 1791 Sir William Hamilton (1730-1803), britischer Gesandter in Neapel.
1789: 10.1., 29.1., 14.2., 29.5., 2.6., 7.6., 12.6., 20.6., 23.6., 27.6., 18.7., 8.8., 14.8., 26.8., 28.8., 1.9., 28.9., 1.12.
1790: 13.1., 20.2., 18.3., 6.4., 7.4.

Hasdrubal (Astrubal) († 207 v. Chr.); karthagischer Feldherr; Bruder des Hannibal, Oberbefehlshaber in Spanien, zog 208 seinem Bruder in Italien zu Hilfe, fiel in der Schlacht am Metaurus in Umbrien.
Anhang: Anhang 3

Hastings, Warren (1732-1818); 1750 Schreiber der Ostindischen Kompanie, 1760 Rat der Kompanie in Kalkutta, 1769 Gouverneur von Bengalen, 1772-1785 Erster Generalgouverneur von Indien, seit 1788 Gutsherr auf Daylesford; ∞ I. 1756 Anne Elliott (1735 – vor 1769), 1 Sohn, 1 Tochter, II. 1777 Maria Anna Apollonia Chapuset de St. Valentin (1747-1837), geschiedene von Imhoff.
1790: 14.3.

Haus (Hauss) von Hausen, Ludwig Balthasar († 1837); Erzieher des Kronprinzen von Neapel, seit 1802 Reichsfreiherr.
1789: 4.6., 18.9.
1790: 14.1.

Haus (Hauss) von Hausen, Kaspar († 1830); Marquis.
1789: 18.9.

Hecker (Häcker), Christian Friedrich († 1795); Tiroler Gemmenschneider.
1788: 3.12.
1789: 14.5.

Heigelin (Haegelin, Haigelin, Heiglin, Heygelin), Christian (1744-1820); aus Stuttgart stammender Kaufmann und

Bankier in Neapel; dänischer Generalkonsul, 1790-1793 Geschäftsträger der dänischen Gesandtschaft in Neapel-Sizilien.
1789: 21.5., 22.5., 23.5., 24.5., 27.5., 29.5., 31.5., 1.6., 3.6., 7.6., 12.6., 14.6., 17.6., 18.6., 21.6., 26.6., 27.6., 28.6., 29.6., 1.7., 2.7., 3.7., 4.7., 6.7., 10.7., 12.7., 14.7., 15.7., 18.7., 19.7., 23.7., 24.7., 25.7., 26.7., 29.7., 30.7., 31.7., 3.8., 5.8., 7.8., 9.8., 12.8., 16.8., 17.8., 20.8., 21.8., 22.8., 23.8., 26.8., 27.8., 29.8., 30.8., 31.8., 2.9., 4.9., 6.9., 8.9., 11.9., 12.9., 13.9., 14.9., 16.9., 17.9., 19.9., 20.9., 21.9., 22.9., 23.9., 24.9., 30.9., 1.10., 2.10., 4.10., 6.10., 7.10., 10.10., 13.10., 14.10., 15.10., 18.10., 19.10., 21.10., 22.10., 24.10., 11.11., 13.11., 18.11., 22.11., 25.11., 1.12., 2.12., 3.12., 5.12., 6.12., 7.12., 9.12., 10.12., 11.12., 13.12., 15.12., 16.12., 17.12., 18.12., 19.12., 20.12., 23.12., 25.12., 27.12., 30.12., 31.12.
1790: 1.1., 2.1., 3.1., 4.1., 6.1., 7.1., 9.1., 10.1., 11.1., 13.1., 14.1., 16.1., 17.1., 18.1., 19.1., 21.1., 22.1., 25.1., 26.1., 27.1., 28.1., 31.1., 2.2., 3.2., 4.2., 7.2., 8.2., 14.2., 16.2., 17.2., 18.2., 19.2., 20.2., 21.2., 24.2., 25.2., 26.2., 28.2., 3.3., 4.3., 5.3., 7.3., 8.3., 9.3., 10.3., 11.3., 13.3., 14.3., 17.3., 19.3., 20.3., 21.3., 22.3., 23.3., 25.3., 26.3., 27.3., 28.3., 29.3., 30.3., 31.3., 1.4., 2.4., 3.4., 4.4., 5.4., 6.4., 7.4., 8.4., 9.4., 10.4., 11.4.

Heigelin; drei nicht identifizierte Neffen von Christian Heigelin.
1789: 16.8., 18.10., 13.11., 18.12.
1790: 10.3.

Heinzelmann, Georg Daniel von (1734-1816); deutscher Großkaufmann in Venedig; ∞ 1773 Maria Jacobina Pfanz.
1790: 20.5.

Hendrich, Sophia Christiane Johanna von († 1802), geb. von Poseck; ∞ 1776 Franz Ludwig Albrecht von Hendrich (1754-1828), 1781 weimarischer Kammerrat, 1784 Kammerherr, 1802 Major und Stadtkommandant in Jena, 1810-1813 Oberst; geschieden, mehrere Kinder.
1788: 15.8.
1790: 17.6.

Hephaistion (Hephestion) (356-324 v. Chr.), genannt Philalexandros; mazedonischer Aristokrat, Chiliarch, engster Freund Alexanders des Großen.
1790: 9.5.

Heraklius (Herac(e)lius) (575-641); 610 byzantinischer Kaiser, erreichte 628 Frieden mit Persern und Awaren, verlor Syrien, Mesopotamien und Ägypten an die Moslems.
1789: 29.10., 5.11.

Herder, Johann Gottfried (1744-1803); Theologe, Philosoph, Schriftsteller, Kunst- und Literaturhistoriker; seit 1776 Generalsuperintendent und Oberkonsistorialrat in Weimar, 1788/89 in Italien; ∞ 1773 Maria Karolina Flachsland (1750-1809); 7 Söhne, 1 Tochter.
1788: 4.10., 5.10., 6.10., 7.10., 8.10., 11.10., 12.10., 21.10., 24.10., 27.10., 29.10., 31.10., 1.11., 3.11., 4.11., 8.11., 9.11., 10.11., 11.11., 12.11., 15.11., 17.11., 18.11., 20.11., 21.11., 22.11., 24.11., 25.11., 26.11., 29.11., 1.12., 2.12., 3.12., 4.12., 5.12., 8.12., 10.12., 11.12., 12.12., 13.12., 14.12., 15.12., 16.12., 18.12., 20.12., 21.12., 22.12., 23.12., 25.12., 26.12., 27.12., 28.12.
1789: 1.1., 11.1., 18.1., 21.1., 31.1., 6.2., 7.2., 8.2., 12.2., 14.2., 18.3., 2.4., 4.4., 24.(25.)4., 28.(29.)4., 29.4., 3.5., 4.5., 5.5., 24.11.
1790: 5.6.

Herder, Maria Karolina (1750-1809), geb. Flachsland; ∞ 1773 Johann Gottfried Herder (1744-1803), 7 Söhne, 1 Tochter.
1789: 4.4., 29.9.

Hermann (Herman), lat. Arminius (18 v. Chr. – 19/21 n. Chr.); Heerkönig der Cherusker; 1-6 n. Chr. als Kommandant germanischer Hilfstruppen in römischen Diensten, gewann 9 n. Chr.

durch den Sieg der vereinten Germanen im Teutoburger Wald gegen die Römer unter Varus die linksrheinischen Gebiete zurück; ∞ Thusnelda.
1789: 4.5.

Hervey, William (1732-1815); jüngerer Bruder von Frederick Augustus Hervey Earl of Bristol, Offizier: 1755 Leutnant, 1766 Oberstleutnant, 1777 Oberst, 1798 General, kämpfte 1755-1763 in Nordamerika; 1766, 1772/73 und 1788-1790 in Italien lebend.
1789: 15.3., 8.4.

Herzan s. Hrczan

Hessen-Philippsthal, Ludwig Landgraf von (1766-1816); Offizier in holländischen, russischen, sizilianischen Diensten, 1806 Verteidiger von Gaëta, zuletzt Feldmarschall; ∞ 1790 Maria Franziska Berghe von Trips (1771-1805), 1 Tochter.
1788: 30.9.

Hewetson, Christopher (1739-1798); irischer Bildhauer; seit 1765 in Rom tätig.
1788: 6.11.

Heygelin s. Heigelin

Hirt (Hird), Aloys Ludwig (1759-1837); Archäologe und Kunsthistoriker; lebte 1782-1796 in Rom (wohnte 1787/88 in der Via Babuino Ecke Vicolo Alibert, mit Dies zusammen, 1790-1794 in der Via Vittoria 55-56), ab 1796 in Berlin, 1810 Professor an der Kunstakademie, 1797 Initiator öffentlicher Museen in Berlin.
1788: 12.10., 26.10., 11.11., 17.11., 18.11., 1.12., 2.12., 3.12., 8.12., 14.12., 17.12., 26.12., 30.12.
1789: 24.2., 2.3., 5.3., 13.3., 15.3., 24.3., 27.(28.)4., 28.(29.)4., 8.5., 9.5., 10.5., 13.5., 18.5., 24.9., 25.9., 27.9., 30.9., 1.10., 2.10., 4.10., 5.10., 10.10., 13.10., 17.10., 20.10., 23.10., 12.11., 16.11., 20.11., 2.12., 3.12.
1790: 16.4., 18.4.

Hoffmann, Christoph Ludwig (1721-1807); Begründer des humoral-pathologischen Systems der Medizin; 1740-1746 Medizinstudium in Jena, 1746 Arzt der Grafen von Lippe-Detmold, 1749 Landphysikus der Herrschaft Rheda (Grafschaft Bentheim), 1754 gräflich-bentheimischer Leibarzt, 1764 kurkölnischer und fürstbischöflich-münsterischer Hofrat und Leibmedicus, 1771 kasselischer Badearzt in Hofgeismar, 1787-1802 oberster Medizinalbeamter des Kurfürstentums Mainz, seit 1802 Privatier in Eltville.
1790: 14.6.

Holland, John (* um 1762); britischer Reisender; ∞ um 1793 Catherine Eden (* um 1767).
1789: 19.11. [?]

Holzer, Johann Evangelist (1709-1740); Augsburger Maler; 1737 fürstbischöflich-eichstättischer Hofmaler.
1790: 10.6.

Holzschuer von Harrlacher, Johann Karl Siegmund (1749-1824); 1774 Assessor beim Land- und Bauern-Gericht Nürnberg, 1776 am Untergericht, 1779 am Stadt- und Ehe-Gericht, 1792 jüngerer Bürgermeister, 1793 Senator und älterer Bürgermeister von Nürnberg, Klosterpfleger; Literat; ∞ 1775 Sophia Maria Kreß von Kressenstein (1756-1822), 2 Söhne, 1 Tochter.
1790: 13.6., 14.6.

Holzschuer von Harrlacher, Sophia Maria (1756-1822), geb. Kreß von Kressenstein; ∞ 1775 Johann Karl Siegmund Holzschuer von Harrlacher (1749-1824), 2 Söhne, 1 Tochter.
1790: 14.6.

Home (Hume), Alexander Earl of (1769-1841); Kavalierstour 1789/90 durch Italien in Begleitung des Professors für Geschichte in St. Andrews, Hugh Cleghorn; ∞ 1798 Elizabeth Scott.
1790: 14.3.

Homer (zwischen 750 und 650 v. Chr.); legendärer griechischer Dichter.
1789: 3.1.
1790: 4.5.
Anhang: Anhang 2

Hooch, Pieter de (Peter van Hock) (1629-1684); niederländischer Genremaler.
1790: 10.6.

Horaz, eigentlich Quintus Horatius Flaccus (65-8 v. Chr.); römischer Dichter.
1789: 4.5., 7.5., 27.9.

Hrczan (Herzan) von Harras, Franz de Paula Graf (1735-1804); 1779 Kardinal, 1780-1800 kaiserlicher Gesandter beim Vatikan.
1788: 23.10., 1.11.
1789: 21.(22.)4., 23.(24.)4.

Hume s. Home

Hungar s. Ungaro

Huschke, Wilhelm Ernst Christian (1760-1828); Leibarzt Herzogin Anna Amalias während der Reise; ab 1792 weimarischer Leibmedicus.
1788: 15.8., 17.9., 18.9.
1789: 12.6., 3.8., 24.9., 30.9., 30.11., 2.12.
1790: 26.3., 3.4., 23.4., 2.5., 4.6., 12.6.

Icansenis, Madame, geb. Paternò.
1789: 21.11.

Imhoff, Barbara Sabina Maria von (1776-1833); Tochter von Johann Siegmund Georg und Maria Helena von Imhoff; ∞ 1804 Friedrich Christoph Rech (*1771), Oberleutnant im Fränkischen Kreis-Infanterie-Regiment Schertel.
1790: 16.6.

Imhoff, Christoph Adam Karl von (1734-1788); württembergischer Kapitänleutnant, Offizier der britischen Ostindienkompanie; Amateurmaler; ∞ I. Maria Anna Apollonia Chapuset de St. Valentin (1748-1837), 1769-1773 getrennt lebend, 1774 geschieden, 2 Söhne; II. 1775 Luise Franziska von Schardt (1750-1803), 4 Kinder.
1788: 25.8.

Imhoff, Johann Siegmund Georg von (1745-1831); 1769 Assessor am Nürnberger Land- und Bauern-Gericht, 1772 am Untergericht, 1774 Assessor am Stadt- und Ehe-Gericht, 1790 Burgamtmann; ∞ 1773 Maria Helena Pömer von Dipoltsdorf (1751-1814), 3 Söhne, 1 Tochter.
1790: 16.6.

Imhoff, Maria Helena von (1751-1814), geb. Pömer von Dipoltsdorf; ∞ 1773 Johann Siegmund Georg von Imhoff (1745-1831), 3 Söhne, 1 Tochter.
1790: 16.6.

Imhoff-Hohenstein, Ernst Anton Christoph Carl von (1764-1846); coburgischer Kammerjunker, 1790 Forstmeister; ∞ vor 1795 Susanna Maria Margaretha Köhler, 3 Söhne.
1790: 16.6. [?]

Innozenz (Inozens) X., eigentlich Giovanni Battista Pamphilj (1574-1655); Nuntius in Neapel, päpstlicher Mandatsträger in Frankreich, Patriarch von Antiochia, 1627 Kardinal, 1644 Papst.
1789: 2.3.

Isenburg-Offenbach-Birstein, Friedrich Wilhelm Fürst von (1730-1804); pfälzischer Oberhofmeister, General, 1792 Hofkriegsratspräsident in München; ∞ 1776 Caroline Franziska von Parkstein (1762-1816, illegitime Tochter des Kurfürsten Carl Theodor von der Pfalz und Bayern), 5 Söhne, 1 Tochter.
1788: 26.8.

Italinsky, Andrej Jakowlewitsch (1743-1827); Medizinstudium, 1774 Dr. med., seit 1781 im russischen diplomatischen Dienst, Kollegienrat, Staatsrat, Geheimer Rat, Kammerherr; 1785-1795 und 1796/97 russischer Geschäftsträger der Botschaft in Neapel, 1803-1806 Gesandter bei der Hohen Pforte in Konstantinopel.
1790: 3.4.

Jacquier, François (1711-1788); französischer Mathematiker und Physiker; 1727 Aufnahme in den Minoritenorden, Studium der Mathematik und alten Sprachen in Rom, 1745 Professor für Physik in Turin, später in Rom, 1763 Naturkundelehrer des Prinzen Ferdinand von Parma (1751-1802).
1788: 4.12.

Janson (Jansen) de la Stock; polnischer Geistlicher.
1790: 5.1., 7.4., 18.4.
Jenaro s. Luzio
Jenkins, Thomas (1722-1798); englischer Historienmaler und Konsul, seit 1763 in Rom auch als Bankier sowie Antiken- und Kunsthändler tätig, Beschlagnahme seines Vermögens während der französischen Besetzung; Rückkehr nach England.
1788: 2.12., 15.12.
1789: 25.(26.)4.
Jomelli, Niccolo (1714-1774); italienischer Komponist (Opern, Kantaten, Ballette); Besuch verschiedener neapolitanischer Konservatorien, 1736/37 Operndebüt, 1741-1748 Direktor eines venezianischen Konservatoriums, 1749 Kapellmeister der Peterskirche in Rom, 1753-1769 Hofkapellmeister in Stuttgart.
1789: 9.2., 16.(17.)4.
1790: 22.3., 29.3.
Jonquières (Jonchiere), Baron von; Offizier im 1. hannoverischen Kavallerie-Leibregiment: 1771 Fähnrich, 1784 Premier-Leutnant, 1790 Rittmeister, 1798 Major; bis 1792 Begleiter des Prinzen Augustus Frederick von Großbritannien und Braunschweig-Hannover.
1790: 12.5.
Jordano s. Giordano
Julius II., eigentlich Giuliano de la Rovere (1443-1513); 1503 Papst, betrieb die Wiederherstellung des Kirchenstaates und die Befreiung Italiens von Frankreich; Mäzen von Michelangelo, Raffael, Bramante.
1789: 10.5.
Julius; Freund des Martial.
1788: 3.12.
Kalb, Charlotte Sophie Juliane von (1761-1843), geb. Marschalk von Ostheim; lebte 1786-1799 in Weimar; ∞ Heinrich Julius Alexander von Kalb auf Kalbsrieth (1752-1806), 3 Kinder.
1788: 18.10., 22.11.
1789: 16.5.
Kauffmann, Angelica (Angelika) (1741-1807); schweizerische Malerin und Radiererin; 1752-1766 und seit 1781 in Italien, 1766-1781 in London lebend; ∞ I. 1767/68 (vermeintlicher) Graf Horn; II. 1781 Antonio Zucchi (1726-1795), kinderlos.
1788: 10.10., 12.10., 16.10., 17.10., 25.10., 26.10., 29.10., 31.10., 10.11., 16.11., 17.11., 2.12., 21.12., 26.12.
1789: 23.2., 5.3., 17.3., 21.3., 23.3., 24.3., 28.3., 31.3., 1.4., 2.4., 5.4., 6.4., 11.4., 14.4., 19.(20.)4., 21.(22.)4., 28.(29.)4., 29.4., 3.5., 7.5., 8.5., 11.5., 14.5., 12.10.
1790: 15.4., 17.4., 18.4.
Kayser (Keyser), Philipp Christoph (1755-1823); schweizerischer Musiker, Komponist und Musiklehrer.
1788: 15.8., 31.8.
Khevenhüller (Kaefenhüller)-Metsch, Johann Emanuel Joseph Graf von (1751-1847); bis 1771 Domherr zu Olmütz, Passau und Regensburg, kaiserlicher Wirklicher Geheimer Rat, 1798 kaiserlicher Gesandter in Sardinien, 1802-1806 außerordentlicher Gesandter beim Papst; ∞ 1773 Maria Giuseppina dei Conti Mezzabarba (1757-1811), 1 Tochter.
1788: 9.9. [?]
Khevenhüller (Kaefenhüller)-Metsch, Johann Siegmund Friedrich Fürst von (1732-1801); kaiserlicher Kämmerer und Wirklicher Geheimer Rat, 1763-1771 kaiserlicher Gesandter in Sardinien, 1775-1782 Generalkommissar in Italien, lebte seit 1782 in Mailand und anderen Städten Italiens; ∞ I. 1754 Maria Anna Susanna Prinzessin von Liechtenstein (1737-1787), 5 Söhne, 5 Töchter; II. 1800 Marie Josephine Henriette Barbara Gräfin von Strassoldo (1768-1837).
1788: 9.9.
Kircher, Athanasius (1601-1680); Mathematiker, Physiker, Orientalist, Ozeanograph, Musiktheoretiker; 1618 Eintritt in die Gesellschaft Jesu, 1628 Priester, 1629 Professor in Würzburg,

1633 Hofmathematiker in Wien, 1633 Professor für Mathematik und orientalische Sprachen am Collegium Romanum.
1789: 27.3.

Knebel, Karl Ludwig von (1744-1834); weimarischer Prinzenerzieher, Dichter und Übersetzer; ∞ 1798 Luise Ulrika Dorothea Emilia Rudorf (1777-1852), 2 Söhne (der ältere stammte aus einer Liaison der Mutter mit Herzog Carl August von Sachsen-Weimar-Eisenach).
1788: 15.8., 25.8., 10.10.
1789: 7.3., 16.5., 21.7., 22.9.
1790: 7.5., 9.6., 12.6., 14.6.

Knebel, Magdalene Henriette von (1755-1813); seit 1791 Erzieherin und später Hofdame der Prinzessin Karoline von Sachsen-Weimar-Eisenach (1786-1816).
1790: 14.6.

Knebel, Wilhelm Karl Maximilian von (1753-1790); brandenburg-ansbachischer Rittmeister.
1789: 7.12., 8.12.
1790: 17.1., 26.1., 9.6.

Kniep (Knieb), Christoph Heinrich (1755-1825); deutscher Maler und Zeichner; 1781-1785 in Rom, 1785 in Neapel u.a. Professor an der Kunstakademie, Goethes Begleiter 1787 nach Sizilien.
1789: 9.1., 10.1., 11.1., 14.1., 6.2., 11.6., 18.6., 28.8., 4.9., 11.9., 17.9., 21.9., 24.9., 3.12., 5.12., 8.12.
1790: 17.1., 13.3., 10.4., 11.4.

Kobell (Kobel), Franz (1749-1822); deutscher Landschaftsmaler und Radierer; 1779-1784 Aufenthalt in Italien, seit 1785 Münchner Hofmaler.
1788: 25.8., 4.9.

Konradin (Conradin) von Hohenstaufen (1252-1268), Herzog von Schwaben, König von Sizilien und Jerusalem; letzter Staufer, zog 1267 in die staufischen Reichsgebiete Unteritaliens, um von Karl von Anjou (1226-1285) sein Erbe zurückzuerobern, wurde nach der Niederlage bei Tagliacozzo zum Tode verurteilt und enthauptet.
1789: 19.1.

Konstantin I. der Große, eigentlich Flavius Valerius Constantinus Aurelius Claudius (280-337); 306 römischer Kaiser, Alleinherrscher durch seine Siege über Maxentius 312 an der Pons Mulvius und Licinius 324 bei Adrianopel; 313 Erlaß des Edikts von Mailand zur Gleichstellung des Christentums mit anderen römischen Religionen; ∞ I. 290 Minervina (im Konkubinat); II. 307 Flavia Maximiana Fausta (289-326), 3 Söhne, mehrere Töchter.
1788: 11.10., 17.10., 3.11.
1789: 3.3., 8.3.

Krogh (Krock), Töchter der Frau von Krogk.
1789: 1.2.

Krogh (Krock, Kroock), Frau von.
1789: 11.1., 1.2., 8.3.

La Brillanne (Brillan), de; 1778-1789 Gesandter Maltas im Vatikan
1789: 17.(18.)4.

La Condamine (Contamine), Charles Marie de (1701-1774); Entdecker und Naturwissenschaftler, Erforscher der Küsten Afrikas und Kleinasiens, 1735-1743 Leiter einer Expedition in äquatoriale Gebiete Südamerikas; Mitglied der Akademie der Wissenschaften, er popularisierte u.a. die Pockenschutzimpfung in Frankreich.
1788: 8.9.

La Tour du Pin-Gouvernet, Jean-Frédéric Comte de (1727-1794); 1749 Oberst der französischen Grenadiere, 1762 Feldmarschall, 1781 Generalleutnant und Oberkommandierender der Provinzen Saintonge, Aunis und Pitou; 1789 Abgeordneter der Generalstände, seit 4.8.1789 französischer Kriegsminister; ∞ 1755 Cécile Marguerite Séraphine Charlotte Guinot de Montconseil (1733-1821); 1 Sohn, 1 Tochter.
1789: 14.9.

La Tour du Pin-Gouvernet, Philippe-Antoine-Gabriel-Victor-Charles de (1722-1794), Marquis de Charce, Comte de Montmorin, Gouverneur von Maine,

Perche und der Grafschaft Laval; Cousin des Kriegsministers.
1789: 14.9.
La Vega, Francesco († 1804); Militärbaumeister; 1764-1804 Leiter der Ausgrabungen in Pompeji.
1790: 25.2.
La Vergè; Sängerin aus Neapel.
1788: 4.12.
Lairesse (Lairess), Gérard de (1640-1711); niederländischer Maler.
1789: 9.3.
Lambertini (Lamberdini), Cesare († 1821); Principe Romano, 8. Marchese di Poggio Renatico, jüngerer Bruder von Giovanni Lambertini; ∞ Vincenza Livizzata.
1789: 12.5.
Lambertini (Lamberdini), Giovanni (1739-1806); Principe Romano, 7. Marchese di Poggio Renatico, älterer Bruder von Cesare Lambertini; ∞ I. Lucrezia Savorgnan, 1 Sohn; II. Lucrezia Zambeccari († nach 1773), III. Marianna Nobili.
1789: 12.5.
Lambertini (Lamberdini); Principessa.
1788: 15.12., 29.12.
1789: 31.3., 7.4., 12.5.
1790: 16.4.
Lancellotti, Barbarica; Principessa di Marzano e Lauro, geb. Donà; ∞ 1755 Scipione Lancelotti, Principe di Marzano e di Lauro (1731-1815), 2 Söhne, 3 Töchter.
1789: 14.12. [?]
Las Casas, Simón de; Ritter des Ordens Karls III., 1772 spanischer Legationssekretär in Wien, 1782-1784 spanischer Gesandter in Preußen, 1785/86 in Neapel, 1786-1795 in Venedig, 1795-1798 in Großbritannien.
1790: 20.5., 21.5.
Latier de Bayane (Bayene), Alphonse-Hubert Duc de (1739-1818); 1802 Kardinal, 1807/08 Legat des Vatikans in Frankreich.
1789: 10.3., 7.4.
Latier de Bayane(Bayene), Chevalier de.
1789: 9.3., 22.3.
Lazzarini, Gustavo (* um 1765); Sänger (Tenor) und Komponist; 1789 Debüt in Lucca, Auftritte auf allen bedeutenden Bühnen Italiens, 1801-1803 in der Opera Buffa zu Paris.
1789: 25.6., 27.8.
Leikam s. Leykam
Leonessa, Giuseppe Maria della († 1797), Principe di Sepino/Supino; ∞ 1726 Miria Giovanna di Somma (1705-1747), 1 Tochter.
1789: 11.7.
Lepri, Principessa.
1788: 9.12.
Lerchenfeld, Graf von und zu.
1788: 8.9., 9.9., 12.9., 13.9.
Lestevenon (Lestivenon, Lisdevenon, Listevenon, Listivenon), Matthaeus (1719-1797); Herr auf Hazerswoude und Berkenrode, 1749-1791 niederländischer Gesandter in Frankreich, seinen Rückweg nahm er durch ganz Europa, u.a. über Italien; ∞ I. 1741 Lady Catherine Windsor (1716-1742), kinderlos; II. 1743 Maria Wilhelmina Barones van der Duyn tot 's Gravemoer (1715 – vor 1790), 2 Söhne.
1788: 28.10., 26.11.
1789: 15.3., 23.3., 2.5., 29.5.
Leykam (Leikam), Franz Georg Freiherr von (1724-1793); Jurist; kaiserlicher Hofrat, Geheimer Reichsreferendar, Assessor am Reichskammergericht Wetzlar, 1788-1793 kaiserlicher Konkommissär beim Reichstag zu Regensburg; ∞ Maria Theresia von Warnesius, 3 Töchter, 5 Söhne.
1788: 21.8., 22.8.
Leykam (Leikam), Werner von (*1766); badischer Kämmerer, Geheimer Rat und Hofmarschall des Fürsten von Thurn und Taxis.
1788: 21.8. [?]
Lieber, Johann Christian (1757-1836); Hoflakai und Friseur, zuletzt Kammerdiener im Dienste Anna Amalias; ∞ 1787 Charlotte Auguste Luise Thiel (1766-1836), 3 Kinder.
1788: 16.8.

Linsingen (Linsing), Friedrich Wilhelm von (1769-1812); hannoverischer Rittmeister, zuletzt Oberstleutnant, Begleiter des Prinzen Augustus Frederick von Großbritannien und Braunschweig-Hannover; ∞ 1806 Wilhelmine Melusine Henriette Karoline von dem Busche, 1 Tochter.
1790: 12.5.

Lips, Johann Heinrich (1758-1817); schweizerischer Kupferstecher und Maler; 1780 in Mannheim, 1782 in Düsseldorf, 1782-1785 und 1786-1789 in Rom; 1789-1794 Professor an der Weimarer Zeichenschule.
1788: 3.12., 11.12.
1789: 14.5.

Lisdevenon, Listevenon, Listivenon s. Lestevenon

Litta, Lorenzo (1756-1820); Geistlicher; 1780 Dr. jur., 1793 Titularerzbischof von Theben, 1794-1798 päpstlicher Nuntius in Polen bzw. Rußland, 1801 Kardinal, 1818 Kardinalvikar von Rom; Schriftsteller und Übersetzer.
1788: 13.11., 16.11.
1789: 25.2.

Litta, Massimiliana Contessa (1763-1801), geb. von Heimhausen; ∞ 1784 Alfonso Litta (1750-1817), Bruder der Paola Castiglioni, 1 Sohn.
1788: 9.9.

Livius Titus (Titus Livius) (59 v. Chr. – 17 n. Chr.); römischer Historiker.
1789: 24.9.

Liwicki (Livizki); polnischer Reisender.
1790: 2.3.

Lodron (Lotron)-Laterano, Josef Nikolaus Graf (1711-1791); 1783 Oberhofmeister der Erzherzogin Maria Elisabeth von Österreich (1743-1808); ∞ 1741 Maria Josepha Walpurga Gräfin Fugger von Kirchberg und Gloett (1722-1795), 2 Söhne, 2 Töchter.
1790: 5.6., 6.6.

Lodron-Laterano, Maria Josepha Walpurga Gräfin (1722-1795), geb. Gräfin Fugger von Kirchberg und Gloett; ∞ 1741 Josef Nikolaus Graf Lodron (1711-1791).
1790: 5.6.

Lolli, Antonio (1725-1802); Violinvirtuose, auch Komponist; zeitweise in kaiserlich-russischen Diensten.
1789: 16.(17.)4., 19.(20.)4., 3.7., 5.7.

Lorrain (Lorins, Lorin), Claude, eigentlich Claude Gellée (1600-1682); französischer Landschaftsmaler und Radierer, seit 1613 in Rom tätig.
1788: 11.12.
1789: 2.3., 5.3., 9.3., 24.3.

Luc s. Luck

Luciano, Principessa; Favoritin König Ferdinands IV.
1789: 6.10.

Luck (Luc), Johann Georg Lebrecht von (1751-1814); 1763 weimarischer Page, 1778 Leutnant, 1783 Kammerjunker, 1791 Kammerherr, 1794 Hofmarschall, 1801 Major, 1802 pensioniert, seit 1803 in Mannheim; ∞ I. Sophie von Ilten, II. 1796 Auguste Eleonore von Kalb (1761-1821).
1788: 10.10., 19.10.
1789: 16.5., 12.10.

Ludecus (Ludekus), Johann August (1742-1801); weimarischer Steuer- und Akzisrat, Geheimsekretär der Herzogin Anna Amalia; ∞ I. Friederike Kirms († 1789), II. 1793 Johanna Karoline Amalie Kotzebue (1757-1827), Hofdame der Herzogin Luise von Sachsen-Weimar-Eisenach, Schriftstellerin.
1788: 22.8., 7.10., 10.10., 19.10., 28.10., 5.11., 29.11., 10.12., 13.12., 20.12.
1789: 6.1., 27.1., 21.2., 7.3., 14.3., 11.4., 18.(19.)4., 2.5., 9.5., 16.5., 21.7., 28.7., 1.9., 7.9., 15.9., 29.9., 12.10., 20.10., 17.11., 22.12.
1790: 9.2., 30.3.

Lüder (Lüders), August Ferdinand (1760-1819); Historiker, Philosoph, Nationalökonom; 1786 Professor für Geschichte und Statistik am Collegium Carolinum in Braunschweig, 1797 braunschweig-wolfenbüttelischer Hof-

rat, 1810 Professor in Göttingen, 1817 Honorarprofessor in Jena.
1790: 19.1., 20.3., 22.3., 24.3.

Lunardi, Vincenzo (1759-1796); Ballonfahrer; erlebte als Sekretär der neapolitanischen Botschaft in London den Aufstieg des unbemannten Ballons von Graf Francesco Zambeccari (1752-1812) mit; eigene Versuche: 1784 erste bemannte Ballonfahrt Lunardis in London, 1789 in Neapel, 1792 in Spanien, 1794 in Portugal.
1789: 13.9., 23.9.

Lusieri, Giovanni Battista (um 1755 – um 1821), genannt Don Tito; italienischer Landschaftsmaler; seit 1782 in Neapel; von Ferdinand IV. beauftragt, die griechischen Ruinen in Agrigento zu zeichnen, Reisebegleiter Hamiltons.
1789: 14.8., 18.8.

Luzio, Gennaro (Jenaro, Gienaro, Genaro) (1740 – nach 1821); Sänger (Baß-Buffo); Debüt 1769, überwiegend in Neapel tätig.
1789: 4.12., 18.12.
1790: 1.1., 19.2.

Lyon, Mary († 1810), geb. Kidd; Mutter von Emma Hart, 1785 Annahme des Namens Cadogan; 1786-1800 bei ihrer Tochter in Neapel lebend, 1791 Besuch in England; ∞ Henry Lyon († 1765), Schmied.
1789: 2.6., 23.6.

Lysippus (2. Hälfte des 4. Jh. v. Chr.); griechischer Bildhauer (Apoxyomenos, Herakles Farnese).
1790: 7.5.

MacAuley (Macole), Colin (1760-1836); Sekretär mit politischen und diplomatischen Aufgaben in Indien, 1789-1791 Begleiter MacPhersons in Italien, Eintritt in die militärischen Dienste der Ostindischen Kompanie, General während der Kämpfe des Arthur Wellesley Duke of Wellington (1769-1852) in Indien, 1800-1810 Resident in Travancore; beherrschte eine Vielzahl europäischer Sprachen.
1790: 17.3., 19.3.

Macole s. MacAulay

MacPherson (Macverson, Mackverson, Macferson), Sir John (1744-1821); 1778 Mitglied des Parlamentes, 1785 Gouverneur in Indien, 1786 Baronet, 1789-1791 in Italien; ledig.
1790: 14.3., 17.3., 18.3., 19.3., 6.4.

Maecenas, eigentlich Gaius Cilnius Maecenas († 8 v. Chr.); römischer Ritter und Diplomat, Förderer junger Dichter.
1789: 5.5.

Maffei, Francesco Scipione Marchese di (1675-1755); Dramatiker, Archäologe, Sammler; 1719 Gründer des Museo Lapidario (Inschriften und Skulpturen), später Museum Maffeianum.
1788: 3.9.

Magistris, Francesco di; Benediktinermönch, Stegreifdichter.
1789: 29.10., 30.10., 31.10., 12.11., 13.11.

Malaspina (Malespina) Estense, Marchesa Camilla, geb. Ricci; ∞ Marchese Vincenzo Malaspina Estense († nach 1835); 1 Tochter.
1789: 9.2., 7.6., 11.7., 15.7., 21.12.

Malaspina (Malespina) Estense, Marchese Vincenzo († nach 1835); ∞ Camilla Ricci, 1 Tochter.
1789: 15.7., 19.7.

Malaspina Estense, Eugenia; Tochter von Camilla und Vincenzo Malaspina Estense; ∞ Andrea Buttini.
1789: 9.2., 7.6.

Malaspina Estense; einer der Brüder Vincenzos.
1789: 19.7.

Malbiesch s. Maulbertsch

Malvezzi (Malvasi), Alfonso Francesco Maria Conte (1730-1804), auf Locatelli Leoni, Bonfioli; Senator von Bologna, Hausprälat Papst Pius VII.; Mathematiker.
1789: 7.4., 12.5. [?]

Manin, Lodovico (1726-1802); 1789-1797 Doge von Venedig.
1790: 11.5., 16.5., 21.5.

Manley (Manly), George († 1794); Kunsthändler in Rom, ∞ N.N.
1789: 18.3.

Mantegna (Mantegna, Mantenga, Montegna), Andrea (1431-1506); italienischer Maler und Kupferstecher; seit 1459 in Mantua; ∞ um 1454 Nicolosa Bellini.
1790: 6.5., 23.5., 29.5., 30.5.

Manzoletto (Mansoletto), eigentlich Angelo Monanni; Sänger (Kastrat; Sopran); nannte sich zu Ehren seines Lehrers Giovanni Manzuolo (1725-1782) Manzuolini.
1789: 20.12.
1790: 22.1.

Marcello da Capua s. Bernardini

Marchand (Marchan), Theobald Hilarius (1741-1800); Prinzipal einer Theatertruppe; 1777-1793 Hoftheaterdirektor des Kurfürsten Carl Theodor von der Pfalz in Mannheim und München, machte vor allem französische Singspiele in deutscher Übersetzung bekannt; ∞ N.N., mindestens 2 Söhne, 1 Tochter.
1788: 24.8.

Marchesi (Marchese), Luigi (1755-1829), genannt Marchesini; Sänger (Kastrat; Sopran); Debüt 1772, 1776-1778 in München, später in Florenz, Neapel, Mailand, Turin, auch Wien, Warschau, St. Petersburg, Berlin, London;1806 Gesangslehrer.
1788: 6.9., 7.9., 8.9., 10.9.

Marcus Agrippa, Marcus Antonius Agrippa s. Marcus Vipsanius Agrippa

Marcus Vipsanius Agrippa (um 64/63-12 v. Chr.); römischer Feldherr und Staatsmann; Schwiegersohn des Kaisers Augustus, Sieger über Marcus Antonius (82-30 v. Chr.) in der Schlacht bei Actium.
1788: 5.10.
1789: 1.10.

Margherita (Margarita); Besitzerin einer Pension in der Via Sebastianello 11 in Rom.
1788: 4.10.

Maria von Medici s. Frankreich

Marinelli, Gaetano (1760 – um 1820); Komponist; tätig in Neapel, um 1790 in München, später auch in Spanien und Portugal.
1790: 9.3.

Maron, Anton von (1733-1808); österreichischer Maler in Rom; ∞ 1765 Therese Concordia Mengs (1725-1806).
1788: 23.10.

Maron, Therese Concordia von (1725-1806), geb. Mengs; Miniaturmalerin; ∞ 1765 Anton von Maron (1733-1808).
1788: 23.10.

Marsigli, Luigi Ferdinando Conte (1658-1730); seit 1681 österreichischer Offizier, nach türkischer Kriegsgefangenschaft Diplomat, 1703 Unterkommandant von Altbreisach, nach der Entlassung als Naturforscher tätig, Gründer des Instituts der Künste und Wissenschaften in Bologna, 1720 Aufnahme in die Royal Society in London.
1788: 17.9.

Martialis (Marciall) Marcus Valerius (um 40 – um 102); römischer Dichter.
1788: 3.12.

Martin y Soler, Anastasio Martin Ignazio Vicente Tadeo Francisco Pelegrin (1754-1806), auch genannt Ignaz Martini; spanischer Komponist; Ausbildung in Madrid und Bologna bei G. B. Martini (Padre Martini), 1779-1785 Opernkompositionen für italienische Bühnen, 1785 in Wien; 1789-1794 russischer Hofkomponist in St. Petersburg, 1794-1796 auf Vermittlung Da Pontes (1749-1838) in London, 1796 wieder in St. Petersburg.
1790: 1.5.

Martinelli, Vincenzo (1737-1807); italienischer Maler; Mitglied der Accademia Clementina di Bologna, auch als Bühnendekorateur und Gestalter von Sepolcri (Darstellungen des Grabes Christi während der Karwoche) tätig.
1790: 2.5.

Martinengo; Contessa.
1790: 26.2.

Martini s. Martin y Soler

Martini, Andrea (1761-1819); Sänger (Kastrat; Sopran).
1789: 9.3.

Masaniello (Masignello), eigentlich Tommaso Aniello (1622-1647); Führer eines Volksaufstandes gegen die spanische Herrschaft in Neapel 1647.
1789: 19.1.

Masi, Giovanni (* erste Hälfte des 18. Jh.); Opernkomponist; seit 1774 Kapellmeister an San Giacomo degli Spagnuoli in Rom.
1788: 21.10., 25.10.
1790: 3.2.

Masignello s. Masaniello

Massa, Stefano (*1704); Kapellmeister und Komponist.
1790: 8.3.

Massimo (Massime), Francesco Camillo (1730-1801), Marchese di Roccasecca; in Diensten mehrer Päpste; ∞ 1765 Barbara Savelli Palombra (1750-1826), 3 Söhne, 2 Töchter.
1789: 8.4.

Massys (Messeise), Quentin (1466-1530); niederländischer Schmied und Maler; ∞ I. 1486 Alyt Tuylt († um 1507), mehrere Kinder, II. 1508 Catharina Heyns, mehrere Kinder.
1789: 2.3.

Matius s. Matteo di Giovanni

Mattèi (Matei, Mataei), Stanislaò (1750-1825); Geistlicher, Komponist und Musiktheoretiker; Gründer des Konservatoriums in Bologna, Lehrer Rossinis, Kapellmeister in verschiedenen Kirchen.
1788: 17.9., 18.9., 19.9., 20.9.
1790: 1.5., 2.5.

Mattèi, Saverio (Severino) (1742-1795); italienischer Gelehrter; Professor für orientalische Sprachen an der Universität Neapel; Übersetzer biblischer Texte ins Italienische.
1790: 24.3.

Matteo di Giovanni (Johann Matius) (um 1430-1495); italienischer Maler in Siena.
1789: 20.11.

Maulbertsch (Malbiesch), Franz Anton (1724-1796); deutscher Maler; besonders in Österreich, Böhmen und Ungarn tätig.
1788: 28.8.

Maxentius Marcus Aurelius Valerius (275/283-312); 306 römischer Kaiser, verlor die Schlacht gegen Konstantin den Großen und ertrank im Tiber; ∞ 305 Valeria Maximilla.
1788: 3.11.

Medestasio s. Metastasio

Medici, Luigi de' (1760-1830), Principe d'Ottaviano e Duca di Sarto; Innenminister, 1804 Finanzminister, 1805 Premierminister von Neapel-Sizilien.
1789: 24.7.

Medici, Margaretha de' (1522-1586) a.d.H. Habsburg; Erbin der Villa Madama in Rom; 1559-1567 Statthalterin der Niederlande; ∞ I. 1536 Alessandro de' Medici (1510-1537), II. 1538/1543 Ottavio Farnese (1524-1586), Duca di Parma.
1788: 3.12.

Menander (Menanter) (342/341-291 v. Chr.); griechischer Komödiendichter.
1788: 15.12.

Mengs, Anton Raphael (1728-1779); deutscher Maler und Kunstschriftsteller in Rom, Hofmaler in Dresden und Madrid; ∞ 1748 Margarita Guazzi (1729-1778), 14 Kinder.
1788: 24.9., 5.10., 17.10., 23.10., 10.11., 20.12.
1789: 2.3., 4.3., 12.10.
1790: 16.4.

Mengs, Margarita (1729-1778), geb. Guazzi; ∞ Anton Raphael Mengs (1728-1779), 14 Kinder.
1788: 17.10.

Messeise s. Massys

Metastasio (Medestasio), eigentlich Pietro Antonio Trapassi (1698-1782); ita-

lienischer Dichter, 1730 Librettist in Wien.
1788: 7.9., 5.10.

Metella, eigentlich Caecilia Metella († 53 v. Chr.); Tochter des Quintus Caecilius Metellus Creticus; ∞ Publius Licinius Crassus († 53 v. Chr.).
1788: 10.12., 15.12.

Metsch (Maetsch) Heinrich von; preußischer Offizier, später neapolitanischer Hauptmann, 1790 Oberst einer 1788 aus einem 1734 errichteten Dragonerregiment gebildeten neapolitanischen Kavallerie-Einheit, die im Juli 1794 in kaiserlichem Sold in den Dienst der Lombardei gestellt und 1799 aufgelöst wurde.
1789: 8.9.
1790: 14.2., 13.3., 11.4.

Meuricoffre (Mericoff, Moericoff, Meuricoff, Moeuricoffer, Moericoffer), Frédéric-Robert (1740-1816); seit 1760 Bankier in Neapel; ∞ 1779 Henriette Hilmer, kinderlos.
1789: 24.10., 16.11.
1790: 10.1., 13.1., 27.1., 7.3., 18.3., 8.4.

Meuricoffre (Mericoff, Mourikoff, Meuricoff, Meuricoffer, Moeuricoffer, Moericoff, Moericoffer), Henriette, geb. Hilmer; ∞ 1779 Frédéric-Robert Meuricoffre (1740-1816).
1789: 24.10., 16.11.
1790: 1.1., 6.1., 13.1., 27.1., 8.2., 19.2., 7.3., 18.3., 8.4.

Meyer (Mayer), Friedrich Ludwig Wilhelm (1759-1840); Schriftsteller; 1775-1779 Studium der Philosophie in Kiel und Göttingen, 1785-1788 außerordentlicher Professor und Bibliothekar in Göttingen, 1788 Reise nach England und Italien, seit 1792 als Autor in Berlin, Paris und Holstein tätig.
1790: 15.4., 16.4., 17.4., 18.4.

Meyer (Mayer), Johann Heinrich (1760-1832); schweizerischer Maler und Kunsthistoriker; 1784-1790 und 1795-1797 überwiegend in Italien, seit 1791 Mitarbeiter und Berater Goethes, seit 1795 Professor, ab 1807 Direktor der Zeichenschule in Weimar, Hofrat; ∞ 1803 Amalia Karolina Friederike Kobe von Koppenfels (1771-1825).
1789: 5.1., 10.1., 11.1., 15.1., 18.3., 24.3.
1790: 19.4., 20.4., 1.5., 6.5., 7.5.

Michelangelo (Michel Angelo), eigentlich Michelangelo Buonarroti (1475-1564); italienischer Bildhauer, Maler und Baumeister.
1788: 3.11., 1.12., 15.12.
1789: 2.3., 5.3., 10.5., 29.11.

Mirelli; italienischer Adliger.
1789: 14.1.

Mirri (Miri), Ludovico († nach 1808); Kunsthändler, ließ u.a. 1774 16 Säle der ›Domus aurea‹ ausgraben und publizieren (›Vestigia delle Terme di Tito e loro interne pitture‹ – ›Die Gebäude der Thermen des Titus und ihre Innengemälde‹, Roma 1776), Herausgeber des Bestandskataloges des Museo Pio Clementino.
1788: 28.10.

Momorenci s. Montmorency

Mondragone (Montragone), Domenico Grillo Duca di, Marchese di Clarafuentes; ∞ 1769 Maria Rosa Sanseverino (1746-1805).
1789: 20.9., 21.9., 9.10., 23.10., 14.11., 19.11., 29.11.

Montalto, Vincenzio (1738-1794).
1790: 4.1.

Montecuculi, Conte; Amateurmusiker (Klarinette, Oboe).
1789: 27.7.

Montmorency (Momorenci); Geistlicher.
1788: 26.11., 4.12., 6.12., 11.12.
1789: 10.3., 21.(22.)4.

More (Moore), Jacob (1740-1793); schottischer Landschaftsmaler; seit 1773 in Rom.
1788: 6.11.

Morghen (Morgan), Filippo (1730 – nach 1807); italienischer Radierer und Kupferstecher; Vater von Raffaelo Morghen.
1789: 18.1.

Morghen, Raffaelo (1758-1833); Radierer und Kupferstecher; seit 1778 bei Volpato in Rom, 1790 Neapel, 1793 Florenz; ∞ Domenica Volpato.
1789: 18.1.
Morichelli-Bosello, Anna (1745-1800); Sängerin.
1789: 30.5., 16.6., 20.9.
Mormile, geb. Franconi, Duchessa di Castelpagano e di Campobaso, Marchesa di Ripalimosano; ∞ Nicola Maria Mormile.
1790: 10.2.
Moszyńska (Muschinska, Musynski), polnische Gräfin.
1790: 5.1., 26.2.
Musculus, Dorothea; seit 1788 Kammerfrau der Herzogin Anna Amalia.
1788: 15.8.
Nahl, Johann August (1752-1825); deutscher Historien- und Landschaftsmaler, Zeichner; 1774-1781, 1783-1787 und 1788-1790 in Rom, 1815 Direktor und Professor der Malklasse der Kasseler Kunstakademie; ∞ 1798 Christine Emilie West (1766-1835), 4 Söhne, 1 Tochter.
1788: 23.10.
Nardini; Bruder des folgenden.
1789: 14.5.
Nardini; Geistlicher, Bruder des vorigen.
1788: 29.11.
1789: 14.5.
Neapel-Sizilien:
– Carlo Gennaro de Borbón (1788-1789), Prinz von Neapel-Sizilien.
1789: 1.2.
– Carlo Gennaro Francesco Giuseppe de Borbón (1780-1789), Prinz von Neapel-Sizilien.
1789: 6.1.
– Ferdinand IV. de Borbón (1751-1825); König von Neapel (1759-1798 und 1800-1806) sowie Sizilien (1759-1816), als Ferdinand I. König beider Sizilien (1816-1825), verlor 1798 Neapel an Napoleon, der seinen Bruder Joseph Bonaparte dort krönen ließ; ∞ I. 1768 Maria Karolina von Habsburg (1752-1814), 17 Kinder, II. (morganatisch) 1814 Lucia Migliaccio e Borgia (*1770).
1789: 28.1., 30.5., 11.6., 25.6., 29.6., 1.7., 3.7., 12.7., 22.7., 26.7., 1.8., 18.8., 5.9., 8.9., 13.9., 5.10., 6.10., 12.10., 18.10., 23.11., 28.11.
1790: 12.1., 22.1., 11.2., 14.2., 25.2., 4.3.
– Francesco (I.) de Borbón (1777-1830), Prinz von Neapel-Sizilien, 1825 König beider Sizilien; ∞ I. 1797 Clementine von Habsburg (1777-1801), 1 Tochter; II. 1802 Maria Isabel von Spanien (1789-1848), 13 Kinder.
1789: 26.5., 4.6., 3.9., 25.6., 3.9.
– Henriette de Borbón (1787-1792), Prinzessin von Neapel-Sizilien.
1789: 26.5., 25.6.
– Ludovica (Luise) de Borbón (1773-1802), Prinzessin von Neapel-Sizilien; ∞ 1790 Ferdinand von Habsburg (1769-1824) Großherzog der Toskana.
1789: 26.5., 25.6.
– Maria Amalia de Borbón (1782-1866), Prinzessin von Neapel-Sizilien; ∞ 1809 Louis Philippe von Orléans (1773-1850), 1830 König von Frankreich.
1789: 26.5., 25.6.
– Maria Antonia de Borbón (1784-1806), Prinzessin von Neapel-Sizilien; ∞ 1802 Ferdinand de Borbón (1784-1833), Prinz von Asturien, 1808 König von Spanien.
1789: 26.5., 25.6.
– Maria Christina de Borbón (1779-1849), Prinzessin von Neapel-Sizilien; ∞ 1807 Carl Felix von Savoyen (1765-1831), Herzog von Genua, 1821 König von Sardinien.
1789: 26.5., 25.6.
– Maria Clotilda de Borbón (1786-1792), Prinzessin von Neapel-Sizilien.
1789: 26.5., 25.6.
– Maria Karolina von Neapel-Sizilien a.d.H. Habsburg (1752-1814); ∞ 1768 Ferdinand IV. de Borbón, König von Neapel-Sizilien, 17 Kinder.
1789: 24.5., 25.5., 26.5., 30.5., 4.6., 10.6., 17.6., 20.6., 25.6., 28.6., 4.7.,

5.7., 6.7., 9.7., 12.7., 16.7., 17.7., 20.7., 22.7., 13.8., 8.9., 9.9., 13.9., 12.10., 14.11., 8.12., 10.12.
1790: 4.1., 12.1., 22.1., 31.1., 1.2., 14.2., 24.2., 5.3., 18.3., 28.3., 4.4., 7.4.
– Maria Teresa de Borbón (1772-1807), Prinzessin von Neapel-Sizilien; ∞ 1790 Franz II. (I.) von Habsburg (1768-1835), 1792 Kaiser des Heiligen Römischen Reiches, 1804 Kaiser von Österreich; 8 Töchter, 4 Söhne.
1790: 28.3., 26.5., 25.6.

Nero Claudius Drusus Germanicus Caesar (37-68); 54 römischer Kaiser, unter seiner Herrschaft fanden der große Brand von Rom und die erste Christenverfolgung statt; ∞ I. 53-62 Octavia, II. 62 Poppaea Sabina († 65), III. 66 Statilia Messalina († um 80).
1789: 30.1., 3.2., 12.10.
1790: 11.4.

Nerva, eigentlich Marcus Cocceius Nerva (30-98); 96 römischer Kaiser, stellte nach der Willkürherrschaft des Domitian die Rechte des Senats wieder her, Ziehvater des Traian; ∞ N.N. († vor 96).
1788: 11.10.

Nesselthaler, Andreas (1748-1821); deutscher Maler; Schüler von Maulbertsch, 1779-1789 in Italien: Mitarbeit an Unterbergers Raffael-Kopien für Katharina II. von Rußland und an Fügers (1751-1818) Fresken zur Bibliothek in Caserta, Studien in enkaustischer Malerei, seit 1789 in Salzburg tätig.
1789: 14.5.

Neudörfer, Johann (1497-1563); nürnbergischer Schreib- und Rechenmeister, 1547 erster Biograph der Nürnberger Künstler.
1790: 13.6.

Noble (Nobel); englischer Bankier; 1786-1799 in Neapel tätig.
1789: 18.10.

Nostitz, Johanna Liutgarde von (1728-1790); 1757-1778 Hofdame Herzogin Anna Amalias; Tante Louise von Göchhausens.
1788: 5.11., 13.12.
1790: 9.2.

Nudi; neapolitanischer Arzt.
1789: 21.10.

Numa Pompilius; Nachfolger des Romulus als römischer König, ihm schrieb die Legende die wichtigsten staatskonstituierenden Maßnahmen zu: Gottesdienstordnung, Tempelbau, Gesetze, Einteilung der Bürger in Stände, Gründung von Priester- und Handwerkerkollegien.
1788: 10.12.

Obert; britischer Reisender.
1789: 19.11.

Oertel (Örtel), Erdmute Caroline Friederike Amalie von (1769-1845); ∞ 1798 Heinrich Karl Erdmann Fürst von Schönaich-Carolath-Beuthen (1759-1817), 2 Töchter.
1788: 29.11. [?]

Oppède (Oppet, Opet), Baron d'; Amateurmusiker (Violine).
1790: 8.3., 18.3.

Orsini, Filippo Bernualdo, eigentlich Amadeo (1742-1824), Duca di Gravina; ∞ Maria Teresa Caracciolo (1738-1789), 5 Söhne, 2 Töchter.
1789: 4.6.

Ossian (Osian); mythischer keltischer Barde.
1788: 29.8.

Österreich:
– Elisabeth Wilhelmine von Habsburg (1767-1790) a.d.H. Württemberg; ∞ 1788 Franz von Habsburg (1768-1835).
1790: 26.2.
– Ferdinand I. von Habsburg (1503-1564), Erzherzog von Österreich; 1558 Kaiser des Heiligen Römischen Reiches; ∞ 1521 Anna von Böhmen und Ungarn (1503-1547), 4 Söhne, 11 Töchter.
1788: 28.8.
1789: 26.11.
– Ferdinand von Habsburg (1529-1595), Erzherzog von Österreich, Graf von Tirol; ∞ I. 1557 Philippine Welser (1527-1580), 3 Söhne, 1 Tochter;

II. 1582 Anna Katharina Gonzaga zu Mantua (1566-1621), 3 Töchter.
1788: 28.8.
– Ferdinand Karl von Habsburg-Este (1754-1806), Erzherzog von Österreich; 1780-1796 Statthalter der Lombardei in Mailand; ∞ 1771 Maria Beatrix d'Este (1750-1829); 3 Töchter, 4 Söhne.
1788: 10.9.
– Franz von Habsburg (1768-1835), Erzherzog von Österreich; 1792 Kaiser des Heiligen Römischen Reiches, 1806 Kaiser von Österreich (Franz II./I.); ∞ I. 1788 Elisabeth Wilhelmine von Württemberg (1767-1790), 1 Tochter; II. 1790 Maria Theresia von Neapel-Sizilien (1772-1807), 8 Töchter, 4 Söhne; III. 1808 Maria Ludovika von Habsburg-Este (1787-1816); IV. 1816 Karoline Auguste Charlotte von Bayern (1792-1873).
1790: 26.2.
– Franz I. Stephan von Lothringen (1708-1765); 1745 Kaiser des Heiligen Römischen Reiches; ∞ 1736 Maria Theresia von Habsburg (1717-1780), Erzherzogin von Österreich, 5 Söhne, 11 Töchter.
1788: 28.8.
– Joseph II. von Habsburg (1741-1790), Erzherzog von Österreich; 1765 Kaiser und Mitregent seiner Mutter Maria Theresia, 1780 Alleinregent; ∞ I. 1760 Maria Isabella de Borbón-Parma (1741-1763), 2 Töchter; II. 1765 Maria Josefa von Bayern (1739-1767).
1789: 23.(24.)4.
1790: 1.3.
– Leopold von Habsburg (1747-1792), Erzherzog von Österreich; 1765-1790 Großherzog der Toskana, 1790 Kaiser des Heiligen Römischen Reiches (Leopold II.); ∞ 1765 Maria Luisa von Spanien (1745-1792), 12 Söhne, 4 Töchter.
1788: 24.9.
– Maria Beatrix von Habsburg-Este (1750-1829) a.d.H. Este; ∞ 1771 Ferdinand Karl von Habsburg-Este (1754-1806).
1788: 10.9.
– Maria Elisabeth von Habsburg (1743-1808), Erzherzogin von Österreich; 1765 Äbtissin des Theresianischen Damenstifts in Innsbruck.
1788: 28.8.
1790: 5.6., 6.6.
– Maria Luisa von Habsburg (1745-1792) a.d.H. Bourbon; ∞ 1765 Leopold von Habsburg (1747-1792), 12 Söhne, 4 Töchter.
1788: 25.9.
– Maria Theresia von Habsburg (1717-1780), Erzherzogin von Österreich; ∞ 1736 Franz I. Stephan von Lothringen (1708-1765), 5 Söhne, 11 Töchter.
1788: 28.8.
– Maximilian I. von Habsburg (1459-1519), Erzherzog von Österreich; 1508 Kaiser des Heiligen Römischen Reiches; ∞ I. 1477 Maria von Burgund (1457-1482), 2 Söhne, 1 Tochter; II. 1494 Bianca Maria Sforza zu Mailand (1472-1510).
1788: 28.8.
– Maximilian II. von Habsburg (1527-1576), Erzherzog von Österreich; 1564 Kaiser des Heiligen Römischen Reiches; ∞ 1548 Maria von Spanien (1528-1603), 10 Söhne, 6 Töchter.
1788: 28.8.
– Rudolf II. von Habsburg (1552-1612), Erzherzog von Österreich; 1576 Kaiser des Heiligen Römischen Reiches.
1788: 28.8.

Ottoboni s. Boncompagni-Ludovisi-Ottoboni

Ovid, eigentlich Publius Ovidius Naso (43 v. Chr. – 18 n. Chr.); römischer Dichter.
Anhang: Anhang 2

Paisiello (Paesiello, Paeisiello, Paissiello), Giovanni (1740-1816); italienischer Komponist; bis 1784 Komponist und Hofkapellmeister in St. Petersburg, bis 1802 Hofkapellmeister in Neapel,

1802/03 Leiter der Kapelle Napoleons in Paris, Rückkehr nach Neapel.
1789: 14.1., 15.1., 16.1., 17.1., 30.1., 1.2., 7.2., 14.2., 24.5., 27.5., 25.6., 9.7., 27.7., 17.9., 21.11., 3.12.
1790: 12.1., 15.1., 24.1., 27.2.

Paladio s. Palladio

Palestrina, Giovanni Pierluigi da (um 1525-1594); italienischer Komponist; seit 1551 Kapellmeister verschiedener Kirchen Roms, 1571 an der Peterskirche.
1789: 9.4.

Palladio (Paladio), eigentlich Andrea di Pietro (1508-1580); Baumeister und Architekturtheoretiker; tätig in Vicenza und Venedig.
1790: 6.5., 8.5., 24.5., 25.5.

Palma, Silvestro (1754-1834); italienischer Opernkomponist; Studium am Conservatorio di Santa Maria di Loreto, Schüler von Paisiello.
1789: 3.12.

Panzini (Pansini), Leonardo (1739 – nach 1800); Geistlicher; Verfasser linguistischer Studien.
1789: 7.10.

Pappafava (Papafava), Roberto (1739 – nach 1789), Conte de' Carraresi; ∞ 1762 Luigia Balbi, 2 Töchter, 1 Sohn.
1789: 6.10., 23.10., 3.12.

Pappafava, Beatrice; jüngste Tochter des Grafen Roberto Pappafava; ∞ 1789 Francesco Paternò-Castello.
1789: 6.10., 9.10., 23.10., 3.12.

Parangello s. Ruffo

Pasquale; Bevollmächtigter des Ricardo Carafa.
1789: 6.11.

Paternò-Castello, Francesco; ∞ 1789 Beatrice Pappafava.
1789: 6.10., 11.11., 3.12.

Paternò-Castello, Ignazio (1719-1786), Principe di Biscari (Bischario), Barone d'Aragona; ∞ 1741 Anna Maria Morso (1759-1843), 3 Söhne, 2 Töchter.
1789: 28.8.

Paul Emil s. Paulus Aemilius

Paul V., eigentlich Camillo Borghese (1552-1621); 1596 Kardinal, 1605 Papst, förderte im Sinne einer Kirchenreform neue Orden.
1788: 31.10.

Paulus Aemilius (Paul Emil) († 216); 216 Konsul, Gegner Hannibals in der Schlacht bei Cannae.
1789: 28.10.

Peller (Pöller) von Schoppershof, Christoph Gottfried (1723-1795), auf Kastenreuth; nürnbergischer Oberzollamtmann; ∞ 1753 Helene Katharina Ebner von Eschenbach († 1782), 6 Töchter, 4 Söhne.
1790: 13.6.

Pergolesi, Giovanni Battista (1710-1736); italienischer Komponist (Kirchenmusik, Opern).
1789: 7.4.

Perugino (Berugi(an)o, Berucino), Pietro, eigentlich Pietro Vannucci (1446-1523); italienischer Maler; Lehrer Raffaels, arbeitete in Perugia, Rom und Florenz.
1788: 23.9.
1790: 22.4., 1.5.

Petrarca (Petrarka), Francesco (1304-1374); italienischer Dichter, Humanist; Studium der Rechte, 1326 Geistlicher in Avignon, 1330-1347 im Dienste des Kardinals Colonna, seit 1347 vereinzelt mit diplomatischen Aufgaben betraut, seit 1353 überwiegend in Italien lebend.
1788: 12.9.
1789: 23.1.

Petronius Arbiter († 66); römischer Schriftsteller und hoher Staatsbeamter.
1789: 5.7.

Phidias (5. Jh. v. Chr.); attischer Bildhauer.
1788: 17.10.

Phokas (Phocas); byzantinischer Hauptmann, 602-610 von seinen Truppen zum Kaiser ausgerufen, von Heraklius besiegt und vom Volk gelyncht.
1789: 5.11.

Piatti, Domenico (1746-1799); seit 1788 Inhaber eines Bankhauses in Neapel (mit Raymond, seit 1797 mit Meuricoffre); mit seinem ältesten Sohn Antonio (1771-1799) als Republikaner hingerichtet; ∞ Andreana Prosdocimo, 5 Söhne, 2 Töchter.
1790: 21.2.

Piccinni (Picini), Nicolà Vincenzo (1728-1800), auch genannt Niccolo Vito Piccini; italienischer Komponist; seit Ende der 1780er Jahre in Paris tätig.
1789: 6.7.

Pichel, Wenzel (1741-1804); Musiker und Komponist; 1762 Erster Chorgeiger in der Pfarrkirche zu Thein, 1762 Vizekapellmeister des Bischofs von Großwardein, 1771 Erster Violinist am Nationaltheater Wien, 1775-1796 Musikdirektor des Ferdinand Karl von Habsburg-Este in Brüssel und Mailand.
1788: 12.9.

Pierre de Bernis (Bernier), François Joachim Comte de (1715-1794); Leitender Abt der königlichen Abtei St. Medard in Soissons, 1758 Kardinal, 1764 Erzbischof von Albi, 1769-1791 französischer Botschafter beim Vatikan, Staatssekretär, Minister, Schriftsteller.
1788: 11.10., 6.11., 8.11., 13.11., 14.11., 16.11., 19.11., 21.11., 23.11., 25.11., 29.11., 30.11., 1.12., 6.12., 11.12., 13.12., 19.12., 21.12., 22.12., 27.12., 29.12.
1789: 23.2., 4.3., 6.3., 19.3., 27.3., 3.4., 11.4., 23.(24.)4., 24.(25.)4., 1.5., 12.5., 15.5., 16.5.
1790: 16.4.

Pierre de Bernis, Pons-Simon Vicomte, später Marquis de (1747-1828); entfernter Neffe des Kardinals, den dieser durch Vermählung mit der Enkelin seiner Schwester, Hélène Françoise de Narbonne-Pelet a.d.H. Pierre de Bernis (1700-1783), enger an die Familie anschloß; ∞ 1776 Sophie de Puy Montbrun (1760-1782), 3 Kinder.
1788: 6.11.

Pierre, Paul de (um 1755-1807); seit 1786 braunschweig-wolfenbüttelischer Hofrat.
1790: 19.1.

Pietro da Cortona (Petro di Cortona), eigentlich Pietro Berettini (1596-1669); italienischer Maler und Baumeister; überwiegend in Rom und Florenz tätig.
1788: 6.11.

Pignatelli (Bignatelli), Guiseppe (1764-1812); 2. Sohn Antonio Pignatellis und Chiara Spinellis; Duca d'Acerenza; neapolitanischer Hofmarschall.
1789: 9.2., 16.8., 1.9., 14.10., 21.11.

Pignatelli, Antonio (1722-1794), Principe di Belmonte, Marchese de Galatone; neapolitanischer Generalleutnant, Präsident der Königlichen Akademie der Wissenschaften, Obermundschenk, 1785 Gesandter in Spanien; ∞ I. 1754 Francesca Revertera (1736-1756), 1 Sohn; II. 1762 Chiara Spinelli (1744-1823), 4 Söhne, 1 Tochter.
1789: 5.2., 4.7., 5.7., 19.7., 13.8., 13.9.

Pignatelli, Antonio (1763-1828); 1. Sohn Antonio Pignatellis und Chiara Spinellis, Marchese de Galatone, 1794 Principe di Belmonte, Diplomat, 1791-1793 neapolitanischer Gesandter in Portugal, 1793-1796 in Spanien, 1796 in Frankreich, 1800 in Rußland; ∞ 1783 Giovanna Pignatelli.
1789: 9.2., 20.7., 22.7., 16.8., 1.9., 16.9., 26.9., 14.11.
1790: 4.1.

Pignatelli, Cesare (1743-1811), 2. Duca di San Demetrio, 5. Marchese di San Marco.
1789: 20.12., **1790** 4.3.

Pignatelli, Chiara (1744-1823) a.d.H. Spinelli, Principessa di Belmonte; ∞ 1779 Antonio Pignatelli Principe di Belmonte (1722-1794), 4 Söhne, 1 Tochter.
1789: 19.1., 24.1., 28.1., 5.2., 9.2., 15.2., 17.2., 24.5., 26.5., 30.5., 3.6., 7.6., 11.6., 14.6., 16.6., 17.6., 18.6., 22.6., 23.6., 5.7., 18.7., 21.7., 24.7., 30.7., 10.8., 12.8., 13.8., 25.8., 14.9.,

15.9., 17.9., 26.9., 10.10., 11.10., 14.10., 20.10., 11.11., 12.11., 18.11., 29.11., 7.12., 8.12., 10.12., 18.12., 21.12., 24.12.
1790: 5.1., 14.1., 20.1., 24.1., 29.1., 30.1., 31.1., 1.2., 16.2., 18.2., 28.2., 2.3., 25.3., 4.4.

Pignatelli, Francesco (1766-1827); 3. Sohn Antonio Pignatellis und Chiara Spinellis, 1812 Duca d'Acerenza; ∞ 1801 Johanna Biron (1783-1879), Prinzessin von Kurland.
1789: 18.12.

Pignatelli, Giulia († 1825), geb. Mastrilli; ∞ 1767 Salvatore Pignatelli (1730-1792), 8 Söhne, 3 Töchter.
1790: 14.3.

Pignatelli, Salvatore (1730-1792); Principe di Strongoli, Duca di Tolve (Tolvi), Conte di Melissa; ∞ 1767 Giulia Mastrilli († 1825), 8 Söhne, 3 Töchter, dazu ein legitimierter vorehelicher Sohn.
1790: 14.3.

Pilinzki s. Bieliński

Pio da Carpi, Rodolfo (1500-1564); Geistlicher; Studium in Padua und Rom, 1528 Bischof von Bologna, 1535-1537 päpstlicher Nuntius in Paris, 1537 Kardinal, 1540 päpstlicher Gouverneur der Mark Ancona; Mitglied der Heiligen Inquisition, Freund Papst Pius III.
Anhang: Anhang 3

Pio; Besitzer des Gasthofes Aquila nera in Florenz.
Anhang: Anhang 4

Piranèsi (Piranese), Giovanni Battista (1720-1778); italienischer Kupferstecher.
1788: 10.11.

Pisani (Pisania); Familie aus Venedig.
1790: 6.5.

Pizzi (Pitzi), Giacchino (1716-1790); italienischer Weltgeistlicher und Schriftsteller; Generalkustode der Accademia degli Arcadia.
1788: 6.12.

Plancus, eigentlich Lucius Munatius Plancus (1. Jh. v. Chr.); zunächst Anhänger des Antonius, 32 v. Chr. Übertritt zur Partei des Octavian, beantragte 27 v. Chr. für ihn den Ehrennamen Augustus; fiktiver Gesprächspartner des Horaz.
1789: 4.5.

Planelli, Antonio (1747-1803); Malteserritter, Musikwissenschaftler.
1790: 3.1.

Plautius, eigentlich Marcus Plautius Silvanus; 2 v. Chr. Konsul, 4-5 n. Chr. Prokonsul in Asien, 6 Sieg über die Pannonier, 8 über die Brukterer, 9 über die Dalmatier; Träger der triumphalischen Ehrenzeichen.
1789: 3.5.

Plinius d. Ä., eigentlich Gaius Plinius Secundus (23-79); Flottenkommandant in Misene, kaiserlicher Beamter, Historiker und Schriftsteller.
1789: 7.12.
Anhang: Anhang 3

Plinius d. J., eigentlich Gaius Plinius Caecilius Secundus (61/62-113); römischer Beamter und Schriftsteller, kaiserlicher Legat in Bithynien.
1789: 7.12.

Polidor s. Caravaggio

Polignac (Bolingac, Polingac), Diane de (1746-1818); Schwester von Jules de Polignac.
1790: 15.1., 16.4.

Polignac (Bolingac, Polingac), Gabrielle Yolande Martine Comtesse de (1749-1793) a.d.H. Polastron; Geliebte Vaudreuils, Vertraute Königin Marie Antoinettes von Frankreich; ∞ 1767 Jules François Armand Comte de Polignac(1745-1817), 2 Töchter, 3 Söhne.
1790: 15.1.

Polignac (Bolingac, Polingac), Jules François Armand Comte de (1745-1817); Marquis de Mancini, 1780 Duc de Polignac; ∞ 1767 Gabrielle Yolande Martine de Polastron (1749-1793), 2 Töchter, 3 Söhne.
1790: 16.4.

Polybios (201-120 v. Chr.); hellenistischer Geschichtsschreiber und Staatstheoretiker, Politiker und Reiterführer der

Achäer; lebte 16 Jahre als Geisel in Rom, Freund des jüngeren Scipio Africanus.
1789: 28.10.

Pöller s. Peller

Pompeius (Pompejus), eigentlich Gnaeus Pompeius Magnus (106-48 v. Chr.); römischer Feldherr und Staatsmann; mehrfach Konsul, 66-64 Sieger über Mithridates, unterlag 46 Caesar bei Pharsalus.
1788: 16.12.
1789: 1.1., 24.(25.)4.

Poniatowski, Michał Jerzy (1736-1794); 1784 Erzbischof von Gniezno und Primas von Polen.
1789: 22.12.
1790: 8.1., 13.1., 15.4., 18.4.

Porcia s. Borgia

Potocka (Potosky), Anna Gräfin (1764-1814), geb. Cetnerowna; ∞ I. 1779 Fürst Jozef Pawel Sanguszko (1740-1781), Starost von Kremenez, 1 Sohn; II. 1781-1784 Fürst Kazimierz Nestor Sapieha (1757-1798), General der litauischen Artillerie, Sejm-Marschall; III. 1790-1796 Graf Kajetan Potocki († vor 1803). IV. 1803 Karl Eugen von Lothringen (1751-1825), kaiserlicher Feldmarschall.
1790: 26.2., 7.4., 18.4. [?]

Poussin (Busin), Nicolas (1594-1665); französischer Maler (biblische und mythologische Sujets, auch heroische Landschaften); lebte 1624-1640 und seit 1642 in Italien.
1789: 5.3.
1790: 16.4.

Poussin (Pussin, Pusin, Busin), Gaspard, eigentlich Gaspard Dughet (1615-1675); französischer Landschaftsmaler; Schwager Nicolas Poussins, dessen Nachnamen er annahm; lebte in Italien.
1788: 11.12.
1789: 2.3., 5.3.

Praxiteles (Praxideles; 4. Jh. v. Chr.); griechischer Bildhauer.
1788: 17.10.

Preußen, Friedrich II. der Große von (1712-1786); 1740 König; ∞ 1733 Elisabeth von Braunschweig-Wolfenbüttel (1715-1797), kinderlos.
1788: 28.8., 28.9., 11.10.

Priocca de Castellinar, Damiano; 1786-1796 sardinischer Gesandter im Vatikan.
1788: 18.10.

Properz, eigentlich Propertius Sextus (47-15 v. Chr.); römischer Dichter.
1790: 7.5.

Puonfiglioli s. Bonfiglioli

Pythagoras von Samos (582 – um 496 v. Chr.); griechischer Philosoph; gründete in Kroton seine Schule.
1789: 5.3.

Quercino, Quertcino s. Guercino

Rabi (Rab); Kaufmann; mit Heigelin verwandt.
1789: 22.5., 15.10., 19.10.

Rabi; Gemahlin des Kaufmanns Rabi.
1789: 15.10., 19.10.

Raffael (Raphael), eigentlich Raffaelo Santi (1483-1520); italienischer Maler; liiert mit Maria Dovizia da Bibiena.
1788: 12.9., 18.9., 23.9., 24.9., 5.10., 20.10., 24.10., 28.10., 30.10., 31.10., 3.11., 13.11., 5.12., 11.12.
1789: 28.2., 10.3., 29.4., 17.5., 20.8., 2.10., 20.11.
1790: 11.4., 16.4., 20.4., 22.4., 25.4., 1.5., 29.5.
Anhang: Anhang 3

Ravaglia, Francesco (um 1723-1793), genannt Bajocco; römischer Bettler.
1788: 29.11.

Raymond (Rymon); französischer Konsul in Neapel, später Inhaber eines Bankhauses in Neapel (mit D. Piatti); ∞ Margherita Piatti.
1790: 21.2.

Reconico s. Rezzonico

Reggio Gravina, Stefano (um 1698-1789), Principe di Aci Sant'Antonio e di Campofiorito; Generalkapitän der neapolitanischen Truppen unter König Karl III.
1790: 14.2., 27.2.

Rehberg (Reberg), Friedrich (1758-1835); deutscher Maler; 1777-1783 und seit 1787 in Rom, später in Berlin und München tätig.
1788: 7.11., 10.11., 15.11., 17.11., 18.11., 20.11., 24.11., 27.11., 12.12., 13.12., 14.12., 20.12., 28.12.
1789: 3.3., 7.3., 12.3., 18.3., 23.3., 4.4., 13.5.
1790: 17.4., 18.4.

Reichardt, Johann Friedrich (1752-1814); Komponist und Schriftsteller; 1776-1794 Kapellmeister in Berlin, 1796 Salinendirektor in Halle; ∞ I. 1776 Juliane Benda (1752-1783), 2 Töchter; II. 1783 Johanna Dorothea Wilhelmina Alberti-Hensler, 5 Kinder.
1790: 15.4., 16.4., 17.4., 18.4., 13.5., 14.5.

Reiffenstein (Reifenstein, Reifen Stein), Johann Friedrich (1719-1793); deutscher Altertumsforscher, dilettierender Maler, Kupferstecher und Bildhauer; sachsen-gothaischer und russischer Hofrat, seit 1762 in Rom, beliebter Cicerone, auch Reiseführer der Herzogin Anna Amalia, gelegentlich unterstützt von A. Hirt.
1788: 4.10., 5.10., 7.10., 9.10., 10.10., 11.10., 12.10., 13.10., 15.10., 19.10., 20.10., 23.10., 25.10., 26.10., 28.10., 29.10., 30.10., 31.10., 3.11., 4.11., 6.11., 16.11., 1.12., 2.12., 5.12., 8.12., 11.12., 12.12., 15.12., 16.12., 18.12., 20.12., 22.12., 26.12., 28.12.
1789: 1.1., 6.1., 18.1., 1.3., 2.3., 8.3., 17.3., 22.3., 23.3., 25.3., 31.3., 5.4., 6.4., 13.4., 18.(19.)4., 21.(22.)4., 24.(25.)4., 27.(28.)4., 28.(29.)4., 3.5., 8.5., 11.5., 19.5., 9.6., 18.8., 12.9.
1790: 15.4., 16.4., 17.4., 18.4., 19.4., 1.5.

Reinbaben s. Rheinbaben

Reischach, Siegmund Maria Franz Salesius Freiherr von (1735-1811); Domdechant zu Augsburg und Kapitular zu Ellwangen, Dompropst in Augsburg.
1790: 10.6.

Rembrandt (Rembrand), eigentlich Rembrandt Harmensz van Rijn (1606-1669); niederländischer Maler; ∞ I. 1634 Saskia van Uijlenburgh († 1642), II. Hendrickje Stoffels († 1663).
1790: 8.5.

Reni, Guido (Gidoreni, Guidoreni) (1575-1642); italienischer Maler, Bildhauer und Radierer; Schüler des Denijs Calvaert (D. Fiammingo) in Bologna, mehrere Reisen nach Rom, auch nach Ravenna und Neapel, 1624 Rückkehr nach Bologna.
1788: 19.9., 23.9., 17.10., 6.11., 21.12., 22.12.
1789: 14.1., 2.3., 9.3., 10.3., 30.3., 20.8., 25.11.
1790: 25.4., 1.5., 2.5., 6.5., 23.5., 29.5.
Anhang: Anhang 3

Renier, Paolo (1710-1789); seit 1779 Doge von Venedig.
1789: 20.3.

Rezzonico (Reconico, Rezonico), Abbondio Faustino Principe (1742-1810); italienischer Staatsmann; seit 1765 Senator von Rom, besuchte im Winter 1787/88 während einer Deutschlandreise Gotha; ∞ 1769 Ippolita Boncompagni (um 1751 – nach 1805).
1788: 19.12., 20.12., 22.12., 28.12., 31.12.
1789: 22.2., 4.3., 15.3., 19.3., 26.3., 16.(17.)4.
1790: 11.5.

Rezzonico (Rezonico), Carlo (1693-1769); 1737 Kardinal, 1758 Papst Clemens XIII.
1790: 17.4.

Rheinbaben (Reinbaben), Sophia Bernhardina Friederike von (1753-1804); ∞ 1798 Ludwig Ernst Wilhelm von Schardt (1748.1826), weimarischer Kapitän und Kammerherr.
1788: 7.10.
1789: 27.1., 14.3., 15.9.

Riedel, Johann (um 1751 – vor 1806); deutscher Maler; Studium in Dresden, seit 1772 in Rom lebend, zunächst mit Unterstützung Franz Graf Hrczan von

Harras', Schüler von Mengs und Maron, 1786 Aufnahme in die deutsche Bruderschaft von Campo Santo.
1789: 30.11., 3.12.

Robert, Hubert (1733-1808); französischer Maler und Gartenarchitekt; 1754-1765 an der Académie de France in Rom.
1789: 24.9.

Rocelle s. Carafa della Spina

Rogadei (Rogadio), Vincenzo; Abt des Benediktinerklosters bei Andria.
1789: 28.10., 29.10., 31.10., 1.11., 6.11., 7.11., 26.11., 28.11.
1790: 22.1., 28.1., 5.2., 8.2.

Rogadei: geschiedener Ehemann der Nichte des Abtes.
1789: 31.10.

Rogadei: Neffen des Abtes.
1789: 26.11.

Rogadei: Nichte des Abtes.
1789: 31.10., 26.11.

Romano, Giulio, eigentlich Giulio Pippi (1499-1546); italienischer Maler und Architekt.
1788: 3.11., 3.12.
1790: 28.5., 29.5.
Anhang: Anhang 3

Rosa, Salvatore (1615-1673); italienischer Maler, Radierer, Musiker und Dichter; seit 1641 in Florenz, seit 1649 in Rom; ∞ 1673 Lucrezia Paolina (lebte seit 1640 mit Rosa zusammen), 4 Kinder.
1789: 5.3., 26.(27.)4., 29.11.
1790: 2.5.

Rosenberg (Rosemberg) und Orsini, Giustiniana Gräfin von (1737-1791), geb. Wynne; seit 1770 als Schriftstellerin tätig; ∞ 1761 Philipp Joseph Graf von Rosenberg und Orsini (1691-1765); kaiserlicher Botschafter in Venedig.
1790: 19.5., 20.5., 21.5.

Rost/Rust; Musikalienhändler in Neapel.
1789: 18.6.
1790: 7.2., 16.2.

Roth (Rothin), Friederike Christiane Erdmuthe; seit 1787 Hofjungfer der Herzogin Anna Amalia.
1788: 15.8.
1789: 26.2.

Rubinelli, Giovanni Maria (1753-1829); Sänger (Kastrat; Alt); 1771 Debüt in Stuttgart, 1774-1786 Erfolge an allen großen italienischen Bühnen, 1786/87 Gastspiele in London, 1787-1800 Engagements in Italien.
1789: 22.2., 23.2.

Ruffo, Tommaso (1712-1790); neapolitanischer Offizier; 1725 Malteserritter, 1780 neapolitanischer Feldmarschall, 1784 Oberkommandierender der Flotte, Kommandant der Festung Capua, 1786 Ritter des San Gennaro-Ordens.
1789: 18.12.

Ruffo, Vincenzo (1734-1802), Duca di Baranello (Parangello) e Bagnara, Baron di San Lucido, Principe di Sant'Antimo e della Motta San Giovanni; 1781 Gouverneur von Monte Manso und der Casa degli Incurabili in Neapel; ∞ 1768 Maria Antonia Firrao (1740-1836), 1 Tochter, 1 Sohn.
1789: 20.8.

Ruffo-Scilla, Luigi (1750-1832); Geistlicher; 1785 Erzbischof von Apamea, 1785-1793 päpstlicher Nuntius in der Toskana, 1793-1802 in Wien, 1801 Kardinal-Erzbischof von Neapel.
1788: 25.9.

Rumohr (Rumor), Henning Carl von; 1789-1793 dänischer Geschäftsträger in Neapel.
1789: 22.7., 16.8.

Ruspoli, Francesco (1752-1829), Principe di Cerveteri; 1791/92 kaiserlicher Botschafter in Neapel; ∞ I. 1781 Maria Isabella Giustiniani (1763-1783), II. 1784 Leopoldina von Khevenhüller-Metsch, Tochter von Fürst Johann Siegmund von Khevenhüller-Metsch (s. dort).
1788: 13.10., 4.11., 13.11., 4.12., 18.12., 21.12., 25.12.

Ruspoli, Leopoldina (1764-1845), geb. von Khevenhüller-Metsch; ∞ 1784 Francesco Ruspoli (1752-1829), 6 Söhne, 1 Tochter.
1788: 13.10., 4.11., 5.11., 13.11., 21.12.

Rußland:
– Katharina II. von Schleswig-Holstein-Gottorf (1729-1786) a.d.H. Anhalt-Zerbst; seit 1762 regierende Kaiserin von Rußland; ∞ 1745 Karl Peter Ulrich von Holstein-Gottorp (1728-1762), 1762 Zar Peter III. von Rußland, 1 Sohn.
1788: 28.10.
Rymon s. Raymond
Sâa (Sâ, Sa) e Pereira, José de; 1770-1792 portugiesischer Gesandter in Neapel, 1772-1775 in Wien.
1789: 6.10., 9.10.
1790: 6.2., 7.4.
Sabatini, Andrea (1484-1530), genannt Andrea da Salerno; italienischer Maler.
1790: 10.3.
Sacchi, Andrea (1599-1661); italienischer Maler.
1789: 24.3.
Sacchini, Antonio Maria Gasparo (1730-1786); italienischer Komponist; 1772 in London, bis 1775 Leiter des Conservatorio dell'Ospedaletto in Venedig, 1781 in Paris.
1788: 5.10.
1790: 16.4.
Sacco, Sacko s. Cacault
Sachsen (Saxe), Hermann Moritz Graf von (1696-1750); Sohn König August II. des Starken von Polen, Kurfürst von Sachsen, und der Gräfin Maria Aurora von Königsmarck (1670-1728), 1744 Marschall von Frankreich, gilt als einer der bedeutendsten französischen Feldherrn des 18. Jh.; ∞ 1714-1721 Gräfin Johanna Viktoria von Loeben.
1789: 16.9.
Sachsen-Weimar-Eisenach, Anna Amalia von (1739-1807) a.d.H. Braunschweig-Wolfenbüttel; 1758-1775 Regentin; ∞ 1756 Herzog Ernst August II. Konstantin von Sachsen-Weimar-Eisenach (1737-1758), 2 Söhne.
passim
Sachsen-Weimar-Eisenach, Carl August von (1757-1828); regiert seit 1775; ∞ 1775 Luise Auguste von Hessen-Darmstadt (1757-1830), 4 Söhne, 3 Töchter.
1788: 25.8.
1789: 16.9.
Sachsen-Weimar-Eisenach, Luise Auguste von (1757-1830) a.d.H. Hessen-Darmstadt; ∞ 1775 Carl August von Sachsen-Weimar-Eisenach (1757-1828); 4 Söhne, 3 Töchter.
1789: 2.5.
Sachsen-Weimar-Eisenach; totgeborener Sohn Carl Augusts und Luises (*† 13.4. 1789).
1789: 2.5.
Sack, Herr von.
1790: 20.2., 19.3., 22.3., 24.3.
Sagramoso (Sacramoso), Michele Enrico Marchese (1720-1790); Bailli (hoher Würdenträger) des Johanniterordens, 1777/78 maltesischer Geschäftsträger in Wien, 1786 beim Vatikan.
1789: 10.2., 30.5., 3.6.
Salandra, Maria Terezia Duchessa di (1706-1803), geb. von Thürheim; ∞ 1731 Nicola Ippolito Revertera (1676-1752), 2 Söhne, 1 Tochter.
1789: 5.7.
Salinas Moñino, Francisco de; Oberst des Ordens von Calatrava, 1782-1785 spanischer Gesandter in der Toskana, 1785 in Marokko, 1785/86 in Venedig, 1786/87 in Portugal, 1788-1794 wieder in der Toskana.
1788: 25.9.
Salinas Moñino; Ehefrau des Francisco de Salinas Moñino.
1788: 25.9.
Salis-Marschlins, Anton Hubert von (1732-1818); Generalinspekteur der Schweiz und Graubündens, Generalleutnant in französischen und neapolitanischen Diensten.
1789: 26.1., 24.5., 22.6., 8.7., 9.7., 18.7., 30.7., 8.8., 15.8., 21.8., 23.8., 25.8., 1.9., 4.9., 8.9., 11.9., 16.9., 23.9., 5.10., 19.10., 24.10., 11.11., 15.11., 16.11., 21.11., 27.11., 30.11., 2.12., 31.12.

1790: 13.1., 14.1., 15.1., 25.1., 27.1., 28.1., 2.2., 13.2., 28.2.

Salis-Marschlins, Carl Ulysses (1760-1818); schweizerischer Jurist, Naturwissenschaftler und Schriftsteller; Neffe des Generals.
1789: 26.1., 24.5., 22.6., 18.7., 15.8., 21.8., 23.8., 1.9., 4.9., 11.9., 16.9., 23.9., 19.10.

Saluzzo, Anna Luisa († 1809), geb. Richelmi, Contessa di Casteldelfino (Chateau Dauphin); ∞ 1773 Francesco Giacinto Saluzzo (1767-1811), 1 Sohn, 2 Töchter.
1788: 9.12.
1789: 21.(22.)4.

Saluzzo, Francesco Giacinto (1767-1811), Conte di Casteldelfino (Chateau Dauphin); ∞ 1773 Anna Luisa Richelmi († 1809), 1 Sohn, 2 Töchter.
1789: 23.(24.)4.

Salviati, Maria Cristina (1733-1809), geb. Lante della Rovere; Schwiegermutter von Marcantonio Borghese (s. dort); ∞ 1750 Alverardo Salviati (1721-1783), Duca di Giuliano, Marchese di Montieri e Boccheggiano, 1 Tochter.
1789: 23.(24.)4.

San Cipriano, geb. Franconi.
1790: 10.2., 26.2., 19.3.

San(to) Demetrio s. Pignatelli

Sanbini s. Santini

Sandrart (Sandrat), Joachim von (1606-1688); deutscher Maler, Radierer, Kunstschriftsteller und Sammler.
1790: 13.6.

Sannazaro, Jacopo (1447-1530); italienischer Dichter; Mitglied der Akademie des Pontano.
1789: 13.1.

Santacroce (Santa Croce, Croce), Giuliana Publicola, Principessa di (1748-1810), geb. Falconieri; ∞ 1767 Antonio Publicola Principe di Santacroce (1736 – nach 1800), mehrere Kinder.
1788: 18.10., 8.11., 9.11., 11.11., 12.11., 16.11., 18.11., 21.11., 23.11., 24.11., 25.11., 26.11., 30.11., 1.12., 5.12., 8.12., 9.12., 11.12., 12.12., 15.12., 17.12., 21.12., 22.12., 25.12., 27.12., 31.12.
1789: 6.1., 22.2., 27.2., 4.3., 10.3., 15.3., 17.3., 22.3., 28.3., 30.3., 2.4., 3.4., 5.4., 16.(17.)4., 23.(24.)4., 30.4., 1.5., 10.5., 15.5., 4.7., 8.8.
1790: 16.4., 17.4., 18.4.

Santacroce, Antonio Publicola Principe di (1736 – nach 1800), Principe di San Gemini e Olivieto; ∞ 1767 Giuliana Falconieri (1748 – nach 1802), mehrere Kinder.
1788: 26.11.

Santafede, Fabrizio (1560-1634); italienischer Maler; ∞ 1576 N.N.
1789: 25.11.

Santeuil s. Gouy

Santi, Giovanni (um 1435-1494); italienischer Maler; in Urbino tätig, Vater von Raffael; ∞ I. Magia Ciarla († 1491), 2 Söhne, 1 Tochter; II. 1492 Bernardina Parte, 1 Tochter.
1788: 5.12.

Santini (Sanbini), Nicolao Marchese de; 1758-1800 Resident von Lucca in der Toskana.
1788: 25.9.

Santini; Ehefrau des Gesandten Nicolao Santini.
1788: 25.9.

Sari; Geistlicher.
1790: 25.4.

Sarti (Sardi), Giuseppe (1729-1802); italienischer Opernkomponist; 1752 Theaterdirektor in Faenza, 1755-1775 Kapellmeister in Kopenhagen, 1775-1779 Leiter des Conservatorio dell'Ospedaletto in Venedig, Domkapellmeister in Mailand; 1784 Hofkapellmeister in St. Petersburg, 1787-1791 im Dienste des Fürsten Potemkin, 1793 Hofkomponist in St. Petersburg.
1789: 20.9.
1790: 7.1.

Sauer von und zu Ankenstein, Leopold Cajetan Seraphin Graf (1748-1800); Oberstleutnant im Colloredo-Infanterieregiment, 1775 Ritter des Deutschen Ordens, hoch- und deutschmeisteri-

scher Hof-, Regierungs- und Kammerrat in Mergentheim, 1787 Komtur zu Meretinzen.
1790: 6.6.
Sauer von und zu Ankenstein, Maria Anna Gräfin, geb. von Metsch, ∞ 1770 Wenzel Graf Sauer (1742-1799).
1790: 5.6.
Sauer von und zu Ankenstein, Wenzel Graf (1742-1799); kaiserlicher Hofrat, Geheimer Rat, 1786-1790 Gouverneur von Innsbruck und Landeshauptmann von Tirol, 1794 Präsident der niederösterreichischen Landesregierung; ∞ 1770 Maria Anna von Metsch.
1790: 5.6., 6.6.
Sayn-Wittgenstein (Witchenstein)-Berleburg, Friederike Auguste Albertine Gräfin von (1744-1826); seit 1784 Hofdame am brandenburg-ansbach-bayreuthischen Hof in Erlangen.
1790: 1.2., 4.2.
Schack (Schak), Eduard Baron von (1769-1824); seit 1786 in kaiserlichen Militärdiensten, später Reisender und Naturforscher.
1788: 19.12., 22.12., 26.12., 28.12., 29.12., 30.12.
1789: 21.1., 22.1., 7.2., 12.2., 13.2., 20.2., 21.2., 24.2., 27.2., 1.3., 3.3., 9.3., 11.3., 13.3., 16.3., 18.3., 21.3., 29.3., 31.3., 6.4., 8.4., 15.4., 17.(18.)4., 20.(21.)4., 21.(22.)4., 22.(23.)4., 24.(25.)4., 26.(27.)4.
Schernisew s. Tschernyschew
Schevetonius s. Suetonius
Schlabrendorf (Schlawerndorf), Graf von.
1790: 8.1., 9.1., 11.1., 19.1., 21.1., 26.1.
Schlick, Regina (1759-1839), geb. Strina-Sacchi; berühmte Violinistin; ∞ 1785 Johann Konrad Schlick (1748-1818), Cellist, seit 1777 in Gotha, Konzertreisen beider durch Deutschland, Italien, Ungarn, Rußland; 1 Tochter, 1 Sohn.
1790: 29.5.
Schmidt s. Smith
Schöffler.
1790: 18.4.
Schüle, Johann Heinrich Edler von (1720-1811); Kattunfabrikant in Augsburg; ∞ Catharina Barbara Cristell, mindestens 2 Söhne.
1790: 10.6.
Schürer, Federico; Geistlicher und Numismatiker; in Neapel tätig.
1789: 23.11., 24.11.
1790: 28.2., 16.3.
Schuster, Joseph/Giuseppe (1748-1812); deutscher Komponist (Klavierwerke, Kirchenmusik, Opern); Studium in Dresden und Venedig, 1772 Kirchenkomponist in Dresden, 1774-1776 und 1778-1781 in Italien, 1787 kursächsischer Hofkapellmeister.
1790: 11.4.
Schütz (Schuz, Schüz), Johann Georg (1755-1815); deutscher Landschaftsmaler und Radierer; 1784-1790 in Italien.
1788: 15.10., 22.10., 4.11., 5.11., 7.12., 14.12., 27.12.
1789: 18.3., 29.3., 29.4., 30.4., 4.5.
Schweden, Christina (Cristine) von (1626-1689); 1644-1654 Königin, konvertierte zum katholischen Glauben.
1789: 25.3.
1790: 25.4.
Schweidnitz, Graf von.
1790: 20.2., 22.2., 19.3., 22.3., 24.3., 16.4.
Scipio Africanus, eigentlich Publius Cornelius Aemilianus Africanus Minor (185-129 v. Chr.); römischer Feldherr; Sieger über Karthago 146 v. Chr.; Kenner und Förderer der griechischen Sprache und Kultur.
1789: 3.2.
Seckendorff (Secendorff)-Aberdar, Sophie Friederike von (1755-1820), geb. von Kalb; reiste in Gesellschaft Dalbergs und Herders durch Italien; ∞ Karl Siegmund von Seckendorff-Aberdar (1744-1785), Diplomat und Komponist.
1788: 5.10., 6.10., 8.10., 11.10., 12.10., 17.10., 20.10., 22.10., 23.10., 24.10., 25.10., 26.10., 29.10., 1.11., 4.11.,

17.11., 18.11., 23.11., 24.11., 25.11., 26.11., 27.11., 29.11., 10.12.
1789: 6.1., 8.1., 10.1., 14.1., 17.1., 19.1., 24.1., 31.1., 2.2., 4.2., 5.2., 10.2., 21.2.

Septimus Severus, eigentlich Lucius Septimius Severus (145-211); 193 römischer Kaiser; ∞ I. um 176 Paccia Marciana († 185), II. 185/187 Julia Domnia († 217).
1788: 11.10.
Anhang: Anhang 3

Severino; Gastgeber der Familie des Duke of Argyll in Neapel.
1790: 13.1.

Signorile (Signolile, Signorelli, Signorille, Signoril(l)i, Signorini, Singori(l)li, Singorini), Nicola; Kapellmeister, Gitarrenlehrer der Herzogin Anna Amalia.
1789: 19.6., 4.7., 7.7., 11.7., 14.8., 15.8., 18.8., 21.8., 1.9., 4.9., 13.9., 29.9., 8.10., 24.10., 22.11., 23.11, 3.12. 12.12.
1790: 2.1., 3.2., 17.2., 3.3., 8.3., 15.3., 16.3., 20.3., 23.3., 31.3., 3.4., 8.4., 10.4.

Silla s. Sulla

Sillerberg s. Zillerberg

Silva, Anna Felicia de Seabra da (*1765), geb. Coutinho Pereira De Souza Freire; ∞ vor 1787 José de Seabra da Silva (1732-1813), mindestens 3 Söhne.
1790: 10.2.

Silva, José de Seabra da (1732-1813); ∞ I. N.N.; II. vor 1787 Anna Felicia Coutinho Pereira De Souza Freire (*1765), mindestens 3 Söhne.
1790: 10.2.

Siri, Giacomo (* um 1770); Genueser Komponist (Opern, Ballette, Kantaten); Studium in Turin, am Mailänder, seit 1790 am Neapolitaner Hof tätig.
1789: 13.8.

Skawronskaja (Scawronski, Scawronsky), Gräfin Maria Nikolajewna (1732-1805), geb. Stroganova; Mutter des Gesandten; ∞ 1754 Martin Karlowitsch Skawronski (1714-1779), 2 Söhne, 1 Tochter.
1790: 30.3., 3.4.

Skawronskaja (Schawronska), Gräfin Katharina Wassiljewna (1761-1829), geb. von Engelhard; Nichte und Geliebte des Fürsten Grigori Alexandrowitsch Potemkin (1736-1791); ∞ I. 1781 Graf Pawel Martinowitsch Skawronski (1757-1793), 2 Töchter; II. 1798 Graf Giulio Renato Litta (1763-1839); Malteserritter, 1797 Vizeadmiral, 1798 außerordentlicher Botschafter Maltas in Rußland, 1811 Mitglied des russischen Staatsrates, 1826 Finanzminister, russischer Kammerherr.
1789: 7.8., 19.9., 17.12., 24.12.
1790: 24.3.

Skawronskaja, Katharina Pawlowna (1783-1857); älteste Tochter des Gesandten; ∞ I. 1800 Fürst Pjotr Iwanowitsch Bagration (1765-1812); russischer General, 1 Tochter aus einer Beziehung zu Fürst Klemens Wenzel von Metternich-Winneburg (1773-1859); II. 1830 John Hobart, Baron Howden of Grimston and Spaldington (1799-1875).
1790: 24.3.

Skawronski (Sawronski, Skawronsky), Graf Pawel Martinowitsch (1757-1793); russischer Kammerherr und Diplomat; 1784-1793 Gesandter in Neapel, außerordentlicher Musikliebhaber; ∞ Katharina von Engelhard (1761-1829), 2 Töchter.
1789: 19.9., 17.12., 19.12., 20.12., 24.12., 25.12., 29.12.
1790: 2.1., 9.1., 10.1., 12.1., 16.1., 20.1., 24.3.

Smith (Schmidt), Catherine († nach 1796); Witwe eines englischen Künstlers, unterhielt eine Pension auf der Strada della Croce in Rom.
1789: 2.3.

Sodel, Sondoeil, Sontoille s. Gouy

Spada; Familie in Terni.
Anhang: Anhang 3

Spagnoletto (Spanyolet), eigentlich Jusepe de Ribera (1591-1652); spanischer Maler; seit 1616 in Neapel; ∞ 1616 Catarina Azzolino, 3 Töchter, 2 Söhne.
1789: 5.8.

Spanien:
– Karl III. de Borbón (1716-1788); König von Neapel-Sizilien, ab 1759 König von Spanien; ∞ 1738 Maria Amalia Christina von Sachsen (1724-1760), 5 Kinder, darunter Ferdinand IV. von Neapel-Sizilien (s. dort).
1789: 28.1.

Spina, Giuseppe (1756-1828); italienischer Geistlicher; päpstlicher Beamter, 1794 Begegnung mit Napoleon, 1796 Bischof von Genua, 1800/01 päpstlicher Nuntius in Frankreich, 1802 Erzbischof von Korinth, Kardinal, Begleiter und Unterhändler Papst Pius VI. im Exil.
1789: 16.4., 29.4., 8.5., 14.5.
1790: 16.4., 8.5., 14.5.

Spinelli, Fernando (1728-1795); 1778 Gouverneur von Rom, 1786 Kardinal-Erzbischof von Ferrara.
1789: 5.7., 12.8.

Spinola, Cristoforo Vincenzo Marchese di; 1772-1791 Genueser Bevollmächtigter in Frankreich, 1792-1797 in Großbritannien.
1789: 11.8. [?]

St. George (S. Gorge, St. Gorge), Elizabeth Baroness of (1732-1813), geb. Dominick; ∞ I. 1752 Usher St. George, Baronet of St. George († 1775); 1 Tochter; II. um 1790 Ducours (s. dort).
1788: 12.11., 16.11., 11.12., 21.12.

Standish, Standisch, Stantisch s. Towneley-Standish

Stark (Starke), Johann Christian (1753-1811); Arzt; Professor für Medizin in Jena, Direktor des Hebammeninstituts, 1786 weimarischer Leibarzt, Hofrat, 1804 Geheimer Hofrat; ∞ Luise Friederike Polz († nach 1811), mehrere Kinder.
1788: 6.12.
1790: 18.6.

Stein, Charlotte Albertine Ernestine von (1742-1827), geb. von Schardt; 1757 Hofdame Herzogin Luises von Sachsen-Weimar-Eisenach, Freundin Goethes; ∞ 1764 Gottlob Ernst Josias Friedrich Freiherr von Stein (1735-1793), 3 Söhne, 4 Töchter.
1788: 27.12.
1790: 30.3.

Stein, Gottlob Friedrich (Fritz) Konstantin Freiherr von (1772-1844); Sohn Charlotte von Steins, 1794 weimarischer Kammerjunker, 1797 preußischer Kriegs- und Domänenrat in Breslau, 1810 schlesischer Generallandschaftsrepräsentant; ∞ I. 1804 Helene von Stosch (1788-1808), 2 Söhne, 1 Tochter; II. 1810 Amalie von Schlabrendorf.
1788: 22.11.
1789: 24.11.

Stendisch, Stentwisch s. Towneley-Standish

Stephen (Stiphen); britischer Reisender.
1789: 19.11.

Stolberg-Stolberg (Stollberg), Friedrich Leopold Graf zu (1750-1819); Diplomat, Dichter, Übersetzer, Herausgeber, Dramatiker und Reiseschriftsteller; 1776-1800 Diplomat in verschiedenen Diensten, 1800 Konversion zum Katholizismus; ∞ I. 1782 Agnes Gräfin von Witzleben († 1788), 4 Kinder; II. 1790 Sophie Charlotte Eleonore Gräfin von Redern (1765-1842), 14 Kinder.
Anhang: Anhang 2

Strina-Sacchi; Professor und Frau, in Ostiglia lebende Eltern der Regina Schlick.
1790: 29.5.

Stromer von Reichenbach, Anna Katharina († 1792), geb. Oelhafen von Schöllenbach; ∞ Christoph Friedrich Stromer von Reichenbach (1712-1794).
1790: 13.6.

Stromer von Reichenbach, Christoph Friedrich (1712-1794); Kastellan der Nürnberger Burg; Ratsherr, 1763 und 1764 vorderster Losunger, seit 1764 Reichsschultheiß, kaiserlicher Wirklicher Geheimer Rat; ∞ I. 1736 Helena Katharina Scheurl von Defersdorf

(† 1756), mehrere Kinder; II. 1758 Anna Katharina Oelhafen von Schöllenbach († 1792).
1790: 13.6.

Stuart, James Francis Edward (1688-1766); bis 1701 Prince of Wales, durch Ludwig XIV. von Frankreich (1638-1715) als James III. zum König von Großbritannien proklamiert (›Prätendent‹), französischer Offizier, lebte seit 1717 überwiegend in Rom; ∞ 1719 Clementina Sobieska († 1735), 2 Söhne.
1788: 11.12.

Suetonius (Schevetonius), eigentlich Gaius Suetonius Tranquillus (um 70-140); römischer Geschichtsschreiber (v.a. Biographien von Kaisern, Dichtern, Rednern und Philosophen); Freund Plinius' d. J.
1788: 8.12.
1790: 11.4.

Sulla (Silla), eigentlich Lucius Cornelius Sulla Felix (138-78 v. Chr.); römischer Feldherr und Staatsmann; 82-79 v. Chr. Diktator Roms.
1789: 30.1.

Supino s. Leonessa

Susan (Susane), Lady; britische Reisende.
1789: 8.4.

Tacitus, eigentlich Publius Cornelius Tacitus (um 55-120); römischer Historiker und Beamter; 88 Prätor, 97 Konsul, 112/113 Prokonsul der Provinz Asia.
Anhang: Anhang 3

Talleyrand (Dalleran)-Périgord, Alexandre Daniel Baron de (1776-1839); Sohn des Gesandten; ∞ Charlotte Alice Sara (1798-1873), 1 Sohn.
1789: 1.12.

Talleyrand-Périgord, Louis Marie Anne Baron de (1738-1799); 1785-1791 französischer Gesandter in Neapel; ∞ 1773 Marie Louise Fidèle Durand de Saint Eugene de Martigny, 1 Sohn.
1789: 25.6., 3.7., 5.7., 1.12.

Talleyrand-Périgord, Marie Louise Fidèle Baronesse de, geb. Durand de Saint Eugene de Martigny; ∞ 1773 Louis Marie Anne Baron de Talleyrand-Périgord (1738-1799), 1 Sohn.
1789: 25.6., 5.7.
1790: 11.2.

Tarcarello, Principessa; Favoritin König Ferdinands IV. von Neapel.
1789: 6.10.

Tasca, Luigi; italienischer Sänger (Baß); 1784-1789 in London, dann wieder in Italien tätig.
1789: 25.6.

Tasso, Torquato (1544-1595); italienischer Dichter; überwiegend im Dienste der Familie Este, 1579-1586 im Annenhospital in Ferrara lebend, später in Rom, Florenz, Mantua, Neapel (1588 im Olivetanerkloster), 1594 wegen seiner Krönung zum Poetus laureatus in Rom (Kloster Sant'Onofrio).
1789: 28.3.
1790: 4.5.
Anhang: Anhang 3

Taylor (Dailer) of Bifrons, Edward (1734-1798); Geistlicher; durch Erbschaft nach dem Tode seines älteren Bruders wohlhabend, ließ 1780-1788 seine Kinder in Karlsruhe erziehen, an landwirtschaftlichen Reformen in Baden beteiligt; 1789-1792 Italienreise; ∞ 1769 Margaret Payler († 1780), 4 Söhne, 3 Töchter.
1790: 2.5.

Taylor (Tailor), John (1739-1838); englischer Zeichner und Porträtist; 1788-1791 in Rom tätig.
1789: 7.8.

Taylor, Brook (*1776); Sohn von Edward und Margaret Taylor.
1790: 2.5.

Taylor, Charlotte († 1836)); Tochter von Edward und Margaret Taylor.
1790: 2.5.

Taylor, Edward (1774-1843); Sohn von Edward und Margaret Taylor.
1790: 2.5.

Taylor, Herbert (1779-1839); Sohn von Edward und Margaret Taylor.
1790: 2.5.

Taylor, Margaret († 1809)); Tochter von Edward und Margaret Taylor.
1790: 2.5.
Taylor, Mary-Elizabeth († 1840); Tochter von Edward und Margaret Taylor.
1790: 2.5.
Taylor, William († 1797); Sohn von Edward und Margaret Taylor.
1790: 2.5.
Teress (Terres, Terress); Brüder, Buchhändler in Neapel.
1789: 7.2., 13.6., 26.11.
Theed (Thaet), William (1764-1817); englischer Maler und Bildhauer; 1789-1795 in Florenz, Rom und Neapel tätig; ∞ 1794 Rougeot, mindestens 1 Sohn.
1789: 19.11.
Theoderich der Große (454-526); 475 König der Ostgoten, 489/490 Siege über den in Italien herrschenden Odoaker († 493).
Anhang: Anhang 3
Thugut (Tugut), Johann Amadeus Franz de Paula Baron von (1736-1818); österreichischer Staatsmann; 1769-1776 kaiserlicher Gesandter in der Türkei, 1780-1782 in Polen, 1787-1789 in Neapel, 1800 in Bratislava und Wien; 1794 Generaldirektor des Außenministeriums.
1789: 19.1., 7.6.
Thurn und Taxis, Maximilian Joseph Prinz von (1769-1831); kurbayerischer und kaiserlicher Generalmajor; ∞ 1791 Eleonore von Lobkowitz (1770-1834), 6 Söhne.
1790: 17.2., 22.2.
Thurn-Valsassina, Anton Graf von (1723-1806); kaiserlicher Wirklicher Geheimer Rat und Kämmerer, Feldzeugmeister, Erzieher Leopolds von Habsburg (1747-1792), später Oberhofmeister der Großherzogin Maria Luisa in Florenz (1745-1792).
1788: 25.9.
Tiberius (Tyberius) Claudius Nero (42 v. Chr. – 37 n. Chr.); 14 n. Chr. römischer Kaiser, seit 26 n. Chr. überwiegend in Kampanien und auf Capri lebend; ∞ I. 16-12 v. Chr. Vipsania Agrippina, II. 11-2 v. Chr. Julia (39 v. Chr. – 14 n. Chr.).
1789: 30.1.
Anhang: Anhang 3
Tintoretto (Dindoret, Tintoret), eigentlich Jacobo Robusti (1519-1594); italienischer Maler; ∞ 1550 Faustina de' Vescovi, 2 Söhne, 5 Töchter.
1789: 5.3.
1790: 8.5., 9.5., 10.5., 11.5.
Tischbein (Tisbein, Tispein), Johann Heinrich Wilhelm (1751-1829); deutscher Maler; lebte 1779 und 1783-1799 in Italien, zeitweise mit Goethe befreundet; 1790-1799 Direktor der Kunstakademie Neapel, 1799 Flucht vor den Franzosen, 1808 herzoglich-oldenburgischer Galeriedirektor.
1789: 5.1., 6.1., 8.1., 9.1., 10.1., 12.1., 15.1., 21.1., 13.2., 16.2., 6.3., 7.3., 8.3., 9.3., 10.3., 13.3., 16.3., 17.3., 18.3., 20.3., 21.3., 24.3., 27.3., 31.3., 3.4., 4.4., 5.4., 7.4., 15.4., 12.5., 21.5., 22.5., 23.5., 24.5., 26.5., 27.5., 31.5., 2.6., 4.6., 7.6., 14.6., 21.6., 24.6., 27.6., 29.6., 12.7., 14.7., 15.7., 18.7., 19.7., 24.7., 29.7., 10.8., 15.8., 18.8., 19.8., 20.8., 31.8., 3.9., 4.9., 5.9., 11.9., 14.9., 17.9., 21.9., 22.9., 11.10., 14.10., 15.11., 16.11., 23.11., 24.11., 25.11., 26.11., 7.12., 10.12.
1790: 17.1., 18.1., 5.2., 21.2., 26.2., 28.2., 7.3., 24.3., 10.4., 11.4.
Tito s. Lusieri
Titus, eigentlich Flavius Sabinus Vespasianus Titus (39-81); 79 römischer Kaiser; ∞ I. Arecina Tertulla († vor 65); II. 65 Marcia Furnilla.
1788: 11.10.
1789: 7.12.
Tizian (Titian), eigentlich Tiziano Vecellio (um 1477/um 1490-1576); italienischer Maler; ∞ 1525 Cecilia († 1530), 2 Söhne, 2 Töchter.
1788: 4.9.
1789: 14.1., 2.3., 5.3., 5.9., 26.11.
1790: 28.4., 8.5., 9.5., 10.5., 11.5., 23.5.

Tobin; Kapitän eines britischen Handelsschiffes.
1789: 28.9.
Tolve, Tolvi s. Pignatelli
Towneley-Standish, Ann, geb. Eccleston; ∞ Edward Towneley-Standish (1740-1807).
1789: 15.8., 4.9., 18.9., 20.10.
Towneley-Standish, Edward (1740-1807), auf Standish Hall; reiste mit seiner Frau 1788-1790 durch Italien; ∞ Ann Eccleston.
1789: 15.8., 4.9.
Trabalza (Trabalzo, Trapalza), Giuseppe; Sänger; Mitglied einer berühmten aus Foligno stammenden Familie von Opera buffa-Interpreten.
1789: 8.1., 8.2., 25.6.
1790: 12.3.
Traian, eigentlich Marcus Ulpius Traianus (53-117); 98 römischer Kaiser; ∞ vor 98 Pompeia Plotina († nach 123).
1788: 11.10., 20.11.
1790: 26.4.
Anhang: Anhang 3
Trippel (Tripel), Alexander (1744-1793); schweizerischer Bildhauer; seit 1776 überwiegend in Rom tätig.
1788: 11.10.
1789: 3.3., 11.3.
1790: 17.4.
Tritto (Drito, Dritto), Giacomo (1735-1824); italienischer Komponist (Kirchenmusik, Opern); Studium in Neapel, 1785 Zweiter Kapellmeister am Konservatorium in Neapel und Direktor am Teatro San Carlo, 1799-1801 Erster Kapellmeister und 1807 mit Paisiello und F. Fenaroli (1730-1818) Direktor am Collegio Reale di Musica in Neapel, 1816 Hofkapellmeister in Neapel.
1788: 21.10., 25.10.
1789: 7.2., 8.8., 27.8., 17.9.
Tschernyschew (Chernicheff, Schernisew), Sachar Grigorjewitsch (1722-1784); russischer Feldmarschall; Feldherr Katharinas der Großen im Siebenjährigen Krieg.
1788: 11.10.
1789: 3.3.
Tschudi (Schudi), Fridolin Josef von (1741-1803); schweizerischer Politiker und Offizier; 1749 im neapolitanischen Feldregiment ›Ludwig Tschudi‹, 1752 in der Schweizer Garde, 1760 Ratsherr in Glarus, 1766 Landstatthalter, 1769-1771 Landamman in Glarus, Major der Schweizer Garde in Neapel, 1776 Feldmarschall, 1789 Oberst und Inhaber des Schweizer Garderegiments in Neapel, Generalleutnant, Kommandant und Gouverneur von Gaeta.
1789: 5.9. [?]
Turris (Durris), de; Ehepaar.
1789: 1.7.
Tuttavilla, Maria Giulia (1751-1807), geb. Carafa della Spina; ∞ 1770 Vincenzo Tuttavilla, Duca di Calabritta.
1790: 26.2., 19.3.
Ungaro, Gioacchino (1737 – nach 1807), Barone, später Duca di Montejasi; ∞ Teresa Borgia, mindestens 1 Sohn.
1789: 16.11., 21.11., 30.11.
Ungaro, Teresa a.d.H. Borgia, ∞ Gioacchino Ungaro (1737 – nach 1807).
1789: 16.11., 18.12.
1790: 26.2.
Ungaro; Bruder von Gioacchino Ungaro, Benediktinermönch.
1789: 30.11.
Unterberger, Christoph (1732-1798); Südtiroler Maler in Rom.
1788: 28.10.
Urban VIII. s. Barberini
V'ahinisse; Adliger.
1790: 19.3.
Valadier (Valedier), Giuseppe (1762-1839); italienischer Architekt, Archäologe und Stadtplaner (Neugestaltung der Piazza del Popolo, Rom), auch Goldschmied.
1788: 28.10.
Van Dyck (Deyk), Anthonis (1599-1641); flämischer Maler und Porträtist; Aufenthalte in England und Italien.
1790: 13.6.

Vanvitelli, Carlo (1739-1831); italienischer Baumeister; Sohn des Luigi Vanvitelli.
1789: 12.10.
Vanvitelli, Luigi (1700-1773); Maler und Architekt; Sohn und Schüler des niederländischen Malers Gaspar van Wittel (1653-1736), seit 1730 Architekt in Rom, seit 1751 in Neapel (Caserta).
1789: 12.10.
Anhang: Anhang 3
Varro (Varo), eigentlich Gaius Terentius Varro (3. Jh. v. Chr.); 218 v. Chr. Prätor, 216 v. Chr. Konsul, Niederlage in der Schlacht bei Cannae gegen Hannibal, 215 v. Chr. Prokonsul in Picenum, 200 v. Chr. Gesandter in Afrika.
1789: 28.10.
Varus, eigentlich Publius Quinctilius Varus (46 v. Chr. – 9 n. Chr.); römischer Feldherr und Staatsmann; Verwalter Syriens, seit 7 n. Chr. Oberbefehlshaber Germaniens, Niederlage gegen die Cherusker unter Arminius im Teutoburger Wald, Selbstmord.
1789: 4.5., 5.5.
Vasari, Giorgio (1511-1574); italienischer Maler, Baumeister, Kunstschriftsteller.
1788: 3.11.
Vasto s. Avalos
Vaudreuil s. auch Gabrielle Yolande Martine de Polignac
Vaudreuil, Joseph Hyacinthe François de Paule de Rigaud Comte de (1740-1817); französischer Stabsoffizier im Siebenjährigen Krieg, 1780 Feldmarschall, Gouverneur von Lille, Großfalkner Frankreichs; Amateurschauspieler, Geliebter der Yolande de Polignac, Favorit Königin Marie Antoinettes von Frankreich; 1789 Flucht aus Frankreich, engagierter Königstreuer, unter Louis XVIII. Rückkehr; ∞ 1795 Marie Josephine Hyacinthe Victoire de Vaudreuil (1774-1851).
1790: 15.1.
Velazquez (Velaskes), Diego Rodriguez de Silva y Velazquez (1599-1660); spanischer Maler; 1629-1631 und 1649-1651 Aufenthalte in Italien, spanischer Hofmaler und Kammerherr.
1789: 2.3.
Vella, Giuseppe (1750-1815); italienischer Geistlicher; Professor für Orientalistik in Palermo, Übersetzer, Fälscher der sogenannten 17 verlorenen Bücher des Livius, wurde 1795/96 entlarvt und zu 15 Jahren Haft verurteilt.
1789: 24.9., 11.10., 12.10., 22.10.
Venuti (Vernuti), Domenico (1745-1818), später Marchese; Modelleur und Naturwissenschaftler; 1782-1800 Direktor der neapolitanischen Porzellanmanufaktur Capodimonte; Gründer der Keramikfabrik in Catrosso bei Cortona; ab 1799 in Rom mit der Überführung der farnesischen Kunstsammlungen und ihrer Neuaufstellung in Neapel beauftragt; ∞ 1782 Agnesa Basile, 2 Söhne, 1 Tochter.
1789: 5.1., 6.1., 10.1., 12.1., 13.1., 17.1., 21.1., 22.1., 30.1., 14.6., 23.11., 28.11., 13.12.
1790: 20.3., 25.3.
Venuti, Agnesa, geb. Basile; ∞ 1782 Domenico Venuti (1745-1818), 1 Tochter, 2 Söhne, von denen nur ein Kind überlebt: Lodovico Marchese di Venuti (um 1785-1871); Maler; seit 1799 in Rom; ∞ 1824 Contessa Caterina Roberti, 3 Söhne.
1789: 12.1., 17.1., 23.11.
1790: 20.3., 25.3.
Venuti, N.N. (*1780); Sohn des Benvenuto Giuseppe Marchese Venuti und seiner Frau Orsola, Neffe des Domenico Venuti, scheint jung gestorben zu sein, denn der Titel fällt bald an seinen Onkel Domenico.
1789: 10.1., 13.6., 14.6.
Venuti, Orsola Marchesa di, geb. de' Cattani Cavalcanti; ∞ 6.2.1780 Benvenuto Giuseppe Marchese Venuti (1741-1780), 1 Sohn.
1789: 13.6.
Vergil, eigentlich Publius Vergilius Maro (70-19 v. Chr.); römischer Dichter und Rhetoriker.

1788: 12.9.
1789: 12.7.
Anhang: Anhang 2

Vernaccini, Francesco; Geistlicher; 1759-1791 neapolitanischer Agent bzw. Legationssekretär und Geschäftsträger in der Toskana.
1788: 25.9.

Vernet, Claude Joseph (1714-1789); französischer Landschaftsmaler; lebte 20 Jahre in Rom.
1789: 11.1.

Veronese, Paolo, eigentlich Paolo Caliari (1528-1588); italienischer Maler.
1788: 4.9., 6.11.
1789: 5.3.
1790: 9.5., 10.5., 11.5., 25.5., 27.5., 13.6.
Anhang: Anhang 3

Verschaffeldt (Verschaffel, Wertschaffel, Werschaffel, Wershafel, Wersafel, Werschafell, Weschaffel, Werschaffelt, Werschaffl, Werschafl), Maximilian von (1754-1818); Architekturmaler; lebte in Rom, seit 1793 in München und Wien überwiegend als Architekt tätig.
1788: 18.10., 22.10., 25.10., 28.10., 29.10., 30.10., 1.11., 7.11., 8.11., 12.11., 17.11., 18.11., 19.11., 23.11., 24.11., 29.11., 2.12., 3.12., 7.12., 8.12., 9.12., 12.12., 13.12., 16.12., 17.12., 20.12., 22.12., 27.12., 28.12., 30.12.
1789: 20.2., 22.2., 23.2., 25.2., 27.2., 1.3., 4.3., 5.3., 8.3., 11.3., 13.3., 15.3., 22.3., 29.3., 5.4., 7.4., 13.4., 15.4., 18.(19.)4., 19.(20.)4., 22.(23.)4., 27.(28.)4., 28.(29.)4., 2.5., 3.5., 11.5., 12.5., 13.5., 14.5., 15.5., 7.6., 9.6., 12.6., 20.6., 22.6., 24.6., 26.6., 7.7., 9.7., 15.7., 18.7., 23.7., 25.7., 29.7., 31.7., 8.8., 10.8., 18.8., 19.8., 27.8., 28.8., 29.8., 30.8., 4.9., 6.9., 11.9., 14.9., 15.9., 23.9., 24.9., 26.9., 29.9., 5.10., 10.10., 11.11., 24.11., 26.11., 28.11., 2.12., 3.12., 4.12., 9.12., 13.12., 18.12.
1790: 1.1., 10.1., 21.1., 23.1., 24.1., 2.2., 28.2., 7.3., 10.3., 18.3., 5.4., 7.4.

Vespasian (Vespatian), eigentlich Titus Flavius Vespasianus (9-79); 69 römischer Kaiser; ∞ 39 Flavia Domitilla († vor 69).
1790: 11.4.

Vicenzio; Juwelier in Neapel.
1790: 22.2., 4.3.

Vignola (Vegnola), Giacomo, eigentlich Giacomo Barozzi da Vignola (1507-1573); italienischer Baumeister (Villa Farnese in Caprarola, Petersdom).
1788: 14.9.

Vignoli; Sänger (Tenor).
1789: 5.2.

Vinci, Leonardo da (1452-1519); italienischer Maler, Bildhauer, Architekt, Naturforscher, Techniker.
1788: 12.9.
1789: 3.3., 9.3.

Vitruv, eigentlich Vitruvius Pollio (1. Jh. v. Chr.); Baumeister und Architekturtheoretiker der Renaissance.
1789: 1.10.
1790: 28.4.

Vitzthum von Eckstädt, Friedrich II. August Graf (1765-1803); ∞ 1790 Auguste Caroline Amalie von Hopfgarten (1770-1858), 4 Söhne, 1 Tochter.
1789: 13.2. [?]

Vivenzio, Nicola Marchese (1742-1816), genannt ›Fiskal Vivenzio‹ im Unterschied zu seinem Bruder, dem neapolitanischen Gerichtspräsidenten, Archäologen, Historiographen, Numismatiker und Tischbein-Freund Pietro Vivenzio (1753-1835); Präsident der Kammer des Königreiches Sizilien.
1789: 28.8., 13.9.

Volaire (Voller), Pierre Jacques (1729-1802); französischer Marinemaler; Schüler C. J. Vernets, seit 1763 in Italien lebend.
1789: 11.1.

Volpato (Volbato), Giovanni Battista (1733-1803); italienischer Kupferstecher; Direktor einer Kupferstecherschule, Professor an der Akademie von Florenz.
1788: 23.10.
1789: 18.1.

Volterra (Wolterra), Daniele da, eigentlich Daniele Ricciarelli (1509-1566); italienischer Maler.
1789: 18.(19.)4.

Vopiscus, eigentlich Publius Manlius Vopiscus Vicinillianus (um 100); 114 römischer Konsul.
1789: 4.5.

Wangenheim-Winterstein, Georg August von (1735-1796), auf Wake und Harste; 1755 hannoverischer Hof- und Jagdjunker, 1762 Forstmeister, 1764 Kammerjunker, 1768 Oberschenk, 1774 Oberst, Schloßhauptmann, 1778 Generalmajor, 1787 Hofmarschall in Hannover, 1791 Oberhofmarschall; Italienreise (28.10. 1789-1.6.1790); ∞ 1777 Philippine Juliane von Bismarck (1742-1824), geb. Gräfin von Eickstedt-Peterswaldt, 1 Sohn.
1790: 8.5.

Wangenheim-Winterstein, Philippine Juliane von (1742-1824), geb. Gräfin von Eickstedt-Peterswaldt; ∞ I. 1768/69 Ernst Friedrich von Bismarck auf Schönhausen und Fischbeck († 1775), preußischer Schloßhauptmann, kinderlos; II. 1777 Georg August von Wangenheim-Winterstein (1735- 1796).
1790: 8.5.

Wartensleben, Herr von; preußischer Kammerherr.
1790: 8.5.

Webb (Web), Ehepaar; englische Reisende.
1789: 11.12.

Weichs (Weisc, Weiks, Weicks), Franz Salesius von (1741-1809), auf Rösberg; Domherr von Osnabrück, 1783-1803 Domprobst, 1774-1802 Vorsteher des Kirchengerichts des Bistums.
1788: 10.10., 26.11., 5.12., 15.12., 30.12.
1789: 15.2.

Welser (Welserin), Philippine (1527-1580); ∞ 1557 Ferdinand von Habsburg (1529-1595); 3 Söhne, 1 Tochter.
1788: 28.8.

Wenzel von Böhmen (1361-1419); 1376-1400 römisch-deutscher König; ∞ I. 1370 Johanna von Bayern (1356-1386), II. 1389 Sophie von Bayern (1376-1425).
1790: 13.6.

Wersafel, Werschafell, Werschaffel, Werschaffelt, Werschaffl, Werschafl, Weschaffel, Wertschaffel s. Verschaffeldt

Wieland, Christoph Martin (1733-1813); deutscher Dichter und Übersetzer; 1752-1760 Hauslehrer in Zürich und Bern, 1772-1775 Prinzenerzieher in Weimar, seit 1775 lebenslange Pension am Weimarer Hof; 1773 Gründer des ›Teutschen Merkur‹; ∞ 1765 Anna Dorothea von Hillenbrand, 14 Kinder.
1788: 3.9., 26.9., 5.11., 20.12.
1789: 2.2., 18.(19.)4., 11.8., 25.8., 6.10., 17.10., 17.11.
1790: 14.1.

Wilczek (Wilzeck), Johann Joseph Maria Graf von (1738-1819); 1771-1773 kaiserlicher Gesandter in der Toskana, 1773-1778 in Neapel,1782-1797 in Mailand.
1788: 10.9.

Wild, Johann Jacob Hermann; Silberarbeiter (Neue Gasse, Nürnberg) und Kunsthändler.
1790: 14.6.

Winckelmann (Winkelman), Johann Joachim (1717-1768); Archäologe, Altertumsforscher und Begründer der Kunstwissenschaft.
1789: 3.5.

Winter (Winder), Peter von (1754-1825); Komponist; in München tätig.
1790: 6.6.

Wittgenstein s. Sayn-Wittgenstein

Wolkenstein-Rodenegg, Aloisia Gräfin von († 1790), geb. Gräfin von Wolkenstein-Trostburg; ∞ um 1767 Paris Graf von Wolkenstein-Rodenegg (1740-1814), mehrere Kinder.
1790: 5.6.

Wolkenstein-Rodenegg, Paris Graf von (1740-1814); kaiserlicher Kammerherr,

1793-1806 Landeshauptmann von Tirol; ∞ I. um 1767 Aloisia Gräfin von Wolkenstein-Trostburg († 1790), II. nach 1794 Maria Rosa Gräfin Cavriani verwitwete Gräfin Trapp (1744-1808); 4 Töchter (2 davon Stiftsfräulein in Innsbruck), 7 Söhne.
1790: 5.6.

Wolterra s. Volterra

Wulffen, Johann Heinrich; Kaufmann in Livorno, Gastgeber vieler europäischer Reisender.
1788: 29.9.
Anhang: Anhang 4

Wulffen; Ehefrau des Kaufmanns J. H. Wulffen.
1788: 29.9.

Zelada (Zalada), Francesco Saverio (1717-1801); Geistlicher; 1766 Titularerzbischof von Petra, 1773 Kardinal, 1790 Präsident der Universität von Ferrara, 1789-1796 Kardinal-Staatssekretär (Außenminister des Kirchenstaates).
1788: 12.12; 1790 18.4.

Zillerberg, Freifrau von; Ehefrau des Gesandten.
1788: 22.8.

Zillerberg, Johann Sebastian Freiherr von; 1777-1803 salzburgischer Gesandter beim Reichstag in Regensburg; ∞ N.N.
1788: 22.8.

Zingaro, eigentlich Antonio Solari (1382-1445); Schmied und Maler; aus Böhmen nach Italien emigriert, Niederlassung in Neapel, Gründer einer Zeichenschule.
1789: 25.11.

Zuccari (Zukari), Taddeo (1529-1566); italienischer Maler (überwiegend dekorative Wandmalerei); seit 1543 in Rom.
1788: 25.8., 3.11.

Zucchi, Antonio (1726-1795); italienischer Architekturmaler und Grafiker; ∞ 1781 Angelica Kauffmann (1741-1807).
1788: 12.10., 16.10., 26.10., 29.10., 10.11.
1789: 17.3., 30.3., 6.4., 28.(29.)4., 3.5., 8.5., 14.5.
1790: 15.4., 18.4., 7.5.

Zucchi, Francesco; Neffe von Antonio Zucchi; ∞ Elisabetta, 1 Tochter.
1790: 18.4.

Zucchi, Giuseppe Carlo (1721-1805); italienischer Grafiker; schrieb die Memoiren seiner Schwägerin Angelica Kauffmann nieder.
1790: 7.5.

Inhalt